■2025年度高等学校受験用

中央大学高等学校

収録内容一覧

★この問題集は以下の収録内容となっています。また、編集の都合上、解説、解答用紙を省略させていただいている場合もございますのでご了承ください。

（○印は収録、一印は未収録）

入試問題と解説・解答の収録内容			解答用紙
2024年度	推薦	英語・数学・社会・理科・国語	○
	一般	英語・数学・国語	○
2023年度	推薦	英語・数学・社会・理科・国語	○
	一般	英語・数学・国語	○
2022年度	推薦	英語・数学・社会・理科・国語	○
	一般	英語・数学・国語	○
2021年度	推薦	英語・数学・社会・理科・国語	○
	一般	英語・数学・国語	○

★当問題集のバックナンバーは在庫がございません。あらかじめご了承ください。

●凡例●

【英語】

≪解答≫

〔　〕　①別解

②置き換え可能な語句（なお下線は置き換える箇所が2語以上の場合）

（例）<u>I am</u>〔I'm〕glad〔happy〕to ~

（　）　省略可能な言葉

≪解説≫

1，2…　本文の段落（ただし本文が会話文の場合は話者の１つの発言）

〔　〕　置き換え可能な語句（なお〔　〕の前の下線は置き換える箇所が２語以上の場合）

（　）　①省略が可能な言葉

（例）「（数が）いくつかの」

②単語・代名詞の意味

（例）「彼（＝警察官）が叫んだ」

③言い換え可能な言葉

（例）「いやなにおいがするなべにはふたをするべきだ（＝くさいものにはふたをしろ）」

//　訳文と解説の区切り

cf.　比較・参照

≒　ほぼ同じ意味

【数学】

≪解答≫

〔　〕　別解

≪解説≫

（　）　補足的指示

（例）（右図１参照）など

〔　〕　①公式の文字部分

（例）〔長方形の面積〕＝〔縦〕×〔横〕

②面積・体積を表す場合

（例）〔立方体 ABCDEFGH〕

∴　ゆえに

≒　約、およそ

【社会】

≪解答≫

〔　〕　別解

（　）　省略可能な語

＿＿　使用を指示された語句

≪解説≫

〔　〕　別称・略称

（例）政府開発援助〔ODA〕

（　）　①年号

（例）壬申の乱が起きた（672年）。

②意味・補足的説明

（例）資本収支（海外への投資など）

【理科】

≪解答≫

〔　〕　別解

（　）　省略可能な語

＿＿　使用を指示された語句

≪解説≫

〔　〕　公式の文字部分

（　）　①単位

②補足的説明

③同義・言い換え可能な言葉

（例）カエルの子（オタマジャクシ）

≒　約、およそ

【国語】

≪解答≫

〔　〕　別解

（　）　省略してもよい言葉

＿＿　使用を指示された語句

≪解説≫

〈　〉　課題文中の空所部分（現代語訳・通釈・書き下し文）

（　）　①引用文の指示語の内容

（例）「それ（＝過去の経験）が ～」

②選択肢の正誤を示す場合

（例）（ア，ウ…×）

③現代語訳で主語などを補った部分

（例）（女は）出てきた。

／　漢詩の書き下し文・現代語訳の改行部分

中央大学高等学校

所在地	〒112-8551 東京都文京区春日1-13-27
電　話	03-3814-5275
ホームページ	https://www.cu-hs.chuo-u.ac.jp
交通案内	地下鉄丸ノ内線・南北線 後楽園駅より徒歩５分 都営三田線・大江戸線 春日駅より徒歩７分

普通科

男女共学

くわしい情報はホームページへ

応募状況

年度	募集数	受験数	合格数	倍　率
2024	推薦 50名	183名	58名	3.2倍
	一般 70名	678名	215名	3.2倍
2023	推薦 50名	204名	59名	3.5倍
	一般 70名	631名	205名	3.1倍
2022	推薦 50名	197名	59名	3.3倍
	一般 70名	770名	215名	3.6倍

※合格数には繰上合格数を含む。

試験科目　（参考用：2024年度入試）

推薦：基礎学力調査（国語・社会，数学・理科各60分，英語40分），面接（個別）

※英語はリスニングを含む

一般：国語・数学・英語，面接（グループ）

※英語はリスニングを含む

教育理念・校風

中央大学の学風である「質実剛健」の精神と，一人ひとりの顔が見える教育を通じて教師・生徒・保護者の三者が親しみと信頼関係を築ける「家族的情味」のある環境の中で，生徒の個性を健やかに伸ばすとともに，次代を担う真のリーダーを育成することを目指している。また本校は，利便性の高い都会に位置しながらも，緑に包まれた文教地区の落ち着いた雰囲気の中にある。この恵まれた立地のもと，高大一貫教育と小規模校であるという本校の利点を生かし，個々にきめ細かく対応できる教育環境が用意されている。

編集部注―本書の内容は2024年4月現在のものであり，変更されている場合があります。正確な情報は，学校のホームページ等で必ずご確認ください。

特　色

・９時15分登校の昼間定時制

本校では，昼間定時制をとっている。９時15分に始業するため，ラッシュを避けて登校でき，また遠距離の通学も可能で，都外近隣地域からの志願者も多い。

この昼間定時制の利便性を活用して，通称０時限授業といわれるサポート授業や自由選択科目の授業が行われている。

・高大連携教育

中央大学の付属高校であるメリットを生かし，理工学部や経済学部との連携による特別講義，理工学部数学科および経済学部の講義を受講できる科目等履修制度，中央大学経理研究所の簿記検定講座など，多彩な学びの場を設けている。

・希望制のキャリア講座

「志」ある人物の育成のため，企業・研究機構の協力のもと，身のまわりにある課題を発見し，解決方法を提示するプログラムを行っている。

進路状況

中央大学へは，在学中の学業成績などに基づいて推薦される。なお，推薦資格を保持したまま，国公立大学および中央大学にない学部・学科の他私立大を併願受験できる制度がある。

【2024年3月卒業生の中央大学推薦者数】

法学部46名，経済学部40名，商学部25名，理工学部25名，文学部７名，総合政策学部７名，国際経営学部２名，国際情報学部５名

【近年の合格大学一覧】

東京工業大，北海道大，筑波大，横浜国立大，東京都立大，早稲田大，慶應義塾大，上智大，東京理科大，明治大，立教大，法政大，青山学院大ほか

出題傾向と今後への対策 英語

出題内容

	2024		2023		2022	
	推薦	一般	推薦	一般	推薦	一般
大問数	10	7	10	7	10	7
小問数	32	49	32	50	32	52
リスニング	○	○	○	○	○	○

◎大問は７～10題。構成は長文が１～２題，整序結合１題，書き換え１題，作文１題などとなっている。放送問題（約５～10分）は必ず出題されている。

2024年度の出題状況

《推　薦》

1 単語のアクセント
2 適語補充ー共通語
3 書き換えー適語補充
4 整序結合
5 適語(句)選択
6 テーマ作文
7 長文読解総合ー物語
8～10 放送問題

《一　般》

1 長文読解総合ー物語
2 長文読解総合ー説明文
3 適語(句)選択・単語の発音
4 書き換えー適語補充
5 単語の定義
6 整序結合
7 放送問題

解答形式

《推　薦》	記　述／マーク／併　用
《一　般》	記　述／マーク／併　用

出題傾向

本校の入試問題は，基本事項から比較的高度な英文法までと幅広い範囲からまんべんなく出題される。分量は選択式と記述式それぞれほぼ半分である。長文読解の課題文は，物語やエッセーが多く，記述式で文脈や要旨を問う形式が出題されている。放送問題は，消去法で選択するといった難しい問題も散見される。

今後への対策

本校の問題には高度な内容が含まれているので，中学で学習する事柄をきちんと自分のものにすべきである。基礎力を確実なものにしたうえで，高１レベルの副読本を１冊用意し，辞書等を駆使しながら読みこなしていこう。最終的には暗唱できるようになるくらい読み込んでいくとよい。放送問題の対策はラジオ講座などを利用し，毎日続けること。

◆◆◆◆◆ 英語出題分野一覧表 ◆◆◆◆◆

分野			2022 推	2022 一	2023 推	2023 一	2024 推	2024 一	2025予想※ 推	2025予想※ 一
音声	放送問題		■	★	■	★	■	★	◎	◎
	単語の発音・アクセント		●	●	●	●	●	●	◎	◎
	文の区切り・強勢・抑揚									
語彙・文法	単語の意味・綴り・関連知識			●	●	●		●	△	◎
	適語(句)選択・補充		■	■	■	■	■	■	◎	◎
	書き換え・同意文完成		●	●	●	●	●	●	◎	◎
	語形変化		●	●				●	△	◎
	用法選択									
	正誤問題・誤文訂正									
	その他									
作文	整序結合		●	●	●	●	●	●	◎	◎
	日本語英訳	適語(句)・適文選択								
		部分・完全記述								
	条件作文									
	テーマ作文		●		●		●		◎	
会話文	適文選択									
	適語(句)選択・補充									
	その他									
長文読解	内容把握	主題・表題								
		内容真偽	●	●	●	●	●	●	◎	◎
		内容一致・要約文完成								
		文脈・要旨把握	●	■	●	●		■	◎	◎
		英問英答		●		●		●		◎
	適語(句)選択・補充		●	●		●	●	●	◎	◎
	適文選択・補充			●		●				◎
	文(章)整序					●				△
	英文・語句解釈(指示語など)		●	●	●	●	●	●	◎	◎
	その他(適所補充)							●		△

●印：１～５問出題，■印：６～10問出題，★印：11問以上出題。
※予想欄　◎印：出題されると思われるもの。　△印：出題されるかもしれないもの。

出題傾向と今後への対策　数学

出題内容

2024年度

《推　薦》　作

1は数の計算。2は二次方程式。3は確率。4はデータの活用から箱ひげ図を利用したもの。5は特殊・新傾向問題で規則性に関するもの。6は平面図形で三角形と円を利用したもの2問。7は関数から放物線と直線に関するもの3問。

《一　般》　作

1は小問集合で3問。2は特殊・新傾向問題。3は関数から放物線と直線に関するもの。4はさいころを用いた確率題2問。5は平面図形で，正方形と円を利用した計量題3問。6は空間図形で，三角形を折ってできる立体を利用した計量題3問。

2023年度

《推　薦》　証

1は数の計算。2は二次方程式。3は確率。4はデータの活用からヒストグラムを利用したもの2問。5は平面図形で三平方の定理を利用したもの2問。式を導く問題も出された。6は関数から放物線と直線に関するもの2問。

《一　般》

1は小問集合で3問。2は数と式から数の性質を利用した問題。3は関数から放物線と直線に関するもの。4は関数と図形に関するもの。5は空間図形で，直方体を利用した計量題3問。6は確率題2問。サイコロと座標平面を利用したもの。

作…作図問題　証…証明問題　グ…グラフ作成問題

解答形式

《推　薦》	記　述／マーク／併　用
《一　般》	記　述／マーク／併　用

出題傾向

推薦，一般とも，教科書レベルの問題もあればかなりの応用力を要する問題もあり，問題のレベル差がかなり大きい。本試験では，解ける問題を見きわめ，確実に得点に結びつけることが肝要といえる。また，パズル的な問題が出題されたり，文章で解答する問題が出題されたりと，思考力や記述する力などが問われることもある。

今後への対策

まずは，基礎的な計算力や知識を身につけること。計算に関しては，少し複雑なものでもすらすらとできるように。基礎力が身についたら，標準レベルの問題集を用いて，さらなるレベルアップを目指そう。1つの問題に対していろいろなアプローチの仕方を考えるようにし，いろいろな解法のパターンを習得するようにするとよい。

◆◆◆◆◆ 数学出題分野一覧表 ◆◆◆◆◆

分野	年度	2022		2023		2024		2025予想※	
		推	一	推	一	推	一	推	一
数と式	計算，因数分解	●		●	●	●	■	◎	◎
	数の性質，数の表し方	★			■			△	△
	文字式の利用，等式変形								
	方程式の解法，解の利用	●	★	●	●	●	●	◎	◎
	方程式の応用		■						◎
関　数	比例・反比例，一次関数								
	関数 $y=ax^2$ とその他の関数	■	★	★	★	★	★	◎	◎
	関数の利用，図形の移動と関数				★				△
図　形	（平面）計　量	●	■	●		■	★	◎	◎
	（平面）証明，作図			●				△	
	（平面）その他								
	（空間）計　量		■		★		★		◎
	（空間）頂点・辺・面，展開図								
	（空間）その他		●				●		△
データの活用	場合の数，確率		■	●	■	●	■	◎	◎
	データの分析・活用，標本調査	■		■		●		◎	
その他	不 等 式								
	特殊・新傾向問題など					■	■	△	
	融合問題								

●印：１問出題，■印：２問出題，★印：３問以上出題。
※予想欄　◎印：出題されると思われるもの。　△印：出題されるかもしれないもの。

出題傾向と今後への対策 社会

論…論述問題

出題内容

2024年度

地理・地図や資料を基にした時差や国の位置，日本の地形，気候等に関する問題。

歴史・古代から現代までの日本に関する年表や会話文等を使った問題。

公民・経済，政治，労働と福祉，国際関係等に関する問題。

論述・論　生成AIを利用する際の注意点について意見を述べる問題。

2023年度

地理・地図や資料を基にした時差や産業，日本の地形等に関する問題。

歴史・古代から現代までの日本と世界に関する年表や会話文等を使った問題。

公民・政治，経済，憲法，国際関係等に関する問題。

論述・論　SNSで情報発信する際の問題点について意見を述べる問題。

2022年度

地理・各国の特徴に関する文と地図を基に，国の位置や気候，産業，文化，人口等に関する問題。

歴史・飛鳥時代から現代までの年表を使った問題。

公民・経済，政治，憲法，国際社会等に関する問題。

論述・論　読書量に関する調査の結果を読み取り，意見を述べる問題。

解答形式

2024年度	記　述／マーク／併　用

出題傾向

世界地図や統計表を使い，各国の位置や気候，産業等に関する地理の問題，古代から現代までの年表に基づく歴史の問題，人権と憲法・経済・政治を中心とした公民の問題，意見を記述させる問題の４題の出題が続いている。時事問題も頻出なので要注意である。問われる内容としては基礎的な知識に関する問題がほとんどである。

今後への対策

国語と併せて60分という時間で行われる。実際に時間を計って過去問題を解くことで試験に慣れておきたい。

毎年出されている，意見を論述する問題についても，与えられた条件に合う文章を，字数を調整して解答欄を過不足なく使用して書けるよう，練習しておくことが望ましい。

◆◆◆◆◆ 社会出題分野一覧表 ◆◆◆◆◆

分野	年度	2022	2023	2024	2025 予想※
地理的分野	地形図				
	アジア	地			△
	アフリカ				△
	オセアニア				△
	ヨーロッパ・ロシア				△
	北アメリカ				△
	中・南アメリカ				△
	世界全般	地　人総	地産	地	◎
	九州・四国				△
	中国・近畿				△
	中部・関東			地	△
	東北・北海道				△
	日本全般	地産人	地産	地	◎
歴史的分野	旧石器～平安	●	●	●	◎
	鎌倉	●	●		◎
	室町～安土桃山	●	●	●	◎
	江戸	●	●	●	◎
	明治	●	●		◎
	大正～第二次世界大戦終結	●	●		◎
	第二次世界大戦後	●	●	●	◎
公民的分野	生活と文化	●			△
	人権と憲法	●	●		◎
	政治	●	●	●	◎
	経済	●	●	●	◎
	労働と福祉	●		●	◎
	国際社会と環境問題	●	●	●	◎
時事問題		●	●	●	◎

※予想欄　◎印：出題されると思われるもの。　△印：出題されるかもしれないもの。
地理的分野については，各地域ごとに出題内容を以下の記号で分類しました。
地…地形・気候・時差，　産…産業・貿易・交通，　人…人口・文化・歴史・環境，　総…総合

出題傾向と今後への対策 理科

出題内容

2024年度 作 ※

独立小問形式で，さまざまな単元から出題された。複数の小問で枝問が見られたため，総小問数は29問であった。また，光の反射や電流回路，密度，中和，遺伝の規則性，太陽の南中高度に関する計算問題が出され，問５で運動エネルギーの変化を表すグラフを作成する問題が出された。また，問８で水酸化バリウムの電離の様子を表す式と酸の原因となるイオンの化学式を書く問題が出された。

2023年度 ※ 記

独立小問形式で，さまざまな単元から出題された。複数の小問で枝問が見られたため，総小問数は31問となり，昨年より増加した。また，電流や音の速さ，力，仕事，溶解度，中和，化学変化と物質の質量，地震，湿度，星の見え方に関する計算問題が出され，問８で塩化銅の電離の様子を表す化学反応式，問10で二酸化炭素の化学式を書く問題が出された。

	2024	2023	2022
大問数	22	22	23
作図問題	1	0	1

作 …作図・グラフ作成問題　記 …文章記述問題

解答形式

2024年度	記　述／マーク／併　用

出題傾向

問題は独立小問からなり，その数は25～30問程度，物理・化学・生物・地学の分野からの出題はほぼ同数。教科書の実験・観察を中心とする基礎的な問題が出され，出題分野に偏りは見られない。主に正確な知識を確認するものとなっているが，応用力を試すものも含まれる。また，実験器具や実験操作に関する問題も見られる。

今後への対策

問題のほとんどが基礎的な問題なので，まず，教科書の実験・観察の手順や結果・考察についてまとめよう。特に，実験器具の使い方は重要。そのうえで，基礎的な問題集を用いて，正確な知識が身についているか確認すること。

さらに，本校や公立高校の過去問題で実践的な練習をして，応用力をつけよう。

◆◆◆◆◆ 理科出題分野一覧表 ◆◆◆◆◆

分野	年度	2022	2023	2024	2025予想※
身近な物理現象	光と音	●	●	●	◎
	力のはたらき（力のつり合い）		●		◎
物質のすがた	気体の発生と性質				△
	物質の性質と状態変化	●		●	◎
	水溶液		●		◎
電流とその利用	電流と回路	●	●	●	◎
	電流と磁界（電流の正体）		●	●	◎
化学変化と原子・分子	いろいろな化学変化（化学反応式）	●	●	●	◎
	化学変化と物質の質量	●	●	●	◎
運動とエネルギー	力の合成と分解（浮力・水圧）			●	◎
	物体の運動	●	●		◎
	仕事とエネルギー	●	●	●	◎
化学変化とイオン	水溶液とイオン（電池）	●	●	●	◎
	酸・アルカリとイオン	●	●	●	◎
生物の世界	植物のなかま			●	△
	動物のなかま	●			◎
大地の変化	火山・地震	●	●	●	◎
	地層・大地の変動（自然の恵み）	●	●		◎
生物の体のつくりとはたらき	生物をつくる細胞				
	植物の体のつくりとはたらき		●	●	◎
	動物の体のつくりとはたらき	●	●	●	◎
気象と天気の変化	気象観察・気圧と風（圧力）	●		●	△
	天気の変化・日本の気象	●	●	●	◎
生命・自然界のつながり	生物の成長とふえ方	●			◎
	遺伝の規則性と遺伝子（進化）	●	●	●	◎
	生物どうしのつながり	●	●		◎
地球と宇宙	天体の動き	●	●	●	◎
	宇宙の中の地球	●		●	△
自然環境・科学技術と人間				●	△
総合	実験の操作と実験器具の使い方		●	●	◎

※予想欄　◎印：出題されると思われるもの。　△印：出題されるかもしれないもの。
分野のカッコ内は主な小項目

出題傾向と今後への対策

国語

出題内容

2024年度

《推 薦》

一 論説文　二 古文　三 漢文　四 国語の知識

課題文 一広田照幸『学校はなぜ退屈でなぜ大切なのか』
二『詞葉の花』

《一 般》

一 漢字　二 論説文　三 小説　四 古文　五 漢文　六 国語の知識

課題文 二今井むつみ・秋田喜美『言語の本質』
三有川　浩『ヒア・カムズ・ザ・サン』
四三笑亭可楽『鳥の町』

2023年度

《推 薦》

一 論説文　二 古文　三 漢文　四 国語の知識

課題文 一外山滋比古『大人の思想』
二『花笑顔』

《一 般》

一 漢字　二 論説文　三 小説　四 古文　五 漢文　六 国語の知識

課題文 二鈴木宏昭『私たちはどう学んでいるのか』
三保坂和志『生きる歓び』　四『臍くり金』

解答形式

《推 薦》　記　述／マーク／併　用

《一 般》　記　述／マーク／併　用

出題傾向

推薦・一般ともにここ数年出題傾向は一定している。現代文の課題文は，推薦・一般ともに論説文が出され，一般ではそれに小説が加えられる。課題文の分量は，古文も含めて比較的多い。設問の内容は基本的なものが主流を占めている。記述式の解答は，30～50字程度のものが1～3題出題されている。

今後への対策

出題範囲が，国語の全てのジャンルに及んでいるので，偏った学習は禁物である。まずは，古文・漢文を含めて，基本的な読解力を養うこと。とりわけ，現代文は，長い文章をしっかり読めるように慣れておくこと。国語の知識については，基本的な問題集で知識の整理をしておくとよい。

◆◆◆◆◆ 国語出題分野一覧表 ◆◆◆◆◆

分野		年度	2022		2023		2024		2025予想※	
			推	一	推	一	推	一	推	一
現代文	論説文 説明文	主　題・要　旨	●	●	●	●	●	●	◎	◎
		文脈・接続語・指示語・段落関係	●	●	●	●	●	●	◎	◎
		文章内容	●	●	●	●	●	●	◎	◎
		表　現		●			●	●	△	◎
	随筆 日記 手紙	主　題・要　旨								
		文脈・接続語・指示語・段落関係								
		文章内容								
		表　現								
		心　情								
	小説	主　題・要　旨		●						△
		文脈・接続語・指示語・段落関係				●				△
		文章内容		●		●		●		◎
		表　現		●		●		●		◎
		心　情		●						△
		状　況・情　景								
韻文	詩	内容理解								
		形　式・技　法								
	俳句 和歌 短歌	内容理解								
		技　法								
古典	古文	古　語・内容理解・現代語訳	●	●	●	●	●	●	◎	◎
		古典の知識・古典文法	●	●	●	●	●	●	◎	◎
	漢文	（漢詩を含む）	●	●	●	●	●	●	◎	◎
国語の知識	漢字 語句	漢　字	●	●	●	●	●	●	◎	◎
		語　句・四字熟語	●	●		●	●	●	◎	◎
		慣用句・ことわざ・故事成語		●	●	●	●	●	◎	◎
		熟語の構成・漢字の知識			●				△	
	文法	品　詞	●	●		●		●	△	◎
		ことばの単位・文の組み立て								
		敬　語・表現技法	●				●		◎	
	文　学　史		●	●	●	●	●	●	◎	◎
作文・文章の構成・資料										
その他										

※予想欄　◎印：出題されると思われるもの。　△印：出題されるかもしれないもの。

2024年度　中央大学高等学校（推薦）

【英　語】（40分）〈満点：45点〉

【注意】 リスニング試験（8～10）は試験終了**約5分前**から放送されます。

1 　最も強く読む部分が，左の単語と同じ語を（　）内から選び，記号で答えなさい。

1．de-ve-lop　（ア．pho-to-graph　　イ．con-cen-trate
　　　　　　　ウ．suc-cess-ful　　エ．hand-ker-chief）

2．bal-ance　（ア．chal-lenge　　イ．re-main
　　　　　　　ウ．in-clude　　エ．pro-vide）

2 　各組の英文の（　）に共通して入る単語を答えなさい。

1．She said she has a new videogame, but it was a (　　　).　She has a very old one.
　Don't (　　　) on the floor.　I haven't finished cleaning the room.

2．We changed our clothes and went home soon after our soccer game was (　　　).
　They crossed the bridge (　　　) the river.

3 　各組の文がほぼ同じ意味になるように，（　）に適当な語を入れたとき，（＊）に入る語を答えなさい。

1．I borrowed a DVD from my friend and am watching it.
　I'm watching a DVD (＊) I (　　　) from my friend.

2．Mika likes horror movies.
　Mika (　　　) (＊) of horror movies.

3．You can go home now.
　I'll (＊) you (　　　) home now.

4．It is not necessary to take a big backpack with you for the picnic.
　You (＊) (　　　) to take a big backpack with you for the picnic.

5．There are about 500 students in my school, while there are about 800 in my brother's school.
　My brother's school has about 300 (＊) students (　　　) mine.

4 　日本語の意味になるように並べかえたとき，A～Dに来るものを記号で答えなさい。ただし，文頭に来る語も小文字にしてあります。

1．私の母は，弁護士として働いていることを誇りに思っている。
　______ ______ ______ ___A___ ___B___ ______ ______.
　ア．a lawyer　　イ．proud　　ウ．as　　エ．is
　オ．of　　カ．my mother　　キ．working

2．私たちは，プロサッカー選手になるという彼の決心に驚いた。
　We ______ ______ ______ ___C___ ___D___ ______ ______.
　ア．to　　イ．a professional soccer player　　ウ．at　　エ．become
　オ．were　　カ．his decision　　キ．surprised

5 （ ）に入る最も適当なものを選び，記号で答えなさい。

1．I'm looking forward (　　) getting your text message and pictures.

ア．to　イ．for　ウ．into　エ．of

2．Have you seen the latest Disney movie (　　)?

ア．ever　イ．already　ウ．yet　エ．just

3．This is one of the most expensive (　　) we have in this store.

ア．the watch　イ．watch　ウ．the watches　エ．watches

4．A： Please feel (　　) to look around.

B： Thanks.

ア．like　イ．free　ウ．easy　エ．it

6 次の課題に対して15語以上の英語で自由に述べなさい。

Do you agree that high school students should join a club at school? Write your opinion and give one reason.

〈編集部注：次年度以降，解答に使用された課題からの引用に該当する部分は，問題で指定する語数に含めない予定である，と学校よりコメントがありました。〉

7 次の英文を読んで，問いに答えなさい。[*をつけたものには註があります]

"But I don't want to go to the party!" Sophia said.

"My darling, your cousin invited you to her party. You must go. Follow the road all the way there. Don't go off the road and don't lose your invitation card," her mother said, and put the golden envelope into Sophia's hand.

Sophia kissed her mother goodbye and got on her bicycle. Her cat Peaches began to follow her into the woods.

"No, Peaches. You can't come with me," she said.

"*Meow!" Peaches said.

"Well, OK, maybe the party will be fun with you."

She picked the cat up, put her in the basket, and rode into the forest.

Sophia liked the forest. Soon she saw the road leading to the party, but she really didn't want to go. Suddenly she noticed (1)<u>something</u>. In front of her, there were now two roads. One to her cousin's house and another strange one into the darker part of the forest.

"So strange! Peaches, look! There is another road! [　2　]"

They rode down the new road. The trees began to look scarier. The sky also changed from light blue to purple. Sophia suddenly felt colder. Snow began to fall from the purple sky.

"Wow, snow in June!"

There was a giant tree at the end of the road. It was larger than a house and had a bright red door. The door opened all by itself. Her cat began to meow loudly and jumped out of the basket.

"Peaches, come back!" Sophia shouted. But the cat was already inside the house.

Sophia looked inside. There was *a tunnel with a ladder. She walked closer. She could hear cheerful music coming from deep inside the tunnel. She could smell something delicious.

"Well, I can't go to my cousin's house without Peaches. I must go and find her."

She was very scared but decided to climb (　3　) the ladder, and followed the music. When she reached the bottom, there were animals dancing and playing instruments around a big fire. There were chairs and tables with lots of delicious food. The animals were having a secret party. There were bears, deer, foxes, rabbits and even birds. Sophia was surprised to see that they all wore clothes and were walking on two legs.

Suddenly the music stopped. The animals all looked at her.

"Why is a human here ?" asked a rabbit who was dressed in pants and holding a violin.

"I . . . I'm Sophia and I was just looking for my cat."

"Oh, you mean Mrs. Peaches. She is over there talking with a deer," explained a bear who wore a suit.

(4)Sophia was surprised to see her cat speaking to a deer while she was walking on two legs.

"I must be dreaming," Sophia said.

"Excuse me, but this is a private party. Do you and your guest have an invitation card ?" asked a grey fox wearing a hat and glasses.

Sophia was cold and hungry and she did not want to leave without her cat.

"I . . . I . . ." Then, she pulled out her cousin's invitation card and gave it to the fox.

"Let me see. Can anyone here (5) human ?" asked the old fox.

The animals shook their heads. Sophia got a good idea.

"Oh yes ! You see, it says here 'you are invited to the party' and . . . um . . . 'you may bring one guest with you.' My guest is Peaches !" she said.

"Well . . . OK then. Let's continue the party !" said the fox.

"Also, please find some clothes for Mrs. Peaches to wear," said the fox.

Sophia put her hat on Peaches's head and tied a ribbon from her hair around the cat's neck. The two sat side by side at a table.

"That was a good idea, Sophia," said Peaches.

Sophia did not think she would ever hear her cat speak.

They ate lots of delicious food.

Sophia danced all night with the animals. She learned a new dance from the rabbit. Suddenly she realized it must be late.

"Oh no. I forgot the time. I really must be going. Thank you all for your kindness. I had a wonderful time !"

Each animal gave her a hug.

"There is still something I don't understand," said Sophia to the grey fox. "Why didn't I notice this place before ?"

"Perhaps (6)you weren't looking for it," said the grey fox with a wink.

"Nice to meet you, Sophia. I hope you come again to our next party. Someday you must come back and teach us human," said one of the rabbits.

"Yes ! I promise I will."

Sophia and Peaches climbed out of the tunnel and went through the door back into the forest.

"Did you have fun, Peaches ?" Sophia asked. But Peaches was walking on four legs again like a normal cat. She meowed and *licked her paw. Sophia put Peaches in the basket of her bicycle and began to follow the road back home.

The forest looked normal again, and it was still morning. She could now see her house at the end of the forest.

"What a strange day," she thought.

（註） meow：ニャー(鳴き声)，ニャーと鳴く　　a tunnel with a ladder：はしご付きのトンネル
licked (<lick) her paw：前足をなめた

問１　下線(1)の表す内容を10〜20字の日本語で説明しなさい。(句読点を含む)

問２　[2] には「この道がどこに通じているのか確かめなくちゃ」という意味を表す英文が入る。下記を並べかえて英文を完成させたとき，A，Bに来るものを記号で答えなさい。

I ＿＿＿ ＿＿＿ ＿A＿ ＿＿＿ ＿B＿ ＿＿＿ ＿＿＿ ＿＿＿.

ア．it　　イ．where　　ウ．will　　エ．to see
オ．take　　カ．follow it　　キ．me　　ク．must

問３　空所(３)に入る語として最も適当なものを１つ選び，記号で答えなさい。

ア．down　　イ．from　　ウ．in　　エ．up

問４　下線(4)を日本語に直しなさい。Sophia はアルファベットで書くこと。

問５　空所(５)に入る語句として最も適当なものを１つ選び，記号で答えなさい。

ア．speak　　イ．invite　　ウ．listen to　　エ．read

問６　下線(6)の表す意味として最も適当なものを１つ選び，記号で答えなさい。

ア．You didn't ask anyone if there was a road.
イ．You didn't play any instruments at the party.
ウ．You didn't think there was a different road.
エ．You didn't keep your cat in your bicycle basket.

問７　本文の内容として正しいものを１つ選び，記号で答えなさい。

ア．Sophia はいとこのパーティーに行く途中で道に迷った。
イ．Sophia はネコを追いかけて森の中の大木の家に入った。
ウ．Sophia は動物たちのパーティーの招待状を持っていた。
エ．Sophia はパーティーのことは人に教えないと約束した。

［リスニング］

8　英文を聞き，それに続く文として最も適当なものを選び，記号で答えなさい。英文は一度だけ読まれます。

1．A．Sure.　Go ahead.　　B．Don't shut that.
　C．No.　It's already closed.　　D．Opening it is easy.

2．A．I can see it.　　B．He is holding it.
　C．Who?　The one in the jeans?　　D．It's difficult without glasses on.

3．A．You heard me.　　B．I still am.
　C．Yesterday was great.　　D．Yeah, they were thick.

4．A．How many nights are you staying?
　B．How many people are in your party?
　C．How long will you be there?
　D．How much will the activity cost?

5．A．OK.　I'll buy it next weekend.　　B．I can lend you my book instead.
　C．Was the book really good?　　D．I promise to give it to you by then.

9　英文に続き，質問文が読まれます。その答えとして最も適当なものを選び，記号で答えなさい。英文と質問文は一度だけ読まれます。

1．A．Mochi　B．Anko　C．Kurumi　D．Goma

2．A．She will do some exercising while watching television.
　B．She will do her homework while watching television.
　C．She will watch television while helping her mother.
　D．She will help her mother make dinner while exercising.

10　英文を聞き，何についての説明かを英単語で答えなさい。問題は全部で２問あります。英文は一度だけ読まれます。

＜リスニング問題放送原稿＞

8　英文を聞き，それに続く文として最も適当なものを選び，記号で答えなさい。英文は一度だけ読まれます。

1．May I open it？

2．Look！　There he is！

3．I hear that you were sick yesterday.

4．A：Hello.　Gold Coast Marine Sports Center.
　B：I would like to make a reservation for tomorrow night.

5．A：I'm sorry.　I forgot to bring the book you lent me.
　B：That's OK.　But I'll need it next weekend.

9　英文に続き，質問文が読まれます。その答えとして最も適当なものを選び，記号で答えなさい。英文と質問文は一度だけ読まれます。

1．There are four dogs in John's house.　Mochi has been there before John was born and is the oldest.　Anko is Mochi's child, and she recently gave birth to Kurumi, and she is still a puppy.　They also own Goma, and he was left in a box in front of their house a year ago.
Question：Which dog is the youngest？

2．The first thing Kim does after she comes home from school is homework.　After she finishes that, she has some time to watch television.　When she doesn't have club activities, she exercises while watching TV.　Her mother comes home around six, and together, they make dinner.　Today, however, she didn't have club activities because of rain, and she went to the library to do her homework with her friends.
Question：What will Kim most likely do first when she goes home today？

10　英文を聞き，何についての説明かを英単語で答えなさい。問題は全部で２問あります。英文は一度だけ読まれます。

1．This is a kind of animal.　It is similar to humans.　It is usually black, and it is the largest animal in our type.　The word begins with "g."

2．This is usually a large mountain with a hole on the top.　When it becomes active, hot liquid, rocks, and gasses come out from it, and causes great damage.　In Japan, there are many mountains of this kind, and the largest is Mt. Fuji.　The word begins with "v."

【数　学】（理科と合わせて60分）〈満点：40点〉

1　$\left(\frac{5}{2}\right)^2-\frac{3^2+4^2}{6}-\frac{4}{3}$ を計算し，記号で答えなさい。

ア．$\frac{3}{4}$　　イ．$\frac{5}{4}$　　ウ．$\frac{73}{12}$　　エ．ア～ウにはない

2　2次方程式 $x^2-3x-3=0$ を解き，記号で答えなさい。

ア．$x=\frac{-3\pm\sqrt{21}}{2}$　　イ．$x=3\pm\sqrt{21}$　　ウ．$x=3\pm2\sqrt{2}$　　エ．ア～ウにはない

3　大小2つのサイコロを同時に投げて，出た目をそれぞれ a，b とする。このとき，出た目の積 ab が4で割り切れる確率を記号で答えなさい。

ア．$\frac{1}{6}$　　イ．$\frac{11}{36}$　　ウ．$\frac{5}{12}$　　エ．ア～ウにはない

4　生徒が40人いるクラスで，1問1点である10点満点の小テストを行った。無作為に9人を選び，その9人の小テストの点数を並べると，

2，3，9，4，4，3，4，a，b　（a，b は $a \geqq b$ を満たす自然数）

となり，さらに箱ひげ図を作成したら以下のようになった。

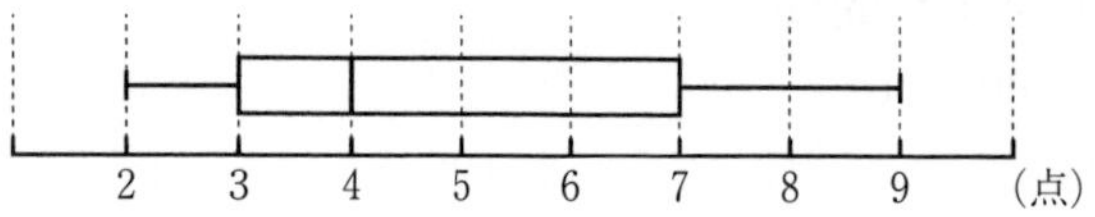

このとき，a，b の取りうる値の組合せを$(a,\ b)$の形ですべて求めなさい。

5　以下のように，偶数が上から n 段目に$(2n-1)$個並んでいる。

1段目　2
2段目　4　6　8
3段目　10　12　14　16　18
⋮
⋮

このとき，以下の問に答えなさい。

(1)　上から10段目の最後（一番右）の数字を求めなさい。

(2)　300は上から何段目，左から何番目にあるか，求めなさい。ただし，上から n 段目，左から m 番目であれば，$(n,\ m)$の形で答えなさい。

6　図の四角形ABCDは，∠ACBと∠CADが直角で，AC＝BC＝1，CD＝2を満たしています。また，△ABCと△ACDの外接円をそれぞれ O_1，O_2 とします。円周率を π として，以下の問に答えなさい。

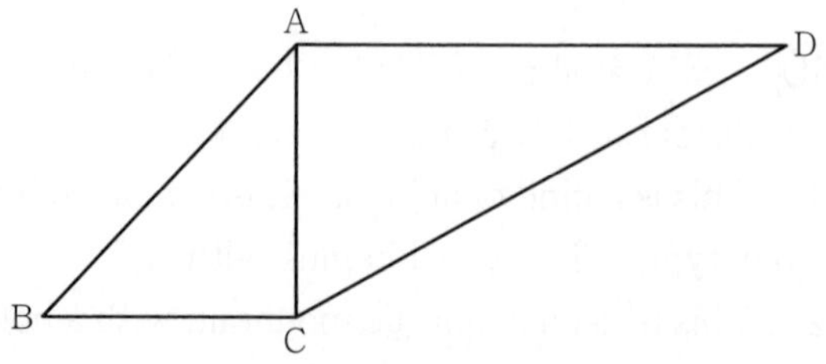

(1)　円 O_2 の面積は円 O_1 の面積の何倍であるか，求めなさい。

(2) 円 O_1 と円 O_2 の共通(重なる)部分 D の面積を求めなさい。ただし，解答欄の図に D を斜線で示し，面積を求める途中式を残すこと。

7 下図で，３本の平行な直線 l，m，n が放物線 C：$y=ax^2(a>0)$ と交わっており，交点D，E，Fの x 座標はそれぞれ２，３，４となっています。また，点BとF，点CとEはそれぞれ y 軸対称になっており，点Pは(6, 0)，点Gは $\left(0,\ \dfrac{8}{3}\right)$ となっています。このとき，以下の問に答えなさい。

(1) 定数 a の値を求めなさい。

(2) 直線 m の方程式を求めなさい。

(3) 面積比 △AQF：△CPR を求めなさい。

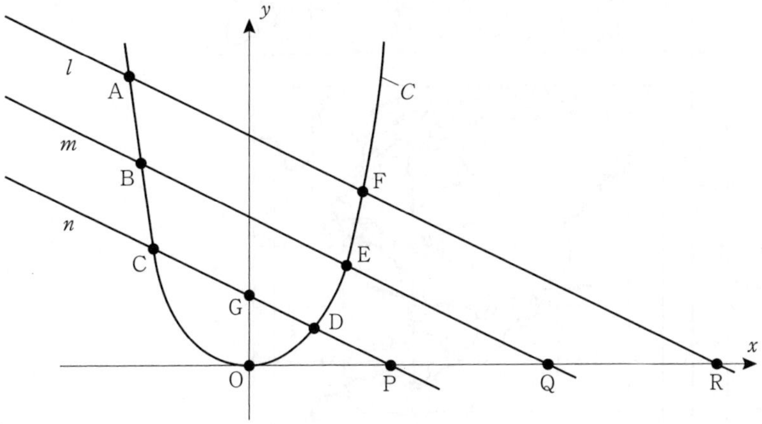

【社　会】（国語と合わせて60分）〈満点：35点〉

1　次の各問に答えなさい。

問1　以下の地図を利用して，問A～Cに答えなさい。

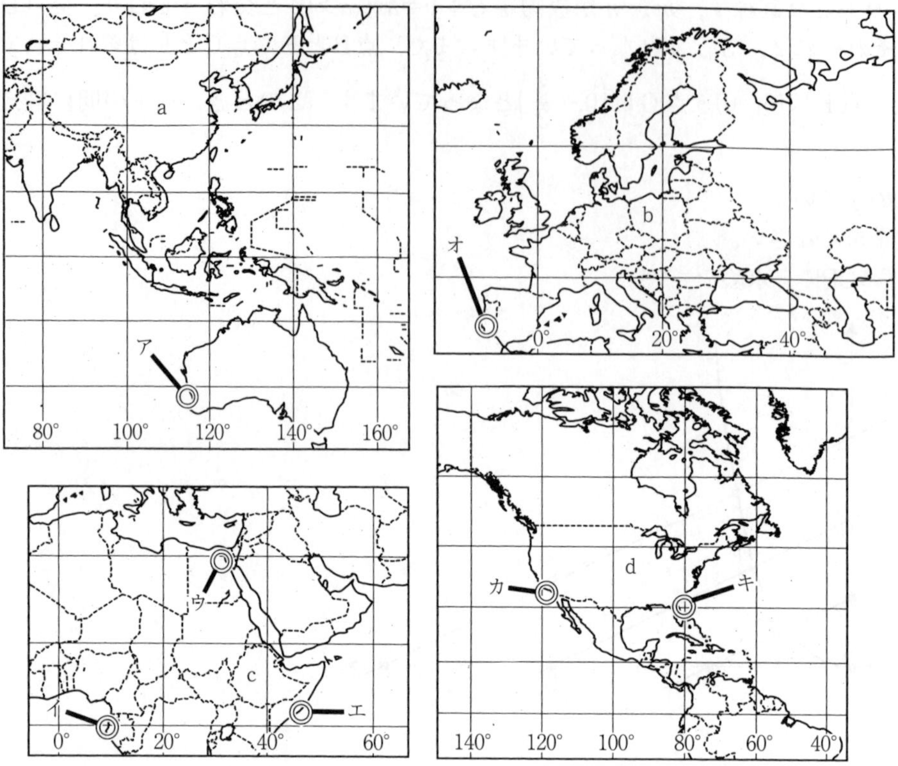

問A　文章中の私は東京都にいる。友人がいる国を地図中のａ～ｄの中から一つ選び，記号で答えなさい。　(1)（２点）

「私は友人と，日本標準時間11月11日午後５時，現地標準時間11月11日午前９時に電話をする約束をした。」

問B　大西洋に面している都市を地図中の◎ア～キの中から三つ選び，記号で答えなさい。

(2)（完答２点）

問C　地図中のａ～ｄの国に関する文章として正しいものを以下のア～エの中から一つ選び，記号で答えなさい。　(3)

ア．ａの国の首都は，南緯39度，東経116度付近にある。

イ．ｂの国の首都は，北緯52度，西経20度付近にある。

ウ．ｃの国の首都は，南緯９度，東経38度付近にある。

エ．ｄの国の首都は，北緯38度，西経77度付近にある。

問2　以下の地図に関する問Ａ・Ｂに答えなさい。

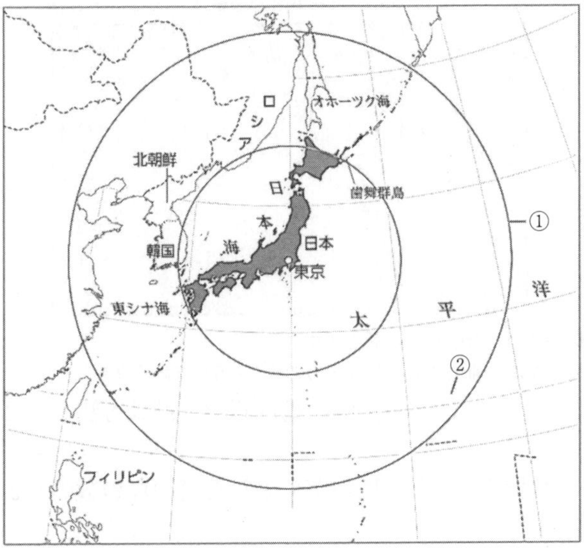

問A　地図中の円①の半径としてふさわしいものを以下のア～オの中から一つ選び，記号で答えなさい。 (4)

ア．500km　　イ．1,000km　　ウ．2,000km

エ．4,000km　　オ．6,000km

問B　地図中②の島は，日本の国土の最東端に位置する。この島の名称を漢字で答えなさい。 (5)

問3　以下の「記事」および「計数方法」，過去・現在の地図表現は，国土交通省国土地理院の報道発表をもとに作成したものである。これらに関する文章として正しいものを以下のア～エの中から一つ選び，記号で答えなさい。 (6)

「記事」

2023年２月28日，国土交通省の特別機関である国土地理院が日本の島の数を一定条件のもと数えた結果，14,125島となったことを発表した。これは，1987年に国土交通省の外局である海上保安庁が公表した6,852島と大きく異なっているが，これは測量技術の進歩による地図表現の詳細化が大きく影響していると考えられる。また，日本の国土面積は，電子国土基本図に基づき全ての陸地を計測していることから，2023年の公表した島の数が面積に影響することはなく，日本の領土・領海に影響を与えることはないとしている。

「計数方法」

１．法令等（離島振興法，有人国境離島法等）に基づく島を重複なく計数する。

２．１.のほか，国土地理院の※電子国土基本図を用いて，周囲長0.1km以上の海岸線で囲われた陸地を対象に計数する。

※２万５千分の１地形図の基となる地図データ

３．２.においては，自然に形成されたと判断できる陸地を計数の対象とする。なお，湖沼等内水面にある陸地は，計数の対象外とする。

国土地理院「我が国の島の数の計数方法」（2023年報道資料より）

過去の地図表現(1983年)

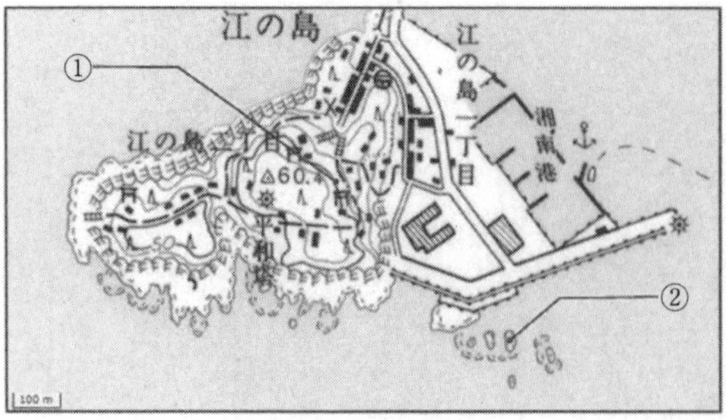

現在の地図表現(2023年)

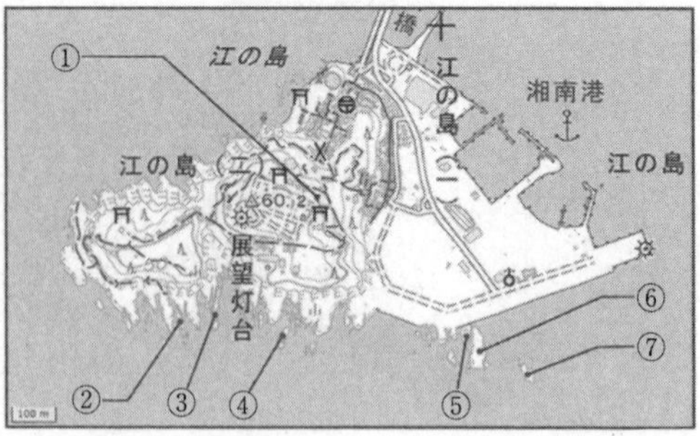

※両図中の①～⑦の数字は「周囲長 0.1km 以上の海岸線で囲われた陸地」の数を示す。

国土地理院「地図表現の詳細化による計数への影響」(2023年報道資料より)

ア．過去と現在の地図表現を比較すると表現がより細密になり，江の島周辺で「計数方法」の２に該当する島の数が増えていることがわかる。

イ．2023年，国土地理院が発表した島の数は，1987年に国土地理院が発表した際の島の数のおよそ２倍に増えている。

ウ．測量技術の進歩にともなう地図表現の詳細化によって，島と認定される陸地の数が増えたことによって，国土面積も拡大した。

エ．島の数が増えた理由として，地図表現の詳細化にともなう，湖沼内の陸地が島として認定されたことがあげられる。

問４　右の図に関する問Ａ・Ｂに答えなさい。

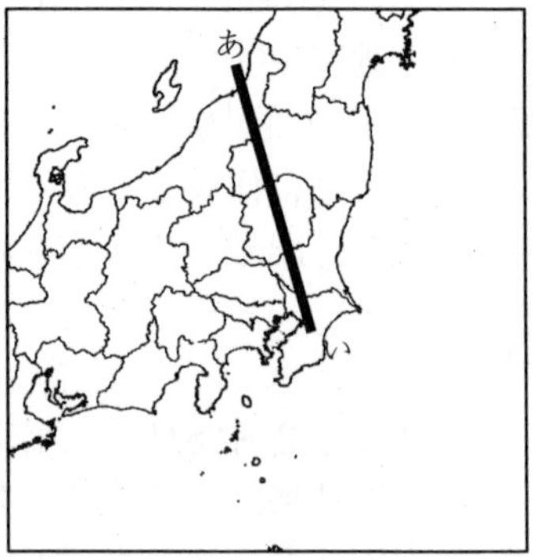

問Ａ　以下の表は，地図中「あ」と「い」を結ぶ，直線付近に位置する千葉市・新潟市・宇都宮市の各月と年間の降水量をあらわしている。新潟市の降水量を示すものを以下の表中①～③の中から一つ選び，数字で答えなさい。　(7)

	1月	3月	6月	7月	9月	10月	12月	年間降水量
①	120.5	87.5	172.5	223.5	123.0	117.5	400.0	2002.0
②	15.5	95.0	88.0	168.5	201.0	101.5	48.0	1427.5
③	5.0	79.5	83.0	259.5	293.5	106.0	31.0	1303.5

単位：mm　気象庁各種データ・資料2022年より作成

問Ｂ　地図中「あ」と「い」を結ぶ直線の断面として正しいものを以下のア～エの中から一つ選び，記号で答えなさい。　(8)

ア

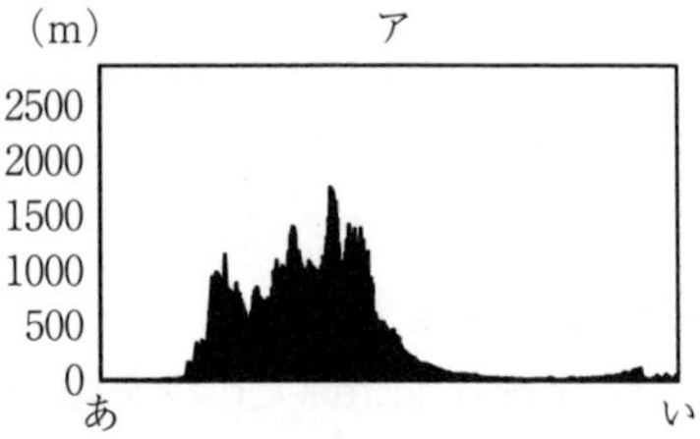

イ

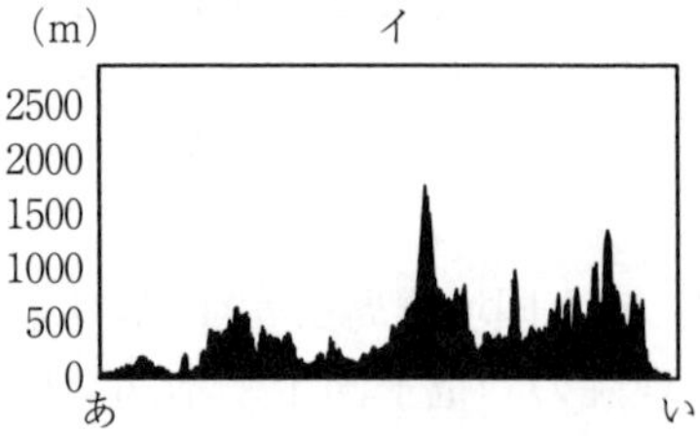

ウ

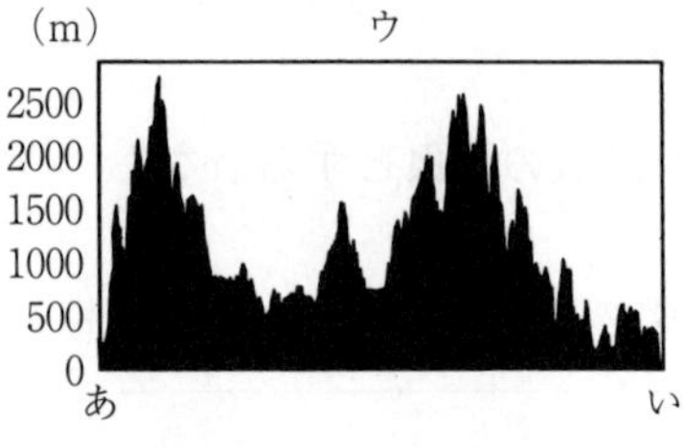

エ

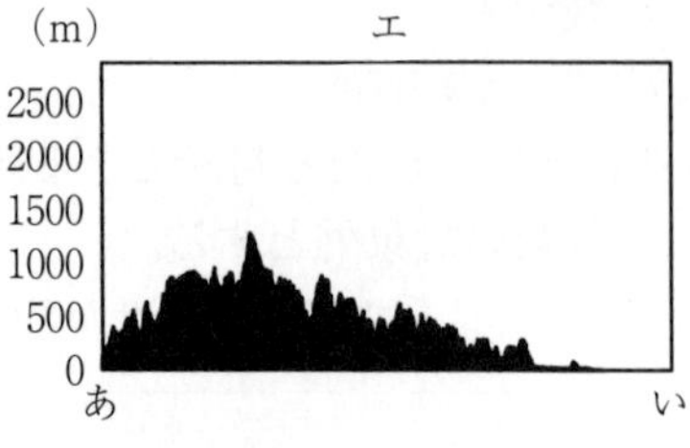

2　次の年表に関する各問に答えなさい。

年・西暦	日本・世界の出来事
607年	小野妹子が隋に派遣される
	a
894年	①菅原道真が遣唐使派遣の延期を意見した
	b
1334年	建武の新政がはじまる
	c
1612年	②キリスト教の禁教令を幕領に出した
	d
1950年	③金閣が放火で全焼した
	e
2008年	④リーマンショックが起きる

問1　[a] の期間に起きた出来事の説明として**誤っているもの**を以下のア～エの中から一つ選び，記号で答えなさい。　(9)

ア．聖武天皇が仏教の力で国家の災厄を鎮めようとした。

イ．後三条天皇が荘園の整理を行った。

ウ．桓武天皇が坂上田村麻呂を征夷大将軍に任じた。

エ．文武天皇が大宝律令を制定した。

問2　下線部①に関して，この人物に関連した文章として**誤っているもの**を以下のア～エの中から一つ選び，記号で答えなさい。　(10)

ア．藤原氏のはかりごとにより九州の大宰府に左遷された。

イ．学問にすぐれ，異例の出世をして右大臣に就任した。

ウ．和歌の作者としても著名であり『古今和歌集』を編集した。

エ．死後に天変地異が起こり，祟りを恐れて北野天満宮にまつられた。

問3　[c] の期間に起きた出来事として**誤っているもの**を以下のア～エの中から一つ選び，記号で答えなさい。　(11)

ア．朝廷が南北に分かれて対立することとなった。

イ．分国法により，武士や農民を支配しようとした。

ウ．京都の大半が焼け野原となった応仁の乱が起きた。

エ．島原・天草一揆が起き，幕府は大軍を送って鎮圧した。

問4　下線部②に関して述べた文章ｘ・ｙについて正誤の組み合わせとして正しいものを以下のア～エの中から一つ選び，記号で答えなさい。　(12)

ｘ．幕領におけるキリスト教の禁止がなかなか徹底できなかったために，日本人の帰国・海外渡航の全面禁止に合わせて全国にも禁教令を拡大した。

ｙ．神への信仰を重んじるキリスト教の考え方が幕府支配の妨げになること，スペイン・ポルトガルの侵略も懸念されたことが背景にあった。

ア．ｘ－正　ｙ－正

イ．ｘ－正　ｙ－誤

ウ．ｘ－誤　ｙ－正

エ．ｘ－誤　ｙ－誤

問５　下線部③に関して，京都への修学旅行に向けて探究活動をしていた生徒と先生との会話文を読んで，空欄 X ・ Y に入る語の組み合わせとして正しいものを以下のア～エの中から一つ選び，記号で答えなさい。 ⒀

先　生：サヤカさんの班の研修先は決まりましたか。

サヤカ：金閣寺と銀閣寺に行く方向でまとめています。

先　生：なるほど。その二つのお寺なんだけど，正式名称は何というか知っていますか。

サヤカ：はい。金閣寺は鹿苑寺で，銀閣寺は慈照寺です。

先　生：その通り。ではカズヤ君に質問です。どちらのお寺も足利将軍と関係が深いけど X 貿易を始めた３代将軍が建てたのはどちらかな。

カズヤ：金閣です。

先　生：そして，その金閣は放火にあっていて，その事件から三島由紀夫がまさに「金閣寺」という小説を書いているね。

カズヤ：はい。興味があって読んでみました。三島という人にも興味をもったので調べてみるとノーベル文学賞を受賞した Y を師と仰いでいたことを知りました。

サヤカ：そうなんだ。だったら，今度班の中で，その話をしてくれる？

先　生：そうした形で話題が広がれば京都への旅行も深みが出てくるね。

ア．X－日明　Y－川端康成

イ．X－日宋　Y－大江健三郎

ウ．X－日明　Y－大江健三郎

エ．X－日宋　Y－川端康成

問６　下線部④に関して，リーマンショックにより世界各国の株式市場では株価の急落が見られた。現在の日本の株式市場に関する文章として正しいものを以下のア～エの中から一つ選び，記号で答えなさい。 ⒁

ア．日本銀行だけは日本国内の株式を無制限に直接買いとることができる。

イ．外国法人等の株式保有比率は国内個人投資家の株式保有比率を上回っている。

ウ．個人でも外国の株式を買うことは，日本銀行を通じてのみ可能である。

エ．アベノミクスで最高値を付けた日経平均株価はその後の長引く不況のため，いまだ更新されていない。

問７　年表中ａ～ｄの期間にあてはまるものを以下のア～エの中から一つずつ選び，記号で答えなさい。 ⒂（完答２点）

ア．尾形光琳が「燕子花図屛風」を描いた。

イ．狩野永徳が城などにきらびやかな絵を描いた。

ウ．厳島神社の社殿が大きく整備された。

エ．興福寺の阿修羅像が制作された。

問８　ｅの時期に起きた出来事あ～え を古いものから順に正しく並べているものを以下のア～クの中から一つ選び，記号で答えなさい。 ⒃（２点）

あ．沖縄が日本に復帰する。　　い．阪神・淡路大震災が起こる。

う．国会周辺で安保闘争が起こる。　　え．日本が国際連合に加盟する。

ア．あ－い－う－え　　イ．あ－う－え－い　　ウ．あ－う－い－え

エ．あ－え－い－う　　オ．え－あ－い－う　　カ．え－い－あ－う

キ．え－う－あ－い　　ク．え－う－い－あ

3　次の各問に答えなさい。

問1　以下の説明文①・②を読み，問A・Bに答えなさい。

> 説明文①
> 　消費者余剰とは，消費者が支払っても良いと考えている価格(支払意思額)と，実際に払っている価格との差のことである。実際に支払っている価格が同じだとすると，支払意思額が大きいほど消費者余剰も大きいことになる。

> 説明文②
> 　GDP は国内で一定期間内に新たに生産されたモノやサービスの付加価値の合計額であり，原則として，価値額は市場取引ベースで計上される。よって，市場で取引されないモノ・サービスについては，GDP に含まれない。

問A　説明文①で説明されている「消費者余剰」を表す部分を右の図中ア～エの中から一つ選び，記号で答えなさい。　(17)　(2点)

ある商品の需要供給曲線

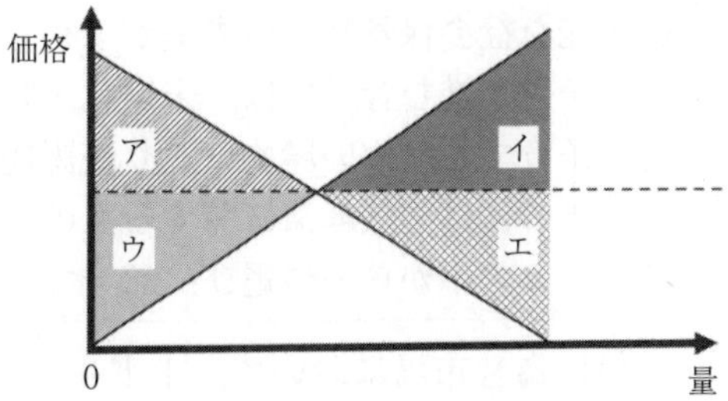

問B　説明文①及び②の文章から導き出される文章として正しいものを以下のア～エの中から一つ選び，記号で答えなさい。　(18)

ア．A国の企業がB国の現地工場で生産・販売した商品は，A国の GDP に含まれる。

イ．ある国に住む家族が，自身の家庭内において行う育児や介護に関わる行為は，その国の GDP に含まれる。

ウ．消費者余剰は消費者の主観的な満足度によるところが多く，GDP の数値に十分反映することが出来ない。

エ．消費者余剰は生産者の主観的な満足度によるところが多く，GDP など従来の枠組みでは十分にとらえきれない。

問2　現代の核兵器をめぐる状況に関して述べた文章として正しいものを以下のア～エの中から一つ選び，記号で答えなさい。　(19)

ア．NPT 体制とは核保有を認められた国々による核技術の向上や発展を禁止するために作られた取り組みである。

イ．米国の圧倒的な核抑止力によって世界の核保有国は減少し，核戦争が起こる可能性も大幅に低下した。

ウ．NATO 加盟国内では，アメリカの核兵器を同盟国で共有して運用する「核共有」という仕組みがとられている。

エ．核兵器禁止条約には，日本をはじめ核兵器使用の禁止を訴える国々が参加している。

問3　以下の説明文に該当する省庁の名称を答えなさい。　(20)

> 　2021年9月，政府は行政機関を新設した。これは，国や地方公共団体の情報システムを整理・統合し，国民の利便性の向上を目指すために設置された。

問4　国の権力を立法権・行政権・司法権の三つに分ける仕組みを三権分立という。右の図は日本の権力分立の仕組みを示している。図中の①の矢印の内容として正しいものを以下のア～エの中から一つ選び，記号で答えなさい。　(21)

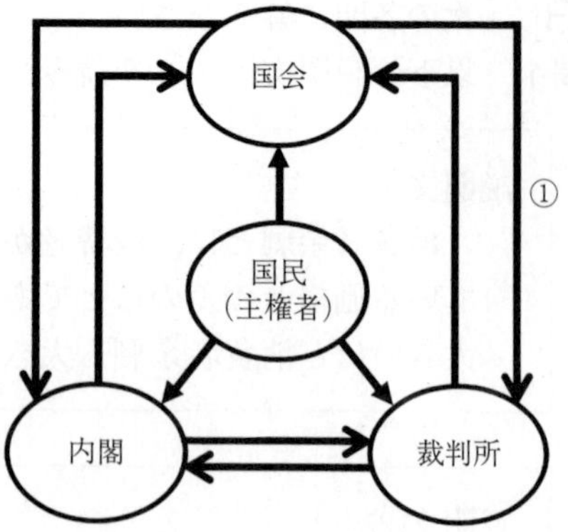

ア．内閣総理大臣の指名

イ．最高裁判所裁判官の国民審査

ウ．最高裁判所長官の指名

エ．弾劾裁判

問5　日本の少子高齢化に関する説明として**誤っているもの**を以下のア～エの中から一つ選び，記号で答えなさい。　(22)

ア．65歳以上の人口が占める割合を高齢化率という。2007年に高齢化率が21.5％に到達し，超高齢社会にさしかかったとされている。

イ．一人の女性が産む子どもの平均人数を表した数値を，合計特殊出生率という。2022年の合計特殊出生率は2.1であり，減少傾向がつづいている。

ウ．高齢化が進むと，年金や医療保険における支出が増加する。労働者の人口が減少する中で，持続可能な社会保障制度の構築が求められている。

エ．少子化が進む背景には，未婚化・晩婚化による出生数の減少がある。そのため少子化対策として，子育てしやすい環境づくりが課題となっている。

問6　以下の文は国際経済に関するものである。空欄に入る語句の組み合わせとして正しいものを以下のア～カの中から一つ選び，記号で答えなさい。　(23)（2点）

> 外国為替市場において，1ドル＝100円から1ドル＝150円に変わった場合，円の値打ちが[　a　]ことになる。いわゆる[　b　]の現象といえる。
> ところで，日本にとって[　c　]は外国商品の需要が増大することになる。また，外国が日本の製品を購入しにくくなるので，貿易収支の[　d　]を招く。

ア．a－上がった　b－円安　c－円高　d－黒字

イ．a－下がった　b－円高　c－円安　d－赤字

ウ．a－上がった　b－円高　c－円安　d－黒字

エ．a－下がった　b－円安　c－円高　d－黒字

オ．a－上がった　b－円高　c－円安　d－赤字

カ．a－下がった　b－円安　c－円高　d－赤字

問7　以下の文a～dで述べられている語句の組み合わせとして正しいものを一つ選び，記号で答えなさい。　(24)

a．国や地方公共団体は，国民や住民の生活を暮らしやすくするために，医療や福祉などの社会保障や道路・橋・公園などを造る公共事業などの様々な形でお金を使っている。

①　国債発行　　②　金融政策　　③　財政政策

b．発展途上国や戦災・災害をうけた子どもたちの援助を行う国連機関で，1984年から黒柳徹子さんが親善大使を務めている。

①　UNICEF　　②　UNESCO　　③　UNHCR

c．高齢者や障がいのある人なども含めたすべての人が区別されずに普通に生活できる社会をめざす考え。

①　ワークライフバランス　　②　ノーマライゼーション　　③　ユニバーサルデザイン

d．欧米先進国から，日本には特殊な雇用・就労関係があると指摘されてきた。

① 学歴・縁故　② 同業者組合　③ 年功序列賃金

ア．a－①　b－②　c－③　d－②
イ．a－②　b－③　c－①　d－①
ウ．a－③　b－①　c－②　d－③
エ．a－①　b－③　c－①　d－①
オ．a－②　b－②　c－②　d－③
カ．a－③　b－①　c－③　d－②

4　次の文章を読んで以下の問に答えなさい。

近年，生成AIの利用に関して，大きな論議が巻き起こっている。世界において，ある学者は画期的な技術だと言い，別の学者は人類に危機をもたらす技術だと話し，政治家や企業の人たちの間でも評価が分かれている。そのような状況の中で日本の教育をあずかる文部科学省も学校においてどう向き合えばよいのか対応に追われている。

しかしながら，現在インターネットなしでの生活は考えられないように，近い将来にはどうやら生成AIなしでは考えられない生活になると思われる。そうであるとすれば，私たちはどのような点を注意すればよいだろうか。以下の【事例】を読んで問に答えなさい。

【事例】
社会の夏休みの宿題として，「住んでいる町の人口推移と農地の減少を示すデータを活用して，町の振興策を考えなさい」というテーマが出された。担当の先生からは，「生成AIを上手く活用しながら取り組みなさい。」との指示が出ていた。それゆえ，まず最初に生成AIに質問したところ，自分では考えもつかない回答が出てきたので，それを写して提出した。

問1　生成AIの活用に関して，宿題への対応として適切でないと考える点を上記の【事例】の中から指摘しなさい。　㉕　（2点）

問2　先生の指示にあった生成AIを「上手く活用しなさい」というのは，どのように捉えるのが適切か。具体的な活用の事例を述べなさい。
※解答欄に収まるよう過不足なく記述すること。　㉖　（3点）

【理　科】（数学と合わせて60分）〈満点：35点〉

問1　花子さんは鏡の見え方を調べるために，次の実験を行った。以下の問いに答えなさい。

図のA点で，花子さんが垂直な壁に取り付けられた鏡に映った自分の姿を見たところ，自分の上半身が映っていた。花子さんは，身長が164cm，目の高さが床から152cmである。

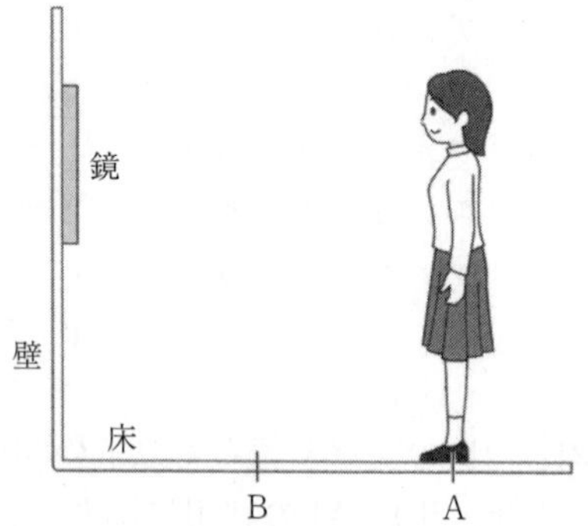

(1)　図のA点で，花子さんが鏡に映った自分の頭の先端を見るためには，鏡の上端を少なくとも床から何cmの高さにすればよいか。

(2)　花子さんが図のA点からB点に移動したとき，鏡に映る自分の姿の変化として，正しいものをア～ウの中から1つ選び，記号で答えなさい。

ア　自分の見える部分が増えた。
イ　自分の見える部分が減った。
ウ　自分の見える部分は変わらない。

次に，花子さんは妹と並んで立って真正面の鏡を見て，鏡の高さを動かした。妹は身長が158cm，目の高さが床から142cmである。

(3)　花子さんから見ても妹から見ても，鏡に映った2人の全身を見るためには，鏡の上下の長さは少なくとも何cm必要か。

問2　10Ω，R[Ω]の抵抗器を用いて，図1，2の回路を作った。図1，2の回路に同じ値の電圧をかけたときb点を流れる電流の大きさはa点を流れる電流の大きさの4倍だった。R[Ω]の値は何Ωか。

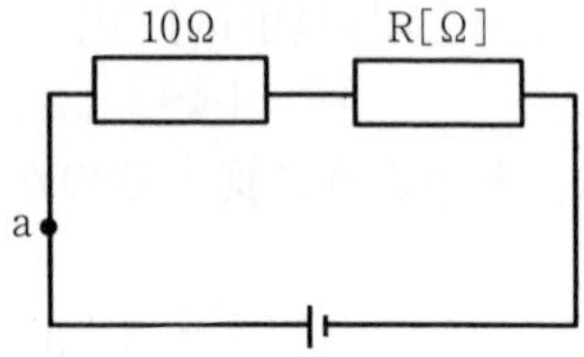

図1

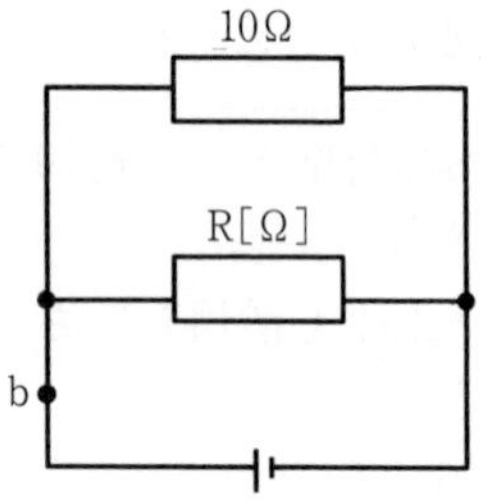

図2

問3　図1は自転車の発電機の模式図である。この発電機内にある磁石を(a)～(d)のように回転させたとき，図(b)，(d)の点①，②に流れる電流の向きをア～エの中から1つ選び，記号で答えなさい。

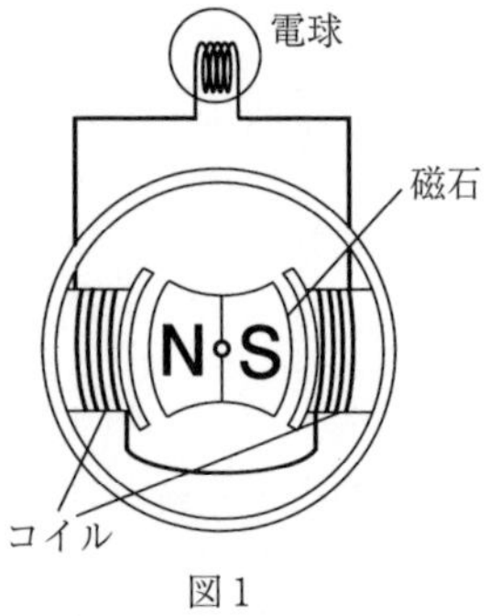

図1

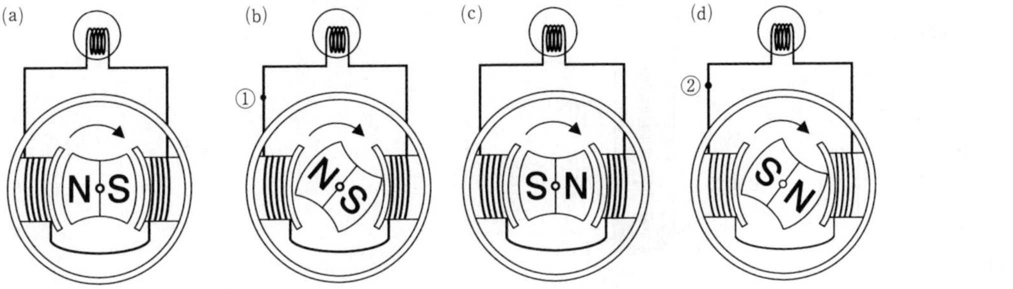

ア　①　↑　②　↑　　イ　①　↑　②　↓
ウ　①　↓　②　↑　　エ　①　↓　②　↓

問4　水中の物体が受ける水圧の大きさを表す図として最も適当なものを，ア～カの中から1つ選び，記号で答えなさい。

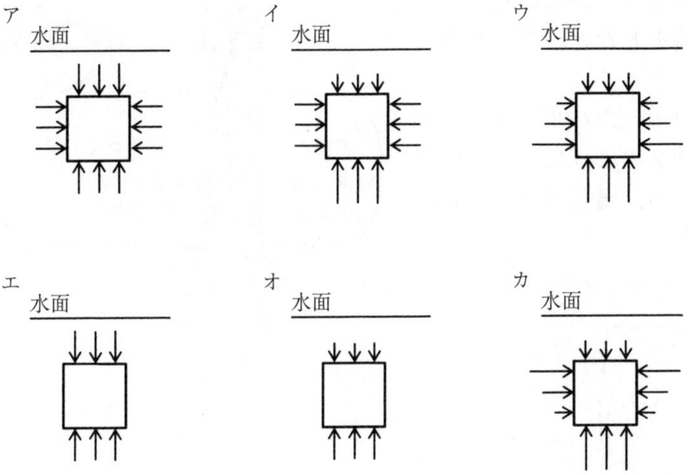

問5　伸縮しない長さL[m]のひもに物体を取り付けた振り子について，物体を最上点Aまで持ち上げて静止させ，静かに手を放した。物体が最下点Oを通過した瞬間の運動エネルギーはK[J]であった。

最下点Oからの高さh[m]と，物体の運動エネルギー[J]の関係をグラフで表しなさい。

ただし，A点の基準面からの高さをL[m]とする。

また，位置エネルギーは次式で表すことができる。

位置エネルギー[J]＝物体にはたらく重力の大きさ[N]×基準面からの高さ[m]

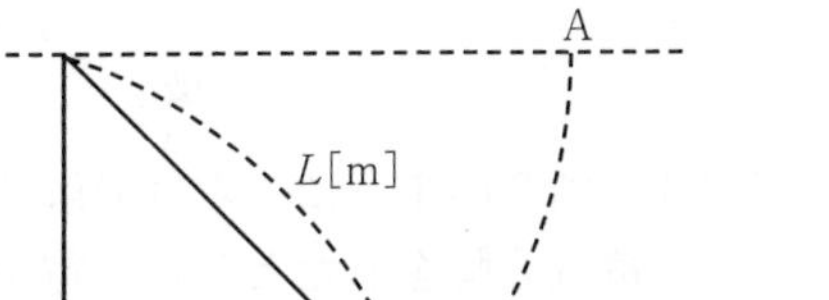

問6　電子てんびんを用い，金属Xの質量をはかったところ，200gであった。図1のように水を50cm^3入れた器具Aに，金属Xを入れて体積をはかったところ図2のようになった。以下の問いに答えなさい。

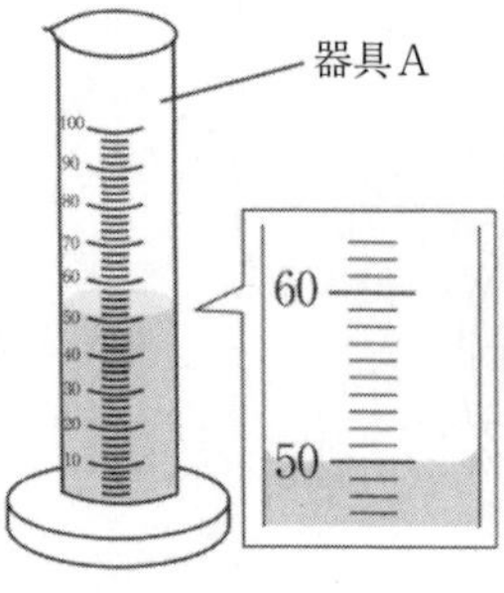

図1

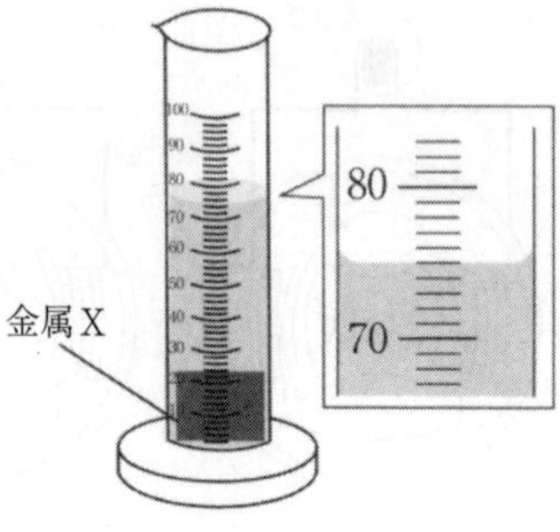

図2

(1) 器具Aの名称を答えなさい。

(2) 金属Xの密度は何 kg/m^3 か。

問7 次の実験について，以下の問いに答えなさい。

実験1 図1のように，電気分解装置にうすい水酸化ナトリウム水溶液を満たし，電気分解をしたところ，電極A，Bで気体が発生した。

実験2 電極A，Bで発生した気体を塩化コバルト紙を入れたポリエチレン袋に集めて，図2のように点火用電極を取り付けた。点火をしたところ，塩化コバルト紙は青色から赤色(桃色)に変化した。

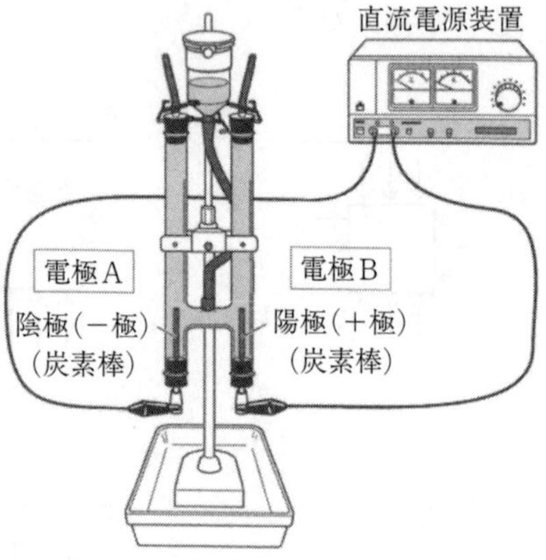

図1

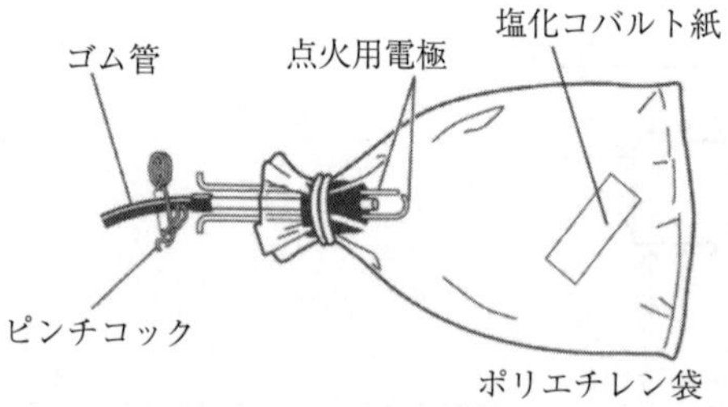

図2

実験3 図3のように，電気分解装置にうすい塩酸を満たし，電気分解をしたところ，電極C，Dで気体が発生した。

(1) 実験2で塩化コバルト紙を入れた目的として，最も適当なものを，ア～オの中から1つ選び，記号で答えなさい。

ア 水素と酸素が生じたことを確認するため。

イ 酸素がなくなったことを確認するため。

ウ 塩素が発生したことを確認するため。

エ 水が生じたことを確認するため。

オ 多量の熱が発生したことを確認するため。

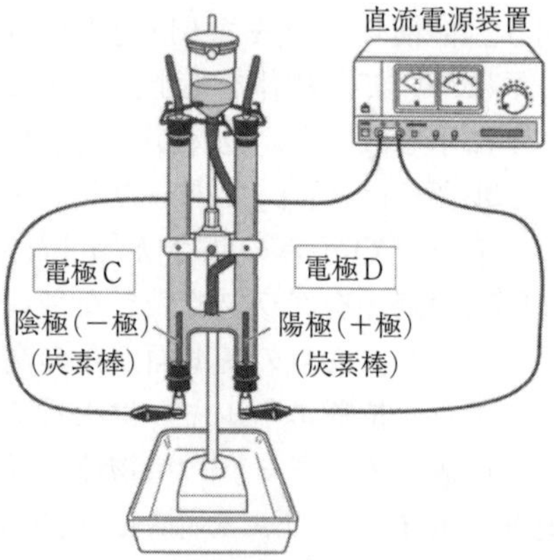

図3

(2) 電極A～電極Dに関する記述で正しいものをア～カの中から**すべて**選び，記号で答えなさい。

ア 電極Aと電極Cから発生する気体は同じである。

イ 電極Bと電極Dから発生する気体は同じである。

ウ 電極Bから発生した気体を容器に集め，火のついた線香を入れると，線香が炎を出して激しく燃える。

エ 電極Cから発生した気体を容器に集め，火のついた線香を入れると，線香が炎を出して激しく燃える。

オ　電極Dから発生する気体は，溶液中の陽イオンが電極Dに引き寄せられることで生じる。

カ　電極Dから発生する気体は，溶液中の陰イオンが電極Dに引き寄せられることで生じる。

問8　水溶液，イオンの性質を調べるために実験1，2を行った。以下の問いに答えなさい。

実験1　図のように食塩水で湿らせたろ紙の上に，食塩水で湿らせた青色リトマス紙と赤色リトマス紙を置き，両端をクリップで止めた。青色リトマス紙，赤色リトマス紙の中央にそれぞれうすい硫酸とうすい水酸化バリウム水溶液を1滴落としたところ，2つのリトマス紙はともに変色した。(a)その後，両端のクリップを電源装置につないで電流を流したところ，変色した部分が広がった。

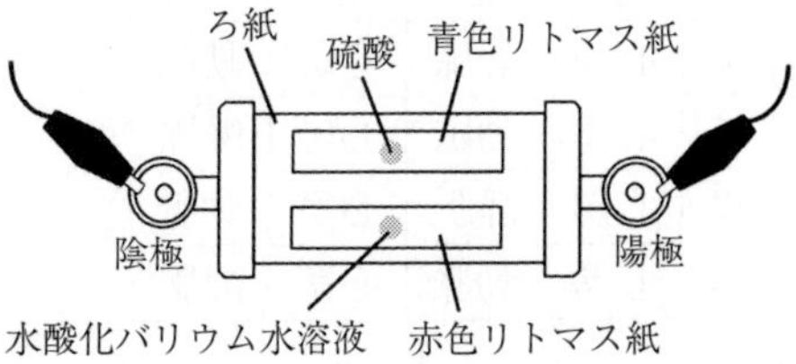

(1)　水酸化バリウムの電離のようすを化学式を使って表しなさい。

(2)　下線部(a)について，それぞれのリトマス紙の陰極，陽極のどちら側に変色した部分が広がったか。正しい組み合わせをア～エの中から1つ選び，記号で答えなさい。

	青色リトマス紙	赤色リトマス紙
ア	陰極側	陰極側
イ	陰極側	陽極側
ウ	陽極側	陰極側
エ	陽極側	陽極側

(3)　青色リトマス紙が変色した要因となったイオンを化学式で答えなさい。

実験2　試験管A～Eに下表に示す体積の同じ濃度の水酸化バリウム水溶液を加えた。次に，下表に示す体積の同じ濃度の硫酸を加えてよくかき混ぜたところ，試験管B～Eでは白色沈殿が生じた。

	試験管A	試験管B	試験管C	試験管D	試験管E
水酸化バリウム水溶液[cm^3]	10	10	10	10	20
硫酸[cm^3]	0	2	4	6	6
白色沈殿の質量[g]	0	0.2	0.4	0.4	X

(4)　試験管Eの白色沈殿の質量Xを求めなさい。

問9　次の①～③に示す植物の特徴について，2つ以上にあてはまる植物を，下のア～クの中から**すべて**選び，記号で答えなさい。

①　胞子を形成して子孫を増やす植物

②　胚珠がない，または胚珠が子房に包まれていない植物

③　維管束がない植物

ア　イヌワラビ　　イ　イチョウ　　ウ　トウモロコシ

エ　ゼニゴケ　　オ　スギナ　　カ　アブラナ

キ　マツ　　ク　アサガオ

問10　ヒトの心臓のはたらきと血液循環のしくみについて，次の空欄(①)～(④)にあてはまる語の組み合わせとして，最も適当なものをア～エの中から1つ選び，記号で答えなさい。

(①)が広がり，(②)から血液が流れ込む。

↓

(　①　)が収縮し，(　③　)に血液が流れ込む。
↓
(　③　)が収縮し，(　④　)に血液が流れ出る。

	①	②	③	④
ア	心室	静脈	心房	動脈
イ	心室	動脈	心房	静脈
ウ	心房	静脈	心室	動脈
エ	心房	動脈	心室	静脈

問11　ある植物にはふ入りの葉をもつものがある(図１)。このふ入りの葉を暗所に一晩置いた後，図２のように葉の一部をアルミはくで覆い，数時間日光を当てた。この葉を温めたエタノールに浸して脱色し，葉を取り出して水洗いした後，ヨウ素液につけて葉の色の変化を観察した。

図１

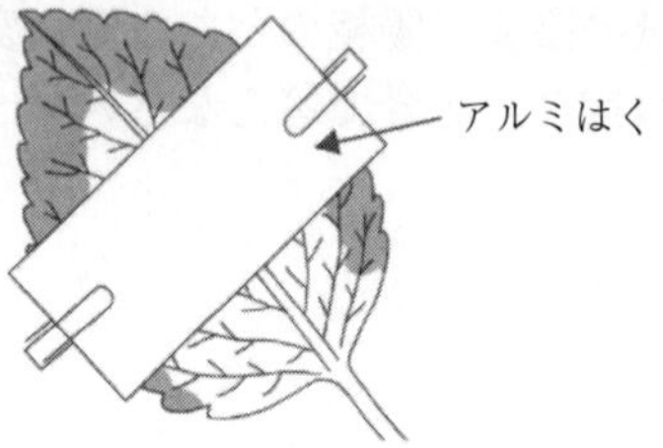

図２

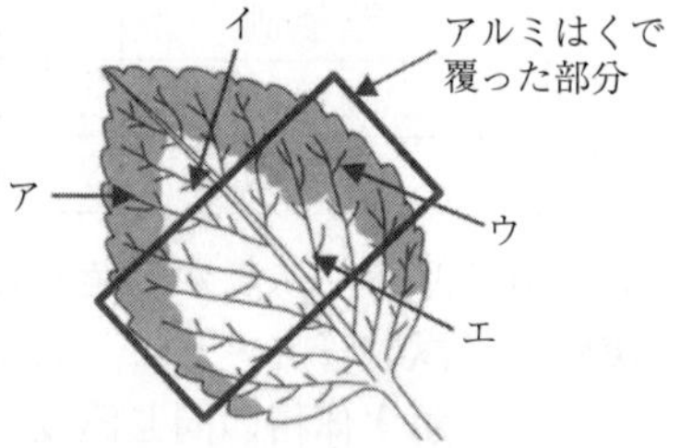

右図は，図１にアルミはくで覆った位置を四角で表したものである。「光合成は葉の緑色の部分で行われている」ことは，右図のア～エのうちどの部分の結果を比較することでわかるか。ア～エの中から２つ選び，記号で答えなさい。

問12　被子植物の果実と種子は，花のどの部分が変化してできたものか。図中のア～オの中からそれぞれ１つずつ選び，記号で答えなさい。

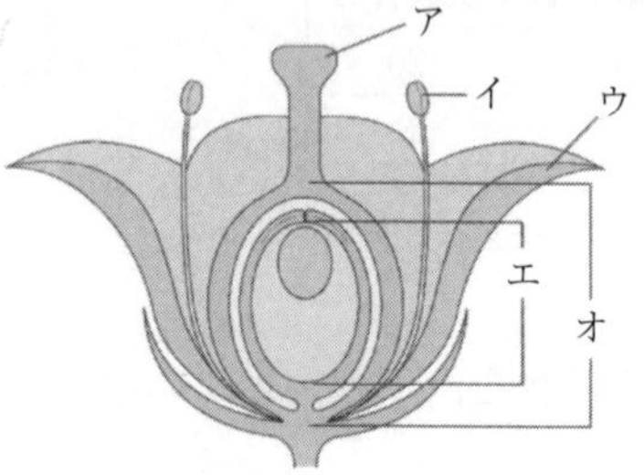

問13　エンドウの種子の形状には，丸としわの形質がある。丸としわのエンドウを親として交配したところ，①生じた次代である種子はすべて丸であった。この種子を育てて自家受精させたところ，②生じた次代の種子には丸としわの両方があった。この後，すべての種子について自家受精を繰り返す実験を行った。

下線部①の種子を１世代目として，２代後(３世代目)の種子に占める，しわの種子の割合はどのようになるか。最も簡単な分数で表しなさい。

問14　図は，岩手県綾里で観測された，大気中の二酸化炭素濃度の変化を表したものである。二酸化炭素をはじめとした，ある種の気体の濃度上昇によって起こる，地球規模の気温上昇を何というか。

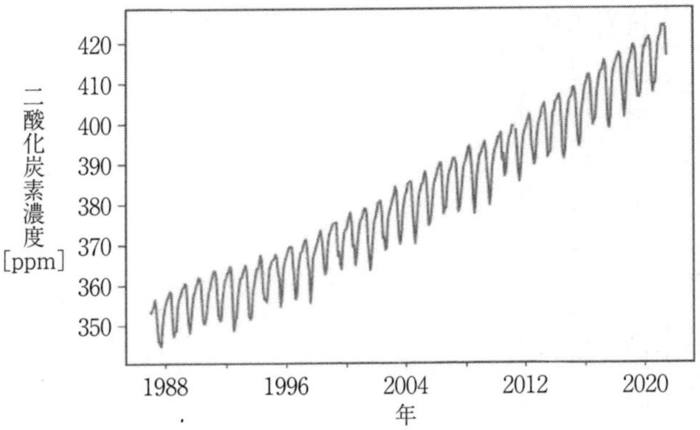

問15　次のア～エの記述のうち**誤っているもの**を１つ選び，記号で答えなさい。

ア　雲ができるのは，空気が上昇して温度が下がると空気中の水蒸気の一部が小さな水滴や氷の粒になるためである。

イ　寒冷前線付近では，寒気が暖気を押し上げるように進み，積乱雲が発生しやすい。

ウ　温暖前線付近では，暖気が寒気の上にはい上がるように進むので，前線面の傾きがゆるやかで，広い範囲にわたって雲ができる。

エ　高気圧の中心付近では，まわりから吹き込んだ大気が上昇気流になるため，雲が発生しやすい。

問16　次の⑴，⑵の記述の正誤について，正しい組み合わせをア～エの中から１つ選び，記号で答えなさい。

⑴　乾湿計において，乾球温度計と湿球温度計の示す温度が等しいとき，湿度は100％である。

⑵　北東から南西に吹く風を南西の風という。

ア　⑴　正　⑵　正

イ　⑴　正　⑵　誤

ウ　⑴　誤　⑵　正

エ　⑴　誤　⑵　誤

問17　次の文の空欄にあてはまる語の組み合わせとして，最も適当なものをア～エの中から１つ選び，記号で答えなさい。

台風は熱帯地方で発生した低気圧が発達したものである。日本付近では，低気圧の地表付近を吹く風は，時計の針の動きと（　１　）向きに回るように，低気圧の中心へ吹き込んでいる。夏から秋にかけて発生した台風は小笠原気団のふちに沿って（　２　）に向かう傾向が強い。

ア　（１）　同じ　（２）　北東

イ　（１）　反対　（２）　北東

ウ　（１）　同じ　（２）　北西

エ　（１）　反対　（２）　北西

問18　次のア～エの記述のうち**誤っているもの**を１つ選び，記号で答えなさい。

ア　初期微動継続時間から，震源からのおおよその距離を求めることができる。

イ　マグニチュードは地震そのものの規模を表す。

ウ　海溝型地震の方が，内陸型地震より震源が浅い。

エ　震源からの距離が長いほど，地震によるゆれは小さくなる。

問19　昭和新山は，傾斜が急で盛り上がった形をしている。昭和新山の特徴として，正しい組み合わせをア～クの中から１つ選び，記号で答えなさい。

	マグマの粘りけ	噴火の様子	溶岩の色
ア	強い	激しい爆発を伴う	白っぽい
イ	強い	激しい爆発を伴う	黒っぽい
ウ	強い	爆発的にはならない	白っぽい
エ	強い	爆発的にはならない	黒っぽい
オ	弱い	激しい爆発を伴う	白っぽい
カ	弱い	激しい爆発を伴う	黒っぽい
キ	弱い	爆発的にはならない	白っぽい
ク	弱い	爆発的にはならない	黒っぽい

問20 北緯 35° の地点における夏至の太陽の南中高度は何度か。

ただし，地軸は地球の公転面に対して垂直な方向から 23.4° 傾いているものとする。

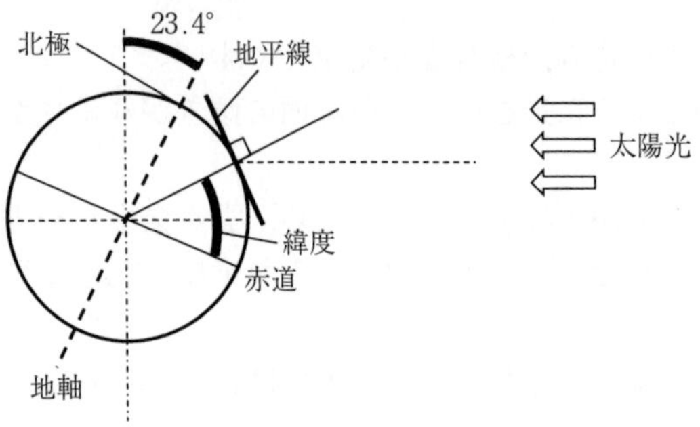

問21 地球，月の運動について，地球の自転の向き，地球の公転の向き，月の公転の向きの組み合わせをア～クの中から１つ選び，記号で答えなさい。

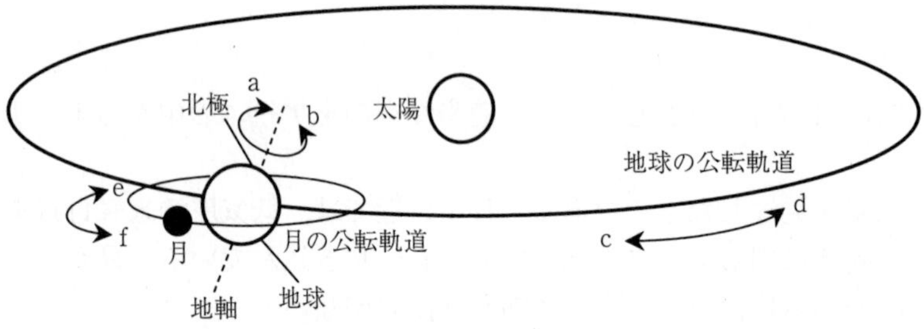

	地球の自転の向き	地球の公転の向き	月の公転の向き
ア	a	c	e
イ	a	c	f
ウ	a	d	e
エ	a	d	f
オ	b	c	e
カ	b	c	f
キ	b	d	e
ク	b	d	f

問22 次のア～オの記述のうち，**誤っているもの**を**すべて**選び，記号で答えなさい。

ア 太陽系において，恒星に分類されるのは太陽のみである。

イ　太陽から最も離れた惑星は冥王星である。
ウ　地球の衛星は月だけである。
エ　地球と木星の密度を比べると，地球の方が密度が小さい。
オ　太陽系の中で主に岩石からできている惑星は４つある。

ウ　大山鳴動　　エ　叩頭《こうとう》三拝

Ⅱ　莫《なシ》大《ナルハ》＊乎　與《と》人　為《スヨリ》善《ヲ》。　（『孟子』）

＊乎…置き字（読まない字）。

〔書き下し文〕　人と善を為すより大なるは莫し。

問一　右の漢文に、書き下し文を参考にして返り点を付けなさい。
（読み仮名・送り仮名は不要）

四

次の各設問に答えなさい。

問一　森鷗外《もりおうがい》の作品を次から一つ選び、記号で答えなさい。

ア　舞姫　　イ　たけくらべ　　ウ　河童《かっぱ》

エ　蟹《かに》工船　　オ　雪国

問二　「（　）が鳴る」が「自分の技量を発揮したくてたまらないこと」という意味の慣用句になるように、（　）にあてはまる体の一部を平仮名で答えなさい。

問三　次の――線部の語を敬語に直しなさい。

私はこれから校長先生の家に行く予定だ。

文中から二十字以内(句読点を含む)で抜き出し、始めの三字を答えなさい。

問十　本文の内容に合致するものを次の中から一つ選び、記号で答えなさい。

ア　モレンハウアーが示した「提示」という概念は、学校が存在する社会では意味を持たない。

イ　学校では言葉や記号を使って知識を与えるため、子どもがおもしろみを感じることは不可能である。

ウ　「世界の縮図」としての知を学校で学ぶのは、国際社会で活躍するのに役立てるためである。

エ　子どもが学校の勉強をつまらないと感じるのは、「学校知」が抱える不可避な性質である。

二

次の古文を読んで、後の設問に答えなさい。(本文の表記を一部改めた)

＊吉原の＊昼見世《みせ》に、＊おいらんが、「コレ、喜助《きすけ》どん。アノ茶碗《わん》屋どんが来たなら、茶漬茶碗を買ってくだせへよ」「アイ。今買って1あげませう」といふうち、茶碗屋 A 来る。「コレ、この茶碗はいくらだ」「二百五十でござります」「とほうもねへ。百五十に＊さっせへ」「とんだ事 B いひなさる。どふして」「ソンナラ、六十やろう」「ハテ、そのやうにちっとづつ、付け上げずとも、もっとお買いなさい」といふを、＊女郎が聞いて、小声で、「コレ、喜助どん。もっと高くてもいいわな」といふ。＊若い者は、＊めまぜでうなづきながら、「そんなら、七十二文やろう」「ハテさて、おめへも吉原 C いる程もない、けちな付けようをなさる」といへば、若い者も腹を立ち、「この商人はおかしな事をいふ。吉原者は値切らぬものか」と、はや言ひ合いになるゆへ、おいらんも気の毒がって、二階へ行く。茶碗屋は荷をかついで出る拍子《ひょうし》に、蹴つまづいて、今の茶碗も、みぢんにこわれるを見て、若い者うれしがり、二階へかけ上がり、「もし、おいらん。今あの茶碗屋めが、負ければいい事を、力みまわって、あそこでころんで、あの茶漬茶碗をば、ぶちこわしました」といへば、「2ほんにかへ。買わねへでよかったのふ」。

(『詞葉の花』)

＊吉原…地名。
＊昼見世…「見世」は「店」と同じ。正午過ぎから午後四時頃までの営業。
＊おいらん…「吉原の昼見世」の女性従業員。
＊さっせへ…しなさい。
＊女郎…「おいらん」の別名で、「おいらん」と同じ人。
＊若い者…「喜助どん」と同じ人。
＊めまぜ…目くばせ。

問一　――線部1「あげませう」を現代仮名遣いに改めなさい。

問二　A～C にあてはまる語として最も適切なものをそれぞれ次から選び、記号で答えなさい。(同じ記号は一度しか使えない)

ア「が」　イ「に」　ウ「を」　エ「と」

問三　茶碗を最終的にはいくらにまで値切ったか漢数字で答えなさい。

三

次のⅠ・Ⅱの漢文を読んで、それぞれ後の設問に答えなさい。

Ⅰ

善《よ》ク待レツ問ヲ者、如《ごと》シレ撞《つ》クガレ鐘ヲ、叩《たた》クニレ之《これ》ヲ以《も》ッテセバニ小ナル者ヲ一則《すなは》チ小サク鳴リ、叩クニレ之ヲ以ッテセバニ大ナル者ヲ一則チ大キク鳴ル。

(『礼記』)

問一　右の漢文の――線部を書き下し文(漢字・仮名交じり文)に改めなさい。

問二　右の漢文の内容に最も近い四字熟語を次から選び、記号で答えなさい。

ア　因果応報　　イ　自家撞着《どうちゃく》

ゃないか」と思う子どもがいてもおかしくはないですよね。毎日毎日、身近な経験とは無縁な新しい知識を、小学校に入ったときからほとんどの子どもは高校を卒業するまで十二年間も勉強させられるわけですから、子どもたちは大変です。

「勉強がつまらない」というふうに映る子どもたちに対して、教育の世界では、いろいろ苦労や工夫を繰り返してきています。日常的な事例を素材にしてみたり、学んだことを日常経験とむすびつけて事項を理解させようとする工夫もあります。また、むしろ何かをまず経験させて、その中から学習すべき本質的な事項を探し出して学習に役立てていこうとする考え方もあります。「学校のそばの川で、自然観察をしてみよう」とか。

職業教育のように、未来の職業上の「経験」を先取りして教えようとする教育もあります。「これを知っておくと、〇〇になったときに仕事で使うんだ」と。さらには、「受験が終わるまで、何も考えるな！」などと、進学や就職をエサにして、勉強に取り組ませるやり方もあります。受験の合格や資格の取得という、「目に見える[B]性」のみを③カカげるということです。ただし、どういうやり方を採用しても、さまざまな問題がつきまといます。

いずれにせよ、多くの子どもたちに「勉強がつまらない」というふうに映るのは、学校の知の本質です。つまらないと思った人は多いと思いますが、学校はそういうものです。身近な日常経験とは切り離されたものを教わっているので仕方がありません。

（広田照幸『学校はなぜ退屈でなぜ大切なのか』）

問一 〰〰線部①〜③の漢字は平仮名に、カタカナは漢字に改めなさい。

問二 ——線部1「学校の知」の説明として最も適切なものを次から選び、記号で答えなさい。

ア 日常生活から区別された空間の中では学べない、言語的・記号的に組織された知識。

イ 生まれ育った環境から切り離された、必ずしも将来役に立つとは限らない知識。

ウ 子どもたちの経験とつながりが弱いため、日常と結びつけて教えないといけない知識。

エ 生きていく上で役に立つことはない、世界を再構成してコンパクトに縮約した知識。

問三 ——線部2「代表的（代理的）提示」とは何か、本文中の語句を用いて三十字以内（句読点を含む）で答えなさい。

問四 ——線部3「社会が発展して複雑になり、子どもたちが親とは異なる生き方をするようになっていくと、『提示』だけでは不十分になっていきます。」とあるが、その理由を四十五字以内（句読点を含む）で答えなさい。

問五 ——線部4「第一次的な生活世界」と同じ意味を表す言葉をこれより前の本文中から五字（句読点を含む）で抜き出して、答えなさい。

問六 [I]〜[III]にあてはまる語として最も適切なものをそれぞれ次から選び、記号で答えなさい。（同じ記号は一度しか使えない）

ア ただし　イ あるいは　ウ しかし

エ たとえば　オ だから

問七 [A]・[B]にあてはまる語として最も適切なものをそれぞれ次から選び、記号で答えなさい。（同じ記号は一度しか使えない）

ア 専門　イ 先進　ウ 基礎

エ 有用　オ 経験

問八 ——線部5「源泉」の意味に最も近いものを次から選び、記号で答えなさい。

ア 機会　イ 原因　ウ 意味

エ 結果　オ 隠喩

問九 ——線部6「ヒッタイトが鉄器を使用し始めた」とあるが、このような昔のことを学ぶのはなぜか。「〜ため。」に続く形で本ものなのかを理解しないといけない。学校で教えられるのはそういう知なのです。［Ⅱ］、学校知は、いわば記号化された「世界の縮図」だといえるのです。（中略）

今、子どもたちが学校であたりまえのように学んでいる国語は、日常生活であまり使わない言葉も含めて、私たちが言葉を使いこなせるようになるためのものです。算数や数学は、世界を数量的に理解する、あるいは図形的に理解するときの道具です。地理は、今生きている世界をもっと広げて知ることになるし、歴史は、時間軸で過去にさかのぼって、私たちを知ることになります。

物理や化学は、物がどういうふうに運動したり、どういうふうに質が変わっていったりするのか、そこには原理と法則があって、それに沿って物が変わっていることを理解します。外国語は、世界の人たちとのコミュニケーションだし、音楽、美術、体育は、人間がつくり出した文化をコンパクトに縮約して、それぞれの領域の知識やスキルを身につけるものです。

つまり、学校で教えられているカリキュラムは、「この世界が何なのか」について縮約・再構成された知識や文化であり、［Ⅲ］、それをベースにした技能の習得のようなものです。ですから、日常の生活世界での経験では学べないものが、「カリキュラム化された知」として学校で学べます。そこでは、親や友だちからは学べないような種類の知を学ぶことができます。（中略）

ただし、学校知は、仕事に役に立つこともあれば、当然、役に立たないこともあります。なぜならば、「世界とは何か」を学ぶのであって、職業人の育成のためだけに学校があるわけではないからです。

たとえば、「この世界が何なのか」を学ぶ学校知は、さまざまな公的生活にも役立ちます。ニュースを理解し、自分なりに政治的な判断をして、選挙で投票したり募金や署名に応じたりする、といったことが可能になります。役所から届く通知を読んで理解したり、「行政からのお知らせ」に目を通して、わが家に必要なサービスを①シンセイしたりもできます。

また、学校知は、身の回りには存在しない文化に触れる機会にもなります。私が子どもの頃の我が家には、美術館や博物館にいく習慣がなく、音楽のレコードも（当時の言葉で言うと）ちょっとエッチな感じのする流行歌ぐらいしかありませんでした。周りの子どもでお稽古ごとというと、みんなそろばんと習字の塾に行っていて、「ピアノを習っている」とか「絵画教室に行っている」という子はまれでした。そういう環境の中で育った私は、学校の「美術」や「音楽」で教わったさまざまな芸術や音楽の知識が、その後の私の文化活動の基礎になりました。大学生になって、自分で美術館や博物館に行ったり、コンサートに行ったりするようになったとき、「美術」や「音楽」で学んだことが役に立ちました。

要するに、「世界の縮図」としての知を学校で学ぶことによって、子どもたちは生まれ育った狭い世界から抜け出して、より広い世界に出ていきます。人生のさまざまな生き方の可能性を、学校は与えてくれるわけです。それは職業的に役立つ側面もあるし、それだけではなく、市民として、あるいは個人として生きていく生活全般に関わる、［A］的なものを提供してくれるのです。（中略）

学校知はより広い世界への通路だというお話をしました。しかしながら、このような学校知の性格は、子どもにとってのなじみにくさの[5]源泉でもあります。「経験によっては子どもが到達し難い部分」（モレンハウアー）が学校で教えられているとすると、しかも言葉や記号を通して教えられるとすると、子どもたちの日常の経験とは②疎遠なものが教えられていることになるからです。

中学校では、「水酸化バリウムと硫酸を混ぜる実験」とかが出てきますが、水酸化バリウムも硫酸も、普段まったく見たこともない物質です。中学生だった私は「なんだこれ？」と思いました。硫酸バリウムなんか身近な所にはありません。ないけれども、化学の法則を知るためにそんなものを勉強します。「[6]ヒッタイトが鉄器を使用し始めた」とか習っても、「そんな昔のこと、どうでもいいじ

二〇二四年度　中央大学高等学校（推薦）

【国　語】（社会と合わせて六〇分）〈満点：四〇点〉

一　次の文章を読んで、後の設問に答えなさい。

私がこれからお話ししたいのは、学校で教えられる知は、子どもの日常生活を超えた知だからこそ重要だということです。ただしそうであるがゆえに、その内容は子どもにとってなじみにくいものだ、ということも説明します。

ここでは、ドイツの教育哲学者のK・モレンハウアーが書いた『忘れられた連関』（今井康雄訳、みすず書房）の議論を紹介します。モレンハウアーは、議論の材料として、『世界図絵』（一六五八年）という世界初の子ども向けの絵入り教科書を作ったJ・A・コメニウスについての考察を通して、1学校の知の特異性を説明します。

モレンハウアーが考察に使うのが、「提示」・「2代表的（代理的）提示」という概念です。「提示」（Präsentation）とは、学校がなかった社会における人間形成のやり方です。第一次的な生活世界、すなわち普段の生活の中で、周囲の大人と一緒に生活することそれ自体の中で、子どもたちはさまざまなことを学んでいました。羊飼いの子であれ、農民の子であれ、大人と一緒に暮らし、家業を手伝ったり、雑談の輪に入ったりする中で、いろいろなことを覚えます。生活それ自体が学習の過程なのです。人間の長い歴史のほとんどは、これで何とかなってきました。「羊飼いの子は羊飼いになる」「農民の子は農民になる」というふうな伝統的な社会では、生活即学習という「提示」という形式で、人は一人前の大人になれていたわけです。

しかし、3社会が発展して複雑になり、子どもたちが親とは異なる生き方をするようになっていくと、「提示」だけでは不十分になっていきます。モレンハウアーの言葉を借りると、「社会的生活が複雑化するにつれて、子どもを待ちかまえている実生活の諸関係は、そのどれをとっても子どもにとって近寄り難いものとなる。将来必要となるものが子どもの4第一次的な生活世界に含まれる度合いはますます低くなるわけである」。

［Ⅰ］、契約をするとか、遠くの世界とコミュニケーションするとか、どこか外で作ったルールが持ち込まれるというようなことがどんどん起きてくる。耳慣れない単語で示された新奇なものを理解しないと、外の世界で仕事にありつくことができなくなる。そうなると、日常の身近な関係だけの中の学習では対応しきれません。

「この結果、おとなが自らの生活を生きて見せる『提示』とは別に、社会的・歴史的文化のうち、経験によっては子どもが到達し難い部分を何らかの仕方で彼らに知らせてやるという課題が生じる」。モレンハウアーが指摘する、この「経験によっては子どもが到達し難い部分」というのがポイントです。つまり、身の回りにないものを学ばせる必要が生じてきたのだ、という話です。

そこで、学校の重要性が出てきます。学校は、この世界がどうなっているかということを、言葉や記号を使って子どもたちに学ばせる役割を果たすというのです。ここが重要なポイントです。

子どもたちは学校に通って、そこで、「カリキュラム化された知」を学びます。その「カリキュラム化された知」というのは、この世界を再構成して縮約（縮尺）したものです。モレンハウアーは、学校のカリキュラム化された知を通した学習の形式を、「代表的提示（代理的提示）」（Repräsentation）と呼んでいます。モレンハウアーの本の訳者である今井康雄さんの解説を引用しておきます。「そこでは子どもたちは、学校のような実生活から区別された空間のなかで、言語的・記号的に組織された知識を学ぶことになる。……子どもたちは、知の世界を通して現実世界とは何であるかを知り、こうして現実世界への参入が準備されることになる」（今井二〇〇九）。

生まれ育った身の回りの世界を超えて、広い世界で生きていくためには、子どもたちは、言葉や記号を通して、この世界がどういう

2024年度／中央大学高等学校（推薦）

英語解答

1 1　ウ　2　ア

2 1　lie　2　over

3 1　that〔which〕　2　fond
3　let　4　don't　5　more

4 1　A…オ　B…キ
2　C…カ　D…ア

5 1　ア　2　ウ　3　エ　4　イ

6 （例）I agree because you can make many friends in a club and make good memories with them.（17語）

7 問1　（例）目の前に，2つの道があること
問2　A…エ　B…ア　問3　ア
問4　（例）Sophiaは彼女の猫が2本足で歩きながら鹿と話をしているのを見て驚いた。
問5　エ　問6　ウ　問7　イ

8 1　A　2　C　3　B　4　B
5　D

9 1　C　2　A

10 1　gorilla　2　volcano

1〔単語のアクセント〕

1．de-vé-lop　ア．phó-to-graph　イ．cón-cen-trate　ウ．suc-céss-ful　エ．hánd-ker-chief
2．bál-ance　ア．chál-lenge　イ．re-máin　ウ．in-clúde　エ．pro-víde

2〔適語補充―共通語〕

1．上：「うそ」の意味の名詞。　「彼女は新しいテレビゲームを持っていると言ったが，それはうそだった。彼女が持っているのはとても古い」　下：「横になる」の意味の動詞。　「床に寝転ばないで。まだ部屋の掃除が終わってないわ」

2．上：「終わって，済んで」の意味の副詞。　「サッカーの試合が終わるとすぐに，私たちは着がえて家に帰った」　下：「～の上に」の意味の前置詞。　「彼らは川にかかる橋を渡った」

3〔書き換え―適語補充〕

1．「私は友達からDVDを借りて，それを見ている」という文を，目的格の関係代名詞を用いて「私は友達から借りたDVDを見ている」という文に書き換える。　I'm watching a DVD that〔which〕 I borrowed from my friend.

2．どちらも「ミカはホラー映画が好き」という意味。　like「～が好き」≒ be fond of ～　Mika is fond of horror movies.

3．上は‘許可’を表すcan「～してよい」を用いた「あなたは今，家に帰ってもよい」という文。これを下では‘let＋人＋動詞の原形’「〈人〉に～させる，～することを許す」を用いて「私はあなたが家に帰るのを許す」と書き換える。　I'll let you go home now.

4．上は‘It is ～ to …’「…することは～だ」を用いた文。下はYouが主語なので，don't have〔need〕 to ～「～する必要はない」を使う。　You don't have〔need〕 to take a big backpack with you for the picnic.

5．上はThere is/are ～「～がいる（ある）」を使った「私の学校には約500人の生徒がいるが，兄〔弟〕の学校にはおよそ800人いる」という文。下の文では300があるので，‘比較級＋than ～’「～

より…」を使って「兄〔弟〕の学校には，私の学校より生徒が約300人多くいる」という文に書き換える。　My brother's school has about 300 more students than mine.

4〔整序結合〕

1．「〜することを誇りに思っている」はbe proud of 〜ing,「〜として」は前置詞asで表せる。My mother is proud of working as a lawyer.

2．「〜に驚く」はbe surprised at 〜で表せる。「プロサッカー選手になるという彼の決心」はhis decision to become a professional soccer playerで表せる。これは，his decision＝to become a professional soccer playerの関係を表す‘同格’のto不定詞である。　We were surprised at his decision to become a professional soccer player.

5〔適語(句)選択〕

1．look forward to 〜ingで「〜することを楽しみにする」。このtoは前置詞なので，後ろに動詞が続く場合は動名詞(〜ing)になる。　「私はテキストメッセージと写真をもらうのを楽しみにしています」

2．‘Have/Has＋主語＋過去分詞...＋yet?’の形で「〜はもう…しましたか」という意味(現在完了の‘完了’用法)。「もう，すでに」は，原則として疑問文ではyetを，肯定文ではalreadyを使う。「ディズニーの最新作はもうご覧になりましたか」

3．‘one of the＋最上級＋複数名詞’「最も…な〜の中の１つ」の形。ウはtheが不要。　「これは当店で扱っている時計の中で最も高価なものの１つです」

4．feel free to 〜「自由に〔遠慮なく〕〜する」　A：どうぞ自由にご覧ください。／B：ありがとうございます。

6〔テーマ作文〕

課題は「高校生は学校でクラブ活動に入るべきだということに賛成ですか。あなたの意見を書き，理由を１つ述べなさい」という意味。まず，問題文に答える形で，賛成か反対か自分の立場を明確にして，その後に理由を続けるとよい。理由を述べる際，英語では前後の文脈に誤りがなければ，特にbecauseなどの接続詞は使わなくてもよいが，becauseを使う場合，‘Because＋文’だけにしないことに注意。I agree/don't agree because 〜.のように意見を表す文に続けて１文にするか，意見を表す文の後にThis is because 〜.「これは〜だからだ」などの文を置く。　(別解例) I don't agree because you are busy with your studies and need some free time.

7〔長文読解総合―物語〕

≪全訳≫❶「でも，私はパーティーに行きたくないの！」とソフィアは言った。❷「いいこと，いとこがあなたのことをパーティーに招待してくれたのよ。行かなきゃだめよ。ずっと道なりに行くのよ。道から外れないように，それと招待状をなくさないでね」と彼女の母親は言い，ソフィアに金色の封筒を手渡した。❸ソフィアは母親に別れのキスをして，自転車に乗った。飼い猫のピーチズが彼女の後について森の中まで入ってきた。❹「だめよ，ピーチズ。あなたは私と一緒に来ることはできないの」と彼女は言った。❺「ニャー！」とピーチズは鳴き声を上げた。❻「まあ，いいわ，あなたと一緒ならパーティーは楽しいかもしれないわね」❼彼女は猫を抱き上げてかごに入れ，自転車に乗って森の中に入った。❽ソフィアは森が好きだった。すぐにパーティー会場へ続く道が見えたが，彼女は本当に行きたくなかった。9突然，彼女はあることに気づいた。彼女の前には，そのとき道が２本あった。１本はいとこの家に通じる道で，もう１本の見慣れぬ道は，森の暗闇の中へ通じる道だった。10「とても不思議だわ！　ピーチズ，見て！　別の道があるの！　この道がどこに通じているのか確かめなくちゃ」11２人は新しい道を自転車で進んだ。木々がより怖く見え始めた。空の色も水色から紫に変わった。ソフィアは突然寒くなったと感じた。紫色の空から雪が降り始めた。12「あら，６月に雪だわ！」13道の端に巨大な木があった。それは家よりも大きく，真っ赤なドアがついていた。ドアはひとりでに開いた。彼女の猫が大声でニャーと鳴き始め，かごから跳び出した。14「ピーチズ，戻って！」とソフィアは叫んだ。しかし，猫はすでに家の中に入っていた。15ソフィアは中をのぞいた。はしごのついたトンネルがあった。彼女は歩いて近づいた。トンネルの奥からは陽気な音楽が流れているのが聞こえた。何かおいしい食べ物のにおいがした。16「ピーチズを置いて，いとこの家には行けないわ。ピーチズを捜しに行かなくちゃ」17彼女はとても怖かったが，はしごを降りようと決意し，聞こえてくる音楽を追った。彼女が一番下に到着すると，動物たちが大きなたき火の周りで踊ったり楽器を演奏したりしていた。たくさんのおいしい料理がのったテーブルに椅子もあった。動物たちは秘密のパーティーを開いていたのだ。クマ，シカ，キツネ，ウサギ，さらには鳥もいた。ソフィアは，動物たちが全員服を着て，２本足で立って歩いているのを見て驚いた。18突然，音楽がやんだ。動物たちは皆，彼女を見た。19「なんでここに人間がいるんだ？」　ズボンを履いてバイオリンを持ったウサギが尋ねた。20「私…私はソフィア。飼い猫を捜していただけなの」21「ああ，ピーチズ夫人のことですね。彼女は向こうでシカと話をしていますよ」とスーツを着たクマが説明した。22ソフィアは，飼い猫が２本足で歩きながらシカと話をしているのを見て驚いた。23「私は夢を見ているに違いないわ」とソフィアは言った。24「すみませんが，これはプライベートなパーティーです。あなたとゲストは招待状をお持ちですか？」と帽子をかぶった眼鏡の灰色キツネが尋ねた。25ソフィアは寒くて空腹で，猫と一緒でなければ帰りたくなかった。26「私…私は…」　そして，彼女はいとこからの招待状を取り出してキツネに渡した。27「見せてください。誰か人間の言葉を読める動物はいないか？」と年老いたキツネは尋ねた。28動物たちは首を横に振った。ソフィアはいいことを思いついた。29「あっ，そうそう！　ほら，ここに『あなたはパーティーに招待されています』って書いてあります。それに…，ええと…『ゲストは１名様までご同伴いただけます』とも。私のゲストはピーチズです！」と彼女は言った。30「うーむ…それならいいでしょう。パーティーを続けよう！」とキツネは言った。31「それと，ピーチズ夫人がお召しになる服を見つけてください」とキツネは言った。32ソフィアはピーチズの頭に自分の帽子をかぶせ，髪の毛のリボンを猫の首に結んだ。２人はテーブルに並んで座った。33「あれはいい考えだったわね，ソフィア」とピーチズは言った。34ソフィアは，自分の猫が話すのを聞くことになるとは思いもしなかった。35２人はおいしい料理をたくさん食べた。36ソフィアは動物たちと一晩中踊った。彼女はウサギから新しいダンスを習った。突然，彼女はもう遅いことに気づいた。37「あら，大変。時間を忘れてしまったわ。本当に行かなくちゃ。皆さんのご親切に感謝します。すばらしい時間を過ごせました！」38それぞれの動物が彼女を抱きしめた。39「まだわからないことがあるんです」とソフィアは灰色キツネに言った。「なぜ以前にこの場所に気づかなかったのでしょうか？」40「おそらくここを探していなかったのでしょうね」と灰色キツネはウインクして言った。41「お会いできてよかった，ソフィアさん。次のパーティーにまた来てくれるとうれしいです。いつか戻ってきて，私たちに人間の言葉を教えてください」とウサギの１匹が言った。42

「はい！　約束します」43ソフィアとピーチズはトンネルから出て，ドアを通って森の中に戻った。44「ピーチズ，楽しかった？」とソフィアは尋ねた。しかし，ピーチズは再び普通の猫のように４本足で歩いていた。彼女はニャーと鳴き，前足をなめた。ソフィアはピーチズを自転車のかごに入れて，家に帰る道を歩き始めた。45森はいつもどおりに戻り，まだ朝だった。彼女はそのとき森の奥に自分の家が見えた。46「なんて不思議な日なのかしら」と彼女は思った。

問１＜指示語＞something の具体的な内容は，次の２文に書かれている。これを10～20字程度で説明する。　in front of ～「～の前に」

問２＜整序結合＞「この道が私をどこに連れていくのかを確かめるために，私はこの道を進まなければならない」と読み換える。I must follow it で始め，「～するために」という‘目的’を表す to不定詞として to see を続ける。see の目的語を‘疑問詞＋主語＋動詞...’の間接疑問で，where it will take me とまとめる。この it は another road を指す。　I must follow it to see where it will take me.

問３＜適語選択＞直後の文に When she reached the bottom「彼女が一番下に到着すると」とあることから，ソフィアははしごを「降りた」のだとわかる。

問４＜英文和訳＞be surprised to ～は「～して驚く」。この to ～は‘感情の原因’を表す to不定詞の副詞的用法。see her cat speaking ... は，‘see＋人など＋～ing’「〈人など〉が～しているのを見る」の形。while は「～する間」，on two legs は「２本足で」という意味。

問５＜適語(句)選択＞いとこのパーティーへの招待状をキツネに渡した場面。この後，キツネの質問に動物たちが首を振った後，ソフィアが招待状の内容を説明していることから，キツネは招待状に書かれている内容を理解するために人間の言葉を読めるかと動物たちにきいたのだとわかる。名詞 human が無冠詞単数形で使われているのは English「英語」や Japanese「日本語」と同様に「人間の言葉」を表すため。

問６＜英文解釈＞下線部は「あなたはそれを探していなかった」。この it は this place，つまり，ソフィアが今いる，大きな木の家を指す。ソフィアは偶然見つけた見慣れぬ道を通ったことで，この場所を見つけて動物たちと楽しい時間を過ごすことができた。偶然見つけたということは，ウ．「違う道があるとは思わなかった」といえる。この発言には，どんな可能性も排除せず思い込みを捨てて生きること，思い込みを捨てなければ世界は広がらない，という教訓を示していると考えられる。

問７＜内容真偽＞ア…×　第９～16段落参照。道に迷ったわけではない。　イ…○　第13～17段落に一致する。　ウ…×　第26段落参照。いとこからの招待状を代用した。　エ…×　そのような記述はない。

8～**10**〔放送問題〕解説省略

2024年度／中央大学高等学校（推薦）

数学解答

1 ア

2 エ

3 ウ

4 (9, 5), (8, 6), (7, 7)

5 (1) 200　　(2) (13, 6)

6 (1) 2倍

(2) 面積…$\frac{7}{24}\pi - \frac{\sqrt{3}+1}{4}$　図…右図

7 (1) $\frac{4}{9}$　　(2) $y = -\frac{4}{9}x + \frac{16}{3}$

(3) 4：7

(例)

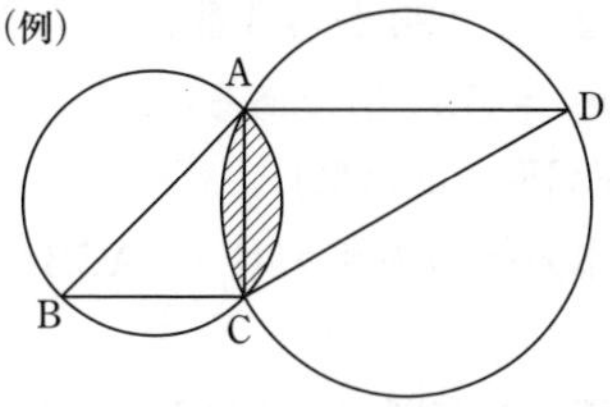

1 〔数と式—数の計算〕

与式 $= \frac{25}{4} - \frac{9+16}{6} - \frac{4}{3} = \frac{75-50-16}{12} = \frac{9}{12} = \frac{3}{4}$

2 〔数と式—二次方程式〕

解の公式より，$x = \frac{-(-3) \pm \sqrt{(-3)^2 - 4\times1\times(-3)}}{2\times1} = \frac{3\pm\sqrt{21}}{2}$ となる。

3 〔データの活用—確率—サイコロ〕

大小2つのサイコロの出た目 a，b はそれぞれ1〜6の6通りあるから，a，b の組は全部で $6\times6=36$(通り)あり，どの目が出ることも同様に確からしい。このうち，出た目の積 ab が4でわり切れるのは，ab が4の倍数のときであり，(i) a，b の少なくとも一方が4の場合，(ii) a，b のどちらも4以外の偶数の場合がある。(i)の場合，出た目 a，b の組は，$(a,\ b)=(1,\ 4)$，$(2,\ 4)$，$(3,\ 4)$，$(4,\ 4)$，$(5,\ 4)$，$(6,\ 4)$，$(4,\ 1)$，$(4,\ 2)$，$(4,\ 3)$，$(4,\ 5)$，$(4,\ 6)$ の11通りある。(ii)の場合，4以外の偶数は2と6だから，a，b の組は，$(a,\ b)=(2,\ 2)$，$(2,\ 6)$，$(6,\ 2)$，$(6,\ 6)$ の4通りある。(i)，(ii)より，出た目の積 ab が4でわり切れる目の出方は $11+4=15$(通り)あるから，求める確率は $\frac{15}{36}=\frac{5}{12}$ となる。

4 〔データの活用—箱ひげ図—**a，b の値**〕

箱ひげ図より，最小値は2点，最大値は9点なので，a，b はともに2点以上9点以下で，$a \geqq b$ である。点数がわかっている7人の小テストの点数を小さい順に並べると，2，3，3，4，4，4，9となる。箱ひげ図より，第3四分位数が7点で，第3四分位数は大きい方から4番目までの点数の中央値で，大きい方から2番目と3番目の点数の平均である。よって，第3四分位数が7点になるとき，大きい方から2番目と3番目の点数の合計は，$7\times2=14$(点)となる。これより，最大値は9点だから，大きい方から2番目と3番目の点数は，$14-9=5$ より，5点以上9点以下である。したがって，大きい方から2番目の点数は a 点，3番目の点数は b 点で，$a+b=14$ である。以上より，a，b の取りうる値の組合せは，$(a,\ b)=(9,\ 5)$，$(8,\ 6)$，$(7,\ 7)$ が考えられる。

5 〔特殊・新傾向問題—規則性〕

≪基本方針の決定≫(1)　各段の一番右の数について考える。　　(2)　300に近い一番右の数を求める。

(1)<10段目の最後の数字>それぞれの段の最後(一番右)の数字は，上から1段目が2，2段目が8，3段目が18，4段目は，小さい方から $1+3+5+7=16$(番目)の偶数で $2\times16=32$，5段目は，小さい方から $16+9=25$(番目)の偶数で $2\times25=50$ となる。これより，それぞれの段の最後(一番右)の数字は，上から1段目は $2=2\times1^2$，2段目は $8=2\times2^2$，3段目は $18=2\times3^2$，4段目は $32=2\times4^2$，5段

目は $50=2\times5^2$, ……となっている。よって，上から10段目の最後(一番右)の数字は $2\times10^2=200$ である。

(2)<300の位置>(1)より，上から11段目の最後(一番右)の数字は $2\times11^2=242$，12段目の最後の数字は $2\times12^2=288$，13段目の最後の数字は $2\times13^2=338$ である。よって，300は，$300-288=12$，$12\div2=6$ より，288から6番目に大きい偶数だから，13段目の左から6番目にある。したがって，$(n,\ m)=(13,\ 6)$ である。

6 〔平面図形—四角形〕

≪基本方針の決定≫(1)　$\angle ACB=\angle CAD=90^\circ$ である。　(2)　共通部分 D を弦ACで2つに分ける。

(1)<面積比>右図で，$\angle ACB=\angle CAD=90^\circ$ より，△ABCの外接円 O_1 の直径は，直角二等辺三角形ABCの斜辺ABとなり，△ACDの外接円 O_2 の直径は，直角三角形ACDの斜辺CDとなる。これより，円 O_1 の半径は，$AB=\sqrt{2}\times BC=\sqrt{2}\times1=\sqrt{2}$ より，$\frac{1}{2}AB=\frac{1}{2}\times\sqrt{2}=\frac{\sqrt{2}}{2}$，円 O_2 の半径は $\frac{1}{2}CD=\frac{1}{2}\times2=1$ である。よって，円 O_2 の面積は $\pi\times1^2=\pi$，円 O_1 の面積は $\pi\times\left(\frac{\sqrt{2}}{2}\right)^2=\frac{1}{2}\pi$ であり，円 O_2 の面積は円 O_1 の面積の2倍となる。

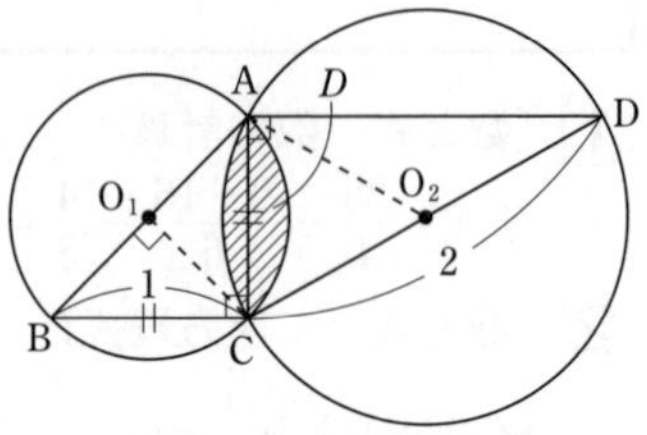

≪別解≫右上図で，円 O_1 と円 O_2 は相似であり，相似比は $AB:CD=\sqrt{2}BC:CD=\sqrt{2}\times1:2=\sqrt{2}:2$ だから，面積比は $(\sqrt{2})^2:2^2=2:4=1:2$ である。よって，円 O_2 の面積は円 O_1 の面積の2倍である。

(2)<面積>右上図で，円 O_1 と円 O_2 の共通部分 D は，斜線を引いた円 O_1 の $\overset{\frown}{AC}$ と円 O_2 の $\overset{\frown}{AC}$ で囲まれた部分である。図のように，円 O_1，円 O_2 の中心をそれぞれ O_1，O_2 とし，点 O_1 と点C，点 O_2 と点Aをそれぞれ結ぶと，D の円 O_1 の $\overset{\frown}{AC}$ と弦ACで囲まれた部分はおうぎ形 O_1AC から △O_1AC を除いた図形で，円 O_2 の $\overset{\frown}{AC}$ と弦ACで囲まれた部分はおうぎ形 O_2AC から △O_2AC を除いた図形である。まず，D の円 O_1 の $\overset{\frown}{AC}$ と弦ACで囲まれた部分の面積を求める。△ABCは直角二等辺三角形であり，点 O_1 は直径ABの中点だから，△O_1AC は直角二等辺三角形となり，$\angle AO_1C=90^\circ$，$O_1A=\frac{\sqrt{2}}{2}$ である。よって，この部分の面積は，$\pi\times\left(\frac{\sqrt{2}}{2}\right)^2\times\frac{90^\circ}{360^\circ}-\frac{1}{2}\times\frac{\sqrt{2}}{2}\times\frac{\sqrt{2}}{2}=\frac{1}{8}\pi-\frac{1}{4}$ となる。次に，円 O_2 の $\overset{\frown}{AC}$ と弦ACで囲まれた部分の面積を求める。△ACDは，$AC:CD=1:2$ より，3辺の比が $1:2:\sqrt{3}$ の直角三角形だから，$AD=\sqrt{3}AC=\sqrt{3}\times1=\sqrt{3}$，$\angle ADC=30^\circ$ である。このとき，円周角と中心角の関係より，$\angle AO_2C=2\angle ADC=2\times30^\circ=60^\circ$，$O_2A=1$ であり，点 O_2 が直径CDの中点より，△O_2AC の面積は△ACDの面積の $\frac{1}{2}$ である。よって，この部分の面積は，$\pi\times1^2\times\frac{60^\circ}{360^\circ}-\frac{1}{2}\times1\times\sqrt{3}\times\frac{1}{2}=\frac{1}{6}\pi-\frac{\sqrt{3}}{4}$ となる。以上より，D の面積は $\left(\frac{1}{8}\pi-\frac{1}{4}\right)+\left(\frac{1}{6}\pi-\frac{\sqrt{3}}{4}\right)=\frac{7}{24}\pi-\frac{\sqrt{3}+1}{4}$ である。

7 〔関数—関数 $y=ax^2$ と一次関数のグラフ〕

≪基本方針の決定≫(1)　まず，直線 n の式を求め，次に，点Dの座標を求める。　(3)　$l/\!/m$ だから，△AQF＝△ABFである。

(1)<比例定数>次ページの図で，$P(6,\ 0)$，$G\left(0,\ \frac{8}{3}\right)$ より，直線 n の傾きは $\left(0-\frac{8}{3}\right)\div(6-0)=-\frac{4}{9}$ となり，切片は $\frac{8}{3}$ である。これより，直線 n の式は $y=-\frac{4}{9}x+\frac{8}{3}$ となる。点Dは直線 n 上にあり x 座

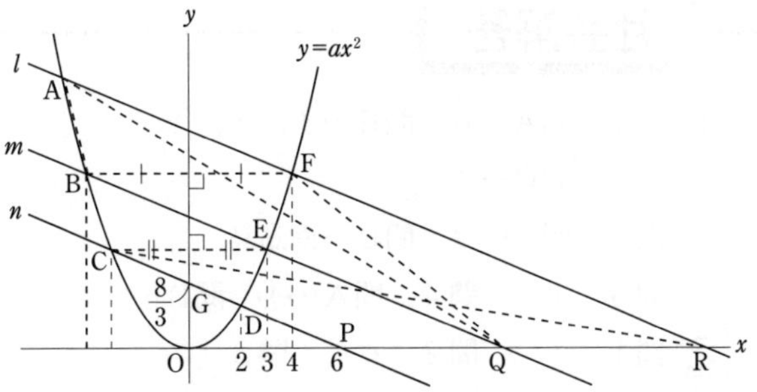

標が2だから，$x=2$を代入して，$y=-\frac{4}{9}\times2+\frac{8}{3}=\frac{16}{9}$より，$\mathrm{D}\left(2,\ \frac{16}{9}\right)$である。よって，放物線$y=ax^2$は点Dを通るから，$x=2$，$y=\frac{16}{9}$を代入して，$\frac{16}{9}=a\times2^2$より，$a=\frac{4}{9}$となる。

(2)<直線の式>右図で，(1)より，放物線の式は$y=\frac{4}{9}x^2$で，点Eはこの放物線上にあり，x座標が3だから，$y=\frac{4}{9}\times3^2=4$より，E(3, 4)である。また，直線mは直線nと平行であり，傾きは等しいから，(1)より，直線mの傾きは$-\frac{4}{9}$となる。よって，直線mの切片をbとすると，その式は$y=-\frac{4}{9}x+b$とおけ，点Eを通ることから，$4=-\frac{4}{9}\times3+b$，$b=\frac{16}{3}$となる。したがって，直線mの式は$y=-\frac{4}{9}x+\frac{16}{3}$である。

(3)<面積比>まず，△AQFの面積を求める。上図で，$l/\!/m$より，△AQF＝△ABFである。2点B，Fはy軸について対称で，点Fは放物線$y=\frac{4}{9}x^2$上にあり，x座標は4だから，$y=\frac{4}{9}\times4^2=\frac{64}{9}$より，$\mathrm{F}\left(4,\ \frac{64}{9}\right)$であり，$\mathrm{B}\left(-4,\ \frac{64}{9}\right)$となる。BF$/\!/$〔$x$軸〕だから，2点B，Fの$x$座標より，BF$=4-(-4)=8$となり，△ABFの底辺をBFと見たときの高さは，2点A，Bのy座標の差として求めることができる。点Aは直線lと放物線$y=\frac{4}{9}x^2$の交点である。$l/\!/m$より，直線lの傾きは$-\frac{4}{9}$だから，切片をkとすると，その式は$y=-\frac{4}{9}x+k$とおけ，点Fを通ることから，$\frac{64}{9}=-\frac{4}{9}\times4+k$，$k=\frac{80}{9}$となり，直線$l$の式は$y=-\frac{4}{9}x+\frac{80}{9}$である。これより，点Aは直線$y=-\frac{4}{9}x+\frac{80}{9}$と放物線$y=\frac{4}{9}x^2$の交点だから，2式から$y$を消去して，$\frac{4}{9}x^2=-\frac{4}{9}x+\frac{80}{9}$，$x^2+x-20=0$，$(x+5)(x-4)=0$，$x=-5$，4より，点Aの$x$座標は$-5$となる。よって，$y=\frac{4}{9}\times(-5)^2=\frac{100}{9}$より，$\mathrm{A}\left(-5,\ \frac{100}{9}\right)$である。したがって，△ABFの底辺をBF＝8と見たときの高さは$\frac{100}{9}-\frac{64}{9}=4$となるから，△AQF＝△ABF＝$\frac{1}{2}\times8\times4=16$である。次に，△CPRの面積を求める。点Rは直線$y=-\frac{4}{9}x+\frac{80}{9}$と$x$軸の交点だから，$0=-\frac{4}{9}x+\frac{80}{9}$より，$x=20$となり，R(20, 0)である。△CPRの底辺をPRと見ると，P(6, 0)，R(20, 0)より，PR＝20－6＝14となる。高さは点Cのy座標と等しく，点CはE(3, 4)とy軸について対称だから，点Cのy座標は4である。よって，△CPR＝$\frac{1}{2}\times14\times4=28$となる。以上より，△AQF：△CPR＝16：28＝4：7である。

社会解答

1 問1　問A…b　問B…イ，オ，キ
　　問C…エ
問2　問A…ウ　問B…南鳥島
問3　ア　　問4　問A…①　問B…ア

2 問1　イ　　問2　ウ　　問3　エ
問4　ウ　　問5　ア　　問6　イ
問7　a…エ　b…ウ　c…イ　d…ア
問8　キ

3 問1　問A…ア　問B…ウ　　問2　ウ
問3　デジタル庁　　問4　エ
問5　イ　　問6　カ　　問7　ウ

4 問1　（例）自分で考えずにAIだけに頼って行った点。〔AIの回答をそのまま写して提出した点。〕
問2　（例）AIの作成した回答の内容について調べ直したり，データをもとにグラフ化したりして，自分の考えを加えてまとめ直していくことが適切である。

1〔地理―総合〕

問1＜時差，大西洋，緯度と経度＞問A．日本標準時間が11月11日午後５時のとき，現地標準時間で11月11日午前９時であるから，友人がいる現地は日本よりも８時間遅いことになる。経度差15度につき１時間の時差が生じるので，友人がいる現地の標準時子午線の経度と日本の標準時子午線の経度の差は，15×８＝120（度）である。日本の標準時子午線の経度は東経135度であり，日付変更線をまたがずに位置関係を見た場合，西へ行くほど時刻は遅れるので，日本が11月11日午後５時のとき，現地標準時間で11月11日午前９時となっている国は，東経135度よりも西へ120度の差がある経線，すなわち東経15度線を標準時子午線としていることがわかる。a～dのうち，この条件に当てはまるのは，bである。　　問B．大西洋は，アフリカ・ヨーロッパの西岸と，北アメリカ・南アメリカの東岸に面している。したがって，ア～キのうち，大西洋に面しているのは，アフリカ西岸に位置するイと，ヨーロッパ西岸に位置するオ，北アメリカ東岸に位置するキである。　　問C．赤道より北の半球の緯度は北緯，南の半球の緯度は南緯で表される。また，本初子午線より西の半球の経度は西経，東の半球の経度は東経で表される。dの国（アメリカ合衆国）の首都であるワシントンD.C.は，北半球にあり，かつ，西半球にある（エ…○）。なお，aの国（中国）の首都ペキンは，北半球にある（ア…×）。bの国（ポーランド）の首都ワルシャワは，東半球にある（イ…×）。cの国（エチオピア）の首都アディスアベバは，北半球にある（ウ…×）。

問2＜日本列島の長さ，南鳥島＞問A．日本列島は，北海道から沖縄までおよそ3000kmにわたって連なっている。円①には，北海道より先の千島列島まで含まれるため，直径は3000kmよりも長い4000kmに近いことがわかる。したがって，円①の半径は2000kmに近いということになる（ウ…○）。　　問B．日本最東端の島は南鳥島であり，東京都に属する。

問3＜資料の読み取り＞過去と現在の地図表現を比べると，海岸線の表現などがより細密になっており，周囲長0.1km以上の海岸線で囲われた陸地である島の数も，過去の地図表現の２つから，現在の地図表現では７つに増えていることがわかる（ア…○）。なお，「記事」の２～３行目より，1987年に島の数を公表したのは国土地理院ではなく海上保安庁であることがわかる（イ…×）。「記事」

の5～6行目より，島の数が国土面積に影響しないことがわかる(ウ…×)。「計数方法」の3より，湖沼内の陸地は島として認定しないことがわかる(エ…×)。

問4＜日本の気候，日本の地形＞問A．新潟市は，北西季節風の影響で冬に降水量が多くなる日本海側の気候に属するため，①が当てはまる。なお，②と③は夏の降水量が多く，冬に乾燥した気候となっているため，太平洋側の気候に属する都市であり，②が千葉市で，③が宇都宮市である。

問B．「あ」から越後平野の低地が続き，新潟県と福島県の県境は1000mを超える越後山脈が連なっている。さらに，越後山脈を越えて福島県と栃木県の県境には1500mを超える山が連なる。栃木県南部からは関東平野の低地が「い」まで続いている(ア…○)。

2〔歴史―古代から現代の日本〕

問1＜飛鳥時代前期～平安時代前期の出来事＞aは，607年に遣隋使が送られた飛鳥時代前期から，894年に遣唐使の延期が提案された平安時代前期までの期間である。後三条天皇は，平安時代後期である11世紀後半の天皇で，1069年に荘園整理令を出した。よって，aの期間に当てはまらない(イ…×)。なお，聖武天皇は，奈良時代中期である8世紀前半に，仏教の力で国を守るため，国分寺・国分尼寺や東大寺大仏をつくらせた(ア…○)。桓武天皇は，平安時代初期である797年に坂上田村麻呂を征夷大将軍に任じた(ウ…○)。文武天皇は，飛鳥時代末期の701年に大宝律令を制定した(エ…○)。

問2＜菅原道真＞平安時代前期の10世紀初頭，『古今和歌集』を編さんしたのは，紀貫之である(ウ…×)。

問3＜建武の新政～江戸時代初期の出来事＞cは，鎌倉幕府滅亡後の1334年に後醍醐天皇が建武の新政を始めてから，江戸時代初めの1612年に幕領に禁教令が出るまでの期間である。島原・天草一揆は，禁教令が出た後の1637年に起こった(エ…×)。なお，南北朝の動乱は，1336年，足利尊氏に政権を奪われた後醍醐天皇が，京都から吉野に逃れて正統性を主張したことに始まる(ア…○)。分国法は，戦国時代に，戦国大名が領国を治めるために制定した法である(イ…○)。応仁の乱は，室町幕府の将軍の後継ぎ争いに，守護大名の争いなどを巻きこんで起こった戦乱で，1467年から11年にわたって続いた(ウ…○)。

問4＜江戸幕府の禁教政策＞全国に禁教令が出されたのは1613年であり，日本人の帰国・海外渡航が全面禁止となったのは1635年である(x…誤)。江戸幕府は，1624年にスペイン船の来航を，1639年にポルトガル船の来航をそれぞれ禁止して，キリスト教の禁教を徹底し，スペイン・ポルトガルによる侵略を防ごうとした(y…正)。

問5＜日明貿易，川端康成＞室町幕府第3代将軍を務めた足利義満は，京都の北山に金閣を建てたほか，明との間で朝貢形式の日明貿易を始めた。日明貿易は，正式な貿易船に勘合という合札を持たせたことから，勘合貿易とも呼ばれる。また，三島由紀夫が師と仰ぎ，1968年，ノーベル文学賞を受賞したのは，川端康成である。なお，日宋貿易が行われたのは平安時代後期である。大江健三郎は1994年にノーベル文学賞を受賞した作家である。

問6＜現在の日本の株式市場＞外国法人等の日本株式保有比率は，2022年度で30.1%であり，国内個人投資家の比率である17.6%を上回っている(イ…○)。なお，日本銀行が日本国内の株式を買い入れる際には，信託業務を行う銀行または企業を通じて，上限を設定して行う(ア…×)。個人が外国株式を売買する際は，証券取引所を通じて行う(ウ…×)。2024年1月末現在，日経平均株価が最高値をつけたのは，安倍晋三内閣によりアベノミクス政策がとられていた2012～20年ではなく，バブル経済の時期である1989年12月29日である(エ…×)。その後，2024年2月になって，日経平均株価は1989年の最高値を上回った。

問7＜文化史＞エの興福寺の阿修羅像が制作されたのは，奈良時代の天平文化の時期であり，aの期間に当てはまる。ウの厳島神社が整備されたのは，平安時代末期の平氏政権の時期であり，bの期間に当てはまる。イの狩野永徳が障壁画を描いたのは，桃山文化の時期であり，cの期間に当てはまる。アの尾形光琳が活躍したのは，江戸時代前半の元禄文化の時期であり，dの期間に当てはまる。

問8＜年代整序＞年代の古い順に，え(日本の国際連合加盟―1956年)，う(安保闘争―1960年)，あ(沖縄返還―1972年)，い(阪神・淡路大震災―1995年)となる。

3〔公民―総合〕

問1＜市場と価格，GDP＞問A．ある商品の需要供給曲線の図の中で，縦軸は価格，横軸は需要量・供給量を表す。一般に，価格が高いと買いたい人(需要量)は減り，価格が安くなるほど買いたい人は増えるので，需要曲線は右肩下がりとなり，ここでいう価格は説明文①中の「支払意思額」(消費者が支払ってもよいと考えている価格)と一致する。また，価格が高いと売りたい人(供給量)は増え，価格が安くなるほど売りたい人は減るので，供給曲線は右肩上がりとなる。説明文①中の，消費者が「実際に払っている価格」(市場価格)は，需要曲線と供給曲線の交点の縦軸の値が示す均衡価格である。支払意思額と市場価格が一致するとき，その差である消費者余剰は最小値である0となる。市場価格が同じ場合，支払意思額が市場価格よりも高くなるほど消費者余剰は大きくなり，価格が0のときに最大値となる。したがって，消費者余剰の最大値から最小値までを表すアが当てはまる。　問B．説明文②によると，GDP〔国内総生産〕を計算する際の価値額は，市場取引ベース，すなわち市場における実際の取引価格である市場価格で計上される。しかし，説明文①から，消費者余剰は，支払意思額と市場価格の差であり，支払意思額は消費者の主観によって左右されるため，消費者余剰はGDPには計上されない(ウ…○)。なお，GDPは，国内で生産されたモノやサービスの付加価値の合計額であり，国外の工場で生産された商品の付加価値はGDPには含まれない(ア…×)。GDPには，家族が家庭内で行う育児や介護のような，市場で取引されないサービスは計上されない(イ…×)。消費者余剰は，生産者の主観によるものではない。また，市場価格から商品の生産費用を差し引いた生産者余剰は，GDPで捉えることができる(エ…×)。

問2＜核兵器＞NATO〔北大西洋条約機構〕はアメリカを中心とする軍事同盟であり，集団的自衛権の枠組みの中で，アメリカの保有する核兵器をNATO加盟国に配備し，有事の際に共同で運用する「核共有」が行われている(ウ…○)。なお，NPT〔核拡散防止条約〕は，アメリカ・ロシア・中国・イギリス・フランス以外の国が，核兵器を保有することを禁止する条約である(ア…×)。核兵器による報復の脅威によって，核兵器の先制使用を防ぐという核抑止論は，核武装を正当化する論理となり，インド・パキスタン・イスラエル・北朝鮮が核兵器を保有するにいたっている(イ…×)。日本は，2024年3月現在，核兵器禁止条約には参加していない(エ…×)。

問3＜デジタル庁＞2021年，デジタル社会づくりの司令塔として発足した行政機関は，デジタル庁で，内閣に置かれている。

問４＜三権分立＞国会が裁判所に対して行使できる権限として，裁判官としてふさわしくない行いをした裁判官を罷免するかどうかを決定する弾劾裁判がある(エ…○)。なお，内閣総理大臣の指名は，国会が内閣に対して行使する権限(ア…×)，最高裁判所裁判官の国民審査は，国民が裁判所に対して行使する権限(イ…×)，最高裁判所長官の指名は，内閣が裁判所に対して行使する権限である(ウ…×)。

問５＜日本の少子高齢化＞2022年の日本の合計特殊出生率は，1.26である(イ…×)。

問６＜外国為替と貿易＞１ドル＝100円から１ドル＝150円になると，ドルに対する円の価値は下がることになるため，円安といわれる。日本で外国商品の需要が増大するのは，円高となり，外国通貨の価値が下がることで，外国商品の価格が安くなる場合である。円高の場合，円の価値が高まり，外国が日本商品を輸入しにくくなるので，日本からの輸出が減り，日本の貿易収支は，輸出額が輸入額を下回る赤字に傾く(カ…○)。

問７＜現代の日本と国際社会＞ａについて，国や地方公共団体が，社会保障や公共事業などの経済活動を行うことを，財政政策という。ｂについて，世界の児童の支援を行う国連機関は，UNICEF〔国連児童基金〕である。なお，UNESCOは国連教育科学文化機関，UNHCRは国連難民高等弁務官事務所の略称である。ｃについて，全ての人が区別されずに普通に生活できる社会を目指す考えを，ノーマライゼーションという。なお，ワークライフバランスは仕事と生活の調和がとれた働き方・生き方，ユニバーサルデザインは年齢や障がいの有無などにかかわらず，多くの人にとって使いやすいデザインである。ｄについて，日本独特の雇用形態として，勤続年数に応じて賃金が上がる年功序列賃金がある。

4〔現代社会―生成AI〕

問１＜生成AI活用の問題点＞課題解決を生成AIのみに委ね，その回答について内容の正しさや妥当性を検討せずに受け入れることは，自分の思考力・判断力・表現力の養成を放棄しているので，適切ではない。

問２＜生成AIの有効な活用＞課題解決に生成AIを活用する場合は，生成AIを課題解決のための道具の１つとして捉え，生成AIの回答の内容を調べ直し，関連するデータを自ら調べたり，調べた結果を生成AIの回答と突き合わせて考えたりすることが適切である。

理科解答

問1　(1)　158cm　(2)　ウ　(3)　87cm

問2　10Ω　　問3　ウ　　問4　ウ

問5

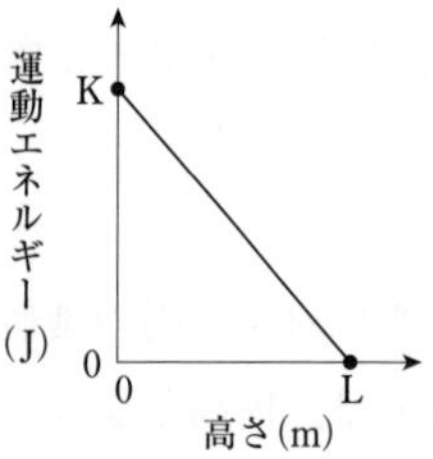

問6　(1)　メスシリンダー　(2)　8000kg/m^3

問7　(1)　エ　(2)　ア，ウ，カ

問8　(1)　$Ba(OH)_2 \longrightarrow Ba^{2+} + 2OH^-$

(2)　イ　(3)　H^+　(4)　0.6g

問9　ア，エ，オ　　問10　ウ

問11　ア，イ　　問12　果実…オ　種子…エ

問13　$\frac{3}{8}$　　問14　地球温暖化　　問15　エ

問16　イ　　問17　イ　　問18　ウ

問19　ア　　問20　78.4°　　問21　ク

問22　イ，エ

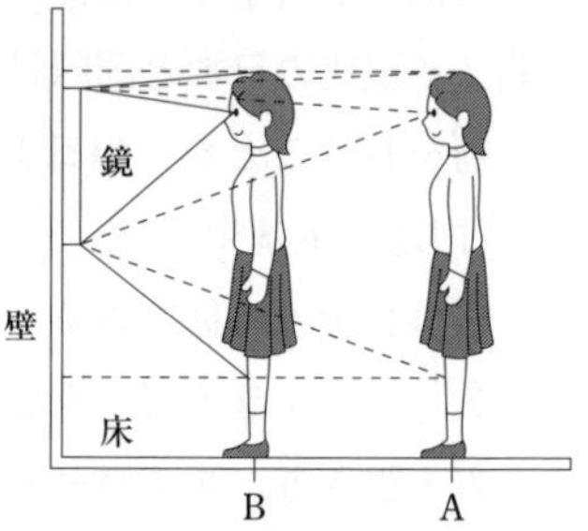

問1＜光の反射＞(1)光が反射するとき，入射角と反射角は等しい(反射の法則)。よって，右図のように，頭の先端から出た光は，頭の先端と目の高さの半分の位置の高さで反射して目に届く。花子さんの身長が164cm，目の高さが床から152cm より，頭の先端と目の高さの半分の位置の高さは，$\frac{164+152}{2}=158$(cm)である。したがって，図のA点で，花子さんが鏡に映った自分の頭の先端を見るためには，鏡の上端を少なくとも床から158cm の高さにすればよい。　(2)花子さんがA点から鏡に映った自分の姿を見たときの光の進み方を点線で，花子さんがB点から鏡に映った自分の姿を見たときの光の進み方を実線で表すと，図のようになる。図より，花子さんがA点からB点に移動したとき，光の入射角と反射角は変わるが，花子さんの見える部分は変わらない。　(3)妹は，身長も目の高さも花子さんより低いため，鏡の上端の高さが，(1)で花子さんが自分の頭の先端を見ることができる158cm のとき，自分の頭の先端も花子さんの頭の先端も見ることができる。また，妹が鏡に映った自分の足元と花子さんの足元を見るためには，鏡の下端を少なくとも床から，$\frac{142+0}{2}=71$(cm)の高さにしなければならない。このとき，花子さんは，鏡に映った自分の足元も妹の足元も見ることができる。よって，2人から見て，鏡に映った2人の全身を見るためには，鏡の上下の長さは少なくとも，$158-71=87$(cm)必要である。

問2＜オームの法則＞図1，2の回路にかかっている電圧をEV とする。まず，図1の直列回路に流れる電流の大きさを求める。直列回路では，各抵抗器の抵抗の和が回路全体の抵抗になる。よって，回路全体の抵抗は，$10+R$ Ωとなるから，オームの法則〔電流〕＝$\frac{〔電圧〕}{〔抵抗〕}$より，図1の回路に流れる電流の大きさは，$\frac{E}{10+R}$A と表せる。次に，図2の並列回路に流れる電流の大きさを求める。並列回路では，各抵抗器に同じ電圧が加わり，回路全体に流れる電流は，各抵抗器に流れる電流の和になるから，$\frac{E}{10}+\frac{E}{R}=\frac{ER+10E}{10R}$(A)と表せる。以上より，b点を流れる電流の大きさがa点を流れる電流の大きさの4倍のとき，$\frac{ER+10E}{10R}\div\frac{E}{10+R}=4$が成り立つ。これを解くと，$\frac{(ER+10E)(10+R)}{10R\times E}=4$，$\frac{(R+10)^2}{10R}=4$，$(R+10)^2=4\times10R$，$R^2-20R+100=0$，$(R-10)^2=0$より，$R=10$(Ω)となる。

問3＜電磁誘導＞(b)のとき，磁石の左側にあるコイルでは，N極が遠ざかり，左向きの磁界が弱くなるため，コイルの内部には左向きの磁界が弱くなるのを妨げる左向きの磁界ができるように誘導電流が流れる。このとき，にぎった右手の突き出した親指の向きを磁界の向きに合わせると，残りの4本の指先の向きに電流が流れる。よって，点①には，↓の向きに電流が流れる。また，(d)のとき，磁石の左側にあるコイルでは，S極が遠ざかり，右向きの磁界が弱くなるため，コイルの内部には右向きの磁界が弱くなるのを妨げる右向きの磁界ができるように誘導電流が流れる。したがって，(b)とは逆向きに誘導電流が流れるので，点②には，↑の向きに電流が流れる。

問4＜水圧＞水圧は，あらゆる向きから物体の各面に垂直にはたらき，水面から深いほど大きくなる。よって，水面から深くなるほど，水圧を表す力の矢印は長くなるから，最も適当な図はウである。

問5＜力学的エネルギー＞〔位置エネルギー(J)〕=〔物体にはたらく重力の大きさ(N)〕×〔基準面からの高さ(m)〕より，物体にはたらく重力の大きさが変わらないとき，位置エネルギーは基準面からの高さに比例することがわかる。また，点Aの基準面からの高さは，ひもの長さと等しく，Lmであり，点Aの高さから手を放して，物体が最下点を通過した瞬間の運動エネルギーがKJである。これより，最下点Oの高さを基準面とすると，点Oでは，位置エネルギーは全て運動エネルギーに移り変わっているので，位置エネルギーは0Jであり，物体を持ち上げて静止させた点Aでは，運動エネルギーは0Jなので，位置エネルギーはO点で物体が持つ運動エネルギーKJに等しい。よって，最下点Oからの高さと物体の位置エネルギーの関係を表すグラフは，右図に，点線で表したグラフとなる。したがって，力学的エネルギー保存の法則により，位置エネルギーと運動エネルギーの和は等しいので，運動エネルギーのグラフは，右図の実線で表したグラフとなる。

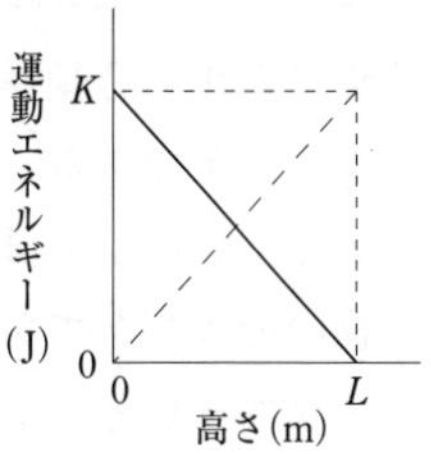

問6＜実験器具，密度＞(1)図1の器具Aをメスシリンダーという。　(2)メスシリンダーの目盛りは，液面の最も低い位置を真横から水平に見て，最小目盛りの$\frac{1}{10}$まで目分量で読み取る。また，密度は，〔物質の密度(kg/m^3)〕=〔物質の質量(kg)〕÷〔物質の体積(m^3)〕で求められる。金属Xの質量は，200÷1000=0.20(kg)である。金属Xの体積は，図1の水の体積が50.0cm^3であり，図2より，液面を読み取ると75.0cm^3なので，75.0−50.0=25.0(cm^3)，つまり，25.0÷1000000=0.000025(m^3)である。よって，金属Xの密度は，0.20÷0.000025=8000(kg/m^3)となる。

問7＜電気分解＞(1)青色の塩化コバルト紙は，水と反応して青色から赤色(桃色)に変わるので，水が生じたことを確認できる。　(2)ア…正しい。電極Aと電極Cからは水素が発生する。　ウ…正しい。電極Bから発生したのは酸素である。酸素には物が燃えるのを助けるはたらきがあるため，酸素の中に火のついた線香を入れると，線香が炎を出して激しく燃える。　カ…正しい。塩酸は塩化水素が水に溶けたものであり，水素イオン(H^+)と塩化物イオン(Cl^-)に電離している。よって，陰極の電極Cには陽イオンであるH^+が引き寄せられ，水素(H_2)が発生し，陽極の電極Dには陰イオンであるCl^-が引き寄せられ，塩素(Cl_2)が発生する。　イ…誤り。電極Bからは酸素が，電極Dからは塩素が発生する。　エ…誤り。電極Cから発生したのは水素である。水素は燃えやすい気体なので，マッチの火を近づけると小さな音をたてて燃える。　オ…誤り。陽極の電極Dには，陰イオンが引き寄せられる。

問8＜酸とアルカリ＞(1)水酸化バリウム($Ba(OH)_2$)は，水に溶けてバリウムイオン(Ba^{2+})と水酸化物イオン(OH^-)に電離する。電離の様子を，化学式を使って表すときは，矢印の左側に電離する物質の化学式，右側に生じるイオンの化学式を書き，矢印の左右で原子の数が等しくなるようにイオンの化学式の前に係数をつける。また，矢印の右側の＋と－の数が等しいことを確認する。　(2)，(3)硫酸は酸性を示し，青色リトマス紙を赤色に変える。水溶液が酸性を示す原因となるイオンは水素イオン(H^+)で，陽イオンなので，陰極に引かれて移動する。よって，青色リトマス紙の陰極側に変色した部分が広がる。また，水酸化バリウム水溶液はアルカリ性を示し，赤色リトマス紙を青色に変える。水溶液がアルカリ性を示す原因となるイオンは水酸化物イオン(OH^-)で，陰イオンなので，陽極に引かれて移動する。したがって，赤色リトマス紙の陽極側に変色した部分が広がる。　(4)表より，水酸化バリウム水溶液10cm^3に，硫酸を2 cm^3加えると白色沈殿は0.2g生じ，硫酸を4 cm^3加えると白色沈殿は0.4g生じている。これより，硫酸2 cm^3は，水酸化バリウム水溶液と反応し，白色沈殿を0.2g生じることがわかる。また，水酸化バリウム水溶液10cm^3に硫酸を4 cm^3以上加えると，白色沈殿の質量は一定になっている。よって，水酸化バリウム水溶液10cm^3と硫酸4 cm^3は過不足なく中和することがわかる。したがって，試験管Eの水酸化バリウム水溶液20cm^3を過不足なく中和するのに必要な硫酸の体積は，$4\times\frac{20}{10}=8(cm^3)$なので，加えた硫酸6 cm^3は全て水酸化バリウムと反応する。このとき，生じた白色沈殿の質量は，$0.2\times\frac{6}{2}=0.6(g)$である。

問9＜植物の分類＞ア～クのうち，①に当てはまるのは，シダ植物のイヌワラビとスギナ，コケ植物のゼニゴケである。②に当てはまるのは，種子植物ではなく，胚珠がないイヌワラビとゼニゴケ，スギナと，胚珠が子房に包まれていない裸子植物のイチョウとマツである。③に当てはまるのは，コケ植物のゼニゴケである。以上より，①～③に示す植物の特徴について，２つ以上に当てはまる植物は，イヌワラビとゼニゴケ，スギナである。

問10＜心臓のはたらき＞心臓に血液が流れ込む血管を静脈，心臓から血液が流れ出る血管を動脈という。また，心房が広がると心臓に血液が流れ込み，心室が収縮すると心臓から血液が流れ出る。よって，血液は，心房が広がると静脈から流れ込み，心房が収縮すると心房から心室へ流れ込む。そして，心室が収縮すると，動脈に流れ出る。なお，血液は，右心房が広がると大静脈から流れ込み，右心房が収縮すると右心室に流れ込んで，右心室が収縮すると肺動脈に流れ出て，肺に送られる。肺で二酸化炭素を放出し，酸素を取り入れた血液は，左心房が広がって肺静脈から流れ込み，左心房が収縮して左心室に流れ込む。左心室が収縮すると，血液は大動脈に流れ出て，全身に送られる。

問11＜光合成＞光合成が葉の緑色の部分で行われていることを確かめるには，葉の緑色の部分とふの部分で，同様に光を当てたものを比較すればよい。よって，図の光を当てた葉の緑色のアの部分と，光を当てた葉のふのイの部分を比較する。アの部分ではデンプンができているが，イの部分ではデンプンができていないことから，光合成は葉の緑色の部分で行われていることがわかる。

問12＜花のつくり＞図で，果実になるのはオの子房であり，種子になるのはエの胚珠である。なお，アは柱頭，イはやく，ウは花弁を示している。

問13＜遺伝の規則性＞丸としわの種子をそれぞれ育てたエンドウを親として交配したとき，生じた１世代目の種子が全て丸なので，両親はともに純系である。ここで，丸い種子をつくる遺伝子をA，しわの種子をつくる遺伝子をaと表すと，丸の親の遺伝子はAA，しわの親の遺伝子はaaとなる。よって，１世代目の種子は，両親からそれぞれAとaを受け継ぐから，遺伝子は全てAaになる。次に，１世代目の種子を育てて自家受精させると，生じた２世代目の種子が持つ遺伝子と数の比は，右表のように，AA：Aa：aa＝1：2：1となる。次に，２世代目の種子を自家受精させたときにできる種子について考える。２世代目のAA

	A	a
A	AA	Aa
a	Aa	aa

を自家受精させると，AAの丸の種子が$4n$個できるとする。2世代目のAaの種子の数は，AAやaaの種子の2倍できるので，Aaを自家受精させると，種子は，$4n\times2=8n$(個)できると考える。Aaを自家受精させると，前ページの表のように，それぞれの遺伝子を持つ種子は，AA：Aa：aa＝1：2：1の数の比ででき，Aを持つAAとAaが丸の種子，Aを持たないaaがしわの種子になるので，丸の種子が，$8n\times\frac{1+2}{1+2+1}=8n\times\frac{3}{4}=6n$(個)，しわの種子が，$8n\times\frac{1}{4}=2n$(個)できる。2世代目のaaを自家受精させると，aaのしわの種子が$4n$個できる。以上より，3世代目の種子の形質と数の比は，丸：しわ＝$(4n+6n)$：$(2n+4n)=10n$：$6n=5$：3となる。したがって，3世代目の種子に占める，しわの種子の割合は，$\frac{3}{5+3}=\frac{3}{8}$である。

問14＜地球温暖化＞大気中に含まれる水蒸気や二酸化炭素，メタンなどの気体には温室効果があり，これらの気体の濃度上昇によって起こる，地球規模の気温上昇を地球温暖化という。

問15＜高気圧＞高気圧の中心付近では，風がふき出して下降気流が生じるため，雲が発生しにくい。

問16＜気象観測＞(1)…正しい。湿球温度計の球部は，湿ったガーゼなどの布で覆われ，布から水が蒸発するときに熱が奪われるため，湿球温度計の示度は乾球温度計の示度より小さくなる。湿度が高いと，布から水が蒸発しづらいので，湿球温度計と乾球温度計の示度の差は小さくなる。よって，乾球温度計と湿球温度計の示度の差が0℃のとき，湿度は100%になる。　(2)…誤り。北東から南西に吹く風を北東の風という。

問17＜台風＞熱帯地方の海上で発生した熱帯低気圧のうち，最大風速が17.2m/s以上に発達したものを台風という。北半球の台風や低気圧の地表付近では，中心に向かって時計の針の動きと反対向きに回るように風が吹き込んでいる。また，夏から秋にかけて発生した台風は，小笠原気団のふちに沿って進み，偏西風の影響もあり，北東に向かう傾向が強い。

問18＜地震＞海溝型地震と内陸型地震を比べると，内陸型地震の方が海溝型地震より震源が浅いことが多い。海溝型地震は，海洋プレートが大陸プレートの下に沈み込む所で起こる。一方，内陸型地震は，地下の約5km〜20kmくらいの比較的浅い所で起こる。

問19＜火山＞昭和新山のように，傾斜が急で盛り上がった形をしている火山は，マグマの粘りけが強く，激しい爆発を伴う噴火が起こる。また，粘りけが強いマグマは白色鉱物を含む割合が高いため，溶岩の色は白っぽい色になる。

問20＜南中高度＞北緯35°の地点における夏至の日の太陽の南中高度は，〔南中高度〕＝90°－〔緯度〕＋23.4°より，90°－35°＋23.4°＝78.4°となる。なお，春分・秋分の日の太陽の南中高度は，〔南中高度〕＝90°－〔緯度〕で，冬至の日の太陽の南中高度は，〔南中高度〕＝90°－〔緯度〕－23.4°で求められる。

問21＜自転と公転＞地球や月の自転と公転は，地球の北極側から見ると全て反時計回りである。

問22＜太陽系＞太陽から最も離れた惑星は海王星である。また，地球は地球型惑星，木星は木星型惑星で，地球型惑星は木星型惑星に比べて密度は高い。なお，冥王星は惑星ではなく準惑星である。太陽系の中で主に岩石からできている惑星は地球型惑星で，水星，金星，地球，火星の4つある。

国語解答

一　問一　①　申請　②　そえん　③　掲

問二　イ

問三　学校のカリキュラム化された知を通した学習の形式のこと。（27字）

問四　日常の身近な関係だけの学習では，将来待ち構える実生活の諸関係に対応することができないから。（45字）

問五　普段の生活

問六　Ⅰ…エ　Ⅱ…オ　Ⅲ…イ

問七　A…ウ　B…エ　問八　イ

問九　時間軸［……ため。］　問十　エ

二　問一　あげましょう

問二　A…ア　B…ウ　C…イ

問三　百七十二〔一七二〕

三　Ⅰ　問一　之を叩くに大なる者を以ってせば

問二　ア

Ⅱ　問一　（右参照）

四　問一　ア　問二　うで

問三　うかがう〔参上する／参る〕

莫㆑大㆓乎與㆑人為㆑善。

一〔論説文の読解—教育・心理学的分野—教育〕出典：広田照幸『学校はなぜ退屈でなぜ大切なのか』。

≪本文の概要≫学校で教えられる知は，子どもの日常生活を超えた知であるからこそ重要だが，その内容は子どもにとってはなじみにくいものである。教育哲学者のモレンハウアーは，「提示」と「代表的（代理的）提示」という概念を用いて，学校の知の特異性を説明している。「提示」は，学校がなかった社会における人間形成のやり方で，ふだんの生活の中で周囲の大人と一緒に生活することでさまざまなことを学ぶものである。しかし，社会的生活が複雑化すると，日常の身近な関係の中の学習だけでは対応しきれなくなり，身の回りにないものを学ばせる学校の重要性が生じた。子どもたちが学校で学ぶ「カリキュラム化された知」が，「代表的提示」である。子どもたちは，この世界がどういうものかということを，言葉や記号を用いた「代表的提示」によって学ぶが，その内容は子どもたちの身近な日常経験とは切り離されたものになる。だから，「勉強がつまらない」と多くの子どもたちが思うのは，学校の知の本質ともいえるのである。

問一＜漢字＞①「申請」は，認可や許可を得るために願い出ること。　②「疎遠」は，遠ざかって関係が薄いこと。　③音読みは「掲示」などの「ケイ」。

問二＜文章内容＞「学校知」は，生まれ育った「普段の生活の中」で学ぶ「知」とは違い，「経験によっては子どもが到達し難い部分」を，「言葉や記号を使って子どもたちに学ばせる」ものである。ただし，「学校知」は「世界とは何か」を学ぶものなので，仕事に「役に立たないこと」が含まれる。

問三＜文章内容＞「代表的提示」は，大人が自らの生活を生きて見せる「提示」だけでは身につけられない部分を，「学校のカリキュラム化された知を通した学習の形式」によって学ぶものである。

問四＜文章内容＞「社会的生活が複雑化」すると，「子どもを待ちかまえている実生活の諸関係」の問題は，「そのどれをとっても子どもにとって近寄り難い」ものとなる。つまり，「将来必要となるもの」が，「普段の生活の中」で学ぶことだけでは不足してしまうのである。

問五＜文章内容＞学校がなかった時代の子どもたちは，周囲の大人と一緒に生活する「第一次的な生活世界，すなわち普段の生活の中」で，さまざまなことを学んでいたが，社会的生活が複雑化すると，「普段の生活」の中で学ぶことだけでは対応しきれなくなる。

問六＜接続語＞Ⅰ．「社会的生活が複雑化」すると，子どもの将来において必要となるものが「子どもの第一次的な生活世界に含まれる度合いはますます低くなる」のであり，生活世界に含まれない知識の具体例としては，「契約をする」ことや「遠くの世界とコミュニケーションする」ことなどが挙げられる。　Ⅱ．学校で教えられる「知」は，「言葉や記号を通して，この世界がどういうものなのかを理解」するためのものなので，「学校知」は「記号化」された「世界の縮図」だといえる。　Ⅲ．「学校で教えられているカリキュラム」は，「この世界が何なのか」ということについての「縮約・再構成された知識や文化」ともいえるし，または，それらの知識や文化を「ベースにした技能の習得のようなもの」だともいえる。

問七＜表現＞A．学校で学ぶ「世界の縮図」としての「知」は，「職業的に役立つ」だけではなく，「市民」や「個人」として生きていく「生活全般」に関わる根本の部分を提供してくれる。　B．「進学や就職をエサ」にして勉強に取り組ませる教育においては，「受験の合格や資格の取得」など，わかりやすい実益だけを表明するという「やり方」をとる。

問八＜語句＞「源泉」は，物事が生じるもとのこと。日常の生活を離れた「より広い世界への通路」という「学校知の性格」は，「子どもにとってのなじみにくさ」の原因でもある。

問九＜文章内容＞「学校知」における「地理」は，「今生きている世界をもっと広げて知ること」につながるし，ヒッタイトの鉄器の使用などの「歴史」は，「時間軸で過去にさかのぼって，私たちを知ること」につながる。

問十＜要旨＞学校の勉強において「勉強がつまらない」と子どもたちが感じるのは，「この世界が何なのか」についての知識という「身近な日常経験とは切り離されたものを教わっている」ことが原因である。したがって，「勉強がつまらない」のは「学校の知の本質」ともいえ，「仕方」がないことである。

二〔古文の読解―笑話〕出典：『詞葉の花』。

≪現代語訳≫吉原の昼見世で，おいらんが，「ねえ，喜助さん。あの茶碗屋さんが来たら，茶漬け茶碗を買ってくださいよ」（と言ったところ，喜助は）「はい。買ってあげましょう」などと言っているうちに，茶碗屋〈が〉来る。「おい，この茶碗はいくらだ」（と喜助が尋ねると，茶碗屋は）「二百五十（文）でございます」（と答える。すると喜助は）「途方もない（値だ）。百五十にしなさい」（と言ったところ，茶碗屋は）「とんだこと〈を〉言いなさる。どうして（その値で売れましょうか）」（と言い返すと，喜助は）「それなら，（百）六十やろう」（と言った。すると茶碗屋は）「さて，そのように少しずつ，上げないで，もっと（高い値で）買ってください」などと言っているのを，おいらんも聞いていて，小声で，「ねえ，喜助さん。もっと高くてもいいわよ」と言う。喜助は，目くばせでうなずきながら，「それなら，（百）七十二文やろう」（と言うと，茶碗屋が）「はてさて，お前さんは吉原〈に〉いるほどのこともない，けちな（値の）つけようをなさる」と言ったところ，喜助も腹を立てて，「この商人はおかしなことを言う。吉原の人間は値切らないものなのか」と言い返し，もうすぐ言い争いになりそうだったので，おいらんも困ってしまい，二階へ行った。（その後）茶碗屋は荷物を担いで（店を）出る拍子に，つまずいて，（やり取りをしていた）今の茶碗も，粉々に壊れるのを見て，喜助はうれしがり，二階へかけ上がり，

「ねえ，おいらん。今あの茶碗屋が，(こちらに)譲っておけばいいことを，(むきになり)力みすぎて，あそこで転んで，あの茶漬け茶碗を，ぶち壊しました」と言うと，(おいらんは)「本当かい。買わないでよかったねえ」(と言った)。

問一＜歴史的仮名遣い＞歴史的仮名遣いの「eu」は，原則として現代仮名遣いでは「you」になるので，「せう」は「しょう」になる。

問二＜古文の内容理解＞昼見世に茶碗屋が(…Ａ)来たので，喜助が安い値で買おうとすると，茶碗屋は「とんだ事」を(…Ｂ)「いひなさる」と言って拒んだ。そして，その後も喜助が値切ろうとするので，茶碗屋は喜助に対して「おめへ」は吉原に(…Ｃ)いるほどの者ではないと言った。

問三＜古文の内容理解＞最初，喜助は百五十文に値切ろうとし，そこから少しずつ値を上げ，百七十二文までなら払うと言った。

三 〔漢文の読解〕出典：『礼記』／『孟子』。

Ⅰ≪書き下し文≫善く問を待つ者，鐘を撞くがごとし，之を叩くに小なる者を以ってせば則ち小さく鳴り，之を叩くに大なる者を以ってせば則ち大きく鳴る。

≪現代語訳≫よく質問に対応してくれる人は，鐘をつくようなものである。(教えを請《こ》う側が)小さくたたくと小さく鳴るし，大きくたたくと大きく鳴る。

問一＜漢文の訓読＞「之」→「叩」→「大者」→「以」の順に読む。下から上に一字返るときはレ点を使い，下から上に二字以上返るときは一二点を使う。

問二＜漢文の内容理解＞「因果応報」は，よい行いをすればよい報いがあり，悪い行いをすれば悪い報いがあること。学問というものは，習う側の姿勢や態度が立派であれば，教える側もそれに応じてくれるのである。「自家撞着」は，同じ人の言動が前と後とで矛盾していること。「大山鳴動」は，事前の騒ぎばかりが大きくて実際の結果がとても小さいこと。「叩頭三拝」は，頭を地につけて何度も繰り返してお辞儀をすること。

Ⅱ≪現代語訳≫(君子というものは)人とともに善を行うこと以上に大きなことはない。

問一＜漢文の訓読＞「人」→「與」→「善」→「為」→「大」→「莫」の順に読む。「人」から「與」，「善」から「為」へ一字返るので「與」と「為」にレ点を付す。「為」から二字以上返って「大」を読むことになるので，「為」に一二点の一，「大」に二を付す。そして，「大」から「莫」へ一字返るので「莫」にレ点を付す。「為」には一点とレ点の両方がつくことになる。

四 〔国語の知識〕

問一＜文学史＞『舞姫』は，明治23(1890)年に発表された，森鷗外の小説。『たけくらべ』は，明治28～29(1895～96)年にかけて発表された，樋口一葉の小説。『河童』は，昭和２(1927)年に発表された，芥川龍之介の小説。『蟹工船』は，昭和４(1929)年に発表された，小林多喜二の小説。『雪国』は，昭和10～22(1935～47)年にかけて発表された，川端康成の小説。

問二＜慣用句＞「腕が鳴る」は，自分の技能や力を発揮したくてじっとしていられないでいる，という意味。

問三＜敬語＞「私は」が主語で，その動作の受け手となっているのは「校長先生」なので，謙譲表現の「うかがう」などにする。

2024年度 中央大学高等学校

【英　語】（60分）〈満点：100点〉

〈注意〉　筆記問題（[1]～[6]）は50分で，そのあとすぐにリスニング問題（[7] 約10分）が放送されます。

[1]　次の英文を読んで，問に答えなさい。［*をつけたものには註があります］

Steph was looking at **#SundayBreakfast** pictures on *Instagram. She saw photos of fresh bread and coffee with hearts in the milk.

Steph put some flowers (which she stole from her neighbor's garden earlier in the morning) next to her own breakfast and took some photos. Her eggs and coffee became cold because she was spending too much time, but the plate looked good.

Steph changed the colors on her picture to make it more beautiful when she noticed a *filter called _TrueBeauty_. She downloaded it. Her picture looked perfect with that filter. She posted the photo for her 27,000 *followers. She hoped they would feel *jealous of her life. Then (1)she threw the food into the trash can. She didn't want to eat it because it was cold.

On the other side of the city, Matt was also looking at Instagram. His *feed was full of **#FitBody** gym *selfies and **#Beachlife** holiday photos.

Matt put cooking oil on his skin so that it would look shiny. He wanted to show his muscles on social media. But his photos didn't look good. Then he noticed an advertisement for _TrueBeauty_.

Pictures as beautiful as you are. See the real you with TrueBeauty.

Available in your *_app store for $0. Because true beauty is free._

That's what he needed! He downloaded the app and took a selfie. His body looked amazing. He posted the photo for his 7,000 followers. Then he got in the shower to wash off all the cooking oil. This was bad for the environment, but he didn't care about that. (2)It was someone else's problem.

Later, when Steph and Matt checked their profiles, they both were surprised. They had many (3) comments from their followers.

'**susieQ**　I never want you to cook my breakfast!'

'**gymguy21**　Ewww, that body doesn't look nice!'

……

Both social media influencers looked again at their _TrueBeauty_ pictures. The pictures looked totally different now!

In Steph's picture the breakfast looked bad. The flowers were dead, and the coffee didn't look delicious. In Matt's picture, his body looked dirty and his muscles were small.

They both tried to *delete the photos, but they couldn't. The (3) comments kept coming. Just then, they both received a message from _TrueBeauty_:

Dear User,

Thank you for making TrueBeauty such an amazing success! Fifty million downloads in the 24 hours! Wow, it's more than I ever hoped for.

Here's a question for you. Are you as beautiful on the inside as you are on the outside? This filter will change your photos to show your true character. (4)_If you want your pictures to be_ *beautiful again, you must become as beautiful in real life as you are on your social media.*

Have a truly beautiful day, beautiful people !

Love,

TrueBeauty

P.S. You can't remove the filter or delete the pictures you posted using it !

Steph and Matt were not the only victims. Over 50 million influencers received the same message. The next day, Instagram was very quiet. Nobody wanted to post *ugly pictures.

Steph stopped trying to take pictures, too. She couldn't remove the *TrueBeauty* filter. [5] Now, nobody could follow her. She felt depressed. She didn't want to do anything in her life if she couldn't post photos of it.

She went outside, and walked by Mrs. Robinson's garden. The flowers looked beautiful. She felt bad for stealing them for her breakfast picture. She noticed a big purple rose. She stopped and smelled it. 【 6−ア 】

"Hello," said Mrs. Robinson. Steph was surprised to see her. 【 6−イ 】

"I was just giving water to the plants. At this time of year, there's always so much to do." 【 6−ウ 】

"Do you want some help ?" Steph asked.

"Oh, thank you, dear ! That would be lovely !" Mrs. Robinson looked happy. Steph actually felt happy for the first time since the *TrueBeauty* problem began. 【 6−エ 】

Steph helped for over two hours. She enjoyed herself a lot. Mrs. Robinson was a very interesting lady and she had some amazing stories.

"Let's take a picture of us together !" said Mrs. Robinson when Steph was leaving.

(7)Steph almost said no, because a photo would be useless if she couldn't put it on Instagram. But she wanted to make Mrs. Robinson happy. They took a picture together in front of the roses. Both were smiling and looking a little bit tired.

Later that evening, she looked at the picture on her phone. She didn't need any filters because the roses looked beautiful already. And nothing could make the smiles on her and Mrs. Robinson's faces better.

"That's a really beautiful picture," she said. "It's a shame that *TrueBeauty* will make it ugly if I post it."

But then (8)she had a thought. She went back and read *TrueBeauty's* message again.

＊＊＊＊＊

She posted her picture. When the picture went online, it looked exactly the same ! The app didn't make it ugly ! She made her account public again. Then she added some text to the photo :

'Me and my neighbor in her garden **#TrueBeauty #BeautyIsOnTheInside**'

One of Steph's followers, Matt, saw her photo. He didn't go to the gym for two days. He was sad and depressed. He didn't want to go if he couldn't show his body to people on social media.

But Steph's new picture was still beautiful . . . Why ?

He had an idea. He picked up empty oil bottles, all the paper, plastic and glass in his house. He put them into different trash bags. Then he knocked on his neighbor's door. He took all of their trash too.

After Matt finished, he took a photo of himself, not just to show his muscles, but because he was proud of his hard work and helping other people. When he posted it, the *TrueBeauty* filter didn't damage his picture.

(9)Now he understood, that was the meaning of true beauty.

（註） Instagram：インスタグラム（世界中で人気のSNS。主に写真や動画を投稿する）
filter：フィルター（撮影した写真の明るさや色を変更・追加する機能）
follower(s)：フォロワー（特定のユーザーの投稿を見られる設定にしている人）
※上記の設定で投稿を見ることを follow「をフォローする」と言う
jealous：うらやましい
feed：フィード（フォローしている人の投稿が一覧になった画面）
selfie(s)：自撮り写真（自分を被写体にした写真）
app：アプリ（application の略語。スマートフォン等の専用ソフトウェア）
delete：を削除する　ugly：見苦しい，醜《みにく》い

問１　下線(1)の理由として最も適切なものを１つ選び，記号で答えなさい。
ア．写真を撮影していた時間で卵とコーヒーが冷めたから。
イ．花を添えても朝食の写真がきれいに映らなかったから。
ウ．*TrueBeauty* で朝食の写真の見た目が悪くなったから。
エ．投稿した写真を誰もうらやましく思わなかったから。

問２　下線(2)の気持ちが表れている行動として最も適切なものを１つ選び，記号で答えなさい。
ア．Posting the photos of his body for his followers.
イ．Downloading *TrueBeauty* and taking a selfie.
ウ．Washing off all the cooking oil in the shower.
エ．Noticing an advertisement for *TrueBeauty*.

問３　２箇所の（３）に共通して入る語として最も適切なものを１つ選び，記号で答えなさい。
ア．positive　イ．negative　ウ．true　エ．fake

問４　下線(4)を日本語に直しなさい。なお，social media は「ソーシャルメディア」と書くこと。

問５　[5] には「見苦しい写真を隠すために，彼女は自分のアカウントを非公開にすることしかできなかった」という意味を表す英文が入る。下記を並べかえて英文を完成させたとき，A，Bに来るものを記号で答えなさい。

The only thing ＿＿＿ ＿＿＿ A ＿＿＿ ＿＿＿ ＿＿＿ B private.

ア．she　イ．her account　ウ．the ugly pictures　エ．could do to
オ．hide　カ．make　キ．was to

問６　次の２文は本文中の【6−ア】〜【6−エ】のいずれかに入る。最も適切なものを１つ選び，記号で答えなさい。

Steph didn't know it was such hard work to make a garden look nice. Actually, she never spoke to Mrs. Robinson before.

ア．【6−ア】　イ．【6−イ】　ウ．【6−ウ】　エ．【6−エ】

問７　It says on line (7), "Steph almost said no," but why did she decide to take a picture with Mrs. Robinson in the end? Please answer in about 10 words in English.

問８　下線(8)で Steph が考えた内容として最も適切なものを１つ選び，記号で答えなさい。
ア．他のフィルターなら Mrs. Robinson との写真が美しくなるかもしれない。
イ．どんなフィルターでも Mrs. Robinson との写真は良くならないだろう。

ウ．*TrueBeauty* が Mrs. Robinson との写真を実際よりもきれいにするはずだ。

エ．*TrueBeauty* が Mrs. Robinson との写真を醜くすることはないだろう。

問 9　下線(9)で Matt が理解した内容を30字程度の日本語で説明しなさい。ただし，「見た目」という言葉を用いること。(句読点を含む)

問10　本文の内容に合うものを2つ選び，記号で答えなさい。

ア．Steph は Mrs. Robinson の庭から盗んだ花を朝食に添えて写真を撮った。

イ．Matt は Steph よりも多くのフォロワーを持つインフルエンサーである。

ウ．*TrueBeauty* を使った投稿が削除できないことは開発者も知らなかった。

エ．*TrueBeauty* を使った投稿で Steph と Matt のフォロワーだけが激減した。

オ．Mrs. Robinson と話をしても Steph の沈んだ気分が晴れることはなかった。

カ．*TrueBeauty* の騒動以後 Matt は２日間ジムに行かず，落ち込んでいた。

2　次の英文を読んで，問に答えなさい。[＊をつけたものには註があります]

How do different animals use their muscles?

You probably know many of the things that the muscles in your bodies can do. But do you know how muscles in an animal's body are different from yours?

Lions are hunters. They need to hunt to survive. The strong muscles in their legs allow them to run at speeds of 45 km/h. They can also jump a distance of 10 m. The strong muscles in their front legs and chests help them catch their food.

Snakes also use their muscles for hunting and moving, but (1)their muscles work very differently from lions. Snakes don't have any arms or legs, so they need to move differently from other animals. They have more muscles than most animals. They move their muscles, and this makes a wave effect across their body. The waves push against the ground. This is how snakes move forward.

Snakes' muscles also allow them to eat large things. For example, a snake can eat an egg that is (2) than its body. Can you imagine eating a whole watermelon *in a single gulp? The snake's strong muscles push the egg along when it eats. The strong muscles break the egg and allow it to eat what's inside.

Scientists believe an elephant's *trunk has more than one hundred thousand muscles! This is because (3)elephants use their trunk just like people use their hands and fingers. Even though a trunk is large, it can do many difficult tasks. For example, it can pick up a small leaf from the ground. It is also very strong. It can even pick up a small tree or a baby elephant.

These animals have many muscles that are special for them. However, ［ 4 ］ It might be fun to jump 10 m in the air, but as a human, we don't need to jump so high.

(註)　in a single gulp：一口で　　trunk：nose

問 1　下線(1)に関して，snakes がどのように筋肉を使って移動するのかを25字以内の日本語で説明しなさい。(句読点を含む)

問 2　(2)に入る語として最も適切なものを１つ選び，記号で答えなさい。

ア．smaller　　イ．stronger　　ウ．weaker　　エ．wider

問 3　下線(3)の具体例を本文より英語で１つ抜き出しなさい。ただし，10～12語で答えること。(ピリオド等は語数に含まない)

問 4　［ 4 ］には「私たちの体の筋肉は思った通りに動く」という意味を表す英文が入る。下記を並べかえて英文を完成させたとき，A，B に来るものを記号で答えなさい。

______ ______ ___A___ ______ ___B___ ______ them to.

ア．the muscles in　　イ．we

ウ．work　　エ．our bodies

オ．exactly the way　　カ．need

問5　本文の内容に合うものを1つ選び，記号で答えなさい。

ア．ライオンは45km/h で走り，10m の跳躍が可能である。

イ．ヘビは卵に巻き付いて殻を割り，中身を取り出して食べる。

ウ．ゾウの鼻には100万以上の筋肉があると考えられている。

エ．動物の筋肉と人間の筋肉にはそれほど大きな違いはない。

3　答えとして最も適切なものを選び，記号で答えなさい。

1．Let's cancel the picnic if it (　　) this afternoon.

ア．rains　イ．rained　ウ．will rain　エ．has rain

2．I don't think this book is worth (　　).

ア．reading　イ．to read　ウ．read　エ．not to read

3．We will go on a honeymoon (　　) the beginning of July.

ア．during　イ．on　ウ．for　エ．at

4．Do you know anyone in your school (　　) parents are teachers ?

ア．who　イ．which　ウ．whose　エ．that

5．Can you give me something (　　　)?　I can't find my notebook.

ア．to write at　　イ．to write with

ウ．to write on　　エ．to write for

6．"Hello, this is Tim (　　).　Is Bob there ?"

ア．talking　イ．speaking　ウ．calling　エ．telling

7．Where would you go when you cut your finger very badly ?

ア．post office　　イ．school

ウ．police station　　エ．hospital

8．Which underlined part has a different sound ?

ア．peace　イ．break　ウ．reason　エ．creature

4　各組の英文がほぼ同じ意味を表すように(　)に適切な語を入れたとき，(＊)に入る語を答えなさい。

1．You must send this letter when you go to school.
Don't (＊) to send this letter (　　) your way to school.

2．The boy with a lot of videogames is Mary's brother.
The boy (　　)(＊) a lot of videogames is Mary's brother.

3．How many mountains does this prefecture have ?
How many mountains (　　)(＊) in this prefecture ?

4．Shohei is the greatest baseball player in the world.
(＊)(　　) baseball player in the world is so great as Shohei.

5．Melos had to reach the city in time.
Melos had to reach the city before (　　) was too (＊).

5 次の英文はある英単語を説明したものです。その単語を書きなさい。

1．This is a part of your clothes.　It is usually a small round piece of metal or plastic.　Shirts and jackets have these, but T-shirts and sweaters don't.　The word begins with "B."

2．This is a book in which you write down the things that happened to you each day.　You might also write about what you did and your feelings.　The word begins with "D."

6 日本語の意味になるように並べかえたとき，A～Fに入るものを記号で答えなさい。ただし，文頭に来る語も小文字にしてあります。

1．トミーは私が訪れる予定の国に行ったことがない。

Tommy ＿＿ ＿＿ ＿A＿ ＿＿ ＿＿ ＿B＿ ＿＿.

ア．been to　イ．going to　ウ．has　エ．visit

オ．never　カ．I'm　キ．the country

2．そこで売っている製品のほとんどは中古品だ。

＿＿ ＿＿ ＿＿ ＿C＿ ＿＿ ＿＿ ＿D＿ ＿＿.

ア．ones　イ．the products　ウ．are　エ．sold

オ．used　カ．most　キ．there　ク．of

3．この動画を見ると英語を勉強する面白さが分かるでしょう。

This video ＿＿ ＿＿ ＿＿ ＿E＿ ＿＿ ＿F＿ ＿＿ ＿＿ study English.

ア．interesting　イ．you　ウ．is　エ．tell

オ．will　カ．it　キ．how　ク．to

7 リスニング問題

ただいまからリスニング試験を行います。問題はPart AからPart Cまであります。全部で15問です。英語は一度だけ読まれます。

Part A：Listen to the question and then choose the best answer.

1．A．In Paris.　B．A few years ago.

C．Yes, I did.　D．Since 2019.

2．A．I'll have hot milk.　B．Yes, it's cold.

C．Put on your jacket.　D．I don't think so.

3．A．Yeah, you should come.　B．I went again.

C．When is it?　D．Sorry, I couldn't make it.

4．A．Actually I'm single.

B．My family is the third one.

C．My brother is younger than me.

D．There are three people in your family.

5．A．Sorry I'm late.　B．My train will be late.

C．The traffic was heavy.　D．Because I ran quickly.

Part B：Listen to the conversation and the question, and then choose the best answer.

6．A．The customer forgot to make a reservation.

B．The customer got the date wrong.

C．The hotel worker spelled his name wrong.

D．The hotel worker doesn't understand the reservation system.

7．A．They met a long time ago.
B．Paul remembered Sally very well.
C．Kindergarten was a good memory for them.
D．Sally took a long time to remember Paul.

8．A．Both speakers.　B．Both speakers and their friends.
C．One speaker alone.　D．One speaker and his friends.

9．A．Sunny and cold.　B．Rainy and warm.
C．Sunny and warm.　D．Rainy and cold.

10．A．Friday, July 17th.　B．Saturday, July 18th.
C．Sunday, July 19th.　D．It is in October.

PartC：Listen to the dictation.　Write the missing words on the script.

"Japan is introducing robot English teachers into some schools to help students $_{11}$______ their English.　The robots will be able to help students with their conversation and pronunciation skills.　This is cheaper than hiring native English teachers, and some students say that they feel more $_{12}$______ practicing conversation with a robot than a real person.　However, some people think that robots cannot be a good substitute for real language teachers.　Natural $_{13}$______ is difficult for a robot to copy, and speaking to a robot may not prepare students well for talking to humans in real life.　Also, part of a native English teacher's $_{14}$______ is to expose students to other cultures and ways of thinking.　A robot cannot do this.　Experts say that robots may become a $_{15}$______ tool in the classroom, but only when used with real teachers."

＜リスニング問題放送原稿＞

PartA：Listen to the question and then choose the best answer.

1．When did you live in France?
2．Is it too hot in here?
3．Do you want to come to my concert?
4．How many people are in your family?
5．Why are you late?

PartB：Listen to the conversation and the question, and then choose the best answer.

6．A：Welcome to The Sunshine Hotel.
B：I have a reservation for a double room, one night.
A：What name please?
B：Smith.
A：Oh, I can't find your name in the reservation system.　How do you spell that?
B：S-M-I-T-H.
A：Oh, your reservation is for next week!
Q：What is the problem?

7．A：Hi Paul!
B：Sorry, do I know you?
A：It's me, Sally!
B：Sally . . .
A：Sally Jenkins, we went to Kindergarten together!

B : Oh wow, you have a good memory!

Q : Which sentence is correct?

8 . A : What are you doing tomorrow?

B : I'm going to go bowling!

A : Great, I'll join you! What time is the reservation?

B : Well, 7:30... But actually, our team is already full!

A : Oh, I see...

Q : Who will go bowling?

9 . A : Nice weather today isn't it?

B : Do you really think so? It's too cold.

A : That's true, but at least it's not raining.

B : Well, I think rainy and warm is better than this!

Q : How is the weather?

10. A : My birthday party is on Saturday, can you make it?

B : Sure! I didn't know your birthday was Saturday.

A : Well actually my birthday is one day before, on July 17th.

B : I see, mine isn't until October.

Q : When is the party?

Part C : Listen to the dictation. Write the missing words on the script.

Japan is introducing robot English teachers into some schools to help students **improve** their English. The robots will be able to help students with their conversation and pronunciation skills. This is cheaper than hiring native English teachers, and some students say that they feel more **comfortable** practicing conversation with a robot than a real person. However, some people think that robots cannot be a good substitute for real language teachers. Natural **communication** is difficult for a robot to copy, and speaking to a robot may not prepare students well for talking to humans in real life. Also, part of a native English teacher's **role** is to expose students to other cultures and ways of thinking. A robot cannot do this. Experts say that robots may become a **useful** tool in the classroom, but only when used with real teachers.

【数　学】　(50分)　〈満点：100点〉

（注意）　定規・分度器・電卓は使えません。

1　次の問に答えなさい。

問１．２次方程式 $x^2+6x-8=0$ を解きなさい。

問２．$\dfrac{3+2\sqrt{3}}{\sqrt{15}}-\dfrac{\sqrt{30}-8\sqrt{10}}{5\sqrt{2}}$ をできるだけ簡単にしなさい。

問３．n を自然数，$r>1$ とする。指数が１から n まで１つずつ増える n 個の r の累乗数の和

$$S=r+r^2+r^3+\cdots+r^n$$

について，$S-rS$ を考えることによって，「…」を使わない分数式で S を表しなさい。

2　ある国の年齢別人口割合を調べていたところ，10年ごと(2000年，2010年，2020年)での３種類(年少，生産年齢，老年)の人口割合が整数で％表示されており，各年で３種類の人口割合の和が100％になっているデータを見つけました。さらに，次の①～④の条件が成り立つとき，以下の問に答えなさい。

①　生産年齢人口割合は各年で他の人口割合に比べて大きいが，10年ごとに４％以上減少している。

②　老年人口割合はすべて素数で表示されており，10年ごとに６％ずつ増加している。

③　2000年では，生産年齢人口の割合が老年人口の割合のちょうど４倍となっている。

④　2010年，2020年とも生産年齢人口割合が年少人口割合の４倍以上，かつ５倍以下となっている。

問１．2000年での年少，生産年齢，老年の人口割合を，(年少，生産年齢，老年)の形で答えなさい。
例えば，年少が35％，生産年齢が52％，老年が13％のとき，(35，52，13)と解答欄に記入しなさい。

問２．2020年での年少，生産年齢，老年の人口割合を，**問１**と同じ形ですべて答えなさい。

3　右図のように，直線 l：$y=x-1$ が放物線 C_1：$y=-2x^2$ と異なる２点A，Bで交わっており，さらに，直線 l と放物線 C_2：$y=ax^2\ (a>0)$ が異なる２点P，Qで交わるか，その２点が重なり，１点Pのみで交点をもつ場合を考えます。このとき，以下の問に答えなさい。

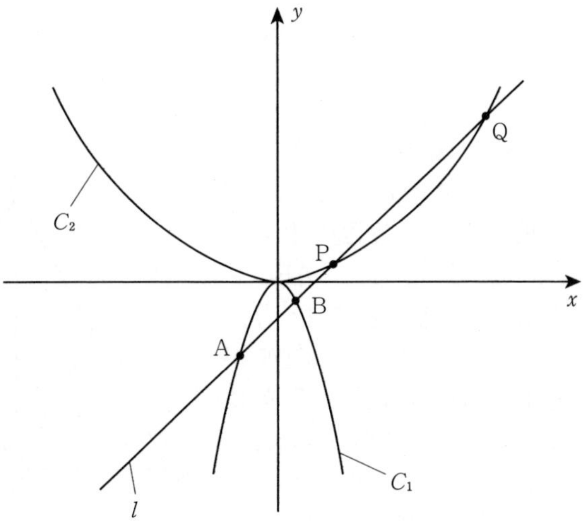

問１．辺ABの長さを求めなさい。

問２．辺ABと辺BPの長さが等しくなるときの，a の値を求めなさい。

問３．辺ABと辺PQの長さが等しくなるときの，a の値を求めなさい。

4　さいころを３回振り，１回目，２回目，３回目に出た目の数をそれぞれ a，b，c とします。このとき，以下の問に答えなさい。

問１．a，b，c の中央値と平均値が一致する確率を求めなさい。

問２．a，b，c の平均値が３より大きく，４より小さくなる確率を求めなさい。

5 下図のように，中心B，半径$\sqrt{3}$の円に対して，対角線の交点がAである正方形と，半径が1の2つの円(中心がCとD)が接していて，点E，F，Gがそれぞれの接点になっています。さらに，AB＝BC＝CDが成り立ち，線分BHが∠ABDの二等分線になっているとき，以下の問に答えなさい。

問1．∠AHBの大きさを求めなさい。

問2．辺BHの長さを求めなさい。

問3．△HDIの面積を求めなさい。

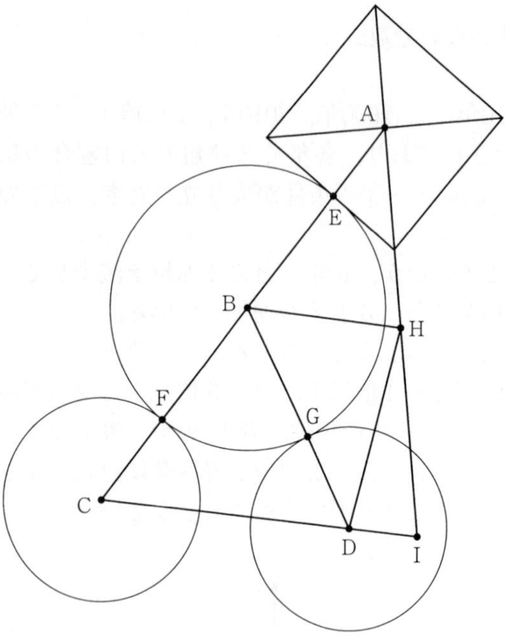

6 右の図1のように，1辺の長さ4の正三角形ABCの重心をG，各辺の中点をD，E，Fとし，△ABCを△DEFの各辺で折り，△AEF，△BDF，△CDEがそれぞれ△DEFに垂直になるようにします。さらに，図2のように，折った後の△ABCおよび，△ABF，△BCD，△CAEを加えて，8個の三角形で囲まれた立体をVとするとき，以下の問に答えなさい。

図1

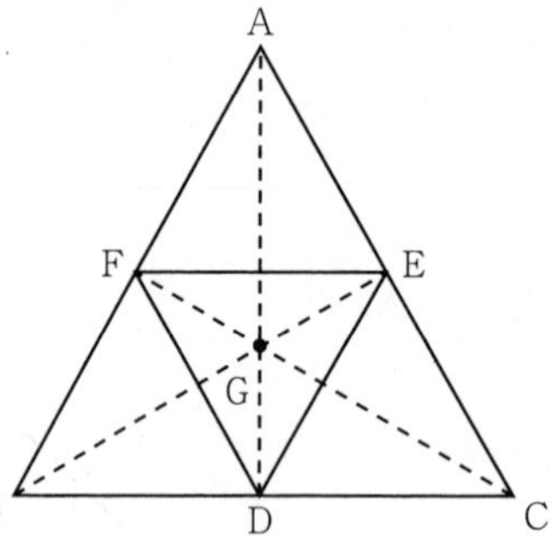

図2

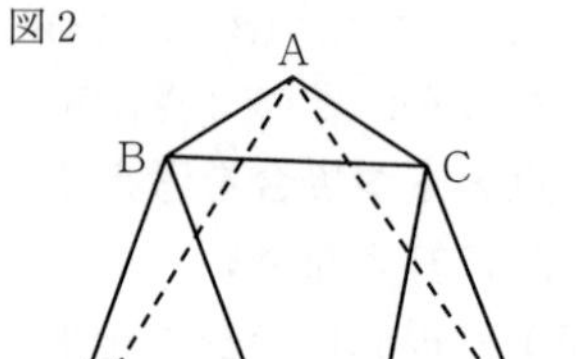

問1．図2において，辺BEの長さを求めなさい。

問2．立体Vの体積を求めなさい。

問3．図2において，線分BEの中点を通り，△DEFと平行な平面でVを切ったときの真上から見た断面図を，解答欄の△DEF(各辺を4等分した目盛り付き)の中に斜線で示し，断面積Sを求めなさい。

六　次の各設問に答えなさい。

問一　次の説明に該当する作家を後から一人選び、記号で答えなさい。

東京都新宿区に生まれる。本名は金之助。大学卒業後、愛媛の松山で中学教師となる。その後イギリスに留学し、帰国後に帝国大学の講師となるがその職を辞し、朝日新聞社に入社する。『明暗』を執筆中に胃《い》潰瘍《かいよう》が悪化し、未完のまま世を去った。

ア　太宰《だざい》治《おさむ》　　イ　芥川《あくたがわ》龍之介《りゅうのすけ》　　ウ　森《もり》鷗外《おうがい》
エ　夏目《なつめ》漱石《そうせき》　　オ　川端《かわばた》康成《やすなり》

問二　次の文の――線部1・2の語の説明として最も適切なものをそれぞれ後から選び、記号で答えなさい。

彼は1立派な人であり、ずっと地域の福祉に貢献し続け2ている。

ア　動詞の連用形　　イ　動詞の連体形
ウ　動詞の仮定形　　エ　形容詞の連用形
オ　形容詞の連体形　　カ　形容詞の仮定形
キ　形容動詞の連用形　　ク　形容動詞の連体形
ケ　形容動詞の仮定形　　コ　助動詞の連用形
サ　助動詞の連体形　　シ　助動詞の仮定形
ス　助詞　　セ　名詞
ソ　副詞　　タ　連体詞

問三　次の(1)・(2)がそれぞれの意味を表す慣用句になるように、（　）に入る語を後から一つずつ選び、記号で答えなさい。

(1)　水を（　　）　＊意味…邪魔をすること
(2)　腹を（　　）　＊意味…覚悟を決めること

ア　打つ　　イ　汚す　　ウ　割る
エ　塞ぐ　　オ　括《くく》る　　カ　差す

オ　榊は白石の才能を発揮させるために、進んで彼に好きなようにさせていたということ。

問七　――線部5「過剰に装飾された説明」とあるが、なぜ「榊」はこのような説明をしたのか、三十字以内（句読点を含む）で説明しなさい。

問八　本文中の登場人物の人間関係の説明として最も適切なものを次から選び、記号で答えなさい。

ア　榊は白石の才能を認めた上で白石のことをサポートするようになったが、白石は榊のことをライバル視していた。

イ　榊は白石の才能に嫉妬していたため心からは彼に気を許せなかったが、大場輝子は白石と素直に付き合っていた。

ウ　白石の才能は誰から見ても明らかだったが、榊がその才能に影響していることには誰も気づいていなかった。

エ　白石は、白石の才能を認める榊を友人として認め、同じく白石の才能に気づいた大場輝子を恋人として選んだ。

オ　榊は白石の才能を重んじることで白石と友人関係を築けたが、大場輝子はそれをしないことで白石に気に入られた。

四

次の古文を読んで、後の設問に答えなさい。（本文の表記を一部改めた）

地獄の鬼ども寄り合ひして、「さて、近年困窮[1]ゆへに、風の神[A]たのみ、はやらせても、医者[B]いふものがあってよくするゆへ、死ぬ者[C]少ない。何でも、[2]*しゃばの医者どもをなくす手段はあるまいか」との相談。中に年かさなる鬼、「いやいや、それは悪い相談。*あいらが有ればこそ、[3]間に間に来るではないか」。

『鳥の町』

*しゃば…人間世界のこと。

*あいら…あいつら。

問一　――線部1「ゆへ」を現代仮名遣いに改めなさい。

問二　[A]～[C]にあてはまる語として最も適切なものをそれぞれ次から選び、記号で答えなさい。（同じ記号は一度しか使えない）

ア「が」　イ「を」　ウ「で」　エ「と」

問三　――線部2「しゃばの医者どもをなくす手段はあるまいか」とあるがなぜこのように相談したのか、理由を簡潔に説明しなさい。

問四　――線部3「間に間に来るではないか」の主語は誰か、本文中から抜き出して答えなさい。

五

次のⅠ・Ⅱの漢文を読んで、それぞれ後の設問に答えなさい。

Ⅰ　主《ハ》不《ず》レ可《ベカラ》二以《もッテ》レ怒《いかりヲ》*而興《おこス》レ*師《ヲ》、将《ハ》不レ可《カラ》二以《ッテ》レ慍《いきどおりヲ》而致《いたス》レ戦《ヲ》。

（『孫子』）

*而…置き字（読まない字）。

*師…軍隊。

問一　右の漢文の――部を書き下し文（漢字・仮名交じり文）に改めなさい。

問二　右の漢文の内容に最も近い四字熟語を次から選び、記号で答えなさい。

ア　孤軍奮闘　イ　戦々恐々

ウ　冷静沈着　エ　闘志満々

Ⅱ　有《リ》不《ずシテ》占《ハ》而避《クル》之《これヲ》者六。

（『呉子』）

〔書き下し文〕　占はずして之を避くる者六有り。

〔現代語訳〕　占わなくても避けなければならないものが六個ある。

問一　右の漢文に、書き下し文を参考にして返り点を付けなさい。（読み仮名・送り仮名は不要）

っ込んでいいかも分からない。

「それが不満だったら、輝子が好きに決めていいよ。届を出すのはお前が付き合ってやってくれ」

白石からそれ以上の『譲歩』を引き出すのは不可能だった。榊は走り書きのメモを持って輝子の元へ向かった。

「今書いているヒロインの名前だそうです。ちょうど自分に娘が生まれたときにこのヒロインを書いているのは運命的だ、と」

あの人らしいわ――と笑った輝子は、榊の5過剰に装飾された説明をどこまで信じてくれたのか。もしかすると、全部お見通しかもしれない。白石は輝子のことを「癒《いや》し担当」などと言って笑っているが、輝子がただおっとりしているだけでなく、非常に聡明《そうめい》な女性であることを榊はよく知っている。

届は輝子と榊で出しに行った。――そして、その後も一事が万事その調子だった。

（有川　浩「ヒア・カムズ・ザ・サン」）

問一 [A]～[C] にあてはまる語として最も適切なものをそれぞれ次から選び、記号で答えなさい。（同じ記号は一度しか使えない）

ア　面倒くさそうに　イ　慎重に　ウ　まんまと
エ　悔しそうに　オ　軽々と

問二 ――線部1「有象無象」について次の各問に答えなさい。

(1) 読み方をひらがなで答えなさい。
(2) 意味として最も適切なものを次から選び、記号で答えなさい。

ア　たくさん集まった価値のないもの
イ　あるのか無いのか分からないようなもの
ウ　外見と実情が一致しないもの
エ　血気盛んな若い者たち
オ　現実には存在しない想像上の存在

問三 ――線部2「戦線を離脱した」とあるが、この場合は具体的にどういうことか。十字以上二十字以内（句読点を含む）で答えなさい。

問四 [Ⅰ][Ⅱ] にあてはまる語として最も適切なものをそれぞれ下から選び、記号で答えなさい。

Ⅰ　ア　有頂天　イ　正直者　ウ　落伍《らくご》者
　　エ　楽天家　オ　現実家
Ⅱ　ア　貪欲さ　イ　繊細さ　ウ　単純さ
　　エ　誠実さ　オ　愚鈍さ

問五 ――線部3「榊はどれほど頑張って歪もうとしても常識の軛を逃れられない。」とはどういうことか、説明として最も適切なものを次から選び、記号で答えなさい。

ア　榊が白石のように芸術家ぶってみても真面目さがにじみ出てしまい様にならないということ。
イ　榊が奇をてらった脚本を書こうとすればするほど内容は面白くなくなってしまうということ。
ウ　榊が面白い発想を得ようとしても結局誰でも思いつく範疇《はんちゅう》のことしか考えつかないということ。
エ　榊にとっては白石の行動や考え方は憧れの対象なのでどうしても批判ができないということ。
オ　榊にとって白石の生き方は不自然なものなので真似しようにもどうしていいか分からないということ。

問六 ――線部4「それは榊にしても同じである。」の説明として最も適切なものを次から選び、記号で答えなさい。

ア　榊にも白石ほどの才能があれば、もっと自分のわがままを通せるのだということ。
イ　榊は白石の才能を認めていたので、ある程度の身勝手さは見逃していたということ。
ウ　榊は白石の才能にだけ注目していたので、その人間性に対して腹を立てなかったということ。
エ　榊は白石の複雑な性格のおかげで、その才能が生み出されることに気づいていたということ。

た。
　白石が心を許す相手は二人になった。友人としては榊で、恋人としては輝子だ。
　しかし輝子が恋人だった期間はごくわずかで、出会ってまもなく妻になった。結婚してすぐ子供にも恵まれる。生まれた娘はカオルと名付けられた。
　だが、名付けのいきさつはとても成長した娘に聞かせられるものではなかった。
「榊さん、あのぅ……」
困り果てた様子で輝子から電話がかかってきたのは、娘が生まれて十日ほどだったか。
「晴男さんに連絡はつきますか?」
「どうしました」
「娘の名前をどうするか相談したいんですけど、家に帰ってこないので……仕事場に電話してもずっと繋《つな》がらないし」
　もうすぐ出生届の期限だという。
　白石は結婚してすぐ郊外に家を買ったが、仕事中は都内に借りた仕事場に籠《こ》もっていることが常だった。そして白石が仕事中でないことはめったにない。輝子は「そういう人だから」と鷹揚《おうよう》だったが、まさか子供が生まれてもそんな有り様とは。
「分かりました、すぐ連絡を取ってみます」
　榊が仕事場に駆けつけると、白石はまったくの平常営業で脚本の執筆中だった。
「何だよ、恐《こわ》い顔して」
「何だよじゃないよ」
　榊は白石を睨《にら》みつけた。
「輝子さんと子供をどうするんだ。出生届の期限が来るっていうのに、名前も決めてないそうじゃないか」
「ああー、それがあったか」
　白石は［　C　］顔をしかめた。

「いいよいいよもう、適当にやるように伝えてくれ」
「適当ってお前、そんな言い草があるか」
「だって仕事が忙しいんだ。届なんか一人で出せるだろ」
「新生児連れでか、無茶言うな」
「実家だって近いんだから手伝ってもらえるさ」
「そういう問題じゃないだろう」
「出産に立ち会ったせいで締切りが混んで大変なんだよ」
　出産に立ち会ったせいで！　到底血の通った人間とは思われない言いように、白石の偏った性質を知り尽くしているつもりだった榊でさえ目眩《めまい》がした。
「自分の妻と娘が大事じゃないのか！」
「失礼なことを言うなよ。大事じゃなかったら、この忙しいのに出産に立ち会ったりするわけないじゃないか。この俺が丸一日も仕事をほったらかしたんだぞ、一体他の誰のためにこんな無益な時間の使い方をする。あり得るとしたら、後はお前の危篤《きとく》に立ち会うくらいだ」
　明らかにおかしな言い分だが、白石の中では理が通っているのである。そして白石は、自分の理が通っていると信じる限り決して折れることはない。
「娘の名前くらい考えてやればどうなんだ！　一生に一度のことだぞ！」
「なるほどなるほど。一生に一度というイベントの稀少《きしょう》性を鑑《かんが》みろということだな。それなら話は分かる。じゃあ『カオル』でどうだ」
　言いつつ白石は手元のメモにカタカナで名前を書きつけた。
「一秒も考えてないだろう、それはお前が今書いてるヒロインの名前じゃないか」
「今から腰を据えて考えるなんて面倒くさいじゃないか。それにその名前はそこそこ気に入ってる」
　そこそこ！　そこそこと言ったかこの男は。もうどこから何を突

――ということを榊が知ったのは、白石という友人がいたためだ。

白石が自分に敵対する者を驚くほどの苛烈さで焼き尽くすのは、彼の豊かな才能と比肩《ひけん》して一歩も退かない劣等感がそうさせるのだ。敵意に刺激されると彼の劣等感は俄《にわか》に肥大して彼を損なう。彼は敵を屈服させるためというより彼を滅ぼそうとする彼自身の劣等感をねじ伏せるために敵を焼き尽くさねばならなかった。

榊が彼のそうした内面に気づいたのは、早々に彼の圧倒的な才能に敗北を認め2戦線を離脱したからだろう。榊も表現者を志してそのキャンパスに集った一人だったが、白石晴男という個性を知ったうえで自分のちっぽけな才能を信じられるほどの［Ⅰ］にはなれなかった。

表現者とはこういう生き物なのか、と榊は白石に会って初めて知った。その傲慢《ごうまん》さと［Ⅱ］、圧倒的な自意識とその自意識を破壊するほどの劣等感、それらが白石の中で矛盾せずに同居している。直截《せつ》に言えば、精神的に偏《かたよ》りがある。しかし、その偏った状態で白石という個性のバランスは完全に取れているのだ。

表現者という生き物は生まれながらにして歪《ゆが》んでいるのだ、と思った。そして、3榊はどれほど頑張って歪もうとしても常識の軛《くびき》を逃れられない。

白石と同じ脚本コースを専攻していたが、途中でマネジメントコースに転向した。そして白石と競わない立場から白石を興味深く観察し、――その身の程を知った態度が白石のお気に召したらしい。榊はいつのまにか白石の無二の親友という立場を獲得していた。

圧倒的な才能を持ちながら、その才能さえ疑うほど疑り深いのが表現者という人種だ。そして白石もその例に漏れず非常に疑り深かった。開けっぴろげで快活なくせに、根本のところで他人を信じない。決して他人に自分の弱みをさらさない。

その白石が、榊にはすべてさらけ出した。そして榊は、白石によって表現者の道を諦《あきら》めたその代わりに、表現者に全身全霊を預けられるという快楽を与えられた。

これほどの圧倒的な才能が身も世もなく自分を頼り、甘え、預けてくる。そして、――彼から生み出される表現にまで榊の影響が滲《にじ》むのだ。

圧倒的な才能に自分が影響する、それは一体どれほどの喜びか。しかし影響しようと思った瞬間、おそらく白石は榊を拒絶する。この才能を操作できると思った瞬間、この才能に影響する快楽は失われる。

榊はそれを本能的に察していた。そして、それを察せられることこそが榊の凡人としての才能だったのだろう。

学校を出て道が分かれても、白石と榊の親密な付き合いは続いた。榊は依然として白石の才能に影響し続けた。

そうしてある日、白石の前に運命の女性が現れる。

大場輝子《おおばてるこ》は、表現とはまったく関わりのない世界で生きていた。看護婦をしている彼女は点滴の針の刺し方は知っていても、映像や脚本についての知識は皆無で、白石が脚本家として得ている評価にも無頓着《むとんちゃく》だった。

彼女は白石の前に初めて現れた、彼の才能に何ら頓着しない女性だった。大らかで善良で穏やかな輝子は、白石のあるがままを受け入れた。

開けっぴろげで快活なところも、傲慢で卑屈で疑り深いところも。

それまで白石の奇矯な性格は概《おおむ》ね彼の才能を担保にして許されていた。4それは榊にしても同じである。白石晴男という個性にはその才能が包括されており、切り離して考えることは不可能だった。ことに、猜疑心《さいぎしん》を燃料にして延々と加速する苛烈さは、彼の才能を前提にしないとなかなか許せるものではない。

しかし、輝子は白石のそうした危うい偏りさえも、無邪気さの発露として軽やかに受け止めてしまうのだ。そして白石は、才能という担保がなくても自分の奇矯な個性が許される安らぎに夢中になっ

エ　抽象　オ　包括　カ　理想

問四　――線部2「これほどオノマトペを熟知している。」とはどういうことか。本文中から三十五字以内（句読点を含む）で抜き出し、始めの五字を答えなさい。

問五　[C]に適切な語を入れて品詞名を完成させなさい。なお、二ヵ所ある[C]には同じ語が入る。

問六　――線部3「次の五つの問題に答えてみてほしい。」とあるが、何を伝えるためにこれら「五つの問題」が提示されているのか。二十字以上三十字以内（句読点を含む）で説明しなさい。

問七　――線部4「[　]瞭然」の[　]に漢字二字を入れ、適切な四字熟語を完成させなさい。

問八　――線部5「音形が感覚にアイコン的につながっている」とはどういうことか。本文中の言葉を用いて四十字以内（句読点を含む）で説明しなさい。

問九　本文の内容に合致するものを次から一つ選び、記号で答えなさい。

ア　オノマトペは擬音語をその起源としており、日本語を含む多数の言語では音を中心に考察がされている。

イ　オノマトペは繰り返しの語形という特徴から外れなければ、いくらでも自分で新しいものを作り出せる。

ウ　オノマトペは感覚を表すことばであり、知らない言語のオノマトペでも、意味をある程度は予想することができる。

エ　オノマトペではその性質上表しにくい概念もあり、オノマトペ以外の方が表しやすい場合もある。

オ　オノマトペは絵画と同様、誰もが直感的に共有できるものであるため、世界の国々で必ず使用されている。

三

次の文章を読んで、後の設問に答えなさい。

校舎を見上げて唖然《あぜん》とした。

二階から大柄な男が逆さに吊《つる》されていたのだ。

「何やってんだ！」

榊宗一《さかきそういち》が下から叫ぶと、吊された男は地面に向かって上目を遣った。

「よう。三十分逆さ吊りに耐えたら一万円出すっていうから挑戦中なんだ」

「バカ！　怪我《けが》でもしたらどうするんだ！」

「ちゃんと腰にも命綱を結わえてあるから平気だって。おーい、あと何分だ？」

問いかけに教室の中から「あと五分」と返事があった。

「五分待ってろよ、榊。賭《か》け金で飯奢《おご》ってやるよ」

そして五分後に男は[A]賭け金を手に入れたが、頭に血が昇ったせいか降ろされた途端に鼻血を出して引っくり返り、飯どころではなくなった。

一事が万事、白石晴男《しらいしはるお》はそんな調子だった。火の玉みたいな鉄火屋で負けず嫌い、軽い冗談でも挑まれると後には引かない。行きがかりだけで冗談みたいな無茶をやるので、冗談が通じるんだか通じないんだか分類には周りがみんな首を傾《かし》げていた。

そのキャンパスには明日の芸術家を志す[1]有象無象が至るところにたむろしていた。そんな中で白石は際立《きわだ》った才能の持ち主だった。在学中に応募したシナリオの賞で入選して審査員の脚本家に見出《みいだ》され、学生の身分でありながら早くもラジオやテレビでドラマのシナリオを物するようになった。

学内で目立つ存在だが、奇矯な性格で変人扱いされており、敵も多かった。だが、白石は敵対する者を迎え撃って焼き尽くしてしまうような苛烈《かれつ》な男でもあった。彼にやっかみの石を投げる者は少なくなかったが、その石は彼の個性にかすり傷一つさえつけることはできなかった――ということになっている。表向きは。

表現者というものは、どれほど豊かな才能を持っていても、その才能を[B]相殺《そうさい》できるほど強固な劣等感を同時に抱えている象的な絵画は、その対象が誰にでもよくわかる（もちろん、それだけではアートにはならず、どんなに具体的に描かれた対象でも、そこに表現者の「感覚」が表現されてはじめて「アート」であると言える）。他方、抽象絵画は表現者の内的な感覚の表現に重点が置かれ、特定の対象が同定できないこともよくある。

　オノマトペは絵画のように「感覚イメージを写し取る」のであろうか？　オノマトペは、少なくとも当該言語の母語話者はそれぞれ意味を直感的に共有できるので、絵画でいうと、具体的な対象が同定できない抽象絵画よりは、具象絵画に近いだろう。ただし、絵画は原則、鑑賞者の使う言語や文化に関係なく受けとめられることを前提としているが、オノマトペは特定の言語の枠組みの中で理解される。

　アイコンはどうだろうか？　そう、コンピュータ画面でアプリやゴミ箱を示したり、街中でトイレや交番などの場所を示したり、メールやSNSなどのデジタルコミュニケーションで感情を伝えたりするための、アレである。

　アイコンは、アート性よりは、わかりやすさを重視した記号と言ってよいだろう。ちなみに「アイコン」の語源はギリシア語の「エイコーン eikōn」（ラテン語では「イコン icon」）で、〈偶像、崇拝の対象となる像、象徴〉というような意味を持つ。「感覚イメージを写し取る」という観点からアイコンが興味深いのは、かなり抽象化しているのに、対象がわかりやすい点である。「☺」「(^_^)」のような絵文字・顔文字（emoticon）も、かなりデフォルメされているにもかかわらず、笑顔であることが４［　］瞭然である。

　実は、オノマトペが注目されている大きな理由は、まさにこの「アイコン性 iconicity」にある。アメリカの哲学者チャールズ・サンダース・パースは、「アイコン」ということばを「性質から対象を指示する記号」という特別な意味で用いた。噛《か》み砕くと、「表すものと表されるものの間に類似性のある記号」のことである。絵や絵文字は、それらを構成する点や線の組み合わせが対象物に似ているので、パースの意味でも「アイコン」である。ジェスチャーの多くもアイコンである。ステーキを食べるジェスチャーは、実際にナイフとフォークを持っていなくとも、ステーキを食べる動作に似ている。

　この定義によれば、オノマトペはまさに「アイコン」である。表すもの（音形）と表されるもの（感覚イメージ）に類似性があると感じられる。日本語の母語話者であれば、「ニャー」というオノマトペはネコの声に似ていると感じる。音以外を表すオノマトペであっても、たとえば「ピカピカ」という音連続と明るい点滅は似ている気がするし、「ぶらり」という音形も気軽なお出かけにいかにも似合っているように感じられる。しかし、よくよく考えてみると、この「似ている」という感覚は、それ自体どこか曖昧で興味深い存在である。その感覚の出どころについては第2章と第5章で深く考えることにしよう。いずれにしても、５音形が感覚にアイコン的につながっているという点で、オノマトペは「身体的」である。

（今井むつみ・秋田喜美『言語の本質』）

問一　（Ⅰ）〜（Ⅴ）にあてはまる最も適切な語をそれぞれ次から選び、記号で答えなさい。（同じ記号は一度しか使えない）

ア　しかし　　イ　しかも　　ウ　そもそも
エ　つまり　　オ　なお

問二　――線部1「ちゃんとした（れっきとした）ことば」とあるが、ここではどういう「ことば」のことか。最も適切なものを次から選び、記号で答えなさい。

ア　大人が子どもに向けて話すことば
イ　子どもが大人に向けて話すことば
ウ　子ども同士が使うことば
エ　普段づかいのことば

問三　［A］・［B］にあてはまる最も適切な語をそれぞれ次から選び、記号で答えなさい。（同じ記号は一度しか使えない）

ア　懐疑　　イ　実践　　ウ　創造

からもわかる。たとえば、「正義」「愛」「迷惑」といった名詞は特定の感覚によらない意味を表す。一方、これらの意味を表すオノマトペというのは、日本語でも他言語でもなかなか見つからない。これらの概念は、音で真似るには抽象的すぎるのであろう（オノマトペで表しやすい概念と表しにくい概念については、第5章で紹介する）。形容詞ならば、「正しい」「愛おしい」「迷惑な」のような語でこれらの概念を表すことができる。その意味で、オノマトペは形容詞よりもさらに感覚を中心に据えたことばと言えるかもしれない。

先の定義によると、オノマトペは感覚イメージを「写し取る」ことばだという。しかし、ことばで「写し取る」とはどういうことなのだろうか？　このことを考える糸口として、オノマトペが万国共通に理解されるものなのかという問題から始めたい。写真やコピー機のようにイメージを写し取ってことばにするのなら、どの言語のオノマトペでも似通っているのではないだろうか。もしそうなら、知らない言語のオノマトペでも、意味がある程度予想できそうである。

3次の五つの問題に答えてみてほしい。いずれも外国語のオノマトペに関する問題である。

①インドネシアのカンベラ語で「ンブトゥ」は物体が移動した際に立てる音を表す。どんな物体のどのような方向の移動だろうか？

②南米のパスタサ・ケチュア語で「リン」は物体を移動させる様子を表す。どんな場所にどんなふうに移動させる様子だろうか？

③中央アフリカのバヤ語で「ゲンゲレンゲ」は人の身体的特徴を表す。どんな特徴だろうか？

④南アフリカのツワナ語で「ニェディ」は物体の視覚的な様子を表す。どんな様子だろうか？

⑤韓国語で「オジルオジル」はある症状を表す。どんな症状だろうか？

答えは以下のとおり。①「ンブトゥ」は重いものが落ちた音、②「リン」は土、木、水、火などに差し込む様子、③「ゲンゲレンゲ」は痩せこけた様子、④「ニェディ」はきらめく様子、⑤「オジルオジル」はめまい。日本語ならそれぞれ、①「ボトッ／ドサッ」、②「スッ」、③「ゲッソリ」、④「キラキラ」、⑤「クラクラ」あたりが対応しそうである。とはいえ、②については、「スッ」は差し込む動きに限らないため、日本語には「リン」にちょうど対応するオノマトペがないということになろう。さて、読者のみなさんは何問正解できたろうか。

一般に、オノマトペはその言語の母語話者にはしっくりくる。まさに感覚経験を写し取っているように感じられる。ところが、非母語話者には必ずしもわかりやすいとは限らない。実際、日本語のオノマトペは、外国人留学生が日本語を学ぶ際の頭痛のタネになっている。「髪の毛のサラサラとツルツルはどう違うの？　全然わからない！」と彼らは言う。

感覚を写し取っているはずなのに、なぜ非母語話者には理解が難しいのか。「感覚を写し取る」というのはそもそもどういうことなのか。この問題は、オノマトペの性質を理解する上でとても重要である。同時にこれは、オノマトペの問題にとどまらず、アートをはじめとしたすべての表現媒体において問われる深い問いなのである。

オノマトペが感覚イメージを写し取ることについて、もう少し深く考えてみよう。対象を写し取るものとしてもっとも直接的で写実的なのは動画や写真だろう。しかし「感覚」は、外界にあるものではなく、表現者に内在するものである。

絵画はどうだろう。写真ほど忠実ではないが、やはり対象を写し取っていると言ってよいだろう。しかし、絵画で大事なのは、表現者の「感覚の表現」であり、多かれ少なかれ絵画の中に見えるものは、表現者の「主観的感覚」である。したがって絵画は、その抽象度において大きな差が生まれる。非常に細密に対象を切り取った具

（名大会話コーパス）

このダイアローグで使われたオノマトペは、少なくとも「ぐつぐつ」「なよっ」「べちょ」「ジュージャー」の四つ。必ずしも辞書どおりのオノマトペの使い方ではない。「なよっ」は通常、人が弱々しくて頼りない様子を表すし、「ジュージャー」に至ってはその場限りで作られた語である。それにもかかわらず、日本語を母語とする人なら、これらのオノマトペは、感覚的に意味がわかり、このダイアローグの光景が鮮明にイメージできるのではないだろうか。もしかしたら、これがハンバーグの話であることまで想像できたという読者もいるかもしれない。私たちは2これほどオノマトペを熟知している。

しかしいざ「オノマトペとは何か」を定義しようとすると、これがかなり難しい。これまで何人もの言語学者がこれに取り組んできたが、なかなか納得する定義には至っていない。

オノマトペの特徴としてすぐに思いつくのは、繰り返しの語形である。重複形と呼ばれる。「ぐつぐつ」「ブラブラ」「キラキラ」「ホカホカ」「ポンポン」など、重複形のオノマトペはいくらでも挙げることができる。また、重複形のオノマトペは他言語にも多く、バスク語で「グルカグルカ」といえば「ゴクゴク」を、南米のパスタサ・ケチュア語で「アキアキアキアキアキ」といえば、「ユラユラ」に似た前後の揺れを表す。しかし、「なよっ」「べちょっ」、さらに西アフリカのエウェ語で「ザラザラ」を表す「ツァクリー」は繰り返されていない。「オノマトペ＝重複形のことば」というわけではないようだ。

現在、世界のオノマトペを大まかに捉える定義としては、オランダの言語学者マーク・ディンゲマンセによる以下の定義が広く受け入れられている。

オノマトペ：感覚イメージを写し取る、特徴的な形式を持ち、新たに作り出せる語

かなり［B］的な定義である。「特徴的な形式を持つ」という点は、オノマトペに重複形が多いことから納得できそうである。「新たに作り出せる」という点も、先の「ジュージャー」のような例から明らかだろう。では、「感覚イメージ」を「写し取る」とはどのようなことを意味するのだろうか？

まず、オノマトペは感覚を表すことばかどうかを考えよう。一般に、「感覚を表す」ことばとして真っ先に挙げられるのは［C］詞である。日本語の形容動詞も含む。「うるさい」「静かな」「甲高い」は聴覚、「大きい」「鮮やかな」「赤い」は視覚、「滑らかな」「熱い」「重い」は触覚、「酸っぱい」「甘い」「しょっぱい」は味覚、「くさい」「芳ばしい」は嗅覚といった具合に、［C］詞の多くは感覚特徴を表す。

一方で、感覚と強く関わる動詞というと、「聞く」「見る」「感じる」「味わう」「嗅ぐ」あたりである。名詞なら、「音」「外見」「手触り」「味」「匂い」などであろうか。「走る」「食べる」「吠《ほ》える」「知る」などの動詞は、五感のどれに関わるかというよりも、どんな出来事かを軸にしたことばである。「ネコ」「空気」「夢」「昨日」などの名詞も、どの感覚のことばかというよりは、対象がどんなものかに関心を持つことばである。

では、オノマトペはどうだろう？　いわゆる擬音語は、「ニャー」「パリーン」「カチャカチャ」のように聴覚情報を中心に表す。擬態語の中には、「ザラザラ」「ヌルッ」「チクリ」のように触覚情報を表していると思えるものもあれば、「スラリ」「ウネウネ」「ピョン」のように視覚情報に注目しているものもある。さらに、擬情語と呼ばれるオノマトペは、「ゾクッ」「ドキドキ」「ガッカリ」のように第六感とでもいうべき身体感覚や心的経験を表す。

多くの形容詞と同様、オノマトペは感覚のことばなのである。このことは、感覚的でない意味を表すオノマトペが想像しがたいこと

二〇二四年度　中央大学高等学校

【国　語】〈五〇分〉〈満点：一〇〇点〉

〈注意〉解答に字数制限がある場合は、句読点等も字数に含まれます。

一　次の各文の――線部について、(1)～(5)の片仮名をそれぞれの文意に合うように漢字に改めなさい。また、(6)～(10)の漢字は読みを平仮名で記しなさい。

(1)　裁判所で法律をシッコウする。

(2)　事件のソウサが難航する。

(3)　ジョウザイの薬を処方される。

(4)　ソウダイな歴史小説を読み終えた。

(5)　試合に負けた選手達が膝からクズれ落ちる。

(6)　今回の件については事情を酌量すべきだ。

(7)　地球温暖化は喫緊の国際的問題だ。

(8)　知人の逝去に哀悼の意を表す。

(9)　結婚式で上司から祝辞を賜る。

(10)　惜しくも全国優勝の連覇は阻まれた。

二　次の文章を読んで、後の設問に答えなさい。

私たち日本語話者はあまりにも当たり前に使っているオノマトペ。（Ⅰ）、オノマトペがエライとかスゴイと思っている人は少数派で、子どもが使う幼稚なことばであるとか、普段づかいのことばとしてはふさわしくないとか、やや気の毒な扱いである。（Ⅱ）オノマトペは1ちゃんとした(れっきとした)ことばなのだろうか？

「オノマトペとは何か」という問題から考えてみよう。そもそも「オノマトペ」という用語はどこから来たのか？　この用語は、ギリシア語起源のフランス語である。ギリシア語では、onoma(名前、ことば)＋poiéō(作る)で「名前を作る」の意。これをもとにしたフランス語のonomatopéeや英語のonomatopoeiaは、ヒトや動物の声や物音を模した擬音語を指す。（Ⅲ）もともと、「オノマトペ」とは擬音語のことなのである。実際、欧米の言語で「オノマトペ」というと、擬音語のことだけを考える人たちが多い。

（Ⅳ）、日本語では、大多数のオノマトペはむしろ擬態語である。また、欧米以外の多くの言語、あるいはバスク語のような一部の欧米の言語でも、日本語の擬態語のように様子や動作、手触りなどを表すオノマトペは数多く観察される。

すでに述べたように、オノマトペ研究の進展とともに、世界中のさまざまな言語のオノマトペが研究されるようになり、オノマトペが音の模倣に限らないことが報告されている。学術界における「オノマトペ」の見方も変わってきた。現在では、擬音語だけでなく、日本語で言ういわゆる擬態語や擬情語(「わくわく」などの内的な感覚・感情を表す語)にも「オノマトペ」ということばが使われている。

（Ⅴ）、日本の研究者たちは「オノマトペ」を擬音語、擬態語、擬情語を含む［　A　］的な用語として用いているが、欧米ではonomatopoeiaよりideophone(表意音)という用語が一般的になっている。

オノマトペの例は日本語話者ならすぐに思いつくだろう。たとえば、以下のダイアローグの中で、オノマトペはどれだろうか？

A　ご飯さあ、食べてね。

B　ああ、ありがと。

A　こんなに食べらんない。

B　これ、おれ、もうちょっとイメージ的にはこう、このぐつぐつしとるのかと思ったら、なんか、なんか（笑）、なよっとした感じで。

A　（笑）うん、ある意味、べ、べ、べちょっていう。

B　もっとジュージャーいって出てくる。

2024年度／中央大学高等学校

英語解答

1 問1　ア　　問2　ウ　　問3　イ

問4　(例)もしあなたが自分の写真をもう一度美しくしたいならば，ソーシャルメディアと同じくらい実生活でも美しくなければならない。

問5　A…オ　B…イ　　問6　ウ

問7　(例) Because she wanted to make Mrs. Robinson happy.

問8　エ

問9　(例)見た目の美しさだけでなく，内面の美しさも大切だということ。(29字)

問10　ア，カ

2 問1　(例)筋肉を波のように動かし，地面を押して移動する。(23字)

問2　エ

問3　(例) it can pick up a small leaf from the ground／It can even pick up a small tree or a baby elephant

問4　A…ウ　B…イ　　問5　ア

3 1　ア　　2　ア　　3　エ　　4　ウ

5　ウ　　6　イ　　7　エ　　8　イ

4 1　forget　　2　has〔owns〕

3　there　　4　No　　5　late

5 1　button(s)　　2　diary〔diaries〕

6 1　A…ア　B…イ

2　C…エ　D…オ

3　E…キ　F…カ

7 1　B　　2　D　　3　C　　4　A

5　C　　6　B　　7　A　　8　D

9　A　　10　B

11　improve　　12　comfortable

13　communication　　14　role

15　useful

1〔長文読解総合―物語〕

≪全訳≫❶ステフはインスタグラムで#SundayBreakfastの写真を見ていた。彼女は焼きたてのパンとミルクにハートマークが入ったコーヒーの写真を見た。❷ステフは自分の朝食の隣に花(朝早く近所の庭から盗んできた)を何本か置き，写真を撮った。時間をかけすぎてしまったので，卵とコーヒーは冷めてしまったが，皿の上の料理はおいしそうだった。❸ステフは，写真をより美しくするために色を変えていたとき，*TrueBeauty*というフィルターに気づいた。彼女はそれをダウンロードした。そのフィルターで，彼女の写真は完璧に見えた。彼女はその写真を2万7000人のフォロワーのために投稿した。フォロワーたちが自分の生活をうらやましいと感じてくれることを願った。そして彼女は朝食をゴミ箱に捨てた。冷めているから食べたくなかったのだ。❹街の反対側では，マットもインスタグラムを見ていた。彼のフィードは，#FitBodyのジムの自撮り写真と# Beachlifeの休日の写真でいっぱいだった。❺マットは，肌が輝いて見えるように，食用油を肌に塗った。彼はソーシャルメディアで筋肉を見せたかった。しかし，彼の写真は良く見えなかった。そのとき，彼は*TrueBeauty*というアプリの広告に気づいた。❻あなたと同じ美しさの写真。*TrueBeauty*で本当のあなたを見てみよう。／アプリストアで無料入手可能。本当の美は無料なのだから。❼それこそ彼に必要なものだった！　彼はそのアプリをダウンロードし，自撮りをした。彼の体はすばらしく見えた。彼はその写真を7000人のフォロワーのために投稿した。そしてシャワーを浴びて食用油をすっかり洗い流した。これは環境に悪いことであったが，彼はそんなことを気にしなかった。他人事だった。❽後日，ステフとマットがプロフィールを確認すると，２人とも驚いた。フォロワーからのネガティブコメントがたくさんあったのだ。❾「susieQ　あなたに私の朝食をつくってほしくない！」／「gymguy21　うわ，その体カッコ悪い！」❿２人のソーシャルメディアインフルエンサーは，*TrueBeauty* の写真をもう一度見た。その写真はそのとき全く別物のようだった。⓫ステフの写真では，朝食はまずそうに見えた。花は枯れていて，コーヒーもおいしそうには見えなかった。マットの写真では，彼の体は汚れて筋肉は小さく見えた。⓬２人は写真を削除しようとしたが，できなかった。ネガティブなコメントは続いた。ちょうどそのとき，２人は *TrueBeauty* からメッセージを受け取った。⓭ユーザーの皆様へ／*TrueBeauty* をこれほど驚くような成功に導いていただきありがとうございます！　24時間で5000万回ダウンロードをしていただきました！　私が望んだ以上の数です。／ここであなたに質問です。あなたは外見と同じように内面も美しいですか？　このフィルターは，あなたの本当の姿を表すためにあなたの写真を変えてくれるでしょう。もう一度あなたの写真を美しくしたいのなら，ソーシャルメディア上と同じように実生活でも美しくならなければいけません！／美しい皆さん，真に美しい日をお過ごしください！／愛を込めて／*TrueBeauty*／追伸　フィルターを取り除くことも，フィルターを使用して投稿した写真を削除することもできません！⓮被害者はステフとマットたちだけではなかった。5000万人を超えるインフルエンサーたちが同じメッセージを受け取った。その翌日，インスタグラムはとても静かだった。誰も見苦しい写真を投稿したくはなかったのだ。⓯ステフも写真を撮ろうとするのをやめた。彼女は *TrueBeauty* のフィルターを取り除くことができなかった。見苦しい写真を隠すために，彼女は自分のアカウントを非公開にすることしかできなかった。これで誰も彼女をフォローすることができなくなった。彼女は落ち込んだ。彼女は写真を投稿できないのなら，生活の中で何もしたくなかった。⓰彼女は外に出て，ロビンソン夫人の庭を通りかかった。花が美しかった。彼女は朝食の写真のために花を盗んで悪かったと感じた。彼女は大きな紫色のバラに気づいた。彼女は立ち止まりその花の香りをかいだ。⓱「こんにちは」とロビンソン夫人が言った。ステフは驚いて彼女を見た。⓲「私はちょうど植物に水をやっているのよ。毎年今頃は，いつもやることがたくさんあるのよ」　6-ウ ステフは，庭をきれいに見せることがこれほど大変な仕事だとは知らなかった。実際のところ，彼女は以前に一度もロビンソン夫人と話をしたことはなかった。⓳「少しお手伝いしましょうか？」とステフは尋ねた。⓴「あら，ありがとう！　それはありがたいわ」　ロビンソン夫人はうれしそうだった。実は，ステフは *TrueBeauty* の問題が起きて以来，初めてうれしく感じたのだった。㉑ステフは２時間以上手伝った。とても楽しかった。ロビンソン夫人はとてもおもしろい女性で，びっくりするような話をしてくれた。㉒ステフが帰るときに，「一緒に写真を撮りましょう！」とロビンソン夫人は言った。㉓ステフは断りかけた。インスタグラムに載せられなければ，写真は意味がないからだ。しかし，彼女はロビンソン夫人を喜ばせたかった。２人はバラの前で一緒に写真を撮った。２人とも笑顔だったが，少し疲れているように見えた。㉔その日の夜遅くなってから，彼女は携帯電話で写真を見た。バラの花がすでに美しく見えたので，彼女にはフィルターは必要なかった。彼女とロビンソン夫人の笑顔をより良くできるものは何もなかった。㉕「本当に美しい写真だわ」と彼女は言った。「写真を投稿したら *TrueBeauty* がそれを見苦しくしてしまうのは残念だわ」㉖しかしそのとき，彼女はあることを思いついた。彼女は *TrueBeauty* のメッセージをもう一度読み返した。㉗彼女は写真を投稿した。写真がネットにアップされると，それは全く同じに見えた！

アプリを使っても写真は見苦しくならなかったのだ！　彼女は再びアカウントを公開した。それから，写真にテキストを追加した。／「庭にいる私と隣人＃TrueBeauty　＃BeautyIsOnTheInside」㉘ステフのフォロワーの１人，マットが彼女の写真を見た。彼は２日間ジムに行かなかった。彼は悲しくて落ち込んでいた。自分の体をソーシャルメディアで皆に見せられないなら，ジムに行きたくなかった。㉙しかしステフの新しい写真はまだ美しかった…なぜだろう？㉚彼は気がついた。家の中にある空の食用油の容器，紙くず，プラスチック，ガラスを拾い集めた。彼はそれらを別々のゴミ袋に入れた。そして，隣の家のドアをノックした。彼は隣の家のゴミも全て回収した。㉛マットはゴミを片づけ終えると，自分の写真を撮ったが，それは自分の筋肉を見せるためではなく，一生懸命働いて他人を助けたことに誇りを持っていたからだった。彼がそれを投稿すると，*TrueBeauty*のフィルターを使っても写真は変わらなかった。㉜彼はそのとき理解した。それが真の美しさの意味だということを。

問１＜文脈把握＞下線部直後の文に，朝食を捨てた理由が書かれている。朝食が冷めていたから，食べたくなかったのである。

問２＜要旨把握＞下線部は「それは他の誰かの問題」，つまり「他人事だった」ということ。主語 It が指すのは，前文の that で，これはその前文の the environment を指す。環境問題を他人事と考えているから，マットは，ウ．「食用油をシャワーですっかり流す」という環境に良くないことを当たり前のようにしていたのである。

問３＜適語選択＞最初の空所の後にある２つのコメントの内容を考える。また，２つ目の空所を含む文は，*TrueBeauty*を使って投稿した写真が削除できなかったので，こうしたコメントが届き続けたという内容である。　keep ～ing「～し続ける」

問４＜英文和訳＞'want＋目的語＋to ～'「…に～してほしい」　'as〔so〕… as ～'「～と同じくらい…」

問５＜整序結合＞The only thing で始まっているので「彼女が見苦しい写真を隠すためにできた唯一のことは，自分のアカウントを非公開にすることだった」と読み換える。「彼女が見苦しい写真を隠すためにできた唯一のこと」は，目的格の関係代名詞を省略した'名詞＋主語＋(助)動詞'の形で The only thing she could do とし，この後は'目的'を表す to不定詞の副詞的用法で to hide the ugly pictures と続ける。「自分のアカウントを非公開にする」は'make＋目的語＋形容詞'「～を…(の状態)にする」の形で make her account private とまとめる。　The only thing she could do to hide the ugly pictures was to make her account private.

問６＜適所選択＞与えられた文の such hard work「これほど大変な仕事」に着目する。これは，6－ウの前にある so much to do を受けている。

問７＜英問英答＞「下線部(7)に『ステフは断りかけた』と書かれているが，なぜ彼女は最終的にロビンソン夫人と写真を撮ることに決めたのか。10語程度の英語で答えなさい」―「彼女はロビンソン夫人を喜ばせたかったから」　直後の But 以下が写真を撮ることにした理由になっている。

問８＜要旨把握＞ロビンソン夫人との会話を通して，ステフは実生活でも内面の美しさを持てるようになったと思い始めた。そうなったら写真はどうなるかを考える。

問９＜要旨把握＞この前の第31段落で，マットは自分の見た目のためではなく，他人のために一生懸命働くことに誇りを感じるようになっている。つまり，彼は見た目ではなく，内面の美しさの重要性に気づいたのである。この内容を30字程度にまとめる。

問10＜内容真偽＞ア…○　第２段落第１文に一致する。　イ…×　第３段落第４文および第７段落第４文参照。ステフのフォロワー数は２万7000人，マットのフォロワー数は7000人である。　ウ…×　第13段落最終文参照。開発者は削除できないと伝えている。　エ…×　第14段落参照。２人だけが被害者ではなかった。　オ…×　第21段落参照。ステフの気分は晴れたことが読み取れる。　カ…○　第28段落第２，３文に一致する。

2 〔長文読解総合―説明文〕

≪全訳≫❶さまざまな動物はどのように筋肉を使うのだろうか。❷皆さんは，体の筋肉ができることの多くを知っているだろう。しかし，動物の体の筋肉が皆さんたちの筋肉とどう違うか知っているだろうか。❸ライオンはハンターだ。彼らは生き残るために狩りをする必要がある。脚に強い筋肉があるおかげで，ライオンは時速45キロメートルで走ることができる。また，彼らは10メートルの距離をジャンプすることもできる。ライオンの前脚と胸の強い筋肉は、獲物を捕まえるのに役立つ。❹ヘビも狩りや移動に筋肉を使うが，ヘビの筋肉のはたらきはライオンとは大きく異なる。ヘビには腕も脚もないので，ヘビは他の動物とは違った動きをする必要がある。ヘビにはほとんどの動物よりも筋肉がたくさんある。ヘビは筋肉を動かし，これが体全体に波のような効果を生む。この波が地面を押しのけていくのである。これがヘビが前進する仕組みだ。❺筋肉のおかげで，ヘビは大きなものを食べることもできる。例えば，ヘビは自分の体よりも幅の広い卵を食べることができる。スイカを丸ごと１個，一気に丸のみするところを想像できるだろうか。ヘビが食べるときは，その強い筋肉で卵が徐々に押し込まれるのだ。強い筋肉により卵は割れ，ヘビは中身を食べられるのである。❻科学者たちは，ゾウの鼻には10万を超える数の筋肉があると考えている。なぜなら，ゾウは人間が手や指を使うのと同じように鼻を使うからだ。鼻が大きくても，多くの難しいことができる。例えば，地面から小さな葉っぱを拾うことができる。また，鼻はとても強い。小さな赤ちゃんのゾウを抱き上げることもできるのだ。❼これらの動物には，彼らにとって特有の筋肉がたくさんある。しかしながら，私たちの体の筋肉は思った通りに動く。空中に10メートルジャンプするのは楽しいかもしれないが，私たち人間としてはそんなに高くジャンプする必要はないのだ。

問１＜要旨把握＞第４段落最終文にThis is how snakes move forward.「これがヘビが前に進む仕組みだ」とあるのに着目する。ヘビの具体的な移動方法はその前の２文で説明されているので，この内容を字数以内でまとめる。

問２＜適語選択＞空所を含む文は，ヘビが大きいものを食べることを示す具体例である。　wide「幅が広い」

問３＜文脈把握＞２文後にFor example「例えば」とあり，２つの具体例が挙げられている。語数が指定されていることに注意。

問４＜整序結合＞主語の「私たちの体の筋肉」はthe muscles in our bodiesとまとまる。「思った通りに動く」は，語群から「私たちが機能してもらう必要があるように正確に機能する」と読み換える。‘the way＋主語＋動詞’で「…が～するように」という意味。また，‘need＋目的語＋to ～’で「…に～してもらう必要がある」という意味を表せるが，ここではtoの後に続くworkが繰り返しを避けるために省略されている。　The muscles in our bodies work exactly the way we need them to.

問5＜内容真偽＞ア…○　第3段落第3，4文に一致する。　イ…×　第5段落第4，5文参照。体の中に押し込み，体内の圧力で殻を割って食べる。　ウ…×　第6段落第1文参照。one hundred thousand は「10万」。　エ…×　第7段落参照。動物と人間の持つ筋肉は異なる。

3〔適語(句)選択・単語の発音〕

1．‘時’や‘条件’を表す副詞節の中では，未来のことでも現在形で表す。　「今日の午後雨なら，ピクニックはキャンセルしよう」

2．be worth ～ing で「～する価値がある」という意味。　「この本は読む価値がないと思う」

3．at the beginning of ～ で「～のはじめに」。　「私たちは7月のはじめに新婚旅行に行く」

4．Do you know anyone in your school と Their parents are teachers という2つの文に分けられる。their は所有格なので所有格の関係代名詞 whose を選ぶ。　「あなたの学校で，両親が先生をしている人を知っていますか」

5．「ノートが見つからない」という返答から，「(紙のような)何か書くもの」を必要としていることがわかる。「紙に書く」は write on paper と表すので，「(紙のような)何か書くもの」は something to write on となる。なお，「鉛筆で書く」は write with a pencil と表すので「(鉛筆のような)何か書くもの」は something to write with となる。　「書くものを貸してくれませんか？　ノートが見つかりません」

6．‘This is＋人名＋speaking.’「こちらは～です」は電話で相手に自分の名前を伝える定型表現。「もしもし，こちらはティムです。ボブはそちらにいますか？」

7．「指を深く切ってしまったら，どこに行くか」―「病院」　post office「郵便局」　police station「警察署」

8．「下線部の発音が異なるものはどれか」

ア．peace[iː]　イ．break[ei]　ウ．reason[iː]　エ．creature[iː]

4〔書き換え―適語補充〕

1．「学校に行くときこの手紙を送らなければならない」→「学校に行く途中，この手紙を送るのを忘れないでください」　forget to ～「～するのを忘れる」　‘～'s way to …’「(～が)…に行く途中で」　Don't forget to send this letter on your way to school.

2．「テレビゲームをたくさん持っている男の子は，メアリーの兄〔弟〕だ」　上の文の with は「～を持っている」という意味で‘所有’を表す。下は主格の関係代名詞を使った文にする。関係詞節の動詞は has のほか owns「～を所有する」でもよい。　The boy who has a lot of videogames is Mary's brother.

3．「この県には山はいくつありますか」　上は「～がある」を一般動詞 have を使って表した文。これを there is/are ～「～がある」の疑問文に書き換える。　prefecture「県」　How many mountains are there in this prefecture?

4．「ショウヘイは世界で最も偉大な野球選手だ」→「ショウヘイほど偉大な野球選手は他にいない」　‘the＋最上級＋in ～’「～で最も…」を‘No (other)＋単数名詞＋is as〔so〕… as ～’「～ほど…な―はない」を用いた文に書き換える。　No other baseball player in the world is so great as Shohei.

5．「メロスは時間に間に合うように街に到着しなければならなかった」→「メロスは時間が遅くなりすぎる前に街に到着しなければならなかった」　上のin timeは「間に合って」という意味。これを下では，‘before＋主語＋動詞’「…が～する前に」の形で「遅くなりすぎる前に」とする。Melos had to reach the city before it was too late.

5〔単語の定義〕

1．「これは服の一部分である。たいてい金属やプラスチック製で小さくて丸い。シャツやジャケットにはついているが，Ｔシャツやセーターにはついていない。この単語は『B』で始まる」

2．「これは毎日起こったことを書く本である。あなたは自分がしたことや感じたことについて書くだろう。この単語は『D』で始まる」

6〔整序結合〕

1．「～に行ったことがない」はhave/has never been to ～で表せる(現在完了の‘経験’用法)。残りはI'm going toとまとめてthe countryを後ろから修飾する(the countryとＩの間に目的格の関係代名詞が省略されている)。 Tommy has never been to the country I'm going to visit.

2．「そこで売っている製品」は「そこで売られている製品」と読み換え，過去分詞の形容詞的用法を用いてthe products sold thereとまとめる。「～のほとんど」は‘most of＋複数名詞’の形でMost of the products。「中古品」はused onesで表せる。このonesはproductsを受ける代名詞。 Most of the products sold there are used ones.

3．This videoで始まるので，「この動画はあなたに英語を勉強することがどれだけ面白いか伝えてくれるでしょう」と読み換え，‘tell＋人＋物’「〈人〉に〈物〉を伝える」の形をつくる。「英語を勉強することがどれだけ面白いか」は‘疑問詞＋主語＋動詞’の間接疑問と，‘It is ～ to …’「…することは～だ」を用いる。「どれほど」と‘程度’を表すhowは直後に形容詞〔副詞〕を伴うので，‘疑問詞’をhow interestingとすることに注意。 This video will tell you how interesting it is to study English.

7〔放送問題〕解説省略

数学解答

1 問1　$x=-3\pm\sqrt{17}$　　問2　$2\sqrt{5}$

問3　$S=\dfrac{r-r^{n+1}}{1-r}$

2 問1　(15，68，17)

問2　(12，59，29)，(13，58，29)，(14，57，29)

3 問1　$\dfrac{3\sqrt{2}}{2}$　　問2　$\dfrac{1}{4}$　　問3　$\dfrac{2}{9}$

4 問1　$\dfrac{7}{36}$　　問2　$\dfrac{1}{4}$

5 問1　75°　　問2　2　　問3　$\dfrac{3}{2}$

6 問1　$\sqrt{6}$　　問2　$\dfrac{9}{4}$

問3　断面図　　断面積…$\dfrac{13\sqrt{3}}{16}$

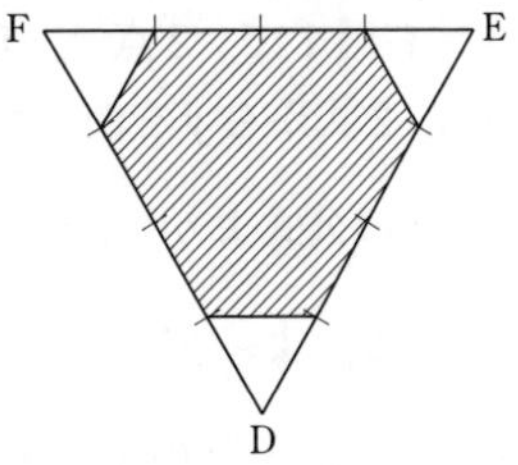

1〔独立小問集合題〕

問1＜二次方程式＞解の公式より，$x=\dfrac{-6\pm\sqrt{6^2-4\times1\times(-8)}}{2\times1}=\dfrac{-6\pm\sqrt{68}}{2}=\dfrac{-6\pm2\sqrt{17}}{2}=-3\pm\sqrt{17}$ となる。

問2＜数の計算＞与式$=\dfrac{3}{\sqrt{15}}+\dfrac{2\sqrt{3}}{\sqrt{15}}-\dfrac{\sqrt{30}}{5\sqrt{2}}+\dfrac{8\sqrt{10}}{5\sqrt{2}}=\dfrac{3\times\sqrt{15}}{\sqrt{15}\times\sqrt{15}}+\dfrac{2}{\sqrt{5}}-\dfrac{\sqrt{15}}{5}+\dfrac{8\sqrt{5}}{5}=\dfrac{3\sqrt{15}}{15}+\dfrac{2\times\sqrt{5}}{\sqrt{5}\times\sqrt{5}}-\dfrac{\sqrt{15}}{5}+\dfrac{8\sqrt{5}}{5}=\dfrac{\sqrt{15}}{5}+\dfrac{2\sqrt{5}}{5}-\dfrac{\sqrt{15}}{5}+\dfrac{8\sqrt{5}}{5}=\dfrac{10\sqrt{5}}{5}=2\sqrt{5}$

問3＜式の計算＞$S=r+r^2+r^3+\cdots\cdots+r^n$ より，$rS=r\times(r+r^2+r^3+\cdots\cdots+r^n)=r^2+r^3+r^4+\cdots\cdots+r^{n+1}$ となる。これより，$S-rS=r+r^2+r^3+\cdots\cdots+r^n-(r^2+r^3+r^4+\cdots\cdots+r^{n+1})=r+r^2+r^3+\cdots\cdots+r^n-r^2-r^3-r^4-\cdots\cdots-r^{n+1}=r-r^{n+1}$ となる。よって，$S-rS=r-r^{n+1}$ より，$(1-r)S=r-r^{n+1}$ となるので，$S=\dfrac{r-r^{n+1}}{1-r}$ と表せる。

2〔特殊・新傾向問題〕

問1＜人口割合＞2000年での年少，生産年齢，老年の人口割合をそれぞれ a%，b%，c%とすると，a，b，c は全て正の整数である。条件③より，$b=4c$ となり，3種類の人口割合の和は $a+b+c=a+4c+c=a+5c$ となる。この和が100%だから，$a+5c=100$ となり，$100\div5=20$ より，c は20より小さい値となる。条件②より，c の値は素数だから，$c=2$，3，5，7，11，13，17，19が考えられる。老年の人口割合は全て素数で表示され，10年ごとに6%ずつ増加しているので，2010年と2020年も素数になるのは，5→11→17，7→13→19，11→17→23，17→23→29と増加するときで，$c=5$，7，11，17の場合がある。$c=5$ の場合，$b=4\times5=20$，$a=100-5-20=75$ となり，$(a,\ b,\ c)=(75,\ 20,\ 5)$ となる。同様に $(a,\ b,\ c)$ を求めると，$c=7$，11，17の場合はそれぞれ，$(a,\ b,\ c)=(65,\ 28,\ 7)$，$(45,\ 44,\ 11)$，$(15,\ 68,\ 17)$ となる。このうち，条件①を満たすのは，$(a,\ b,\ c)=(15,\ 68,\ 17)$ である。

問2＜人口割合＞2020年での年少，生産年齢，老年の人口割合をそれぞれ x%，y%，z%とする。問1より，老年の人口割合は2000年が17%だから，条件②より，$z=17+6+6=29$ となる。これより，$x+y=100-29=71$ となる。生産年齢の人口割合は2000年が68%で，条件①より，10年ごとに4%以上減少しているので，y の値は $68-4-4=60$ 以下となる。これより，x の値は $71-60=11$ 以上となる。また，条件④より，y の値は x の値の4倍以上なので，x の値は $60\div4=15$ 以下となる。よって，$(x,\ y)=(11,\ 60)$，$(12,\ 59)$，$(13,\ 58)$，$(14,\ 57)$，$(15,\ 56)$ が考えられる。このうち，条件

④のyの値がxの値の4倍以上かつ5倍以下を満たすのは，(12，59)，(13，58)，(14，57)である。したがって，$(x,\ y,\ z)=(12,\ 59,\ 29)$，$(13,\ 58,\ 29)$，$(14,\ 57,\ 29)$である。

3 〔関数―関数 $y=ax^2$ と一次関数のグラフ〕

≪基本方針の決定≫問3　問1より，2点P，Qのx座標の差がわかるので，2点P，Qのx座標をaで表す。

図1

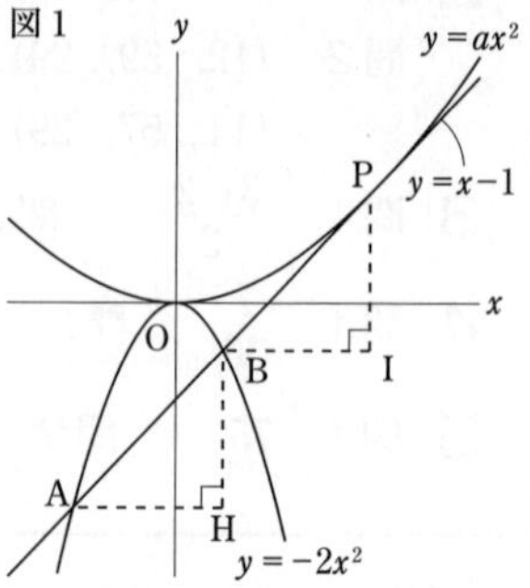

問1＜長さ＞右図1で，2点A，Bは直線$y=x-1$と放物線$y=-2x^2$の交点だから，2式からyを消去すると，$x-1=-2x^2$より，$2x^2+x-1=0$となり，解の公式より，$x=\dfrac{-1\pm\sqrt{1^2-4\times2\times(-1)}}{2\times2}=\dfrac{-1\pm\sqrt{9}}{4}=\dfrac{-1\pm3}{4}$となる。よって，$x=\dfrac{-1-3}{4}=-1$，$x=\dfrac{-1+3}{4}=\dfrac{1}{2}$であり，それぞれを$y=x-1$に代入すると，$y=-1-1=-2$，$y=\dfrac{1}{2}-1=-\dfrac{1}{2}$となるから，$\mathrm{A}(-1,\ -2)$，$\mathrm{B}\left(\dfrac{1}{2},\ -\dfrac{1}{2}\right)$である。点Aを通り$x$軸に平行な直線と点Bを通り$y$軸に平行な直線の交点をHとする。$\angle\mathrm{AHB}=90^\circ$，$\mathrm{AH}=\dfrac{1}{2}-(-1)=\dfrac{3}{2}$，$\mathrm{BH}=-\dfrac{1}{2}-(-2)=\dfrac{3}{2}$より，△AHBはAH＝BHの直角二等辺三角形となる。よって，$\mathrm{AB}=\sqrt{2}\mathrm{AH}=\sqrt{2}\times\dfrac{3}{2}=\dfrac{3\sqrt{2}}{2}$である。

問2＜比例定数＞右上図1で，点Bを通りx軸に平行な直線と点Pを通りy軸に平行な直線の交点をIとする。AB＝BPとなるとき，△AHB≡△BIPだから，問1より，$\mathrm{BI}=\mathrm{AH}=\dfrac{3}{2}$，$\mathrm{PI}=\mathrm{BH}=\dfrac{3}{2}$となる。よって，$\mathrm{B}\left(\dfrac{1}{2},\ -\dfrac{1}{2}\right)$より，点Pの$x$座標は$\dfrac{1}{2}+\dfrac{3}{2}=2$，$y$座標は$-\dfrac{1}{2}+\dfrac{3}{2}=1$となるから，$\mathrm{P}(2,\ 1)$である。点Pは放物線$y=ax^2$上にあるので，$1=a\times2^2$より，$a=\dfrac{1}{4}$となる。

図2

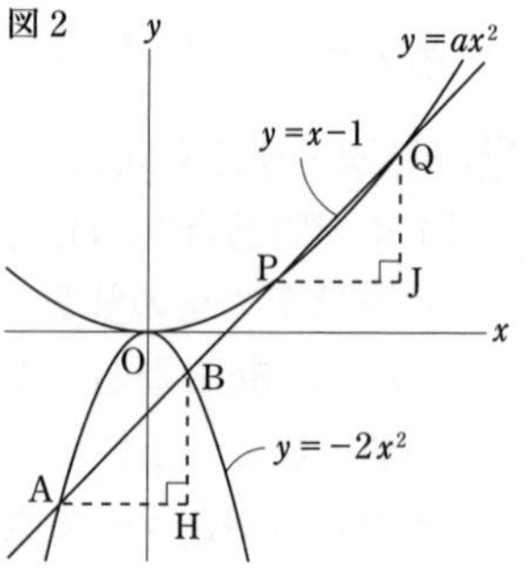

問3＜比例定数＞右図2で，点Pを通りx軸に平行な直線と点Qを通りy軸に平行な直線の交点をJとする。AB＝PQとなるとき，△AHB≡△PJQとなるから，問1より，$\mathrm{PJ}=\mathrm{AH}=\dfrac{3}{2}$となる。2点P，Qは直線$y=x-1$と放物線$y=ax^2$の交点だから，2式から$y$を消去して，$x-1=ax^2$より，$ax^2-x+1=0$，$x=\dfrac{-(-1)\pm\sqrt{(-1)^2-4\times a\times1}}{2\times a}=\dfrac{1\pm\sqrt{1-4a}}{2a}$となる。よって，2点P，Qの$x$座標の差は$\dfrac{1+\sqrt{1-4a}}{2a}-\dfrac{1-\sqrt{1-4a}}{2a}=\dfrac{2\sqrt{1-4a}}{2a}=\dfrac{\sqrt{1-4a}}{a}$となり，$\dfrac{\sqrt{1-4a}}{a}=\dfrac{3}{2}$が成り立つ。これを解くと，$\sqrt{1-4a}=\dfrac{3}{2}a$，$(\sqrt{1-4a})^2=\left(\dfrac{3}{2}a\right)^2$，$1-4a=\dfrac{9}{4}a^2$，$9a^2+16a-4=0$，$a=\dfrac{-16\pm\sqrt{16^2-4\times9\times(-4)}}{2\times9}=\dfrac{-16\pm\sqrt{400}}{18}=\dfrac{-16\pm20}{18}=\dfrac{-8\pm10}{9}$となるから，$a=\dfrac{-8+10}{9}=\dfrac{2}{9}$，$a=\dfrac{-8-10}{9}=-2$である。したがって，$a>0$だから，$a=\dfrac{2}{9}$である。

4 〔データの活用―確率―さいころ〕

問1＜確率＞さいころを3回振るとき，目の出方は全部で$6\times6\times6=216$(通り)あるから，a，b，cの組も216通りある。3個の目の数の中央値と平均値が1のとき，3個の目の数の組合せは(1，1，1)となる。中央値と平均値が2のとき，3個の目の数の和は$2\times3=6$となり，3個のうち1個の目の数は2となるので，残りの2個の目の数の和は$6-2=4$となる。これより，(1，2，3)，(2，2，2)となる。同様にして，中央値と平均値が3のとき，(1，3，5)，(2，3，4)，(3，3，3)，4のとき，(2，4，6)，(3，4，5)，(4，4，4)，5のとき，(4，5，6)，(5，5，5)，6のとき，(6，6，6)となる。3個の目の数の組合せが(1，1，1)の場合，$(a,\ b,\ c)=(1,\ 1,\ 1)$の1通りあり，同様に，3個の目の数が全て同じ2，3，4，5，6の場合もそれぞれ1通りある。(1，2，3)の場合，$(a,\ b,\ c)=(1,\ 2,\ 3)$，(1，3，2)，(2，1，3)，(2，3，1)，(3，1，2)，(3，2，1)の6通りあり，同様に，3個の目の数が全て異なる(1，3，5)，(2，3，4)，(2，4，6)，(3，4，5)，(4，5，6)の場合もそれぞれ6通りある。したがって，a，b，cの中央値と平均値が一致するa，b，cの組は$1\times6+6\times6=42$(通り)あるから，求める確率は$\frac{42}{216}=\frac{7}{36}$である。

問2＜確率＞a，b，cの平均値が3となるのは，a，b，cの和が$3\times3=9$となるときで，平均値が4となるのは，和が$4\times3=12$となるときである。よって，a，b，cの和が9より大きく12より小さくなる場合，つまり，和が10と11になる場合を考える。このような3個の目の数の組合せは，(1，3，6)，(1，4，5)，(1，4，6)，(1，5，5)，(2，2，6)，(2，3，5)，(2，3，6)，(2，4，4)，(2，4，5)，(3，3，4)，(3，3，5)，(3，4，4)の場合がある。このうち，3個の目の数が全て異なる場合は下線を引いた6組あり，これらのa，b，cの組は，問1の(1，2，3)の場合と同様にそれぞれ6通りある。また，(1，5，5)の場合，$(a,\ b,\ c)=(1,\ 5,\ 5)$，(5，1，5)，(5，5，1)の3通りあり，同様に2個の目の数だけが同じ(2，2，6)，(2，4，4)，(3，3，4)，(3，3，5)，(3，4，4)の場合もそれぞれ3通りある。よって，a，b，cの平均値が3より大きく，4より小さくなるa，b，cの組は$6\times6+3\times6=54$(通り)あるから，求める確率は$\frac{54}{216}=\frac{1}{4}$である。

5 〔平面図形─円，正方形〕

≪基本方針の決定≫問1　△ABHの内角に着目する。　　問2　特別な直角三角形の辺の比を利用する。　　問3　BH∥CIであることに気づきたい。

問1＜角度＞右図のように，正方形の1つの頂点をJとする。点Eは正方形と円Bの接点だから，∠AEJ＝90°であり，点Aは正方形の対角線の交点だから，∠AJE＝45°である。これより，△AEJは直角二等辺三角形だから，∠BAH＝45°となる。また，円Cと円Dは半径が等しく，それぞれ点F，Gで円Bと接しているので，BF＋CF＝BG＋DGより，BC＝BDとなる。これとBC＝CDより，△BCDは正三角形であり，∠CBD＝60°だから，∠ABD＝180°－∠CBD＝180°－60°＝120°となる。線分BHは∠ABDの二等分線だから，$\angle \mathrm{ABH}=\frac{1}{2}\angle \mathrm{ABD}=\frac{1}{2}\times120^\circ=60^\circ$である。よって，△ABHで，∠AHB＝180°－∠BAH－∠ABH＝180°－45°－60°＝75°となる。

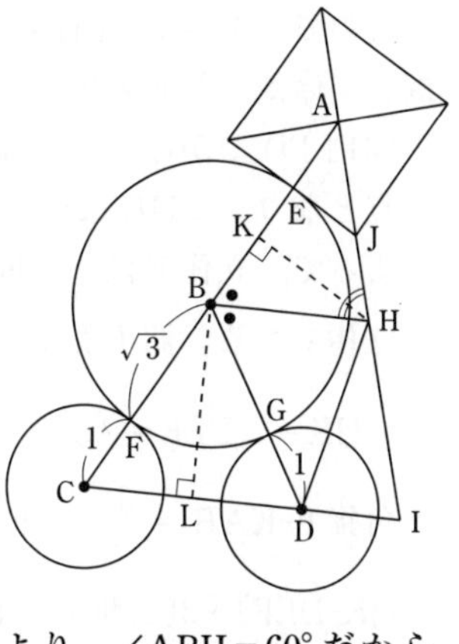

問2＜長さ＞右上図で，点Hから直線ABに垂線HKを引く。問1より，∠ABH＝60°だから，△BKHは3辺の比が$1:2:\sqrt{3}$の直角三角形であり，$\mathrm{BK}=\frac{1}{2}\mathrm{BH}$，$\mathrm{HK}=\frac{\sqrt{3}}{2}\mathrm{BH}$となる。問1より∠BAH＝45°だから，△AKHは直角二等辺三角形であり，$\mathrm{AK}=\mathrm{HK}=\frac{\sqrt{3}}{2}\mathrm{BH}$となる。よって，$\mathrm{AB}=\mathrm{AK}+\mathrm{BK}=\frac{\sqrt{3}}{2}\mathrm{BH}+\frac{1}{2}\mathrm{BH}=\frac{1}{2}(\sqrt{3}+1)\mathrm{BH}$と表せる。また，AB＝BCで，BC＝BF＋CF＝$\sqrt{3}+1$だから，AB＝$\sqrt{3}+1$となる。したがって，ABについて，$\frac{1}{2}(\sqrt{3}+1)\mathrm{BH}=\sqrt{3}+1$が成り立つ。これを解くと，$(\sqrt{3}+1)\mathrm{BH}=2(\sqrt{3}+1)$より，BH＝2である。

問3＜面積＞右上図で，問1より，∠ABH＝60°であり，△BCDは正三角形より，∠BCD＝60°となる。これより，同位角が等しいので，BH∥CIである。よって，2点B，Hはそれぞれ△ACIの辺AC，辺AIの中点だから，中点連結定理より，CI＝2BH＝2×2＝4となる。これとCD＝BC＝$\sqrt{3}+1$より，DI＝CI－CD＝$4-(\sqrt{3}+1)=3-\sqrt{3}$である。また，△BCDで，点Bから辺CDに垂線BLを引くと，△BLCは3辺の比が$1:2:\sqrt{3}$の直角三角形となるので，BL＝$\frac{\sqrt{3}}{2}$BC＝$\frac{\sqrt{3}}{2}(\sqrt{3}+1)=\frac{3+\sqrt{3}}{2}$となる。BH∥CIより，△HDIの底辺をDIと見ると，高さはBL＝$\frac{3+\sqrt{3}}{2}$となるので，△HDI＝$\frac{1}{2}\times(3-\sqrt{3})\times\frac{3+\sqrt{3}}{2}=\frac{3}{2}$である。

6〔空間図形—多面体〕

≪基本方針の決定≫問2　三角柱の一部と考える。

図1

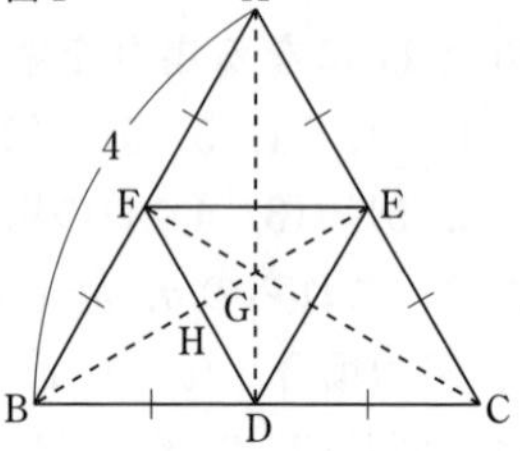

図2

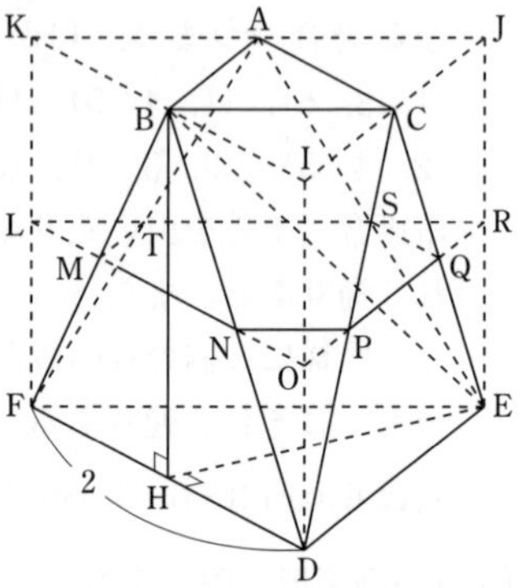

問1＜長さ＞右図1で，△ABCは1辺の長さが4の正三角形で，3点D，E，Fはそれぞれ辺BC，CA，ABの中点だから，△AEF，△BDF，△CDE，△DEFは1辺の長さが2の正三角形となる。線分BEと線分FDの交点をHとすると，図形の対称性より，点Hは線分FDの中点となり，∠BHF＝90°となる。これより，△BHFは3辺の比が$1:2:\sqrt{3}$の直角三角形だから，BH＝$\frac{\sqrt{3}}{2}$BF＝$\frac{\sqrt{3}}{2}\times2=\sqrt{3}$となる。同様にして，EH＝$\sqrt{3}$である。右上図2で，BH⊥FD，〔面BDF〕⊥〔面DEF〕より，BH⊥〔面DEF〕だから，∠BHE＝90°である。よって，△BHEはBH＝EHの直角二等辺三角形となるので，BE＝$\sqrt{2}$BH＝$\sqrt{2}\times\sqrt{3}=\sqrt{6}$である。

問2＜体積＞右上図2のような三角柱IJK-DEFを考える。問1より，点Hは辺FDの中点であり，BH⊥FDだから，点Bは線分KIの中点となる。同様にして，2点A，Cはそれぞれ辺JK，IJの中点となり，△IJKは正三角形だから，△KAB，△IBC，△JCA，△ABCは合同な正三角形となる。よって，立体Vは，三角柱IJK-DEFから3つの合同な三角錐F-KAB，D-IBC，E-JCAを除いた立体である。問1より，〔三角柱IJK-DEF〕＝△DEF×BH＝$\left(\frac{1}{2}\times2\times\sqrt{3}\right)\times\sqrt{3}=3$となる。また，△IJK＝△DEF＝$\sqrt{3}$より，△KAB＝$\frac{1}{4}$△IJK＝$\frac{1}{4}\times\sqrt{3}=\frac{\sqrt{3}}{4}$となり，KF＝BH＝$\sqrt{3}$より，〔三角錐F-KAB〕＝$\frac{1}{3}$×△KAB×KF＝$\frac{1}{3}\times\frac{\sqrt{3}}{4}\times\sqrt{3}=\frac{1}{4}$となる。したがって，〔立体$V$〕＝〔三角柱IJK-DEF〕－3〔三角錐F-KAB〕＝$3-3\times\frac{1}{4}=\frac{9}{4}$である。

問3＜断面図，断面積＞右上図2で，線分BEの中点を通り△DEFと平行な平面と線分KF，BF，BD，ID，CD，CE，JE，AE，AFの交点をそれぞれL，M，N，O，P，Q，R，S，Tとすると，交点はそれぞれの線分の中点となる。点Bは線分KIの中点であり，KI＝FDだから，KB＝$\frac{1}{2}$KI＝$\frac{1}{2}$FDとなる。また，KB∥LMより，△FKB∽△FLMとなるので，KB：LM＝FK：FL＝2：1であり，LM＝$\frac{1}{2}$KB＝$\frac{1}{2}\times\frac{1}{2}$FD＝$\frac{1}{4}$FD＝$\frac{1}{4}\times2=\frac{1}{2}$となる。同様にして，ON＝$\frac{1}{2}$となり，図形の対称性より，OP＝QR＝RS＝TL＝$\frac{1}{2}$である。よって，線分BEの中点を通り，△DEFと平行な平面で立体Vを切ったときの真上から見た断面図は，次ページの図3の六角形MNPQSTとなる。六角形

MNPQSTは，△DEFから△MTL，△OPN，△QRSを除いた図形である。△MTL，△OPN，△QRSは合同な正三角形となるので，△DEF∽△MTLである。相似比はFD：LM＝$2:\frac{1}{2}=4:1$だから，△DEF：△MTL＝$4^2:1^2=16:1$より，△MTL＝$\frac{1}{16}$△DEFとなる。問2より，△DEF＝$\sqrt{3}$だから，△MTL＝$\frac{1}{16}\times\sqrt{3}=\frac{\sqrt{3}}{16}$である。したがって，$S$＝△DEF−3△MTL＝$\sqrt{3}-3\times\frac{\sqrt{3}}{16}=\frac{13\sqrt{3}}{16}$となる。

図3

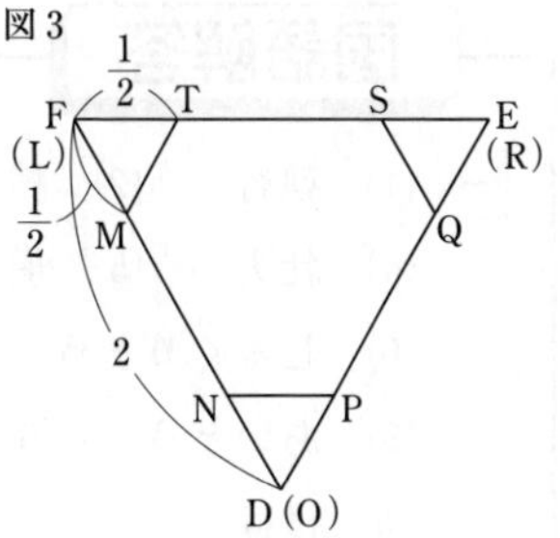

国語解答

一 (1) 執行　(2) 捜査　(3) 錠剤
(4) 壮大　(5) 崩
(6) しゃくりょう　(7) きっきん
(8) あいとう　(9) たまわ
(10) はば

二 問一 Ⅰ…イ　Ⅱ…ウ　Ⅲ…エ　Ⅳ…ア　Ⅴ…オ
問二 エ　問三 A…オ　B…エ
問四 感覚的に意　問五 形容[詞]
問六 オノマトペは非母語話者にはわかりやすいとは限らないこと。(28字)
問七 一目[瞭然]
問八 表すもの(音形)と表されるもの(感覚イメージ)に類似性があると感じられること。(39字)
問九 エ

三 問一 A…ウ　B…オ　C…ア
問二 (1) うぞうむぞう　(2)…ア
問三 脚本家になることを諦めたということ。〔マネジメントコースに転向したこと。〕
問四 Ⅰ…エ　Ⅱ…イ　問五 ウ
問六 イ
問七 夫の白石がいい加減に名づけをしたら輝子が傷つくと思ったから。(30字)
問八 オ

四 問一 ゆえ
問二 A…イ　B…エ　C…ア
問三 地獄が近年困窮しているから。〔医者は風邪を治すので死者が減るから。〕
問四 死ぬ者

五 Ⅰ 問一 主は怒を以って師を興すべからず，
問二 ウ
Ⅱ 問一 (右参照)

有二不レ占而避レ之者六一。

六 問一 エ　問二 1…ク　2…ス
問三 (1)…カ　(2)…オ

一〔漢字〕
(1)「執行」は，法律や処分などの内容を実際に行うこと。　(2)「捜査」は，捜して調べること。　(3)「錠剤」は，一定の形状に圧縮して服用しやすくした医薬品のこと。　(4)「壮大」は，大きくて立派なこと。　(5)音読みは「崩落」などの「ホウ」。　(6)「酌量」は，事情をくみ取って，処置などが軽くなるよう取り計らうこと。　(7)「喫緊」は，差し迫って重要なこと。　(8)「哀悼」は，人の死を悲しみ悼むこと。　(9)音読みは「恩賜」などの「シ」。　(10)音読みは「阻止」などの「ソ」。

二〔論説文の読解─芸術・文学・言語学的分野─言語〕出典：今井むつみ・秋田喜美『言語の本質─ことばはどう生まれ，進化したか』。

≪本文の概要≫私たちが当然のように使っているオノマトペは，ふだんづかいの言葉としてはふさわしくないなどと，日本では少し気の毒な扱いを受けている。欧米の言語でオノマトペというと擬音語のことだけを考える人が多いが，日本語では，大多数のオノマトペは擬態語である。また，日本の研究者たちは，オノマトペを擬音語と擬態語と擬情語を含む広範囲の用語として用いるが，欧米では，表意音という意味の用語が用いられている。「オノマトペとは何か」ということについて，オランダの言語学者ディンゲマンセは，感覚イメージを写し取る，特徴的な形式を持ち，新たにつくり出せる語と定義した。この定義に従うと，どの言語のオノマトペでも似通っていることになるが，一般にオノマトペは，その言語の母語話者にはしっくりくるものの，非母語話者には必ずしもわかりやすいとはかぎらない。つまり，オノマトペは，特定の言語の枠組みの中で理解されるものなのである。対象を写し取るという点では，オノマトペは，絵画のようなアートよりもアイコンとつながっている。アイコンの「表すものと表されるものの間に類似性のある記号」という点が，表す音形と表される感覚イメージに類似性があるというオノマトペの性質と同じだからである。

問一．Ⅰ＜接続語＞「私たち日本語話者」は，「あまりにも当たり前」にオノマトペを使っており，それに加えて，オノマトペが「スゴイ」などと思っている人は少数で，「幼稚なことば」などといわれている。　Ⅱ＜表現＞オノマトペは「やや気の毒な扱い」を受けているが，改めて考えてみると，オノマトペは「ちゃんとした(れっきとした)ことば」なのだろうか。　Ⅲ＜接続語＞フランス語や英語でオノマトペに相当する語が「ヒトや動物の声や物音を模した擬音語を指す」ということは，要するに，もともと「オノマトペ」とは擬音語のことだということである。　Ⅳ＜接続語＞欧米の言語で「オノマトペ」というと，「擬音語のことだけを考える人たちが多い」が，「日本語では，大多数のオノマトペ」は「擬態語」である。　Ⅴ＜接続語＞現在では，「擬音語だけ」でなく，日本語でいう「擬態語や擬情語」にも「オノマトペ」という言葉が使われているということに，さらにつけ加えれば，「日本の研究者たち」は「オノマトペ」を「擬音語，擬態語，擬情語」を含む用語として用いているが，「欧米では onomatopoeia より ideophone(表意音)という用語が一般的になっている」のである。

問二＜文章内容＞「れっきとした」は，人や事物が疑う余地もなくしっかりしているさま。「普段づかいのことばとしてはふさわしくない」などといわれている「オノマトペ」は，本当に「普段づかいのことば」ではないのだろうかとも思われる。

問三＜表現＞A．日本の研究者たちは，「オノマトペ」を「擬音語，擬態語，擬情語」の範囲を全て含む「用語」として用いている。　B．オノマトペの「感覚イメージを写し取る，特徴的な形式を持ち，新たに作り出せる語」という定義は，具体性に欠ける定義といえる。

問四＜文章内容＞「日本語を母語とする人」は，ダイアローグにおいて，「通常，人が弱々しくて頼りない様子」を表す「なよっ」という語が食べ物の状態を表していることや，その場限りでつくられた「ジュージャー」という語がどのような状態を表しているかがわかる。私たちは，オノマトペが何を示しているかが「感覚的」にわかり，ダイアローグの光景を「鮮明にイメージできる」ほどオノマトペを熟知している。

問五＜品詞＞「うるさい」「甲高い」「大きい」「赤い」「熱い」「重い」「酸っぱい」「甘い」「しょっぱい」「くさい」「芳《かん》ばしい」は，活用のある自立語で，事物の様子や状態を表し，終止形が「い」で終わる形容詞。「静かな」「鮮やかな」「滑らかな」は，終止形が「だ」で終わる形容動詞。

問六＜文章内容＞例えば，日本語の「キラキラ」に対応するオノマトペはツワナ語では「ニェディ」となり，日本語の「クラクラ」に対応するオノマトペは韓国語では「オジルオジル」になる。オノマトペは，「感覚を写し取っているはず」の言葉なのに，「非母語話者には必ずしもわかりやすいとは限らない」のである。

問七＜四字熟語＞「一目瞭然」は，一目見ただけで，はっきりとわかること。

問八＜文章内容＞「ニャー」というオノマトペは，「ネコの声に似ている」と感じられるし，「ピカピカ」という「音連続」のオノマトペと「明るい点滅は似ている」と感じられる。この性質は，アイコンの「表すものと表されるものの間に類似性のある記号」という性質に共通している。

問九＜要旨＞「オノマトペは感覚のことば」なので，「正義」「愛」「迷惑」などの「特定の感覚によらない意味を表す」語については，その概念を表しづらい。

三〔小説の読解〕出典：有川浩『ヒア・カムズ・ザ・サン』。

問一＜表現＞Ａ．二階からつるされた男は，榊が声を掛けた五分後には，上手に「賭け金」を手に入れた。　Ｂ．表現者は「どれほど豊かな才能」を持っていても，その才能を簡単に「相殺できるほど」の「強固な劣等感」を同時に抱えている。　Ｃ．白石は，「脚本の執筆」に熱中していたので，子どもの名前を「決めてないそうじゃないかと」と榊にたしなめられても，「ああー，それがあったか」と，わずらわしそうに「顔をしかめた」のである。

問二＜四字熟語＞「有象無象」は，数多く集まったくだらないもののこと。一般に，多くの人々をいやしめて使われることが多い。

問三＜表現＞榊は，「表現者を志し」て，芸術家を志望する者が集まる学校に入ったが，白石の「圧倒的な才能に敗北を認め」て，脚本家になることを断念し，「途中でマネジメントコースに転向」した。

問四＜文章内容＞Ⅰ．「楽天家」は，落ち込むことなく物事を明るい方に考える気楽な人のこと。榊は，「圧倒的な才能」を持つ「白石晴男という個性を知ったうえで自分のちっぽけな才能を信じられるほど」の気楽な人間ではなかった。　Ⅱ．白石は，「傲慢さ」と気持ちの細かさ，「圧倒的な自意識」と「その自意識を破壊するほどの劣等感」といった，普通であれば矛盾するような性質を同時に持ち合わせていた。

問五＜文章内容＞榊は，「豊かな才能」を持っている白石のような表現者は，「精神的に偏り」があり，「歪んでいる」と感じた。だから，いくら「歪もうとしても常識の軛」から逃れられない自分には，白石のような強烈な個性を発現させることはできないと思ったのである。

問六＜文章内容＞白石の才能という保証があって，彼の「奇矯な性格」を周囲の人たちが許していたのと同じように，榊も白石の「才能を前提」にしていたので，彼の性格的な「危うい偏り」を許していた。

問七＜文章内容＞時間もかけずに子どもの名前を「手元のメモにカタカナ」で「走り書き」したとか，「面倒くさい」「好きに決めていい」と言ったとかいう白石の言動を，そのまま伝えると輝子が傷つくと思ったので，榊は，「運命的だ」と白石が言っていたことにして，輝子を気遣った。

問八＜文章内容＞榊は，白石の「才能を前提」にしたうえで，白石と「競わない立場」にいたために，白石と親密なつき合いを続けられた。一方，輝子は，白石の性格的な「危うい偏り」を「無邪気さの発露」として受け止めた。白石は，自分の才能による保証がなくても，自分の奇矯な個性が許される安らぎを感じたので，輝子に夢中になったのである。

四〔古文の読解―笑話〕出典：三笑亭可楽『鳥の町』。

≪現代語訳≫地獄の鬼たちが会合を開いて，「ところで，近年困窮のために，風の神〈を〉頼りとして，

(風邪を)はやらせても，医者〈と〉いうものがいて治すために，死ぬ者〈が〉少ない。何とかして，人間世界の医者どもをなくす手段はあるまいか」という相談(をした)。その中にいた年長の鬼が，「いやいや，それは悪い相談だ。あいつらがいるからこそ，折々に(死者が)来るではないか」。

問一＜歴史的仮名遣い＞通常，理由や原因を表す「故」は，歴史的仮名遣いでは「ゆゑ」と書く。その場合，「ゑ」は，現代仮名遣いでは「え」にするので，「ゆえ」となる。また，歴史的仮名遣いの語頭以外のハ行は，現代仮名遣いでは原則的に「わいうえお」になる。

問二＜古文の内容理解＞地獄の鬼たちは，「風の神」を頼りとして(…Ａ)，風邪をはやらせても，「医者」というものが治してしまうから(…Ｂ)，「死ぬ者」が少ないと言った(…Ｃ)。

問三＜古文の内容理解＞地獄の鬼たちは，医者が風邪を治してしまうために，近年は地獄に来る死者が少なくて困っているので，医者が邪魔になった。

問四＜古文の内容理解＞「年かさなる鬼」は，医者がいるからこそ死者が地獄に来ることもあるので，医者をなくすのはよくないと言った。

五〔漢文の読解〕出典：『孫子』／『呉子』。

Ⅰ≪書き下し文≫主は怒を以って師を興すべからず，将は慍を以って戦を致すべからず。

≪現代語訳≫君主は，怒りの感情から軍隊を動かしてはならない。将軍は，憤りから戦いをしてはならない。

問一＜漢文の訓読＞「主」→「怒」→「以」→「師」→「興」→「可」→「不」の順に読む。下から上に一字返るときはレ点を使い，下から上に二字以上返るときは一二点を使う。付属語はひらがなで書く。

問二＜漢文の内容理解＞「冷静沈着」は，感情的にならずに落ち着いている態度のこと。君主や将軍は一時的な怒りにまかせて軍隊を動かしてはならない，ということが説かれている文である。「孤軍奮闘」は，援助のない中で一人で努力すること。「戦々恐々」は，不安や恐怖のために震えていること。「闘志満々」は，闘争心が全身に満ちていること。

Ⅱ．問一＜漢文の訓読＞「占」→「不」→「之」→「避」→「者」→「六」→「有」の順に読む。「占」から「不」，「之」から「避」へ一字返るので「不」と「避」にレ点を付す。「六」から二字以上返って「有」を読むことになるので，「六」に一二点の一，「有」に二を付す。

六〔国語の知識〕

問一＜文学史＞夏目漱石は，『吾輩は猫である』『草枕』『虞美人草』などの小説をはじめとして，多くの作品を著した。

問二＜品詞＞１．「立派な」は，活用のある自立語で，事物の様子や状態などを表し，終止形が「だ」で終わる形容動詞。また，「立派な」は，下に体言が続く連体形。　２．「て」は，活用のない付属語の助詞。

問三＜慣用句＞⑴「水を差す」は，順調に進んでいることの邪魔をする，という意味。　⑵「腹を括る」は，決心を固める，という意味。

2023年度 中央大学高等学校(推薦)

【英　語】（40分）

【注意】 リスニング試験(8 ～ 10)は試験終了**約５分前**から放送されます。

1 　最も強く読む部分が，左の単語と同じ語を（　）内から選び，記号で答えなさい。

1．mu-si-cian　（ア．an-oth-er　　イ．sev-en-teen　　ウ．dan-ger-ous　　エ．beau-ti-ful）

2．mis-take　　（ア．eve-ning　　イ．mar-ket　　ウ．ex-cite　　エ．any-thing）

2 　各組の英文の空所に共通して入る単語を答えなさい。

1．Hakodate is the (　　　) largest city in Hokkaido.
　Wait a (　　　), I'll change my jacket for dinner.

2．The actor is very famous.　People all (　　　) the world know his name.
　I went to bed (　　　) midnight last night.

3 　各組の文がほぼ同じ意味になるように，（　）に適当な語を入れたとき，（＊）に入る語を答えなさい。

1．His father is not as tall as his uncle.
　His father is (＊) (　　　) his uncle.

2．He visited Spain many times because he really loves Picasso's paintings.
　His love for Picasso's paintings (＊) (　　　) visit Spain many times.

3．Where can you buy Christmas cards in this town ?
　Where can Christmas cards (　　　) (＊) in this town ?

4．The story is about a strong hero by the name of Hannibal.
　The story is about a strong hero (＊) name (　　　) Hannibal.

5．Playing sports after school is not very popular among students.
　Students (　　　) like (＊) play sports very much after school.

4 　日本語の意味になるように並べかえたとき，A～Dに来るものを記号で答えなさい。

1．この部屋の中で話をしてはいけないと壁のはり紙に書いてある。
　The poster __A__ ______ ______ __B__ ______ ______ ______ in this room.
　ア．not　　イ．on　　ウ．says　　エ．talk
　オ．must　　カ．you　　キ．the wall

2．パンダがどんなしぐさをするのかを見ようと多くの人たちが動物園にやってきた。
　A lot of people came to ______ __C__ ______ ______ ______ __D__ ______.
　ア．do　　イ．see　　ウ．what　　エ．would
　オ．the zoo　　カ．the pandas　　キ．to

5 　（　）に入る最も適当なものを選び，記号で答えなさい。

1．A high school student is (　　　　) his study schedule by himself.
　ア．old enough to plan　　イ．enough old to plan

ウ．old enough planning　　エ．enough old planning

2．A： How (　　) is it from Tokyo Tower to Tokyo Skytree?

　B： It is about eight kilometers.

ア．much　　イ．long　　ウ．high　　エ．far

3．Let's play basketball when we have finished our homework, (　　　　)?

ア．will I　　イ．will we　　ウ．shall I　　エ．shall we

4．Two years (　　　　) since her father went to Australia for business.

ア．has passed　　イ．has been passed

ウ．have passed　　エ．were passed

6　次の課題に対して15語以上の英語で自由に述べなさい。

Do you agree that high school students should wear uniforms? Write your opinion and give one reason.

7　次の英文を読んで，問いに答えなさい。[*をつけたものには註があります]

Once upon a time, there was an old man whose daughter was married to a young man. The young couple were happy, but there was one problem: the husband spent all his time trying to turn *dirt into gold. In those days, people who did this were known as '(1)alchemists.'

He spent all of their money trying to do this, so the young couple became too poor to buy food each day. She asked her husband again and again to find a job. "But I am close to finding the answer!" he said. "When I succeed in turning dirt into gold, we'll be very rich!"

Finally, the wife went to her father about (2)the problem. He was surprised to learn that his *son-in-law was an alchemist, but he promised to help his daughter and he asked to see the young man the next day. The young man was worried because he thought that the old man would be angry. But his *father-in-law said, "When I was young, I was an alchemist too!" The young man was surprised.

The father-in-law was very interested in the young man's work, and they talked all afternoon. Finally, the old man cried, "Wow, you are close to success! Actually, I recently learned how to turn dirt into gold, but I am too old and it takes too much work. But maybe I will teach you the secret of how to do it."

"Yes, I can do it, dear father!" cried the young man.

So the old man told him. "(3)The secret is that you need a silver powder which grows on the back of banana leaves. You must plant the banana plants by yourself because you must say some magic words when you plant the seeds. Then, when they grow, the powder on the leaves will become magical."

"How much powder do we need?" the young man asked.

"One kilogram," the old man said.

"Then, I will need hundreds of banana plants!" said the son-in-law.

"Yes," said the old man, "That is why I cannot do the work myself."

"Don't worry!" said the young man, "I will do it!"

And so the old man taught his son-in-law the magic words and gave him enough money to start (4)the project.

The next day, the young man bought some land. He planted the banana seeds and said the magic words.

Every day he looked at the baby plants and took care of them. When bananas began to grow, he took the silver powder from the leaves. [5]

It took some years, but finally the young man collected one kilogram of the powder. He ran to his father-in-law's house. "I have the magic silver powder!" he shouted.

"Wonderful!" said the old man. "Now I can show you how to turn dirt into gold! But first you must bring your wife here."

When she appeared, the old man asked his daughter, "While your husband was collecting the banana powder, what did you do with the bananas?"

"I sold them," the daughter said.

"Did you save any money?" asked the father.

"Yes," she said.

"May I see it?" asked the old man. So his daughter gave him several bags full of gold. He dropped the coins on the floor. Then, he took some dirt and put it next to the gold.

"You see?" he said, to his son-in-law. (6)"You have changed dirt into gold!"

（註） dirt：土　son-in-law：義理の息子　father-in-law：義理の父親

問1　下線(1)とはどのような人を指すか。最も適切なものを１つ選び，記号で答えなさい。

ア．people who are married to a young person
イ．people who can change dirt into gold
ウ．people who are good at spending gold
エ．people who are happy all the time

問2　下線(2)はどのような問題を指すか。30字程度の日本語で答えなさい。

問3　下線(3)を日本語に直しなさい。

問4　下線(4)が指す内容として最も適切なものを１つ選び，記号で答えなさい。

ア．buying land and turning it to gold
イ．changing the banana into gold
ウ．making the powder magical
エ．collecting enough silver powder

問5　[5]には「しかし，１本からとれる粉の量があまりにも少なかったため，若い男はさらに土地を買い，バナナを育てなければならなかった。」という意味を表す英文が入る。下記を並べかえて英文を完成させたとき，A，Bに来るものを記号で答えなさい。

However, ＿＿ ＿＿ ＿＿ A ＿＿ B ＿＿ buy more land and grow more bananas.

ア．the amount of powder　イ．so little　ウ．the young man　エ．that
オ．on each plant　カ．had to　キ．was

問6　下線(6)に含まれる意味として**適切でないもの**を１つ選び，記号で答えなさい。

ア．不安　イ．称賛　ウ．満足　エ．皮肉

問7　本文の内容として正しいものを１つ選び，記号で答えなさい。

ア．義理の父は若い男の浪費癖に対して怒りを感じていた。
イ．義理の父は若い男の取り組みに興味を持てなかった。
ウ．義理の父は若い男にバナナから金を稼ぐ方法を教えた。
エ．義理の父は若い男が集めたバナナの葉からお金を作った。

［リスニング］

8　英文を聞き，それに続く文として最も適当なものを選び，記号で答えなさい。英文は一度だけ読まれます。

1．A．Under the chair.　　B．More than enough.
　C．Not good for dance.　　D．The red and white one.

2．A．I like my bed a lot.　　B．Let's go tomorrow.
　C．It's good for his health.　　D．That's a good idea.

3．A．That's kind of you.　　B．I hope you do well.
　C．Wow, well done!　　D．I'll be happy to hear that.

4．A．Sure.　You're on the right platform.　　B．The local train is bound for Chiba.
　C．Go to platform No. 3 over there.　　D．The arrival platform has been changed.

5．A．The airport.　　B．Central Hotel.
　C．Room number 201.　　D．In about 30 minutes.

9　英文に続き，質問文が読まれます。その答えとして最も適当なものを選び，記号で答えなさい。英文と質問文は一度だけ読まれます。

1．A．Hiroshima.
　B．Both Okinawa and Kyushu.
　C．Both Hiroshima and Okinawa.
　D．Neither Hiroshima nor Kyushu.

2．A．They like Japanese food because it tastes good.
　B．Traditional Japanese food is low in fat.
　C．Japanese restaurants are less expensive in America.
　D．You can get Japanese food almost everywhere in America.

10　英文を聞き，何についての説明かを英単語で答えなさい。問題は全部で2問あります。英文は一度だけ読まれます。

＜リスニング問題放送原稿＞

8　英文を聞き，それに続く文として最も適当なものを選び，記号で答えなさい。英文は一度だけ読まれます。

1．Where's the T-shirt that I always wear for my dance class?

2．You look really tired.　Maybe you should go to bed early tonight.

3．A：Hi!　How's it going?
　B：Not too bad, but I have a math test this afternoon.

4．A：Excuse me.　Does this train stop at Suidobashi?
　B：No, because it's a rapid service train.
　A：From which platform do local trains leave?

5．A：Central Hotel.　May I help you?
　B：Hi.　I'd like to know how to get to your hotel.
　A：Certainly.　Where are you coming from?

9 英文に続き，質問文が読まれます。その答えとして最も適当なものを選び，記号で答えなさい。英文と質問文は一度だけ読まれます。

1．James and his friends have decided to go on a trip before they graduate from high school. James wants to go to Hiroshima first and then to Okinawa, but his friends say they want to visit Okinawa after traveling around Kyushu. James will probably have to follow their idea.

Q： Where are James and his friends most likely to visit ?

2．More and more Americans have become interested in Japanese food. People like it because it tastes good, and traditional Japanese food is low in fat. Although some people feel Japanese restaurants in America are much more expensive than those in Japan, you can get Japanese food almost everywhere in America.

Q： Which is NOT a reason why American people are interested in Japanese food ?

10 英文を聞き，何についての説明かを英単語で答えなさい。問題は全部で２問あります。英文は一度だけ読まれます。

1．This is a kind of money which is used in the United States, Canada, Australia and some other countries. The symbol of the money looks like the letter "S." The word begins with "D."

2．This is something that you put on food to add flavor to it. There are many types all around the world, such as tomato, onion, barbecue or oyster. Japanese people often use one made from soybeans. The word begins with "S."

【数　学】（理科と合わせて60分）

1　$\left(\dfrac{\sqrt{2}}{7}\right)^2-\left(\dfrac{5}{6}-\dfrac{16}{21}\right)^2$ を計算し，記号で答えなさい。

ア．$\dfrac{1}{14}$　　イ．$\dfrac{1}{28}$　　ウ．$\dfrac{3}{49}$　　エ．ア～ウにはない

2　2次方程式 $x^2-3x-18=0$ を解き，記号で答えなさい。

ア．$x=-9,\ 2$　　イ．$x=3,\ -6$　　ウ．$x=-3,\ 6$　　エ．ア～ウにはない

3　2つのサイコロ a，b を振ります。a の出た目を十の位，b の出た目を一の位とする自然数 N が3の倍数となる場合は何通りあるか。記号で答えなさい。

ア．5通り　　イ．7通り　　ウ．14通り　　エ．ア～ウにはない

4　下に，あるクラス20人が1か月に読んだ本の冊数のヒストグラムがあります。

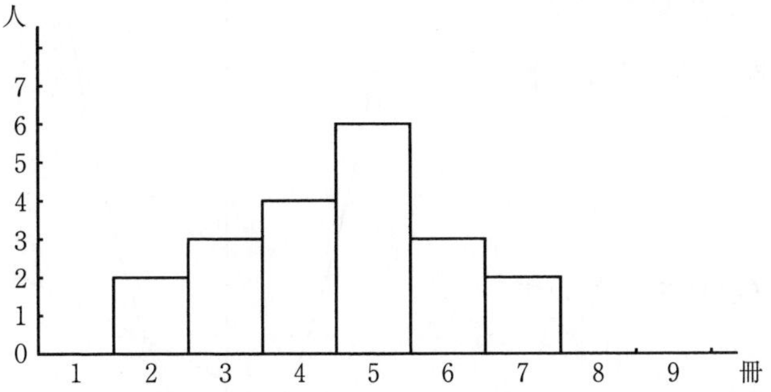

(1)　クラス20人が1か月に読んだ本の平均冊数を小数第2位まで求めなさい。

(2)　クラスにいるAさんのデータが間違っていたことが分かり，集計し直したところ，クラス20人の平均冊数がちょうど0.1冊小さくなり，データの中央値と範囲に変化はなかった。このとき，Aさんが1か月に読んだ本の冊数は何冊に訂正されたか。考えられる冊数をすべて答えなさい。

5　下図は，$\angle C=90^\circ$ の直角三角形ABCで，$BC=a$，$CA=b$，$AB=c(b>a)$ を満たしています。また，点A，点Bから等距離にあり，$OA=OB=R$ を満たす点Oを辺AC上にとります。このとき，以下の問に答えなさい。

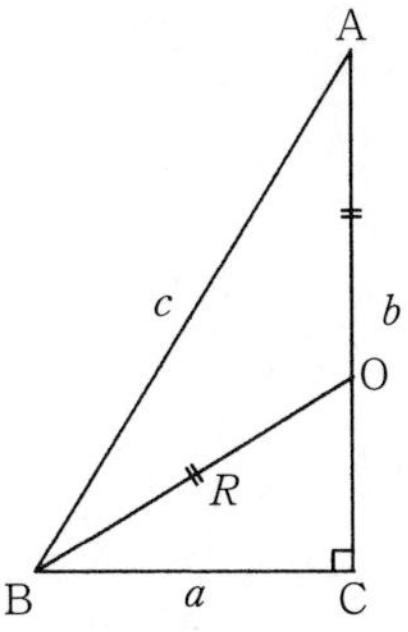

(1)　$\triangle ABC$ と $\triangle OBC$ それぞれに三平方の定理を用いた式を①，②とし，①と②から a を消去することによって，$R=\dfrac{c^2}{2b}$ を導きなさい。ただし，途中式を解答欄に残しておくこと。

(2)　下図のように，直径 AB=3 の円 O_1 の円周上に点Cをとります。さらに，線分 AC 上に中心があり，２点A，Bを通る半径２の円 O_2 があります。このとき，線分 AC の長さを求めなさい。

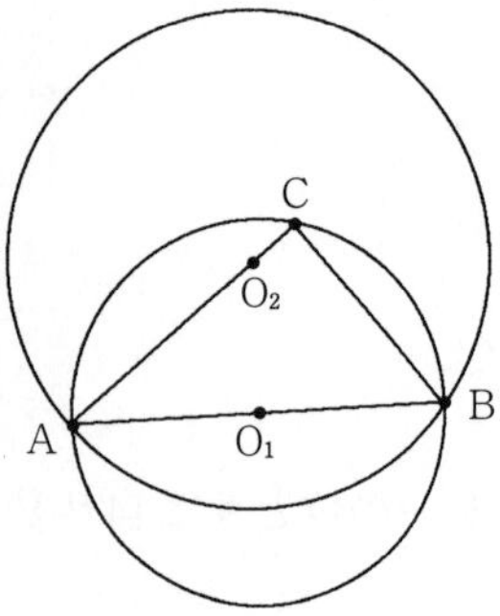

6　図のように，放物線 $C：y=\frac{1}{3}x^2$ 上に x 座標が -3 の点Aと，点Bがあります。また，直線 AB と y 軸との交点Pの y 座標は $\frac{9}{2}$ となっています。このとき，以下の問に答えなさい。

(1)　直線 AB の方程式を求めなさい。

(2)　点Bの座標を求めなさい。

(3)　点Qが直線 OB 上を動く。線分 PQ が △OAB を二等分するとき，点Qの座標を求めなさい。

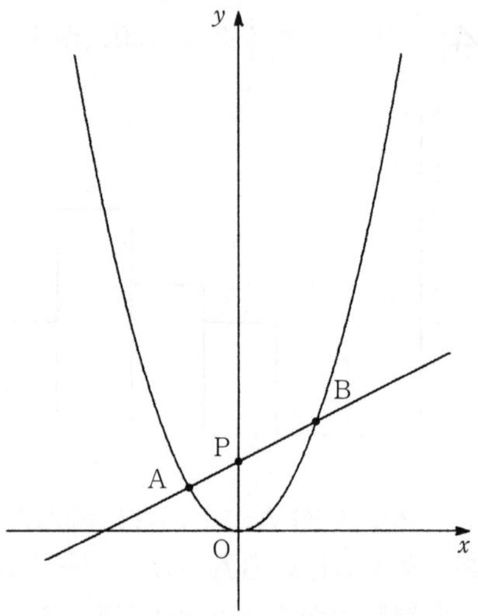

【社　会】（国語と合わせて60分）

1　以下の各問に答えなさい。

問１　次の文章中の私が滞在している都市を，地図中Ａ～Ｆの中から一つ選び，記号で答えなさい。また，その都市がある国名を答えなさい。（２点）(1)

「私は大阪にいる友人と，現地時間10月１日午前８時，日本時間10月１日午後３時にインターネット通話をする約束をした。」

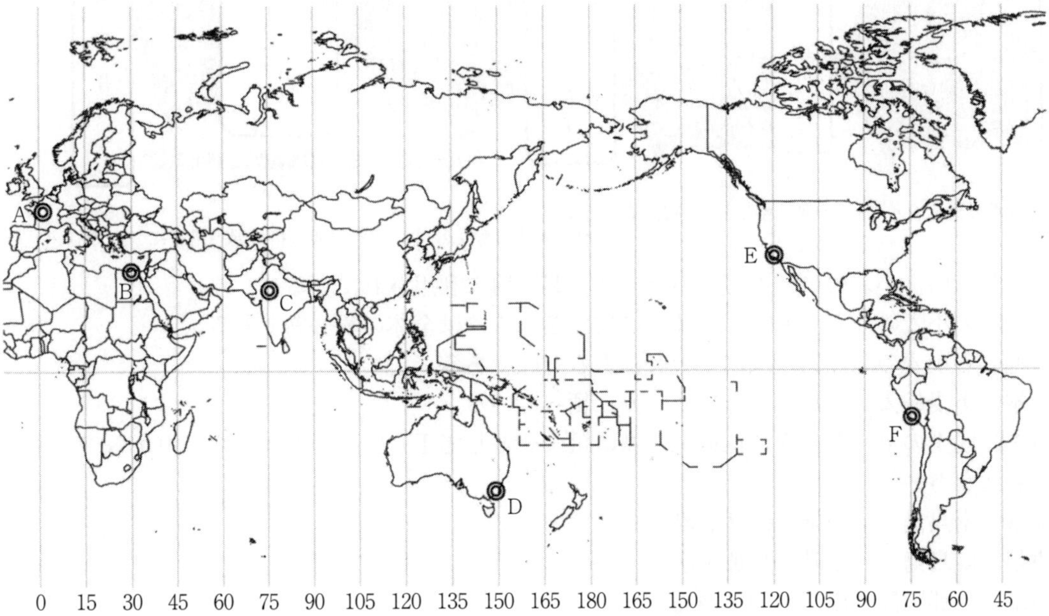

問２　次の表は各国の小麦に関するものである。これに関する文章として**誤っているもの**をア～エの中から一つ選び，記号で答えなさい。(2)

小麦の生産量・輸出量

	年	2017		2018		2019	
国名	費目	生産量	輸出量	生産量	輸出量	生産量	輸出量
インド		9851	51	9887	49	10359	59
ロシア		8600	4145	7213	3586	7445	3449
アメリカ		4738	2323	5130	2620	5258	2639
カナダ		3037	2202	3235	2445	3267	2348
アルゼンチン		1839	1400	1851	1268	1946	1361
オーストラリア		3181	1551	2094	984	1759	1012
ブラジル		434	24	546	59	559	40

単位：万トン　（FAOSTAT，USDA より）

ア．小麦の生産量が増え続けている国として，インド，アメリカ，アルゼンチン，ブラジルが挙げられる。

イ．2019年のデータのうち，生産量の60％以上を輸出している国はアルゼンチンとカナダの２か国である。

ウ．インドとブラジルの２か国は，各年の生産量の80％以上を国内消費にあてている。

エ．表中の小麦生産国のうち，国土の半分以上が南半球に位置する国は３か国である。

問３　次の図：小麦の流通の現状（食糧用）に関する文章ア～エの中から**誤っているもの**を一つ選び，

記号で答えなさい。 (3)

図：小麦の流通の現状(食糧用)

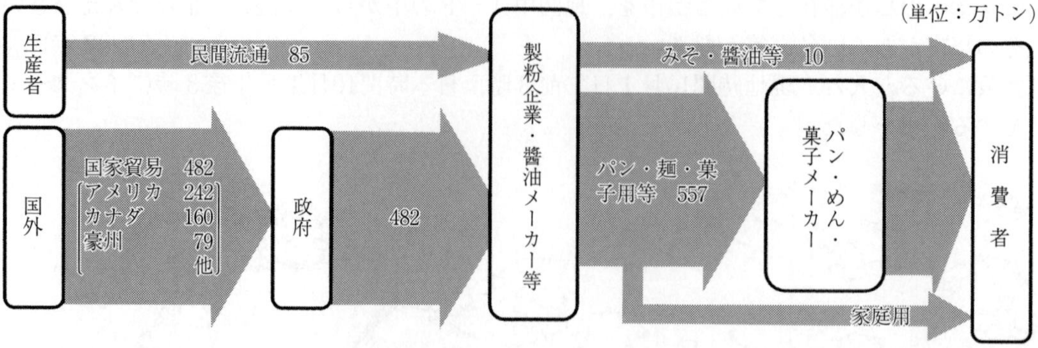

注：流通量は過去５年(H29～Ｒ３年度)の平均数量である。

(農林水産省「輸入小麦の政府売渡価格の緊急措置について」)

ア．流通している小麦のほとんどはパン・麺・菓子用に利用されている。

イ．食糧用の小麦のうち，みそ・醤油等に加工されるのは全体の約２％である。

ウ．流通する小麦の約25％は国内生産者によるものである。

エ．日本の小麦輸入は，約50％をアメリカに頼っている。

問４　日本の国土の東端と南端に位置する島の組合せとして正しいものをア～オの中から一つ選び，記号で答えなさい。 (4)

ア．東端：南鳥島　　南端：沖ノ鳥島

イ．東端：南鳥島　　南端：与那国島

ウ．東端：与那国島　南端：沖ノ鳥島

エ．東端：沖ノ鳥島　南端：南鳥島

オ．東端：沖ノ鳥島　南端：与那国島

問５　次の図を参考に，以下の文の空欄に入る語句の組合せとして正しいものをア～エの中から一つ選び，記号で答えなさい。 (5)

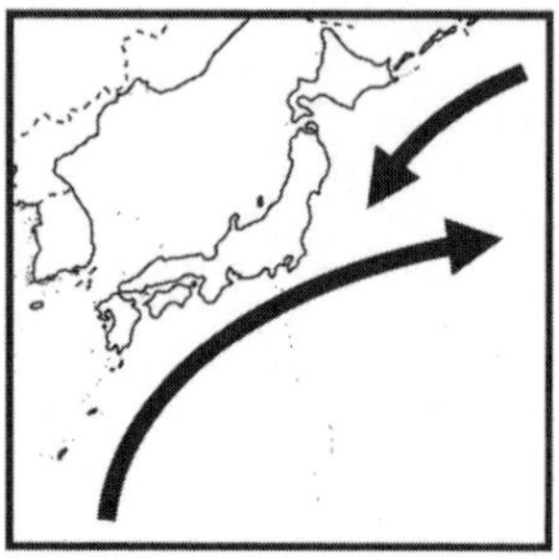

日本の東には，太平洋が広がる。図中北東から南西に向かう海流を(　1　)，南西から北東に向かう海流を(　2　)という。この２つの海流が交わる海域は世界有数の漁場となっている。また，２つの海流のうち，前者は(　3　)である。

ア．(1)　親潮　(2)　黒潮　(3)　暖流

イ．(1)　黒潮　(2)　親潮　(3)　寒流

ウ．(1)　親潮　(2)　黒潮　(3)　寒流

エ．(1)　黒潮　(2)　親潮　(3)　暖流

問６　太平洋ベルトに含まれない工業地帯をア～オの中から一つ選び，記号で答えなさい。 (6)

ア．中京工業地帯　　イ．北陸工業地帯　　ウ．京浜工業地帯
エ．北九州工業地帯　　オ．瀬戸内工業地帯

問7　右の地図中の線に囲まれたXに関する問題A・Bに答えなさい。 (7)

問題A　Xの名称を答えなさい。

問題B　Xに関する以下の説明文ア～エの中から**誤っているもの**を一つ選び，記号で答えなさい。

ア．Xでは，沿岸国がその範囲内での天然資源の探査・開発などを含めた経済的活動が認められている。

イ．Xは海岸線から200海里を越えない範囲内で設定することができる。

ウ．Xでは，船や航空機の通行，海底ケーブルやパイプラインの敷設がどの国にも認められている。

エ．Xの面積は，日本の領土面積の6倍とほぼ同じ広さである。

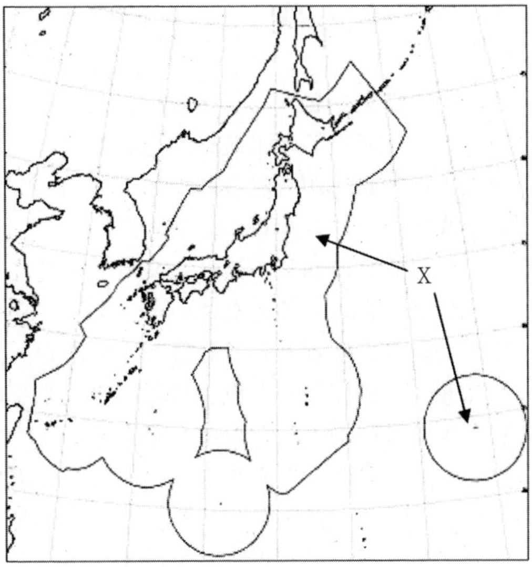

2　次の年表に関する以下の各問に答えなさい。

年・西暦	日本・世界の出来事
710年	平城京に遷都
	A
1192年	①源頼朝が征夷大将軍に就任
	B
1338年	足利尊氏が征夷大将軍に就任
	C
1603年	②徳川家康が征夷大将軍に就任
	D
1904年	③日露戦争が始まる
	E
2023年	④国際首脳会議が広島で開催予定

問1　A の期間に起きた出来事の説明として**誤っているもの**をア～エの中から一つ選び，記号で答えなさい。 (8)

ア．菅原道真が遣唐使派遣中止の意見を出した。

イ．平将門が東国で挙兵し，新皇と称した。

ウ．大友皇子と大海人皇子が皇位継承をめぐり戦った。

エ．白河上皇が院庁で政務をとりはじめた。

問2　下線部①に関して，この人物に関連した文章として**誤っているもの**をア～エの中から一つ選び，記号で答えなさい。 (9)

ア．頼朝の死後，御家人の中で政治の主導権争いが起き，北条氏が掌握した。

イ．頼朝の息子である実朝が亡くなった後，承久の乱が起こった。

ウ．平家を壇の浦の戦いで滅ぼした後，頼朝は西国にも支配権を伸ばした。

エ．頼朝は御家人に所領を保障し，それを御家人は「奉公」として頼朝に忠誠を誓った。

問3　C の期間に起きた出来事として正しいものをア～エの中から一つ選び，記号で答えなさい。 (10)

ア．応仁の乱が起き，京が荒廃した。

イ．ポルトガル船の来航を禁止した。

ウ．奥州藤原氏が滅ぼされた。

エ．博多にモンゴル軍が来襲した。

問4　下線部②に関して述べた文章X・Yについて正誤の組合せとして正しいものをア～エの中から一つ選び，記号で答えなさい。 (11)

X．全国の支配者として君臨していたが，豊臣秀頼が大坂城にいる限り，徳川の地位が脅かされると考え，1615年の大坂夏の陣で豊臣家を滅ぼした。

Y．豊臣秀吉が天下を取った後もその下で力を蓄え，秀吉死後に対立が表面化した石田三成を関ヶ原の戦いで破り，直後に征夷大将軍に就任した。

ア．X－正　Y－正　　イ．X－正　Y－誤

ウ．X－誤　Y－正　　エ．X－誤　Y－誤

問5　下線部③に関して，日露戦争を調べていた生徒と先生との会話文を読んで，空欄 X に入る文をア～エの中から一つ選び，記号で答えなさい。 (12)

健太：日本とロシアは，陸軍でも海軍でも朝鮮半島付近で戦っていますね。

美里：これは，朝鮮半島が日本とロシアどちらにも重要であったということですね。

先生：そうだね。当時は帝国主義といって力のある国は，その力で支配地域を拡大していたんだ。強国ロシアから考えてみよう。ロシアは，三国干渉で清国に返還させた遼東半島の旅順・大連を租借したよね。そして，さらに中国の東北部に進出してきた。そうなると日本はどうなるだろう。

美里：日本が持っていた朝鮮半島の権益が危うくなります。

健太：うん。ここでロシアの動きを止めておかないと，朝鮮半島の権益だけではなくて日本そのものも危うくなります。

先生：そうなると日本が求めることは…。

美里：そうか。だから参考書で調べていても，ポーツマス条約において真っ先に登場する項目が　X　ということになるんですね。

先生：いいところに気がついたね。講和条約の項目の順番にも意味があるし，そこを考えることは，その戦争の本質がどこにあるかを理解することにつながるんだよ。

健太：なるほど，少し歴史の勉強方法がわかった気がします。

美里：私もそうした視点からもう一度日露戦争を調べ直してみます。

ア．沿海州とカムチャツカの漁業権を認めること

イ．韓国に対する日本の指導・監督権を認めること

ウ．旅順・大連の租借権を譲渡すること

エ．北緯50度以南のサハリンを日本に譲渡すること

問6　年表中A～Dの期間にあてはまるものをア～エの中から一つずつ選び，記号で答えなさい。

（完答２点） (13)

ア．日光東照宮陽明門が完成する。

イ．金閣が京都の北山に建てられる。

ウ．東大寺南大門金剛力士像が完成する。

エ．平等院鳳凰堂が宇治に建てられる。

問7　Eの時期に起きた出来事a～dを古いものから順に正しく並べているものをア～シの中から一つ選び，記号で答えなさい。　⒁

a．ヒトラー内閣が成立する。　　b．ベルリンの壁が崩壊する。

c．第一次世界大戦が始まる。　　d．日中共同声明が出される。

ア．a－b－c－d　　イ．a－c－d－b　　ウ．a－d－b－c

エ．b－a－c－d　　オ．b－c－d－a　　カ．b－d－a－c

キ．c－a－d－b　　ク．c－b－a－d　　ケ．c－d－b－a

コ．d－a－b－c　　サ．d－b－a－c　　シ．d－c－b－a

問8　下線部④に関して，以下の説明文中の空欄［Y］に適する語句として正しいものをア～エの中から一つ選び，記号で答えなさい。また［Y］に参加する国々を示した地図として正しいものをオ～クの中から一つ選び，記号で答えなさい。なお，いずれの地図もすべての参加・加盟国を示しているとは限らない。　（完答2点）⒂

説明文

首脳会議に参加する国々の総称である［Y］は，1986年に初会合が開かれたといわれている。現在ではEUも加えた会議が開催され，世界経済の持続的な成長や為替相場の安定などを達成するために政策協調を行うべく，国際金融や通貨の問題が話し合われている。2022年にはこれらの問題に加えて国際紛争に対する共同声明を積極的に採択している。

ア．G5　　イ．G7　　ウ．G8　　エ．G20

オ．

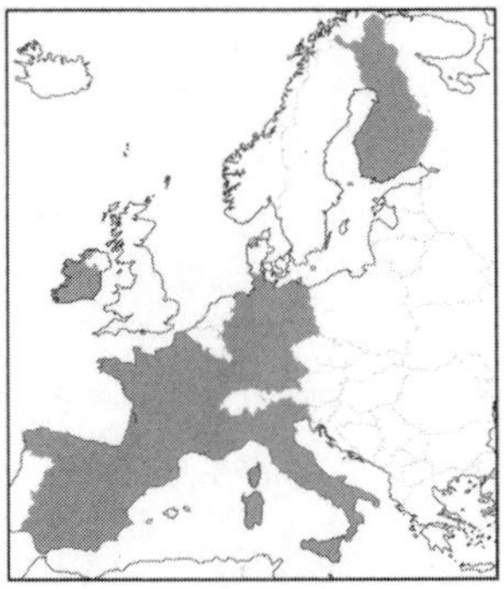

カ．

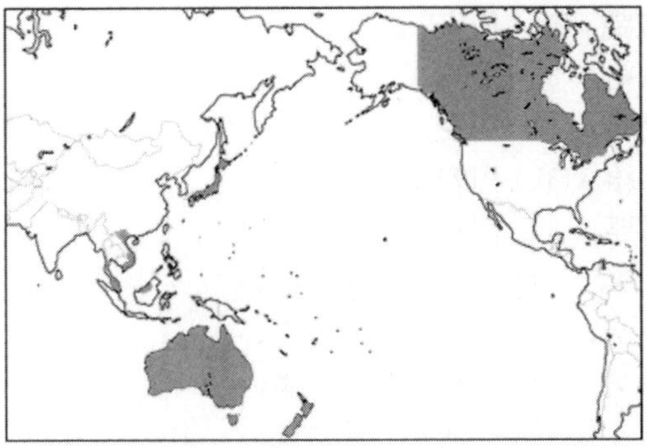

キ．

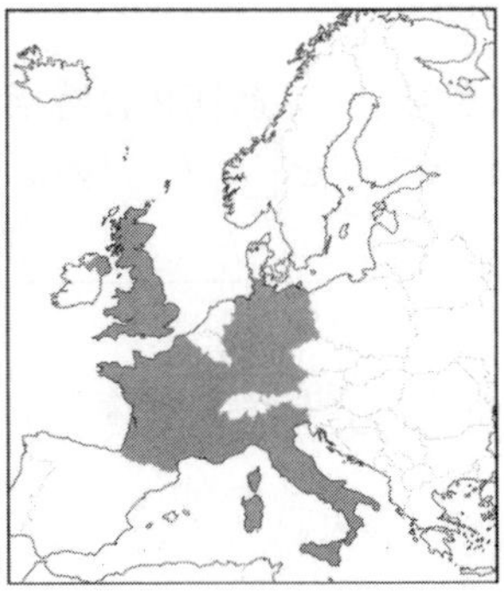

ク．

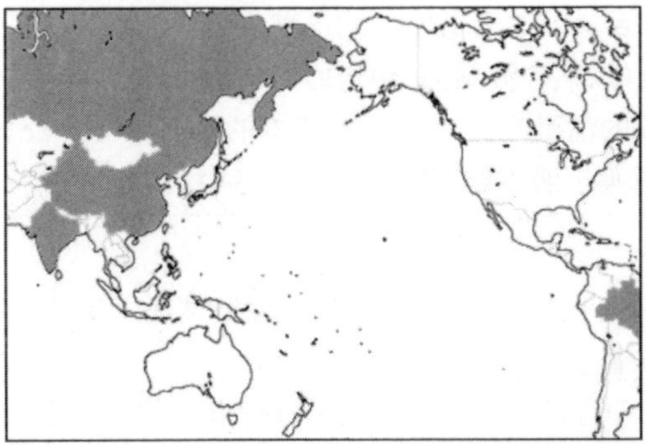

3　次の各問に答えなさい。

問1　成年年齢を18歳に引き下げることは若者の積極的な社会参加を促すことになると考えられる。現代の日本社会について述べた文章として正しいものをア～オの中から**二つ選び**，記号で答えなさい。　（完答2点）⒃

ア．衆議院議員選挙の小選挙区制における被選挙権は18歳に引き下げられた。

イ．女性が結婚できる最低年齢は18歳に引き下げられた。

ウ．競馬などの公営競技の年齢制限は18歳に引き下げられた。

エ．最高裁判所裁判官国民審査権は18歳に引き下げられた。

オ．憲法改正のための国民投票権年齢は18歳に引き下げられた。

問2　以下の文章は昨年の日本の経済状況を説明したものである。文章中の空欄に適する語句の組合せとして正しいものをア～カの中から一つ，キ～シの中から一つ選び，記号で答えなさい。　⒄

> 昨年5月，日本の消費者物価指数(生鮮食品を除く)は前年同月比で2.1%上昇した。特に生活必需品の上昇幅が大きく，そのような物価高の直接的な原因として，2月に始まった欧州の国際情勢の変化が指摘されている。また，コロナ禍で止まっていた経済活動の再開で(　①　)が増えたが，(　②　)が追いつかず物価を押し上げるという状況も見られた。こうした事情は世界共通だ。さらに日本では急速な(　③　)の進行で，輸入品が値上がりした。
>
> 背景には，日米の金融政策の違いがある。米国は激しい(　④　)を抑えようと，何度も利上げを行い，景気対策を重視する日本は金利を(　⑤　)維持している。為替は金利が(　⑥　)通貨が買われる傾向があり，対ドルの円相場は昨年3月以降，大きく変動した。

ア．①　需要　②　需要　③　円高

イ．①　供給　②　需要　③　円安

ウ．①　需要　②　供給　③　円高

エ．①　供給　②　供給　③　円安

オ．①　需要　②　供給　③　円安

カ．①　供給　②　需要　③　円高

キ．④　デフレーション　⑤　高く　⑥　低い

ク．④　インフレーション　⑤　高く　⑥　高い

ケ．④　デフレーション　⑤　高く　⑥　高い

コ．④　インフレーション　⑤　低く　⑥　低い

サ．④　デフレーション　⑤　低く　⑥　低い

シ．④　インフレーション　⑤　低く　⑥　高い

問3　日本国憲法第20条(以下の波線部)が定めているように，憲法は国家が特定の宗教団体に特権を与えたり，国家が宗教的活動を行うことを基本的に認めていない。この決まりを［　X　］の原則という。［X］に入る言葉を**漢字四文字**で答えなさい。　⒅

> 日本国憲法　第20条
>
> 1　信教の自由は，何人に対してもこれを保障する。いかなる宗教団体も，国から特権を受け，又は政治上の権力を行使してはならない。
>
> 2　何人も，宗教上の行為，祝典，儀式又は行事に参加することを強制されない。
>
> 3　国及びその機関は，宗教教育その他いかなる宗教的活動もしてはならない。

問4　［　Y　］は，1949年に発足した組織である。この組織は，加盟国の集団安全保障を主な任務

とするものである。発足当初は12か国が加盟していたが，2022年は30か国が加盟している。以下の三つの地図は，ヨーロッパにおける加盟国の変遷を表したものである。地図中のA国の国内では Y への加盟を求める声が上がっている。しかし，一部の国がA国の加盟に強く反対しており，加盟には至っていない。 Y の説明として正しいものをア～オの中から**二つ選び**，記号で答えなさい。 (19)

原加盟国

2000年時点での加盟国

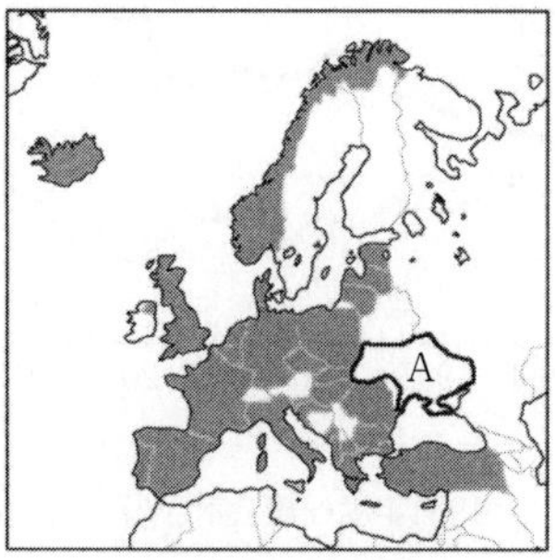

2022年時点での加盟国

ア．A国が Y に加盟することに強く反対しているのはアメリカ合衆国である。
イ． Y は，冷戦時代にソ連の脅威に対抗するためにつくられた。
ウ． Y に入る言葉は「WTO(ワルシャワ条約機構)」である。
エ．バルト三国の国が Y に加盟していたことは一度もない。
オ．三つの地図を比較すると，加盟国がヨーロッパの東へ拡大しているのが見て取れる。

問5　日本の衆議院議員選挙は現在，小選挙区比例代表並立制であり，一人しか当選できない小選挙区と，比例代表の両方に立候補すること(重複立候補)が認められている。次のような，ある地区の選挙について，後の問に答えなさい。

小選挙区a～cでは，A・B・C各党より3名，あ～け の9名が立候補し，すべての立候補者が小選挙区と比例代表に重複立候補している。比例代表選挙は，a～cの3選挙区で一つの比例代表ブロックとして構成され，定数は3名，ドント式で当選が決定する。

選挙区選挙

	a選挙区	b選挙区	c選挙区
得票数1位	あ (10,000票/C党)	い (8,000票/B党)	う (6,000票/C党)
得票数2位	え (9,700票/A党)	お (7,700票/A党)	か (5,500票/A党)
得票数3位	き (6,500票/B党)	く (2,000票/C党)	け (2,500票/B党)

比例代表選挙

政党	A 党	B 党	C 党
得票数	28,000票	18,000票	12,000票
名簿1位	お	い	う
名簿2位	え	き	く
名簿3位	か	け	あ

問　この選挙結果についての記述として，**適当でないもの**をア～エの中から一つ選び，記号で答えなさい。 (2点) (20)

ア．選挙区選挙の結果，A党の候補者は当選できなかった。
イ．比例代表選挙の結果，A党の獲得議席数は2議席であった。
ウ．比例代表選挙の結果，候補者名簿に記載された各党の第2位までの候補者が当選した。
エ．この選挙の結果，この地区のA党，B党，C党の当選者は同数の2名ずつであった。

問6　次の資料(一般会計歳出・税収の推移グラフ，1984年度・2020年度一般会計予算のグラフ)から読み取れる日本の財政に関する記述として，**適当でないもの**をア～エの中から一つ選び，記号で答えなさい。 (21)

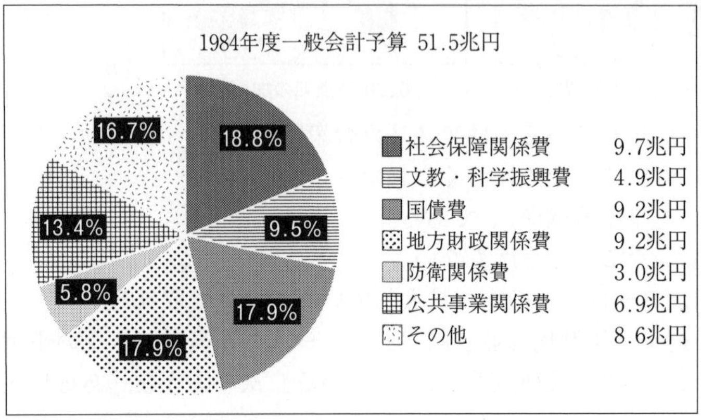

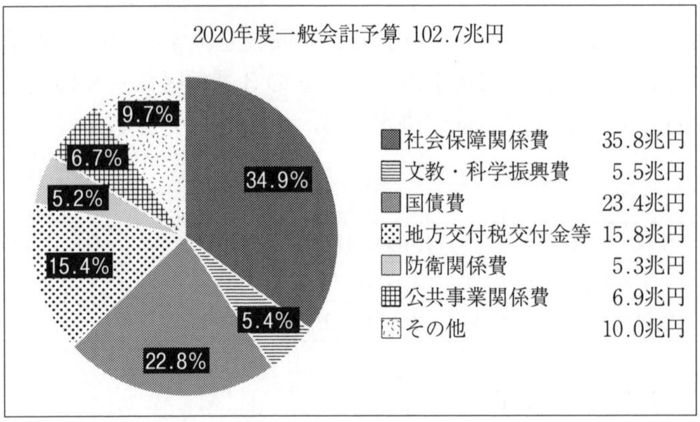

＊グラフの構成比は小数点以下第2位を四捨五入しているため，合計しても必ずしも100とはならない。

ア．36年の間に，国家予算は2倍近くに増大したが，文教・科学振興費や公共事業費の割合は減少している。

イ．バブル経済崩壊後，歳出増に比べて税収は伸びず，赤字国債が増発され，国債費増が他の費目を圧迫している。

ウ．超高齢社会に突入した後のリーマンショックによる世界同時不況は，歳出と税収の格差を広げ国債依存度を高めることとなった。

エ．社会保障関係費の増大は，東日本大震災・福島第一原発事故による貿易収支の赤字を増大させ，経済の低迷を招いた。

4　次の文章を読んで以下の問に答えなさい。

SNS(Social Networking Service)，日本語でいえば「社会的な交流機会のサービス」は，友達をはじめとしたさまざまな人との連絡をとりあう手段として私たちの生活になくてはならないものとなっている。しかし，そこには嘘の報道(フェイクニュース)や本当かどうか怪しい情報も飛び交っていて，多くの人たちがトラブルに巻きこまれていることも事実である。

私たちは，SNS上のニセ情報に惑わされないことも必要である一方，自分の発信する情報にも十分気をつける必要がある。身近な例でいうと，高校入学時点からスムーズな学校生活を送ろうとして「＃４月から中大高生」として投稿し，友達を作ろうとすることがあげられる。

問　以下の投稿文を読み，あなたが考える問題点を二つあげ，なぜそれが問題であるのかそれぞれ理由を述べなさい。

（６点） 22

※解答欄に収まるよう過不足なく記述すること。

＃４月から中大高生 この４月から中大高校に通うことになった東西中の小石川かすがです。20日の登校日に会えませんか。

【理　科】（数学と合わせて60分）

問１　図のような装置を用いて，電磁誘導を調べるための操作①～④を行った。電流の変化を表すグラフとして正しいものを，ア～エの中から１つ選び，記号で答えなさい。

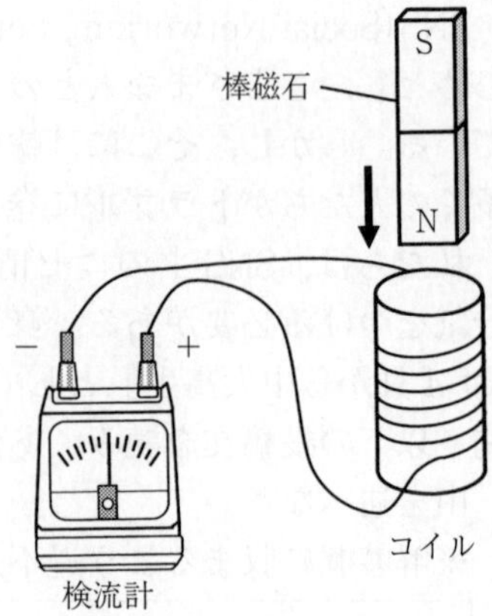

操作

①　棒磁石をコイルに入れた。

②　コイルに棒磁石を入れたまま止めた。

③　棒磁石をコイルから引き出した。

④　棒磁石を引き出したまま止めた。

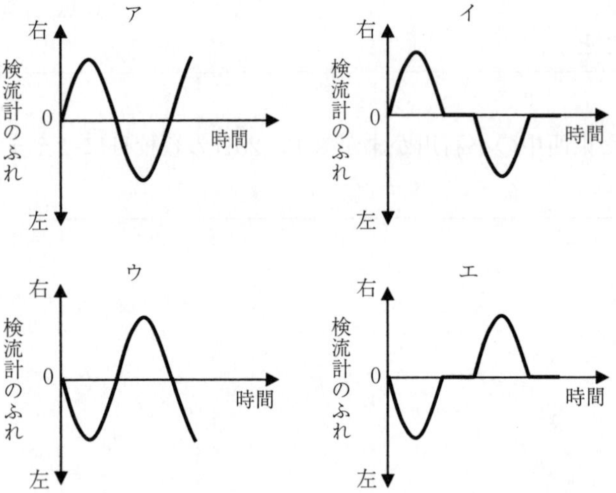

問２　R_1[Ω]，R_2[Ω]の抵抗器を用いて，図１，図２の回路を作った。回路１，２に同じ値の電圧をかけたときａ点を流れる電流の大きさはｂ点を流れる電流の大きさの0.2倍だった。R_1[Ω]の値はR_2[Ω]の値の何倍か。

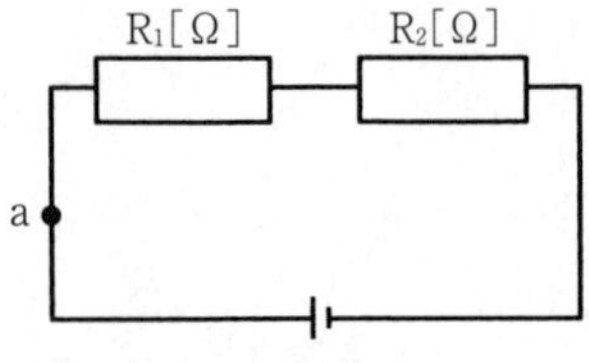

図１

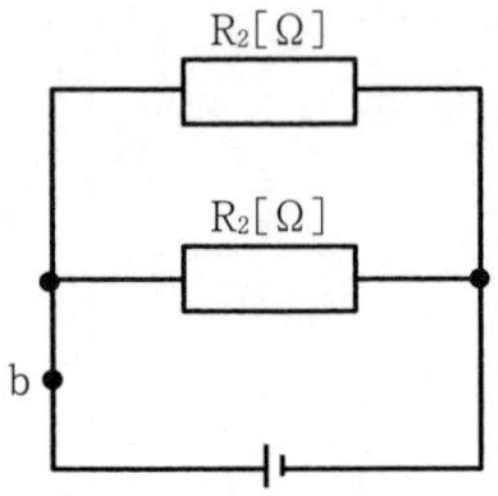

図２

問３　中大太郎さんが，ビルの屋上で打ち上げられた花火を見ていると，花火は1700ｍ水平に離れた方向で開き，その花火が開き始めてから，５秒後に花火の開く音が聞こえた。なお，打ち上げられた花火が開いた瞬間，その花火から光と音が同時に発生した。以下の問いに答えなさい。

(1)　１時間に花火の音が進む距離は何 km になるか。

(2)　花火の光が見えてから音が聞こえるまでに，少し時間がかかっている理由を説明しなさい。

問４　摩擦のある床の上に，重さ３Ｎの物体Ａと重さ５Ｎの物体Ｂが図１のように重なっている。物体ＡとＢの間にも摩擦がある。以下の問いに答えなさい。

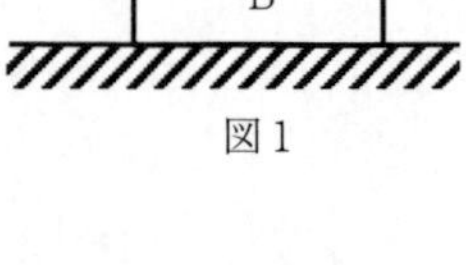

図１

(1) 物体Bが床から受ける垂直抗力の大きさを答えなさい。

(2) 物体Bに糸をとりつけ，図2のように左向きに引くと，物体Aと物体Bは一体となって動きはじめた。このとき，物体Aにはたらいている力をア～カの中からすべて選び，記号で答えなさい。

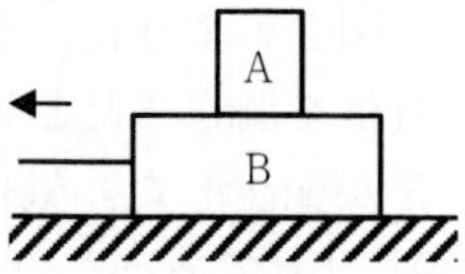

図2

ア　物体Aの重力

イ　物体Bの重力

ウ　物体Aが物体Bを下に押す力

エ　物体Bが物体Aを上に押す力

オ　左向きの摩擦力

カ　右向きの摩擦力

問5　右図のように，質量500gの物体に糸をとりつけ，糸のもう一方の端を手で持って，矢印の方向に一定の速さで糸を引き，物体を引き上げた。以下の問いに答えなさい。ただし，100gの物体にはたらく重力の大きさを1Nとする。また，糸の重さ，滑車と糸の摩擦は考えないものとする。

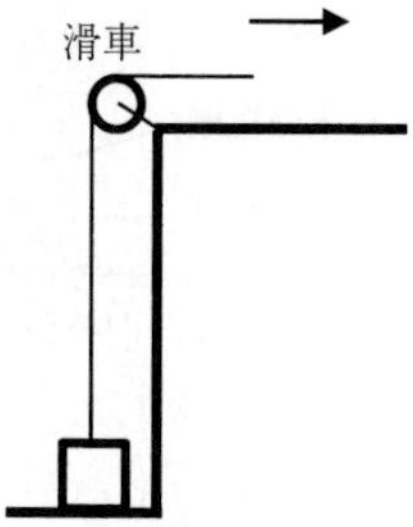

(1) 糸を引き上げる人の仕事率が0.5Wのとき，物体の速さは何m/sか。

(2) 糸を引き上げる人の仕事率が0.1Wのときと0.5Wのときでは，物体を0.5m引き上げるのにかかる時間の差は何秒か。

問6　40℃の硝酸カリウムの飽和水溶液をつくるために，水の温度を40℃に保ちながら硝酸カリウムを溶かした。できた40℃の硝酸カリウムの飽和水溶液の質量をはかると246gであった。この飽和水溶液に含まれる水の質量を求めなさい。ただし，40℃の水100gに溶けることができる硝酸カリウムの質量は64gとする。

問7　以下の空欄(　)にあてはまる語を記しなさい。

同じ元素であっても，原子によっては(　　)の数が異なることがある。このような原子どうしを同位体という

問8　塩化銅の電離のようすを化学式を使って表しなさい。

問9　試験管A～Eに濃度の同じ水酸化ナトリウム水溶液を6 cm^3 ずつ入れ，BTB溶液をそれぞれ2～3滴加えた。その後，下表に示す体積だけ，試験管A～Eに塩酸をそれぞれ加えてよくかき混ぜたところ，試験管Dの水溶液は緑色になった。以下の問いに答えなさい。ただし，試験管A～Eに加えた塩酸はすべて同じ濃度とする。

試験管 / 溶液	A	B	C	D	E
水酸化ナトリウム水溶液	6 cm^3	6 cm^3	6 cm^3	6 cm^3	6 cm^3
塩酸	2 cm^3	4 cm^3	6 cm^3	8 cm^3	10 cm^3

(1) 試験管Cの中で最も多く含まれるイオンを，ア～エの中から1つ選び，記号で答えなさい。

ア　水素イオン

イ　水酸化物イオン

ウ　ナトリウムイオン

エ　塩化物イオン

(2) 試験管Eの水溶液の色を緑色にするには，この実験で用いたものと同じ濃度の水酸化ナトリウム水溶液を**さらに**何 cm^3 加えればよいか。

問10　次の文を読み，以下の問いに答えなさい。

図1のように，石灰石にうすい塩酸を加えると，気体Xが発生した。気体Xを試験管に捕集し，

石灰水を加えると白濁した。

図2のように，うすい塩酸30.0cm^{3}を入れたビーカーを電子てんびんにのせ，ビーカー全体の質量を測定したところ，94.00gであった。このビーカーに石灰石1.00gを加えたところ，(a)気体Xが発生した。気体Xの発生が終わってから反応後のビーカー全体の質量を測定したところ，94.56gであった。このビーカーにさらに，石灰石1.00gを加え，反応が終わったこと，または，反応がないことを確認してから，ビーカー全体の質量を測定する操作を行った。この操作を，加えた石灰石の質量の合計が4.00gになるまで繰り返し，この結果を下表に示した。

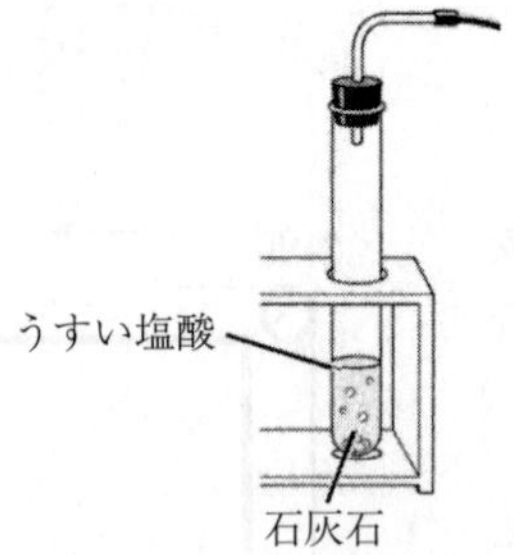

図1

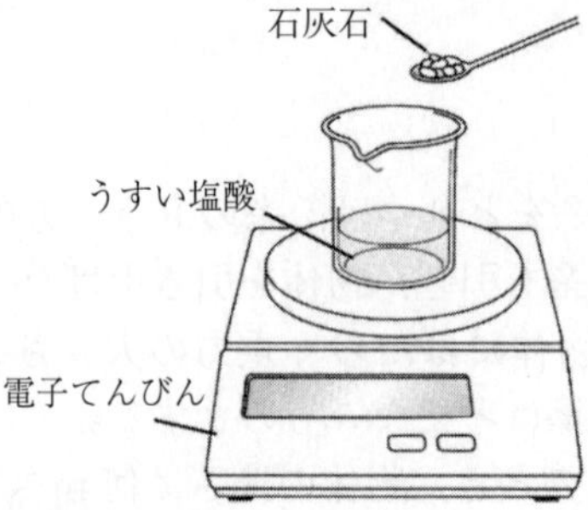

図2

表

加えた石灰石の質量の合計	1.00g	2.00g	3.00g	4.00g
反応後のビーカー全体の質量	94.56g	95.12g	95.68g	96.68g

(1) 気体Xを化学式で答えなさい。

(2) 気体Xの捕集方法についての説明として，正しいものをア～オの中から1つ選び，記号で答えなさい。

ア　気体Xは水に溶けやすいので水上置換法が適している。

イ　気体Xは空気より軽いので上方置換法が適している。

ウ　気体Xは空気より軽いので水上置換法が適している。

エ　気体Xは空気より重いので上方置換法が適している。

オ　気体Xは空気より重いので下方置換法が適している。

(3) 下線部(a)について，発生した気体Xの質量を求めなさい。

(4) 加えた石灰石の質量の合計と発生した気体Xの質量の関係を表すグラフとして，正しいものをア～カの中から1つ選び，記号で答えなさい。

ア

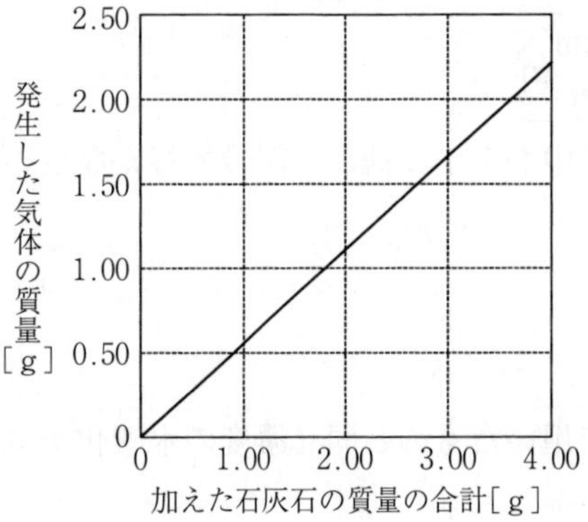

イ

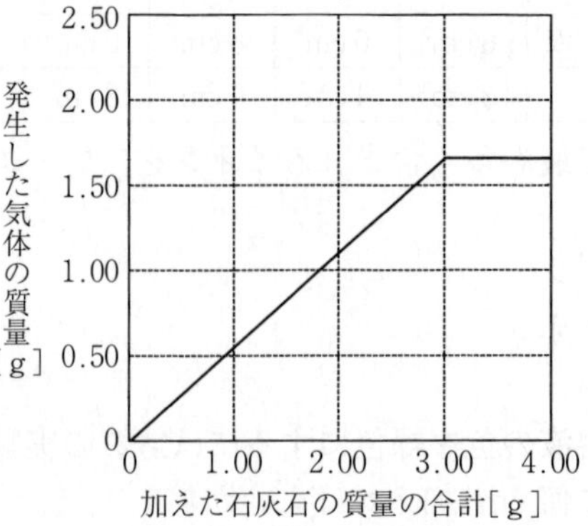

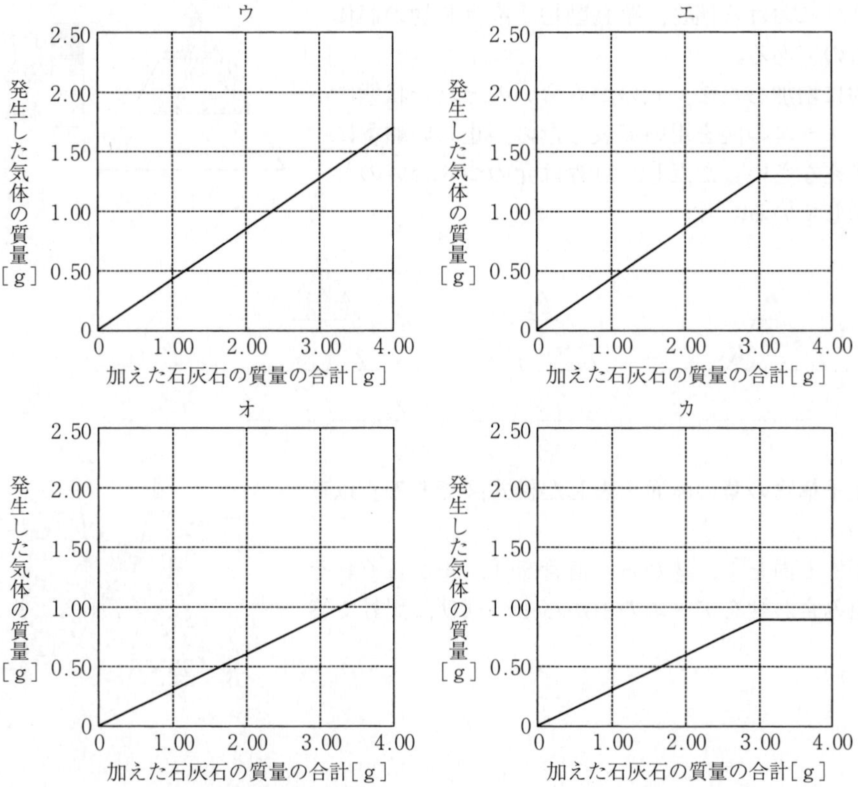

問11　成人の全身の細胞数は37兆個とされている。成人では体重の $\frac{1}{13}$ を血液が占め，血液 1 cm^3 あたり45億個の赤血球が含まれている。赤血球に含まれるヘモグロビンは，肺胞で酸素と結合し，組織へ運んでいる。

全身の細胞数に占める赤血球数の割合として，最も近い値を，ア～カの中から1つ選び，記号で答えなさい。ただし，成人の体重は65kg，血液の密度は 1 g/cm^3 とする。

ア　0.2%　　イ　0.6%　　ウ　2%

エ　6%　　オ　20%　　カ　60%

問12　ある被子植物の種皮の色には緑色と黄色の2つの形質があり，いずれかが顕性形質，もう一方が潜性形質であることが知られている。これらの形質を決める遺伝子のうち，顕性形質の遺伝子をA，潜性形質の遺伝子をaとする。下の表に示す3通りの交配を行った。それぞれの交配に用いた黄色の親個体①，②の遺伝子の組み合わせをA，aを用いて表しなさい。

親の組み合わせ	子の形質	
	緑色	黄色
①黄色×②黄色	0個	403個
緑色×　黄色	0個	407個
緑色×②黄色	199個	205個

問13　生物は最初に水中で誕生し，のちに陸上へ進出することで多様化したと考えられている。陸上の環境でも生活できるようになるため，生物には変化が必要であった。陸上のどのような環境に対する変化か。1語で答えなさい。

問14　右図は，ある地域における植物，草食動物，肉食動物の個体数の関係を表したものである。

肉食動物が一時的に増加した後，元のつり合いのとれた状態に戻るまでの変化を，ア～エの図を用いて表したい。正しい順番に並べかえ，記号で答えなさい。ただし，点線は元のつり合いのとれた状態(右図)を示している。

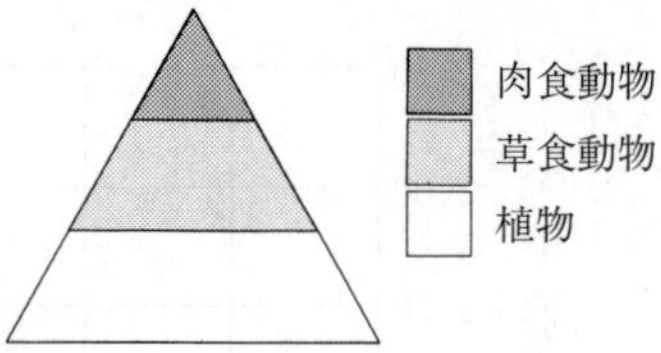

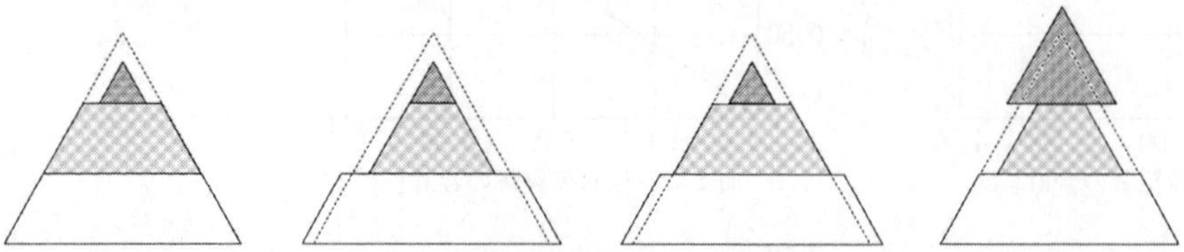

ア　　イ　　ウ　　エ

問15　右図は，ある被子植物の葉の断面を表した模式図である。以下の問いに答えなさい。

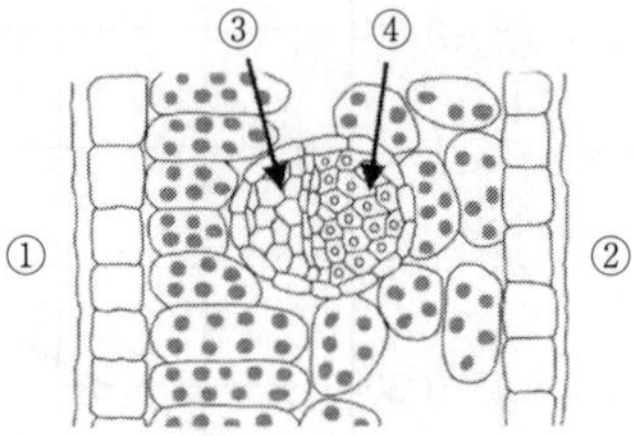

(1)　気孔が多く存在する面を①，②から，道管を③，④からそれぞれ選び，正しい組み合わせをア～エの中から１つ選び，記号で答えなさい。

	気孔	道管
ア	①	③
イ	②	③
ウ	①	④
エ	②	④

(2)　図③，④の部分をあわせて何というか。

問16　下図はある地点Ａの地震計の記録である。

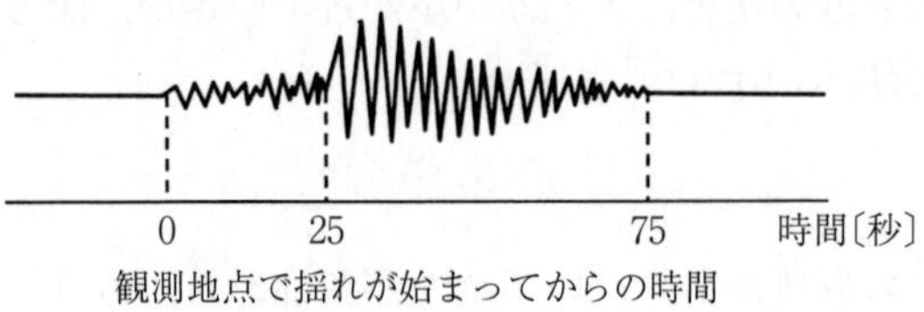

(1)　図の25秒以降の揺れを何というか。

(2)　Ｐ波の速度を6 km/s，Ｓ波の速度を3 km/sとすると，地点Ａは震源から何 km 離れているか。

問17　堆積岩に関する記述として，**誤っているもの**をア～オの中から１つ選び，記号で答えなさい。

ア　れき岩と砂岩をルーペを用いて粒の大きさを観察すると，れき岩の方が粒の大きさが大きい。

イ　れき岩，砂岩，泥岩は岩石などの粒からなる。

ウ　石灰岩はれきや砂，泥などの粒をほとんど含まない。

エ　チャートにうすい塩酸をかけると気体が発生する。

オ　凝灰岩はマグマや火山灰が固まった岩石である。

問18　気温30℃における飽和水蒸気量を30 g/m^{3}とする。また，気温30℃における暑さ指数(WBGT 単位[℃])を下表に示す。暑さ指数が28℃以上のときは激しい運動を行うと危険である。

湿度[%]	40	45	50	55	60	65	70	75
WBGT[℃]	24	25	26	27	27	28	29	29

面積 100m², 高さ 4 m の室内の温度が30℃のとき，室内の水蒸気が何 g 以上あると，WBGT の値が28℃以上になるか。表の値を用いて求めなさい。

問19　雲量が1のときの天気記号をア～オの中から1つ選び，記号で答えなさい。

ア 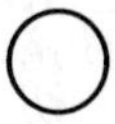　イ 　ウ 　エ 　オ 

問20　次の文章の空欄にあてはまる語句の組み合わせとして，正しいものをア～クの中から1つ選び，記号で答えなさい。

日射が強い夏は，陸上(大陸)の気温が海上よりも大きく上昇する。そのため(1)が生じて，気圧が(2)ので，海から，陸に向かって風が吹く。このため，日本列島に吹く季節風は夏は主に(3)の風となる。

	(1)	(2)	(3)
ア	上昇気流	上がる	南東
イ	上昇気流	上がる	北西
ウ	上昇気流	下がる	南東
エ	上昇気流	下がる	北西
オ	下降気流	上がる	南東
カ	下降気流	上がる	北西
キ	下降気流	下がる	南東
ク	下降気流	下がる	北西

問21　次の記述のうち，**誤っているもの**をア～エの中から1つ選び，記号で答えなさい。

ア　地球から見た太陽は，星座の間を動いていき，天球上を1年で1周する。このような天球上の太陽の通り道を黄道という。

イ　地軸の延長線上には北極星が見える。

ウ　地軸は公転面に対して垂直ではないため，季節によって南中高度が変化する。

エ　地球の公転面と赤道は一致している。

問22　日本のある地点で1月10日の午前0時にオリオン座を観測したところ，Bの位置に見えた。これに関する記述として，正しいものをア～キの中から2つ選び，記号で答えなさい。

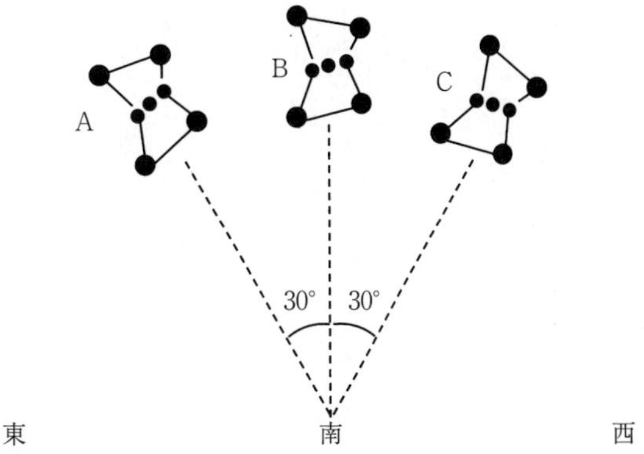

ア　Aの位置にオリオン座が観測されるのは12月9日の午後10時である。

イ　Aの位置にオリオン座が観測されるのは12月10日の午前0時である。

ウ　Aの位置にオリオン座が観測されるのは12月10日の午前2時である。

エ　Cの位置にオリオン座が観測されるのは1月9日の午後10時である。

オ　Cの位置にオリオン座が観測されるのは1月9日の午後11時である。

カ　Cの位置にオリオン座が観測されるのは1月10日の午前1時である。

キ　Cの位置にオリオン座が観測されるのは1月10日の午前2時である。

問二　――線部1「やう」を現代仮名遣いに改めなさい。

問三　――線部2「さいわいさいわい」とあるが、なぜそう思ったか、最も適切なものを次から選び、記号で答えなさい。

ア　家にはもう何もないから。

イ　盗人は大勢いるから。

ウ　亭主一人しか家にいないから。

エ　大釜が家にあったから。

問四　――線部3「家までとられた」とあるが、なぜそう思ったのか簡潔に説明しなさい。

三　次のⅠ・Ⅱの漢文を読んで、それぞれ後の設問に答えなさい。

Ⅰ　石上ニ不ずレ生ゼ二＊五穀ヲ一。

（『淮南子』）

＊五穀…穀物のこと。

問一　右の漢文の――線部を書き下し文（漢字・仮名交じり文）に改めなさい。

問二　右の漢文の内容に最も近いものを次から選び、記号で答えなさい。

ア　五穀豊穣《ごこくほうじょう》　イ　雨だれ石を穿《うが》つ

ウ　石の上にも三年　エ　木に縁《よ》りて魚を求む

Ⅱ　興スハ二一利ヲ一、不若除一害。

（『十八史略』）

【書き下し文】一利を興《おこ》すは、一害を除くに若《し》かず。

問一　右の漢文の――線部に書き下し文を参考にして返り点を付けなさい。（読み仮名・送り仮名は不要）

四　次の各設問に答えなさい。

問一　歌集「みだれ髪」の作者を次から選び、記号で答えなさい。

ア　石川啄木《いしかわたくぼく》　イ　斎藤茂吉《さいとうもきち》　ウ　俵万智《たわらまち》

エ　与謝野晶子《よさのあきこ》　オ　松尾芭蕉《まつおばしょう》

問二　次の慣用句が「いつわり隠していたことが表に出る」という意味になるように、（　）にあてはまる動物を漢字一字で答えなさい。

（　）脚をあらわす

問三　「日没」と同じ構造の熟語を次から一つ選び、記号で答えなさい。

ア　不快　イ　上下　ウ　永久

エ　涼風　オ　地震　カ　着席

イ　実効性のある知識習得のために、断片的に取り入れた知識を整理するところまでを目標にすることが望まれる。

ウ　知識を最初から統合していくという無理なことをするのではなく、細かく分けて身につけさせるように提示すべきである。

エ　覚えるべき知識の提示には、学習者のレベルにふさわしいやり方があるのに、従来はそのやり方に無頓着であった。

オ　丸暗記させる学習方法では、どうしても自然に多くのことを忘れてしまうため、結局は非効率であることが明らかになった。

問八　――線部5「現代のマスコミなども、この幼児期のモデルのおかげで生きていることになる。」とはどういうことか、六十字以内(句読点を含む)で説明しなさい。

問九　[Ⅰ]～[Ⅳ]にあてはまる語として最も適切なものをそれぞれ次から選び、記号で答えなさい。(同じ記号は一度しか使えない)

ア　なぜなら　　イ　したがって　　ウ　ところが

エ　たとえば　　オ　もちろん

問十　――線部6「そこ」の内容にあたる語句を、「～こと。」に続く形で本文中から十五字以内(句読点を含む)で抜き出し、始めの五字を答えなさい。

問十一　本文の内容と合致するものを次から一つ選び、記号で答えなさい。

ア　幼い子供の頃の記憶がいい加減なのは、当時の知識の統合にあたる〝雑誌〟が、〝編集〟を放棄した丸暗記に基づく未熟なものだからである。

イ　学校は理解力の優れた子供を育てるために、たくさんのモデルを子供達の頭に置こうとしているが、そのおかげで知識偏重に陥っている。

ウ　同じように教育を受けたとしても理解の過程で定着する知識には大きな差が生じてしまうので、それを避けるために一定のモデルが必要となる。

エ　教科学習というのは知識を増やすだけではなく、オトギバナシのような有力なモデルを子供達に身につけさせて理解力を高めるために行うべきだ。

オ　学習とは分析的に行うものだが、新しい知識を既知のものと関連付けるためには幅広い理解の母型を身につけるように教育課程を問い直す必要がある。

二

次の古文を読んで、後の設問に答えなさい。(本文の表記を一部改めた)

田舎のひとり者の所[A]、盗人[B]はいって、大方《おほかた》持ってゆく。亭主つくづく思ふ1やう、「盗人は大勢、おれは一人。所詮*かなふまじ。もはや道具も*みなになりたれば、おれ[C]しばって、『金をだせだせ』と、大方せめるだろう。むむ、2さいわいさいわい、あの大釜は、*よも心がつくまい」と、大釜の中へはいって、蓋をして、中に寝入ってゐる。かくとは知らず、どろぼう二人、*さしになひに大釜をかつぎ出し、さっさと行きけるが、中では背をこごめて居たせいやら、寝入ってゐて、ぐっと伸びをする。「これはかなわぬ」と、盗人あとも見ず、逃げ行く。やがて釜のうちで目をさまして、そっと蓋を開けて見れば、星だらけ。「*南無三宝、3家までとられた」。

(『花笑顔』)

*かなふまじ…かなわないだろう。
*みなになりたれば…全部なくなったので。
*よも心がつくまい…まさか気づかないだろう。
*さしになひ…前後二人で荷物などを担ぐこと。
*南無三宝…驚いたときに発する言葉。

問一　[A]～[C]にあてはまる語として最も適切なものをそれぞれ次から選び、記号で答えなさい。(同じ記号は一度しか使えない)

ア「が」　　イ「を」　　ウ「へ」　　エ「と」

ことで、オトギバナシをくりかえしくりかえし聞いている子供は、知らず知らずのうちに、物語性のモデルをいくつか仕込むことになる。

ほかのことはさっぱりわからないが、ゴシップや通俗小説ならおもしろく読むという大人が世の中に多いのは、ごく小さいときに、オトギバナシでストーリーのモデルだけはしっかり身につけたおかげである。5現代のマスコミなども、この幼児期のモデルのおかげで生きていることになる。

Ⅰ、人間の知的活動には、物語のモデルだけでは充分ではない。Ⅱ、オトギバナシ程度にていねいに教えられる原型がほかになく、あまり有効にはたらくモデルがすくない。Ⅲ、算数、数学は、論理とか合理のモデルを提供してくれる重要な学科であるが、学科が知識化、技能化していて、モデル作成ということはあまり考えない。Ⅳ、人間関係のストーリーには興味を示すのに、事象の関係を考える抽象はおもしろくない、難しいものときめてしまうことが多い。

各教科は、知識を教えると同時に、その教科でなくては与えることのできないモデルを子供の心に植えつけるのだ、ということをしっかり考えるべきであろう。それらのモデルは、当該学科の知識整理にとって、きわめて重要であるばかりでなく、一般的な理解作用の母型ともなるもので、教育の究極の目標も6そこにあるとしてよいだろう。

モデルがあるからといって、それですぐ知識の統合ができるわけでもない。モデルに合わせて、新入の知識は適当に取捨選択、変形、加工などを受ける。つまり、モデルによる編集がなされる。したがって、同じことを学習しても、モデルが違えば、理解もかならず違ってくるし、さらに、編集は当然、めいめいで違うから、その結果はさらに大きな異同を見せるだろう。理解はきわめて個性的になる。

(外山滋比古『大人の思想』)

問一 〰〰線部①〜③の漢字は平仮名に、カタカナは漢字に改めなさい。

問二 ――線部1「子供にとって、遊ぶのに劣らず、こわすことが大きな意義をもっている。」とあるが、その理由を三十字以内(句読点を含む)で答えなさい。

問三 a・b にあてはまる語として最も適切なものをそれぞれ次から選び、記号で答えなさい。(同じ記号は一度しか使えない)

ア 受動　イ 能動　ウ 本能　エ 理性　オ 要求

問四 ――線部2「目白押しに」の意味として最も適切なものを次から選び、記号で答えなさい。

ア 無理矢理に　イ 隙間なく　ウ 無関係に　エ 力づくで　オ 整然と

問五 □ にあてはまる語句として最も適切なものを次から選び、記号で答えなさい。

ア 知識をバラバラに分解して教え込んでいく
イ はじめて習うことと後から習うことの区別をする
ウ 体系立った知識をそっくりそのまま教授する
エ 内容を精選した上で教えることを限定してしまう
オ 簡単な事だけを繰り返すことで定着させる

問六 ――線部3「この二つの立場を調和させるにはどうしたらよいのか。」とあるが、「二つの立場」とはどのような立場か、説明に当たる語句を「〜という立場。」に続く形で本文中から二十一字以上二十五字以内(句読点を含む)と三十五字以上四十字以内(句読点を含む)で抜き出し、それぞれ始めの三字を答えなさい。なお、解答の順番は問わない。

問七 ――線部4「これからの知識論は当然ここに着眼しなくてはならない。」の説明として最も適切なものを次から選び、記号で答えなさい。

ア マジカルナンバーなどに惑わされることなく、知識を体系的に分けて必要な学習事項を精査していくべきである。

しかし、いったん習得した知識はバラバラなものではなくて、まとまりのあるものにしたい。3この二つの立場を調和させるにはどうしたらよいのか。それに成功したとき、「知識は力なり」（ベーコン）ということのできる知識になる。いまの学校教育は残念ながらそうはなっていないで、切れ切れの知識をいたずらに集積している〝もの知り〟でしかない人間を育てることが多い。

バラバラになって頭へ入ってくる知識を、まとまりのあるより大きなものに統合するにはどうしたらよいか。こういうまとめを重ねて行って、ついには体系にまとめ上げるには、どういう方法をとったらよいのか。

理屈はともかく、子供は、ある程度、無自覚に部分の統合ということを行っている。Aのことを思い出すと自然にBをも思い出すというような連想の法則によるものもある。あるいはAがA′、A″、A‴など同類のものとひとまとめになって記憶されていることもある。

これらのまとめは個人の偶然によることが多いから、人によってかなり違った統合をしている。ここで、学習における〝編集〟理論の可能性が登場する。学習する知識のひとつひとつが〝編集〟を受けるべき素材である。言いかえると、雑誌の原稿に相当する。

雑誌の編集と違うのは、雑誌なら必要なだけの原稿を注文して書いてもらうのだから、たいていの場合、集まった原稿は全部使う。ところが、学習における〝編集〟は学習者の[b]にもとづいて提供された素材、知識だけが教授されるのではない。むしろ、欲していない原稿がどんどん集まってきて、混乱している編集部のようなのが子供の頭の中である。ひとつひとつの知識相互の関係などもはっきりしていない。要約や整理をするにも、何を基準にしたらよいのかわからない。

そこで、丸暗記が行われる。へたに精択、整理をしようものなら、大事なことを捨ててしまうおそれがある。わけはわからなくても、とにかく全部覚えておけば安全だという考えである。これがいちばん手がかからなくて簡単だということもある。

しかし、おもしろいことに、全部丸暗記したつもりでいても、しばらくすると、自然に、多くのことを忘れて行く。覚えているのはほんの一部でしかない。残っているのが、無意識の編集によって選ばれた部分で、それがその子供のつくった知的〝雑誌〟である。

知識は編集（エディターシップ）によってのみ、われわれの頭に定着するらしい。たとえ編集を放棄した丸暗記の学習においても、なお、自然のうちに、知らず知らずの編集が加わっているのである。

そういう偶然、自然の編集に③委ねておかないで、はっきりした統合を考えたらどうなるか。4これからの知識論は当然ここに着眼しなくてはならない。まとまりをつくるのには、母型がなくては不都合である。その母体になるのが理解のモデルである。

モデルとは、たとえて言えば、洋装店に立っているマネキン人形のようなもの。それにあれこれ衣裳を着せる。服があっても着せるマネキンがなければ、洋服らしく見えない。人間の頭に入っているモデルは、マネキンのようにきまり切った型をしているのではない。理解力のすぐれた子供は、モデルがたくさん用意された頭をもっていることになる。モデルがいくつも出来ていると、新しく入ってきた知識は、適当にどれかのモデルを選んで、それに合わせて、これまでの既知の知識と関係づけられて理解される。モデルがないと、空中分解して消えてしまう。

幼い子供でも、かならず何がしかのモデルに相当するものはできているはずである。モデルがなければ、ものはわからない。記憶していられないからである。だれでも三歳くらいまでの記憶がまったく欠けているのは、その年齢まではモデルができていないから、ザルに水を注ぐようなもので、頭に残らないのである。モデルができるにつれて、経験したことが記憶されるようになる。過去のことを記憶しているというのは、モデルが存在する証拠だ。

このモデルはどうして身につけるのか。学校は断片的知識の供給に忙しくて、モデルづくりにまではなかなか手がまわらない。おもしろいのはオトギバナシは有力なモデル形成の役割を果たしている

二〇二三年度　中央大学高等学校（推薦）

【国　語】（社会と合わせて六〇分）

一　次の文章を読んで、後の設問に答えなさい。

子供にオモチャを与えると、しばらく、それで遊んでいるが、やがて、こわし始める。大人は、せっかくのオモチャをこわしてもったいないと言うが、1子供にとって、遊ぶのに劣らず、こわすことが大きな意義をもっている。もっとも、子供はその意義を自覚してオモチャをこわしているのではない。ただ［　a　］的にこわさずにはいられないだけだ。

こわせば、バラバラの部分になってしまう。その分解のプロセスが子供にとって、きわめて鋭い喜びを与えるのであろう。オモチャをこわすおもしろさの味をしめた子供は、つぎつぎにこわす。

それが無自覚ながらオモチャを理解しようという気持ちに結びついていることがすくなくない。「わかる」は「わける」「わかつ」ことによって、複雑な全体をときほぐして理解することをことばの上でもあらわしている。大きな単位では、情報が多すぎて、混乱する。わかりにくい。小さな部分に分解すると、わかりやすくなる。ものごとの理解に分析という方法が欠かせないわけである。

人間はあまり多くのことを一時に理解することができない。十九世紀のスコットランドの哲学者にウイリアム・ハミルトン卿《きょう》という人がいた。この人が、オハジキを床の上にばらまいて、あまりたくさんでは同時に見ることはできない、わかるのはせいぜい七つまでであるということをのべた。

ハミルトンが果たして、これを裏付けるような実験的研究をしたかどうか、いまでは疑わしいとされているが、それを真に受けた人間の中に、やはり十九世紀末のイギリス人、ウイリアム・スタンレー・ジェーボンズという学者がいて、この人は、実験でハミルトン説をたしかめ、その正当性を明らかにした。その結果、人間の同時認識の限界は七つまで、個人差を上下二とすれば、七プラスマイナス二であるという説を出し、この七のことをマジカル・ナンバーと呼んだ。

まとまったものは、もちろん、七以上の情報を①ナイゾウしているが、それを一度でわかることは難しい。だから、これを分析、分解して、マジカル・ナンバー以内の情報に小分けにしてわかろうとする。これが学習である。学習が、部分的、断片的な知識を主とすることはやむを得ないことである。小学校や中学校の生徒児童では、七のマジカル・ナンバーだって怪しい。三か五くらいのことしかわからないかもしれない。すこしずつ、すこしずつでないと理解できない。

学校教育では、一時に与える新しい知識の量が果たして適当かどうかについて、これまであまり関心が示されなかったのではあるまいか。英語の教科書などでも、新しい単語が一行の中にいくつも2目白押しに出てくるような教材が②ノっている。大人の教師には平気でも、はじめて英語を習う生徒には、それを見ると混乱して、学習の意欲を失ってしまうであろう。

近頃、ようやく、内容の精選ということが問題になり出したのは、おそまきながら結構なことである。しかし、その提示の仕方が当を得ないと、あまり効果があがらない。すこしずつに分けて、着実に新しいことを覚えさせて行く。こういう知識はバラバラになって学習させることは前述した通りである。それしか方法がない。［　　　］などということは、学習の段階ではできるものではない。

小出しに与えられた断片的知識を、小刻みに習得する。学習の方法はどうしても分析的にならざるを得ない。問題は、学習者の頭の中でいつまでもそのままにバラバラな知識としてとどまりがちなことであろう。理解するには分析して小さくし、すこしずつ新しいものを与えるほかはない。

2023年度／中央大学高等学校（推薦）

英語解答

1 1　ア　2　ウ

2 1　second　2　around

3 1　shorter〔smaller〕　2　made
3　bought　4　whose　5　to

4 1　A…イ　B…カ
2　C…キ　D…エ

5 1　ア　2　エ　3　エ　4　ウ

6 (例) I agree that high school students should wear uniforms because they don't have to worry about what to wear to school every day. (23語)

7 問1　イ
問2　(例)夫が仕事を探さず，毎日のように土を金に変えようとしかしないこと。(32字)
問3　(例)秘密は，あなたはバナナの葉の裏にできる銀色の粉が必要だということだ。
問4　エ　問5　A…イ　B…ウ
問6　ア　問7　ウ

8 1　A　2　D　3　B　4　C
5　A

9 1　B　2　C

10 1　dollar　2　sauce

1〔単語のアクセント〕

1．mu-sí-cian　ア．an-óth-er　イ．sev-en-téen　ウ．dán-ger-ous　エ．béau-ti-ful
2．mis-táke　ア．éve-ning　イ．már-ket　ウ．ex-cíte　エ．ány-thing

2〔適語補充—共通語〕

1．上：「２番目に」の意味の副詞。'the＋序数＋最上級＋名詞'で「〜番目に…な—」の意味。「函館は北海道で２番目に大きな都市だ」　下：「秒」の意味の名詞。Wait a second. で「ちょっと待って」という意味。　「ちょっと待って。夕食のために上着を着がえるから」

2．上：all around the world で「世界中で〔の〕」。　「その俳優はとても有名だ。世界中の人々が彼の名前を知っている」　下：この around は「約〜，およそ〜」の意味。around midnight で「真夜中頃」となる。　「私は昨夜，真夜中頃に寝た」

3〔書き換え—適語補充〕

1．上は，'not as 〜 as …'「…ほど〜ない」の形を用いた「彼の父親は彼のおじほど背が高くない」という文。これを「彼の父親は彼のおじより背が低い〔小さい〕」という文に書き換える。His father is shorter〔smaller〕 than his uncle.

2．「彼は本当にピカソの絵画が大好きなのでスペインを何度も訪れた」という文を「彼のピカソの絵画への愛が彼に何度もスペインを訪れさせた」という文に書き換える。「〜に…させる」は'make＋目的語＋動詞の原形'で表せる。　His love for Picasso's paintings made him visit Spain many times.

3．上は「この町のどこであなたはクリスマスカードを買えますか」という文。この文で目的語の Christmas cards が，下の文では主語になっていることに注目し，「この町のどこでクリスマスカードは買われますか」という助動詞の受け身（'助動詞＋be＋過去分詞'）の文に書き換える。buy の過去分詞は bought。　buy－bought－bought　Where can Christmas cards be bought in this town ?

4.「その物語はハンニバルという名前の強いヒーローについてのものだ」　上の文の by the name of 〜 は「〜という名前の」という意味。これを所有格の関係代名詞 whose を使って書き換える。The story is about a strong hero whose name is Hannibal.

5．上は「放課後にスポーツをすることは生徒たちの間であまり人気がない」という文。これを「生徒たちは放課後にスポーツをすることがあまり好きではない」という文にする。「〜するのが好きだ」は ‘like to＋動詞の原形’ または ‘like＋〜ing’ で表すことができるが，ここでは前者。Students don’t like to play sports very much after school.

4〔整序結合〕

1．主語の「壁のはり紙」は the poster on the wall。「〜と書いてある」は say (that) 〜 で表せる(ここでは接続詞の that は省略されている)。say は本や掲示物などが主語の場合，「書いてある」の意味になる。「〜してはいけない」は ‘must not＋動詞の原形’ で表す。 The poster on the wall says you must not talk in this room.

2．「動物園にやってきた」は came to the zoo。「〜を見ようと」は「〜を見るために」と考え，‘目的’ を表す to不定詞の副詞的用法を使い，to see 〜 と表す。「パンダがどんなしぐさをするのか」＝「パンダが何をするのか」は間接疑問なので ‘疑問詞＋主語＋(助)動詞...’ の語順となることに注意する。 A lot of people came to the zoo to see what the pandas would do.

5〔適語(句)選択〕

1．‘形容詞〔副詞〕＋enough to 〜’ で「〜するのに十分…」という意味。by 〜self は「自分で，一人で」。 「高校生は自分で勉強のスケジュールを計画できるのに十分な年齢だ」

2．Bが「約8キロメートル」と答えていることからAは ‘距離’ を尋ねたとわかる。‘How far is it from 〜 to …?’ で「〜から…までどれくらいの距離ですか」という意味。 A：東京タワーから東京スカイツリーまでどれくらいの距離ですか？／B：約8キロメートルです。

3．Let’s 〜. の文の付加疑問文は，Let’s 〜, shall we ? となる。 「宿題が終わったらバスケットボールをしませんか」

4．‘時間＋have/has passed since 〜’ で「〜してから〈時間〉たつ」という意味。ここでは主語の Two years が複数なので have を使う。なお，この形は ‘It is〔has been〕＋時間＋since 〜’ の形で It is〔has been〕two years since her father went to Australia for business. とも表せる。 「彼女の父親が仕事でオーストラリアに行ってから2年たつ」

6〔テーマ作文〕

課題は「あなたは高校生が制服を着るべきだということに賛成ですか。あなたの意見を書き，理由を1つ述べなさい」という意味。まず，問題文に答える形で，I agree/don’t agree that 〜「私は〜ということに賛成／反対だ」などと意見を述べ，その後に理由を続けるとよい。理由を述べる際，英語では前後の文脈に誤りがなければ，特に because などの接続詞は使わなくてもよいが，because を使う場合，‘Because＋文’ だけにしないことに注意。I agree/don’t agree that 〜 because …. のように意見を表す文に続けて1文にするか，意見を表す文の後に This is because 〜.「これは〜だからだ」などの文を置く。解答例は「私は毎日学校に何を着ていくか悩む必要がないので高校生が制服を着るべきだということに賛成だ」という意味。

7 〔長文読解総合―物語〕

≪全訳≫❶昔々，娘が若い男と結婚した老人がいた。若い夫婦は幸せだったが，問題が１つあった。それは，夫が全ての時間を使って土を金に変えようとしていたことだ。その当時，これをする人々は「錬金術師」として知られていた。❷彼は彼らのお金全てを使ってこれをしようとしたので，若い夫婦はとても貧しくなり，食べ物を毎日買うことができなかった。彼女は何度も何度も夫に仕事を探すように頼んだ。「でももう少しで答えが見つかるんだ！」と彼は言った。「土を金に変えることに成功したら，僕らは大金持ちになるんだ！」❸ついに，妻はこの問題のことで父親の所に行った。彼は義理の息子が錬金術師であると知って驚いたが，娘を助けると約束し，翌日彼に会わせてほしいと頼んだ。若い男は老人が怒ると思ったので心配していた。しかし，彼の義理の父親は「若い頃，私も錬金術師だったんだ！」と言った。若い男は驚いた。❹義理の父親は若い男の仕事にとても興味を持っていて，彼らは午後の間ずっと話した。最後に老人は「おお，君はもう成功しそうだ！　実は最近，私は土を金に変える方法を学んだんだが，私は年を取りすぎているし，それはあまりにも手間がかかるんだ。でも，君にそのやり方の秘密を教えてもいいかもな」と大声で言った。❺「はい，できますよ，お父さん！」と若い男は大声で答えた。❻それで老人は彼に言った。「その秘密は，バナナの葉の裏にできる銀色の粉が必要だということだよ。種をまくときは魔法の言葉を言う必要があるから，１人でバナナの木を植えなければならないんだ。それで，それらが成長すると，葉の粉が魔法の力を持つんだ」❼「粉はどのくらい必要なんですか？」と若い男は尋ねた。❽「１キログラムだよ」と老人は言った。❾「じゃあ，何百本ものバナナの木が必要だ！」と義理の息子は言った。❿「そうだ」と老人は言った。「だから私は自分でその仕事ができないんだ」⓫「心配しないでください！」と若い男は言った。「私がやります！」⓬そうして，老人は義理の息子に魔法の言葉を教え，彼にその計画を始めるのに十分なお金を与えた。⓭翌日，若い男は土地を買った。彼はバナナの種をまき，魔法の言葉を言った。⓮彼は毎日，苗木を見て，世話をした。バナナが成長し始めたとき，彼は葉から銀色の粉を取った。しかし，１本から取れる粉の量があまりにも少なかったため，若い男はさらに土地を買い，より多くのバナナを育てなければならなかった。⓯数年かかったものの，ようやく若い男は１キログラムの粉を集めた。彼は義理の父の家に走っていった。「魔法の銀色の粉があります！」と彼は叫んだ。⓰「すばらしい！」と老人は言った。「これで土を金に変える方法を教えられるよ！　でも，まずは君の妻をここに連れてこなければならないよ」⓱彼女が現れると，老人は娘に「お前の夫がバナナの粉を集めている間，お前はバナナをどうしたんだ？」と尋ねた。⓲「売りました」と娘は言った。⓳「お金はたまったかい？」と父は尋ねた。⓴「はい」と彼女は言った。㉑「見ていいかい？」と老人は尋ねた。それで娘は彼に金でいっぱいの袋を数袋渡した。彼は硬貨を床に落とした。それから，彼は土を持ってきて，金の隣に置いた。㉒「ほらね？」と彼は義理の息子に言った。「君が土を金に変えたんだよ！」

問１＜単語の意味＞be known as ～は「～として知られる」。よってalchemists＝people who did thisという関係になる。このthisが指すのは直前の文にあるto turn dirt into gold。この内容に合うのは，イ．「土を金に変えられる人」。　‘turn ～ into …’「～を…に変える」

問２＜指示語＞the problemとtheが使われていることから，前に述べられている「問題」を探す。第１段落後半から第２段落の内容をまとめる。

問３＜英文和訳＞動詞 is の後の that は「～ということ」という意味の接続詞。which は a silver powder を先行詞とする主格の関係代名詞。on the back of ～は「～の裏に」という意味。

問４＜指示語＞the project と the が使われていることから，「計画」は前に述べられていると考える。第６～11段落参照。義理の息子は，父親の説明に従い，バナナの木をたくさん植えて，バナナの葉の裏にできる銀色の粉を１キログラム集めることにした。この内容に合うのは，エ.「十分な銀色の粉を集めること」。

問５＜整序結合＞主語の「１本からとれる粉の量」は「それぞれの木にある粉の量」と読み換え，the amount of powder on each plant とし，その後に動詞 was を続ける。「あまりにも少なかったため…」は'so ～ that …'で表せる。that は接続詞で後ろには'主語＋動詞...'が続くので，the young man had to ～とする。 However, the amount of powder on each plant was so little that the young man had to buy more land and grow more bananas.

問６＜文脈把握＞老人が下線部の発言をしたときは，第２段落で述べられている，若い男が働かない，食べ物を買うお金がないといった問題は解決しているので，「不安」は当てはまらない。なお，発言は「一生懸命働けばお金を稼げる」ことを示唆するもので，錬金術でお金を得ようとしていた若い男に対する老人の「皮肉」ととらえることができる。また，バナナを売って得たお金は，本来の意図とは異なるものの若い男が数年間一生懸命働いた結果であり，それにより彼の夫婦の問題も解決しているので，老人は「称賛」や「満足」の気持ちもあったと判断できる。

問７＜内容真偽＞ア…×　第３段落第３文から，若い男は老人が怒るのではないかと思っていたことがわかるが，老人が実際に怒ったという記述はない。　イ…×　第４段落第１文参照。義理の父は若い男の仕事にとても興味を持った。　ウ…○　第17～22段落の内容に一致する。　エ…×　第６段落第２文，第15段落第１文などから，若い男が集めたのはバナナの葉の裏にできる銀色の粉だとわかる。また，お金は若い男の妻がバナナを売って得たもの。

8～10〔放送問題〕解説省略

数学解答

1 イ

2 ウ

3 エ

4 (1) 4.55 冊　(2) 2 冊，5 冊

5 (1) (例)$a^2+b^2=c^2$……①　$a^2+(b-R)^2=R^2$……②　①より，$a^2=c^2-b^2$　これを②に代入して，$c^2-b^2+(b-R)^2=R^2$，$c^2-b^2+b^2-2bR+R^2=R^2$，$2bR=c^2$　$\therefore R=\dfrac{c^2}{2b}$

(2) $\dfrac{9}{4}$

6 (1) $y=\dfrac{1}{2}x+\dfrac{9}{2}$　(2) $\left(\dfrac{9}{2},\ \dfrac{27}{4}\right)$

(3) $\left(\dfrac{3}{4},\ \dfrac{9}{8}\right)$

1〔数と式―数の計算〕

与式$=\dfrac{2}{49}-\left(\dfrac{35}{42}-\dfrac{32}{42}\right)^2=\dfrac{2}{49}-\left(\dfrac{3}{42}\right)^2=\dfrac{2}{49}-\left(\dfrac{1}{14}\right)^2=\dfrac{2}{49}-\dfrac{1}{196}=\dfrac{8}{196}-\dfrac{1}{196}=\dfrac{7}{196}=\dfrac{1}{28}$

2〔数と式―二次方程式〕

与式の左辺を因数分解して，$(x+3)(x-6)=0$ より，$x=-3,\ 6$ となる。

3〔データの活用―場合の数―サイコロ〕

サイコロ a の出た目を十の位，サイコロ b の出た目を一の位とする自然数 N が 3 の倍数になるのは，$a+b$ が 3 の倍数になる場合で，$a+b=3$ のとき，$(a,\ b)=(1,\ 2)$，$(2,\ 1)$ の 2 通り，$a+b=6$ のとき，$(a,\ b)=(1,\ 5)$，$(2,\ 4)$，$(3,\ 3)$，$(4,\ 2)$，$(5,\ 1)$ の 5 通り，$a+b=9$ のとき，$(a,\ b)=(3,\ 6)$，$(4,\ 5)$，$(5,\ 4)$，$(6,\ 3)$ の 4 通り，$a+b=12$ のとき，$(a,\ b)=(6,\ 6)$ の 1 通りより，$2+5+4+1=12$(通り)ある。

4〔データの活用―ヒストグラム〕

(1)＜平均値＞ヒストグラムより，クラス 20 人が 1 か月に読んだ本の合計冊数は，$2\times2+3\times3+4\times4+5\times6+6\times3+7\times2=4+9+16+30+18+14=91$(冊)である。よって，求める平均冊数は $91\div20=4.55$(冊)となる。

(2)＜本の冊数＞クラス 20 人の平均冊数がちょうど 0.1 冊小さくなったことから，正しい A さんのデータは，間違っていたデータより $0.1\times20=2$(冊)少なかったことがわかる。また，集計し直す前の中央値は，データを小さい方から並べたときの 10 番目の値と 11 番目の値の平均値で，ヒストグラムより，読んだ本が 4 冊以下の人数は $2+3+4=9$(人)，5 冊以下の人数は $9+6=15$(人)だから，10 番目も 11 番目も 5 冊で，中央値は 5 冊である。よって，集計し直した後も中央値が変化しないことから，読んだ本が 4 冊以下の人数は 9 人で変わらないので，直す前の A さんのデータが 5 冊の場合も 6 冊の場合も読んだ本が 4 冊以下の人数は 10 人になってしまい適さない。さらに，直した前後も範囲は 2 冊以上 7 冊以下で変わらないことから，直す前の A さんのデータは 4 冊以上となる。以上より，直す前の A さんのデータは 4 冊か 7 冊なので，訂正された本の冊数は 2 冊か 5 冊が考えられる。

5〔平面図形―三角形〕

(1)＜文字式の利用―説明＞次ページの図 1 で，△ABC に三平方の定理を用いると，$a^2+b^2=c^2$……①が成り立つ。また，△OBC に三平方の定理を用いると，OC＝AC－OA＝$b-R$ と表されるから，$a^2+(b-R)^2=R^2$……②が成り立つ。①より，$a^2=c^2-b^2$ として，これを②に代入して a を消去すると，

$(c^2-b^2)+(b-R)^2=R^2$，$c^2-b^2+b^2-2bR+R^2=R^2$，$2bR=c^2$ より，$R=\dfrac{c^2}{2b}$ となる。

図1

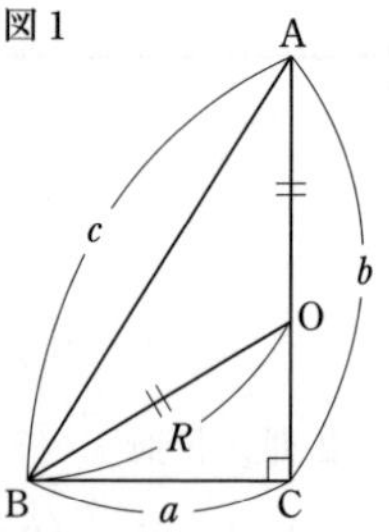

図2

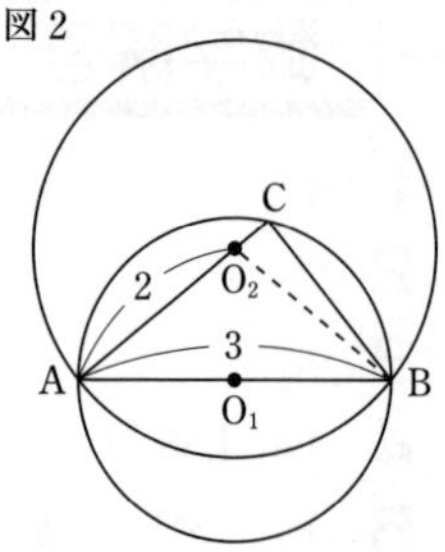

(2)＜長さ＞右図2で，線分ABは円 O_1 の直径だから，∠BCA＝90°である。よって，直角三角形ABCにおいて，(1)を利用すると，b＝AC，c＝AB＝3，$R=O_2A=2$ だから，$2=\dfrac{3^2}{2b}$ より，$2=\dfrac{9}{2b}$，$4b=9$，$b=\dfrac{9}{4}$ となる。よって，AC＝$\dfrac{9}{4}$ である。

6〔関数―関数 $y=ax^2$ と一次関数のグラフ〕

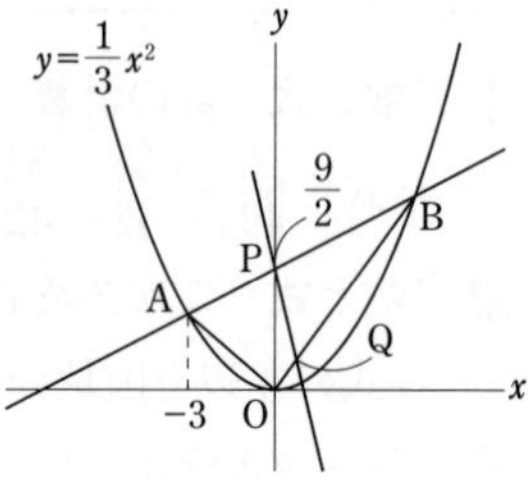

(1)＜直線の式＞右図で，点Aは放物線 $y=\dfrac{1}{3}x^2$ 上の点であり，x 座標は -3 だから，$y=\dfrac{1}{3}\times(-3)^2=3$ より，A$(-3,\ 3)$ となる。また，直線ABと y 軸の交点Pの y 座標が $\dfrac{9}{2}$ より，P$\left(0,\ \dfrac{9}{2}\right)$ である。よって，点A，Pの座標より，直線ABの傾きは $\left(\dfrac{9}{2}-3\right)\div\{0-(-3)\}=\dfrac{1}{2}$，切片は $\dfrac{9}{2}$ なので，その式は $y=\dfrac{1}{2}x+\dfrac{9}{2}$ となる。

(2)＜点の座標＞右上図で，点Bは放物線 $y=\dfrac{1}{3}x^2$ と直線 $y=\dfrac{1}{2}x+\dfrac{9}{2}$ の交点だから，2式から y を消去して，$\dfrac{1}{3}x^2=\dfrac{1}{2}x+\dfrac{9}{2}$，$2x^2-3x-27=0$，解の公式より，$x=\dfrac{-(-3)\pm\sqrt{(-3)^2-4\times2\times(-27)}}{2\times2}=\dfrac{3\pm\sqrt{225}}{4}=\dfrac{3\pm15}{4}$ となり，$x=\dfrac{3+15}{4}=\dfrac{9}{2}$，$x=\dfrac{3-15}{4}=-3$ である。よって，点Bの x 座標は $\dfrac{9}{2}$ なので，$y=\dfrac{1}{3}\times\left(\dfrac{9}{2}\right)^2=\dfrac{27}{4}$ より，B$\left(\dfrac{9}{2},\ \dfrac{27}{4}\right)$ である。

(3)＜点の座標＞右上図で，線分PQが△OABの面積を2等分するとき，$\dfrac{1}{2}$△OAB＝〔四角形OQPA〕＝△OAP＋△OQPとなる。△OAB＝△OAP＋△OBPとすると，△OAPと△OBPの底辺をOPと見たとき，点Pの y 座標よりOP＝$\dfrac{9}{2}$，点A，Bの x 座標より高さはそれぞれ3，$\dfrac{9}{2}$ だから，△OAB＝$\dfrac{1}{2}\times\dfrac{9}{2}\times3+\dfrac{1}{2}\times\dfrac{9}{2}\times\dfrac{9}{2}=\dfrac{27}{4}+\dfrac{81}{8}=\dfrac{135}{8}$ となる。点Qの x 座標を q とすると，△OQPの底辺をOP＝$\dfrac{9}{2}$ と見たときの高さは q と表されるから，〔四角形OQPA〕＝$\dfrac{27}{4}+\dfrac{1}{2}\times\dfrac{9}{2}\times q=\dfrac{9}{4}q+\dfrac{27}{4}$ である。よって，$\dfrac{1}{2}$△OAB＝〔四角形OQPA〕より，$\dfrac{1}{2}\times\dfrac{135}{8}=\dfrac{9}{4}q+\dfrac{27}{4}$ が成り立ち，これを解くと，$135=36q+108$，$36q=27$，$q=\dfrac{3}{4}$ となる。また，直線OBの式は，B$\left(\dfrac{9}{2},\ \dfrac{27}{4}\right)$ より，傾きが $\dfrac{27}{4}\div\dfrac{9}{2}=\dfrac{3}{2}$ だから，$y=\dfrac{3}{2}x$ である。したがって，点Qは直線OB上の点だから，$y=\dfrac{3}{2}\times\dfrac{3}{4}=\dfrac{9}{8}$ より，Q$\left(\dfrac{3}{4},\ \dfrac{9}{8}\right)$ となる。

社会解答

1 問1　記号…B　国名…エジプト

問2　ア　問3　ウ　問4　ア

問5　ウ　問6　イ

問7　A…排他的経済水域〔EEZ〕

B…エ

2 問1　ウ　問2　エ　問3　ア

問4　イ　問5　イ

問6　A…エ　B…ウ　C…イ　D…ア

問7　キ　問8　Y…イ　地図…キ

3 問1　エ，オ　問2　オ，シ

問3　政教分離　問4　イ，オ

問5　ウ　問6　エ

4 問題点　(例)中学校名，個人名が記載されている点。

理由　(例)中学校名，個人名があることで特定され，自分が事件の被害者となることや，インターネット上で非難の対象になる恐れがあるため。

問題点　(例)高校名，登校日が記載されている点。

理由　(例)高校の登校日が記載されており，自分のみならず，他の新入生もトラブルに巻き込まれてしまう危険性があるため。

1〔地理―総合〕

問1＜時差＞日本時間と現地時間との時差は，日本時間を基準として現地時間が7時間遅れている。経度差15度につき1時間の時差が生じ，西に行くほど時刻が遅れるので，「現地」は日本から西へ15度×7＝105度の地点である。日本の標準時子午線が東経135度なので，「現地」の標準時子午線は東経30度となる。したがって，エジプトの首都カイロを示しているBの都市が当てはまる。

問2＜小麦の生産＞インド，アメリカ，アルゼンチン，ブラジルに加えて，カナダも2017年の3037万トン，2018年の3235万トン，2019年の3267万トンと，小麦の生産量が増え続けている。

問3＜小麦の流通＞流通する小麦は民間流通(国内生産)の85万トンと政府(国外生産)からの482万トンを合わせて567万トンで，そのうち国内生産者による85万トンの占める割合は約15％である。

問4＜日本の領域＞日本の国土の東端は南鳥島，南端は沖ノ鳥島である。なお，与那国島は日本の西端，日本の北端は択捉島である。

問5＜日本近海の海流＞日本の太平洋沿岸には，北東から南西に向かって寒流の千島海流〔親潮〕が，南西から北東に向かって暖流の日本海流〔黒潮〕が流れている。

問6＜太平洋ベルト＞太平洋戦争前から発達していた京浜，中京，阪神，北九州の4つの工業地帯を四大工業地帯という。太平洋戦争後に発達した東海工業地域，瀬戸内工業地域と四大工業地帯を併せると，太平洋岸に帯状に工業の発達した地帯が連なることから，太平洋ベルトと呼ばれるようになった。北陸工業地域は日本海に面しており，太平洋ベルトに含まれない。

問7＜排他的経済水域＞沿岸から200海里〔約370km〕を越えない範囲内で設定される領海の外側の海域を排他的経済水域〔EEZ〕といい，排他的経済水域の水産資源や鉱物資源については沿岸国が探査や開発などの権利を持っている。日本には多くの離島があるため，排他的経済水域の面積は国土面積の約12倍ある。

2〔歴史―古代～現代の日本と世界〕

問１＜平安時代までの出来事＞年表中の[A]の期間は，奈良時代と平安時代に当たる。天智天皇の死後，大友皇子と大海人皇子が皇位継承をめぐって戦い，大海人皇子が勝利して天武天皇となったのは，奈良時代になる前の672年に起こった壬申の乱である。なお，遣唐使停止は894年のこと，平将門の乱において将門が新皇を称したのは939年のこと，白河上皇が院政を始めたのは1086年のことで，いずれも平安時代の出来事である。

問２＜源頼朝＞源頼朝〔将軍〕が御家人の所領を保障することを「御恩」，その「御恩」に対して御家人が頼朝〔将軍〕に忠誠を誓い軍役などにつくことを「奉公」という。

問３＜室町時代～安土桃山時代の出来事＞年表中の[C]の期間は，室町時代～安土桃山時代(南北朝時代，戦国時代を含む)に当たる。応仁の乱が起こったのは1467年のことで，応仁の乱をきっかけに下剋上の風潮が広がり戦国時代が始まった。なお，ポルトガル船の来航を禁止したのは江戸時代の1639年のこと，奥州藤原氏が滅ぼされたのは平安時代の1189年のこと，モンゴル軍の来襲は鎌倉時代の1274年(文永の役)，1281年(弘安の役)のことである。

問４＜徳川家康＞徳川家康が関ヶ原の戦いで石田三成を破ったのは1600年のことで，家康が征夷大将軍となったのは，その３年後の1603年のことである。

問５＜日露戦争＞1905年に結ばれた日露戦争の講和条約であるポーツマス条約の内容のうち，イが第２条，ウが第５条，エが第９条，アが第11条である。

問６＜各時代の文化財＞徳川家康をまつる日光東照宮の陽明門は，徳川家康の死後，江戸時代の1636年に完成した(D)。金閣は，室町幕府第３代将軍の足利義満が室町時代の1398年頃に建てた(C)。東大寺南大門金剛力士像は運慶・快慶らによって鎌倉時代の1203年につくられた(B)。平等院鳳凰堂は藤原頼通によって平安時代の1053年に建てられた(A)。

問７＜年代整序＞年代の古い順に，c(第一次世界大戦の開戦―1914年)，a(ヒトラー内閣の成立―1933年)，d(日中共同声明―1972年)，b(ベルリンの壁の崩壊―1989年)となる。

問８＜G７サミット＞2023年に広島での開催が予定されている国際会議は，G７サミットである。G７とは，先進資本主義国のイギリス，フランス，ドイツ，イタリア，アメリカ，カナダ，日本の７か国を指す。なお，G７に含まれない国として，地図オにはフィンランド，アイルランド，スペイン，地図カにはベトナム，マレーシア，ニュージーランド，オーストラリア，地図クにはロシア，中国，インド，ブラジルが示されている。

3〔公民―総合〕

問１＜成年年齢＞2018年に行われた民法改正によって，2022年４月１日から成年年齢が20歳から18歳に引き下げられた。これによって，選挙権，最高裁判所裁判官国民審査権，憲法改正の国民投票権，婚姻できる年齢などが18歳以上となった。しかし，被選挙権の年齢に変更はなく，衆議院議員の被選挙権は25歳のままである。また，飲酒や喫煙ができる年齢，公営競技ができる年齢も20歳以上のままである。また，女性が結婚できる年齢は16歳以上から18歳以上に引き上げられた。

問２＜近年の経済状況＞物価が上昇するのは，一般に，需要量が供給量を上回るときである。為替相場が１ドル＝100円から１ドル＝120円になるような変動を円安(＝ドル高)という。円安が進行すると輸入品の価格が上昇する。物価が上昇し続ける現象をインフレーションといい，インフレーションのときには，金利を高くすることで預金を促し，通貨の流通量を減らすようにする。金利が高い通貨を購入して預金すると，利子を多く受け取ることができるので，一般的に金利が高い通貨が買われる傾向がある。

問３＜政教分離＞日本国憲法第20条が定めているような，国家が特定の宗教団体に特権を与えることを禁止したり，国家が宗教活動を行うことを認めなかったりする決まりを，政教分離の原則という。

問４＜NATO＞第二次世界大戦後，資本主義国のアメリカや西ヨーロッパ諸国を中心とする西側陣営と，社会主義国のソビエト連邦や東ヨーロッパ諸国を中心とする東側陣営が対立する冷戦〔冷たい戦争〕状態が続いた。1949年に成立した資本主義陣営の集団安全保障を主な任務とする軍事同盟は北大西洋条約機構〔NATO〕である(イ…○)。東西冷戦の終結，ソビエト連邦の解体などによって，東ヨーロッパ諸国のNATO加盟が続いた(オ…○)。地図中のＡ国は，2022年にロシアが全面的な軍事侵攻を始めたウクライナである。ウクライナのNATO加盟に強く反対しているのはロシアである(ア…×)。WTO〔ワルシャワ条約機構〕は，NATOに対抗して1955年に結成されたソビエト連邦を中心とする社会主義国の軍事同盟である(ウ…×)。バルト三国とはエストニア，ラトビア，リトアニアを指す。バルト三国は1991年にソビエト連邦から独立し，2004年にNATOに加盟した(エ…×)。

問５＜小選挙区比例代表並立制＞小選挙区制では１つの選挙区から最も得票数の多い立候補者１名が当選する。したがって，ａ選挙区からはＣ党の「あ」，ｂ選挙区からはＢ党の「い」，ｃ選挙区からはＣ党の「う」が選出される。比例代表制ではドント式と呼ばれる計算式によって議席を割り当てている。ドント式では，各政党の得票数を１，２，３…の整数で割り，商の大きい順に定数まで各政党に議席を配分していく。右上図のように定数３名の議席を割り当てるので，Ａ党は２議席，Ｂ党は１議席を獲得する。したがって，比例代表選挙の結果，Ｃ党から比例代表選挙によって当選した候補者はいないため，Ｃ党の候補者名簿に名簿２位で記載された候補者「く」は落選した。

	Ａ党	Ｂ党	Ｃ党
÷1	28000	18000	12000
÷2	14000	9000	6000
÷3	9333	6000	4000

が獲得議席

問６＜財政＞日本で社会保障関係費が増大している主な理由は少子高齢化にある。高齢者を支える公的年金や医療，介護などの社会保障に必要な費用が増加しているために，36年の間に一般会計予算における社会保障関係費の割合が増えたと考えられる。2011年に発生した東日本大震災の地震や津波によって起こった東京電力福島第一原子力発電所の事故と貿易収支の関係については資料から読み取ることができない。

4 〔論述問題―SNSにおける情報発信の問題点に関する考察〕

SNSとは，登録された利用者どうしがインターネット上で交流できるサービスのことで，さまざまな情報を得ることができたり，情報を発信したりすることができるが，トラブルに巻き込まれることもある。情報を発信するときの留意点は，書き込んだ内容が思わぬ形で拡散される可能性があるため，個人が特定できる情報を含まないことである。また，書き込んだ内容によって家族や友人など周囲の人に影響を与えることがあるため，情報発信する際には注意が必要である。問題点と理由をそれぞれ２つ書く際には，同じ内容の繰り返しにならないように切り口を変えるとよい。

理科解答

問1　エ　　問2　1.5倍

問3　(1)　1224km

(2)　(例)空気中を音が伝わる速さは光の速さより遅いため。

問4　(1)　8N　(2)　ア，エ，オ

問5　(1)　0.1m/s　(2)　20秒

問6　150g　　問7　中性子

問8　$CuCl_2 \longrightarrow Cu^{2+} + 2Cl^-$

問9　(1)　ウ　(2)　1.5cm^3

問10　(1)　CO_2　(2)　オ　(3)　0.44g

(4)　エ

問11　カ　　問12　①…AA　②…Aa

問13　乾燥〔重力〕　　問14　エ→イ→ウ→ア

問15　(1)　イ　(2)　維管束

問16　(1)　主要動　(2)　150km　　問17　エ

問18　7800g　　問19　ア　　問20　ウ

問21　エ　　問22　イ，キ

問1＜電磁誘導＞コイルに棒磁石を出し入れすると，コイルの中の磁界が変化して，コイルに電圧が生じ，電流が流れる。この現象を電磁誘導といい，流れる電流を誘導電流という。誘導電流が流れる向きは，誘導電流がつくる磁界の向きが，磁石の動きによる磁界の変化を打ち消すような向きになる(レンツの法則)。また，検流計の針は，＋端子から電流が流れ込むと＋側(右側)に振れ，－端子から電流が流れ込むと－側(左側)に振れる。操作①で，図のように，棒磁石のN極をコイルに入れると，コイルの中では下向きの磁界が強くなるので，この磁界を弱めるよう，コイルの中に上向きの磁界が生じる向きに誘導電流が流れる。このとき，コイルの上端がN極になるため，誘導電流は，右手の親指が上になるようにコイルを握ったときの親指以外の4本の指の指先の向きに流れる。よって，誘導電流は検流計の－端子から流れ込み，針は左側に振れる。一方，操作③で，棒磁石のN極をコイルから引き出すと，コイルの中の磁界が弱くなるので，この磁界を強めるよう，コイルの中に下向きの磁界が生じる向きに誘導電流が流れる。つまり，操作①のときとは逆向きに誘導電流が流れるため，検流計の針は右向きに振れる。操作②，④で，棒磁石を止めると，コイルの中の磁界は変化しないので，誘導電流は流れず，検流計の針は振れない。以上より，電流の変化を表すグラフはエである。

問2＜オームの法則＞図1の回路は直列回路なので，全体の抵抗は各抵抗器の抵抗の和になり，$R_1 + R_2$Ωになる。よって，電源の電圧をEVとすると，a点に流れる電流の大きさは，オームの法則〔電流〕＝$\dfrac{〔電圧〕}{〔抵抗〕}$より，$\dfrac{E}{R_1+R_2}$Aと表せる。また，図2の回路は並列回路なので，b点に流れる電流の大きさは，各抵抗器を流れる電流の和になる。そのため，電源の電圧がEVのとき，R_2Ωの抵抗器に流れる電流は$\dfrac{E}{R_2}$Aと表せ，b点に流れる電流の大きさは$\dfrac{E}{R_2}+\dfrac{E}{R_2}=\dfrac{2E}{R_2}$(A)となる。以上より，a点を流れる電流の大きさがb点を流れる電流の大きさの0.2倍のとき，$\dfrac{E}{R_1+R_2}\div\dfrac{2E}{R_2}=0.2$より，$\dfrac{R_2}{2(R_1+R_2)}=0.2$，$0.2\times2(R_1+R_2)=R_2$，$4(R_1+R_2)=10R_2$，$4R_1=6R_2$，$R_1=\dfrac{3}{2}R_2$となる。したがって，$R_1$Ωの値は$R_2$Ωの値の$\dfrac{3}{2}=1.5$(倍)になる。

問3＜音＞(1)花火が1700m離れた場所で開き，その音が5秒後に聞こえたので，花火の音が進む速さは，1700÷5＝340(m/s)である。また，1時間は，60×60＝3600(秒)である。よって，1時間に花火の音が進む距離は，340×3600＝1224000(m)より，1224km である。　⑵⑴より，空気中を音が進む速さは340m/s であり，光が進む速さは約30万 km/s である。このように，空気中を進む音の速さは，光の速さよりも非常に遅いため，光が見えた後に音が遅れて聞こえることになる。

問４＜力＞⑴垂直抗力は，物体が床を押すとき，床が物体を押し返す力で，これらの力の大きさは等しい(作用・反作用)。物体Ｂは，物体Ａと物体Ｂの重さを合わせた3＋5＝8(N)の力で床を押している。よって，物体Ｂが床から受ける垂直抗力の大きさは８N である。　⑵まず，物体Ａには重力がはたらいている。次に，物体Ａは物体Ｂを下に押しているので，物体Ａには，物体Ｂが物体Ａを上に押し返す力がはたらいている。さらに，物体Ｂを左向きに引くと，物体Ａと物体Ｂは一体となって動いているので，物体Ａと物体Ｂの間に摩擦力がはたらく。摩擦力は運動する向きと反対向きにはたらくので，左向きに運動する物体Ｂにはたらく摩擦力の向きは右向きである。よって，物体Ａにはたらく摩擦力の向きはその反対向きの左向きになる。

問５＜仕事＞⑴仕事率は，〔仕事率(W)〕$=\dfrac{〔仕事(\mathrm{J})〕}{〔かかった時間(\mathrm{s})〕}$で求められる。糸を引き上げる人の仕事率が0.5W なので，１秒間にする仕事を x J とすると，$0.5=\dfrac{x}{1}$より，$x=0.5$(J)となる。また，仕事は，〔仕事(J)〕＝〔力の大きさ(N)〕×〔力の向きに動いた距離(m)〕で求められる。100g の物体にはたらく重力の大きさを１N とするので，質量500g の物体にはたらく重力の大きさは５N である。５N の物体を引き上げて0.5J の仕事をするときの力の向きに動いた距離を y m とすると，$0.5=5\times y$ より，$y=0.1$(m)となる。以上より，物体は１秒間に0.1m 動くので，物体の速さは，0.1÷1＝0.1(m/s)である。　⑵物体にはたらく重力の大きさが５N の物体を0.5m 引き上げるときにする仕事は，5×0.5＝2.5(J)である。2.5J の仕事をするのにかかる時間は，仕事率が0.1W のとき，2.5÷0.1＝25(秒)，仕事率が0.5W のとき，2.5÷0.5＝5(秒)である。よって，物体を0.5m 引き上げるのにかかる時間の差は，25－5＝20(秒)となる。

問６＜飽和水溶液＞硝酸カリウムは，40℃の水100g に64g まで溶かすことができるから，水が100g のときにできる飽和水溶液の質量は100＋64＝164(g)となる。よって，40℃の硝酸カリウムの飽和水溶液246g に含まれる水の質量を x g とすると，x：246＝100：164が成りたつ。これを解くと，$x\times164=246\times100$ より，$x=150$(g)である。

問７＜同位体＞同位体とは，同じ元素のうち，中性子の数が異なる原子同士のことである。

問８＜電離＞塩化銅($CuCl_2$)は，銅イオン(Cu^{2+})と塩化物イオン(Cl^-)に電離する。電離の様子を，化学式を使って表すときは，矢印の左側に電離する物質の化学式，右側に生じるイオンの化学式を書き，矢印の左右で原子の数が等しくなるようにイオンの化学式の前に係数をつける。また，矢印の右側の＋と－の数が等しいことを確認する。

問９＜中和＞⑴BTB 溶液は，酸性で黄色，中性で緑色，アルカリ性で青色を示す。これより，緑色になった試験管Ｄの水溶液は中性なので，試験管Ｄより加えた塩酸の体積が少ない試験管Ｃの水溶液はアルカリ性である。また，水溶液が中性になるとき，水酸化ナトリウム水溶液中のナトリウムイオン(Na^+)と水酸化物イオン(OH^-)，加えた塩酸中の水素イオン(H^+)と塩化物イオン(Cl^-)の数は全て等しい。水酸化ナトリウム水溶液に塩酸を加えると，塩酸中の H^+ が OH^- と結びつき，水(H_2O)ができる(中和)。一方，塩酸中の Cl^- は Na^+ と結びついて塩化ナトリウム($NaCl$)ができるが，塩化ナトリウムは水溶液中で電離しているため，イオンのまま水溶液中に存在する。よって，試験管Ｃの水溶液中では，加えられたH^+は全てOH^-と反応して0になり，OH^-の数ははじめより減少する。さらに，水溶液が中性になったとき，Na^+とCl^-の数は等しくなるから，アルカリ性の試験管Cの水溶液中では，Na^+の数の方がCl^-の数より多い。よって，最も多く含まれるイオンはNa^+である。

⑵試験管Dの水溶液がちょうど中和して緑色になったので，このとき用いたものと同じ濃度の水酸化ナトリウム水溶液と塩酸がちょうど中和するときの体積の割合は，水酸化ナトリウム水溶液：塩酸＝6：8＝3：4である。これより，試験管Eに加えた塩酸10cm^3をちょうど中和するのに必要な水酸化ナトリウム水溶液の体積を$x$$cm^3$とすると，$x$：10＝3：4となり，これを解くと，$x$×4＝10×3より，$x$＝7.5($cm^3$)となる。したがって，水酸化ナトリウム水溶液をさらに，7.5－6＝1.5(cm^3)加えればよい。

問10＜化学変化＞⑴石灰石にうすい塩酸を加えたときに発生する気体は二酸化炭素(CO_2)である。

⑵二酸化炭素は水に少し溶け，空気より重いので，下方置換法で集める。なお，二酸化炭素は水に少ししか溶けないため，水上置換法で集めることもできる。　⑶反応前のビーカー全体の質量94.00gと加えた石灰石の質量の合計の和から，反応後のビーカー全体の質量をひいた値が，発生した気体Xの質量となる。よって，表より加えた石灰石の質量の合計が1.00gのとき，反応後のビーカー全体の質量が94.56gであることから，このとき発生した気体Xの質量は，94.00＋1.00－94.56＝0.44(g)となる。　⑷⑶より，加えた石灰石の質量の合計を1.00g，2.00g，3.00g，4.00gと増やしていくと，発生した気体Xの質量は，0.44g，94.00＋2.00－95.12＝0.88(g)，94.00＋3.00－95.68＝1.32(g)，94.00＋4.00－96.68＝1.32(g)となる。よって，求めるグラフはエとなる。

問11＜血液の成分＞成人の血液の質量は，成人の体重が65kgより，$65\times1000\times\frac{1}{13}$＝5000(g)となり，血液の密度は1g/$cm^3$とするので，血液5000gの体積は5000$cm^3$である。1$cm^3$当たり45億個の赤血球が含まれるので，5000$cm^3$の血液には，5000×45億＝225000億＝22.5兆(個)の赤血球が含まれている。よって，全身の細胞数に占める赤血球数の割合は，22.5兆÷37兆×100＝60.8…より，約61％となる。

問12＜遺伝の規則性＞表で，親の組み合わせが緑色×黄色のとき，子の形質(種皮の色)が全て黄色になっているので，黄色が顕性形質(A)，緑色が潜性形質(a)である。これより，種皮の色が黄色の個体の遺伝子の組み合わせはAAかAa，緑色の個体の遺伝子の組み合わせは全てaaである。よって，親の組み合わせが緑色(aa)×②黄色のとき，子の形質は緑色と黄色がおよそ1：1より，黄色の親個体②はaを持っているので，遺伝子の組み合わせはAaとわかる。さらに，親の組み合わせが①黄色×②黄色(Aa)のとき，子の形質が全て黄色より，黄色の親個体①はaを持っていないので，遺伝子の組み合わせはAAとわかる。

問13＜進化＞水中から陸上へ進出したのは，魚類から進化した両生類である。両生類が水中から陸上へ進出することができたのは，乾燥に強い皮膚を持つ，体重を支える四肢を持つなど，乾燥や重力などの環境の変化に対して適応することができたためである。

問14＜食物連鎖＞一時的に，肉食動物が増加すると，まず，肉食動物のえさである草食動物は食べられる量が増えるため減少する。次に，草食動物が減少すると，草食動物を食べる肉食動物が減少し，草食動物のえさである植物は食べられる量が減るため増加する。さらに，肉食動物が減少し植物が増加すると，草食動物は増加し，草食動物が増加すると，植物が減少する。よって，エ→イ→ウ→アの順になる。

問15＜葉のつくり＞⑴葉の表側では，細胞がすきまなく並んでいて，葉の維管束は，葉の表側に道管が

集まっている。また，気孔は，一般に葉の表側よりも葉の裏側の方に多く存在する。よって，図で，葉の表側は①，裏側が②だから，気孔が多く存在する面は②，道管は③である。　⑵図の③は道管，④は師管で，道管と師管が集まった部分を維管束という。

問16＜地震＞⑴図で，０秒から25秒までの小さな揺れを初期微動といい，25秒以降の大きな揺れを主要動という。初期微動はＰ波による揺れであり，主要動はＳ波による揺れである。　⑵図より，地点Ａでは，Ｐ波が到達してからＳ波が到達するまでに25秒かかっている。よって，震源から地点Ａまでの距離を x km とすると，地点Ａに速度が６km/sのＰ波が到達するのにかかる時間は $\frac{x}{6}$ 秒，地点Ａに速度が３km/sのＳ波が到達するのにかかる時間は $\frac{x}{3}$ 秒だから，$\frac{x}{3}-\frac{x}{6}=25$ が成り立つ。これを解くと，$2x-x=150$，$x=150$(km)となる。なお，Ｐ波が到達してからＳ波が到達するまでの時間を，初期微動継続時間という。

問17＜堆積岩＞チャートにうすい塩酸をかけても気体は発生しない。塩酸をかけると気体(二酸化炭素)が発生するのは石灰岩である。よって，誤っているのはエである。

問18＜湿度＞表より，WBGTの値が28℃以上になるのは，湿度が65％以上のときである。気温30℃における飽和水蒸気量を30g/m^3とするので，気温30℃で湿度が65％の空気１m^3当たりに含まれる水蒸気量は，$30\times0.65=19.5$(g)である。よって，室内の水蒸気が空気１m^3当たり19.5g以上になるとWBGTの値が28℃以上になる。したがって，部屋の容積が，$100\times4=400$(m^3)より，WBGTの値が28℃以上になるのは，室内の水蒸気量が，$19.5\times400=7800$(g)以上あるときとわかる。

問19＜天気記号＞雲量が１のときの天気は快晴である。快晴を表す天気記号は○である。なお，イは晴れ，ウは雨，エはくもりを表す天気記号で，オのような天気記号はない。なお，雲量が０，１のときの天気は快晴，雲量が２～８のときの天気は晴れ，雲量が９，10のときの天気はくもりである。

問20＜季節風＞空気はあたためられると膨張して密度が小さくなって上昇するため，夏に大陸に生じるのは上昇気流である。上昇気流が生じると，地表付近では気圧が下がるので，気圧の高い太平洋上から気圧の低い大陸に向かって風が吹く。よって，太平洋と大陸の間にある日本列島では，夏には主に南東の季節風が吹くことになる。

問21＜天体の動き＞地球の地軸は，公転面に対して傾いている。赤道は地軸に対して垂直な面上にあるので，地球の公転面と赤道は一致していない。よって，誤っているのはエである。

問22＜星座の見え方＞星座の１日の動き(日周運動)を考えると，$360°\div24=15°$より，星座は１時間で15°東から西へ移動して見える。よって，図で，１月10日の午前０時にオリオン座がＢの位置に見えたとき，オリオン座がＡの位置に見えるのは，$30°\div15°=2$より，２時間前の１月９日の午後10時であり，Ｃの位置に見えるのは，２時間後の１月10日の午前２時である。次に，星座の１年の動き(年周運動)を考えると，$360°\div12=30°$より，星座は１か月で30°東から西へ移動して見える。そのため，図で，オリオン座は１か月前の12月10日の午前０時にＡの位置に見える。したがって，正しいのはイとキである。なお，オリオン座は12月９日の午後10時にはＡの位置から30°東に移動した位置に見え，12月10日の午前２時にはＡの位置から30°西に移動したＢの位置に見える。

国語解答

一 問一　①　内蔵　②　載　③　ゆだ

問二　オモチャを理解しようという気持ちに結びついているから。(27字)

問三　a…ウ　b…オ　　問四　イ

問五　ウ

問六　・小出し〔分析し〕[…という立場。]

・いった〔バラバ〕[…という立場。]

問七　イ

問八　現代のマスコミの表現がオトギバナシによって身につけられたストーリーのモデルを下敷きにして理解され受容されていること。

(58字)

問九　Ⅰ…オ　Ⅱ…ウ　Ⅲ…エ　Ⅳ…イ

問十　モデルを子[…こと。]

問十一　エ

二 問一　A…ウ　B…ア　C…イ

問二　よう　　問三　エ

問四　星が見えたから。

三 Ⅰ　問一　五穀を生ぜず。

問二　エ

Ⅱ　問一　(右参照)

不レ若レ除ニ一害一。

四 問一　エ　　問二　馬　　問三　オ

一〔論説文の読解―教育・心理学的分野―教育〕出典；外山滋比古『大人の思想　逆転の思想と発想のヒント』。

≪本文の概要≫子どもがオモチャを壊す行為は，無自覚ながらオモチャを理解しようとする気持ちに結びついていることが多い。大きな単位では情報が多すぎて混乱するが，小さな部分に分解するとわかりやすくなるのである。学校における学習でも，小出しに与えられた断片的知識を小刻みに習得するという分析的な方法にならざるをえないが，習得した知識はまとまりのあるものにしなければならない。では，知識を体系にまとめあげるにはどういう方法を取ればいいのか。子どもはある程度，無自覚に部分の統合を行っている。新たな知識を無意識に編集して，覚えておく知識を選び，多くのことを忘れる。こうした自然の編集に委ねておかないで，はっきりした統合を考えたらどうか。統合してまとまりをつくるためには，理解のモデルが必要になる。各教科は，その教科でなくては与えることのできない理解のモデルを子どもの心に植えつけることを考えるべきである。それらのモデルは，当該学科の知識整理にとって重要であるだけでなく，一般的な理解作用の母型ともなる。理解のモデルに合わせて，新入の知識は取捨選択，変形，加工などの編集がなされる。同じことを学習しても，モデルに応じて理解や編集の仕方は違うので，理解は個性的なものになるのである。

問一＜漢字＞①「内蔵」は，ある機能や要素などを内部に含んでいること。　②音読みは「掲載」などの「サイ」。　③音読みは「委任」などの「イ」。

問二＜文章内容＞子どもにとって，オモチャの複雑な全体を分解する「プロセス」は，「鋭い喜び」を感じさせるものであると同時に，無自覚でも「オモチャを理解しようという気持ちに結びついている」ことが多く，物事の理解のプロセスを身につけるという点で，大きな意義を持っている。

問三＜文章内容＞a．オモチャを壊す行為は「大きな意義をもっている」が，子どもは「その意義を自覚して」いるわけではなく，ただ生まれつき備わっている欲求に従って，「こわさずにはいられないだけ」である。　b．学習における“編集”は，雑誌の編集と違って，学習者が自ら求めて注文した結果として「提供された素材，知識だけが教授されるのでは」なく，「欲していない原稿」が集まってきて，混乱を生じさせるようなものである。

問四＜慣用句＞「目白押し」は，たくさんの物や人が集中し，混み合っていること。

問五＜文章内容＞人間が一時に理解できる知識には限りがあるため，生徒に「体系」的にまとめられた知識を丸ごと一気に覚えさせるなどということは，「学習の段階ではできるものでは」なく，知識を「バラバラ」に断片化して少しずつ学習させていくほか方法がないのである。

問六＜指示語＞人は多くの情報をいっぺんには理解できないため，分析して小さくした知識を「小刻みに習得する」必要がある。だが，習得後は，その知識を「まとまりのあるもの」に統合する必要がある。「小出しに与えられた断片的知識を，小刻みに習得する」立場と，「いったん習得した知識はバラバラなものではなくて，まとまりのあるものにしたい」という立場を調和させることができれば，「知識は力なり」ということができる知識になるのである。

問七＜文章内容＞覚えた知識は，「自然の編集」によって，無意識に「精択，整理」され，選ばれなかった知識は忘れられていく。だが，「これからの知識論」では，「偶然，自然の編集に委ねて」おかず，習得した「断片的知識」を意識的に「精択，整理」して，「はっきりした統合」を行うことに意識を向けなければならないのである。

問八＜文章内容＞世の中の大人は，「ごく小さいときに，オトギバナシでストーリーのモデル」を身につけており，そのモデルに基づいて，現代のマスコミが流すゴシップなどの情報を理解する。幼い頃に身につけたモデルがあるからこそ，世間の人々にマスコミが受け入れられるのである。

問九＜接続語＞Ⅰ．「ゴシップや通俗小説ならおもしろく読むという大人」が多いのは，「ごく小さいときに，オトギバナシでストーリーのモデル」を身につけたおかげだが，言うまでもなく，「人間の知的活動には，物語のモデルだけでは充分ではない」のである。　Ⅱ．「人間の知的活動には，物語のモデルだけでは充分ではない」が，その反面，「オトギバナシ程度にていねいに教えられる原型」がなく，「有効にはたらくモデル」は少ない。　Ⅲ．算数，数学が「論理とか合理のモデルを提供してくれる」一方で，「学科が知識化，技能化していて，モデル作成ということはあまり考えない」という状況は，知的活動に「有効にはたらくモデルがすくない」ことを裏づける実例である。　Ⅳ．算数，数学は「知識化，技能化していて，モデル作成ということはあまり考えない」ため，人は算数や数学のような「事象の関係を考える抽象はおもしろくない，難しいものときめてしまうことが多い」のである。

問十＜指示語＞「教育の究極の目標」は，当該学科の知識整理にとって重要で，なおかつ一般的な理解作用の母型ともなる「モデルを子供の心に植えつける」ことにあるとしてよい。

問十一＜要旨＞子どもは，頭の中の編集を放棄して「丸暗記」した断片的知識であっても，「無意識の編集」によって覚えておくべき知識を選んで統合し，それ以外の知識を忘れる。ただ，幼い子どもは三歳くらいまでは理解のモデルができておらず，知識が頭に残らない(ア…×)。学校は，「切れ切れの知識をいたずらに集積している“もの知り”でしかない人間」を育てがちで，「モデルづくり」には手が回っていないが，各教科の学習のときには，知識を教えるだけでなく，「その教科でなくては与えることのできないモデル」を，子どもに身につけさせるべきである。そのモデルは，当該科目の知識整理にとって重要なだけでなく，一般的な理解作用の母型にもなる(イ・オ…×，エ…○)。新入の知識は「モデルによる編集がなされる」が，同じことを学習しても，モデルが違えば理解の仕方も編集もそれぞれ違うので，その結果は大きな異同があり，「理解はきわめて個性的になる」ものである(ウ…×)。

二 〔古文の読解―笑話〕出典；『花笑顔』。

≪現代語訳≫田舎の一人暮らしの者のところ〈へ〉，盗人〈が〉入って，ほとんどの物を持っていった。亭主がつくづく思うには，「盗人は大勢で，俺は一人だ。しょせんかなわないだろう。もはや道具も全部なくなったので，(盗人たちは)俺〈を〉縛って，『金を出せ出せ』と，おそらく責め立てるだろう。うむ，幸いなことだ，あの大釜には，まさか気づかないだろう」と，大釜の中に入って，蓋をして，中で寝入っていた。そうとは知らず，盗人二人は，前後二人で大釜をかつぎ出し，さっさと行ったが，(亭主は)中で背を丸くしていたせいか，寝入っていて，ぐっと伸びをした。(その気配に気づいて)「これはかなわん」と，盗人は後もふり返らず，逃げていった。そのうちに(亭主が)釜の中で目を覚まして，そっと蓋を開けて見たところ，星だらけだった。「しまった，家までとられた」。

問一＜古文の内容理解＞「田舎のひとり者」の家へ(…Ａ)，「盗人」が入った(…Ｂ)。家財道具をほとんど持っていかれた家の亭主は，次に盗人が入ったときには，盗人は「おれ」を縛って(…Ｃ)，「金をだせだせ」と脅すだろうと考えた。

問二＜歴史的仮名遣い＞歴史的仮名遣いの「au」の音は，「ou」になる。したがって，「やう」は「よう」になる。

問三＜古文の内容理解＞家財道具をほとんど盗まれた亭主は，「大釜」だけはまだ残っていたことに気づき，「さいわいさいわい」と思った。「大釜の中へはいって」隠れていれば，次に盗人に入られても気づかれず，「金をだせだせ」と脅されずに済むと考えたのである。

問四＜古文の内容理解＞亭主は，目を覚ましたときに見えたのが「星だらけ」の空だったため，そこが外であることに気づいた。そして亭主は，自分が盗人に釜ごと外に持ち出されたとは思わずに，家が盗まれてなくなってしまったと勘違いしたのである。

三〔漢文の読解〕出典；『淮南子』／『十八史略』

Ⅰ≪書き下し文≫石上に五穀を生ぜず。

≪現代語訳≫石の上には五穀が生えることはない。

問一＜漢文の訓読＞「五穀」→「生」→「不」の順に読む。まず返り点のついていない「五」を読んでから，一二点に従って「穀」→「生」の順に二字返って読む。さらにレ点に従って，「生」→「不」の順に一字返って読む。「不」は助動詞なので，ひらがなに直す。

問二＜故事成語＞「石上に五穀を生ぜず」は，石の上ではどんな穀物も生えないように，物事が生じるには，それに見合う条件や原因が必要である，という意味。「木に縁りて魚を求む」は，そもそもの方法を誤っていては，目的は達せられない，という意味。なお，「石上に五穀を生ぜず」には，あまりに潔癖すぎると，かえって他人が萎縮して寄りつかなくなる，という意味もあり，これと似た意味の故事成語には，「水清ければ魚棲《す》まず」がある。「五穀豊穣」は，さまざまな穀物が豊かに実ること。「雨だれ石を穿つ」は，微力でも地道に努力を続ければ，いつかは成功する，という意味。「石の上にも三年」は，つらさに耐えて物事を続けていれば，いつかは報われる，という意味。

Ⅱ≪現代語訳≫一つの利益になることを始めることは，一つの害になることを除くことには及ばない。

問一＜漢文の訓読＞「一害」→「除」→「若」→「不」の順に読む。「害」から二字返って「除」を読むことになるので，「害」に一二点の一，「除」に二を付す。さらに，「除」から「若」，「若」から「不」へと一字ずつ返って読んでいくので，「若」と「不」にレ点を付す。

四〔国語の知識〕

問一＜文学史＞『みだれ髪』は，明治34(1901)年に発表された与謝野晶子の歌集。

問二＜慣用句＞「馬脚をあらわす」は，隠していた正体や悪事などが明らかになる，という意味。

問三＜熟語の構成＞「日没」と「地震」は，上の漢字が主語，下の漢字が述語になっている熟語。「不快」は，上の漢字が下の漢字の意味を打ち消している熟語。「上下」は，反対の意味の漢字を組み合わせている熟語。「永久」は，似た意味の漢字を組み合わせている熟語。「涼風」は，上の漢字が下の漢字を修飾している熟語。「着席」は，下の漢字が上の漢字の目的語や補語になっている熟語。

2023年度 中央大学高等学校

【英　語】（60分）〈満点：100点〉

〈注意〉　筆記問題（1～6）は50分で，そのあとすぐにリスニング問題（7 約10分）が放送されます。

1　次の英文を読んで，問に答えなさい。[＊をつけたものには註があります]

Joanna was the daughter of market traders. She lived in the mountains with her family. On the highest mountain, stone fruit grew. Joanna's family were the only people who knew about (1)it.

The stone fruit was very popular and delicious. Joanna's family sold it at the small local market. However, they could get much more money if they sold the fruit at the big market in the capital city. But her mother said that it was foolish to sell stone fruit in the big city.

(2)Still Joanna dreamed about trying. After her mother died, she finally prepared for the long journey to the big city.

＊＊＊＊＊

Joanna walked all the way to the capital. She carried all the stone fruit and a beautiful wooden market *stall that belonged to her family for many years. On this stall, she would sell her fruit.

When she finally arrived at the city, she was very tired and had no money. But, (3－Ⅰ). To get enough money, (3－Ⅱ). She felt bad, but maybe after she sold the fruit, (3－Ⅲ).

However, after the long journey to the city, her stone fruit was old and *rotten. No customers wanted to buy it.

She lost all her fruit, her stall and her money.

When Joanna left the market, she felt sad and angry. She walked through the big city and passed many shops. In one shop, she saw her family's beautiful, handmade market stall. It was for sale at a very high price. She started crying, lay down and fell asleep.

＊＊＊＊＊

When Joanna woke again, it was dark. She noticed something across the street : a hole in the wall.

Joanna was still angry. She pulled off one of her old boots and threw it. It disappeared into the hole, but there was no sound. The boot was gone. It was another thing she lost because of her foolish ideas.

But then something shiny came back out of the hole. It fell on the ground in front of her. It was a single coin. It was enough to buy a meal. It was more *valuable than the old boot.

It must be a joke, she thought. She pulled off her other boot and threw it in the hole, too. Another coin came back out, then a second and a third.

Joanna picked up the nearest coin. She held it close to her face . . . It was real ! She picked up the other coins : three *pennies. She could buy new boots now.

She quickly took off her belt, her traveling coat, her jacket and both socks. She threw each one into the hole.

Soon, she was holding several coins. She counted them, (4)over and over, through the rest of the night.

＊＊＊＊＊

The next morning, Joanna went from shop to shop with her pennies in her bare feet and undershirt.

She bought some basic new clothes and boots, and she also bought all the old, broken or useless things the traders sold her.

After she spent all her money, Joanna returned to the place where she found the hole. She waited. In the night, it appeared again.

One by one, she threw all the old and useless things into the hole. Only the bag remained. When the sun rose, it was very full with coins.

＊＊＊＊＊

Joanna went back into the market and bought nicer clothes and shoes as well as many other nice things. But most importantly, she bought back (　5　) from the expensive shop. And then she went back to the lucky street with all her new items : silk carpets, fine wool, bags of *spices and more.

She sat down for one last night and waited for the hole.

She started throwing the spices into the hole. Then she threw the wool and silk and the other things. Many silver and gold coins poured out of the hole into the bag. When, at last, the coins stopped coming, [　6　]. She would never need to trade again!

For a moment, she considered throwing her family stall into the hole as well. (7)She shook her head. It was too special, even for all the money in the world. But then she looked at the little shining mountain of coins and she had a new idea.

The hole always gave back more valuable things than what she threw. So, what would the hole give her if she threw all the money in?

What could be greater than money?

Joanna lifted the heavy bag of coins and then she threw all of her money into the hole.

She waited and watched the hole. But this time, nothing came back.

＊＊＊＊＊

So, she began the long journey back to her hometown in the mountains. On her back, she carried her family's stall. She walked all day and slept well at night. (8)She was happy to be going home.

Her pockets were empty, but her heart was full.

From time to time, she met other travelers. She told her story to anyone who wanted to listen.

She never asked for much in return—just some food or drink. And, (9)although no one believed her story was true, they believed the lessons in it. Some people thought that the lesson was 'be thankful for what you have' or 'being too greedy will mean you lose everything.' For others, it was 'wisdom comes at a price.'

For Joanna, it was the answer to her question: What could be greater than money?

Now she knew the answer was wisdom, priceless wisdom.

(註)　stall：売り台，商品陳列台　　rotten：腐った　　valuable：高価な，値打ちのある
　　pennies＜penny：ペニー，ペンス[英国の貨幣単位]　　spice(s)：香辛料

問1　下線(1)の内容として最も適切なものを１つ選び，記号で答えなさい。

ア．Joannaが市場の商人の娘であること

イ．Joannaが家族とともに山に住んでいること

ウ．ストーンフルーツは最も高い山に育つこと

エ．ストーンフルーツはとても人気があって美味しいこと

問2　下線(2)の後に省略されている内容として最も適切なものを１つ選び，記号で答えなさい。

ア．to sell stone fruit at the small local market

イ．to walk all the way to the capital
ウ．to prepare for the long journey to the big city
エ．to sell stone fruit in the big city

問3　(3-Ⅰ)～(3-Ⅲ)に入る文として最も適切なものをそれぞれ１つ選び，記号で答えなさい。

ア．she had to sell her beautiful family stall
イ．she could buy the stall back before she returned home
ウ．she had to pay money to enter the city and to use the market

問4　下線(4)の意味として最も適切なものを１つ選び，記号で答えなさい。

ア．一枚一枚　　イ．何度も　　ウ．わくわくして　　エ．疑いながら

問5　(5)に入る語句として最も適切なものを１つ選び，記号で答えなさい。

ア．her stall　　イ．silk carpets　　ウ．her boots　　エ．stone fruit

問6　[6]には「彼女のかばんは，想像していた以上のお金でいっぱいになった」という意味を表す英文が入る。下記を並べかえて英文を完成させたとき，A，Bに来るものを記号で答えなさい。

______　______　______　______　__A__　______　__B__　______　______

ア．with　　イ．even imagine　　ウ．than　　エ．was　　オ．could
カ．her bag　　キ．she　　ク．more money　　ケ．filled

問7　下線(7)の際に，主人公の考え(心情)はどのように変化したかを35字程度の日本語で説明しなさい。

問8　It says on line (8), "She was happy to be going home," why was she happy?　Please answer in about 10 words in English.

問9　下線(9)を日本語に直しなさい。

問10　本文の内容に合うものを２つ選び，記号で答えなさい。

ア．Joannaの母は，地元の小さな市場で商売をするのは愚かだと考えていた。
イ．Joannaが手放した売り台は，市場の高級品を扱う店で安く売られていた。
ウ．怒りのおさまらなかったJoannaは，新品のブーツを壁の穴に投げつけた。
エ．初めてお金を手に入れた時，Joannaは新品だけでなく中古品も買った。
オ．Joannaは，知恵がなければどのような努力も実らないことを学んだ。
カ．Joannaは，お金よりも犠牲を払うことで得る知恵の方が大切だと学んだ。

2　次の英文を読んで，問に答えなさい。[＊をつけたものには註があります]

Andrew Carnegie was born in 1835 in Scotland.　He was from a poor family.　When he was twelve, his family moved to the United States.　They wanted a better life.

The Carnegie family lived in Pennsylvania.　Andrew started to work right away.　[1]　Everybody there liked Andrew.　He did many different jobs.　His *salary got higher every year.

In his free time, Andrew loved to read.　But in those days, it was difficult to get books if you did not have money.　The United States did not have free public libraries then.　*Fortunately, Andrew lived near James Anderson.　(2)James was a rich man with many books, and he let working boys like Andrew use his library for free.　Andrew read as much as possible.　He always thought that reading was very important.

Andrew learned a lot at the railroad company.　He realized that the railroad was very important for big countries.　Then he had an idea: to start a business connected with the railroads.　He saved all his money and opened (3)that business.　He was thirty years old.

First, his company made bridges for the railroads. Ten years later, they made *steel. His company became the largest in the United States. They made steel for bridges, machines and many other things. People called Carnegie the "Steel King." Soon he was the richest man in the world.

Carnegie liked to make money. But he believed rich people should help others. In 1901, he sold his company for $480 million. Then he started to give away his money to build public libraries all over the United States and the English-speaking world. In all, he built 2,811 public libraries. [4]

Andrew Carnegie died in 1919. He was eighty-four years old. During his lifetime, he gave away nearly all of his money for education and peace. Today, a *foundation named after him－the Carnegie Foundation－continues his work. Andrew Carnegie is still helping people all over the world to study and learn.

（註） salary：給料　fortunately：幸運なことに　steel：鉄　foundation：財団

問１　[1] には次の①～④の文が入る。正しい順番になっているものを１つ選び，記号で答えなさい。

① Later, he changed his job.

② He got a job in a factory at first.

③ He worked at a railroad company.

④ He was a good worker, but he didn't like the job.

ア．②→④→①→③　イ．②→①→④→③

ウ．③→④→①→②　エ．③→①→④→②

問２　下線(2)を日本語に直しなさい。なお，人名はアルファベットのままでよい。

問３　下線(3)に関して，Carnegie が展開した事業の内容を35字程度の日本語で具体的に説明しなさい。

問４　[4] には「また，Carnegie は大学や博物館，平和のために働いた人々に何百万ドルも提供した」という意味を表す英文が入る。下記を並べかえて英文を完成させたとき，A，Bに来るものを記号で答えなさい。

Carnegie also ______ __A__ ______ ______ ______ __B__ ______ peace.

ア．colleges, museums and　イ．millions of dollars　ウ．people　エ．gave

オ．worked for　カ．who　キ．to

問５　本文の内容に合うものを１つ選び，記号で答えなさい。

ア．Carnegie は裕福な家庭に生まれ育ち，米国に移住してさらに富を築いた。

イ．Carnegie は読書を好み，公共の図書館で多くの難しい書物を読み漁った。

ウ．Carnegie は60代の時，人助けをするために自分の巨大企業を売り払った。

エ．Carnegie は1919年に亡くなるまで，世界各国から支援金を集め続けた。

3　答えとして最も適切なものを選び，記号で答えなさい。

１．I promised I would join the party tonight. So I (　　　) miss it.

ア．don't have to　イ．must　ウ．mustn't　エ．need to

２．I asked the couple how to get to the hospital, but (　　　) of them answered.

ア．both　イ．no one　ウ．each　エ．neither

３．(　　　) game is as difficult as this one.

ア．No other　イ．No another

ウ．Any other　エ．Any another

4．He is afraid (　　　　) scolded by his father.
ア．to be　　イ．that will be　　ウ．of being　　エ．of having
5．I found the paper plane (　　　　) the kids in the park.
ア．that flew by　　イ．flown by　　ウ．flying by　　エ．being flown
6．(　　) was once a truth is no longer true.
ア．That　　イ．It　　ウ．One　　エ．What
7．My grandfather often says I eat more than he (　　) when he was young.
ア．did　　イ．does　　ウ．was　　エ．is
8．Goal keepers wear (　　) to protect their hands when they play.
ア．socks　　イ．glasses　　ウ．gloves　　エ．shoes
9．Which underlined part has a different sound ?
ア．hurt　　イ．start　　ウ．shirt　　エ．worth

4　各組の英文がほぼ同じ意味を表すように(　)に適切な語を入れたとき，(＊)に入る語を答えなさい。

1．Shall we go out tonight ?
How (　　) (　＊　) out tonight ?
2．I cannot run as fast as Ken.
Ken can run (　＊　) (　　) I can.
3．Cathy didn't know what she should say to her boyfriend.
Cathy didn't know what (　＊　) (　　) to her boyfriend.
4．I spoke to my brother three days ago, and it was the last time I spoke to him.
I (　＊　) (　　) to my brother for three days.
5．Everyone likes Bob because he is very kind.
Bob is (　＊　) (　　) that everyone likes him.

5　次の英文はある英単語を説明したものです。その単語を書きなさい。

1．This is what you do when you see or hear something very funny.　Usually you smile and make sounds when you do this.　The word begins with "L."
2．This is a part of your body.　It is at the top of your arm, under your head.　You sometimes carry a bag here.　The word begins with "S."

6　日本語の意味になるように並べかえたとき，A～Fに入るものを記号で答えなさい。ただし，文頭に来る語も小文字にしてあります。

1．テーブルにあった時計を誰かが壊した。
______ __A__ ______ ______ ______ __B__ ______ ______.
ア．was broken　　イ．on　　ウ．by　　エ．which
オ．was left　　カ．someone　　キ．the table　　ク．the watch
2．エミリーとアンは自分たちの問題の解決策を考えることは不可能だとわかった。
Emily and Ann ______ __C__ ______ ______ ______ __D__ ______ ______.
ア．to their problem　　イ．with　　ウ．it　　エ．a solution
オ．impossible　　カ．come up　　キ．to　　ク．found

3．タケシはヒカルの3倍本を持っている。

______ ______ ___E___ ______ ___F___ ______ ______ ______ Hikaru.

ア．Takeshi　イ．that of　ウ．the number of books　エ．as many

オ．has　カ．as　キ．three times　ク．is

7 リスニング問題

ただいまからリスニング試験を行います。問題はPart AからPart Cまであります。全部で15問です。答えは全て記号で書きなさい。英語は一度だけ読まれます。

Part A：Listen to the question and then choose the best answer.

1．A．I don't have enough money.
B．Which one do you mean？
C．There are one hundred and twenty five.
D．You can borrow some money.

2．A．I like it, too.
B．Great, let's go to the art gallery.
C．I like painting, too.
D．You painted it, didn't you？

3．A．Thirteen past five？ Sure, sounds good.
B．Where is it？
C．That's a little too early for me.
D．You are too late. It's already half past five.

4．A．I don't have a pen.
B．My pen is under the desk.
C．It's a pencil, not a pen.
D．I can't believe you lost it again！

5．A．Yes, we can.　B．No, we aren't.
C．Yeah, help yourself.　D．I can't eat them.

Part B：Listen to the conversation and the question, and then choose the best answer.

6．A．10 minutes.　B．20 minutes.　C．30 minutes.　D．0 minutes.

7．A．Long and Black.　B．Long and Brown.
C．Short and Black.　D．Short and Brown.

8．A．Hot springs.　B．Forest.　C．Beach.　D．Mountains.

9．A．They will watch the news now.
B．They will watch the baseball game now.
C．They will watch the baseball game after five minutes.
D．They will watch the news after five minutes.

10．A．October 2nd.　B．September 30th.
C．It is canceled.　D．They don't know.

Part C：Listen to the dictation. Write the missing words on the script.

"When you are taking a test, it is very important that you try to relax. If you are too 11______ or worried, you won't perform to your best ability. Clear your mind and calm 12______. Studying before the test is important, of course, but don't stay up too late studying the night before the exam.

Try to get a good night's 13______. If you are tired during the test, you might make careless mistakes and lose points. Also, 14______ your time so that you don't have to rush at the end of the examination. You should always try to leave five or ten minutes free to check your answers at the end of the test. Many students lose needless points because they don't check their work or read the questions 15______ enough."

＜リスニング問題放送原稿＞

Part A：Listen to the question and then choose the best answer.

1．How much does it cost？

2．I love that painting, how about you？

3．Shall we meet at 5：30？

4．Where is my pen？

5．Are there any more chocolates？

Part B：Listen to the conversation and the question, and then choose the best answer.

6．A： Welcome to Danny's.
B： We'd like a table for two please, by the window.
A： For a window table it's a twenty minute wait, but we have a normal table ready now.
B： We don't mind waiting. By the way, we want to sit by the city side.
A： Oh, then I'm afraid you will have to wait longer. Another ten minutes.
Q： How long will they have to wait for a table？

7．A： Which woman is Sarah？
B： Sarah is the woman in the long black dress.
A： The one with long black hair？
B： That's Emily, Sarah has brown hair.
A： Ah the woman wearing the blue jacket.
B： No that's Mika. Sarah's hair isn't short.
Q： What kind of hair does Sarah have？

8．A： So, where should we go for our vacation？ How about skiing in the mountains？
B： No, I prefer to go camping in the forest or the beach.
A： I'm too scared of bugs！ And the beach is too cold in October.
B： OK. How about visiting the hot springs？
A： I'm too shy！ And the water is too hot. Can't we ski this year？
B： Well, OK. It is your turn to choose.
Q： Where will they go on vacation？

9．A： Hey don't change the channel？
B： Why not？
A： I was watching that！
B： You watch baseball almost every night. I want to check the news！
A： The match is almost over, can't you wait five minutes？
B： No. Sorry.
A： OK.
Q： Which sentence is correct？

10. A : Are you going to the sports festival on October 2nd ?

B : I think you are mistaken. The festival was scheduled for September 30th. But they canceled it because of bad weather.

A : It wasn't canceled, it was moved.

B : Oh, I didn't know that.

Q : When is the sports festival ?

Part C : Listen to the dictation. Write the missing words on the script.

"When you are taking a test, it is very important that you try to relax. If you are too nervous or worried, you won't perform to your best ability. Clear your mind and calm yourself. Studying before the test is important, of course, but don't stay up too late studying the night before the exam. Try to get a good night's rest. If you are tired during the test, you might make careless mistakes and lose points. Also, manage your time so that you don't have to rush at the end of the examination. You should always try to leave five or ten minutes free to check your answers at the end of the test. Many students lose needless points because they don't check their work or read the questions carefully enough."

【数　学】（50分）〈満点：100点〉

（注意）　定規・分度器・電卓は使えません。

1　次の問に答えなさい。

問1．２次方程式 $x^2-15x-54=0$ を解きなさい。

問2．$\dfrac{\sqrt{6}\,(2+\sqrt{5}\,)}{3\sqrt{5}}-\dfrac{2(\sqrt{10}-5\sqrt{2}\,)}{5\sqrt{3}}$ をできるだけ簡単にしなさい。

問3．短距離選手のＡさんが100ｍを走るとき，スタートしてから x 秒後に y ｍ進むとすると，$y=x^2\ (0\leqq x\leqq 10)$ の関係式が成り立ちます。このとき，スタートしてからゴールするまでの平均の速さは $100\div 10=10$[m/秒] になりますが，例えばスタートして２秒後から３秒後までの平均の速さは $(3^2-2^2)\div(3-2)=5$[m/秒] となることが分かります。さらに，あらゆる区間での平均の速さを求めたく，スタートして a 秒後から $(a+h)$ 秒後までの平均の速さを v[m/秒]とするとき，a，h を用いて v をなるべく簡単に表しなさい。ただし，$a>0$，$h>0$，$a+h<10$ とします。

2　世界各国の所得税，消費税，資産税の税収割合を調べていたところ，2019年時点でのＡ国，Ｂ国，Ｃ国について調べることができました。３か国それぞれの税収割合について，所得税，消費税，資産税が整数で％表示されており，その和は100％になっています。さらに，次の①～④の条件が成り立つとき，以下の問に答えなさい。

①　３か国それぞれの税収割合は所得税が一番高く，２番目に高いのが消費税であり，３種類すべての税収割合は12％以上62％以下になっている。

②　Ａ国の所得税と消費税の税収割合は両方とも素数で与えられ，その差は２％である。

③　Ｂ国について，資産税の税収割合を２倍したものと，消費税の税収割合の和が，所得税の税収割合になっている。

④　Ｃ国はＢ国に比べて，消費税の税収割合が３％低く，資産税の税収割合が１％低い。

問1．Ａ国の所得税，消費税，資産税の税収割合を，（所得税，消費税，資産税）の形で答えなさい。例えば，所得税が37％，消費税が35％，資産税が28％のとき，(37，35，28) と解答欄に記入しなさい。

問2．Ｃ国の所得税，消費税，資産税の税収割合を，**問1**と同じ形ですべて答えなさい。

3　右図のように，２つの放物線 C_1：$y=\dfrac{1}{2}x^2$，C_2：$y=5x^2$ と直線 l：$y=\dfrac{1}{2}x+1$ との交点で x 座標が正のものをＡ，Ｂとします。また，直線 m は y 軸上で直線 l と交わり，C_1 と点C$(-2,\ 2)$，点Ｄで交わっています。このとき，以下の問に答えなさい。

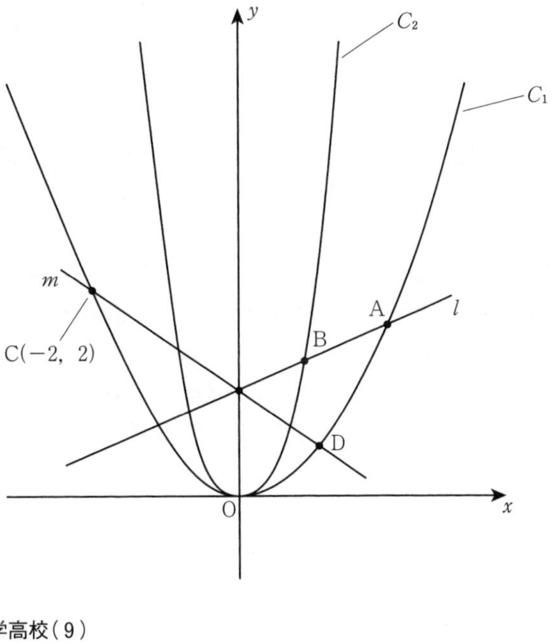

問1．点Ａの座標を求めなさい。

問2．△ABD の面積を求めなさい。

問3．点Ｐが C_1 上（ただし，点Ａ，点Ｄを除く）を動くとき，△ABP と △ABD の面積が等しくなるような点Ｐの x 座標をすべて求めなさい。

4　下図のように，座標平面上で中心が原点O，半径2の円周上に，2点A$(\sqrt{3}, 1)$，B$(-2, 0)$があり，y軸上の点Cは，$\angle$OAC$=15^\circ$を満たしています。以下，計算途中で分母に根号が残るならば，$\dfrac{1}{a+\sqrt{b}}=\dfrac{a-\sqrt{b}}{(a+\sqrt{b})(a-\sqrt{b})}=\dfrac{a-\sqrt{b}}{a^2-b}$（$a$，$b$は正の有理数）を用いて，分母を有理化した形で答えなさい。

問1．直線ACの方程式を求めなさい。

問2．△ABCの面積を求めなさい。

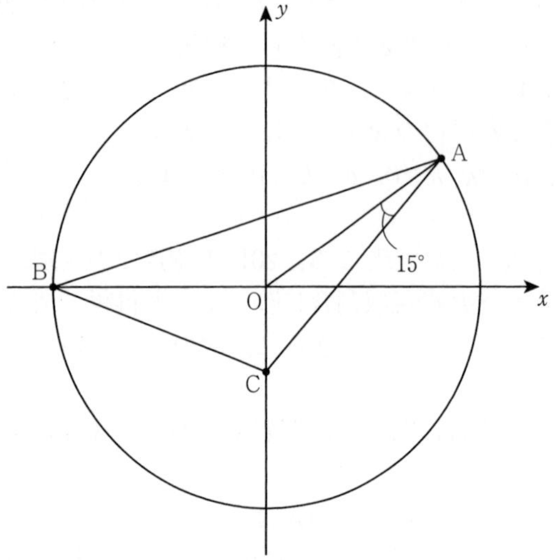

5　右図のように，AB$=$BC$=1$，AE$=4$の直方体ABCD-EFGHがあり，辺CGの中点をMとします。また，辺BF上に点I，辺DH上に点Jをとり，4点A，I，M，Jが同一平面上にあり，ひし形を作るようにします。さらに，辺BGと辺IMとの交点をK，辺CHと辺MJとの交点をLとするとき，以下の問に答えなさい。

問1．ひし形AIMJの面積を求めなさい。

問2．線分比IK：KMおよび，ML：LJを求めなさい。ただし，解答欄の展開図に線分，および線分比を求める際の途中過程を書きこむこと。

問3．右図(立体図)での△KLMの面積をS，**問2**解答欄の展開図(平面図)での△KLMの面積をTとするとき，面積比$S:T$を求めなさい。

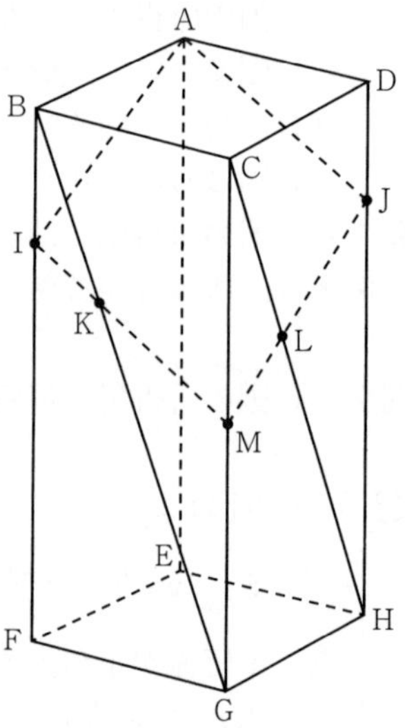

6　座標平面上で，サイコロを2回振ります。1回目に出た目aを直線l：$x+y=4$上にある点Pのx座標とし，2回目に出た目bを直線m：$x+y=6$上にある点Qのx座標とします。このとき，以下の問に答えなさい。

問1．3点O，P，Qが同一直線上にあるときのa，bの組合せを(a, b)の形ですべて答えなさい。

問2．3点O，P，Qを頂点とする直角三角形ができるときのa，bの組合せを**問1**と同じ形ですべて答えなさい。

ア　「が」　イ　「を」　ウ　「へ」　エ　「に」

問二　——線部1「けふ」を現代仮名遣いに改めなさい。

問三　[D]に入る数字を漢字で答えなさい。

問四　——線部2「すぐにかけおち」とあるが、どうしてそうしたのか簡潔に説明しなさい。

五

次のⅠ・Ⅱの漢文を読んで、それぞれ後の設問に答えなさい。

Ⅰ　良農ハ不《ず》下為ニ二＊水旱《かん》ノ一不《ざ》ルヲセ上耕サ。

（『荀子』）

＊水旱…水害と干魃《かんばつ》。

問一　右の漢文の——線部を書き下し文（漢字・仮名交じり文）に改めなさい。

問二　右の漢文の内容に最も近いものを次から選び、記号で答えなさい。

ア　良い農家は水害や干魃の時には耕さない。
イ　良い農家は水害や干魃の時にも耕す。
ウ　良い農家は水害や干魃の時には耕すかもしれない。
エ　良い農家は水害や干魃の時には耕さないかもしれない。

Ⅱ　苟《いやしく》モ得レバ二其ノ養ヒヲ一、無シ物トシテ不ル長ゼ。

（『孟子』）

【書き下し文】　苟も其の養ひを得れば、物として長ぜざる無し。

【現代語訳】　適当な養分を得れば、どんな物でも成長しないものはない。

問一　右の漢文の——線部に、書き下し文を参考にして返り点を付けなさい。（読み仮名・送り仮名は不要）

六

次の各設問に答えなさい。

問一　「人間失格」の作者名を次から一つ選び、記号で答えなさい。

ア　芥川龍之介《あくたがわりゅうのすけ》　イ　川端康成《かわばたやすなり》　ウ　太宰治《だざいおさむ》
エ　夏目漱石《なつめそうせき》　オ　森鷗外《もりおうがい》

問二　「（　）をそろえる」が「金額を不足なくそろえる」という意味の慣用句になるように、（　）にあてはまる体の一部を表す漢字一字を答えなさい。

問三　次の中から他動詞を一つ選び、記号で答えなさい。

ア　憤る　イ　老いる　ウ　座る
エ　助ける　オ　離れる

問四　次の(1)・(2)の中から用法の違うものをそれぞれ一つ選び、記号で答えなさい。

(1)
ア　私は人前で話すのが得意なので司会を引き受けた。
イ　彼女はいい人ではあるが頼りないところがある。
ウ　一生懸命探したが見つからないのです。
エ　ずいぶん久しぶりですがお元気でしたか。

(2)
ア　定年後は心の赴くにまかせて暮らしている。
イ　月の明るい夜だからもう少し歩いていたい。
ウ　あなたの選んだ答えは間違っていません。
エ　その問題を考えるのは面倒に感じられる。

問五　次の文の——線部1・2の語の説明として最も適切なものをそれぞれ後から選び、記号で答えなさい。

このまま膠《こう》着状態が1続いたとしても、2きっと彼は本当のことは言わないだろう。

ア　動詞の連用形　イ　動詞の連体形
ウ　動詞の仮定形　エ　形容詞の連用形
オ　形容詞の連体形　カ　形容詞の仮定形
キ　形容動詞の連用形　ク　形容動詞の連体形
ケ　形容動詞の仮定形　コ　助動詞の連用形
サ　助動詞の連体形　シ　助動詞の仮定形
ス　助詞　セ　名詞
ソ　副詞　タ　連体詞

し、始めの三字を答えなさい。

問八　[B]・[C]にあてはまる語として最も適切なものをそれぞれ次から選び、記号で答えなさい。（同じ記号は一度しか使えない）

ア　感情　　イ　予想　　ウ　抽象　　エ　理想　　オ　理性

問九　――線部5「ご都合主義のフィクション」とはどういうことか。最も適切なものを次から選び、記号で答えなさい。

ア　飢えて死んでいくアフリカやアジアや中南米の人たちを救うことには限界があるということ。

イ　自分の力で行える範囲は思っているよりも狭く、捨てられた猫をすべて拾うことは難しいということ。

ウ　世界の難民のために募金をすれば、救われる人がいるということ。

エ　保健所で処分されるのを待つ猫や犬にも助かる道はあるということ。

オ　目の前の猫を助けることが、結果的に多くの猫を救うことに繋がるということ。

問十　――線部6「子猫に働きかけをしてしまった」とあるが、具体的に何をしたことを指しているか。本文中から四十字以内（句読点を含む）で抜き出し、始めの三字を答えなさい。

問十一　本文の説明として最も適切なものを次から選び、記号で答えなさい。

ア　会話文を多用しながら、猫への深い愛情を表し、動物に対する人間のあり方を考察している。

イ　彼女（妻）との日常を描きながら、人物描写を中心として人間とは何かを描いている。

ウ　自身の想像を入れながら、過去に経験したことを思い出して、情景を丁寧に描写している。

エ　世間のものの考え方を客観的に説明する中で、自身の振る舞いに罪悪感を抱いている。

オ　猫への愛情を細かな感情表現を使いながら全体を通して描き、命の大切さを訴えている。

四

次の古文を読んで、後の設問に答えなさい。（本文の表記を一部改めた）

ある人、人相[A]見てもらった所が、「いや、お前は気の毒ながら、あしたの*七つ時[B]は、死なしやる相[C]見へます」と聞いて、肝をつぶし、そうそう内へ帰り。家内にもその事を言いきかせて、それぞれに遺言し、あくる日、朝から友達を集めて、酒さかなを出《い》だし、「さて、おれも1けふの七つ時には死にますから、これが*暇乞《いとまご》ひだ」と、酒をすすめるうち、もふ時計がチンチンと四つを打つ。友達ども、「それは残り多い。しかし、あとは*案じさしやるな、おいらがのみこんだ」と、*さいつおさへつするうち、もふ[D]つ。「さあもふ。ふたときだ。にぎやかにして下され」というち、はや八つを打つ。亭主、「これは情けない。もふ、たったひと時だ」と、かれこれするうち、また時計がチンチン。亭主「もう七つか。これはたまらぬ」と、2すぐに*かけおち。（『臍くり金』）

*七つ時…時を知らせる鐘が七回打つ時刻。鐘の回数と時刻との関係は次の通りになる。
九つ（0時）→八つ（2時）→七つ（4時）→六つ（6時）→五つ（8時）→
四つ（10時）→九つ（12時）→八つ（14時）→七つ（16時）→六つ（18時）→
五つ（20時）→四つ（22時）

*暇乞ひ…別れの挨拶。

*案じさしやるな…心配するな。

*さいつおさへつ…他人の杯に酒を注いだり、他人が注ごうとするのを止めたりすること。

*かけおち…逃げること。

問一　[A]～[C]にあてはまる語として最も適切なものをそれぞれ次から選び、記号で答えなさい。（同じ記号は一度しか使えない）

ここで立ち去ってしまっても、世界全体で起こっている生き死ににには何も関係がない、と言って、さっさと立ち去ることもできるし、そんな子猫ごときにかかずらっているヒマがあったら、世界の難民救済の募金にでも行った方がいい――というのは一見正しい理屈のように見えるかもしれないけれど、4じつは全然正しくない。

それは世智《せち》にだけ長《た》けて、わかったようなことを若いタレントに向かって頭ごなしにしゃべる、五十すぎの関西芸人の理屈にとてもよく似た理屈で全然正しくない。そういうバカな理屈を出す人にかぎって世界の難民や飢えた子たちへの募金をするわけではないということではなくて、人間というのは、自分が立ち合って、現実に目で見たことを基盤にして思考するように出来ているからだ。人間の思考はもともと「世界」というような［B］でなくて目の前にある事態に対処するように発達したからで、純粋な思考の力なんてたかが知れていてすぐに限界につきあたる。人間の思考力を推し進めるのは、自分が立ち合っている現実の全体から受け止めた［C］の力なのだ。そこに自分が見ていない世界を持ってくるのは、突然の神の視点の導入のような根拠のないもので、それは知識でも知性でもなんでもない、5ご都合主義のフィクションでしかない。もっともそんなことをいくら強調してももともと捨て猫に関心のない人は別だ。現にここでも人だかりをかすめて子猫の横を歩いていった人たちもいた。それはそれで仕方ない。

とにかく、子猫に対して行動を起こしたのが私でなかったら、私と彼女はその人に任せたことにしてこの場を立ち去り、お母さんのお墓参りを済ませて、「笹乃雪」で豆腐料理を食べながら、

「子猫どうなったかな」

「あの人、あんまりアテにならないみたいだったけどな」

「拾っておけばこんなに気になることはなかったよね」

などと言いながら、結局、豆腐料理の方も楽しめなかったというようなことにはなっても、それで子猫とはもう二度と会わなくなって、おもしろくはないがおもしろくはないなりの解決になっただろうが、6子猫に働きかけをしてしまったのは私だった。

（保坂和志「生きる歓び」）

問一　――線部1「そういうこと」の内容にあたる具体的な部分を本文中から二十字以内（句読点を含む）で抜き出し、始めの三字を答えなさい。

問二　――線部2「『わずらわされる』と感じるのは、私が主夫の部分を仕事と位置づけていないから」とあるが、なぜ「『わずらわされる』と感じ」ないのか、二十字以上三十五字以内（句読点を含む）で説明しなさい。

問三　〰〰線部①・②について、次の各問に答えなさい。

①　「便乗したい」とあるが、「便乗する」の意味として最も適切なものを次から選び、記号で答えなさい。

ア　一緒に楽しむ　　イ　機会を利用する
ウ　出掛ける準備をする　　エ　否定的な振りをする
オ　便利さを満喫する

②　「無下に」の意味として最も適切なものを次から選び、記号で答えなさい。

ア　仕方なく　　イ　そっけなく　　ウ　たくさん
エ　辛《つら》そうに　　オ　無理に

問四　（Ⅰ）・（Ⅱ）にあてはまる語として最も適切なものをそれぞれ次から選び、記号で答えなさい。（同じ記号は一度しか使えない）

ア　こっそり　　イ　しんみり　　ウ　たっぷり
エ　ヒッそり　　オ　べったり

問五　――線部3「まわりで人だかりを作っている人間たちの気がかり」とあるが、どのようなことが「気がかり」か、二十五字以内（句読点を含む）で説明しなさい。

問六　［A］にあてはまる漢字一字を答えなさい。なお、二か所ある［A］には同じ語が入る。

問七　――線部4「じつは全然正しくない。」とあるが、それはなぜか。その理由を本文中から五十字以内（句読点を含む）で抜き出

になっても猫はずっとやるのだが、乾いて埃《ほこり》が立つような土の道のど真ん中で、（Ⅱ）と日に当たりながら、胴と頭を合わせて十センチにもならないような、和菓子の饅頭《まんじゅう》を二つくっつけたぐらいの子猫が、3まわりで人だかりを作っている人間たちの気がかりとはあまりに落差のあるのどかさで眠っていて、その上ではカラスが桜の枝に一羽止まっていて、枝の上をせわしなく右へ左へと動いて、自分の「餌《えさ》」と位置づけたらしい道の子猫を食べるために、人間がいなくなるのを待っていた。

人だかりを作っていたのはたしか三組の墓参り客で合計八人ぐらいで、その中の大半はこのようなところに居合わせてしまって、気がかりなのが半分と、②無下《むげ》に通りすぎることの不人情に対する仲間うちの視線への気づかいが半分といった感じで、そこに新しく入っていった私と彼女を含めて全員が、自分が[A]をくださないで何らかの解決が得られるのを文字通り[A]をこまねいて待っているというか見守っているといったところだった。

子猫の大きさからみて生後二週間か三週間ぐらいで、日に当たってのどかそうにはしているものの、小さな全身が薄汚れていかにも弱っていて、ここでもしこの子猫の親猫があらわれて連れていってくれたとしても本当に育つかどうかはかなり怪しかったけれど、私が期待した解決はまずはそれで、まわりを見回すとカラスが止まっている桜の木の根元から少し離れた日陰になっている物かげから子猫の様子をうかがっている黒のトラ縞《じま》の猫がいたので、私はそれが親なのに人だかりが出来てしまっているから近づけないというか咥《くわ》えて持っていけないのではないかという想像をして、そのことを彼女(妻)に言った。彼女はそういうことをあまり期待していない気のない調子の返事を、子猫をずっと見たまま返してきた。

（中略）

家《うち》ではしばらく三匹飼っていたけれど、二年半前の九六年の暮《くれ》に一番若かった茶トラが四歳数ヵ月でウィルス性の白血病で死んで以来、二匹の状態がつづいている。去年の夏に近所の公園で生後二ヵ月ぐらいの、ものすごく動きの激しい子猫を拾ってきて、いまいる二匹との様子を見たのだけれど、動きが激しすぎて上のオスは追いかけられて逃げ回りっぱなしだし、下のメスは子猫の無神経さに頭にきて、「ウウ、ウウ」おこりっぱなしで、仕方なく里親を探してもらってもらったくらいで、いまいる二匹のことを考えると、道でこうしてうずくまっている子猫を見つけても気軽に拾うわけにはいかない。

それで話はもどるが、ぱっと見た印象ですでにじゅうぶん弱々しいから親猫ぐらいでは育つかどうか相当怪しいと思いつつも、目の前にある事態に形だけ対処すればいいという、ありがちなズルい気分で私は人の輪から二、三歩進み出て子猫をつまんで、大人の猫のいたところに置いてみた。その猫が本当に母猫だったら、もしかしたら人間の匂《にお》いのついた子猫なんか食べてしまうかもしれないが、そこまできちんと考えたわけではなかった。私が持っていくと大人の猫は生け垣の向こう側に引っこんでしまった。人間がいなくならなければ母猫は子猫を助けないのかもしれないが、人間がいなくなると桜の木の上でずっと待っているカラスが即座に咥えていってしまうだろう。カラスは図々《ずうずう》しくて人間の頭から一メートルも離れていない枝にいて逃げる気配はまったくなくて、だから私と彼女と、もう一組、恋人同士風のカップルが子猫から離れることもできずに様子を見ていたが、他の人たちはいなくなっていた。私にしても誰かが行動を起こしてくれていれば、その人が責任を持つだろうと一方的に仮定してこの場を去っていただろうが行動を起こしてしまったのは私だった。

だいたい、捨てられたり親からはぐれてしまった子猫なんて、その同じ時刻に日本の中だけでも何百匹といただろう。こうして私が家の中でこんなことを書いている時刻にも、拾われなければ死んでゆくしかない猫がたくさんいる。保健所にいけば処分されるのを待っている猫も犬もいる。アフリカでもアジアでも中南米でも飢えて死ぬのを待っている子どもたちがたくさんいる。だから、私がいま

問八　Ｖ　にあてはまる語として最も適切なものを次から選び、記号で答えなさい。

ア　相対的　　イ　恣意的　　ウ　複眼的
エ　一面的　　オ　機械的

問九　本文の内容と**合致しないもの**を次から一つ選び、記号で答えなさい。

ア　学校という特殊な場で通用する教育についての素朴理論は、間違いを含むものが多い。
イ　シェーク状のアイスクリームを開発した人は、学校教育とは異なるプロセスを経て課題を解決した。
ウ　知性は環境の影響を受けて発現するが、学校では環境のサポートを不要とする知性を評価しがちである。
エ　学校教育以外の場面においては、「基礎から応用」という素朴概念が機能する可能性はない。
オ　施設での生活で認知症の症状が悪化するのは、従来の環境と切り離された生活をするためである。

三

次の文章を読んで、後の設問に答えなさい。

去年は一月二月三月に雪がドカドカたくさん降って、家の北側の屋根に積《つも》った雪が隣りの庭に落ちて、南天や紫陽花《あじさい》の枝を折ったり曲げたりして謝りつづけていたが、今年は雪が降らず余計な気づかいをしないですんだが四月には雨が多くて、洗濯をしたり布団《ふとん》を干したりするタイミングに心をわずらわされて、そういうことでわずらわされている自分をバカみたいだとは思うけれど、それは私の生活の中での主夫の部分だからしょうがなくて、子どもがいる専業主婦はそれなりに楽しみも多いのだろうが、そういうつまらないことでわずらわされることも多いのかと思いつつも、1そういうことでいちいち2「わずらわされる」と感じるのは、私が主夫の部分を仕事と位置づけていないからなのかもしれないなどとも思いつつ、四月も終わって、五月一日の土曜日、世間ではゴールデンウィークの真最中《まっさいちゅう》だったが、家《うち》では三月に「彼女」から「妻」になった妻というか彼女が前日の四月三十日は仕事だったし、五月一日も朝から昼すぎまで仕事があったので、まともなゴールデンウィークという気分ではなかったけれど、それでも世間のゴールデンウィークに①便乗したい気分はあるもので、彼女の仕事が終わったらこっちに連絡をもらって、日暮里《にっぽり》駅で待ち合わせて、谷中《やなか》の墓地に彼女のお母さんのお墓参りに行って、その帰りに「笹乃雪《ささのゆき》」という豆腐料理専門の店で夕食を食べようということになった。

私の記憶では五月一日は晴れていてかなり暑かった。季節の推移は年ごとに違っていて、真冬の格好から真夏の格好にいたる途中は、あまり厚くないコートやジャンパー、セーターかジャケットだけ、薄地のジャケット、長袖《ながそで》のシャツ、半袖のシャツといろいろな段階があってもいいはずなのにだいたい年ごとに飛び越してしまう服の気温帯があって、今年はやや厚地のジャケットとかジャンパーとか薄地のコートの気温がなくて、五月一日も初夏にちかい陽気で私は薄地のジャケットにジーパンで日暮里まで行って、彼女と落ち合ってほんの二、三分歩いて谷中の墓地に入っていった。

彼女のお母さんのお墓にはそう決めたわけでもないのにだいたいいつも決まってゴールデンウィークに来ることになっていて、そうはいっても私の方は今年でたったの三度目か四度目で彼女の歩くままに歩いていくと、お墓より先に寄る花屋さんまでの経路はうろ憶《おぼ》えの記憶よりずっと単純に、まっすぐ歩いて左に曲がるだけだったのだが、左に曲がってほんの少しいくと幅三メートルほどの土の道に人だかりが出来ているのが見えて、その真ん中で子猫がうずくまっていた。

猫を飼ったことのある人ならたぶん知っていると思うが、子猫は「顔面睡眠」という眠り方をしていて、どういうのかというと、人間に置き換えれば正座をしている状態からバタンと上半身を前に倒して顔が（　Ｉ　）と床についてしまった姿勢で、この眠り方は成猫《せいびょう》から切り離されるからなのだと思う。家族がいればわからないことを訊《たず》ねることができる。一人暮らしの場合でも、自宅では物忘れを防止するためにさまざまな工夫をしている老人はたくさんいる。多くの場合、必ず見えるところに鍵を置くようにしているし、電話の側には詐欺対応のマニュアルが置いてあるし、洗濯機の横にはその操作手順が箇条書きされた紙が貼られていたりする。こうした環境の構築、そこからのサポートでなんとか生活を行なっている。むろん家族がいれば、家族からのフィードバックがたくさん得られる。しかし施設に入れば、そうした環境はなくなってしまう。だから頭の中に覚えていることだけでやらねばならなくなる。また診断のためのテストも、環境をうまく利用するという側面に触れるものはほぼない。

私の母がまさにそうした状態だった。もっとも驚いたのは、施設を訪ね、なんだか話が噛《か》み合わないと思いながらも20分ほど話していたら、なんと私を弟（顔は違うし、話し方も、着ているものも違う）だと思って話していたのだ。家にいれば、私が座る場所、そこでの行動（タバコを吸う等々）などが手がかりになっていたので、そうした間違いは生じなかったのだと思う。一方、施設に行けばそうした環境からの手がかりは得られなくなる。これが母の誤解の原因なのではないかと考えている。

学校教育で行われているテストは、知性の重要なパートナーである環境を剝奪することが前提となっている。こうした評価は［Ｖ］ではないだろうか。環境のサポートがない状態でうまく働く知性が、サポートのある場面では必要ないこともあるだろうし、サポートなし環境に備えた努力（特にテストのための一夜漬けの勉強）はさしたる意味がないことも多いと思う。

（鈴木宏昭『私たちはどう学んでいるのか　創発から見る認知の変化』）

＊第2章…本文より前の記述。

問一　――線部1「素朴理論」とはどのような理論のことか。四十字以内（句読点を含む）で説明しなさい。

問二　――線部2「人間は前の世代の肩の上に乗って進歩を遂げていくことができる」とあるが、「前の世代の肩の上に乗」るとはどういうことか、二十字以内（句読点を含む）で説明しなさい。

問三　――線部3「普遍」の対義語を次から一つ選び、記号で答えなさい。

ア　一般　イ　特殊　ウ　異質　エ　妥協　オ　非凡

問四　［Ⅰ］～［Ⅲ］にあてはまる最も適切なものをそれぞれ次から選び、記号で答えなさい。（同じ記号は一度しか使えない）

ア　しかし　イ　やはり　ウ　むろん
エ　また　オ　はたして

問五　――線部4「現実はどうなのだろうか。」とあるが、「現実」の説明として最も適切なものを次から選び、記号で答えなさい。

ア　問題とその正解の創発まで、すべてを一人でやらなければならない。
イ　正解のない問題を自ら作り出し、その解決策を探求しなければならない。
ウ　多くの他者に意見を求め、それを参考に問題を創作しなければならない。
エ　望ましい状態と現状の差を埋める、唯一の操作を見つけなければならない。

問六　［Ⅳ］にあてはまる語句として最も適切なものを次から選び、記号で答えなさい。

ア　現実では自分で問題を創発するから
イ　問題を解くための操作は複雑だから
ウ　どんな問題に直面するかが不確定だから
エ　応用の前の基礎問題は意味がないから

問七　――線部5「学校の話から外れるが」とあるが、認知症の話を取り上げているのは何を説明するためか。「～こと。」に続く形で本文中から二十五字以内（句読点を含む）で抜き出し、始めの三字を答えなさい。

ならないのだ。また言うまでもないことだが、彼が問題を解決しようとした時には、正解を知っている教師はいない。そもそも正解なんか、誰一人わからないことが多いのだ。

つまり学校で通用する、「問題がある」、「正解がある」、「教師がいる」という前提は成り立たない場面が多い。問題は自分で創発させなければならない、正解はあるかどうかわからない、答えを知っている人も（少なくとも周りには）いない、そうした学校とはまったく異なる場面が私たちの日常を形成している。

これと関連したもう一つの素朴概念は「基礎から応用」というものだ。基礎的なことを学習した後に、それを応用するものが用意される。ここでは単純から複雑という素朴概念も関係しているだろう。最初に単純なことを学習し、それを組み合わせてより複雑な問題にチャレンジすることがふつうだと思う。先程の言い方をすれば、基礎的なこと、単純なことは、応用や複雑な問題を解くときの操作として機能する、ということになるだろう。

ただこれもあまり現実世界にはない話だ。それは［　Ⅳ　］だ。どんな問題が出てくるのか、どこらへんの問題が出てくるのか、そうしたことがわかれば、事前に操作を学習しておくことはできるだろう。しかし、現実世界ではそうしたことはわからない。だからその場で必要な操作を学ばなければならないことはとても多い。

大学では教養課程（最近はそういう言葉を使わないが）で、3、4年でやることの基礎になることを教えるという建前《たてまえ》になっている。しかし当然だが教養で学んだことだけでやれることなどほとんどない。そうした場合、何を学べば問題を解くのに有効か、どんな書籍や論文にあたれば有効かを自分でその場で考えなければならない。これは大学で研究をしているような私たち教員にも当てはまる。これまで学んだことですぐにわかってしまうような問題はそもそもつまらない問題が多い。だから、未知の領域にチャレンジし続けなくてはならないのだが、未知の問題なのでそれの基礎というのを事前に知ることはできない。

学校で通用する「基礎から応用」という前提は成り立たない場面があるのだ。自分で創発させた問題の解決を目指し、自分の認知的リソース、環境のリソースを揺らぎながら探索していくしかない。

学校のテストというのは全員が沈黙の中で一人で問題を読み、一人で答える。相談したり、参考書を開いたりすることは許されない。そうした状況で良い成績を取る人が頭のいい人とされる。頭の中に蓄積したこと（つまり*第2章で述べた認知的リソース）だけを元にして評価が行われる。これに違反するとカンニングと呼ばれ、処罰の対象となる。

しかし、これまでの章で何度も述べてきたように、人の知性は環境を前提として組み立てられている。環境に働きかけ、そこから情報を得て、そこからまた考えて再度環境に働きかけるというサイクルの中で知性は発現するのだ。ここでの環境はいわゆる物理的な環境だけでなく、周りの人々も含んだものである。必要な資料を検索する、同僚、先輩に意見を求める、そうした中で私たちは認知を営んでいるのだ。

だから情報をうまく引き出す方法を知っていることは、頭の中にある認知的リソースを適切に働かせることにつながる。関連する書籍を見つけ出す、その目次を利用する、索引から調べる、検索ソフトの使い方を知っている、そこでの絞り込み方を身につけている、そうしたことは頭がうまく働くためには必須だ。また自分の置かれた状況をわかりやすく相手に伝える、うまいアドバイスを得るための質問ができる、こうしたことも社会の中で知的に行動するためには必須のことだ。さらに言えば、うまく知性を働かせる環境を用意する、いい仲間づくりをすることもとてもだいじなのだ。

5学校の話から外れるが、認知症の兆候があるということで、特別な施設などに送られると、一挙にその症状が加速するという話をよく聞く。施設にはむろんその専門家がおり、症状に応じた適切な処置がなされているはずなのにどうして悪化するのだろうか。それは右で述べたように、患者の知性がうまく働く、慣れ親しんだ環境教育というと、多くの人は連想的に学校教育をイメージして、そこから考え始める。しかし学校教育はとてもとても特殊な学習環境であり、それをベースにした素朴理論は学校教育という特殊な条件のもとでの経験を過剰に拡大したものであることが多い。以下ではそれを批判的に検討したいと思う。

教育、学習というと、多くの人の頭の中には連想的に学校でのそれが思い浮かぶ。ここにはとてもたくさんの構成要素からなる素朴理論があるように思う。その中で「問題と正解」について考えてみたい。多くの人は、

・問題は出される(既にある)
・正解がある
・正解を知っている人がいる(先生)

というようなものを典型的な教育・学習場面だと考えるのではないだろうか。確かにそれらは学校では半ば当たり前のことになっている。先生が正解を知っている問題を出して生徒に問う、そこでの反応を見て生徒を評価するというのは学校の日常的な光景である。

ここで認知科学的に問題というものを考えてみる。問題というのは、望ましい状態と現状が一致していないことを指す。そして問題を解決するというのは、望ましい状態と現状が一致した状態のことを指す。どうやって一致させるかというと、現状に何らかの操作を加えることでそれを行う。問題は単一の操作で解決できることは稀《まれ》なので、複数の操作をうまく順序立てて行わなければならない。つまり解決過程の各時点で、いろいろな操作の中から適切なものを選び出さなければならない。これをうまくやれば解決である。

学校で出される問題のほとんどは、望ましい状態は「……を求めよ」のような形で明確に示される。また現状は問題文の中に記述してある。そして問題解決のために使う操作は、先生が授業の中で事前に教えている。数学などはこれにピッタリと合致する。

学校ではそれでいいのだが、4現実はどうなのだろうか。こういう話を講義でするときにいつも話すエピソードがある。それはロッテの「クーリッシュ」という氷菓の開発のことだ。少し古いのだがお付き合いいただきたい。アイスクリームの市場は94年をピークに毎年落ち込んで来ていたという。そこでロッテの商品開発部の担当者は、若者数百名にインタビューをした。すると若者たちはアイスではなく、ペットボトル飲料によって夏の暑さや渇きを癒しているということが明らかになった。そこでこの担当者は、「アイスも持ち運びやすく、飲めるようにすれば良い」と考え、パウチ容器にシェーク状のアイスを入れようと考えたそうだ。ただそこから、コストの問題、アイスの温度の問題などが出てきた。これらの問題をクリアして発売に至ったのだが、初年度の売り上げは予想以上であり、当初の目標の2倍以上に引き上げられたという(この部分は２００3年11月29日の朝日新聞の記事に基づいている)。

さてここでの問題とは何だろうか。よくいるのだが、アイスの売り上げが減少していることと答えた人は間違いである。ある困った事態が発生したときに、それを問題と考える人がいるが、それは違う。それは現状である。望ましい状態は売り上げを増やすこと(減らさないこと)である。ただ、売り上げを上げたいと念じていても売り上げは上がらない。だからこのレベルで問題を捉えても解決はできない。そこで問題をより具体的で、操作が可能な問題の形に変形しなければならない。そこでこの開発者はインタビューを通して、「持ち運びやすく、飲める」アイスを開発するというゴールを作り出す。これによって問題自体を創発させているのだ。この問題の解決のためのオペレータは、パウチ容器を用いるとか、シェーク状にするなどである。もちろんそこからさらにいくつもの問題が出てくるのだが、この開発者の素晴らしいところは、問題を作り出している=創発させているという点にある。問題は初めは存在していないのだ。単に困ったなぁというのは問題ではない。自分が用いることのできる操作がうまく適用できるように、自分で作り出さなければ

二〇二三年度　中央大学高等学校

【国　語】〈五〇分〉〈満点：一〇〇点〉

〈注意〉解答に字数制限がある場合は、句読点等も字数に含まれます。

一　次の各文の――線部について、(1)～(5)の片仮名をそれぞれの文意に合うように漢字に改めなさい。また、(6)～(10)の漢字は読み方を平仮名で記しなさい。

(1)　食品問屋が小売店に品物をオロす。
(2)　ことのホッタンは私が嘘《うそ》をついたことだった。
(3)　教育を受ける権利は憲法でホショウされている。
(4)　友人が帰った自室は急にセイジャクに包まれた。
(5)　悲しい出来事があり目がハれるくらい泣いた。
(6)　負けず嫌いの彼はいつも勝ち負けに拘泥する。
(7)　例の一件について先方は訴訟を取り下げてくれた。
(8)　コロナ対策のガイドラインを遵守してイベントを開催する。
(9)　顧客の指摘を真摯に受け止め業務の改善に生かす。
(10)　先生は私の拙い文章を根気強く添削してくれた。

二　次の文章を読んで、後の設問に答えなさい。

　私たちは特に教育を受けなくても、教えられなくても多くのことを知っている。手に持っている物体を空中で離せば、それは落下する、力を加えれば物体は動く、重いものは動かしにくいなどは、中学で物理を学ぶまでは知らない、というわけではない。生き物は成長する、餌を与えなければ動物は死ぬ、病気はうつることがある、等々もそうだ。学校で理科を学ぶずっと前からそんなことはみんなよく知っている。

　つまり私たちは自分の経験、他者の経験の観察から、教わることなしに知識を獲得している。そうした知識はバラバラに存在しているわけではなく、相互に繋《つな》がりあって、ゆるい体系のようなものを作り出している。これらは科学的な知見が体系化されて理論を作り出すことに似ている。そうした意味で、「素朴」という修飾語をつけて、1素朴理論と呼ばれている。生物、物理、心理などが代表的なものとなっている。

　人間の生活にとって生物、物理、心理はとてもだいじなものであるが、これ以外にもだいじなものがある。それは教育と学習だ。人間は上の世代が下の世代になんらかの教育を行い、下の世代は上の世代の教えを学習することで、他の動物にはない発展、進化を遂げた。自分が実際に経験をしなくても、上の世代、あるいは同世代の他の人の経験を共有することができる。複雑な道具を制作するときに、作り方を教わる、あるいは観察を通して学習することで、制作段階での試行錯誤をスキップすることができる。「このキノコは食べたやつが死んだ」ということを言語などを通して伝えられれば、それを食べる危険を避けることができる。つまり2人間は前の世代の肩の上に乗って進歩を遂げていくことができるのだ。他の生き物がまったく行えないかと言えばそうとは言えないかもしれないが、人間がこうした文化的学習と呼ばれる仕組みを最も広範に用いていることには多くの人が同意してくれるだろう。

　教育、学習はこれほどだいじなものであり、人類に3普遍的に存在している。だから「教育学概論」などという講義を受講しなくても、誰もが教育や学習についての素朴理論を作り上げているはずだ。［Ⅰ］教育、学習の経験は人それぞれであり、人によって異なる部分もあるだろう。［Ⅱ］国や文化によっても異なるかもしれない。［Ⅲ］多くの人が共通に信じていることも相当あると思う。

　ただ教育についての素朴理論は、間違いを含むものも多い。また完全な間違いとは言わないが、強い限定をつけない限り正当化できないものもある。そうした次第でまずこれら学校教育由来の素朴理論を創発的な認知的変化の観点から再検討しようと思う。

英語解答

1

問1　ウ　　問2　エ

問3　3－Ⅰ　ウ　3－Ⅱ　ア

　　3－Ⅲ　イ

問4　イ　　問5　ア

問6　A…ク　B…キ

問7　(例)家族の売り台を穴に投げ入れようかと思ったが，特別なものなのでやめた。(34字)

問8　(例) Because she got priceless wisdom that cannot be bought with money.

問9　(例)誰も彼女の話を本当だと思わなかったが，彼らはその中にある教訓を信じた。

問10　エ，カ

2

問1　ア

問2　(例)James は多くの本を持った金持ちの男で，Andrew のような働く少年たちに，無料で自分の図書室を使わせた。

問3　(例)自分の会社で鉄道の橋をつくり，その後は橋や機械などをつくるための鉄をつくった。(39字)

問4　A…イ　B…オ〔カ〕

問5　ウ

3

1　ウ　2　エ　3　ア　4　ウ

5　イ　6　エ　7　ア　8　ウ

9　イ

4

1　going　2　faster　3　to

4　haven't　5　so

5

1　laugh　2　shoulder

6

1　A…エ　B…ア

2　C…ウ　D…イ

3　E…オ　F…キ

7

1　B　2　A　3　C　4　D

5　C　6　C　7　B　8　D

9　A　10　A

11　nervous　12　yourself

13　rest　14　manage

15　carefully

1〔長文読解総合―物語〕

≪全訳≫**1**ジョアンナは市場の商人の娘だった。彼女は家族と一緒に山に住んでいた。最も高い山には，ストーンフルーツが実っていた。ジョアンナの家族はそのことを知っている唯一の人たちだった。**2**ストーンフルーツはとても人気があり，おいしかった。ジョアンナの家族はそれを地元の小さな市場で売っていた。しかし，首都にある大きな市場で売れば，もっとたくさんのお金を手にすることができるだろう。でも，彼女の母親は，大きな街で売るなんて愚かだと言った。**3**それでもジョアンナは挑戦することを夢見た。母の死後，彼女はついに大きな街への長い旅に出る準備をした。**4**ジョアンナは首都までずっと歩いた。彼女は全てのストーンフルーツと，彼女の家族が長年所有していた美しい木製の売り台を運んだ。この売り台で，彼女はストーンフルーツを売るつもりだった。**5**ようやく街に着くと，彼女はとても疲れていて，お金もなかった。しかし，3－Ⅰ街に入るにも市場を利用するにもお金を払わなければならなかった。十分なお金を手に入れるために，3－Ⅱ彼女は美しい家族の売り台を売らなければならなかった。申し訳ないと思ったが，おそらく果物を売った後，3－Ⅲ家に戻る前に売り台を買い戻すことができるだろう。**6**しかし，街への長旅の後で，彼女のストーンフルーツは古くなり，腐っていた。それを買いたいと思う客などいなかった。**7**彼女は果物も，売り台もお金も全て失ってしまった。

❽市場を出るとき，彼女は悲しくなり怒りがこみ上げた。彼女は街を歩き，多くの店を通り過ぎた。ある店で，彼女は自分の家族の美しい手づくりの売り台を見かけた。それはとても高い値段で売られていた。彼女は泣き出し，横になると眠ってしまった。❾ジョアンナが再び目を覚ますと，辺りは暗かった。彼女は通りの向こうにある何かに気づいた。それは壁に開いている穴だった。❿ジョアンナはまだ怒っていた。彼女は古いブーツを片方だけ脱いでそれを放り投げた。それは穴の中に消えていったが，何ひとつ音は聞こえなかった。ブーツは消えていった。それは自分の愚かな考えで彼女が失ったもう１つのものとなった。⓫しかし，そのとき，何か光るものが穴から戻ってきた。それは彼女の目の前の地面に落ちた。１枚のコインだった。食事をするのに十分な金額だった。古いブーツよりも価値のあるものだった。⓬冗談に違いない，と彼女は思った。彼女はもう片方のブーツを脱ぎ，それも穴の中に投げ入れた。もう１枚のコインが出てくると，２枚目，３枚目とコインが出てきた。⓭ジョアンナは一番近くのコインを手に取った。彼女はそれを顔に近づけた。本物だった！　彼女は残りのコインを手に取った。３ペニーもあった。これで新しいブーツが買えるだろう。⓮彼女はすぐにベルトを外し，旅行コートとジャケット，それに両方の靴下を脱いだ。そして穴の中にそれぞれ放り込んだ。⓯すぐに，彼女はコインを何枚か手にしていた。夜が明けるまで，彼女はコインを何度も何度も数えた。⓰翌朝，ジョアンナは裸足で肌着姿で，小銭を持ち店から店を回った。彼女は必要最小限の新しい服とブーツを買い，商人たちが彼女に売ってくれた古くて壊れたものや，使い物にならないものも全て買った。⓱お金を全て使い果たすと，ジョアンナは穴を見つけた場所に戻った。彼女は待った。夜になると，穴は再び現れた。⓲一つ一つ，彼女は古くて役に立たないものを穴の中に放り込んだ。かばんだけが残った。朝日が昇ると，かばんはコインでいっぱいになった。⓳ジョアンナは市場に戻り，他のたくさんのよさそうなものだけでなく，もっといい服やブーツも買った。しかし，最も重要なことは，彼女が高価な店から売り台を買い戻したことだった。それから彼女はシルクのカーペットや上質のウール，それに香辛料が入った袋など，新しいものを全て持ち，幸運の通りに戻った。⓴彼女は最後の夜，座って穴が現れるのを待った。㉑彼女は香辛料を穴に投げ入れ始めた。それからウール，シルク，そしてその他のものを投げ入れた。穴からたくさんの銀貨や金貨がかばんの中に流れ込んできた。やがてコインが出てこなくなると，彼女のかばんは，想像していた以上のお金でいっぱいになった。彼女はもうコインと交換する必要はないだろう。㉒一瞬，彼女は家族の売り台も同様に穴に投げ入れようと考えた。彼女は首を横に振った。たとえ世の中の全てのお金と引き換えても，それはあまりにも特別なものだった。しかし，彼女はその光り輝く小さなコインの山を見て，新しい考えを思いついた。㉓穴はいつも，彼女が投げたものよりも価値のあるものを返してくれた。それなら，彼女がお金を全て投げ入れたら，穴は何をくれるのだろうか？㉔お金に勝るものは何だろう？㉕ジョアンナはコインの入った重いかばんを持ち上げ，お金を全て穴に放り込んだ。㉖彼女は待って穴の様子をじっと見た。しかし，今度は何も戻ってこなかった。㉗そこで，彼女は山奥にある故郷に帰る長い旅に出た。彼女は，家族の売り台を背負っていた。彼女は一日中歩き，夜はぐっすり寝た。彼女は幸せな気分で家に帰っていった。㉘ポケットは空っぽでも，彼女の心は満たされていた。㉙ときどき，彼女は他の旅人たちに会った。彼女は，話を聞きたいと思う人に，自分の話をした。㉚彼女は決して見返りに多くを求めず，わずかな食べ物や飲み物をもらっただけだった。そして，誰も彼女の話を本当だと思わなかったが，彼らはその中にある教訓を信じた。「今あるものに感謝する」や「欲張りすぎると全てを失う」がその教訓だと思った人もいた。「知恵を手に入れる

には犠牲を伴う」と思った人もいた。31ジョアンナにとって，それは「お金に勝るものは何だろう？」という疑問に対する答えだった。32その答えは知恵，お金では買えない知恵だと彼女は知ったのであった。

問１＜指示語＞ここより前の部分からここに当てはめて意味が通る内容を探すと，直前の文の内容が該当する。山で生活するジョアンナの家族だけがストーンフルーツの存在を知っていたのである。

問２＜英文解釈＞補うのは動名詞 trying の目的語に当たる部分。文頭の Still「それでも」に着目すれば，ジョアンナは母親が反対していた，エ．「大きな街でストーンフルーツを売ること」に挑戦することを夢見ていたのだとわかる。

問３＜適文選択＞３－Ⅰ．文頭の But に着目。お金がないという状況に相反する内容が入る。

３－Ⅱ．十分なお金を手に入れるために，ジョアンナがしなければならなかった内容が入る。

３－Ⅲ．売り台を手放すことになったものの，ストーンフルーツを大きな街で売りお金がたくさんもうかれば，再び買い戻すことができるという流れである。

問４＜熟語＞over and over「何度も何度も」

問５＜適語句選択＞most importantly「最も重要なことに」，bought back「買い戻した」とあることに着目。ジョアンナは第５段落で家族の大切な売り台を売ってしまっている。the expensive shop とあるのは，その売り台が高値で売られていたから(第８段落第３，４文)。

問６＜整序結合＞「彼女のかばんは，お金でいっぱいになった」が文の骨組み。be filled with ～「～でいっぱいである」を使って her bag was filled with more money とする。「予想していた以上のお金」は，「彼女(ジョアンナ)が予想できた分より多いお金」と考えて‘比較級＋(名詞＋) than ～’「～より…(な—)」を使ってまとめる。 her bag was filled with more money than she could even imagine

問７＜文脈把握＞前文でジョアンナは，大切な家族の売り台を穴に投げ入れようかと考えている。下線部の shook her head「首を横に振った」はこの考えを否定する様子を表す。下線部に続く文で，彼女は売り台がお金の価値では測れないほど特別なものだと気づいているので，この心情の変化をまとめる。

問８＜英問英答＞「下線部(8)に，『彼女は幸せな気分で家に帰っていった』と書かれているが，なぜ彼女は幸せな気持ちだったのか。10語前後の英語で答えなさい」 彼女が幸せだったのは，次の段落にあるとおり，心が満たされていたからである。その理由は，本文最後の２つの段落に書かれている。この内容を10語程度でまとめる。 (別解例) Because she found out what is greater than money.

問９＜英文和訳＞‘although〔though〕＋主語＋動詞...’で「…だけれども」。no one は「誰も～ない」。ここでの lesson は「教訓」という意味。it は her story を指す。

問10＜内容真偽＞ア…× 第２段落最終文参照。大きな街で商売をすることを愚かだと考えていた。イ…× 第８段落第３，４文参照。高い値段で売られていた。 ウ…× 第10段落第２文参照。新品ではなく古いブーツを投げつけた。 エ…○ 第16段落第２文に一致する。 オ…× そのような記述はない。 カ…○ 第30段落最終文～第32段落の内容に一致する。

2〔長文読解総合―伝記〕

≪全訳≫❶アンドリュー・カーネギーは，1835年にスコットランドで生まれた。彼は貧しい家庭の出身だった。彼が12歳のとき，家族はアメリカに移った。より良い生活を求めてのことだった。❷カーネギー一家はペンシルバニア州に住んでいた。アンドリューはすぐに仕事を始めた。／→②最初に彼は工場の仕事についた。／→④彼は勤勉に働いたが，その仕事が好きではなかった。／→①その後，仕事を変えた。／→③彼は鉄道会社で働いた。／そこでは誰もがアンドリューのことを気に入った。彼はたくさんのいろいろな仕事をした。給料は毎年上がった。❸アンドリューは，自由な時間に本を読むのが好きだった。しかし，当時はお金がなければ本を手に入れることは難しかった。当時のアメリカには，無料の公立図書館はなかった。幸運なことに，アンドリューはジェームズ・アンダーソンという人物の近くに住んでいた。ジェームズはたくさんの本を所有する金持ちで，アンドリューのような働く少年に無料で図書室を使わせてくれた。アンドリューはできるだけたくさん読んだ。彼はいつも読書がとても大切だと考えていた。❹アンドリューは，鉄道会社で多くのことを学んだ。彼は，鉄道が大きな国にとって非常に重要であることを知った。そこで思いついた。それは鉄道に関連したビジネスを始めることだった。彼は全財産をためて，そのビジネスを始めた。彼は30歳だった。❺まず，彼の会社は鉄道の橋をつくった。10年後，会社は鉄を製造した。彼の会社はアメリカで一番大きくなった。会社は，橋や機械などさまざまなものに使われる鉄を製造した。人々はカーネギーを「鉄鋼王」と呼んだ。やがて彼は世界一の大富豪になった。❻カーネギーは金もうけが好きだった。しかし彼は，金持ちは他人を助けるべきだと考えていた。1901年，彼は会社を４億8000万ドルで売った。それから彼はお金を寄付し始め，アメリカ全土と英語圏に公立図書館を建設した。合計すると，彼は2811もの公立図書館を建設した。また，カーネギーは大学や博物館，平和のために働いた人々に何百万ドルも提供した。❼アンドリュー・カーネギーは1919年に亡くなった。84歳だった。生涯にわたり，彼はその財産のほとんどを教育や平和のために寄付した。現在，彼の名を冠した財団であるカーネギー財団がその活動を引き継いでいる。アンドリュー・カーネギーは，今でも世界中の人々が勉強し学ぶのを助けているのだ。

問１＜文整序＞カーネギー一家がアメリカに移った後，アンドリューがついた仕事について書かれた部分。まず，at first「最初に」に着目し，最初についた仕事について述べた②をはじめに置く。この後は，残りの文の内容から，「その仕事が好きではなかったから転職して鉄道会社で働いた」という流れになるとわかる。④の the job は②の a job を指している。

問２＜英文和訳＞a rich man with many books は「たくさんの本を所有する金持ち」。let working boys like Andrew use his library は‘let＋人＋動詞の原形’「～に…させる〔…することを許す〕」の形。ここでの like は「～のような」という意味の前置詞。working boys like Andrew で，「アンドリューのような働く少年」。for free は「無料で，ただで」。

問３＜語句解釈＞下線部は前文の a business connected with the railroads「鉄道に関連した事業」を指す。その具体的な内容は次の第５段落に書かれているので，この内容を字数以内にまとめる。

問４＜整序結合＞「人々に何百万ドルも提供した」は‘give＋物＋to＋人’「〈人〉に〈物〉を与える」の形を使って gave millions of dollars to people とする。「人々」を修飾する「大学や博物館，平和のために働いた」は，who を主格の関係代名詞として用いて，who worked for colleges, museums and peace とまとめ，people の後に置く。または，「大学や博物館」と「平和のために働いた人々」と分けて考え，toの後をcolleges, museums and who worked for peaceとまとめることもできる。 Carnegie also gave millions of dollars to people who worked for colleges, museums and peace.／Carnegie also gave millions of dollars to colleges, museums and people who worked for peace.

問５＜内容真偽＞ア…×　第１段落第２文参照。貧しい家庭に生まれた。　イ…×　第３段落後半参照。ジェームズ・アンダーソンの家の図書室で読書をした。　ウ…○　第６段落第３文に一致する。カーネギーが生まれたのは1835年（第１段落第１文）なので，1901年は66歳である。　エ…×　第７段落前半参照。自分のほとんど全ての財産を支援金として提供した。

3〔適語（句）選択・単語の発音〕

１．mustn'tは「～してはいけない」という‘禁止’を表す。　「私は今晩のパーティーに参加すると約束した。だから，パーティーを欠席するわけにはいかない」

２．‘逆接’を表すbutがあるので，２人とも答えなかったという文脈になる。neitherは「（２つ〔人〕のうちの）どちらも～ない」。themはthe couple「男女２人」を受けている。　「１組の男女に病院への行き方をきいたが，どちらも答えなかった」

３．‘No other＋単数名詞＋is as＋原級＋as ～’「～ほど…な―は他にない」の構文。これは，最上級と同じ意味を表す。　「このゲームほど難しいゲームは他にない」

４．be afraid of ～ingで「～するのが怖い」。怖いのは「叱られること」なので，前置詞ofの後は動名詞（～ing）の受け身でbeing scoldedとなる。　「彼は父親に叱られるのが怖い」

５．flownはfly「～を飛ばす」の過去分詞（fly－flew－flown）。the paper plane flown by the kidsは過去分詞flownで始まる語句が前にある名詞the paper planeを修飾する‘名詞＋過去分詞＋その他の語句’の形（過去分詞の形容詞的用法）。　「私は公園で子どもたちに飛ばされた紙飛行機を見つけた」

６．文の述語動詞はisなので（　）was once a truthまでが主語になる。whatは先行詞を含む関係代名詞で「～するもの〔こと〕」という意味を表す。　no longer「もはや～ない」　「かつて真理であったことは，もはや真理ではない」

７．同じ動詞の繰り返しを避けるためにdo, does, didは使われる。ここではateの代わりとなるdidを用いる。　「若い頃の祖父より私はたくさん食べると，私の祖父はよく言う」

８．to protect their hands「手を保護する」のはgloves「グローブ，手袋」。　「ゴールキーパーは，プレーの際に手を保護するためにグローブを着用する」

９．「下線部の発音が異なるものはどれか」

ア．hurt[əː]　イ．start[ɑː]　ウ．shirt[əː]　エ．worth[əː]

4〔書き換え―適語補充〕

１．「今晩，出かけませんか」　‘提案’を表すShall we ～?「～しませんか」をHow about ～ing?「～するのはどうですか」に書き換える。　How about going out tonight?

２．「私はケンほど速く走れない」→「ケンは私より速く走ることができる」　上は‘not as ～ as …’「…ほど～ではない」の形。下では主語が変わっていることに注意して‘比較級＋than ～’「～より…」の文に書き換える。　Ken can run faster than I can.

3．「キャシーはボーイフレンドに何と言うべきかわからなかった」　間接疑問の‘疑問詞＋主語＋should＋動詞の原形...’は‘疑問詞＋to不定詞’の形で書き換えられる。　Cathy didn't know what to say to her boyfriend.

4．「私は兄〔弟〕と3日前に話したが，それが兄〔弟〕と話をした最後だった」→「私は兄〔弟〕と3日間話をしていない」　上の文では過去形で表されている内容を，下では‘期間’を表すfor「〜の間」に注目し，‘継続’を表す現在完了(‘have/has＋過去分詞’)で表す。　I haven't spoken to my brother for three days.

5．「ボブはとても優しいのでみんなに好かれている」→「ボブはとても優しいので，みんな彼のことが好きだ」　上は‘理由’を表す接続詞becauseを使った文。これを‘so 〜 that …’「とても〜なので…」の構文に書き換える。　Bob is so kind that everyone likes him.

5〔単語の定義〕

1．「これは，何かとてもおもしろいことを見たり聞いたりするときにすること。通常，これをするときは笑顔で音を出す。この単語は『L』で始まる」

2．「これは，体の一部だ。腕の最上部で，頭の下にある。ここにバッグをかけて運ぶときがある。この単語は『S』で始まる」

6〔整序結合〕

1．was brokenがあることから，「テーブルにあった時計は誰かによって壊された」と読み換え，受け身の文をつくる。主語の「テーブルにあった時計」は，whichを主格の関係代名詞として使ってThe watch which was left on the tableとまとめる。「誰かによって」はby someone。The watch which was left on the table was broken by someone.

2．「…することは〜だとわかる」は‘find it 〜 to …’の形をつくる。このitはto不定詞を受ける形式目的語。　come up with 〜「〜(考えなど)を思いつく」　a solution to 〜「〜の解決策」　Emily and Ann found it impossible to come up with a solution to their problem.

3．「タケシが持っている本の数は，ヒカルの本の数の3倍である」と読み換える。主語「タケシが持っている本の数」はThe number of books Takeshi hasと目的格の関係代名詞が省略された形(‘名詞＋主語＋動詞...’)をつくり，直後に述語動詞isを置く。「ヒカルの本の数の3倍」は‘倍数詞＋as＋原級＋as …’「…の〜倍―」を使い，three times as many as that of Hikaruとまとめる。ここでのthatは名詞句the number of booksの反復を避ける代名詞。　The number of books Takeshi has is three times as many as that of Hikaru.

7〔放送問題〕解説省略

数学解答

1 問１　$x=-3,\ 18$　　問２　$\sqrt{6}$

問３　$v=2a+h$

2 問１　(43, 41, 16)

問２　(62, 23, 15), (61, 26, 13)

3 問１　(2, 2)　　問２　$\frac{3}{4}$

問３　$0,\ \frac{1\pm\sqrt{17}}{2}$

4 問１　$y=x+1-\sqrt{3}$

問２　$\frac{3}{2}+\frac{\sqrt{3}}{2}$

5 問１　$\sqrt{3}$

問２　IK：KM＝1：2　ML：LJ＝2：3

問３　$\sqrt{3}:2$

6 問１　(2, 3), (4, 6)

問２　(1, 4), (3, 2), (4, 4), (5, 1), (6, 4), (6, 6)

1〔独立小問集合題〕

問１＜二次方程式＞$(x+3)(x-18)=0$　$\therefore x=-3,\ 18$

問２＜数の計算＞$\frac{\sqrt{6}(2+\sqrt{5})}{3\sqrt{5}}=\frac{\sqrt{6}(2+\sqrt{5})\times\sqrt{5}}{3\sqrt{5}\times\sqrt{5}}=\frac{2\sqrt{30}+5\sqrt{6}}{15}$，$\frac{2(\sqrt{10}-5\sqrt{2})}{5\sqrt{3}}=\frac{2(\sqrt{10}-5\sqrt{2})\times\sqrt{3}}{5\sqrt{3}\times\sqrt{3}}=\frac{2\sqrt{30}-10\sqrt{6}}{15}$より，与式$=\frac{2\sqrt{30}+5\sqrt{6}}{15}-\frac{2\sqrt{30}-10\sqrt{6}}{15}=\frac{2\sqrt{30}+5\sqrt{6}-(2\sqrt{30}-10\sqrt{6})}{15}=\frac{2\sqrt{30}+5\sqrt{6}-2\sqrt{30}+10\sqrt{6}}{15}=\frac{15\sqrt{6}}{15}=\sqrt{6}$となる。

問３＜関数の利用＞$0\leqq x\leqq 10$のとき，スタートしてからx秒後までにx^2m進むので，$a>0$，$h>0$，$a+h<10$のとき，スタートしてからa秒後までにa^2m，$a+h$秒後までに$(a+h)^2$m進む。よって，a秒後から$a+h$秒後までのh秒間に，$(a+h)^2-a^2=a^2+2ah+h^2-a^2=2ah+h^2$(m)進むから，このときの平均の速さ$v$m/秒は，$v=(2ah+h^2)\div h=2a+h$と表せる。

2〔数と式―数の性質〕

問１＜税収割合＞A国の所得税，消費税，資産税の税収割合をそれぞれa_1%，a_2%，a_3%とする。条件①より，$a_1>a_2>a_3$であり，$a_1+a_2+a_3=100$だから，a_1は$100\div 3=33\frac{1}{3}$より大きい。また，条件②より，a_1は素数で，条件①より，$12\leqq a_1\leqq 62$である。以上より，a_1は，$33\frac{1}{3}$より大きく，62以下の素数なので，37，41，43，47，53，59，61のいずれかとなり，条件②より，a_2も素数で，$a_1-a_2=2$だから，$(a_1,\ a_2)=(43,\ 41)$，$(61,\ 59)$が考えられる。$(a_1,\ a_2)=(43,\ 41)$のとき，$a_3=100-(43+41)=16$となり，これは条件に適する。(61, 59)のとき，$a_1+a_2=61+59=120$となり，100を超えるので，適さない。よって，$(a_1,\ a_2,\ a_3)=(43,\ 41,\ 16)$である。

問２＜税収割合＞B国の所得税，消費税，資産税の税収割合をそれぞれb_1%，b_2%，b_3%とすると，条件③より，$b_1=2b_3+b_2$であり，これを$b_1+b_2+b_3=100$に代入すると，$(2b_3+b_2)+b_2+b_3=100$，$2b_2+3b_3=100$，$3b_3=100-2b_2$，$b_3=\frac{2(50-b_2)}{3}$となる。よって，b_3が整数となるには，$50-b_2$が3の倍数であり，$b_2\geqq 12$なので，$b_2=14$，17，20，……が考えられる。さらに，$b_2>b_3\geqq 12$なので，考えられる$(b_2,\ b_3)$の組は(23, 18)，(26, 16)，(29, 14)，(32, 12)となる。$(b_2,\ b_3)=(23,\ 18)$，(26, 16)，(29, 14)，(32, 12)のとき，それぞれ$b_1=59$，58，57，56となり，これらはいずれも$12\leqq b_1\leqq 62$を満たす。また，C国の所得税，消費税，資産税の税収割合をそれぞれc_1%，c_2%，c_3%とすると，条件④より，$c_2=b_2-3$，$c_3=b_3-1$である。$(b_2,\ b_3)=(23,\ 18)$のとき，$c_2=23-3=20$，$c_3=18-1=17$より，$c_1=100-(20+17)=63$となるが，これは$12\leqq c_1\leqq 62$を満たさないので，適さない。$(b_2,\ b_3)=(26,\ 16)$のとき，$c_2=26-3=23$，$c_3=16-1=15$より，$c_1=100-(23+15)=62$とな

り，これは条件に適する。$(b_2,\ b_3)=(29,\ 14)$のとき，$c_2=29-3=26$，$c_3=14-1=13$より，$c_1=100-(26+13)=61$となり，これも条件に適する。$(b_2,\ b_3)=(32,\ 12)$のとき，$c_2=32-3=29$，$c_3=12-1=11$となるが，これは$12\leqq c_3\leqq 62$を満たさないので，適さない。以上より，考えられる$(c_1,\ c_2,\ c_3)$の組は，(62, 23, 15)，(61, 26, 13)となる。

3〔関数―関数$y=ax^2$と一次関数のグラフ〕

≪基本方針の決定≫問２，問３　等積変形を利用する。

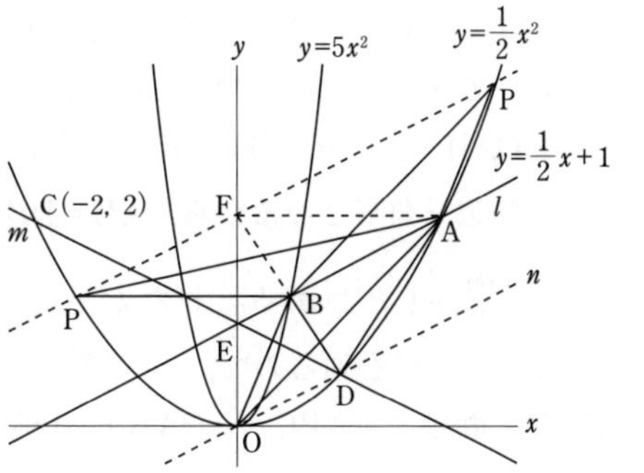

問１＜座標＞右図で，点Ａは放物線$y=\frac{1}{2}x^2$と直線$y=\frac{1}{2}x+1$の交点だから，２式からyを消去して，$\frac{1}{2}x^2=\frac{1}{2}x+1$，$x^2-x-2=0$，$(x+1)(x-2)=0$より，$x=-1$，2となり，点Ａの$x$座標は正なので，$x=2$となる。これを$y=\frac{1}{2}x^2$に代入して，$y=\frac{1}{2}\times 2^2=2$より，A(2, 2)である。

問２＜面積＞点Ｂは放物線$y=5x^2$と直線$y=\frac{1}{2}x+1$の交点だから，２式より，$5x^2=\frac{1}{2}x+1$，$10x^2-x-2=0$，解の公式を利用して，$x=\frac{-(-1)\pm\sqrt{(-1)^2-4\times 10\times(-2)}}{2\times 10}=\frac{1\pm\sqrt{81}}{20}=\frac{1\pm 9}{20}$より，$x=\frac{1+9}{20}=\frac{1}{2}$，$x=\frac{1-9}{20}=-\frac{4}{5}$となり，点Ｂの$x$座標は正なので，$x=\frac{1}{2}$となる。また，直線$y=\frac{1}{2}x+1$と$y$軸の交点(0, 1)をＥとすると，直線$m$はC(−2, 2)，E(0, 1)を通るので，傾きは$\frac{1-2}{0-(-2)}=-\frac{1}{2}$，切片は１となり，その式は$y=-\frac{1}{2}x+1$となる。この直線と放物線$y=\frac{1}{2}x^2$の交点がＤであり，２式より，$\frac{1}{2}x^2=-\frac{1}{2}x+1$，$x^2+x-2=0$，$(x+2)(x-1)=0$より，$x=-2$，1となる。よって，点Ｄの$x$座標は１で，これを$y=\frac{1}{2}x^2$に代入して，$y=\frac{1}{2}\times 1^2=\frac{1}{2}$より，$\mathrm{D}\left(1,\ \frac{1}{2}\right)$である。さらに，点Ｄを通り，直線$l$と平行な直線$n$を引くと，直線$n$の傾きは直線$l$の傾きと等しく$\frac{1}{2}$なので，その式は$y=\frac{1}{2}x+b$とおける。これが$\mathrm{D}\left(1,\ \frac{1}{2}\right)$を通るから，$\frac{1}{2}=\frac{1}{2}\times 1+b$，$b=0$より，直線$n$の式は$y=\frac{1}{2}x$となる。つまり，直線$n$は原点Ｏを通るので，AB∥DOより，△ABD＝△ABOとなる。ここで，△ABO＝△AEO－△BEOであり，△AEOと△BEOで底辺をOE＝1と見たときの高さは，それぞれ点A, Bのx座標より2，$\frac{1}{2}$である。したがって，$\triangle\mathrm{ABO}=\frac{1}{2}\times 1\times 2-\frac{1}{2}\times 1\times\frac{1}{2}=1-\frac{1}{4}=\frac{3}{4}$より，$\triangle\mathrm{ABD}=\frac{3}{4}$である。

問３＜x座標＞まず，点Ｐが放物線C_1上の直線lより下側の部分(点Ｄを除く)を動くとき，問２より，△ABP＝△ABDとなるのは，点Ｐが点Ｏと一致するときだから，このときの点Ｐのx座標は０である。次に，y軸上にOE＝EFとなる点Ｆをとると，△AEF＝△AEO，△BEF＝△BEOとなり，△ABF＝△AEF－△BEF，△ABO＝△AEO－△BEOだから，△ABF＝△ABOとなる。よって，点Ｐが放物線C_1上の直線lより上側の部分を動くとき，点Ｆを通り直線lと平行な直線と放物線C_1の２つの交点をＰとすると，△ABP＝△ABF＝△ABO＝△ABDとなる。このとき，点Ｆを通り直線lと平行な直線の傾きは直線lの傾きと等しく$\frac{1}{2}$である。また，OF＝2OE＝2×1＝2より，この直線はF(0, 2)を通るから，その式は$y=\frac{1}{2}x+2$である。これと$y=\frac{1}{2}x^2$より，$\frac{1}{2}x^2=\frac{1}{2}x+2$，$x^2-$

$x-4=0$ であり，$x=\dfrac{-(-1)\pm\sqrt{(-1)^2-4\times1\times(-4)}}{2\times1}=\dfrac{1\pm\sqrt{17}}{2}$ となる。以上より，求める点Pの x 座標は0，$\dfrac{1\pm\sqrt{17}}{2}$ である。

4〔関数―関数と図形〕

問1＜直線の式＞右図のように，直線ACと x 軸の交点をDとし，点Aから x 軸に垂線AHを引く。直角三角形AOHにおいて，A($\sqrt{3}$，1)より，OH：AH＝$\sqrt{3}$：1だから，△AOHは3辺の比が1：2：$\sqrt{3}$ の直角三角形で，∠OAH＝60°となる。よって，∠DAH＝∠OAH－∠OAC＝60°－15°＝45°である。これより，△ADHは直角二等辺三角形となるから，AH＝DHであり，直線ACの傾きは $\dfrac{\mathrm{AH}}{\mathrm{DH}}=\dfrac{\mathrm{DH}}{\mathrm{DH}}=1$ とわかる。したがって，その式を $y=x+b$ とおくと，A($\sqrt{3}$，1)を通るので，$1=\sqrt{3}+b$，$b=1-\sqrt{3}$ より，直線ACの式は $y=x+1-\sqrt{3}$ である。

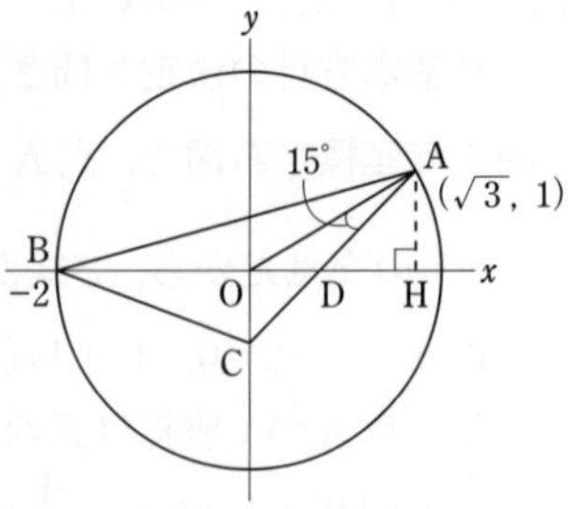

問2＜面積＞△ABC＝△OAB＋△OBC＋△OCAとする。まず，△OABで，円Oの半径が2より，OB＝2であり，底辺をOBと見ると，高さは点Aの y 座標より1だから，△OAB＝$\dfrac{1}{2}\times2\times1=1$ となる。また，△OBCで，OB＝2であり，(1)で直線ACの切片が $1-\sqrt{3}$ より，C(0，$1-\sqrt{3}$)だから，OC＝$0-(1-\sqrt{3})=\sqrt{3}-1$ となり，△OBC＝$\dfrac{1}{2}\times2\times(\sqrt{3}-1)=\sqrt{3}-1$ である。さらに，△OCAでOCを底辺と見ると，高さは点Aの x 座標より $\sqrt{3}$ だから，△OCA＝$\dfrac{1}{2}\times(\sqrt{3}-1)\times\sqrt{3}=\dfrac{3}{2}-\dfrac{\sqrt{3}}{2}$ である。よって，△ABC＝$1+(\sqrt{3}-1)+\left(\dfrac{3}{2}-\dfrac{\sqrt{3}}{2}\right)=\dfrac{3}{2}+\dfrac{\sqrt{3}}{2}$ となる。

5〔空間図形―直方体〕

問1＜面積＞右図1で，〔ひし形AIMJ〕＝$\dfrac{1}{2}\times$IJ×AMとなる。△ABIと△ADJにおいて，四角形ABCDは正方形よりAB＝AD，四角形AIMJはひし形よりAI＝AJ，立体ABCD-EFGHは直方体より∠ABI＝∠ADJ＝90°で，直角三角形の斜辺と他の1組の辺がそれぞれ等しいから，△ABI≡△ADJとなり，BI＝DJである。これより，四角形BIJDは長方形となり，直角二等辺三角形BCDにおいて，BD＝$\sqrt{2}$BC＝$\sqrt{2}\times1=\sqrt{2}$ なので，IJ＝BD＝$\sqrt{2}$ である。また，△ACMにおいて，AC＝BD＝$\sqrt{2}$，CM＝$\dfrac{1}{2}$CG＝$\dfrac{1}{2}\times4=2$ だから，三平方の定理より，AM＝$\sqrt{\mathrm{AC}^2+\mathrm{CM}^2}=\sqrt{(\sqrt{2})^2+2^2}=\sqrt{6}$ となる。よって，〔ひし形AIMJ〕＝$\dfrac{1}{2}\times\sqrt{2}\times\sqrt{6}=\sqrt{3}$ となる。

図1

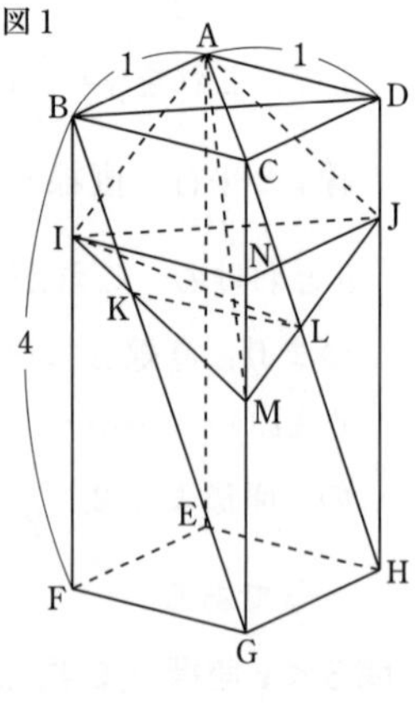

問2＜長さの比＞右上図1で，辺CG上にCN＝BI＝DJとなるような点Nをとると，△ABIと△INMで，AB＝IN，∠ABI＝∠INM＝90°，AI＝IMより，△ABI≡△INMである。よって，BI＝NMとなり，CN＝BI＝DJより，BI＝DJ＝CN＝NMだから，BI＝DJ＝$\dfrac{1}{2}$CM＝$\dfrac{1}{2}\times2=1$ となる。したがって，展開図に線分BG，CH，AI，IM，AJ，JMをかきこむと，次ページの図2のようになる。図2で，BI∥MGより，△BIK∽△GMKだから，IK：KM＝BI：MG＝1：2，CM∥JHより，△CML∽△HJLだから，ML：LJ＝CM：JH＝2：3である。

問3＜面積比＞まず，右上図1において，△IMJ＝$\dfrac{1}{2}$〔ひし形AIMJ〕＝$\dfrac{1}{2}\times\sqrt{3}=\dfrac{\sqrt{3}}{2}$ である。また，

△IMLと△IMJは，底辺をそれぞれML，MJと見たときの高さが等しいので，△IML：△IMJ＝ML：MJ＝2：(2＋3)＝2：5より，△IML＝$\frac{2}{5}$△IMJ＝$\frac{2}{5}\times\frac{\sqrt{3}}{2}=\frac{\sqrt{3}}{5}$となる。同様に，△KLM：△IML＝KM：IM＝2：(1＋2)＝2：3だから，S＝△KLM＝$\frac{2}{3}$△IML＝$\frac{2}{3}\times\frac{\sqrt{3}}{5}=\frac{2\sqrt{3}}{15}$となる。次に，右図2において，△IMJ＝$\frac{1}{2}\times2\times1=1$であり，図1の△KLMの面積を求めたときと同様に，△IML＝$\frac{2}{5}$△IMJ＝$\frac{2}{5}\times1=\frac{2}{5}$，$T$＝△KLM＝$\frac{2}{3}$△IML＝$\frac{2}{3}\times\frac{2}{5}=\frac{4}{15}$となる。よって，$S:T=\frac{2\sqrt{3}}{15}:\frac{4}{15}=\sqrt{3}:2$である。

図2

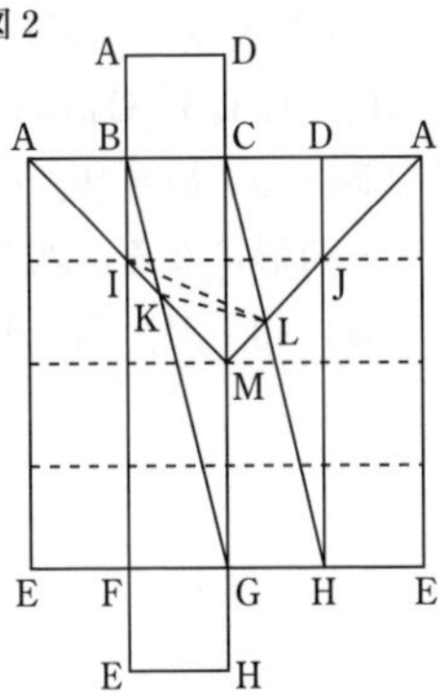

≪別解≫図1において，△IML：△IMJ＝ML：MJより，△IML＝$\frac{\mathrm{ML}}{\mathrm{MJ}}$△IMJで，△KLM：△IML＝KM：IMより，$S$＝△KLM＝$\frac{\mathrm{KM}}{\mathrm{IM}}$△IML＝$\frac{\mathrm{KM}}{\mathrm{IM}}\times\frac{\mathrm{ML}}{\mathrm{MJ}}$△IMJとなる。図2においても同様に，$T$＝△KLM＝$\frac{\mathrm{KM}}{\mathrm{IM}}\times\frac{\mathrm{ML}}{\mathrm{MJ}}$△IMJとなり，$\frac{\mathrm{KM}}{\mathrm{IM}}$と$\frac{\mathrm{ML}}{\mathrm{MJ}}$はそれぞれ図1の場合と等しいから，$S:T$は，図1の△IMJと図2の△IMJの面積の比に等しくなる。よって，$S:T=\frac{\sqrt{3}}{2}:1=\sqrt{3}:2$である。

6 〔データの活用―場合の数―サイコロ〕

問1＜サイコロの目＞直線OPと直線$x+y=6$の交点のx座標が$1\leqq x\leqq6$の整数になる場合を求める。$a=1$のとき，$1+y=4$より$y=3$で，P(1，3)となり，直線OPの傾きは$\frac{3}{1}=3$より，直線OPの式は$y=3x$となる。この直線と直線$x+y=6$の交点は，2式からyを消去して，$x+3x=6$，$4x=6$，$x=\frac{3}{2}$となり，整数ではないので適さない。以下同様に，$a=2$のとき，P(2，2)となり，直線OPの式は$y=x$より，$x+x=6$，$x=3$となり，Q(3，3)は適するから，$(a,\ b)=(2,\ 3)$である。$a=3$のとき，P(3，1)となり，直線OPの式は$y=\frac{1}{3}x$より，$x+\frac{1}{3}x=6$，$x=\frac{9}{2}$となり，適さない。$a=4$のとき，P(4，0)となり，直線OPの式は$y=0$より，$x+0=6$，$x=6$となり，Q(6，0)は適するから，$(a,\ b)=(4,\ 6)$である。$a=5$のとき，P(5，−1)となり，直線OPの式は$y=-\frac{1}{5}x$より，$x-\frac{1}{5}x=6$，$x=\frac{15}{2}$となり，適さない。$a=6$のとき，P(6，−2)となり，直線OPの式は$y=-\frac{1}{3}x$より，$x-\frac{1}{3}x=6$，$x=9$となり，$x>6$なので適さない。以上より，求めるa，bの組合せは(2，3)，(4，6)である。

問2＜サイコロの目＞$a=1$～6のときの点Pはそれぞれ右図の点P_1～P_6，$b=1$～6のときの点Qはそれぞれ右図の点Q_1～Q_6となる。また，図で，A(1，0)，B(4，3)，C(0，1)，D(3，4)，E(5，0)，F(0，5)，G(4，−2)，H(0，2)を定める。まず，$a=1$のとき，点PはP_1になる。このとき，$b=4$の場合，$\triangle OAP_1\equiv\triangle Q_4BP_1$より，$\angle OP_1A=\angle Q_4P_1B$だから，$\angle OP_1Q_4=\angle OP_1A+\angle Q_4P_1A=\angle Q_4P_1B+\angle Q_4P_1A=\angle AP_1B=90^\circ$となり，△OPQは直角三角形になる。同様に考えると，$(a,\ b)=(3,\ 2)$のとき，点PはP_3，点QはQ_2になり，$\triangle OCP_3\equiv\triangle Q_2DP_3$より，$\angle OP_3Q_2=90^\circ$だから，△OPQは直角三角形になる。$(a,\ b)=(4,\ 4)$のとき，点Pは$P_4$，点Qは$Q_4$になり，$\angle OP_4Q_4=90^\circ$だから，△OPQは直角三角形になる。$(a,\ b)=(5,\ 1)$のとき，点Pは$P_5$，点Qは$Q_1$になり，$\triangle OEP_5\equiv$

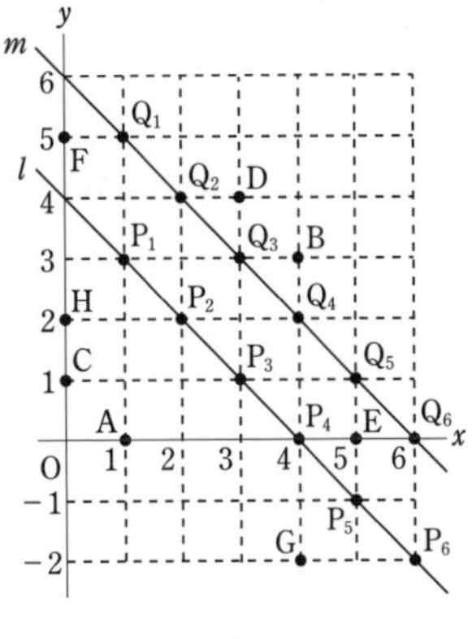

$\triangle OFQ_1$ より，$\angle P_5OQ_1=90°$ だから，$\triangle OPQ$ は直角三角形になる。$(a,\ b)=(6,\ 4)$ のとき，点 P は P_6，点 Q は Q_4 になり，$\triangle P_6GQ_4 \equiv \triangle OHQ_4$ より，$\angle P_6Q_4O=90°$ だから，$\triangle OPQ$ は直角三角形になる。$(a,\ b)=(6,\ 6)$ のとき，点 P は P_6，点 Q は Q_6 になり，$\angle P_6Q_6O=90°$ だから，$\triangle OPQ$ は直角三角形になる。以上の場合以外は直角三角形にはならないから，求める a，b の組合せは $(a,\ b)=(1,\ 4)$，$(3,\ 2)$，$(4,\ 4)$，$(5,\ 1)$，$(6,\ 4)$，$(6,\ 6)$ となる。

国語解答

一　(1)　卸　(2)　発端　(3)　保障
(4)　静寂　(5)　腫　(6)　こうでい
(7)　そしょう　(8)　じゅんしゅ
(9)　しんし　(10)　つたな

二　問一　教わることなく得た知識がバラバラでなく，相互に繋がってゆるい体系となったもの。(39字)
問二　前の世代の人の経験を共有するということ。
問三　イ
問四　Ⅰ…ウ　Ⅱ…エ　Ⅲ…ア
問五　イ　問六　ウ
問七　人の知〔環境に〕〔こと。〕
問八　エ　問九　エ

三　問一　洗濯を
問二　仕事であればやるしかないので，「わずらわされる」かを考えなくなるから。(35字)
問三　①…イ　②…イ
問四　Ⅰ…オ　Ⅱ…ウ
問五　子猫がカラスに食べられてしまわないかということ。(24字)
問六　手　問七　人間と
問八　B…ウ　C…ア　問九　ウ
問十　私は人〔人の輪〕　問十一　ウ

四　問一　A…イ　B…エ　C…ア
問二　きょう　問三　九
問四　逃げれば死なないと思ったから。

五　Ⅰ　問一　水旱の為に耕さざるをせず。
問二　イ
Ⅱ　問一　(右参照)

無二物不レ長。

六　問一　ウ　問二　耳
問三　エ　問四　(1)…ア　(2)…エ
問五　1…ア　2…ソ

一〔漢字〕
(1)「卸す」は，商品を問屋が小売商に売り渡す，という意味。　(2)「発端」は，物事の始まり。　(3)「保障」は，障害のないように保護し守ること。　(4)「静寂」は，物音もせず，しんとしていること。　(5)「腫れる」は，炎症などで皮膚が膨れ上がる，という意味。　(6)「拘泥」は，小さいことにこだわること。　(7)「訴訟」は，利害関係者が裁判所に訴えて裁判を請求すること。　(8)「遵守」は，決まりや法律に従い，よく守ること。　(9)「真摯」は，真面目でひたむきな様子。　(10)音読みは「稚拙」などの「セツ」。

二〔論説文の読解―教育・心理学的分野―教育〕出典；鈴木宏昭『私たちはどう学んでいるのか　創発から見る認知の変化』。

≪本文の概要≫人間は，自分の経験や他者の経験を観察することで知識を獲得する。誰もが自分や他者の経験から素朴理論をつくり上げているが，教育や学習についての素朴理論は，学校教育という特殊な条件のもとでの経験を過剰に拡大したものであることが多い。学校教育では，問題はすでに存在し，それに対する正解があり，正解を知っている先生がいる。しかし現実世界では，問題は自分で創発させるものであり，正解は誰一人わからない。学校とは全く異なる場面が，私たちの日常を形成しているのである。学校で通用する「基礎から応用」という前提も，成り立たないことが多い。私たちは，自分で創発させた問題の解決を目指し，自分の認知的リソース，環境のリソースを揺らぎながら探索するしかないのである。人の知性は，環境を前提として組み立てられている。環境にはたらきかけ，そこから情報を得て再度環境にはたらきかけるというサイクルの中で，知性は発現する。関連する書籍を見つける，検索ソフトの使い方を知る，自分の状況を相手にわかりやすく伝える，アドバイスを得るための質問をする，いい環境を整えるなどは，認知的リソースを適切にはたらかせることにつながる。環境は，知性の重要なパートナーであり，環境の剥奪を前提としている学校教育でのテストの評価は一面的で，テストのための努力には，さしたる意味はないことも多いのである。

問一＜文章内容＞私たちは「自分の経験，他者の経験の観察から，教わることなしに知識を獲得して」いる。そうした誰かに教わることなしに得た知識は，「相互に繋がりあって，ゆるい体系のようなものを作り出して」いて，このゆるい体系を「素朴理論」と呼ぶのである。

問二＜文章内容＞人間は，自分が実際に経験しなくても，「上の世代，あるいは同世代の他の人の経験を共有することができる」のである。人間は，前世代の経験を共有することによって，試行錯誤を「スキップ」して進歩していくことができるのである。

問三＜語句＞「普遍」は，あらゆる部類のあらゆる事物に共通するさま。「特殊」は，全体に共通するのではなく，一部についてだけいえるさま。

問四＜接続語＞Ⅰ．人間は自分や他者の経験を観察することで教わることなく知識を獲得していくのであり，「誰もが教育や学習についての素朴理論を作り上げているはず」だが，もちろん，経験は人それぞれ「異なる部分」もあるだろう。　Ⅱ．教育，学習の経験は「人によって」異なるだろうし，さらに，「国や文化によっても」異なることもあるだろう。　Ⅲ．教育や学習についての経験は，人や国，文化によって「異なるかもしれない」が，多くの人が「共通に信じていること」も多いと思われる。

問五＜文章内容＞現実では，すでに問題があり，正解があり，教師がいるという前提は，成り立たない場合が多いのである。私たちの日常は，「問題は自分で創発させなければならない」し，「正解はあるかどうかわからない」し，答えを知っている人もいないという，学校とは全く異なる場面で形成されているのである。

問六＜文章内容＞学校教育では，「最初に単純なことを学習し，それを組み合わせてより複雑な問題にチャレンジする」ことが一般的である。しかし，現実には，「どんな問題が出てくるのか」わからず，事前に操作を学習しておくことは不可能なのである。

問七＜文章内容＞認知症の兆候がある人が特別な施設などに送られると，一挙に症状が加速するのは，「患者の知性がうまく働く，慣れ親しんだ環境から切り離されるから」だと考えられるのである。「人の知性は環境を前提として組み立てられている」のであり，「環境に働きかけるというサイクルの中で知性は発現する」のである。

問八＜文章内容＞環境にはたらきかけ，そこから情報を得て，再度環境にはたらきかけるというサイクルの中で知性は発現する。学校教育で行われているテストは，「環境を剥奪することが前提」となっており，「環境のサポートがない状態でうまく働く知性」だけを評価するものなので，偏った評価の仕方といえる。

問九＜要旨＞学校で通用する「基礎から応用」という素朴概念は「あまり現実世界にはない話」である。現実世界では，どんな問題が出てくるのかわからないため，事前に基礎を学ぶことができないことが多く，私たちは，自分で創発させた問題の解決を目指し，自分の認知的リソース，環境のリソースを揺らぎながら探索していくのである。

三〔小説の読解〕出典；保坂和志『生きる歓び』。

問一＜指示語＞四月には雨が多くて，「私」は，「洗濯をしたり布団を干したりするタイミング」に心を煩わされた。いつ洗濯をするか布団を干すかというようなことで「わずらわされる」と感じるのは，「主夫の部分を仕事と位置づけていない」からかもしれないと，「私」は思った。

問二＜文章内容＞「私の生活の中での主夫の部分」を「仕事と位置づけ」れば，当然やらなければならないことなので，心を「わずらわされる」と感じることはないのである。

問三＜語句＞①「便乗」は，たくみに機会をとらえて利用すること。　②「無下に」は，冷淡な，そっけないさま。

問四＜表現＞Ⅰ．子猫は，「人間に置き換えれば正座をしている状態からパタンと上半身を前に」倒して，顔がすっかり地面にくっついた様子で寝ているのである。「ベッたり」は，一面に隙間なくつくさま。　Ⅱ．子猫は，道のど真ん中で，十分な日差しを浴びて眠っているのである。「たっぷり」は，十分なさま。

問五＜文章内容＞カラスが桜の枝に一羽止まっていて，「道の子猫を食べるために，人間がいなくなるのを待って」いた。それに気づいた墓参りに来た人たちは，子猫がカラスに食べられてしまうのではないかと気がかりなのである。

問六＜慣用句＞人々は，自分が直接行動を起こさないで何とか事態の解決が得られないかと期待して，手出しをせず見守るだけだったのである。「手をくだす」は，自ら事を行う，という意味。「手をこまねく」は，手出しをせず傍観する，という意味。

問七＜文章内容＞子猫のことを悩んでいるなら難民救済の募金に行った方がいいというのは，「一見正しい理屈」のようだが，「人間というのは，自分が立ち合って，現実に目で見たことを基盤にして思考するように出来ている」ので，「自分が見ていない世界」を持ち出すのは，正しくないのである。人間の思考は，「目の前にある事態に対処する」ように発達したのであって，純粋な思考の力などすぐに限界に突き当たるのである。

問八＜文章内容＞B．人間の思考は，もともと具体的な「目の前にある事態に対処する」ように発達したのであって，「世界」というような抽象的な事態を対象とするようにできていないのである。
C．純粋な思考の力は「たかが知れていてすぐに限界につきあたる」のであり，人間の思考を推し進めるのは，「自分が立ち合っている現実」から引き起こされる気持ちの力である。

問九＜文章内容＞「子猫ごときにかかずらっているヒマがあったら，世界の難民救済の募金にでも行った方がいい」というように，自分が立ち合っている現実には目をつぶり，自分が見ていない世界を持ち出すのは，知識でも知性でもなく，自分に都合のよい絵空事である。

問十＜文章内容＞「私」は，とりあえず「目の前にある事態に形だけ対処すればいい」と考えて，「人の輪から二，三歩進み出て子猫をつまんで，大人の猫のいたところに置いてみた」のである。

問十一＜表現＞「私の記憶では五月一日は晴れていてかなり暑かった」と記憶を振り返りながら，墓参りの際，カラスに狙われていた子猫と出会った事情やそのときの「私」の思いが，細やかに描かれている。

四〔古文の読解―笑話〕出典；十返舎一九『臍《へそ》くり金』。

≪現代語訳≫ある人が，人相〈を〉見てもらったところ，「いや，お前は気の毒ながら，明日の七つ時(午後四時)〈に〉はおなくなりになる相〈が〉見えます」と言うのを聞いて，肝をつぶし，急いで家に帰り，家の人にそのことを言い聞かせて，それぞれに遺言をし，次の日は，朝から友達を集めて，酒やつまみを出し，「さて，私は今日の七つ時には死にますから，これが別れの挨拶です」と，酒を勧めるうちに，もう時計がチンチンと四つ(午前十時)を打つ。友達は，「それは名残惜しい。しかし，後のことは心配するな，おいらに任せてくれ」と，他人の杯に酒を注いだり，他人が注ぐのを止めたりするうちに，もう〈九〉つ(午前十二時)。「さあ，もう，ふた時だ。にぎやかにしてください」と言ううちに，早くも八つ(午後二時)を打つ。亭主は，「これは情けない。もう，たったひと時だ」と，あれこれ言っているうちに，また時計がチンチン(と鳴る)。亭主は「もう七つか，これはたまらない」と，すぐに逃げ出した。

問一＜古文の内容理解＞A．ある人が，人相「を」人に見てもらったのである。　B・C．人相を見る人は，ある人に向かって，明日七つ時「に」(…B)，なくなるという相「が」見えると言ったのである(…C)。

問二＜歴史的仮名遣い＞歴史的仮名遣いの語頭以外のハ行は，現代仮名遣いでは原則として，「わいうえお」になる。また，歴史的仮名遣いの「eu」は，現代仮名遣いでは「you」になる。

問三＜古文の内容理解＞時計が九つを打ったので，死ぬと言われた七つ時まで，あと「ふたときだ」と，ある人は言ったのである。

問四＜古文の内容理解＞七つ時には死ぬと言われたある人は，緊張感でたまらなくなり，逃げ出した。ある人は，運命から逃れようとその場から逃げたのである。

五 〔漢文の読解〕出典；Ⅰ『荀子』／Ⅱ『孟子』。

Ⅰ．≪書き下し文≫良農は水旱の為に耕さざるをせず。

≪現代語訳≫良い農家は水害や干魃を理由にして耕作しないということをしない。

問一＜漢文の訓読＞「水旱」→「為」→「耕」→「不」→「不」の順に読む。一・二点は，二字以上隔てて返って読む訓点。上・下点は，一・二点を挟んで二字以上隔てて返って読む訓点で，一点や上点は，一字返って読むレ点とともに使われることもある。「不」は，助動詞なので平仮名にする。

問二＜漢文の内容理解＞良い農家は，水害や干魃があっても，それはそれとしてできる努力を怠らず，耕作を続けるのである。

Ⅱ．問一＜漢文の訓読＞「物」→「長」→「不」→「無」の順に読む。「長」から「不」へ一字返って読むので，「不」にレ点をつける。また「不」から「無」へ二字以上返って読むので，「無」に二点，「不」に一点をつける。「不」には一点とレ点の両方がつくことになる。

六 〔国語の知識〕

問一＜文学史＞『人間失格』は，昭和23(1948)年に発表された太宰治の小説。

問二＜慣用句＞「耳をそろえる」は，小判などの縁をそろえることから，金額を不足なく取りそろえる，という意味。

問三＜品詞＞他動詞とは，ある客体に作用を及ぼす意味を持つ動詞。「(人を)助ける」などのように，目的語を添えないと意味が完結しない。

問四＜品詞＞(1)「人前で話すのが」の「が」は，主格を表す格助詞。「いい人ではあるが」「探したが」「久しぶりですが」の「が」は，いずれも接続助詞。　(2)「その問題を考えるのは」の「の」は，体言の代用を表す格助詞。「心の赴くにまかせて」「月の明るい夜」「あなたの選んだ答え」の「の」は，いずれも主格を示す格助詞。

問五＜品詞＞1．「続い」は，カ行五段活用動詞「続く」の連用形「続き」がイ音便化したもの。
2．「きっと」は，「言わないだろう」という述部を修飾する副詞。

2022年度 中央大学高等学校(推薦)

【英　語】 (40分)

【注意】 リスニング試験(⑧～⑩)は試験終了**約5分前**から放送されます。

1 最も強く読む部分が，左の単語と同じ語を(　)内から選び，記号で答えなさい。

1．pro-gram　(ア．a-gree　イ．bet-ween　ウ．for-get　エ．plas-tic)

2．i-de-a　(ア．en-er-gy　イ．i-mag-ine　ウ．his-to-ry　エ．won-der-ful)

2 各組の英文の空所に**共通して入る単語**を答えなさい。

1．Go straight and turn (　　) at the next corner.
　She (　　) for Sapporo from Haneda last night.

2．What time is it now by your (　　)?
　Don't (　　) YouTube too long on your smartphone.

3 各組の文がほぼ同じ意味になるように，空所に適当な語を入れなさい。

1．What is your favorite TV program?
　What is the TV program you (　　) the (　　)?

2．Get up now, or you'll be late.
　(　　) you (　　) get up now, you'll be late.

3．Neil is five years old, and Catherine is three years old.
　Catherine is (　　) years (　　) (　　) Neil.

4．She got angry at what he said yesterday.
　His words (　　) (　　) angry yesterday.

5．You cannot tell when he will arrive here.
　(　　) is (　　) to tell his arrival time.

4 日本語の意味になるように並べかえたとき，A～Dに来るものを記号で答えなさい。ただし，文頭に来る語も小文字にしてあります。

1．これが先週の日曜日にあなたが買った新しい自転車ですか。
　____ ____ ____ __A__ ____ __B__ ____ last Sunday?
　ア．bicycle　イ．bought　ウ．is　エ．new
　オ．the　カ．this　キ．you

2．彼のスピーチを聴くと，大切なことを知ることができる。
　We ____ ____ __C__ ____ __D__ ____ ____ his speech.
　ア．can　イ．from　ウ．important　エ．learn
　オ．listening　カ．something　キ．to

5 (　)に入る最も適当なものを選び，記号で答えなさい。

1．Could you lend me a pencil (　　　) with ?

ア．to write　イ．written　ウ．writing　エ．wrote

2．This is (　　　　　) game I have ever seen.

ア．more exciting　イ．the most exciting

ウ．more excited　エ．the most excited

3．If you like these shoes, why don't you try them (　　　)?

ア．in　イ．off　ウ．on　エ．up

4．A：Mrs. Thompson, I passed the exam!

B：(　　　　　). You studied very hard.

ア．Don't mention it　イ．Take it easy

ウ．Well done　エ．Good luck

6 次の課題に対して15語以上の英語で自由に述べなさい。

What do you want to do in high school ? Write your opinion with the reason.

7 次の英文を読んで，問いに答えなさい。[＊をつけたものには註があります]

Long ago, there was a *baker who lived in a city. He was so *stingy that he wouldn't give even a small piece of bread to the birds. However, his neighbor was a kind but poor man who was always glad to give anything he had to anyone. He liked [1].

Every morning, the baker baked many kinds of bread, which smelled delicious. The wind carried the wonderful smell to the neighbor's house. While the poor neighbor was eating cheap bread, the sweet smell from the baker's store filled the air. He took a deep breath and felt happy.

After the baker saw this happen, again and again, he thought, "The smell from my bread makes his cheap bread taste delicious. That's not *fair. He should have to pay for (2)<u>such happiness</u>."

He went to his neighbor's house and cried, "You pay nothing and you steal the smell of my bread. You should pay for it."

"You mean you want me to pay for the smell of your bread ?" laughed the neighbor.

"Yes! And I'll take you to *court if you don't," answered the baker.

Soon after, he actually did take the neighbor to court. When the people in the city heard about it, (3)<u>everyone laughed at this</u>. They were sure that the *judge would not do anything about the *case. But the judge said, "It's my job to listen to the baker. I order both the baker and his neighbor to come to court tomorrow."

The judge told the neighbor to bring five gold coins with him. When the neighbor heard this, he was worried that he would have to give the money to the bad baker.

However, the baker was happy to hear this. [4]

The next day, the baker and the neighbor arrived at the court. Many people came to see what the judge would do. They could not believe that he might make the neighbor pay for a smell.

When the judge walked in, everyone in the room became silent. First, he listened to the baker. Then, he asked the neighbor, "(5)<u>Is it true that you have enjoyed the smell from this man's store every day for many years ?</u>" "Yes, judge! I must *admit that is true," said the neighbor. The judge thought for a while.

Finally, he said, "A smell has been stolen. Stealing is a *crime, so the neighbor must be *punished !"

The neighbor said, "But judge . . ."

"Take the five gold coins from your pocket !" said the judge.

After the neighbor did so, the judge ordered, "Now, drop the coins from one hand to the other hand !" The neighbor did what he was told.

Then, the judge asked the baker, "Did you hear the sound of the gold coins ?"

"Yes, I did !" said the baker with a smile.

"Did you like the sound ?" asked the judge.

"Yes, it is a wonderful sound." The baker was beginning to walk to his neighbor to take the money.

"Wait !" cried the judge. "He has already paid. Your neighbor enjoyed the smell. You have been paid by hearing the sound of his money. This case is (6)."

Everyone in the room laughed. The baker *hung his head. Even he saw how stingy he was.

From then on, the judge was known as a man who was fair and also did his best for the people of his town.

（註） baker：パン職人　stingy：ケチな　fair：公平な　court：法廷　judge：裁判官　case：案件
admit：を認める　crime：犯罪　punished＜punish：を罰する
hung (＜hang) his head：がっくりとうなだれた

問1　空所[1]に入る語句として最も適当なものを1つ選び，記号で答えなさい。

ア．to make money better than to make bread

イ．to make money better than to make friends

ウ．to make bread better than to make friends

エ．to make friends better than to make money

問2　下線(2)が表す内容として最も適当なものを1つ選び，記号で答えなさい。

ア．パンの焼ける香りを無料で楽しめる幸福

イ．夢の中でおいしいパンを食べられる幸福

ウ．嫌なにおいが甘い香りに感じられる幸福

エ．高価なパンを好きなだけ食べられる幸福

問3　下線(3)の記述から考えて，人々はパン職人の訴えがどうなると予想したのか。15字程度の日本語で説明しなさい。

問4　[4]には「彼は自分のポケットが隣人の金貨でいっぱいになることを思い浮かべて笑った。」という意味を表す英文が入る。下記を並べかえて英文を完成させたとき，A，Bに来るものを記号で答えなさい。

He smiled ______ ______ ______ __A__ ______ __B__ ______ ______.

ア．he　イ．his pockets　ウ．his neighbor's　エ．thought

オ．gold coins　カ．full of　キ．of　ク．when

問5　下線(5)を日本語に直しなさい。

問6　空所(6)に入る語として最も適当なものを1つ選び，記号で答えなさい。

ア．given　イ．done　ウ．made　エ．taken

問7　本文の内容として正しいものを1つ選び，記号で答えなさい。

ア．パン職人は隣人のせいでおいしいパンを焼くことができなかった。

イ．人々はパン職人がお金ほしさに隣人を訴えていることを非難した。
ウ．隣人は裁判官の命令で，金貨を自分の手のひらに落として見せた。
エ．裁判官は隣人に同情して，パン職人に金貨を返すように命令した。
オ．パン職人は裁判官の判断に不満で，人々に笑われたことを恨んだ。

［リスニング］

8 英文を聞き，それに続く文として最も適当なものを選び，記号で答えなさい。英文は一度だけ読まれます。

1．A．The fireworks are starting soon.
　B．Someone forgot to close the door.
　C．People are watching TV at home.
　D．I'm going shopping with my mother.

2．A．You are wearing a uniform.
　B．I can see better with your glasses.
　C．You have good eyes.
　D．I think the pink one was better.

3．A．I finished my homework.
　B．The teacher gave us some yesterday.
　C．You will be doing yours tomorrow.
　D．He has some homework to do.

4．A．Really？ What did you do？
　B．You don't think so.
　C．How about going out this weekend？
　D．Last week was better than this week.

5．A．They don't have any Japanese food.
　B．There are many Chinese dishes.
　C．Italian sounds good to me.
　D．I thought you ate Mexican.

9 英文に続き，質問文が読まれます。その答えとして最も適当なものを選び，記号で答えなさい。英文と質問文は一度だけ読まれます。

1．A．five　B．six　C．seven　D．eight
2．A．monkey　B．penguin　C．bear　D．rabbit

10 英文を聞き，何についての説明かを英単語で答えなさい。問題は全部で２問あります。英文は一度だけ読まれます。

＜リスニング問題放送原稿＞

8 英文を聞き，それに続く文として最も適当なものを選び，記号で答えなさい。英文は一度だけ読まれます。

1．Why are there so many people here？
2．How do I look？

3．A： Did you finish your homework？
B： We don't have any, do we？
4．A： I had the best weekend last week.
B： I think mine was better.
5．A： How about going out to dinner tonight.
B： OK.　What do you feel like having？

9 英文に続き，質問文が読まれます。その答えとして最も適当なものを選び，記号で答えなさい。英文と質問文は一度だけ読まれます。

1．Susie ate 5 strawberries during breakfast.　She had a banana and an orange for lunch.　She ate one red and one green apple after dinner.
Q： How many red fruit did Susie eat today？

2．Kim always does her favorite thing last.　The other day, she went to the zoo.　First she looked at some monkeys.　Then she went to the penguin section.　After that, she saw the bears and then she went to play with some rabbits.
Q： What is Kim's favorite animal？

10 英文を聞き，何についての説明かを英単語で答えなさい。問題は全部で2問あります。英文は一度だけ読まれます。

1．This is what you call a family member.　If you are a mother and you have a girl, she is this to you.　The word begins with "D".

2．This is a name of a month.　People in Japan celebrate the first day of this month, because it is also the first day of the year.　The word begins with "J".

【数　学】（理科と合わせて50分）

1 $\frac{7}{8}-\left(\frac{5}{4}\right)^3+(-0.375)^2$ を計算し，記号で答えなさい。

ア．$-\frac{25}{16}$

イ．$-\frac{15}{16}$

ウ．$-\frac{39}{32}$

エ．ア〜ウにはない

2 2次方程式 $3x^2-4x-2=0$ を解き，記号で答えなさい。

ア．$x=\frac{-2\pm\sqrt{10}}{3}$

イ．$x=\frac{4\pm2\sqrt{10}}{3}$

ウ．$x=\frac{2\pm\sqrt{2}}{3}$

エ．ア〜ウにはない

3 $\frac{1}{7}$ は循環小数である。小数第2022位は何か，記号で答えなさい。

ア．7　　イ．1　　ウ．4　　エ．ア〜ウにはない

4 Aさんが1回で0点〜10点(得点は整数値)を得られるゲームを10回行ったところ，右の得点表のようになり，さらに平均点が5.1点であることが分かっています。

(回目)	1	2	3	4	5	6	7	8	9	10
(点)	1	3	0	7	a	9	2	5	8	6

(1)　a の値と，10回のゲームで得られた得点の中央値を求めなさい。

さらに，Aさんと一緒にいたBさん，Cさんも同じゲームを10回行い，その結果を以下の箱ひげ図に表しました。

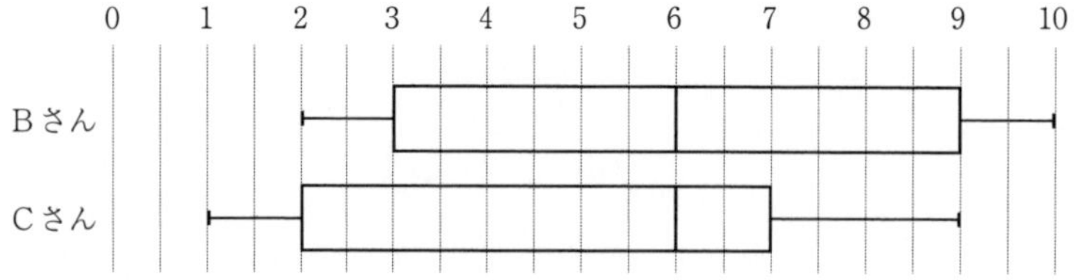

(2)　Aさんの得点表および，Bさん，Cさんの箱ひげ図から読み取れる，正しいものをすべて選び，記号で答えなさい。

ア．Bさんは3点を獲得した回がある。

イ．Cさんは6点を獲得した回がある。

ウ．3人の中で，Bさんの平均点が一番高い。

エ．3人の中で，Cさんの平均点が一番低い。

5 図のように，半径１の円Oに外側から接している正三角形ABCと，正方形DEFGがあり，辺EFは辺BC上にあります。点Eから辺AFに下ろした垂線の足をHとしたとき，線分EHの長さを求めなさい。ただし，分母に$\sqrt{\ }$（根号）が残った場合は有理化すること。

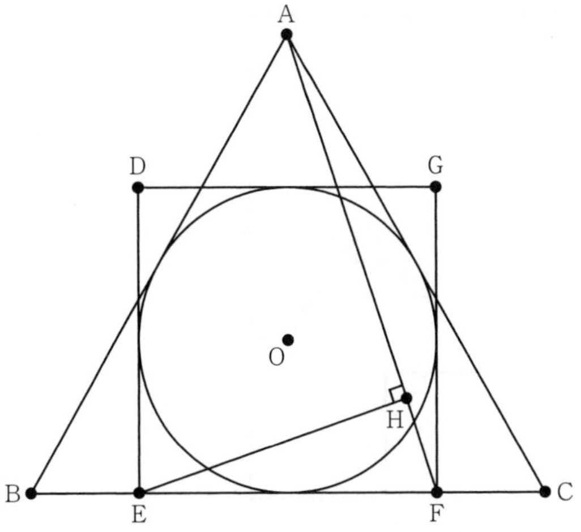

6 図のように，放物線C：$y=x^2$と直線l：$y=-\frac{1}{2}x+\frac{3}{2}$が２点A，Bで交わっており，点Pは$l$上を動きます。このとき，以下の問に答えなさい。

(1) PA＝PBを満たすとき，点Pの座標を求めなさい。

(2) PA＝POを満たすとき，点Pの座標を求めなさい。

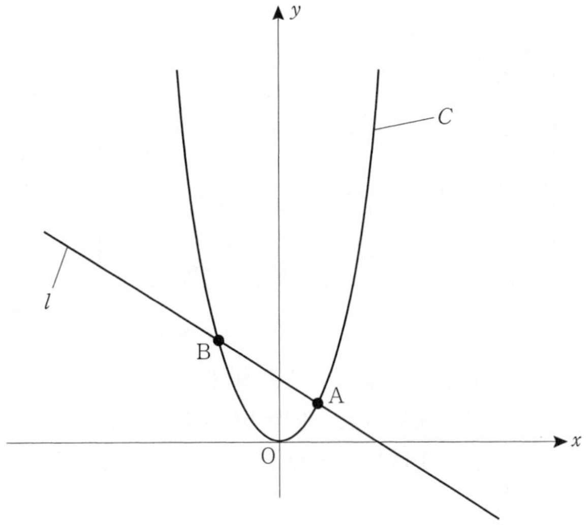

7 左から読んでも右から読んでも同じになる自然数を回文数と言います。例えば，31513は５桁の回文数です。太郎さんと花子さんが「５桁の回文数aは455で割り切れ，その商bも３桁の回文数となるとき，aを求めなさい。」という問題を解くために，２人で話し合っています。

太郎「まずaをbで表してみよう。そして，aの両端の位の数xと，bの両端の位の数yに注目しながら，あてはまる数を探してみようか。」

花子「太郎さん，よく考えたわね。yが定まれば，あとはaが回文数となるように，bの十の位の数を試してみるわ。」

(1) 太郎さんの話をもとにして，x，yの考えられる組み合わせ$(x,\ y)$を求めなさい。ただし，解答欄に途中過程を残すこと。

(2) 花子さんの話をもとにして，考えられるaをすべて求めなさい。

【社　会】（国語と合わせて50分）

【注意】 漢字を用いる場合は，楷書で正しく書いて下さい。

1　次の三つの地図についてA～Cの文章を読んで，以下の問に答えなさい。

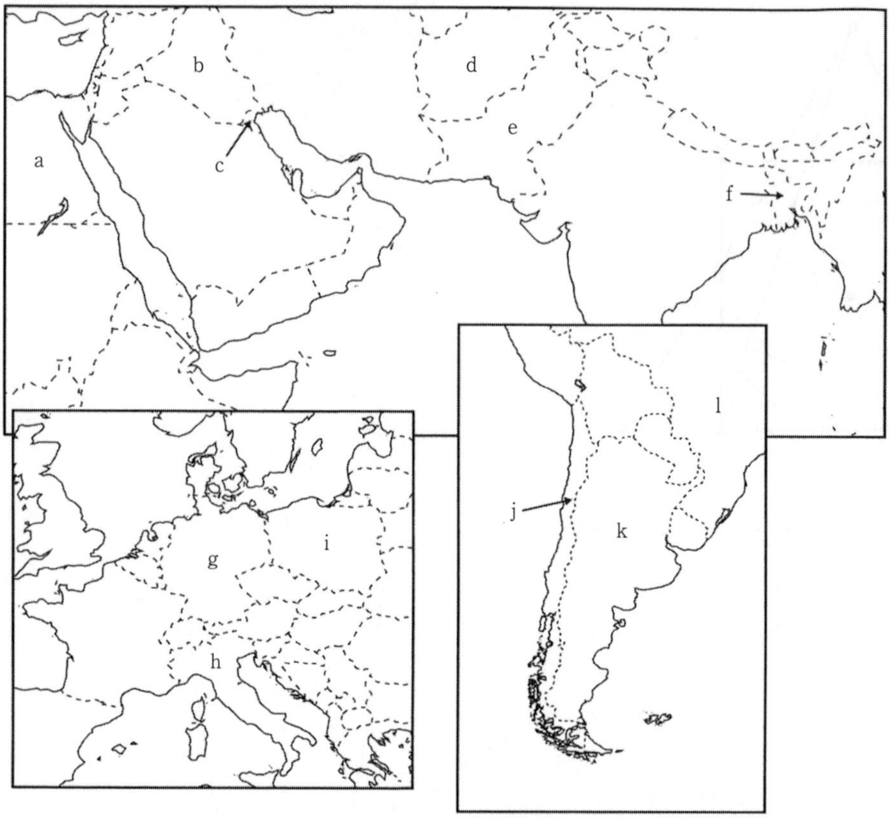

＊各地図は上部を北としている。またそれぞれの縮尺は異なっている。

A．この国は，ペルシア湾最奥部に位置する立憲君主制国家である。20世紀前半にこの地域で世界有数の油田が発見され，同世紀半ばにはイギリスから独立した。1990年には一時イラクに占領され，これをきっかけに多国籍軍とイラクの間で湾岸戦争が勃発した。また，国土のほぼすべてが平野部であり，①砂漠が広がっている。

B．この国は，ヨーロッパの中央西部に位置する連邦共和制国家である。北部はバルト海・北海に，南部はアルプス山脈に面している。世界有数の工業国であるとともに，「脱炭素社会」を目指した②発電方法の見直しをめぐる取り組みが有名である。

C．この国は，南アジア西部に位置する連邦共和制国家である。③北部は中央アジアに続く山岳地帯，南部はインド洋に面している。南北を貫く大河が流れ，かつて古代文明が繁栄した地としても知られている。また，国民の多くは④イスラーム(イスラム教)を信仰している。

問1　地図を参考にして，A・B・Cの国の場所の組み合わせとして正しいものをア～カの中から一つ選び，記号で答えなさい。 (1)

ア．A－b　B－i　C－f
イ．A－a　B－g　C－j
ウ．A－c　B－h　C－e
エ．A－a　B－i　C－l
オ．A－c　B－g　C－e

カ．A－b　B－h　C－d

問２　地図を参考にして，日本と各国の位置関係として正しいものをア～エの中から一つ選び，記号で答えなさい。 (2)

ア．日本の北海道は，地図中ｋの国とほぼ同緯度である。

イ．日本の東北地方は，地図中ｇの国とほぼ同経度である。

ウ．日本の関東地方は，地図中ｈの国とほぼ同経度である。

エ．日本の沖縄島は，地図中ｅの国とほぼ同緯度である。

問３　下線部①に関連して，砂漠気候の説明として適切なものをア～オの中から一つ選び，記号で答えなさい。 (3)

ア．雨の多い雨季と少ない乾季があり，木々がまばらで草原が広がる。

イ．１年間を通してほとんど雨が降らず，草木が生育しにくい。

ウ．１年間を通して高温多雨で，広葉樹のしげる森林が広がる。

エ．温暖で季節の変化がはっきりしており，多様な植物が生育する。

オ．年間を通して気温が低く，一年の大半が雪や氷におおわれている。

問４　下線部②に関連して，以下の資料は2016年６月の都道府県発電所数と発電実績についてまとめたものである。日本のエネルギーの動向と都道府県の特徴に関する説明として**誤っているもの**をア～エの中から一つ選び，記号で答えなさい。 (4)

都道府県	水力発電所		火力発電所		原子力発電所		新エネルギー等発電所				合計	
							風力		太陽光			
	発電所数	電力量	発電所数	電力量	発電所数	電力量	発電所数	電力量	発電所数	電力量	発電所数	電力量
埼玉県	13	24,765	3	21,603	0	0	0	0	40	6,798	56	53,166
千葉県	1	12	23	6,759,936	0	0	12	3,621	145	65,739	181	6,829,307
東京都	5	7,672	36	508,677	0	0	1	74	9	410	51	516,833
神奈川県	27	44,237	27	5,457,515	0	0	1	42	39	5,711	94	5,507,506
富山県	126	1,021,536	3	422,474	0	0	1	100	14	4,090	144	1,448,200
福井県	31	152,166	4	509,502	4	2,087,075	2	1,407	20	3,938	61	2,754,088
岐阜県	100	877,071	1	3,538	0	0	1	28	28	14,795	130	895,431

（単位　発電所数：か所，電力量：1,000kWh）

経済産業省資源エネルギー庁電力調査統計より作成

ア．富山県や岐阜県には水力発電所が多く建てられており，その発電電力量も多くなっている。この理由として，飛驒山脈や木曽山脈といった急峻な山脈を水源とする河川の利用が考えられる。

イ．千葉県や神奈川県，東京都には火力発電所が多く建てられている。その発電電力量も多くなっている。この理由として太平洋に面していることによる海外からの燃料の輸送や便利さが考えられる。

ウ．千葉県や神奈川県，東京都には火力発電所が多く建てられている。東京都は千葉県，神奈川県よりも発電電力量が少ないが，２県の発電所に比べて発電所の規模が大きいことが考えられる。

エ．福井県では原子力による発電が福井県全体の発電電力量の約８割を占めている。この電力量は表中の都県の水力発電電力量合計に匹敵するものである。

問5　下線部③に関連して，このような地理的な要素はその地域の気候の変化にも影響を与えると考えられている。以下の断面図からわかる日本の気候に関する説明文の空欄［1］～［3］に入る適切な語句の組み合わせとして正しいものをア～カの中から一つ選び，記号で答えなさい。　(5)

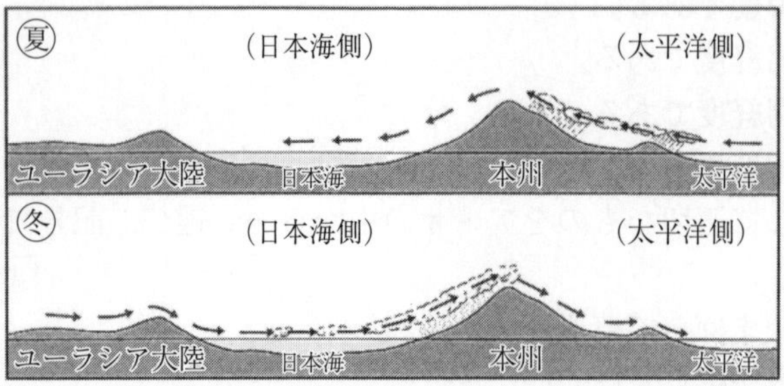

日本の本州は中央の山脈を境に太平洋側と日本海側とに大きく分けられ，［　1　］の影響を強く受ける。太平洋側では，夏に南東方向から［　　2　　］が吹き込むことで，降水量が多くなる。日本海側では，冬に北西方向から［　　3　　］が吹き込むことで，降水量が多くなる。

ア．［1］　偏西風　［2］　暖かく湿った空気　［3］　冷たく乾いた空気
イ．［1］　季節風　［2］　暖かく乾いた空気　［3］　冷たく湿った空気
ウ．［1］　偏西風　［2］　暖かく乾いた空気　［3］　冷たく乾いた空気
エ．［1］　季節風　［2］　暖かく湿った空気　［3］　冷たく湿った空気
オ．［1］　偏西風　［2］　冷たく乾いた空気　［3］　暖かく乾いた空気
カ．［1］　季節風　［2］　冷たく湿った空気　［3］　暖かく湿った空気

問6　下線部④に関する以下の文章を参考に，この宗教が主に分布している地域を地図中のア～エの中から一つ選び，記号で答えなさい。　(6)

この宗教は聖地メッカのある半島を中心に広がった。1日5回の聖地に向けての礼拝を行い，一般的には飲酒や豚肉を食べることを禁じている。

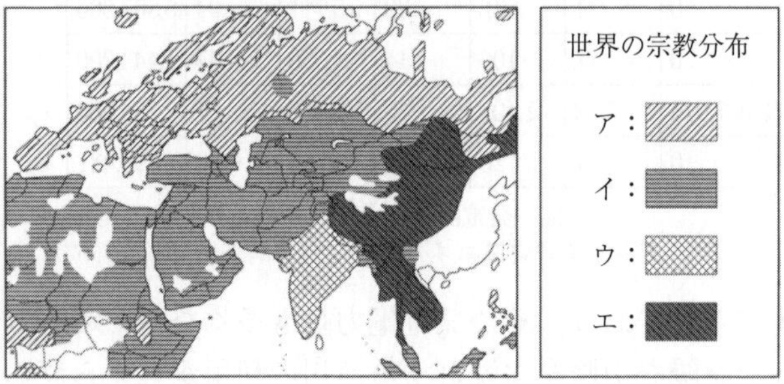

問7　以下の表は全国および北海道，東京都，愛知県，大阪府の転入者・転出者・転入超過数を示したものである。この表から読み取れる内容として正しいものをア～カの中から一つ選び，記号で答えなさい。 (7)

		他都道府県からの転入者数	他都道府県への転出者数	転入超過数（－は転出超過）
全国	2020	2,464	2,464	0
	2019	2,568	2,568	0
	2018	2,536	2,536	0
	2015	2,503	2,503	0
	2010	2,332	2,332	0
北海道	2020	52	53	－1
	2019	53	58	－6
	2018	51	57	－6
	2015	49	58	－8
	2010	49	57	－9
東京都	2020	433	402	31
	2019	467	384	83
	2018	461	381	80
	2015	457	372	84
	2010	396	348	48
愛知県	2020	117	125	－7
	2019	129	131	－2
	2018	130	127	3
	2015	127	117	11
	2010	106	107	－1
大阪府	2020	173	159	13
	2019	176	168	8
	2018	169	166	2
	2015	166	165	1
	2010	151	155	－4

単位：千人（小数点以下は四捨五入）
（総務省統計局住民基本台帳人口移動報告より作成）

ア．北海道では，2010年度から転出超過数は増え続け，2020年度には激増している。
イ．東京都では，2015年度以降，転出超過が続いており，2020年度に激増した。
ウ．2020年度は前年度と比較すると全国的に転入者数が減少したが，各都道府県では転入者数が増加している。
エ．2020年度は前年度と比較すると全国的に転出者数が増加したが，各都道府県では転出者数が減少している。
オ．2010年度以来，東京都と大阪府は転入超過が続いており，両地域での少子高齢化の進展が起こっている。
カ．2015年度以来，四都道府県のうち転入超過数が増え続けているのは大阪府だけである。

2　次の年表に関する以下の問に答えなさい。

年・西暦	日本・世界の出来事
701年	大宝律令が完成
	A
1221年	①承久の乱が起こる
	B
1467年	②応仁の乱が始まる
	C
1716年	③徳川吉宗が将軍に就任
	D
1894年	日清戦争が始まる
	E
2016年	④アメリカのオバマ大統領が広島訪問

問1　下線部①に関して，この時代を説明した文章として**誤っているもの**をア～エの中から一つ選び，記号で答えなさい。 (8)

ア．この乱のあと，畿内や西国の荘園などにも幕府の力が広く及ぶようになった。

イ．力強い写実性や豊かな人間味を持つ彫刻が生まれ，その代表的な作者に運慶がいる。

ウ．この乱の半世紀ほどのちに，九州北部の博多湾に元の大軍が押し寄せた。

エ．この乱のあと，伝統文化の「わび」と禅の精神を基調とする東山文化が花開いた。

問2　下線部②に関して述べた文章X・Yについて，正誤の組み合わせとして正しいものをア～エの中から一つ選び，記号で答えなさい。 (9)

X．この乱により幕府の力は弱まり，幕府の権威による支配は徐々に薄れ，実力がものをいう下剋上の世の中へと変化していった。

Y．十年にわたる乱が続いたことで京都が荒廃し，公家たちが地方の戦国大名を頼って地方へ下り，中央の文化が地方へ及ぶこととなった。

ア．X－正　Y－正　　イ．X－正　Y－誤

ウ．X－誤　Y－正　　エ．X－誤　Y－誤

問3　下線部③に関して，吉宗は，年貢の増収に力を入れて実績を上げた。しかし，幕府の財政は思ったほど好転しなかった。以下の先生と生徒たちとの会話文を読んで，空欄［X］に適切な語を記しなさい。 (10)

将太：吉宗は，年貢の増収に成功したのに，なぜ幕府の財政は思ったように良くならなかったのかな。

先生：「諸色高の［X］価安」という言葉があるのだけど，それは，ほとんどの物価が高くなったのに，［X］の価格だけが安くなったという意味なんだ。この言葉から考えてごらん。

里恵：そういえば，年貢は基本的に［X］なのだから，それを現金化しなければならない，となると…。

将太：そうか…，需要と供給との関係から，現金を調達しようとして［X］を売れば売るほど［X］の価格は下落する…。

里恵：つまり，収入は思ったほど伸びず，幕府財政は好転しないということになるわね。

問4　下線部④に関して，広島市，広島県について述べた文章として**誤っているもの**をア～エの中から一つ選び，記号で答えなさい。 (11)

ア．江戸時代の末には薩摩とともに幕府を討ち，伊藤博文などの政治家を出した。
イ．この県には，第二次世界大戦に不沈戦艦といわれた「大和」を建造したドックがある。
ウ．この県には，平清盛をはじめとして平氏一門が厚く信仰した厳島神社がある。
エ．この都市は，1945年8月6日に世界初の原子爆弾が投下された都市である。

問5　年表中A～Dの期間にあてはまるものをア～エの中から一つずつ選び，記号で答えなさい。
（完答2点）⑿

ア．延久の荘園整理令出される
イ．天草・島原一揆起きる
ウ．異国船(外国船)打払令出される
エ．永仁の徳政令出される

問6　Eの時期に起きた出来事a～dを古いものから順に正しく並べているものをア～クの中から一つ選び，記号で答えなさい。⒀

a．統帥権干犯問題起こる　　b．国際連合に加入する
c．国際連盟に加入する　　d．韓国を併合する

ア．a－b－c－d　　イ．a－d－c－b
ウ．b－c－a－d　　エ．b－d－a－c
オ．d－a－b－c　　カ．d－b－c－a
キ．d－a－c－b　　ク．d－c－a－b

3　次の各問に答えなさい。

問1　グラフAは，リンゴ市場における需要と供給の関係を表している。これがグラフBのように変化した。その原因として最も適当なものをア～エの中から一つ選び，記号で答えなさい。⒁

グラフA

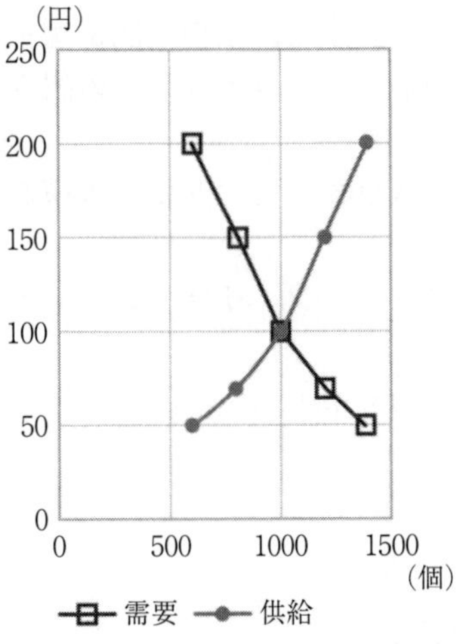

グラフB

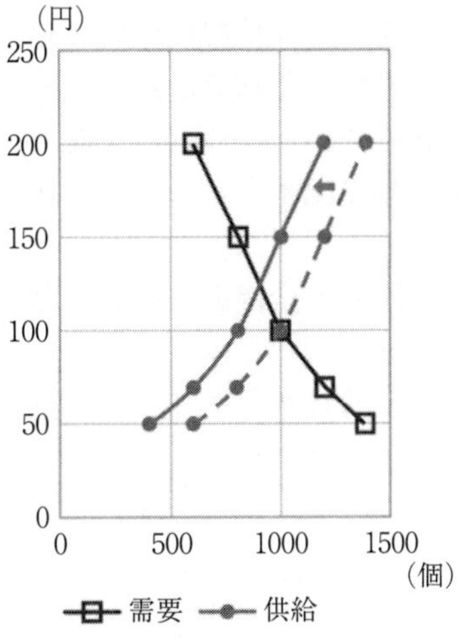

ア．テレビ番組でリンゴが免疫を高めると紹介され大評判になった。
イ．天候が良かったせいか，例年に比べ大豊作となった。
ウ．ナシが大豊作となったため，安価となった。
エ．台風や大雨のせいで，収穫前にリンゴが大被害を受けた。

問2　弁護士徽章(バッジ)のデザインは自由と正義，公正と平等を追い求める弁護士の姿を表している。次のページの4つの徽章(バッジ)のうち弁護士徽章として正しいものをア～エの中から一つ選び，記号で答えなさい。⒂

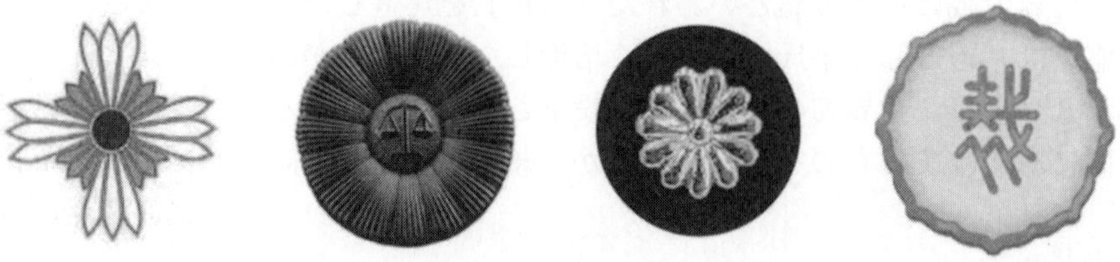

問3　右に挙げている認証マークの取得に必要なこととして**誤っているもの**をア～エの中から一つ選び，記号で答えなさい。 (16)

ア．最低価格の保証　　イ．市場原理の徹底

ウ．長期的な取引の促進　　エ．児童労働の禁止

問4　日本国憲法で保障される労働三権について述べた文章として正しいものをア～エの中から一つ選び，記号で答えなさい。 (17)

ア．すべての公務員の団結権は保障されていない。

イ．すべての公務員の団体行動権は保障されている。

ウ．すべての公務員の団体行動権は保障されていない。

エ．すべての公務員の団結権が保障されている。

問5　金融政策に関して述べた文章として正しいものをア～エの中から一つ選び，記号で答えなさい。 (18)

ア．政策金利を下げると市場への資金供給量は減り，景気が活性化する。

イ．政策金利を下げると市中の金利は上がり，景気が停滞する。

ウ．政策金利を上げると市場への資金供給量は増え，景気が活性化する。

エ．政策金利を上げると市中の金利は上がり，景気が停滞する。

問6　以下の各文章ア～ウは2021年の世界情勢について述べたものである。また，下の地図は選択肢ア～ウで説明されている地域の場所をそれぞれ記号ａ～ｆで示している。ア～ウとａ～ｆの組み合わせとして正しいものをＡ～Ｆの中から一つ選び，記号で答えなさい。 (19)

ア．パレスチナ自治区ガザを実効支配するイスラーム組織ハマスとイスラエルとの間で大規模な軍事衝突が起きた。

イ．全土に非常事態を宣言し，国家の全権を掌握したと表明した国軍はアウン・サン・スー・チー国家顧問率いる政権を転覆させた。

ウ．在留米軍の完全撤退と共に，武装勢力タリバンが全土を席巻し政権を手中にした。

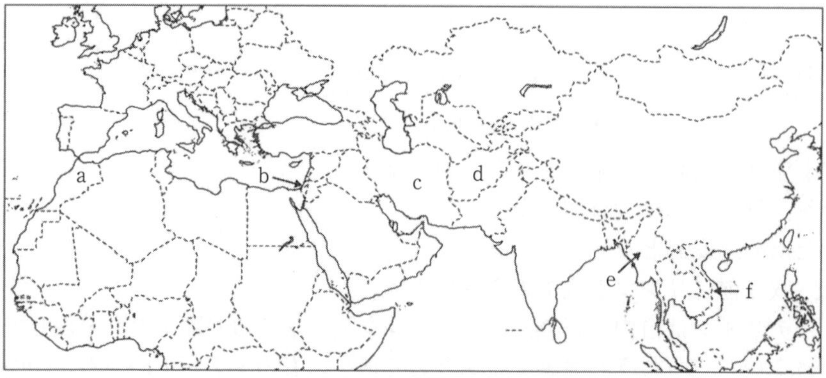

Ａ．アーａ　イーｆ　ウーｃ

B．アーb　イーe　ウーd
C．アーc　イーb　ウーd
D．アーc　イーf　ウーb
E．アーb　イーa　ウーe
F．アーa　イーf　ウーd

問7　以下は日本国憲法の条文である。空欄に適する語句の組み合わせとして正しいものをア～クの中から一つ選び，記号で答えなさい。　(20)

第6条　天皇は，（ A ）の指名に基いて，内閣総理大臣を任命する。
天皇は，（ B ）の指名に基いて，最高裁判所の長たる裁判官を任命する。

第13条　すべて国民は，（ C ）として尊重される。生命，自由及び幸福追求に対する国民の権利については，公共の福祉に反しない限り，立法その他の国政の上で，最大の尊重を必要とする。

第30条　国民は，法律の定めるところにより，（ D ）の義務を負ふ。

ア．A－国会　B－内閣　C－個人　D－納税
イ．A－国会　B－内閣　C－国民　D－教育
ウ．A－内閣　B－内閣　C－人　D－勤労
エ．A－内閣　B－国会　C－国民　D－教育
オ．A－衆議院　B－国会　C－個人　D－納税
カ．A－衆議院　B－国会　C－人　D－勤労
キ．A－参議院　B－国民　C－国民　D－教育
ク．A－参議院　B－国民　C－個人　D－納税

問8　2030年までに目指すべき国際目標として掲げられたSDGsの推進活動が世界的に広がりを見せている。右に挙げたアイコンはゴール12を示すものである。では，ゴール12の達成に向けた実践事例として**誤っているもの**をア～オの中から**二つ選び**，記号で答えなさい。　（完答1点）(21)

ア．消費者の消費意欲をかき立てるために政府が現金給付を行う。
イ．消費者が日々の買い物において賞味期限の近い値引き商品を意識的に買う。
ウ．販売した製品を長く使用できるように修理機能を身近な販売店に持たせる。
エ．自治体が年間の一般廃棄物排出量に占める資源回収量の割合を増加させる。
オ．世界中の人々の肉食へのニーズを十分に満たせるように全ての穀物を飼料として生産する。

4　次の文章を読んで以下の問に答えなさい。

国立青少年教育振興機構が2019年，20～60歳代の男女5000人を対象に読書量についての調査を行った。読書量について，

①　小中高を通して少ない
②　成長とともに徐々に減少
③　成長とともに徐々に増加
④　小中高を通して多い

以上の4グループに分類し，その上で，

◇批判的思考力（客観的・論理的に考える力）
◇主体的行動力（何事にも進んで取り組む姿勢や意欲）
◇自己理解力（自分を理解し肯定する力）

を測る質問を出して各グループの平均点を比べた。そのグラフが以下の通りである。

小中高の読書量による各種能力の違い

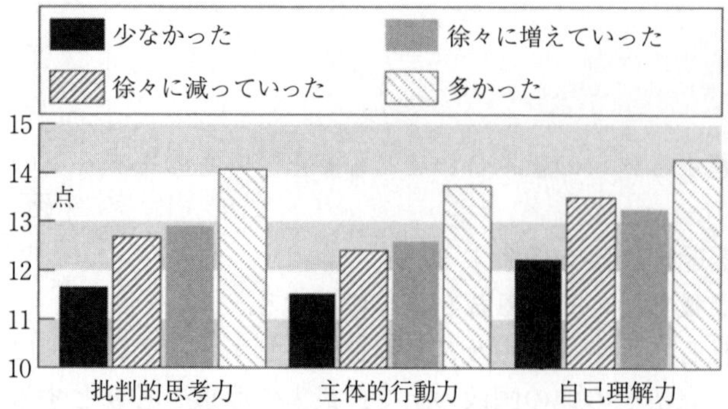

※グループ別の平均点（国立青少年教育振興機構調べ）

問１　グラフを見て，今このタイミングで，なぜ３つの力を測る調査結果が公表されたと考えられるか。以下の文を参考にして答えなさい。（２点）㉒

【文】

21世紀に入って20年以上が過ぎ，令和の時代となった現在，ますますデジタル技術は向上し，インターネットなしでは生活できないような状況となっている。そのインターネットの世界には瞬時に大量の情報が飛び交っており，役に立つ情報や悪意ある情報などが混在している。

問２　このグラフに込められた私たちへの「メッセージ」を想定して答えなさい。（１点）㉓

※なお解答に際しては，解答欄の語句に続く形で答え，その欄内に収まるよう過不足なく記述すること。

【理　科】（数学と合わせて50分）

【注意】　漢字を用いる場合は，楷書で正しく書いて下さい。

問１　電球，厚紙，凸レンズ，光学台を用いて図のような装置を組み立て，像がはっきりうつる位置にスクリーンを動かした。この厚紙には図のように「**L**」の型が切り抜かれ，電球側から見て「**L**」の向きになるようにとりつけられている。凸レンズ側から観察すると，スクリーン上にどのような像が見えるか。正しいものをア～カの中から１つ選び，記号で答えなさい。

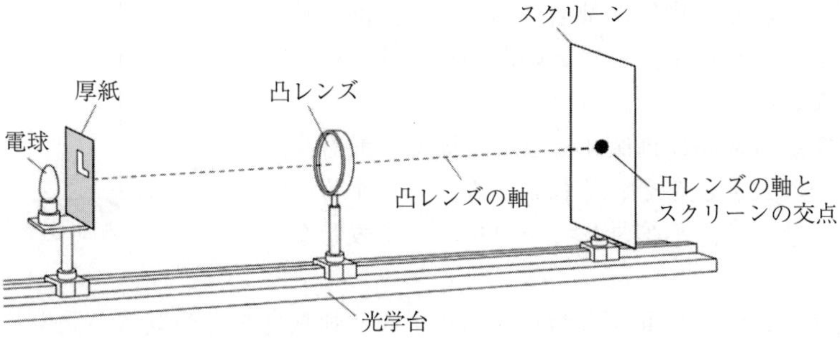

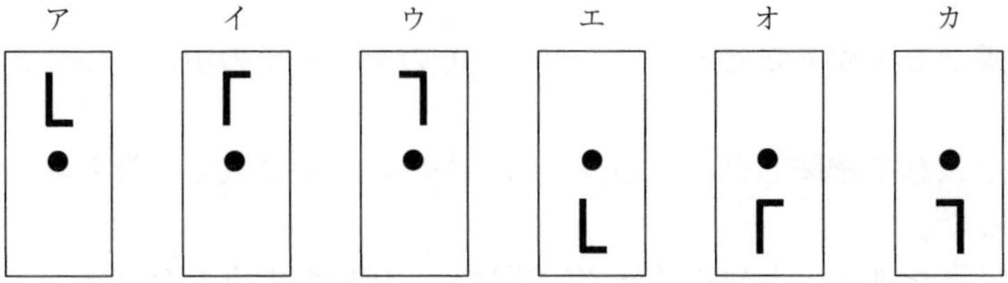

問２　ある弦を弾いたところ0.02秒間に６回振動した。この弦の振動数は何 Hz か。

問３　R_1[Ω]，R_2[Ω]の抵抗器を用いて，図１，図２の回路を作った。a 点を流れる電流の大きさと b 点を流れる電流の大きさが同じだったとき，図１に示す回路にかけた電圧は図２に示す回路にかけた電圧の何倍か。ただし，R_1[Ω]は R_2[Ω]の４倍の大きさである。

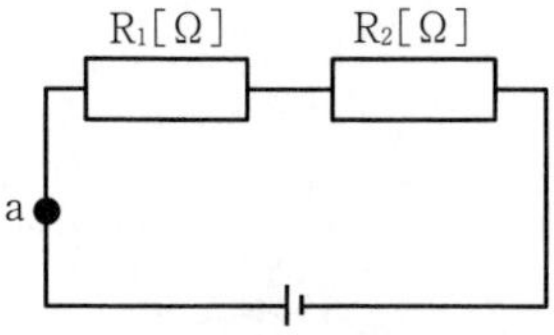

図１

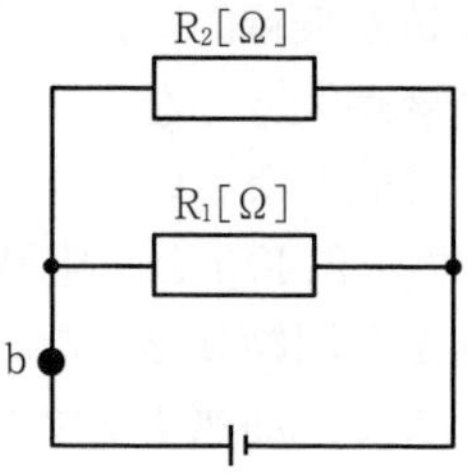

図２

問４　100g の水に電熱線を入れ，７分間電流を流した。このときの電力と水の上昇温度の関係は右図のようになった。水１g の温度を１℃上昇させるのに必要な熱量は何 J か。

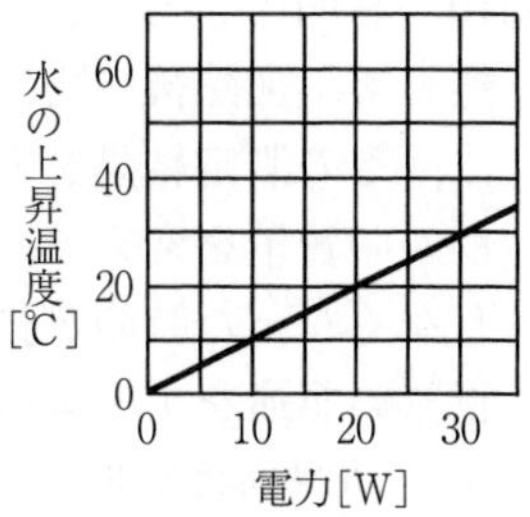

問５　図のように，斜面に置いた台車から手を放すと台車は動き出し，摩擦のある水平面に達し，水平面に置かれた木片に衝突した。木片は衝突したあと台車から離れて図の矢印の方向に動き出し，しばらくの間移動したあとに静止した。

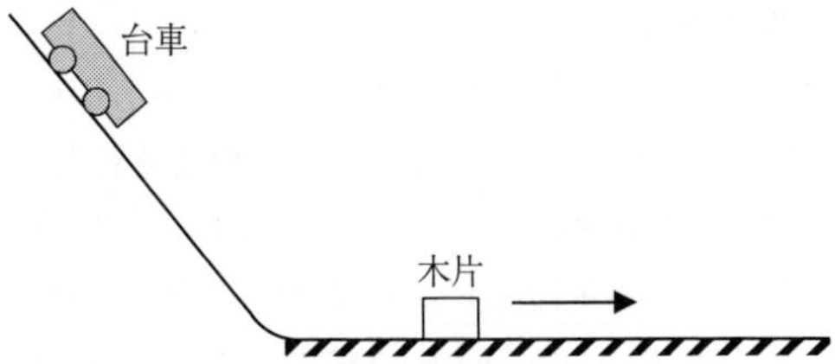

　木片が水平面を矢印の方向に移動しているとき，木片に**はたらいていない力**を，次のア～エの中から１つ選び，記号で答えなさい。

ア　水平面に対して垂直上向きの力

イ　水平面に対して垂直下向きの力
ウ　矢印と同じ向きの力
エ　矢印と逆向きの力

問6　図のように物体を①垂直上向き，②水平面に対して斜め上向き，③水平方向，④垂直下向きにそれぞれ同じ速さで投げた。以下の問いに答えなさい。

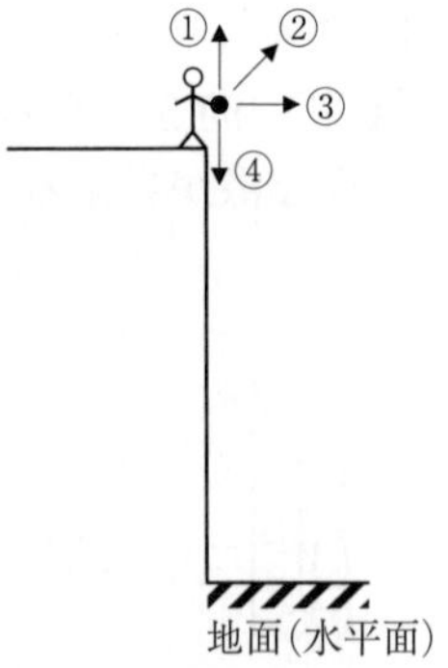

⑴　①，③，④の各方向に投げたときの，物体が地面に衝突する直前の速さをそれぞれx，y，zとする。これらx，y，zの関係を，等号（＝），不等号（>，<）を用いて表しなさい。

⑵　①，②，③の各方向に投げてから地面に衝突するまでの間で，最も高い位置における運動エネルギーの大きさをそれぞれa，b，cとする。これらa，b，cの関係を，等号（＝），不等号（>，<）を用いて表しなさい。

問7　塩化アンモニウムと水酸化カルシウムを混ぜ合わせ，加熱すると刺激臭をもつ気体が発生した。この気体を**化学式**で表しなさい。

問8　以下の**A，Bの実験とその結果から分かること**として，正しいものをア～オの中から２つ選び，記号で答えなさい。

A　ポリエチレン袋にエタノールを入れて密閉した。この袋に湯をかけると袋は大きく膨らみ，袋の中のエタノールは見えなくなった。

B　ビーカーに入れた固体のロウに熱を加えるとロウは液体に変化し，体積が大きくなった。また，ビーカー内のロウの質量をはかったところ，加熱前後で質量の変化がなかった。

ア　エタノールの沸点は水の沸点よりも低い。
イ　水は100℃を超えると水蒸気になる。
ウ　エタノールは気体に変化すると体積が飛躍的に大きくなる。
エ　ロウは液体から気体に変化すると体積が飛躍的に大きくなる。
オ　ロウは固体から液体に変化すると密度が大きくなる。

問9　硫酸が電離するようすを化学式を使って表しなさい。

問10　右図のように，けずり状のマグネシウム2.40gを一定時間加熱して，加熱後の物質の質量をはかる操作を５回繰り返した。表１は，その測定結果をまとめたものである。また，加熱するマグネシウムの質量を変えて，同じ実験を行い，加熱後の物質の質量が変化しなくなった時の質量の値を，表２にまとめた。この実験について，正しい記述をア～エの中から２つ選び，記号で答えなさい。

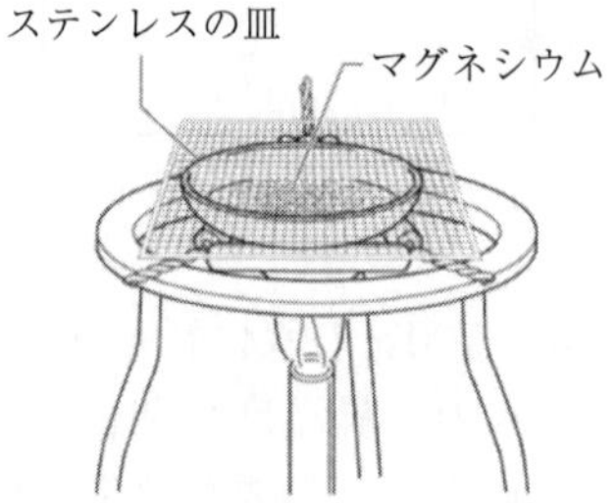

表１　加熱回数と加熱後の質量

加熱回数	1	2	3	4	5
加熱後の質量［g］	3.00	3.56	4.00	4.00	4.00

表２　マグネシウムと加熱した時の質量変化

加熱前の質量［g］	1.20	1.50	1.80	2.40
加熱後の質量［g］	2.00	2.50	3.00	4.00

ア　表１より，加熱回数が１回では，反応によって生じた酸化マグネシウムの質量は0.60gである。

イ　表１より，加熱回数が２回では，まだ反応していないマグネシウムが0.44g残っている。

ウ　表2より，加熱前のマグネシウムの質量と加熱後に生じる酸化マグネシウムの質量は比例している。

エ　2.10gのマグネシウムの質量が変化しなくなるまで加熱すると，化合した酸素の質量は1.40gである。

問11　次の文章の空欄(１)～(４)にあてはまる語・文の組み合わせとして，正しいものをア～クの中から１つ選び，記号で答えなさい。

銅は銀よりもイオンになりやすい性質を持つ。そのため，硝酸銀水溶液に銅線を入れると，銅線の表面に結晶が現れ，樹木の枝のように成長していく様子が観察できる。これは，水溶液中の(　１　)が(　　２　　)ことで(　３　)と銅イオンになり，水溶液は(　４　)に変化する。

	(1)	(2)	(3)	(4)
ア	銀	銅に電子を与える	銀イオン	青色
イ	銀	銅に電子を与える	銀イオン	無色
ウ	銀	銅から電子を受け取る	銀イオン	青色
エ	銀	銅から電子を受け取る	銀イオン	無色
オ	銀イオン	銅に電子を与える	銀	青色
カ	銀イオン	銅に電子を与える	銀	無色
キ	銀イオン	銅から電子を受け取る	銀	青色
ク	銀イオン	銅から電子を受け取る	銀	無色

問12　うすい水酸化ナトリウム水溶液を入れたビーカーにうすい塩酸を5mL加えたところ，ちょうど中性になった。さらに，同じ濃度の塩酸を5mL加えた。右図のように横軸を加えた塩酸の体積としたとき，縦軸にあてはまるものをア～オの中から１つ選び，記号で答えなさい。

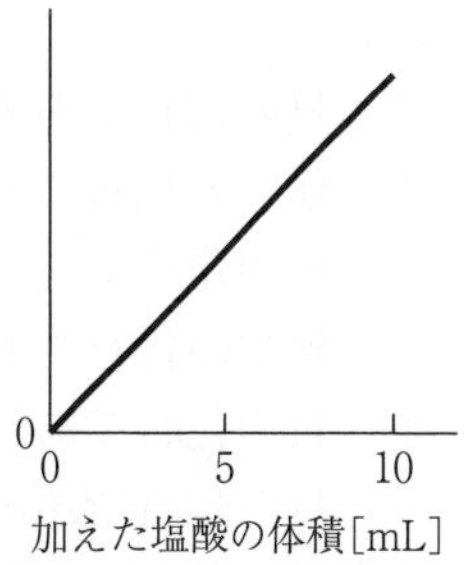

ア　水溶液中に生じる塩の質量

イ　水溶液中のナトリウムイオンの個数

ウ　水溶液中の塩化物イオンの個数

エ　水溶液中の水素イオンの個数

オ　水溶液中の水酸化物イオンの個数

問13　ヒトの体内ではアンモニアが発生するが，尿素に変えられ体外へと排出される。アンモニアを尿素へ変える器官の名称を記しなさい。

問14　次の各文のうち，正しいものを過不足なく選び，記号で答えなさい。

ア　鳥類は変温動物であるが，羽毛により体温の変化を緩和している。

イ　ハチュウ類と両生類はどちらも卵生で乾燥に強い卵を生む。

ウ　無セキツイ動物のうち，ハマグリは軟体動物であるが，クラゲは軟体動物ではない。

エ　ウニとクモはどちらも固い外骨格をもつ節足動物のなかまである。

問15　下図は，ある種のカエルについて，受精後に細胞分裂を繰り返しオタマジャクシへと成長するまでの，各段階を模式的に表したものである。以下の問いに答えなさい。

(1)　ア～オを正しい順番に並べ，記号で答えなさい。

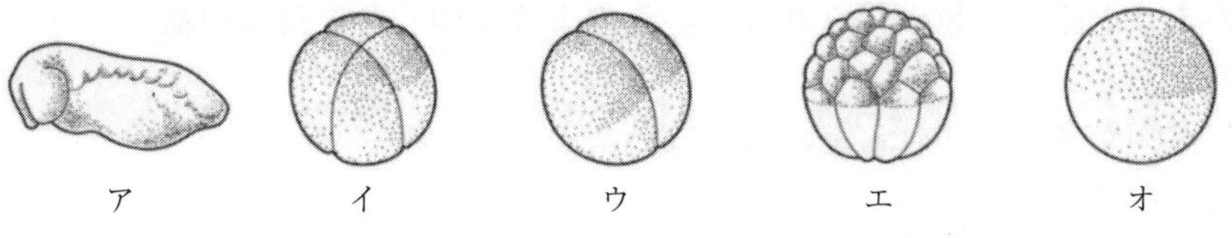

(2)　このカエルの受精卵に含まれる染色体数は24本である。図のイの細胞1個に含まれる染色体数を記しなさい。

問16　エンドウの種子の形には丸としわがあり，これらは1対の遺伝子R(丸)とr(しわ)によって決定しており，Rがrに対して顕性(優性)である。丸い種子をつくる純系としわの種子をつくる純系をかけ合わせ，次代(2代目)の種子を得た。これらの種子はすべて丸い種子だった。2代目の種子をすべてまいて育て，自家受精をさせて次代(3代目)の種子を得た。3代目の種子のうち，丸いものだけをすべてまいて育て，自家受精をさせて次代(4代目)の種子を得た。4代目のすべての丸い種子のうち，純系の種子が占める割合を分数で答えなさい。

問17　図はある海域の生態系における食物連鎖を表している。生物間を結ぶ矢印→の左に記された数値は，食べたエサの質量の何%が体重になったかを示す。

(例)　小型魚が動物プランクトンを1000g食べたとき，小型魚の体重は100g増加する。

この海域では農薬Xによる水質汚染が広がっていて，農薬Xは生物体内に取り込まれると体外に排出されず，すべて体内に蓄積することが知られている。この海域の動物プランクトンに農薬Xが0.01ppm(ppmは質量について100万分の1を表す単位)含まれているものとする。大型魚に含まれる農薬Xの濃度(ppm)を求めなさい。

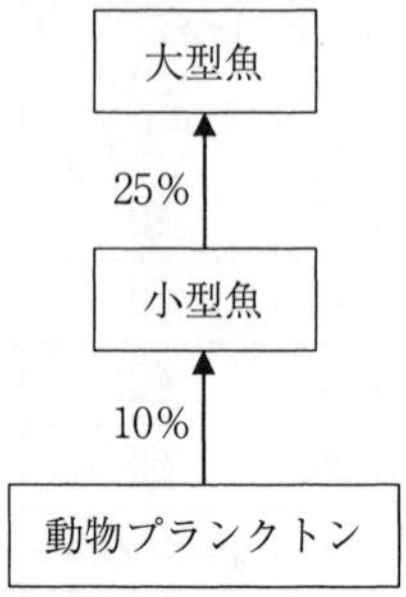

問18　ビカリアの化石に関する記述として，正しいものをア～カの中から1つ選び，記号で答えなさい。

ア　貝の化石である。また示準化石であり，この化石があった地層の年代は新生代である。
イ　植物の化石である。また示準化石であり，この化石があった地層の年代は新生代である。
ウ　貝の化石である。また示準化石であり，この化石があった地層の年代は古生代である。
エ　植物の化石である。また示準化石であり，この化石があった地層の年代は古生代である。
オ　貝の化石である。また示相化石であり，この化石があった地層は昔，暖かい海で堆積した。
カ　貝の化石である。また示相化石であり，この化石があった地層は昔，海水と淡水が混ざる湖で堆積した。

問19　図1，図2は花こう岩と安山岩のいずれかのスケッチである。これらに関する記述として**誤っているもの**をア～オの中から1つ選び，記号で答えなさい。

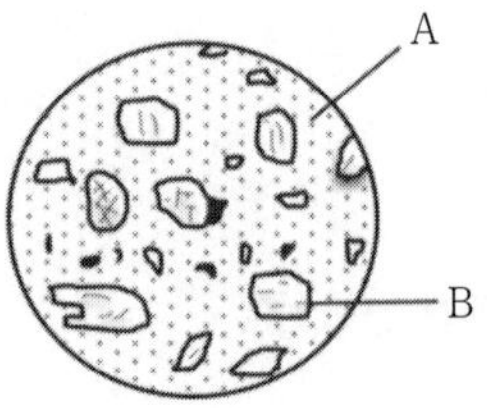

図1

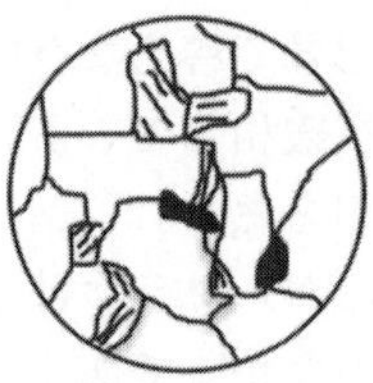
図2

ア　図1は安山岩，図2は花こう岩のスケッチである。
イ　図1の岩石に見られるAを石基，Bを斑晶という。
ウ　図2の岩石にはAのような細かい粒が見られない。このようなつくりを斑状組織という。
エ　図1の岩石は火山岩である。
オ　図2の岩石には無色鉱物が多く含まれるため白っぽい。

問20　温暖前線の記号を書きなさい。

問21　30℃の空気 5 m^3 中に含まれる水蒸気が 90 g のとき，湿度は何％か。ただし，30℃における飽和水蒸気量は 30 g/m^3 である。

問22　下図は地球が太陽のまわりを公転する様子と，それをとりまく主な星座の位置関係を表している。これに関する記述として**誤っているもの**を，ア～オの中から１つ選び，記号で答えなさい。

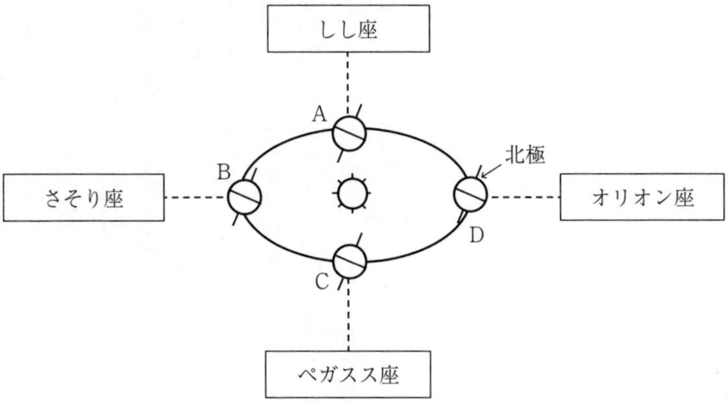

ア　Cは秋分の日のころの地球の位置である。
イ　しし座を見ることができないのはCの位置である。
ウ　日没後，南の空にオリオン座が見えるのはDの位置である。
エ　地球の公転の向きは反時計回りである。
オ　真夜中に東の空に，さそり座が見えるのはAの位置である。

問23　太陽系には，火星，水星，木星，金星，土星，地球，海王星，天王星の８つの惑星がある。これらに関する記述として，正しいものをア～オの中からすべて選び，記号で答えなさい。
ア　地球型惑星は５種類である。
イ　太陽から最も離れた惑星は海王星である。
ウ　木星は土星に比べて，半径が小さい。
エ　木星は火星に比べて，密度が小さい。
オ　木星は地球に比べて，衛星の数が多い。

オ　差し出された杯を受けとる。

問二　次の――線部から尊敬語を一つ選び、記号で答えなさい。

ア　昨日は魚料理を食べました。

イ　明日の十三時に伺う予定だ。

ウ　高名な教授の講義を拝聴する。

エ　渡辺さんはいついらっしゃるのか。

オ　先日所用で大阪に参りました。

問三　「国境の長いトンネルを抜けると雪国であった。」という書き出しで始まる小説の作者を次から一人選び、記号で答えなさい。

ア　太宰治《だざいおさむ》　イ　泉鏡花《いずみきょうか》　ウ　二葉亭四迷《ふたばていしめい》

エ　川端康成《かわばたやすなり》　オ　尾崎紅葉《おざきこうよう》

は*妙妙、その通り申し付ける」かしこまって、松を五千両で*値が出来《でき》。人夫をいれ、段々掘らせ「もはや一万三千両ほどつかいました」「とんだ面白い、精出して掘らせよ」と、追々《おひおひ》人をまして掘らせければ、何やら大きな石があると、だんだん掘れば、*かろうとなり、蓋《ふた》をとれば凡《およ》そ金が百万両の余程あり。3これはならぬと、*駆け落ち。

（『畔の落穂』）

*沢山…これ以上いらないこと。
*唐崎…地名。
*人夫…力仕事をする人。
*妙妙…すばらしいこと。
*値が出来…値段がつくこと。
*かろうと…棺桶《かんおけ》。
*駆け落ち…ひそかに逃げること。

問一 A～C にあてはまる語として最も適切なものをそれぞれ次から選び、記号で答えなさい。（同じ記号は一度しか使えない）

ア 「が」　イ 「を」　ウ 「へ」　エ 「と」

問二 ――線部1「なくなりませう」を現代仮名遣いに改めなさい。

問三 ――線部2「御当地」とはどこか、最も適切なものを次から選び、記号で答えなさい。

ア 金持ちの家　イ 植木屋の家
ウ 唐崎　エ 久留米《くるめ》

問四 ――線部3「これはならぬ」は「これはいけない」という意味だが、どうしてそう思ったのか、説明しなさい。

三 次のⅠ・Ⅱの漢文を読んで、それぞれ後の設問に答えなさい。

Ⅰ 戦《せん》戦《せん》慄《りつ》慄《りつ》トシテ、日ニ慎メ二一日一ヲ。人莫《な》クシテレ蹪《つまづ》ク二*於山一ニ、*而蹪ク二於垤《ありづか》ニ一。

（『淮南子』）

*於…置き字（読まない字）。
*而…置き字（読まない字）。

〔現代語訳〕 恐れ慎みながら、毎日その日一日を大事にせよ。人は高い山につまずくことはないが、蟻《あり》塚のような小さいものにつまずくものだ。

問一 右の漢文の――線部を書き下し文（漢字・平仮名交じり文）に改めなさい。

問二 右の漢文の内容に最も近い四字熟語を次から選び、記号で答えなさい。

ア 針小棒大　イ 山紫水明
ウ 油断大敵　エ 戦々恐々

Ⅱ 行者ハ行ハントスル其《そ》ノ所ヲ不《ざ》ル能《あた》ハ行フコト也《なり》。

（『荘子』）

〔書き下し文〕 行者は其の行ふこと能はざる所を行はんとするなり。

問一 右の漢文に、書き下し文を参考にして返り点を付けなさい。（読み仮名・送り仮名は不要）

四 次の各設問に答えなさい。

問一 次の――線部から自動詞を一つ選び、記号で答えなさい。

ア 新聞を広げて隅々まで読む。
イ 上着をもう一枚羽織る。
ウ 夕食で使った食器を洗う。
エ 促されてソファーに座る。

関連会社の経営を圧迫する原因となった。

＊シンクタンク…個人や企業、政府機関から依頼を受け、政治や経済など幅広い分野にわたる課題や事象について、調査・研究を行う機関のこと。

＊イニシアチブ…主導権。

＊パラドックス…矛盾。

＊未曽有…いまだかつてなかったこと。非常に珍しいこと。

＊ＣＥＯ…会社における責任者のこと。最高経営執行者。

問一 〰〰線部①～③の漢字は平仮名に、カタカナは漢字に改めなさい。

問二 [A] に入る最も適切な語句を次から選び、記号で答えなさい。

ア もうすぐ終わるよ　イ 二度と来ないよ
ウ この後も続くよ　エ 幻想だったよ

問三 ――線部1「こういうこと」の指す内容を、「～ということ。」に続く形で本文中から十四字（句読点を含む）で抜き出し、始めと終わりの三字ずつを答えなさい。

問四 ――線部2「融通無碍」の対義語を次から一つ選び、記号で答えなさい。

ア 四角四面　イ 自由自在
ウ 臨機応変　エ 五里霧中

問五 ――線部3「非連続な変化」とあるが、「非連続」とはどういうことか、本文中の語句を用いて三十字以内（句読点を含む）で答えなさい。

問六 ――線部4「この『問い』の前提となっている視座の低さです。」とあるが、筆者はどのようなところを「視座」が「低」いとしているのか。その説明になるように、次の文の[　]にあてはまる語句を十字以内（句読点を含む）で答えなさい。

この問いの前提が[　]ところ。

問七 ――線部5「オプティミストになる」とは具体的にはどういうことか、最も適切なものを次から選び、記号で答えなさい。

ア どんなテクノロジーにも問題点はないと前向きにとらえるということ。
イ テクノロジーが抱える課題を解決していこうとすること。
ウ たとえ危険な側面があるテクノロジーであっても用いていくということ。
エ テクノロジーの進化は止められないとあきらめるということ。

問八 本文の内容と合致するものを次から一つ選び、記号で答えなさい。

ア これまでに多くの未来予測が外れたが、それは予測という行為が持っている原理的な難しさ以上に、予測する側の能力に起因している。
イ これまでの予測が決定的な局面で一定程度外れてきたように、現在行っている予測もこれまで通り、ある程度は外れることになる。
ウ 多くの企業が環境変化を予測しそれに適応しようとするが、ＶＵＣＡな世界においてそのような姿勢は、ニュータイプになりつつある。
エ 未来を予測し、その予測に右往左往しているオールドタイプな人々は、やって来た未来に大きな衝撃を受けることになる。

二

次の古文を読んで、後の設問に答えなさい。（本文の表記を一部改めた）

金持ち、「世界に金ほど＊沢山なものはないぞ、どふぞ金のなくなる工夫を」といろいろにしても、とかくふへるで、出入りの植木屋[A]、「わたくしの趣向になされやうならば、一万や二万ぐらいは、つい1なくなりませう」「それは耳より、どふじゃ」「はいまづ＊唐崎《からさき》[B]参って一つ松[C]買ひきり、＊人夫大勢いれて掘らせ、2御当地までまいろうなら、随分一二万はなくなりませう」「これ時点での携帯電話の市場規模を予測してほしい」と依頼しました。この依頼に対してマッキンゼーが最終的に示した回答は「90万台」というものでしたが、この予測は完全に外れ、結果的に市場規模は軽く1億台を突破しました。

この悲惨なアドバイスに基づき、1984年、当時AT&Tの社長だったブラウン＊CEOは携帯電話事業を売却するという致命的な経営判断を行い、以後AT&Tはモバイル化の流れに乗り遅れて経営的に行き詰まり、最終的には自ら切り離したかつてのグループ企業であるSBCに買収され、消滅するという皮肉な最後を迎えます。

莫大な調査費用をかけ、超一流のリサーチャーを使って行われた予測だったはずですが、文字通り「桁外れ」で予測を外しているわけです。コンサルティング会社には守秘義務があるので、こういった悲惨なプロジェクトが公になることはなかなかありませんが、業界に長くいた私からすれば、こういう悲劇（喜劇？）は「しょっちゅう起きている」という印象があります。

これはなにも、コンサルティング会社の能力や予測モデルに問題がある、ということではなく、先述した通り、3非連続な変化に対して、専門家の予測というのは「原理的に外れるのが当たり前だ」ということです。

未来は予測するものではなく、構想するべきだという指摘はまた、昨今の人工知能を取り巻く混乱についても当てはまります。

ここ数年ほどのあいだ、さまざまな論者や研究機関が「人工知能に奪われる仕事は何か」という予測を行ってきました。たとえば2013年には、オックスフォード大学のマイケル・A・オズボーン准教授を中心とする研究グループが「人工知能に③代替されやすい職業」をリスト化し、「20年後、米国の雇用者の47%が機械によって代替される」という分析結果を公表しています。

リストそのものはなかなか興味深いのですが、こういった予測は人騒がせなだけで実際には当たらないので、ここでリストを取り上げて考察することはしません。ここであらためて考えたいのは、4この「問い」の前提となっている視座の低さです。

人工知能という汎用性の高いテクノロジーが実用になりつつある今、私たちが問わなければならないのは、むしろ「人工知能を人間が手にしたことで、私たちにどのような可能性が開けるのか」という問いであり、さらには「テクノロジーによって私たちはどのように人間を進化させられるのか」という問いであるべきでしょう。

過去の歴史を見れば、テクノロジーの進化が功罪相半ばするものだということは否定できません。テクノロジーの危険性を指摘して発達や社会への実装を牽制《けんせい》しようという動きもありますが、過去の歴史を振り返れば、そのような営みは結局、すべて失敗に終わっています。

つまり、私たちはテクノロジーの進化にブレーキをかけることはできません。であれば私たちは5オプティミストになるしかありません。進化を止めることのない人工知能の前に立ちすくんで「誰が仕事を奪われるか」などという予測をして、その予測に振り回されても仕方がない。このように不毛な予測に時間と労力をかけ、出てきた予測に一喜一憂しているオールドタイプは環境変化に引きずり回され、人生のイニシアチブを失うことになるでしょう。

一方で、進化するテクノロジーを用いることで、現在の社会が抱える課題をどのように解決できるかを考えるニュータイプは、環境変化を自らのチャンスに変えていくことで、大きな豊かさを生み出していくことになるでしょう。

（山口　周『ニュータイプの時代―新時代を生き抜く24の思考・行動様式』）

＊VUCA…Volatility（変動性）・Uncertainty（不確実性）・Complexity（複雑性）・Ambiguity（曖昧性）の頭文字をつなぎ合わせた言葉。ブーカ。予測困難な状況であること。

＊パラダイム…ある時代に支配的な考え方の枠組みのこと。

＊サブプライムローン…所得の低い人向けの住宅ローンのこと。2000年以降ローン返済の延滞や差し押さえが急増し、不良債権化が進み、

クションは後手後手に回ることになります。

一方で、そのような環境変化を「先を取って」仕掛けるニュータイプは、先手先手に＊イニシアチブを取って2融通無碍《ゆうずうむげ》に社会を運動し、より有利に物事を運んでいくことになるでしょう。

忘れてはならないのは、私たちを取り巻く環境の変化の多くは、天気のように自然に変わっているのではなく、どこかの誰かがイニシアチブを取って動き始めたことで駆動されている、ということです。

私自身も戦略コンサルティング会社にいた時分、随分と「未来予測」のプロジェクトには関わりましたが、この「未来を予測する」という行為には本質的な＊パラドックスが内包されていると常々思っていました。

というのも、予測というのはもともと「予測し得ないようなこと」が起きると大変困るからこそやるわけですね。ここ数年のあいだ続いている状況の延長線上に未来があるのであれば、誰も予測など必要としません。

しかし当たり前のことですが、「予測し得ないようなこと」は予測できません。だって予測できたら、それはすでに「予測し得ないようなこと」ではないわけですから。

経営における未来予測では、いわゆる「シナリオプランニング」の手法が用いられます。これは「過去に起こった最悪の出来事」に着目して「ワースト・ケース・シナリオ＝最悪のシナリオ」を作成し、そのシナリオを用いて将来のリスクを試算するという未来予測の手法です。いわゆる「ストレス・テスト」と呼ばれる手法ですが、ここまで読んで、このやり方には「本質的な矛盾」が含まれていることに気づきますか？

そう、過去に起きた「最悪の出来事」というのは、それが起きた時点において、当時の「最悪の出来事」よりもさらに悪い、＊未曽《みぞ》有《う》の出来事だったということです。

いろいろと書いてきましたが、つまり「予測は難しい」どころの話ではなく、そもそも「原理的に不可能だ」ということです。

（中略）

予測が不可能だというのは、何も今に始まった話ではありません。たとえば、昨今の日本では少子化による人口減少の予測が危機感をもって議論されていますが、他国における過去の少子化による人口減少の予測は、これまでほとんどが外れたということをご存知でしょうか？

たとえばイギリスでは20世紀初頭に出生率が大きく低下した時期があり、政府や研究機関はさまざまな前提をおいて人口予測を作成しました。彼らが作成した17パターンの人口予測を現在振り返ってみると、そのうち14は人口減少を予測していて完全に外れ、残る3つも人口増を予測したものの、その増加は実際の人口増をはるかに下回るものでしかありませんでした。

結果から言えば、政府やシンクタンクがまとめた17の人口予測をはるかに上回って人口は増加した、というのが20世紀初頭のイギリスのケースです。

また、アメリカの出生率も１９２０年代に低下し始めて１９３０年代まで下がり続けました。この事態を受けて１９３５年に発表された人口予測では、１９６５年にはアメリカの人口は3分の2まで減少するだろうと予測されましたが、この結果も大きく外れています。

第二次世界大戦が始まると急に結婚率が高まり、それにつれて出生率も大幅に上昇した結果、１９６５年には人口が減るどころではなく、逆にベビーブームが到来したわけです。

人口動態のように統計がしっかりと整備されていて比較的未来予測がやりやすい分野においてもこのザマなのですから、これが他分野になると目も当てられません。典型例がコンサルティング会社やシンクタンクなどが行っている「未来予測」です。

１９８２年、当時全米最大の電話会社だったＡＴ＆Ｔは、コンサルティング会社のマッキンゼー＆カンパニーに対して「２０００年

二〇二二年度
中央大学高等学校（推薦）

【国　語】（社会と合わせて五〇分）

【注意】漢字を用いる場合は、楷書で正しく書いて下さい。

一　次の文章を読んで、後の設問に答えなさい。

20世紀後半に活躍した芸術家のヨーゼフ・ボイスは「社会彫刻」という概念を提唱し、あらゆる人々は、自分の美的感性と創造性をもって世界の形成に①キヨするアーティストであるべきだと主張しました。もし私たちが、私たち自身のビジョンによって世界の形成にキヨするのだとすれば、大勢の人が関わっている予測などというものになんの意味があるのでしょうか。

　繰り返しましょう。現在のように複雑で不透明な＊VUCAな世界にあって、予測の上に自分の身の振り方を考えようなどというのはオールドタイプの＊パラダイムでしかありません。ニュータイプは未来を構想し、構想した未来の実現のために意見を口にし、行動を起こすのです。

　予測などしても仕方がない、と指摘する2つ目のシンプルな理由を指摘しましょう。なぜなら「重要な局面で予測は必ず外れる」からです。

　たとえば近年の典型例が2008年に発生した世界金融危機です。＊サブプライムローンの問題が誰の目にも明らかになったのは2007年夏のことでしたが、ここではその直前に提出された金融機関・＊シンクタンクの予測を振り返ってみましょう。

ＩＭＦ（国際通貨基金）（2006年4月発表）

　先ごろの金融市場の一時的な混乱にもかかわらず、世界経済は2007年、2008年にかけて依然、高い成長を維持すると見られる。米国経済は以前予想されたより鈍化しているものの他国への②ハキュウは限定的で、世界経済は持続的に成長していくと考えられる。

第一生命経済研究所（2007年5月発表）

　足元で景気減速を示唆する経済指標も増えているが、こうした景気減速は軽微なものに留まり、景気の回復基調は崩れない。海外景気の減速やＩＴ部門の調整は軽微なものに留まるとみられることに加え、設備投資も若干減速するものの底堅く推移する。

三菱ＵＦＪリサーチ&コンサルティング（2007年5月発表）

　輸出や個人消費の拡大が成長にキヨする一方で、内需の柱の一つである設備投資が前期比マイナス0・9%と5四半期ぶりに減少した。（中略）しかし、今年後半になると景気は再び加速してくる。米国経済の減速が一巡して日本からの輸出にプラスに働く。デジタル関連財の在庫調整に目処《めど》がつき生産が拡大してくる。

　まあこれくらいでやめておきましょうか。要するにどこも言っていることは同じで「ここ数年続いていた景気拡大が、［　A　］」と言っているわけです。しかし、金融危機は2007年夏のサブプライムローン問題に端を発しています。つまり多くのシンクタンクや金融機関は、その直前の時期、まさに足元がガラガラと崩れつつある状況にあってなお「まあ大丈夫だろう」という予測を出していた、ということです。

　1こういうことを私たちは歴史上、何度も経験しているにもかかわらず、相も変わらずに「予測」を求める人たちが後を絶たないのは一体どういうことなのでしょうか？

　現在は過去と比較しても予測が難しいＶＵＣＡの時代に入りつつあります。このような時代に至って、いまだに「予測」をもとにして自分の行動を決しようとするオールドタイプのアクションは、必ず環境変化に対して「先を取られる」かたちとなり、さまざまなア

英語解答

1 1　エ　2　イ

2 1　left　2　watch

3 1　like, best　2　If, don't
3　two, younger than
4　made her　5　It, impossible

4 1　A…エ　B…キ
2　C…カ　D…イ

5 1　ア　2　イ　3　ウ　4　ウ

6 (例) I want to study English harder in high school. I want to study at a university in the US and then work abroad in the future. (26語)

7 問1　エ　問2　ア
問3　(例)裁判官はその案件を取り合わない。
問4　A…キ　B…カ
問5　(例)あなたが，この男の店から来る香りを何年もの間，毎日楽しんできたのは本当ですか。
問6　イ　問7　ウ

8 1　A　2　D　3　B　4　A
5　C

9 1　B　2　D

10 1　daughter　2　January

1〔単語のアクセント〕

1．pró-gram　ア．a-grée　イ．bet-wéen　ウ．for-gét　エ．plás-tic

2．i-dé-a　ア．én-er-gy　イ．i-mág-ine　ウ．hís-to-ry　エ．wón-der-ful

2〔適語補充―共通語〕

1．上：left「左」　「直進して，次の角を左折してください」　下：leave「出発する」の過去形の left。　leave for ～「～に向けて出発する」　「彼女は昨夜，羽田から札幌へ出発しました」

2．上：watch「腕時計」　*cf.* clock「置き時計，掛け時計」　「あなたの腕時計では，今何時ですか」　下：watch「(テレビなど)を見る，視聴する」　「スマートフォンでYouTubeをあまりにも長時間見てはいけません」

3〔書き換え―適語補充〕

1．上は favorite「一番好きな，大好きな」という形容詞を用いた「あなたが一番好きなテレビ番組は何ですか」という文。これを下では like ～ (the) best「～が一番好きだ」と最上級を用いて書き換える。program と you の間に目的格の関係代名詞が省略されている。

2．上は‘命令文, or ～’「…しなさい，さもないと～」の形を使った「今起きなさい，さもないとあなたは遅刻しますよ」という文。下は接続詞 if を用いて「もし今起きなければ，あなたは遅刻しますよ」という文にする

3．上は「ニールは5歳で，キャサリンは3歳だ」という文。下は比較級を用いて「キャサリンはニールより2歳年下だ」という文にする。「2歳」など，比較級の文で具体的な‘差’を表す場合，比較級の前にその‘差’を表す語句を置く。なお，この文は‘差’を表す by を用いて，Catherine is younger than Neil by two years. と書き換えられる。また，junior to ～「～より年下だ」を用いて，Catherine is <u>two</u> years <u>junior to</u> Neil. とすることもできる。

4．上は get angry at ～「～に怒る」を用いた「彼女は昨日，彼が言ったことに怒った」という文。下は，上の what he said「彼が言ったこと」を言い換えた His words「彼の言葉」が主語の位置にあるので，‘make＋目的語＋形容詞’「～を…(の状態)にする」で「彼の言葉が昨日，彼女を怒らせた」という文にする。

5．上は間接疑問の形を使った「あなたは彼がいつここに到着するかを知ることはできない」という

文。これを下では「彼の到着時刻を知ることは不可能だ」と読み換え，‘It is ～ to …’「…することは～だ」の形式主語構文に書き換える。　impossible「不可能な」

4〔整序結合〕

1．「これが新しい自転車ですか」→Is this the new bicycle？が文の骨組み。「あなたが買った新しい自転車」は，目的格の関係代名詞が省略された‘名詞＋主語＋動詞’の形で the new bicycle you bought とまとめる。　Is this the new bicycle you bought last Sunday？

2．主語 We に対応する動詞を can learn とし，learn の目的語となる「大切なこと」を something important「何か大切なこと」とする。このように，something などの -ing で終わる代名詞を形容詞が修飾するときは‘-thing＋形容詞’の語順になることに注意。「彼のスピーチを聴くと」は「彼のスピーチを聴くことから」と考えて，‘learn *A* from *B*’「*A*を*B*から学ぶ」の形にする。We can learn something important from listening to his speech.

5〔適語（句）選択・語形変化〕

1．a pencil to write with で「書くために使う鉛筆」という意味になる（to不定詞の形容詞的用法）。このように to不定詞の形容詞的用法で最後に前置詞が置かれる形は次のように考える。　a pen to write with「書くペン」←write with a pen「ペンで書く」／a house to live in「住む家」←live in a house「家に住む」／paper to write on「書く紙」←write on paper「紙の上に書く」「書くのに使う鉛筆を私に貸してくれませんか」

2．‘the＋最上級＋名詞＋(that＋)主語＋have ever＋過去分詞’「これまで～した中で最も…な—」の形。　「これは私が今まで見た中で最もわくわくする試合だ」

3．try ～ on〔try on ～〕で「～を試着する」。代名詞を目的語にする場合は，try ～ on の語順になる。　「もしこの靴が気に入ったのなら，試着してみてはどうですか」

4．Well done「よくできました」は，人を褒めるときの定型表現。　A：トンプソン先生，試験に合格しました！／B：よくやったね。あなたはとても一生懸命勉強していたもの。

6〔テーマ作文〕

課題は「あなたは高校で何をしたいですか。理由をつけて，あなたの意見を書きなさい」　まず，問題文に答える形で I want to ～ in high school.「私は高校で～したい」と，自分のしたいことを書き，その後にその理由を続ける形が書きやすいだろう。理由を述べる際，英語では前後の文脈に誤りがなければ，特に because などの接続詞は使わなくてもよい。Because を使う場合は，いきなり Because で始めず，I want to ～ in high school because ….とするか，This is because ～.の形とするのがよい。解答例の訳は「私は高校で英語を今より一生懸命勉強したい。私は将来，アメリカの大学に留学して，その後外国で働きたい」

7〔長文読解総合—物語〕

≪全訳≫❶昔，ある街にパン職人が住んでいた。彼はとてもケチで，鳥に小さなパン１切れすらやらないほどだった。しかし，彼の隣人は親切だが貧しい男で，自分が持っているものは何でも誰にでも喜んであげていた。彼は金もうけよりも友達をつくる方が好きだった。❷毎朝，パン職人は多くの種類のパンを焼き，それはおいしそうな香りがした。風がそのすばらしい香りを隣人の家まで運んでいった。貧しい隣人が安いパンを食べていると，パン屋からの甘い香りが空気を満たした。彼は息を大きく吸い込んで，幸せな気分になった。❸パン職人はこのことが何度も何度も起こるのを見て，こう思った。「私のパンの香りが，彼の安いパンをおいしくしている。これは公平ではない。彼はこのような幸福に対して金を払うのが当然だ」❹彼は隣人の家に行き，こう叫んだ。「お前さんは一文も支払わずに，私のパンの香りを盗んでいる。お前さんはそれに対して金を払うべきだ」❺「あなたは私に，あなたのパンの香りに対して金を払ってほしいということか？」と隣人は笑った。❻「そうだ！　もしそうしないのなら，お前さんを裁判に訴えるぞ」とパン職人は答えた。❼その後すぐ，彼は実際に隣人を裁判に訴えた。街の人たちはこのことを聞くと，みんな笑った。裁判官はその案件を取り合わないだろうと，街の人たちは確信していた。しかし，裁判官はこう言った。「パン職人の言い分を聞くのが私の仕事だ。パン職人と隣人の両方に，明日，法廷に来るように命じる」❽裁判官は隣人に金貨を５枚持ってくるように言った。隣人はこれを聞いたとき，強欲なパン職人に金を支払わなければならないのかと心配になった。❾一方，パン職人はこれを聞いて喜んだ。4彼は自分のポケットが隣人の金貨でいっぱいになることを思い浮かべて笑った。❿翌日，パン職人と隣人は法廷に到着した。多くの人々が，裁判官が何をするのかを確かめにやってきた。裁判官が隣人に香りに対して金を支払わせるかもしれないとは，人々は信じられなかった。⓫裁判官が入廷したとき，法廷内の全員が静まり返った。まず，裁判官はパン職人の言い分を聞いた。次に，裁判官は隣人にこう尋ねた。「あなたが，この男性の店から来る香りを長年にわたって毎日，楽しんできたのは本当ですか？」「はい，裁判官！　私はそれは本当であると認めなくてはなりません」と隣人は言った。裁判官はしばらく考えた。⓬最後に裁判官はこう言った。「香りが盗まれた。盗みは犯罪である。したがって，隣人は罰せられなければならない！」⓭隣人はこう言った。「しかし，裁判官…」⓮「金貨を５枚，ポケットから取り出しなさい！」と裁判官は言った。⓯隣人がそうすると，裁判官はこう命じた。「では，金貨を片方の手からもう片方の手に落としなさい！」隣人は彼が言われたことをした。⓰次に，裁判官はパン職人にこう尋ねた。「あなたは金貨の音が聞こえましたか？」⓱「はい，聞こえました！」とパン職人は笑顔で言った。⓲「あなたはその音を気に入りましたか？」と裁判官は尋ねた。⓳「はい，すばらしい音です」　パン職人は金貨を受け取ろうと隣人のもとへ歩き始めた。⓴「待ちなさい！」と裁判官は叫んだ。「彼はもう支払った。あなたの隣人は香りを楽しんだ。あなたは彼の金貨の音を聞いたことによって，支払われたのだ。この案件はこれにて終了」㉑法廷内にいた全員が笑った。パン職人はがっくりとうなだれた。彼でさえ，自分がどれほどケチなのかがわかった。㉒それ以来，裁判官は，公平で，街の人々のために最善を尽くす人として知られた。

問１＜適語句選択＞主語の He は his(the baker's) neighbor。前文で説明されている「自分が持っているものは何でも誰にでも喜んであげていた」という隣人の性質に合うものを選ぶ。

問２＜指示語＞such happiness は「そのような幸せ」。前の段落の最終文に He(＝the neighbor) took a deep breath and felt happy. とある。つまり，「そのような幸せ」とは，漂うパンの香りを味わって幸せに感じていたことである。

問３＜文脈把握＞直後の文参照。「裁判官はこの訴えに対して何もしない」「パン職人の訴えは相手にされない」などとしてもよいだろう。

問４＜整序結合＞「笑った」のは「思い浮かべたとき」なので smiled の後に when he thought of と続ける(think of ～「～を思い浮かべる」)。「自分のポケットが隣人の金貨でいっぱいになること」は，「隣人の金貨でいっぱいのポケット」と考えれば，his pockets full of his neighbor's gold coins とまとまる。　(be) full of ～「～でいっぱい」　He smiled when he thought of his pockets full of his neighbor's gold coins.

問５＜英文和訳＞Is it true that ～？は，主語 it が that 以下を受ける形式主語構文の疑問文で，「～ということは本当か」という意味。that節は現在完了形の‘継続’用法になっている。

問６＜適語選択＞be done で「終わった，済んだ」という意味を表す。

問７＜内容真偽＞ア…×　　イ…×　第７段落第２，３文参照。笑ってはいるが非難はしていない。ウ…○　第15段落に一致する。　　エ…×　　オ…×　第21段落参照。

8～10〔放送問題〕解説省略

数学解答

1 イ

2 エ

3 ア

4 (1) $a=10$　**中央値**…5.5点

(2) ア，ウ

5 $\dfrac{3\sqrt{10}}{5}$

6 (1) $\left(-\dfrac{1}{4},\ \dfrac{13}{8}\right)$　(2) $(-1,\ 2)$

7 (1) $(5,\ 1)$　(2) 50505，55055

1〔**数と式—数の計算**〕

$0.375=\dfrac{375}{1000}=\dfrac{3}{8}$ より，与式 $=\dfrac{7}{8}-\dfrac{125}{64}+\left(-\dfrac{3}{8}\right)^2=\dfrac{56}{64}-\dfrac{125}{64}+\dfrac{9}{64}=-\dfrac{60}{64}=-\dfrac{15}{16}$

2〔**数と式—二次方程式**〕

解の公式より，$x=\dfrac{-(-4)\pm\sqrt{(-4)^2-4\times3\times(-2)}}{2\times3}=\dfrac{4\pm\sqrt{40}}{6}=\dfrac{4\pm2\sqrt{10}}{6}=\dfrac{2\pm\sqrt{10}}{3}$ となる。

3〔**数と式—数の性質**〕

$\dfrac{1}{7}=1\div7=0.142857142\cdots$ より，$\dfrac{1}{7}$ を小数で表すと，小数点以下は1，4，2，8，5，7の6つの数がこの順に繰り返される。よって，$2022\div6=337$ より，小数第2022位までに，この6つの数がちょうど337回繰り返されるから，小数第2022位の数は，6つの数の最後の数である7となる。

4〔**データの活用—箱ひげ図**〕

(1)＜**中央値**＞まず，表中の a の値を求める。10回の得点の平均点が5.1点なので，10回の合計点は，$5.1\times10=51$(点)である。よって，表より，$a=51-(1+3+0+7+9+2+5+8+6)=51-41=10$(点)となる。次に，中央値を求める。データの個数が10個なので，$10\div2=5$ より，中央値は，得点を小さい順に並べたときの5番目と6番目の得点の平均となる。10回の得点を小さい順に並べると，0，1，2，3，5，6，7，8，9，10となり，小さい方から5番目は5点，6番目は6点なので，中央値は $\dfrac{5+6}{2}=5.5$(点)である。

(2)＜**正誤問題**＞ア…正。箱ひげ図より，Bさんの第1四分位数は3点である。第1四分位数は，小さい方から1～5番目の得点の中央値なので，小さい方から3番目の得点である。よって，箱ひげ図より，Bさんの小さい方から3番目の得点は3点だから，Bさんは3点を獲得した回がある。

イ…誤。箱ひげ図より，Cさんの中央値は6点で，中央値は得点の小さい方から5番目と6番目の得点の平均なので，5番目が5点，6番目が7点のとき，中央値は6点になる。この場合，6点を獲得した回はないので，Cさんが6点を獲得した回があるとは限らない。　ウ…正。第3四分位数は，小さい方から6～10番目の得点の中央値なので，小さい方から8番目の得点である。箱ひげ図から，Bさんの得点は，小さい方から1番目が2点，3番目が3点，5番目と6番目の平均が6点，8番目が9点，10番目が10点であることが読み取れる。これより，Bさんの平均点が最も小さくなる場合は，Bさんの得点が小さい順に2，2，3，3，6，6，6，9，9，10となるときで，このときのBさんの平均点は，$(2\times2+3\times2+6\times3+9\times2+10)\div10=56\div10=5.6$(点)である。よって，Bさんの平均点はAさんの平均点5.1点より大きい。また，Cさんの得点は，小さい方から1番目が1点，3番目が2点，5番目と6番目の平均が6点，8番目が7点，10番目が9点であることが読み取れる。これより，Cさんの平均点が最も大きくなる場合は，Cさんの得点が小さい順に1，2，2，6，6，6，7，7，9，9となるときで，このときのCさんの平均点は，$(1+2\times2+6\times3+7\times2+9\times2)\div10=55\div10=5.5$(点)である。したがって，Bさんの平均点はCさんの平均点より大きい。以上より，Bさんの平均点が一番大きいことがわかる。　エ…誤。Cさんの平均点として考えられる最も大きい点数は5.5点で，これはAさんの平均点5.1点より大きいから，Cさんの平均点が一番小さいとは限らない。

5〔平面図形―円，正三角形，正方形―長さ〕

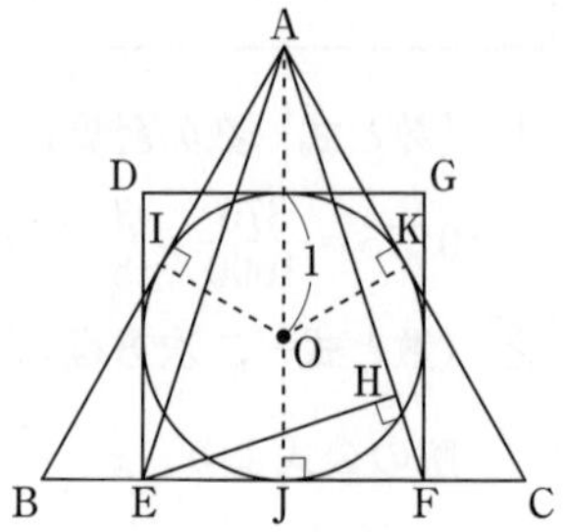

右図で，辺EFの長さは，円Oの直径に等しいので，$EF=1\times2=2$である。また，円Oと辺AB，BC，CAとの接点をそれぞれI，J，Kとする。△OAIと△OAKで，$\angle OIA=\angle OKA=90°$，$OI=OK$(半径)，$OA=OA$(共通)より，直角三角形の斜辺と他の1辺がそれぞれ等しいから，△OAI≡△OAKとなり，$\angle OAI=\angle OAK=\dfrac{1}{2}\angle BAC=\dfrac{1}{2}\times60°=30°$となる。これより，△OAIは3辺の比が$1:2:\sqrt{3}$の直角三角形だから，$OA=2OI=2\times1=2$となり，図形の対称性より，2点A，Jを結ぶ線分は点Oを通るから，$AJ=OA+OJ=2+1=3$となる。よって，$AJ\perp EF$より，$\triangle AEF=\dfrac{1}{2}\times EF\times AJ=\dfrac{1}{2}\times2\times3=3$である。また，点Jは辺EFの中点なので，$JF=\dfrac{1}{2}EF=\dfrac{1}{2}\times2=1$であり，△AJFで三平方の定理から，$AF=\sqrt{AJ^2+JF^2}=\sqrt{3^2+1^2}=\sqrt{10}$となる。したがって，△AEFの底辺をAFと見ると，高さはEHだから，△AEFの面積について，$\dfrac{1}{2}\times\sqrt{10}\times EH=3$が成り立ち，これを解くと，$EH=\dfrac{3\sqrt{10}}{5}$である。

6〔関数―関数 $y=ax^2$ と一次関数のグラフ〕

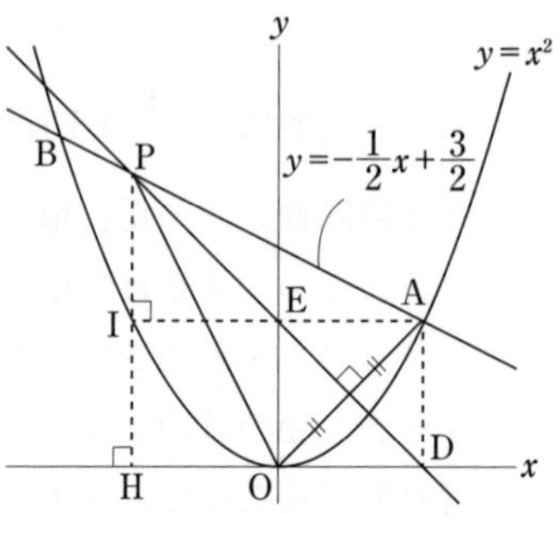

(1)＜座標＞右図で，点Pは直線AB上の点だから，$PA=PB$を満たすとき，点Pは線分ABの中点となる。点A，Bは放物線$y=x^2$と直線$y=-\dfrac{1}{2}x+\dfrac{3}{2}$の交点だから，2式より$y$を消去すると，$x^2=-\dfrac{1}{2}x+\dfrac{3}{2}$，$2x^2+x-3=0$，解の公式より，$x=\dfrac{-1\pm\sqrt{1^2-4\times2\times(-3)}}{2\times2}=\dfrac{-1\pm\sqrt{25}}{4}=\dfrac{-1\pm5}{4}$より，$x=\dfrac{-1-5}{4}=-\dfrac{3}{2}$，$x=\dfrac{-1+5}{4}=1$となるので，点Aの$x$座標は1，点Bの$x$座標は$-\dfrac{3}{2}$である。これらをそれぞれ$y=x^2$に代入すると，$y=1^2=1$，$y=\left(-\dfrac{3}{2}\right)^2=\dfrac{9}{4}$より，$A(1,\ 1)$，$B\left(-\dfrac{3}{2},\ \dfrac{9}{4}\right)$となる。よって，ABの中点Pの$x$座標は$\left\{1+\left(-\dfrac{3}{2}\right)\right\}\div2=-\dfrac{1}{4}$，$y$座標は$\left(1+\dfrac{9}{4}\right)\div2=\dfrac{13}{8}$だから，$P\left(-\dfrac{1}{4},\ \dfrac{13}{8}\right)$である。

(2)＜座標＞点Pは直線$y=-\dfrac{1}{2}x+\dfrac{3}{2}$上の点なので，点Pの$x$座標を$t$とおくと，$P\left(t,\ -\dfrac{1}{2}t+\dfrac{3}{2}\right)$と表せる。右上図のように，点Pから$x$軸に垂線PHを引き，直角三角形POHをつくると，点O，

Pのx座標より，OH$=0-t=-t$，y座標より，PH$=-\frac{1}{2}t+\frac{3}{2}$だから，三平方の定理より，PO^2 $=$ OH$^2+$PH$^2=(-t)^2+\left(-\frac{1}{2}t+\frac{3}{2}\right)^2=t^2+\left(\frac{1}{4}t^2-\frac{3}{2}t+\frac{9}{4}\right)=\frac{5}{4}t^2-\frac{3}{2}t+\frac{9}{4}$となる。また，点AからPHに垂線AIを引くと，点A，Pのx座標より，AI$=1-t$，y座標より，PI$=-\frac{1}{2}t+\frac{3}{2}-1=$ $-\frac{1}{2}t+\frac{1}{2}$だから，PA$^2=AI^2+PI^2=(1-t)^2+\left(-\frac{1}{2}t+\frac{1}{2}\right)^2=(1-2t+t^2)+\left(\frac{1}{4}t^2-\frac{1}{2}t+\frac{1}{4}\right)=\frac{5}{4}t^2$ $-\frac{5}{2}t+\frac{5}{4}$となる。よって，PA$=$POのとき，PA$^2=$PO^{2}だから，$\frac{5}{4}t^2-\frac{5}{2}t+\frac{5}{4}=\frac{5}{4}t^2-\frac{3}{2}t+\frac{9}{4}$が成り立ち，これを解くと，$-t=1$，$t=-1$となる。これを$y=-\frac{1}{2}t+\frac{3}{2}$に代入すると，$y=-\frac{1}{2}$ $\times(-1)+\frac{3}{2}=2$より，P$(-1,\ 2)$である。

≪別解≫2点A，Oから等距離にある点は線分AOの垂直二等分線上にあるから，PA$=$POを満たす点Pは，AOの垂直二等分線と直線$y=-\frac{1}{2}x+\frac{3}{2}$の交点となる。前ページの図のように，点Aから$x$軸，$y$軸にそれぞれ垂線AD，AEを引くと，A$(1,\ 1)$より，四角形ADOEは正方形となり，AOはその対角線だから，AOの垂直二等分線は直線DEである。D$(1,\ 0)$，E$(0,\ 1)$より，その傾きは$\frac{0-1}{1-0}=-1$で，切片は1だから，直線DEの式は$y=-x+1$となる。この式と$y=$ $-\frac{1}{2}x+\frac{3}{2}$より，$-x+1=-\frac{1}{2}x+\frac{3}{2}$，$-\frac{1}{2}x=\frac{1}{2}$，$x=-1$となり，これを$y=-x+1$に代入して，$y=1+1=2$より，P$(-1,\ 2)$である。

7〔**数と式─数の性質**〕

(1)**＜x，yの値＞**aを455でわった商がbなので，$a=455b$である。これより，aは455の倍数だから，aの一の位の数は0か5となるが，aの左端の位の数が0になることはないので，aの両端の位の数xは5である。よって，$50005 \leqq a \leqq 59995$だから，$50005\div455=109.9\cdots$，$59995\div455=131.8\cdots$より，$110 \leqq b \leqq 131$である。したがって，$b$の百の位の数は1だから，$b$の両端の位の数$y$は1である。以上より，考えられる$x$，$y$の組合せ$(x,\ y)$は$(x,\ y)=(5,\ 1)$である。

(2)**＜aの値＞**bの両端の位の数が1なので，考えられるbの値は，101，111，121，……，191である。$b=101$のとき，$455\times101=45955$となり，回文数でないので，不適である。$b=111$のとき，$455\times111=50505$となり，回文数なので，$a=50505$である。$b=121$のとき，$455\times121=55055$となり，回文数なので，$a=55055$である。$b=131$のとき，$455\times131=59605$となり，不適である。$b=141$のとき，$455\times141=64155$となり，$b \geqq 141$のときは，aの左端の位の数xが5にならないので，不適である。以上より，$a=50505$，55055である。

社会解答

1 問１ オ　問２ エ　問３ イ
問４ ウ　問５ エ　問６ イ
問７ カ

2 問１ エ　問２ ア　問３ 米
問４ ア
問５ A…ア　B…エ　C…イ　D…ウ
問６ ク

3 問１ エ　問２ イ　問３ イ
問４ ウ　問５ エ　問６ B
問７ ア　問８ ア，オ

4 問１ （例）情報を適切に取捨選択し，主体的に行動する能力を身につけることで，先の見えない（アフターコロナの）社会を切り拓く人物を求めているから。
問２ （例）読書は，批判的思考力，主体的行動力，自己理解力を養ううえで重要であり，高校でも本をたくさん読みなさいということです。

1〔地理―総合〕

問１＜世界の国々＞A．ｃのクウェートは，ペルシア湾最奥部に位置する国で，原油の埋蔵量・産出量は世界有数である。1990年に隣国のイラク（地図中ｂ）がクウェートに侵攻し，これをきっかけとして翌年にアメリカなどの多国籍軍とイラクとの間で湾岸戦争が起こった。　B．ｇのドイツは，国土の北側に北海・バルト海があり，南端付近にはアルプス山脈が通る。ヨーロッパ最大の工業国であるが，環境問題への取り組みも進んでおり，二酸化炭素を排出しない再生可能エネルギーによる発電が国内の発電量の約４割を占めている（2018年）。　C．ｅのパキスタンは，インドの西側に位置する国で，国民の多くがイスラーム〔イスラム〕教を信仰する。国土を流れるインダス川の流域では，紀元前2500年頃にインダス文明が栄えた。

問２＜日本と各国の緯度・経度＞沖縄島とｅのパキスタンは，北緯25度～30度付近に位置する（エ…○）。日本の北海道は北緯40度～45度付近，ｋのアルゼンチンは南緯20度～50度付近に位置する（ア…×）。日本の東北地方は東経140度付近，ｇのドイツは東経10度付近に位置する（イ…×）。日本の関東地方は東経140度付近，ｈのイタリアは東経10度～15度付近に位置する（ウ…×）。

問３＜砂漠気候＞砂漠気候は，年間を通してほとんど雨が降らない気候であり，植物がほとんど生育せずに砂漠が広がっている。西アジアや北アフリカ，オーストラリアの内陸部などに分布する。なお，アは熱帯のサバナ気候，ウは熱帯の熱帯雨林気候，エは温帯，オは寒帯についての説明である。

問４＜日本の発電・自然環境と資料の読み取り＞資料より，千葉県や神奈川県の火力発電所の電力量が東京都に比べて多いのは，千葉県には京葉工業地域が位置しており，神奈川県には京浜工業地帯の中心部があるなど大規模な工業地帯・地域が分布しているためである。また，火力発電所の数は２県に比べて東京都の方が多いことから，１か所当たりの発電所の規模は２県の方が大きいと考えられる。

問５＜日本の気候＞日本の気候は，季節風の影響を大きく受けている。夏には南東から暖かい季節風が吹き，太平洋の上空で水蒸気を含むため，太平洋側の地域で雨が多く降る。冬には北西から冷たい季節風が吹き，日本海の上空で水蒸気を含むため，日本海側の地域で雪や雨が多く降る。なお，偏西風は西から東へ向かって一年中吹く風であり，ヨーロッパのような大陸の西岸地域の気候に影響を与えている。

問6＜イスラム教＞イスラム教は，聖地メッカ(サウジアラビア)があるアラビア半島を中心に広がり，現在では西アジアや中央アジア，北アフリカなどの地域で主に信仰されている。イスラム教徒は，メッカの方向に向かって１日５回の礼拝を行い，さまざまな戒律を守って暮らしている。なお，地図中のアはキリスト教，ウはヒンドゥー教，エは仏教である。

問7＜資料の読み取り＞北海道では2010年度から2020年度まで転出超過が続いているが，その超過数は減少し続けており，2020年度は最も少なくなっている(ア…×)。東京都では2010年度から2020年度まで転入超過が続いているが，2020年度の超過数は最も少なくなっている(イ…×)。2019年度と比較した2020年度の転入者数は，全国および４都道府県のいずれでも減少している(ウ…×)。2019年度と比較した2020年度の転出者数は，東京都で増加し，全国および３道府県では減少している(エ…×)。大阪府は2010年度が転出増加となっており，また少子高齢化の進展は転入増加でなく転出増加が続く地域で起こりやすい(オ…×)。

2 〔歴史―古代～現代の日本と世界〕

問1＜鎌倉時代の様子＞承久の乱(1221年)は，後鳥羽上皇が鎌倉幕府の打倒を目指して起こした戦いで，鎌倉時代の出来事である。一方，東山文化は室町幕府第８代将軍足利義政の頃の銀閣に代表される文化である(エ…×)。なお，承久の乱に勝利した幕府は，上皇方についた貴族や西日本の武士の領地を没収し，御家人を新たな地頭に任命したため，幕府の支配が畿内や西日本にも広まった。

問2＜応仁の乱＞応仁の乱(1467～77年)は，室町幕府第８代将軍の足利義政の後継ぎ問題をめぐり，有力守護大名である細川氏と山名氏が対立したことがきっかけで起こった。約11年にわたって続いたこの戦乱によって室町幕府の権威は失われ，以後は下剋上の風潮が広がる戦国時代となった(X…正)。また，戦乱によって京都の町が荒廃し，多くの公家や僧が各地の戦国大名を頼って地方に移り住んだことから，中央(京都)の文化が地方へ伝わった(Y…正)。

問3＜徳川吉宗の年貢増収策＞徳川吉宗は江戸幕府の第８代将軍で，18世紀前半に享保の改革を行って幕府財政の立て直しをはかった。中でも年貢の増収に力を入れ，新田開発を進めたり豊作・不作にかかわらず一定の年貢を取り立てる方法を取り入れたりしたため，幕府の年貢収入は増加した。年貢として納められた米は，大阪などに置かれた蔵屋敷で販売されて現金化された。しかし，一般に供給量が需要量を上回ると価格が下落するため，販売される米の量が増えたこの時期には米の価格が上がらず，「諸色高の米価安」という状況が生まれた。そのため，年貢収入に頼った幕府の財政はそれほど好転しなかった。

問4＜広島市・広島県の歴史＞薩摩藩(鹿児島県)とともに江戸幕府打倒の中心となり，伊藤博文などの政治家を出した藩は長州藩であり，現在の山口県にあたる。なお，イの戦艦「大和」を建造したドックは広島県呉市，ウの厳島神社は広島県廿日市市の宮島にあり，エの原子爆弾が投下された都市は広島市である。

問5＜さまざまな時代の出来事＞延久の荘園整理令が出されたのは平安時代の11世紀(A)，島原・天草一揆が起こったのは江戸時代の1637年(C)，異国船打払令が出されたのは江戸時代の1825年(D)，永仁の徳政令が出されたのは鎌倉時代の1297年(B)である。

問6＜年代整序＞年代の古い順に，d（韓国併合―1910年），c（国際連盟加入―1920年），a（統帥権干犯問題―1930年），b（国際連合加入―1956年）となる。

3〔**公民―総合**〕

問1＜需要曲線と供給曲線＞グラフAからグラフBへの変化を見ると，需要曲線は変わらず，供給曲線が左に移動しており，同じ価格で見ると供給量が減少していることがわかる。その結果，需要曲線と供給曲線の交点である均衡価格（需要量と供給量が一致したときの価格）は，グラフAよりも高くなっている。つまり，何らかの理由で供給量が減ったために価格が上昇したということである。これに当てはまる状況はエであり，収穫前に台風や大雨の被害を受けたために出荷できるリンゴの量が減ったと考えられる。なお，アは需要量が増えるため需要曲線が右に移動し，イは供給量が増えるため供給曲線が右に移動する。ウについては，ナシの価格変動はリンゴの価格と直接的には関連しない。

問2＜弁護士徽章のデザイン＞弁護士のバッジ（弁護士徽章）には，外側に自由と正義を表すひまわり，中央に公正と平等を表す天びんがデザインされている。なお，アは「秋霜烈日」（秋の霜の冷たさと夏の太陽の厳しさを意味し，厳正さをたとえたもの）とも呼ばれる検察官のバッジ，ウは皇室や日本を表す菊の花がデザインされた国会議員のバッジ，エは真実を映す鏡と「裁」の字を表した裁判官のバッジである。

問3＜フェアトレード＞図は，フェアトレードの国際基準を満たした商品につけられている認証マークである。フェアトレード（「公正貿易」）とは，発展途上国でつくられた農産物や製品を適正な価格で継続的に取引することにより，生産者の生活や経済的自立を支援する取り組みである。最低価格の保証や長期的な取引の促進などによって生産者が安定的な収入を得られるようにするほか，児童労働の禁止や適正な労働環境の整備などが主な基準としてかかげられている。これらは，市場原理の中で生じた貧困や経済格差の問題の改善を目指すものであり，イは誤った内容となる。

問4＜労働三権と公務員＞日本国憲法では，労働三権〔労働基本権〕として，団結権（労働者が労働組合をつくって団結する権利），団体交渉権（労働組合が労働条件などについて使用者と交渉する権利），団体行動権（労働組合がストライキなどを行う権利）の3つを保障している。しかし，公務員については，仕事内容の公共性が高く国民生活への影響が大きいという理由から，労働三権の一部が制限されている。全ての公務員の団体行動権は認められておらず（ウ…○，イ…×），一部の職種（警察職員など）の団結権も認められていない（ア…×，エ…×）。

問5＜金融政策＞日本の中央銀行である日本銀行は，景気や物価を安定させる目的で，市場に出回る資金量を調節する金融政策を行っている。政策金利とは，金融政策での目的を達成するために日本銀行が設定する金利であり，この金利が一般の銀行などの金利に影響を及ぼすため，市場の資金量を調節することにつながる。一般に，好景気のときには政策金利を上げて景気の過熱を抑える。政策金利を上げると一般の銀行などの金利も上がるため，企業などへの貸し出しが減少し，市場への資金供給量が減少する（エ…○，ウ…×）。反対に，不景気のときには政策金利を下げて景気の活性化を促す。政策金利を下げると一般の銀行などの金利も下がるため，企業などへの貸し出しが増加し，市場への資金供給量が増加する（ア…×，イ…×）。

問6＜2021年の世界情勢＞ア．bの地域には，ユダヤ人の国であるイスラエルと，イスラム教を信仰するアラブ系のパレスチナ人が住むパレスチナ自治区が隣接しており，長年にわたる対立と紛争が続いている。2021年５月には，イスラーム組織ハマスとイスラエルの間で大規模な軍事衝突が発生し，多くの犠牲者が出た。　イ．ｅのミャンマーでは，2016年に民主化運動の指導者であったアウン・サン・スー・チー氏を国家顧問とする政権が誕生したが，2021年２月に国軍がクーデターを起こし，スー・チー氏を拘束して権力を掌握する事態となっている（2022年３月現在）。　ウ．ｄのアフガニスタンでは，2001年にアメリカ同時多発テロに関連してアメリカ軍などによる攻撃を受け，武装勢力タリバンによる政権が崩壊した。2021年になり，アフガニスタンに駐留していたアメリカ軍が撤退すると，再びタリバンが国内を制圧し，政権を復活させた。

問７＜日本国憲法＞Ａ，Ｂ．内閣総理大臣は，国会が指名し，天皇が任命する。最高裁判所長官は，内閣が指名し，天皇が任命する。内閣総理大臣や最高裁判所長官の任命は，天皇の国事行為に含まれる。　Ｃ．日本国憲法では，「個人の尊重」の原理に基づいてさまざまな基本的人権が保障されている。　Ｄ．日本国憲法では，子どもに普通教育を受けさせる義務（第26条②），勤労の義務（第27条①），納税の義務（第30条）の３つを国民の義務として定めている。

問８＜SDGs＞SDGs（持続可能な開発目標）は，2015年の国連サミットで採択された，国際社会が2030年までに目指すべき目標である。貧困や飢餓の根絶，ジェンダー平等の実現，気候変動への対策など，17の大きな目標から構成される。これらのうち，問題に挙げられたアイコンは12番目の目標（ゴール12）であり，「つくる責任　つかう責任」と訳されている。これは，持続可能な生産と消費を目指すもので，環境や資源を大切にし，ごみや廃棄される食料を減らすことなどを目標としている。アとオは，資源の大量消費につながる内容であり，ゴール12を含むSDGsの目指す方向とは一致しない。

4 〔論述問題―読書量と各種能力に関する資料の読み取りと考察〕

問１＜資料の読み取りと考察＞資料を見ると，全体的な傾向として，読書量が多いグループは少ないグループに比べ，批判的思考力，主体的行動力，自己理解力のいずれも高いことがわかる。また，【文】を読むと，現在の世界ではインターネットなどを通じてさまざまな情報が大量にやり取りされていることがわかり，情報を適切に選別・活用しながら行動する能力が必要であると考えられる。以上の内容を結びつけて述べる。

問２＜資料をもとにした考察＞資料から，読書が批判的思考力，主体的行動力，自己理解力を養うのに有効であると結論づけることができる。これを受けて，自分なら何をしようと思うのかを考えてみると答えやすいだろう。

理科解答

問１　カ　　問２　300Hz　　問３　$\frac{25}{4}$倍

問４　4.2J　　問５　ウ

問６　⑴　$x=y=z$　⑵　$c>b>a$

問７　NH_3　　問８　ア，ウ

問９　$H_2SO_4 \longrightarrow 2H^+ + SO_4^{2-}$

問10　ウ，エ　　問11　キ　　問12　ウ

問13　肝臓　　問14　ウ

問15　⑴　オ→ウ→イ→エ→ア　⑵　24本

問16　$\frac{3}{5}$　　問17　0.4ppm　　問18　ア

問19　ウ

問20　右図

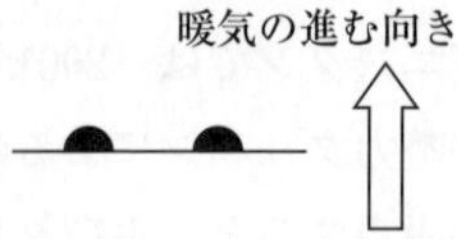

問21　60％

問22　ウ　　問23　イ，エ，オ

問１＜実像＞図で，厚紙の「L」の型に切り抜かれた部分を通った光は，凸レンズで屈折してスクリーン上に集まり，凸レンズの軸とスクリーンの交点の下側に，上下左右が逆向きの実像をつくる。よって，凸レンズ側から観察すると，実像は，スクリーン上にカのようにうつる。

問２＜振動数＞振動数は，１秒間に振動する回数である。弦は0.02秒間に６回振動したので，１秒間では，$1\div0.02\times6=300$（回）振動する。よって，振動数は300Hz（ヘルツ）である。

問３＜回路＞まず，$R_1=4R_2$である。次に，図１の抵抗器を直列につないだ回路全体の抵抗はそれぞれの抵抗の和になるので，回路全体の抵抗は$R_1+R_2=4R_2+R_2=5R_2$（Ω）と表せる。ここで，図１の回路にかけた電圧をx_1Vとすると，ａ点に流れた電流の大きさは，オームの法則〔電流〕＝$\frac{〔電圧〕}{〔抵抗〕}$より，$\frac{x_1}{5R_2}$Aとなる。また，図２の抵抗器を並列につないだ回路で，かけた電圧をx_2Vとすると，R_1Ωの抵抗に流れた電流は$\frac{x_2}{4R_2}$A，R_2Ωの抵抗に流れた電流は$\frac{x_2}{R_2}$Aとなり，ｂ点に流れた電流の大きさは，$\frac{x_2}{4R_2}+\frac{x_2}{R_2}=\frac{5x_2}{4R_2}$（A）である。よって，ａ点とｂ点に流れた電流の大きさが同じことから，$\frac{x_1}{5R_2}=\frac{5x_2}{4R_2}$が成り立つ。これより，$x_1=\frac{25}{4}x_2$となるので，図１の回路にかけた電圧は，図２の回路にかけた電圧の$\frac{25}{4}$倍である。

問４＜熱量＞図より，水の上昇温度は電熱線の電力に比例し，電熱線の電力が10Wのとき，７分間に100gの水の温度が10℃上昇したことがわかる。よって，電熱線から生じる熱量は，〔熱量(J)〕＝〔電力(W)〕×〔時間(s)〕より，$10\times7\times60=4200$（J）である。この熱量で100gの水の温度が10℃上昇したので，水１gの温度を１℃上昇させるのに必要な熱量は，$4200\div100\div10=4.2$（J）である。

問５＜力と運動＞木片は台車に衝突されて動き出し，その後，木片は運動を続けようとする性質（慣性）によって移動するから，木片には矢印と同じ向きの力ははたらいていない。このとき，木片にはたらいている力は，水平面に対して垂直下向きの重力と垂直上向きの垂直抗力，矢印と逆向きの摩擦力の３つである。

問６＜速さと運動エネルギー＞⑴物体を同じ高さから同じ速さで投げるので，手を離れた瞬間に物体が持つ力学的エネルギーの大きさは等しい。力学的エネルギーは保存されるため，地面に衝突する直前に物体が持つ力学的エネルギーの大きさはどれも等しく，地面を基準にすると位置エネルギーは０になるため，運動エネルギーの大きさもどれも等しくなる。よって，同じ物体が運動している

とき，運動エネルギーの大きさは速さによって決まるので，衝突直前の速さの関係は $x=y=z$ である。　(2)(1)より，手を離れた瞬間に物体が持つ力学的エネルギーの大きさはどれも等しい。①のように，垂直上方に投げ上げると，最も高い位置で物体の速さは0になるから，このときの運動エネルギー a は0である。②のように，斜め上向きに投げると，最も高い位置でも物体は水平方向に運動しているので，運動エネルギー b の大きさは手を離れた瞬間よりも小さいが0にはならない。③のように水平方向に投げると，手を離れた瞬間が最も高い位置になるので，運動エネルギー c の大きさは手を離れた瞬間の運動エネルギーに等しい。よって，運動エネルギーの大きさは，$c>b>a$ である。

問7＜アンモニア＞塩化アンモニウム(NH_4Cl)と水酸化カルシウム($Ca(OH)_2$)の混合物を加熱すると，無色で刺激臭を持つアンモニア(NH_3)が発生する。

問8＜状態変化＞Aで，エタノールを入れた袋に湯をかけると，袋のエタノールが見えなくなって袋が大きく膨らんだことから，エタノールは水の沸点である100℃より低い温度で気体になることと，液体から気体になると，体積が飛躍的に大きくなることがわかる。よって，正しいものはアとウである。なお，水は100℃を超えると水蒸気になるが，Aの実験の結果からわかることではない。また，Bの実験からは，ロウが固体から液体になると体積が大きくなることと，体積は大きくなるが質量が変わらないので密度は小さくなることがわかる。

問9＜硫酸の電離＞硫酸(H_2SO_4)は，水素イオン(H^+)と硫酸イオン($SO_4{}^{2-}$)に電離する。電離の様子を，化学式を使って表すとき，矢印の左側に化学式，右側にイオンの化学式を書き，矢印の左右で原子の数が等しくなるようにイオンの化学式の前に係数をつける。また，矢印の右側の＋と－の数が等しいことを確認する。

問10＜化学変化と質量＞表2より，加熱前の質量と加熱後の質量の比は，全て $1.20:2.00=3:5$ で一定なので，加熱前のマグネシウムの質量と加熱後に生じる酸化マグネシウムの質量は比例している。これより，2.10gのマグネシウムの質量が変化しなくなるまで加熱すると，加熱後に生じる酸化マグネシウムの質量は $2.10\times\frac{5}{3}=3.50$ (g)になる。よって，このとき化合した酸素の質量は $3.50-2.10=1.40$ (g)である。したがって，正しいのはウとエである。なお，表1より，1回目の加熱後に増加した質量 $3.00-2.40=0.60$ (g)は，化合した酸素の質量であり，生じた酸化マグネシウムの質量は $0.60\times\frac{5}{5-3}=1.50$ (g)である。同様に，表1より，2回目の加熱後に増加した質量は $3.56-2.40=1.16$ (g)だから，生じた酸化マグネシウムの質量は $1.16\times\frac{5}{2}=2.90$ (g)である。したがって，まだ反応していないマグネシウムは $3.56-2.90=0.66$ (g)残っている。

問11＜イオン＞硝酸銀水溶液に銅線を入れると，銅の方が銀よりもイオンになりやすいため，銅は電子を放出して銅イオンになり，銀イオンは電子を受け取って銀になる。そして，銀は銅線の表面に現れる。また，銅イオンを含む水溶液の色は青色になる。

問12＜イオン＞水酸化ナトリウム水溶液中には，水酸化ナトリウム($NaOH$)が電離したナトリウムイオン(Na^+)と水酸化物イオン(OH^-)が含まれ，塩酸中には，塩化水素(HCl)が電離した水素イオン(H^+)と塩化物イオン(Cl^-)が含まれる。水酸化ナトリウム水溶液に塩酸を加えると，OH^- と H^+ が結びついて水(H_2O)が生じ，塩《えん》として塩化ナトリウム($NaCl$)が生じるが，$NaCl$ は水溶液中で電離して，Na^+ と Cl^- となって存在している。加えた塩酸の体積が増えるとき，Na^+ の個数は一定で変化せず，OH^-の個数は加えられたH^+と結びついて減少し，水溶液が中性になると0になる。また，Cl^-の個数は増加し続け，H^+の個数は水溶液が中性になるまではOH^-と結びつくため0のままで，中性になった後は増加する。よって，縦軸に当てはまるのは，水溶液中のCl^-の個数である。なお，水溶液中に生じる塩の質量は，水溶液が中性になるまでは増加し，中性になった後は一定になる。

問13＜肝臓＞アンモニアを尿素に変える器官は肝臓である。細胞の活動でタンパク質が分解されるときに生じるアンモニアは，肝臓に運ばれて害のない尿素に変えられ，尿素は腎臓で余分な水分とともに体外に排出される。

問14＜動物の分類＞ウ…正しい。無セキツイ動物のうち，ハマグリのような貝類やタコ，イカなど，内臓が外とう膜で包まれているものを軟体動物という。一方，クラゲは無セキツイ動物だが，軟体動物ではない。　ア…誤り。鳥類は恒温動物である。　イ…誤り。ハチュウ類の卵は丈夫な殻で覆われ乾燥に強いが，両生類の卵は殻がないため乾燥に弱い。　エ…誤り。クモは固い外骨格を持ち，足に節がある節足動物だが，ウニは節のある足を持たず，節足動物のなかまではない。

問15＜発生，染色体＞⑴図のオが1個の細胞である受精卵で，受精卵は細胞分裂を繰り返して，ウ→イ→エと細胞の数を増やし，その後，アのように体のつくりが複雑になる。なお，受精卵が細胞分裂を始めてから自ら食物をとり始めるまでの間を胚という。　⑵受精卵は体細胞分裂によって細胞の数を増やし，体細胞分裂の前後で，1個の細胞に含まれる染色体数は変わらない。よって，受精卵に含まれる染色体数が24本のとき，図のイの細胞1個に含まれる染色体数も同じ24本である。

問16＜遺伝の規則性＞丸い種子をつくる純系の遺伝子の組み合わせはRR，しわの種子をつくる純系の遺伝子の組み合わせはrrであり，これらをかけ合わせて得られる2代目の種子は，それぞれから遺伝子を受け継ぐので，遺伝子の組み合わせがRrになる。2代目の種子を育て，自家受粉させて得た3代目の種子の遺伝子の組み合わせと個数の比は，右表より，RR：Rr：rr＝1：2：1となる。3代目の丸い種子の遺伝子はRRとRrだから，これらを育てて自家受粉させると，RRからはRRのみが得られ，このとき得られた種子の個数を4とすると，表より，RrからはRR：Rr：rr＝1：2：1の個数の比で現れ，3代目のRrの個数はRRの個数の2倍だから，RRの個数は$1\times2=2$，Rrの個数は$2\times2=4$，rrの個数は$1\times2=2$となる。よって，4代目の種子の遺伝子の組み合わせと個数の比は，RR：Rr：rr＝(4＋2)：4：2＝3：2：1となる。したがって，4代目の丸い種子のうち，純系の種子(RR)が占める割合は，$\dfrac{3}{3+2}=\dfrac{3}{5}$である。

	R	r
R	RR	Rr
r	Rr	rr

問17＜生物濃縮＞例のように，動物プランクトン1000gを小型魚が食べたときを考えると，食べた動物プランクトンの10％が小型魚の体重になるので，小型魚の体重は$1000\times\dfrac{10}{100}=100$(g)増加し，この小型魚100gを大型魚が食べたとき，食べた小型魚の25％が大型魚の体重になるので，大型魚の体重は$100\times\dfrac{25}{100}=25$(g)増加する。これより，動物プランクトン1000gが大型魚の体重25gになる。また，生物の体内に取り込まれた農薬Xは体外に排出されないため，動物プランクトン1000gに含まれる農薬Xは全て大型魚の体重の25g中に蓄積され，$1000\div25=40$(倍)に濃縮される。つまり，動物プランクトンに含まれる農薬Xの濃度が0.01ppmなので，大型魚に含まれる農薬Xの濃度は$0.01\times40=0.4$(ppm)となる。

問18＜示準化石＞ビカリアは貝の一種で，その化石は新生代の示準化石である。示準化石は限られた時代に広い地域で生存していた生物の化石で，地層ができた年代を推定するのに役立つ。なお，地層ができた当時の環境を推定するのに役立つ化石は示相化石である。

問19＜火成岩＞花こう岩はマグマが地下の深い所でゆっくりと冷え固まった深成岩で，そのつくりは，図２のように大きな鉱物が組み合わさった等粒状組織である。また，花こう岩は，セキエイや長石などの無色鉱物が多く含まれるため，全体に白っぽい。一方，安山岩は，マグマが地上や地表付近で短時間に冷え固まってできる火山岩で，そのつくりは，図１のような細かな粒Ａ(石基)の中に比較的大きな鉱物の結晶Ｂ(斑晶)が散らばった斑状組織である。よって，誤っているのはウである。

問20＜温暖前線＞温暖前線の記号はで，半円の記号がついている方へ進む。なお，寒冷前線の記号は，閉そく前線の記号は，停滞前線の記号はである。

問21＜湿度＞30℃の空気５m³中に水蒸気が90g含まれるとき，その空気１m³中に含まれる水蒸気量は90÷5＝18(g/m³)である。よって，30℃における飽和水蒸気量は30g/m³なので，湿度は，〔湿度(％)〕＝$\dfrac{〔空気1\,m^3中に含まれる水蒸気量(g/m^3)〕}{〔その温度での飽和水蒸気量(g/m^3)〕}$×100より，$\dfrac{18}{30}$×100＝60(％)である。

問22＜公転と星座の見え方＞右図のように，図のＤの位置に地球があるとき，日没直後の南の空にはペガスス座が見え，オリオン座は東の空に見える。日没直後，南の空にオリオン座が見えるのは，Ａの位置に地球があるときである。よって，誤っているのはウである。なお，地球の公転の向きは，北極の方向から見て反時計回りであり，図のＢの位置に地球があるとき，北極側が太陽の方に傾いているので，北半球は夏至で，その３か月後の秋分の日に，地球はＣの位置にある。また，Ｃの位置に地球があるとき，しし座は太陽と同じ方向にあって見ることができない。さそり座はＡの位置で真夜中に東の空に，Ｂの位置で真夜中に南の空に，Ｃの位置で真夜中に西の空に見える。

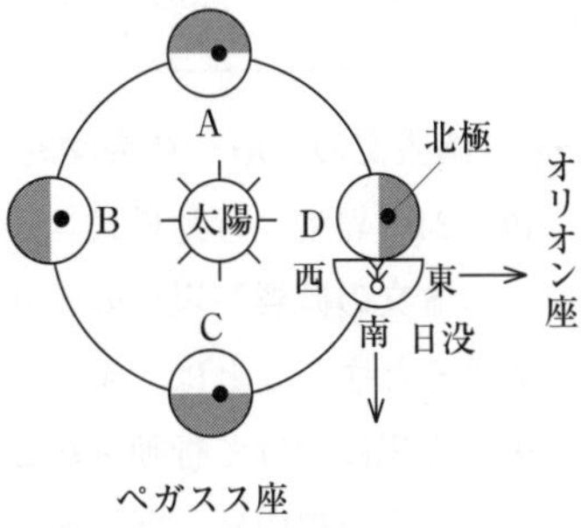

問23＜太陽系の惑星＞イ…正しい。太陽系の惑星は，太陽から近い順に水星，金星，地球，火星，木星，土星，天王星，海王星である。　　エ…正しい。木星は木星型惑星で，大部分が水素などの気体でできていて半径は大きいが密度が小さい。一方，火星は地球型惑星で，主に岩石でできていて半径は小さいが密度が大きい。よって，木星は火星に比べて密度が小さい。　　オ…正しい。木星の衛星は80個で，地球の衛星は１個である。　　ア…誤り。地球型惑星は水星，金星，地球，火星の４種類である。　　ウ…誤り。木星は太陽系で赤道半径が最大である。

国語解答

一　問一　①　寄与　②　波及

　　　　③　だいたい〔だいがえ／だいかえ〕

問二　ウ

問三　重要な～外れる［ということ。］

問四　ア

問五　ここ数年のあいだ続いている状況の延長線上に未来がないこと。（29字）

問六　予測をもとにしている［ところ。］

問七　ウ　　問八　エ

二　問一　A…ア　B…ウ　C…イ

問二　なくなりましょう

問三　ア

問四　お金を減らさなければいけないのに，増えたから。

三　Ⅰ　問一　人山に躓く莫くして

　　　　問二　ウ

　　Ⅱ　問一　（右参照）

四　問一　エ　　問二　エ

問三　エ

行者行二其所一レ不レ能レ行也。

一〔論説文の読解―社会学的分野―現代社会〕出典；山口周『ニュータイプの時代――新時代を生き抜く24の思考・行動様式』。

≪**本文の概要**≫現在のように複雑で不透明で予測困難な世界では，予測して自分の身の振り方を考えようとすることは，オールドタイプの考え方でしかない。これからは，未来を構想し，構想した未来の実現に向けて行動を起こすというニュータイプの生き方をするべきである。未来を予測してもしかたがない理由は，歴史的に見ても，重大な局面で予測は必ず外れるからである。未来を予測するという行為には，本質的なパラドックスが内包されている。ここ数年の間に続いていることの延長線上に未来があるなら，そもそも予測する必要はない。予測しえないようなことは，予測できないのであり，予測は，そもそも原理的に不可能なのである。例えば，人口動態のように統計がしっかりと整備されていて，比較的未来予測がしやすい分野でも，少子化による人口減少という予測は，これまでほとんどが外れている。非連続な変化に対しての専門家の予測は，原理的に外れるのが当たり前だということである。未来は予測するものではなく，構想するべきものだという指摘は，昨今の人工知能を取り巻く混乱についても当てはまる。予測に労力をかけるのではなく，進化するテクノロジーを用いることで，現在の社会の抱える課題をどのように解決できるかを考え，環境の変化をチャンスに変えて，大きな豊かさを生み出していかなければならない。

問一＜漢字＞①「寄与」は，社会や人のために役に立つこと。　②「波及」は，影響が波のように伝わっていくこと。　③「代替」は，他のものにかえること。

問二＜文章内容＞2008年の世界金融危機の前，2006年から2007年にかけての金融危機が足元まで迫っている状況でも，世界の金融機関やシンクタンクは，景気減速の気配もあることはあるが，世界経済は成長し，景気拡大は続くと判断し，「大丈夫だろう」と予測していたのである。

問三＜指示語＞2008年の世界金融危機のときのように，過去の出来事を分析して未来のことを予測しても「重要な局面で予測は必ず外れる」ことを，私たちは何度も経験しているのである。

問四＜四字熟語＞「融通無碍」は，何ものにもとらわれることなく，その場その場に応じて自由でのびのびと行動すること。その対義語は，真面目で堅苦しいことを表す「四角四面」である。「自由自在」は，思いのままに行動するさま。「臨機応変」は，その場の状況に応じて適切な手段を施すこと。「五里霧中」は，物事の事情がわからず，どうしてよいか迷うこと。

問五＜文章内容＞未来は，「ここ数年のあいだ続いている状況の延長線上に」はないものである。ずっとつながっていないということが「非連続」ということである。

問六＜文章内容＞「この『問い』」とは，「人工知能に奪われる仕事は何か」という未来を予測しようとするものである。しかし，人工知能というテクノロジーがあらゆる場面で用いられるようになり，実用化されるのがほぼ確実な未来であるならば，人工知能を未来にどのように活用していくべきか，人間がどのように進歩していくのかというような，積極的な見通しを持てるような問いであるべきである。「この『問い』」は，人工知能がどの仕事を奪うかという「『予測』をもとにして」予測しているのである。

問七＜文章内容＞「オプティミスト」は，楽観主義者のこと。テクノロジーの進化には功罪両方があるけれども，短所があるからテクノロジーを進化させない，あるいは，テクノロジーを用いないという考えはない。テクノロジーの進化を止めることはできないのだから，それを用いてチャンスに変えていこうとしなければならない。

問八＜要旨＞歴史的に振り返ってみても，「重要な局面で予測は必ず外れる」ものである(イ…×)。未来を予測し，その予測に基づいて自分の行動を決めようとするような「オールドタイプ」の人々は，環境変化に対応できず，行動は「後手後手に回ること」になり，未来に対応できない(エ…○)。予測が外れるのは，コンサルティング会社の能力や予測モデルに問題があるのではなく，「非連続な変化」に対して，予測は「原理的に外れるのが当たり前」なのである(ア…×)。多くの企業が環境変化を予測し適応しようとするが，このような姿勢は，予測困難な状況では「オールドタイプ」の考え方である(ウ…×)。

二〔**古文の読解―仮名草子**〕出典；『畔《あぜ》の落穂《おちほ》』。

≪**現代語訳**≫金持ちが，「この世界で金ほど，これ以上いらないものはないよ，何とか金がなくなる工夫を」といろいろとしても，何やかんやと(金が)増えるので，出入りの植木屋〈が〉，「私の考えや工夫のとおりにされるようであれば，一万や二万ぐらいは，最後にはなくなるでしょう」(と言う)。(金持ちは)「それは耳より(の話だ)，どう(するの)だ」(と言う。)(植木屋は)「はい，まず唐崎〈へ〉参上して一本松〈を〉買い取って，人夫をたくさん入れて掘らせて，あなた様の所まで参るなら，大いに一万や二万はなくなりましょう」(と言う。)(金持ちは)「これはすばらしいことよ，(あなたの言う)そのとおり申しつける」(と言う。)(植木屋は)恐縮して，松は五千両で値段がついた。(植木屋は)人夫を入れ，ゆっくりと掘らせ「もう一万三千両ほど使いました」(と言う。)(金持ちは)「非常におもしろい，精を出して掘らせよ」と，だんだんと人を増やして掘らせたところ，何か大きな石があると(いうことで)，しだいに掘れば，(石は実は)棺桶《かんおけ》であり，蓋を取ったところ(中に)おおよそ金が百万両あまりある。これはいけないと，(植木屋は)ひそかに逃げた。

問一＜古文の内容理解＞A．金を減らしたいという金持ちに，植木屋「が」，自分の言うとおりにすれば最後には金がなくなるでしょうと，言った。　**B・C**．植木屋が，唐崎という所「へ」行って松「を」買い取りますと，言った。

問二＜歴史的仮名遣い＞歴史的仮名遣いの「eu」は，原則として「you」となるので，「せう」は，「しょう」になる。

問三＜古文の内容理解＞「当地」は，自分が今いる土地のこと。「御」は，敬意を表す接頭語。植木屋が金を減らす方法を提案し，唐崎で買った松を金持ちの家まで持ってくるというのだから，「御当地」は，金持ちの家のことである。

問四＜古文の内容理解＞植木屋は，金持ちにお金を減らす方法を提案していたのに，松を植えるために庭を掘り起こしている途中に大きな石があると思ったら，石は実は棺桶で，その棺桶の中に百万両あまりの金が入っていたのである。金を減らすどころか増やしてしまったので，「これはならぬ」と，植木屋は思ったのである。

三〔**漢文の読解**〕出典；『淮南子』／『荘子』

Ⅰ**≪書き下し文≫**戦戦慄慄として，日に一日を慎め。人山に躓く莫くして，垤に躓く。

問一＜漢文の訓読＞「人」→「山」→「躓」→「莫」の順に読む。レ点は，下から一字返って読む。一二点は，下から二字以上返って読む。また，置き字は読まないので，書き下し文には書かない。

問二＜四字熟語＞人が，高い山にはつまずかないけれども，蟻塚のような小さいものにはつまずいてしまうのは，小さいから大丈夫だと油断してしまうからである。「油断大敵」は，油断は，思わぬ失敗につながるから，大きな敵である，という意味。「針小棒大」は，物事を大げさに言うこと。「山紫水明」は，美しい景色のこと。「戦々恐々」は，何かが起こりそうでびくびくしていること。

Ⅱ**≪現代語訳≫**行う者は行うことのできないことを行おうとする(者である)。

問一＜漢文の訓読＞「行者」→「其」→「行(フコト)」→「能」→「不」→「所」→「行(ハントスル)」→「也」の順に読む。「行(フコト)」から「能」→「不」→「所」と，一字ずつ返って読むので，レ点を用いる。また，「所」から「行(ハントスル)」へと，二字返って読むので，一・二点を用いる。

四〔**国語の知識**〕

問一＜品詞＞「座る」は，「～を」という目的語を取らないので自動詞。「読む」は「新聞を」，「羽織る」は「上着を」，「洗う」は「食器を」，「受けとる」は「杯を」という目的語を取っているので他動詞。

問二＜敬語＞「いらっしゃる」は，「来る」の尊敬語。「食べました」の「まし」は，丁寧語。「伺う」は，「訪ねる」の謙譲語。「拝聴する」は，「聞く」の謙譲語。「参りました」の「参り」は，「行く」の謙譲語，「まし」は，丁寧語。

問三＜文学史＞『雪国』の冒頭部分で，作者は川端康成。

2022年度 中央大学高等学校

【英　語】（60分）〈満点：100点〉

〈注意〉　筆記問題（[1]～[6]）は50分で，そのあとすぐにリスニング問題（[7] 約10分）が放送されます。

[1]　次の英文を読んで，問いに答えなさい。［＊をつけたものには註があります］

What Ali wanted more than anything was his team's soccer uniform. But he knew that he could never have it because it was too expensive for him. He also wanted a new pair of soccer shoes, but he couldn't buy them, either. So instead, he would just look inside the sports shop every day on his way home.

One day, after looking at the shoes, he saw a *beggar sitting on a bench. He didn't know why, but the beggar looked strange. The beggar put down a black bag, and then looked from side to side in a strange way. It looked like the beggar was waiting for something. Or for someone.

A bus went by. Now, Ali saw that the bench was empty. But to his surprise, the bag was still there. He looked around, but the man was (1).

He went to pick up the bag, but before he could, another man picked up the bag. Without thinking about his safety, Ali ran after him. He had to return the bag to the beggar.

The thief was dressed in black. Ali followed him. The man went into the *bazaar. When he entered a shop, Ali hid behind a tea display. A curtain at the back of the shop opened, and a foreign clerk appeared.

"Good, you've got the bag," he said, and gave something to the man in black.

He put it into his jacket. It was a gun. Ali became worried. [2] This was something much bigger, and much worse.

"They are expecting you," the foreigner continued. "Take the *ferry and go to the city. They will meet you by the flower shop."

Ali knew that he had to tell the police! But suddenly, his nose *itched. He couldn't stop himself. He *sneezed loudly, and boxes of teas fell to the ground. The two men looked at him angrily. There was no escape!

"I just wanted to buy some tea for my mother," Ali said.

"Oh yeah ?" the foreigner said, (3)

Ali's pockets were empty.

The foreigner said to Ali, "You think you're clever ? But you won't feel so clever when they pick up your body with the morning trash !"

A scarf went around Ali's mouth. They tied his hands with a rope behind his back. The foreigner lifted Ali into the air, and *dumped him head first into a large garbage can and closed the *lid. Ali tried hard to breathe. Everything was dark and the smell was terrible. Ali tried to call out, but no sound came. He imagined being *swallowed up by a garbage truck. His family would never find him. (4-Ⅰ) <u>Tears filled his eyes.</u>

Then he heard his father's voice, "Never give up. Always go for the goal !"

Ali tried hard to free his hands. At last, he did it. He took the scarf from his mouth and climbed out of the can. He had to go to the ferry port and catch the man. If he ran all the way, maybe there was still enough time.

When he reached the port, he saw a ferry, and on the top *deck stood the man in black. Ali was about to run to the ferry but then he remembered he had no money for a ticket. Ali could see the man, but he couldn't reach him! The man looked down from the ferry, and their eyes met. The boat began to move away. The man smiled and *waved at him.

Ali became angrier. He was the only one who could stop the man. He took a deep breath, ran toward the ferry, and jumped, just landing on the deck and fell. People looked at him. Ali shouted,

"There's a man who's got a gun!"

No one helped him. Instead, they moved away from him in *disgust. They didn't believe a boy who was covered with garbage. Ali was alone. For the second time that day, (4-Ⅱ)he felt tears fill his eyes.

Again he heard his father's voice, (5)"Pick yourself up, and do what's right." Ali got to his feet and climbed the stairs to the top deck. It was empty. The man couldn't be seen, but Ali could feel he was nearby. From the shadows, he saw a dark shape moving. At once Ali recognized the beggar's bag! (6)But how was he going to get the bag from the man who had a gun? Suddenly, he remembered his soccer coach's words, "Surprise your *opponent!" (7)That was it!

Ali took another deep breath, then he shouted his soccer team's name and ran toward the man. He saw the surprise on his face. He tried to reach for the gun, but Ali was too fast. He got the man's legs from under him and tackled him. The gun *spun across the deck. Ali jumped on the man's back and shouted,

"He's meeting someone at the flower shop! You must get them, too!"

Suddenly, the security guards came running. One of them picked up the gun and the man was taken away. Ali suddenly thought of his family waiting at home. (4-Ⅲ)His tears finally fell.

The boat landed, and he watched the police lead the man away. An officer came up to Ali. He was carrying the bag.

"Well done! We've been after them for a long time. Thanks to you, we got them all!"

Ali pointed and asked, "Will you give the bag back to the beggar? They stole it from him."

The policeman laughed and opened the bag. Ali was surprised at what he saw. It was full of money.

"That was not a beggar," the policeman said, "He was one of (8)them." Then he added, "And there will be a nice *reward for you."

"Enough for a new soccer uniform? And shoes?" Ali asked.

"Enough for a whole football stadium!" the policeman smiled. And (9)Ali made the biggest smile ever!

（註） beggar：こじき　bazaar：市場，バザール　ferry：フェリー　itch(ed)：かゆい
sneeze(d)：くしゃみをする　dump(ed)：をどさっと落とす　lid：蓋《ふた》
swallow(ed)：を飲み込む　deck：甲板　wave(d)：手を振る　disgust：嫌悪
opponent：敵　spun＜spin：ぐるぐる回る　reward：報酬

問１　空所（１）に入る語として最も適切なものを１つ選び，記号で答えなさい。

ア．gone　イ．there　ウ．away　エ．back

問２　[2]には「これはもはや貧しい男のカバンを返す話ではなかった。」という意味を表す英文が入る。下記を並べかえて英文を完成させたとき，A，Bに来るものを記号で答えなさい。ただし，

文頭に来る語も小文字にしてあります。

______ ______ ___A___ ______ ______ ___B___ ______.

ア．no　イ．a poor man's bag　ウ．this　エ．longer
オ．returning　カ．was　キ．about

問3　空所(3)に入る語として最も適切なものを1つ選び，記号で答えなさい。
ア．"What have you got there ?"　イ．"Who did you buy the tea for ?"
ウ．"Where's your money then ?"　エ．"When did you get that ?"

問4　下線(4-Ⅰ)～(4-Ⅲ)のAliの感情を表すのに最も適切なものを1つずつ選び，記号で答えなさい。ただし，選択肢は一度しか使えない。
ア．孤独　イ．感動　ウ．哀愁　エ．激怒　オ．安堵　カ．恐怖

問5　下線(5)の意味として最も適切なものを1つ選び，記号で答えなさい。
ア．自分で起き上がり，右の方向を確かめろ。
イ．自分を奮い立たせ，正しいことを行え。
ウ．自分を正しくとらえ，今までの行動を改めろ。
エ．自分の思うように行動し，権利を獲得しろ。

問6　下線(6)を日本語に直しなさい。

問7　下線(7)でAliが思いつき，実際に取った行動を30字程度で答えなさい。

問8　下線(8)に含まれる人物をすべて選び，記号で答えなさい。
ア．Ali　イ．the man dressed in black　ウ．the foreign clerk
エ．the security guards　オ．the policeman

問9　It says on line 9, "Ali made the biggest smile ever !" but why was he so happy ?　Please answer in about 10 words in English.

問10　本文の内容に合うものを2つ選び，記号で答えなさい。
ア．Aliは，毎日同じ時間，同じ店の前でこじきを見かけた。
イ．Aliは泥棒に黒い袋を届けるため，彼を店まで追いかけた。
ウ．Aliはゴミ箱に捨てられたとき，大声を出して助けを呼んだ。
エ．Aliがフェリー乗り場についたとき，目的の船は出航する前だった。
オ．Aliはフェリーに乗ったとき，すぐに助けを求めることができた。
カ．Aliが届けようと思った黒い袋はお金でいっぱいだった。

2

次の英文を読んで，問いに答えなさい。[＊をつけたものには註があります]

We know a lot about what sleep is, but we don't know what causes sleep.　Sleep is a *state of rest. When we sleep, our body *recovers from *fatigue caused by the day's activities.　After a good sleep, we become active again and ready for our daily activities.

Scientists have found that sleep is also important in the process of learning.　When we sleep, the brain takes the new information we received during the day, and carries it to a holding area.　Then, the information is moved to more *permanent storage, kept deep in your memory.

(1)When we wake up in the morning, it is not always possible for us to remember what happened in our mind when we were asleep.　We may remember a dream, but the rest of our sleep was a kind of darkness and nothing seems to have taken place.

Several things happen to our body as we go deeper into sleep.　Our muscles relax.　Our heartbeats become slower.　Our temperatures and *blood pressure go down.　The brain also slows down so that we can't think or act *consciously. But we can dream. When we first wake up, our temperatures and blood pressure rise to (2). Our heartbeats and breathing also become (2) and we become more *fully awake. Then, we often forget most of the dreams that we had while sleeping.

What is a dream ? It is an activity of the mind that takes place when we are asleep. Dreams seem to be important for several reasons. One is that (3)a dream can help us to sleep through noise. For example, the alarm clock rings, but our mind causes us to dream that the telephone or doorbell is ringing and that we are awake and answering it. Dreams also *reveal a lot about one's problems and can provide a solution to them.

Some dreams are *realistic while others are not. [4] Others could not. But we must remember (5)one thing. Dreams cannot be used as a way to tell the future. They simply can never tell the future.

（註） state：状態　recover(s)：回復する　fatigue：疲労
permanent storage：永久記憶装置　blood pressure：血圧　consciously：意識的に
fully：十分に　reveal：を明らかにする　realistic：現実になる

問１　下線(1)を日本語に直しなさい。

問２　空所（２）に共通して入る語として最も適切なものを１つ選び，記号で答えなさい。
ア．normal　イ．common　ウ．fast　エ．active

問３　下線(3)が表す内容を，本文の記述に従って45字程度の日本語で具体的に説明しなさい。

問４　[4] には「つまり，夢の中で起きることは，目が覚めているときにも起こりうる。」という意味を表す英文が入る。下記を並べかえて英文を完成させたとき，A，Bに来るものを記号で答えなさい。

This means that _____ __A__ _____ _____ __B__ _____ _____ could happen when we are awake.

ア．dreams　イ．the things　ウ．happen　エ．some
オ．that　カ．in　キ．of

問５　下線(5)が指す内容として最も適切なものを１つ選び，記号で答えなさい。
ア．Some dreams are realistic.
イ．Other dreams are not realistic.
ウ．Dreams are used to tell the future.
エ．Dreams can never tell the future.

問６　本文の内容に合うものを１つ選び，記号で答えなさい。
ア．日中の疲労を回復させるには，良質な睡眠と翌日の活発な運動が必要である。
イ．睡眠中，脳は日中に得た新しい情報を取り込み，最終的に記憶の中に保存する。
ウ．夢を見ているときは暗闇のような状態にあり，何も起きなかったように感じる。
エ．夢は未来を予測することはできず，人々の問題を解決する手段にもならない。

３　答えとして最も適切なものを選び，記号で答えなさい。

１．You should wash your hands before (　　) lunch.
ア．have　イ．to have　ウ．having　エ．had

２．(　　) my stay in Osaka, I visited a lot of famous places.
ア．For　イ．During　ウ．Among　エ．While

3．How many children (　　) to Bob's birthday party?

ア．inviting　イ．invited　ウ．was inviting　エ．were invited

4．"Lucy started to learn Japanese last month."　"Oh, (　　　)?"

ア．didn't she　イ．did she　ウ．wasn't she　エ．was she

5．The label (　　) "Made in Thailand."

ア．writes　イ．tells　ウ．shows　エ．says

6．A：Please (　　) yourself to the cakes.

B：Thank you.　They look delicious!

ア．help　イ．make　ウ．call　エ．bring

7．Which one doesn't go with the others?

ア．foot　イ．knee　ウ．arm　エ．leg

8．Which underlined part has a different sound?

ア．what　イ．fat　ウ．graph　エ．laugh

4　各組の英文がほぼ同じ意味を表すように(　)に適切な語を1語ずつ入れなさい。

1．When will they build the new railway station in our town?

When will the new railway station (　　) (　　) in our town?

2．Thank you for helping me with my homework.

(　　) was kind (　　) you to help me with my homework.

3．My grandfather was too afraid of catching a cold to see the doctor.

My grandfather (　　) see the doctor (　　) he was afraid of catching a cold.

4．If you practice hard, you will be able to speak English well.

Practice hard, or you (　　) be a (　　) speaker of English.

5．Fewer and fewer people read the newspaper these days.

The (　　) of people (　　) read the newspaper is going down these days.

5　次の英文はある英単語を説明したものです。その単語を書きなさい。

1．This is how you feel if you have not eaten or drunk anything for a long time.　One sign of this is a sound from your stomach.　The word begins with "H."

2．This is something that we must need in everyday life, but we cannot usually see it.　It is the power to make many things work.　For example, TVs, washing machines, hair dryers, and even some cars run on it.　The word begins with "E."

6　日本語の意味になるように並べかえたとき，A～Fに入るものを記号で答えなさい。ただし，文頭に来る語も小文字にしてあります。

1．先生は生徒全員に聞こえるように大きい声で話した。

The teacher ______ ______ ___A___ ______ ______ ___B___ ______.

ア．hear　イ．loud　ウ．all the students　エ．for

オ．spoke　カ．to　キ．enough

2．私は君と遊びに来たのではなく試験を受けるために来たのだ。

I came here ______ ______ ___C___ ______ ______ ___D___ ______.

ア．but　イ．to play　ウ．to take　エ．with

オ．you　　カ．not　　キ．the examination

3．たくさんの興味深い授業があるので学校生活は楽しい。

______ ______ ___E___ ______ ______ ___F___ ______.

ア．make　　イ．school life　　ウ．interesting　　エ．enjoyable

オ．classes　　カ．my　　キ．a lot of

7 リスニング問題

ただいまからリスニング試験を行います。問題は Part A から Part D まであります。全部で15問です。答えは全て記号で書きなさい。英語は一度だけ読まれます。

Part A：Listen to the question and then choose the best answer.

1．A．The teacher said it would be next week.
　B．Yes, I got a bad score.
　C．I have to study hard for the test.
　D．You will get your test results today.

2．A．She looks very upset.　　B．She had a fight with Bobby.
　C．Because she is happy.　　D．I think she is crying.

3．A．For one hour.　　B．Monday to Friday.
　C．It depends on the day.　　D．The store is closed.

4．A．No, she's my older sister.
　B．I don't have any sisters.
　C．All of my family members were here before.
　D．I have two brothers and one sister.

5．A．I brought an umbrella, of course.
　B．It won't be sunny.
　C．Maybe it will rain.
　D．I'll probably stay inside.

Part B：Listen to the conversation and the question, and then choose the best answer.

6．A．$5　　B．$15　　C．$10　　D．$20

7．A．He is her teacher.
　B．She was his student.
　C．He is her principal now.
　D．She was his teacher.

8．A．They will play in the morning.
　B．They will play in the afternoon.
　C．They will go to the theater in the morning.
　D．They will go to the theater in the afternoon.

9．A．Somebody took his money.
　B．His wallet is missing.
　C．He picked up the wrong wallet.
　D．He spent all his money.

10．A．Green＞Blue＞Red　　B．Red＞Green＞Blue
　C．Green＞Red＞Blue　　D．Blue＞Green＞Red

Part C：Listen, look at the picture, and then choose the best answer.

11．A．

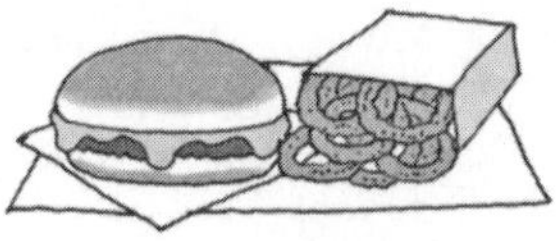

B．

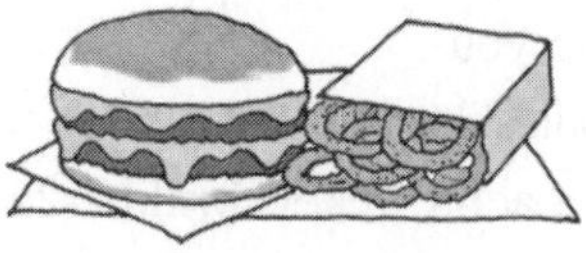

C．

D．

12．A．

B．

C．

D．

Part D：Listen to the dictation.　Write the missing words on the script.

"English is seen as difficult by a lot of Japanese school students, so it is important for teachers to 13______ for ways to make the lessons fun and interesting.　If English classes are limited to only textbooks, vocabulary and grammar, many students will switch off and become 14______.　English is an active subject, not a passive one.　Teachers need to give students a chance to use their English in fun 15______, and to understand how it can be useful in their daily lives."

＜リスニング問題放送原稿＞

Part A：Listen to the question and then choose the best answer.

1．Don't you have a test today ?

2．Why does she look sad ?

3．What time does the store open ?

4．Is that your sister over there ?

5 . What will you do if the weather is bad ?

Part B : Listen to the conversation and the question, and then choose the best answer.

6 . A : May I help you ?
B : Yes, I would like two tickets for the performance.
A : OK. Two adult tickets will be 20 dollars.
B : Actually, my daughter is only 16 years old.
A : Oh, excuse me ! In that case the total price is 15 dollars.
Q : How much does a child's ticket cost ?

7 . A : Suzie ?
B : Mr. Smith ! Long time no see.
A : Yea, I haven't seen you since you graduated.
B : Are you still at the school ?
A : Yes, but no longer teaching, I'm the principal now !
Q : What is Mr. Smith's relationship with Suzie ?

8 . A : Are you free Thursday ?
B : Around what time ?
A : In the morning ?
B : Perhaps. Why do you ask ?
A : I was thinking maybe we could see a play.
B : Sounds good, but how about having lunch first ?
A : OK.
Q : What is their plan ?

9 . A : Oh, no !
B : What's the matter ?
A : I can't find my wallet.
B : Is that your wallet over there, on the floor ?
A : Yes ! That's mine. Oh, great, we found it !
B : But wait a minute, did you have any money inside ?
A : Yea, 30 dollars.
B : Sorry, but there is nothing inside. It's empty now.
A : Oh, no . . .
Q : What is the problem ?

10. A : Which shirt is more expensive, the red or the green ?
B : The green one. But it's not as expensive as the blue shirt.
Q : What is the sequence, from most expensive to cheapest ?

Part C : Listen, look at the picture, and then choose the best answer.

11. A : Are you ready to order ?
B : Yea, I'll take the cheeseburger please, but take out the vegetables.
A : Do you want that with fries ?
B : And onion rings.
A : No problem.
B : Actually, make that a double cheeseburger.

12. A : So, what was your favorite place in Japan Billy ?
B : I loved the Temples in Kyoto, and Tokyo Tower.
A : Tokyo Tower ? But Tokyo SkyTree is much taller.
B : You're right. But none of those are as good as the beaches in Okinawa.

Part D : Listen to the dictation. Write the missing words on the script.

"English is seen as difficult by a lot of Japanese school students, so it is important for teachers to search for ways to make the lessons fun and interesting. If English classes are limited to only textbooks, vocabulary and grammar, many students will switch off and become bored. English is an active subject, not a passive one. Teachers need to give students a chance to use their English in fun situations, and to understand how it can be useful in their daily lives."

【数　学】 (50分) 〈満点：100点〉

(注意)　定規・分度器・電卓は使えません。

1　次の問に答えなさい。

問1．2次方程式 $x^2-x-1=0$……①を解きなさい。

問2．問1の異なる2つの解を α, $\beta(\alpha>\beta)$ としたとき，$(\alpha^2-\beta^2)+(\alpha-\beta)$ の値を求めなさい。

問3．α，β が①の解であることから，$\alpha^2=\alpha+1$…②，$\beta^2=\beta+1$…③が成り立ち，n を自然数としたとき，②×α^n−③×β^n から，$\alpha^{n+2}-\beta^{n+2}=(\alpha^{n+1}-\beta^{n+1})+(\alpha^n-\beta^n)$…④が導かれる。例えば④に $n=1$ を代入すると，$\alpha^3-\beta^3=(\alpha^2-\beta^2)+(\alpha-\beta)$ となり，問2で求めた和と $\alpha^3-\beta^3$ が一致することが分かる。同様にして，④の n に2から5までを代入した式を利用して，$\alpha^7-\beta^7$ の値を求めなさい。

2　2020年における，世界各国の発電供給割合について調べていたところ，A国，B国，C国の化石燃料，原子力，自然エネルギーの割合(すべて整数の％で表示されており，3か国とも3つの発電方法を併せると100％になる)について，以下が得られた。

①　A国は原子力より自然エネルギーの割合が2％高く，その2つを併せても化石燃料の割合より20％低い。

②　原子力発電の割合について，B国の割合の3倍とC国の割合の2倍の和が，A国の割合となっている。

③　自然エネルギー発電の割合について，3か国はそれぞれ奇数の割合であり，C国が1番大きく，B国が2番目の大きさとなっている。

④　化石燃料発電の割合について，B国が1番大きく，C国が2番目の大きさとなっていて，その差は8％となっている。

問1．A国の発電供給割合を(化石燃料，原子力，自然エネルギー)の形で答えなさい。例えば，化石燃料が70％，原子力が10％，自然エネルギーが20％のとき，解答欄に(70，10，20)と記入しなさい。

問2．C国の発電供給割合を，問1と同じ形で考えられる場合をすべて答えなさい。

3　図のように，ひし形ABCDの頂点のうち，点A，C，Dが放物線 C：$y=x^2$ 上にあり，直線ACの傾きが −1 となっています。また，線分ACの中点をMとします。このとき，以下の問に答えなさい。

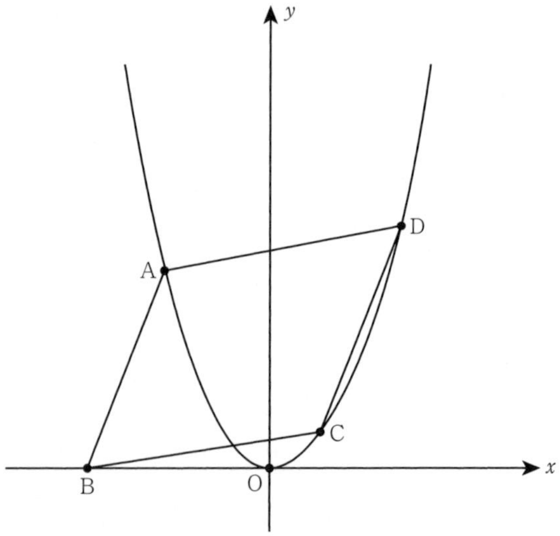

問1．点Cの x 座標が1のとき，点Aの座標を求めなさい。

問2．点Mの x 座標は常に一定の値をとることが分かりますが，その x 座標を求めなさい。

問3．点Bが x 軸上にあるとします。点B$(b,\ 0)$ とおくとき，b の値を求めなさい。ただし，$b<-2$ とします。

4　図のように，㋐の位置からスタートし，さいころを投げて，出た目の数だけ矢印の向きに進むゲームがあります。ちょうど㋒の位置に止まったときには㋐の位置に戻り，ゲームを続けて，ちょうど㋓の位置に止まったときは，「ゴール」とし，ゲームは終了とします。このとき，以下の問に答えなさい。

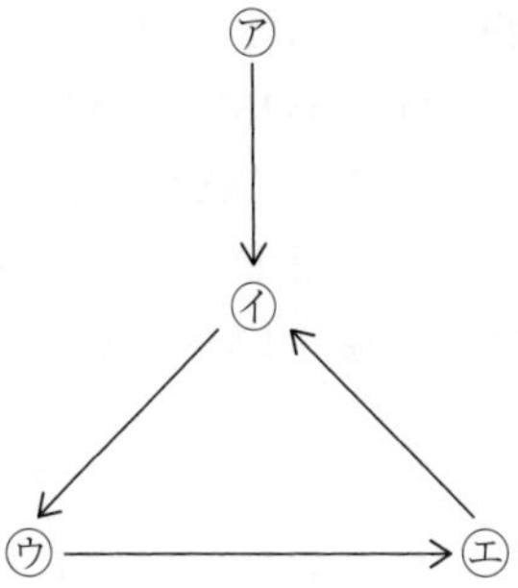

問１．さいころを２回投げて「ゴール」になる確率を求めなさい。

問２．さいころを３回投げて「ゴール」になる確率を求めなさい。

5　電線などに使われる銅は１つの原子が隣の12個の原子に接しており，その構造は立方体で切り取った図１(a)で表され，$\frac{1}{2}$ の原子が６個，$\frac{1}{8}$ の原子が８個含まれるので合計４個分の原子が含まれている。銅の密度(立方体の中で原子が占める体積の割合)を調べるために，図１(a)の立方体の１辺の長さを a，原子の半径を r としたとき，原子の中心を点で表した図１(b)の正方形AEFBの断面図である図１(c)から，$r=\frac{\sqrt{2}}{4}a$ と表されることが分かる。図１(a)で半径 r の球の体積 $\frac{4}{3}\pi r^3$ の４個分に対し，立方体の体積は a^3 なので，密度は $\frac{4}{3}\pi\left(\frac{\sqrt{2}}{4}a\right)^3\times 4\div a^3=\frac{\sqrt{2}}{6}\pi$ となり，$\sqrt{2}=1.4$，$\pi=3.1$ として計算すると，0.723…となるので，有効数字２桁で％表示すると，72％となる。

また，加工しやすい金属として用いられる鉄は，１つの原子が隣の８個の原子に接しており，図２(a)で表され，$\frac{1}{8}$ の原子が８個と１個の原子で合計２個分の原子が含まれている。このとき，以下の問に答えなさい。

問１．図２(a)の原子を点で表した図２(b)の長方形AEGCでの原子の断面図を，図１(c)と同様に白と黒の円が接するように解答欄にかきなさい。(黒の円は簡単に塗ること。)また，鉄の原子の半径 r を立方体の一辺の長さ a で表しなさい。

問２．$\sqrt{3}=1.7$，$\pi=3.1$ として，銅と同様に，鉄の密度を有効数字２桁の％表示で求めなさい。ただし，解答欄に $\sqrt{3}$ と π に小数を代入する直前までの計算過程を記すこと。

図１(a)

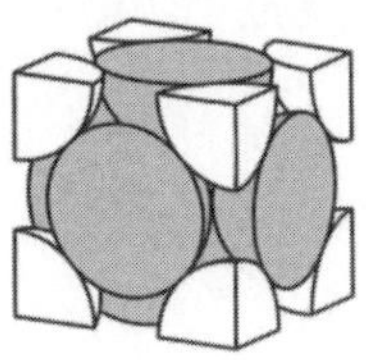

図１(b)

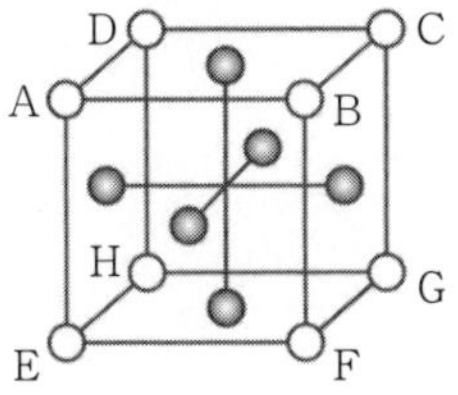

図１(c)

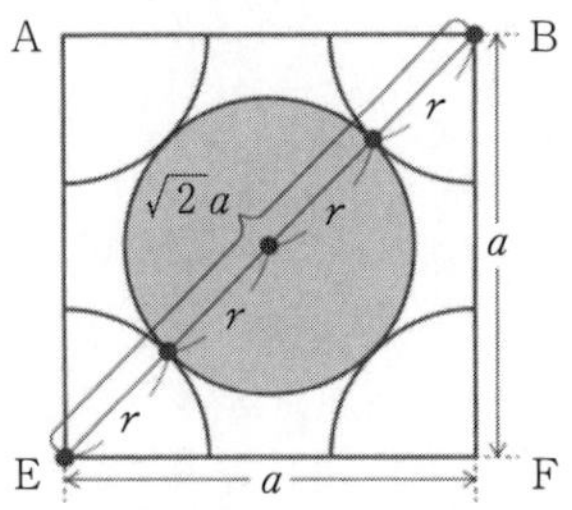

図２(a)

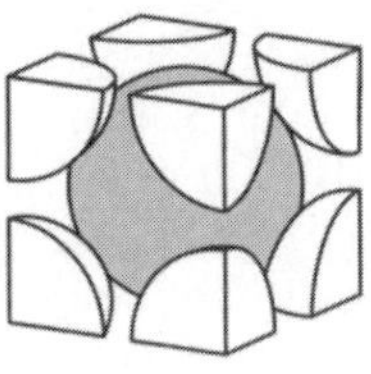

図２(b)

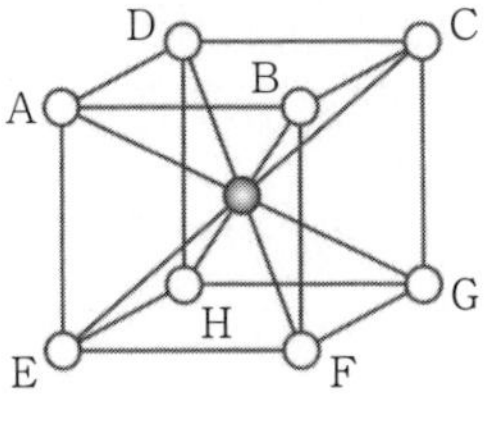

6 図のように，同一円周上にある5点，A，B，C，D，EがEB＝EC＝$\sqrt{6}$，∠BEC＝30°，∠DBC＝15°，∠ACB＝45°を満たしています。また，線分EBとAC，ECとBD，ACとBDの交点をそれぞれP，Q，Rとします。このとき，以下の問に答えなさい。

問1．∠EBDの大きさを求めなさい。

問2．線分DQの長さを求めなさい。

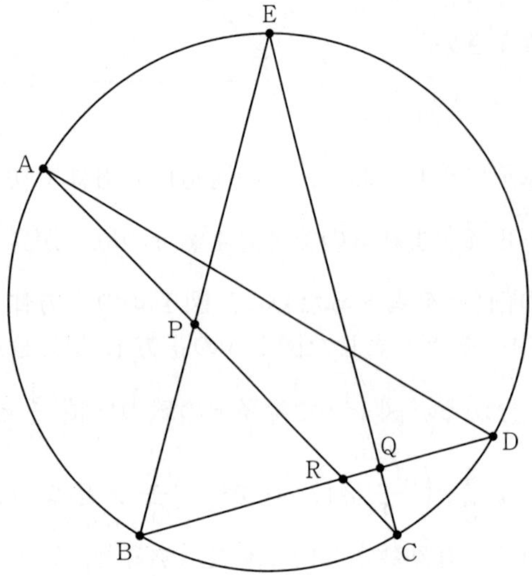

六

問一　次の各設問に答えなさい。

次の(1)・(2)と最も近い意味のことわざをそれぞれ後から選び、記号で答えなさい。

(1)　河童《かっぱ》の川流れ

(2)　禍福は糾《あざな》える縄のごとし

ア　塞翁が馬　　イ　馬の耳に念仏

ウ　弘法《こうぼう》筆を選ばず　　エ　弘法も筆の誤り

オ　獅子《しし》身中の虫　　カ　獅子《しし》の子落とし

問二　次の文の――線部1～3の語の文法的説明として正しいものをそれぞれ後から選び、記号で答えなさい。

自分が優等の成績を以て卒業しながら、仏蘭西《ふらんす》語の研究を1続けて、暫《しばら》く国に留まっていたのは、自信があり抱負があっての事であった。学士や博士に2なることはあまり希望し3ない。

（森　鷗外「青年」）

ア　五段活用動詞の未然形　　イ　五段活用動詞の連用形

ウ　五段活用動詞の連体形　　エ　五段活用動詞の終止形

オ　上一段活用動詞の未然形　　カ　上一段活用動詞の連用形

キ　上一段活用動詞の連体形　　ク　上一段活用動詞の終止形

ケ　下一段活用動詞の未然形　　コ　下一段活用動詞の連用形

サ　下一段活用動詞の連体形　　シ　下一段活用動詞の終止形

ス　形容詞の未然形　　セ　形容詞の連用形

ソ　形容詞の連体形　　タ　形容詞の終止形

チ　助動詞の未然形　　ツ　助動詞の連用形

テ　助動詞の連体形　　ト　助動詞の終止形

問三　軍記物語を次から一つ選び、記号で答えなさい。

ア　『方丈記』　　イ　『伊勢物語』　　ウ　『古事記』

エ　『竹取物語』　　オ　『平家物語』

解するために評判の占師のもとを訪れたのだが、納得はできなかった。

ウ　結婚してカトリックの洗礼を受けた「妻」が、今でも観音さまを大切に思っているという事実は「私」にとって思いがけない告白だった。

エ　「妻」は、自分に対して日頃から見下した態度をとる「私」に、いつか自分の思いをぶつけようと長い間機会をうかがっていた。

オ　「私」は頑固に信仰を守ろうとするのだが、「妻」は日常生活のなかで迷信を気楽に取り入れながら生活したいと考えていた。

カ　どうしても「妻」が自分の言い分を通そうとするので、「私」は信頼する友人に「妻」を説得してもらおうと考えた。

四　次の古文を読んで、後の設問に答えなさい。（本文の表記を一部改めた）

忍《しのび》の＊指南所といふ看板[A]見て、弟子入《でしいり》に行けば、師匠[B]いふには、「拙者《せつしゃ》の術は七日では＊丈夫に、忍ばれます、まづ一廻《まわ》り稽古なされ」といわれ、七日通へば、「もうこれでは、どこへ忍んでもよふござるが、＊とてもの事に、もう一廻り稽古なされば、どこへ忍ばれても、見付かる事ではござらぬ」といわれ、又七日通ひ、二廻りの稽古だから、人[C]見付かる事ではあるまいと、隣の柿をぬすみにはいり、柿の木へのぼって、さっさっさと取って1ゐると、男が見付け、「やれどろぼうよ」と呼び立て、さんざんぶちのめされ、かの男肝をつぶし、「これほどの忍術を稽古したから、見付からぬはづだが、何でも聞いて見やう」と、かの見付けた男に「もしお前は、まあどなたでござります」と聞けば、かの男「おれは此《この》やしきの見廻りの者だ」

「2ははあどうりで見付かった、おれは二廻りだった」

（『華えくぼ』）

＊指南所…教える所。
＊丈夫…一人前。
＊とても事に…いっそのこと。どうせ同じ事なら。

問一　[A]～[C]にあてはまる語として最も適切なものをそれぞれ次から選び、記号で答えなさい。（同じ記号は一度しか使えない）

ア「の」　イ「を」　ウ「に」　エ「へ」

問二　——線部1「ゐる」を現代仮名遣いに改めなさい。

問三　——線部2「ははあどうりで見付かった」と見付かったことに納得しているが、なぜ納得したのか答えなさい。

五　次のⅠ・Ⅱの漢文を読んで、それぞれ後の設問に答えなさい。

Ⅰ　一目之《の》網《ハ》、不《ず》レ可《ベカラ》ニ以《もっテ》得《う》レ鳥《ヲ》。

（『淮南子』）

〔現代語訳〕（網の目は何百とあるが、鳥がかかるのはそのうちのたった一つの目である。しかし、）一つしか目のない網では、鳥を捕らえることはできない。

問一　右の漢文の——線部を書き下し文（漢字・平仮名交じり文）に改めなさい。

問二　右の漢文の内容に最も近い四字熟語を次から選び、記号で答えなさい。

ア　無用之用　　イ　一網打尽

ウ　岡目八目　　エ　一石二鳥

Ⅱ　与《ヘテ》人《ニ》不《ざレ》求《メ》感《ズルコトヲ》徳《ニ》、無《キハ》レ怨《ミ》便《すなはチ》是《こレ》徳《ナリ》。

（『菜根譚』）

〔書き下し文〕人に与へて徳に感ずることを求めざれ、怨み無きは便ち是れ徳なり。

問一　右の漢文の——線部に書き下し文を参考にして返り点を付けなさい。（読み仮名・送り仮名は不要）

オ　妻が理由として挙げた事柄は理屈の通ったことなので、反論のしようがなかったから。

問三　——線部3「恥ずかしくないかね。」とあるが、「私」の「妻」に対する考え方として最も適切なものを次から選び、記号で答えなさい。

ア　「私」は妻のことを日頃から稚拙な考え方の持ち主だと捉えていた。
イ　「私」は妻が自分と同じ価値観を持っているはずだと考えていた。
ウ　「私」は妻の信仰心が足りないことを日頃から不満に思っていた。
エ　「私」には妻の行動をどうしても理解できないことがよくあった。
オ　「私」はカトリック信者の先輩として今まで妻を導こうとしてきた。

問四　——線部4「その臭いには家にこもっている臭気だけではなく、別の何かが含まれているような気がした。」とあるが、「別の何か」の説明に当たる語句を本文中から二十字以内(句読点を含む)で抜き出し、始めの三字を答えなさい。

問五　Ⅰ～Ⅲにあてはまる語として最も適切なものをそれぞれ次から選び、記号で答えなさい。(同じ記号は一度しか使えない)

ア　しっかり　イ　やっと　ウ　よほど
エ　なぜか　オ　はっきり　カ　まったく

問六　——線部5「さえ」と同じ意味用法のものを次から一つ選び、記号で答えなさい。

ア　ろくに挨拶さえしない。
イ　素直に謝りさえすれば許されたのだ。
ウ　道に迷ったところで雨さえ降り出した。
エ　貸した金さえ返してもらえば良い。

問七　〰〰線部①「【　】を括った」は「相手をみくびった」、〰〰線部②「【　】嫌いしている」は「理由もなく感情的に嫌っている」という意味になるように、それぞれの【　】にあてはまる最も適切な漢字一字ずつを答えなさい。

問八　——線部6「志賀直哉」の代表作を次から一つ選び、記号で答えなさい。

ア　暗夜行路　イ　金閣寺　ウ　破戒
エ　舞姫　オ　鼻

問九　——線部7「一度、足を入れるともがけばもがくほど、這いあがれなくなる」とはどのようなことのたとえか、三十字以内(句読点を含む)で具体的に説明しなさい。

問十　——線部8「ほかの事はもう頼みませんから、このことだけは承知してください」とあるが、妻の気持ちの説明として最も適切なものを次から選び、記号で答えなさい。

ア　夫に何か頼んでも聞いてもらえないことばかりで、無力感に苛《さいな》まれている気持ち。
イ　今まで夫に合わせて信仰してきたが、もうこれ以上合わせるのはごめんだという気持ち。
ウ　自分を見下してきた夫の見方を、改めさせるきっかけにしたいという気持ち。
エ　自分の必死な訴えに対しても、茶化して答える夫のことが許せないという気持ち。
オ　夫の命を守るために、自分の言い分をなんとしても通すつもりだという気持ち。

問十一　本文についての説明として最も適切なものを次から選び、記号で答えなさい。

ア　カトリックを信仰しても、若いお手伝いさんの命を救えなかったことが、「妻」の心に信仰に対する決定的な不信感を植えつけることになった。
イ　「私」は、迷信に心を奪われてしまった「妻」を少しでも理

友人のMに相談した。Mは私と同じようにカトリックだったから
である。
「女房が馬鹿になったんだ。閉口をしている」
私のうち明け話をきいてMは、
「断然、拒絶するんだ。そういうことを許すと奥さんは今後もその
占師にすべて相談に行くようになる」
と反対した。私もまったく同感だった。
別の友人のAはカトリックを②【　】嫌いしている男だったが、
これもMと同意見だった。
「6志賀直哉《しがなおや》はねある日、虫の居どころが悪く、道のお地蔵さまを蹴倒《けたお》したそうだ。その後すぐ座骨神経痛を患《わずら》い、子供を亡《な》くしたので夫人がお地蔵さまにお詫《わ》びしたいと言われたが、絶対に許さなかったってな。迷信を一度信じると泥沼に足を入れたようになる。Mの言う通りだ」
彼等《ら》は長年の友人だから他人の眼にはおそらく滑稽《こっけい》で愚劣にちがいない私たち夫婦の争いを笑いもせず、親身になって考えてくれた。そして二人の意見はまた私の気持でもあった。
「MもAも、あれは泥沼にはまるようなものだと言っていたぞ。7一度、足を入れるともがけばもがくほど、這《は》いあがれなくなる」
そう教えても、妻は私の顔をじっと見て、
「鳥取に行ってください」
と半ば泪《なみだ》ぐんだ。
「Mはたとえその迷信通り、何もせず十一月に俺が死んだって、かまわんじゃないかと言っていたさ。そうなりゃ、これも*殉教だからな」
私は妻を笑わそうとしてそんな話を伝えたのだが、彼女はにこりともせず、
「8ほかの事はもう頼みませんから、このことだけは承知してください」
それだけを繰りかえした。

＊カトリック…キリスト教の一教派。ここではそれを信仰している者のこと。
＊方たがえ…目的地の方向が凶方とされる場合、いったん別の方向に出かけて違う方向から目的地に移動すること。
＊殉教…信じる宗教のため命を捧げること。

問一　――線部1「そのことをどう心のなかで処理していいのか考えつづけた。」とあるが、その態度の説明として最も適切なものを次から選び、記号で答えなさい。
ア　信仰心の厚い自分がなぜこんな目に遭うのか、そのことの意味を求めようとしている。
イ　自分がもっと早く気づくべきだったのではないかと、自責の念を持ちつづけている。
ウ　自分が直面している理不尽なことに対して、なんとか納得できる理屈をつけようとしている。
エ　生きていくために、大事な人との別れに区切りを付けるための術《すべ》を探ろうとしている。
オ　自分がどんなに嘆いても病状が良くならないと認めることで、自らの弱さを克服しようとしている。

問二　――線部2「そう言われ私は一瞬たじろいだ。」とあるが、なぜか。理由として最も適切なものを次から選び、記号で答えなさい。
ア　妻が占師を訪ねた理由と、自分の体のことがつながるとは思っていなかったから。
イ　妻が素直に自分の非を認めず、「私」に責任転嫁をして弁解したのがショックだったから。
ウ　妻が苦し紛れにしても関係のない理由を口にしたのは、あまりにも身勝手だったから。
エ　妻が他者のために行動しようとするのは、信者として間違っているとは言えないから。

胸に拡《ひろ》がった。
その日、彼女に口をきかなかった。きかぬことで私がこのような迷信を本当はどんなに嫌っているのかを見せようとした。私は雑誌社に頼まれて占師の家に行ったがそれはあくまで好奇心のためであり、好奇心以上の何ものでもなかった。
食卓でもテレビを一緒に見ている時でも眉《まゆ》のあたりに不機嫌な影を漂わせている私に妻は当然、気づいた筈《はず》だった。

「ごめんなさいね」
と彼女はその夜［Ⅰ］あやまった。
「あんなところに行って」
あやまられたことで、不快は少しずつとけたので、
「それはね、君の不安な気持もわかるさ……」
「わかってくださるのなら……私と一緒に鳥取に行ってください」
突然、思いがけないことを彼女が口にしたので、その意味がよく理解できず、私はきょとんと妻の顔を見た。
「鳥取？　鳥取になぜ行くんだい」
「十一月にあなたに良くない事が起らないためには……吉方《きっぽう》のお水と砂を取ってこなくちゃいけないんです。その水を飲んでもらい、砂を家の庭にまくんです」
私は黙ったまま彼女を睨《にら》みつけていた。長年、生活を共にしたこの女が一瞬見知らぬ別の女になったような恐怖5さえ感じ、
「お前……お前だってカトリックだろう」
妻は私と結婚したあと、カナダ人の神父さんから洗礼を受けた。もっともそれは、私への義理と妻としての義務感から行ったものだったかもしれない。だが二十五年間、一緒に教会に行ったり、知人の冠婚葬祭に出ても彼女はすっかり信者になりきっているように私には見えた。
「ええ、そうですよ。でも私はあなたとは違うんです」
「どう違うんだ」
「あなたみたいにカトリック以外の宗教を無視する育ちかたはしていないんです。実家の父も母も観音《かんのん》さまの信者だったから、私も観音さまを今でも拝む気持は捨てられません。＊方《かた》たがえだって迷信だ、迷信だと思えないんです」
「それじゃお前は多神教じゃないか」
「多神教か何か、むつかしいことはわかりません。でも皆が拝むものに、頭をさげたっていいじゃありませんか」
妻が宗教のことでこんなに開きなおり、逆《さか》ったのは始めてである。私はさっきと同じように茫然《ぼうぜん》として彼女の顔を見ていた。
「ねえ、鳥取に行ってください」
「馬鹿を言うな」
「お願い。鳥取に一緒に行ってください」
妻の表情は必死であり、真剣だった。彼女がそんな顔をするのは、その占師が［Ⅱ］悪い予想を口に出したに違いなかった。
「俺が鳥取に行かなければ、どうなるんだ」
「それは……悪いことが起るんです」
「悪いことって何だね。俺が死ぬのか」
［Ⅲ］そう言うと妻は眼をそらせたまま、何も返事をしない。その眼のそらせかたで、彼女が聞いたことが何かが、私にもよくわかった。
怒りがこみあげてきた。これは最も悪辣《あくらつ》な詐欺《さぎ》だと思った。他人の不安や心配を利用して金をとる詐欺にちがいなかった。その詐欺に妻はひっかかったのだと私は考えた。
その日だけでなく翌日も翌々日も私は妻にものを言わなかった。こちらがこれほど怒っているのを見せれば彼女も折れるだろうと①【　】を括《くく》ったのである。
しかし何時《いつ》になく妻は気持を変えず、
「お願い。鳥取に行ってください」
二日間、この言葉をくりかえして私の承諾を得ようとした。私は返事をしない。まったく黙殺しようとする。

「なぜ、そんなところに行く。俺たちが＊カトリックだということを忘れたのか」
「でも、色々と悪いことがあるし……それにあなたの体が心配だったから」
妻は私から眼をそらせて弁解した。
2そう言われ私は一瞬たじろいだ。
たしかに手術したあとも私の体は調子が悪かった。鼻のほうは一応は直ったが、五十数歳の体にそんな一時間程度の手術でもかなりの衝撃を与えたようで、四ヵ月たっても衰弱が一向に恢復しなかった。体重がめっきり減り、頰《ほお》がげっそりこけただけでなく、夏だというのに下肢に異常な冷たさを感じたり、関節に痛みを感じた。医師は私に糖尿病が悪化し、ホルモンのバランスが崩れたのだと言った。
「俺の体が心配だったからと言って、そんな占師の言う迷信などを信じるのか」
「だって、次々と悪いことが続くでしょう。だからAさんがよくあたる占師のところで見てもらおうって……」
「曲《まが》りなりにも俺たちは基督《キリスト》教信者だろ。3恥ずかしくないかね。そんな男にだまされて」
やりこめられた時、いつもそうするように妻は唇を少しとがらせて黙りこんだ。しかし不服であるのはその表情でよく私にはわかっていた。
十五年ほど前、ある婦人雑誌にたのまれて下町にあるよく当《あた》るという老女の占師を取材したことがあった。
午後の小さな暗い玄関に、女性の靴や下駄《げた》が何足か散乱していた。それはこの老女をたずねてきた客のものらしかった。私たちもその履物と履物との間に自分の靴をぬいだ。
「臭いね」
私は同行した雑誌社の人にそっと囁《ささや》いた。4その臭《にお》いには家にこもっている臭気だけではなく、別の何かが含まれているような気がした。
待ち部屋になっている六畳に入ると三人の先客が待っていた。いずれも女性で、二人は中年の婦人であり、一人は水商売らしい化粧をした若い女だった。若い女は咽喉《のど》にでも何かできたのかよごれた包帯を首にまき、煙草をすっていた。中年の女たちは私をちらと見ると、そのまま視線を西陽《にしび》のさす窓のほうに向け、それぞれ物思いにふけっていた。
廊下を隔てた部屋からひくい陰気な声がかすかに聞《きこ》えてきた。呪《じゅ》文《もん》でも唱えているようなその声はやがて占師のお狐《きつね》さまへの祈禱《きとう》だとわかった。
西陽が暑かった。その暑い光線のなかにさっきのあの臭いが更に強くなった。
やがて一人の女が(彼女も中年の主婦だった)戻ってくると、入れ代《かわ》りに煙草を喫っていた若い女性が待ち部屋から姿を消した。残った二人の中年の女たちは相変《かわ》らず窓のほうにぼんやりと眼を向けて何かを考えこんでいる。
何とも言えぬ遣切《やりきれ》なさが胸にこみあげてきた。その遣切なさは自分の悩みや苦しみの解決をこのような迷信じみた祈禱に求めるこの女性たちの顔を見ているうちに起《おこ》ってきた。何だか悲しくさえなってきた。
妻と口論をしながら十五年前のその夕暮《ゆうぐれ》のことを急に思いだした。西陽の照りつけていたあの女占師の部屋と、そこで待っていた三人の女たちの表情、そして部屋全体にこもっていた臭いまで甦《よみがえ》ってきた。
妻も、今日、同じような顔をしながら占師の家で自分の順番を待っていたのだな、と思った。その顔は我々の持つ最も愚かな面と最も低級な意識のあらわれのような気がした。そして妻がその愚かな、低級な部分をむき出しにしたと考えると、言いようのない疲労感が

問六　――線部4「音素と呼ばれる単位への認識が重要である。」とあるが、なぜ重要なのか、三十五字以内(句読点を含む)で説明しなさい。

問七　［F］にあてはまる最も適切な語を次から選び、記号で答えなさい。

ア　絵本と音　　イ　音と綴り

ウ　音とライム　　エ　子音と母音

オ　ライムと音節

問八　――線部5「複雑さ」とあるが、なぜ複雑なのか、その理由を「〜から。」に続くように本文中から二十一字以上二十五字以内(句読点を含む)で抜き出し、始めの三字を答えなさい。

問九　本文の内容と合致するものを次から一つ選び、記号で答えなさい。

ア　自国語と異なる言語の読み書きを学ぶ際に、自分がどのような言語体系に触れてきたかを知ることは何よりも大切である。

イ　テクストを理解するためには、非言語情報を排除することで文字をすばやく解読し、単語を理解する能力が重要である。

ウ　日本語を用いる人々も、音韻符号化経路を経て心的語彙にアクセスすることを行っており、音と表記の関係を理解することが重要である。

エ　アルファベットを使う言語においては、ライムとモーラへの理解が必要であるが、子どもたちに絵本を通して伝えることに苦慮している。

オ　多くの場合、深い表記を持つ言語を学ぶ子どもの方が、浅い表記を持つ言語よりも言語への関心の度合いが高い。

［三］　次の文章は、遠藤周作「夫婦の一日」の一節で、「私」の家のお手伝《てつだい》さんが今年になって突然、発病した場面から始まる。読んで、後の設問に答えなさい。

「即刻、大学病院に入院させなさいって」

妻から出先の場所に至急電話がかかってきた時、私は即座に悪い予感にかられた。受話器を握りしめたまま、こみあげてきたその不吉な予感を急いでのみこんだ。癌《がん》という文字を頭にうかべることが、怖《おそろ》しかったのである。

三ヵ月半、妻も私も病人に嘘《うそ》ばかり言いつづけた。今は苦しいけれども三月の終《おわ》りにはきっと恢復《かいふく》して退院できるのだ、とさえ言った。三月の終りといったのは、それが彼女の若い生命が尽きる頃として医師の言った時期だったのである。

何もわるいことをしていない娘がこんな病気にかかり、こんな風に死んでいく。それを思うとたまらなかった。夜、目をさまし、1そのことをどう心のなかで処理していいのか考えつづけた。目を闇《やみ》にあけていると、妻もたびたび寝がえりをうった。

妻が病人のために茶断ちをすると言うので、私も三十五年間、喫《す》いつづけてきた煙草《たばこ》をやめることにした。そんなことが効果がないにせよ、せめて彼女の苦しみをわかちあいたい気持《きもち》だったのである。

悪いことには悪いことが重なる。

三月、ながい間、蓄膿症《ちくのうしょう》だった私の鼻から不快な出血がつづき、病人の入院している大学病院で診てもらうと癌になる怖れがあるから手術せよと奨《すす》められた。むかし大きな手術を三度もうけた私だったから一時間ほどのオペは何でもなかったが入院の病人二人をかかえた妻は大変だったろう。

私が手術を受けて三日目に、お手伝さんは息を引きとった。今年の春のことは思い出すのも辛《つら》い。

「馬鹿《ばか》、言うな」

と私は久しぶりに妻に荒々しい声をだした。夕食を一緒にとっている時から彼女がいつになく沈んだ顔をして口数も少《すく》ないのを訝《いぶか》しく思い、二人きりになってから問いただしてみた。そして妻が女友だちに連れられ中野の占師《うらないし》を訪れたことを知った。

音律的特徴に注目した時の単位で、音素の組み合わせである音節とは厳密にいうと同じではないのだが、ほぼ似たようなものと考えてよい。日本語の「ぶた」は2音節の単語で、「ぶ」と「た」という2つの仮名文字で表記される。日本語の仮名表記は、このように音節と文字が一対一で対応しているのが基本だ。例外は拗音《ようおん》・促音《そくおん》・撥音《はつおん》・長音《ちょうおん》のケースで、たとえば、拗音の「おもちゃ」の「ちゃ」は一音節だが、2モーラで、表記上も「や」を小さくして2文字で書く。こうした特殊音節の例外はあるものの、基本的には正書情報と音韻情報がかなり高い割合で一致しているので、日本語の仮名表記は正書深度(音と表記の不一致の度合い)が浅い表記(shallow orthography)だといわれる。

英語は音と綴りとの関係性が複雑で、正書情報と音韻情報の一致度が相対的に低いので、深い表記(deep orthography)といわれる。英語のアルファベットは26文字から成るが、英語は(二重母音といわれる特殊なものも含めて)43の音素を持つ。音素の数に比べて、文字の数が圧倒的に少ないのだ。そのため、ウルトラ技が必要となる。2つ以上の文字で同じ音を表したり(たとえば、sea, see, seize, ceiling, cease, sexy もアンダーラインを引いた部分は綴りは違うが発音は同じ)、同じ文字の組み合わせなのに違う発音を表したり(cough, ought, bough, dough, though, though でも ough の部分の発音はみな違う)など、(ある程度のルールはあるものの)複雑である。この5複雑さは、フランス語や、ギリシャ語、ラテン語、ドイツ語などからの影響を受けた英語の歴史とも深く関わっている。ちなみに、先にでてきたヘブライ語も英語と同じく深い表記を持つ言語である。

一般に英語など深い表記を持つ言語を学ぶ子どもは、浅い表記を持つ言語を学ぶ子どもに比べて、音と表記の関係性を把握するのに時間がかかる。英語圏では、読みに問題を持つ子どもの多くが、まず、この音韻符号化のプロセスで躓《つまず》いてしまうといわれている。(Ⅳ)、子どもが文字を見ながら、その発音を聞けるような機能のついているデジタル絵本・物語本は、読みの第一歩である音と文字との結びつきを体得するのに効果的だと期待されてきた。

一方、浅い表記を持つ言語では、音と文字との関係性の習得は比較的スムーズに進む。日本語の場合、多くの子どもたちが、小学校へ入学する以前に音と仮名とを結びつけることができるようになっている。しかし、日本語の表記は仮名だけではない。漢字は数も多いし、日本語の漢字は複数の発音を持つものが大部分を占めるので、その習得には長い時間がかかる。視覚的にも複雑で音との結びつきも複雑な漢字の習得には、マルチメディアは強みを発揮できそうだ。

(バトラー後藤裕子『デジタルで変わる子どもたち
――学習・言語能力の現在と未来』)

＊次章…次章は本文では省略。

問一 (Ⅰ)～(Ⅳ)にあてはまる最も適切な語をそれぞれ次から選び、記号で答えなさい。(同じ記号は一度しか使えない)

ア あたかも　イ 一方　ウ したがって
エ たとえば　オ まず

問二 ――線部1「『読解』」とは何か、その説明を含む一文を本文中から抜き出し、始めの三字(句読点を含む)を答えなさい。

問三 ――線部2「音韻認識が読む時にも大切なのはなぜだろう。」とあるが、その理由を「～から。」に続くように、本文中から四十字以内(句読点を含む)で抜き出し、始めの五字を答えなさい。

問四 ――線部3「図3－1」とあるが、「図3－1」の[A]～[C]にあてはまる最も適切な語をそれぞれ次から選び、記号で答えなさい。(同じ記号は一度しか使えない)

ア 意味　イ 音韻　ウ 言語
エ 会話　オ 黙読　カ 文字

問五 [D]・[E]にあてはまる最も適切な語をそれぞれ次から選び、記号で答えなさい。(同じ記号は一度しか使えない)

ア 意識　イ 感覚　ウ 自動
エ 絶対　オ 不偏

方法(音韻符号化経路)の二つがあると考えられている。実は、二重経路説の中にもいろいろバリエーションがあるのだが、基本的な考え方を単純化すると、3図3－1のように表せる。

英語圏を中心に進められてきた研究によると、読む際にも、大部分の場合は、この音韻符号化経路を経て心的語彙にアクセスしているという。読者の中には、文字を習いたての子どもが音読するのはわかるが、大人が黙読する際には音韻化などしていないと思う人も多いだろう。しかし、この音韻化のプロセスは、大人の場合は D 化しているので、無意識で行われているにすぎないのである。

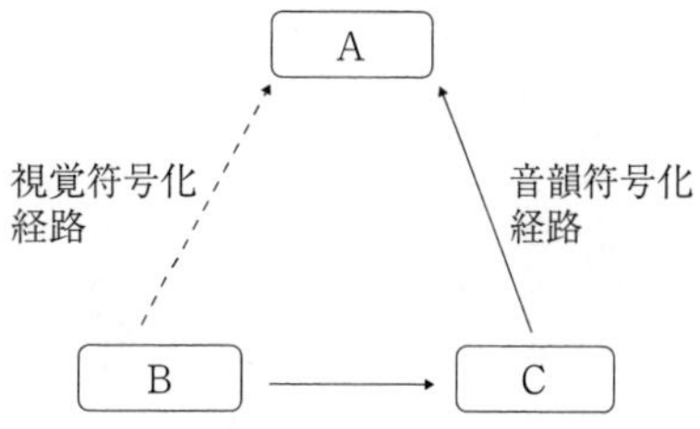

図3－1 A へのアクセス・ルート

でも、日本語ではどうなのだろう。アルファベットは音を表すが、漢字とは異なり、それ自体は意味を持たない。英語の読みなら音韻符号化も重要かもしれないが、漢字を使う中国語や日本語では違うのではないか。実は興味深いことに、読む際の音韻化のプロセスは、英語のようなアルファベットを使う言語だけでなく、中国語や日本語など漢字を使う言語でも、基本的にはあてはまるようなのである(ただ、日本語の場合、漢字と仮名を併用するため、事情が少し複雑になる)。だから読むためのステップとして、音と表記との関係を習得することが大切になってくる。

音と表記の関係は、言語によって違う。(Ⅱ)、英語のようなアルファベットを使う言語では、4音素と呼ばれる単位への認識が重要である。音素という用語に馴染みがない読者でも、子音《しいん》とか母音《ぼいん》という言葉は聞いたことがあるだろう。音素は子音と母音に分かれる。つまり、子音と母音は音素の種類である。一方、日本語のひらがな・カタカナの読みではモーラ(拍)と呼ばれる音節に近い、少し大きい単位への認識が重要となる。ちなみに、音節は音素が一定の規則に従って形成された音の単位の一つで、私たち日本語話者が E 的に一つの音の単位として感じているものだと考えてよい。

音素と音節の概念をすっきりさせるために、英語のケースをまず見てみよう。たとえば、子どもが big と pig の二つの単語を聞いたとしよう。図3－2で示したように、big も pig も1音節からなる単語で、それぞれオンセットと呼ばれる部分とライムと呼ばれる部分に分けられる。オンセットは、音節内の母音の前にくる子音を指し、音節の残りの部分がライムだ。この big と pig は、ライムの部分が同じで、最初のオンセットの部分/b/と/p/の音だけが違うことで、違う意味(単語)になっている。つまり、/b/と/p/の音をしっかり区別することが big と pig を識別するために重要なのである。このようにその言語で意味の違いをもたらすような最小の音の単位を音素という。

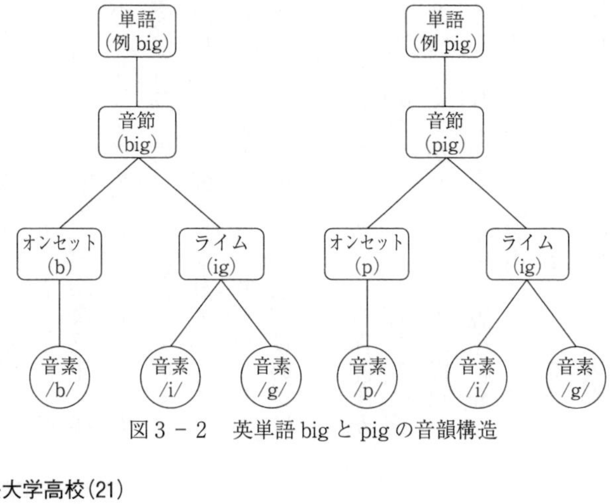

図3－2 英単語 big と pig の音韻構造

英語圏の子どもの絵本や歌にはライムを踏んでいるものが多いが、それはライムを踏んだ絵本や歌に触れることで、音素への認識を促すことができるからである。表3－1(表省略)で見たように、デジタル絵本・物語本で、文字にハイライトをしながら、その部分の音声を一緒に流す(読み上げる)ような機能がついているものは、子どもの音韻認識を高め、 F との関係性の理解の促進を狙っているものと考えられる。

(Ⅲ)、日本語の仮名《かな》(ひらがな・カタカナ)の場合はモーラ(拍)を基礎単位としている。モーラは、リズムやイントネーションなど

二〇二二年度　中央大学高等学校

【国　語】（五〇分）〈満点：一〇〇点〉

〈注意〉解答に字数制限がある場合は、句読点等も字数に含まれます。

一　次の各文の――線部について、(1)～(5)の片仮名をそれぞれの文意に合うように漢字に改めなさい。また、(6)～(10)の漢字は読み方を平仮名で記しなさい。

(1)　都心の道はオウライが激しいので、十分気をつけよう。

(2)　厳しい目標を達成するために、ハイスイの陣を敷いて取り組んだ。

(3)　いつもは温厚な上司が、部下に対し「堪忍袋のオが切れた」と言っている。

(4)　思いがけない状況で、自らの弱点をロテイしてしまった。

(5)　酒にヨった勢いで、思いの丈を述べようとする。

(6)　最近は、読書の際にも電子手帳を重宝するようになった。

(7)　母は、いつも私に時宜に適ったアドバイスをしてくれる。

(8)　部署ごとに進捗状況を確認しながら作業を進めていく。

(9)　悪い評判が世間に流布して、売り上げが急落する事態に直面した。

(10)　手芸用の針と糸があるなら、ズボンの綻びを繕ってあげます。

二　次の文章を読んで、後の設問に答えなさい。（本文の表記を一部改めた）

従来の言語心理学の分野では、読むという力を大きく2つの能力からとらえてきた。一つは、文字をすばやく解読化(decoding)し、単語を認知する能力、もう一つはテクストから意味を構築する能力である。（　Ⅰ　）、目から文字情報が入ってきた時に、その言語の音韻や正書の規則にのっとり、どの語彙(意味)にあたるかを判断する必要がある。しかし、これだけではテクストを理解したことにはならない。この上、文法や談話などの言語知識、さらには背景知識などの非言語的な知識を総動員して、テクストから意味を構築するプロセスがある。このプロセスにはテクストで実際には言及されていない情報を穴埋めしたり、推測したりする認知行為も含まれる。こうした一連の認知行為を総合したものが1「読解」である。

ここから少し専門的な話になるが、視覚と聴覚を結びつけるマルチメディアの特徴と読みとの関係を理解するために、読みのプロセスに関して重要な点を、もう少しだけ詳しく見ておこう(この部分は、SNSに関する＊次章の理解にも必要な基礎知識になるので、押さえておいてほしい)。

子どもは日常生活の中で、多くの音声言語のインプットを得ながら、その言語では、どんな音が使われ、どんな音と音とが組み合わされているかなど、音韻システムへの気づき(これを音韻認識と呼ぶ)を深める。そして、どんな音の組み合わせが、どんな意味を持つのかを理解する。音と意味とのマッピングを行うことで、子どもは長期記憶の中に語彙(心的語彙などと呼ばれる)を蓄積していく。さらに生活の中で、言語音と一緒に文字にも徐々に触れていくことで、音と綴りとの関係も習得する。音、綴り、意味の総合マッピングは、心的語彙の量と質を向上させ、これが単語の認識、ひいては読解力に影響を及ぼしていくのである。

会話など、耳から入ってくる音声言語を処理するのに音韻認識が大切なのは理解しやすいが、2音韻認識が読む時にも大切なのはなぜだろう。その理由を解明するのにいくつかのアプローチが提唱されているが、ここでは、一番よく知られている二重経路説を紹介しよう。二重経路説では、心的語彙にアクセスする方法として、視覚から入ってきた情報から直接意味にアクセスする方法(視覚符号化経路)と、いったん音韻情報に変換してから、意味にアクセスする

2022年度／中央大学高等学校

英語解答

1 問1　ア　問2　A…ア　B…オ
問3　ウ
問4　4－Ⅰ　カ　4－Ⅱ　ア
4－Ⅲ　オ
問5　イ
問6　(例)しかし，どうやって銃を持った男からカバンを取ればよいのだろうか？
問7　(例)大声で自分のサッカーチームの名前を叫び，男に向かって走った。(30字)
問8　イ，ウ
問9　(例) (Because) He could buy a new uniform and shoes.
問10　エ，カ

2 問1　(例)朝起きたとき，寝ている間に頭の中で起きたことをいつも思い出せるわけではない。
問2　ア
問3　(例)目覚まし時計が鳴っても，電話やドアベルが鳴っていて起きている自分がそれに答える夢を見るということ。(49字)
問4　A…キ　B…ウ　問5　エ
問6　イ

3 1　ウ　2　イ　3　エ　4　イ
5　エ　6　ア　7　ウ　8　ア

4 1　be built　2　It, of
3　couldn't, because〔as〕
4　won't〔can't〕, good
5　number, who〔that〕

5 1　hungry　2　electricity

6 1　A…キ　B…カ
2　C…エ　D…ウ
3　E…オ　F…イ

7 1　A　2　B　3　C　4　B
5　D　6　A　7　B　8　D
9　A　10　D　11　C　12　B
13　search　14　bored
15　situations

1 〔長文読解総合―物語〕

≪全訳≫❶アリが何よりも欲しかったのは，彼が応援するサッカーチームのユニフォームだった。しかし，彼にはそれが高すぎて決して買えないことがわかっていた。彼は新しいサッカーシューズも欲しかったが，それも買えなかった。だから，その代わりに彼は毎日，帰りにスポーツショップをのぞいていた。❷ある日，サッカーシューズを見た後，こじきがベンチに座っているのが見えた。彼にはなぜかわからなかったが，こじきは奇妙な顔をしていた。こじきは黒いカバンを置くと，不思議そうに左右に目をやった。こじきは何かを待っているようだった。あるいは，誰かを。❸バスが通り過ぎた。すると，アリにはベンチには誰もいないのがわかった。しかし，驚いたことに，黒いカバンはまだそこにあった。彼は周りを見回したが，その男はいなくなっていた。❹彼はカバンを拾いに行ったが，その前に別の男がカバンを拾ってしまった。身の危険を顧みず，アリはその男を追いかけた。彼はそのカバンをこじきに返さなければならなかった。❺泥棒は黒い服を着ていた。アリは彼の後を追った。その男は市場に入っていった。男がある店に入ったとき，アリは紅茶の陳列棚の後ろに隠れた。店の奥のカーテンが開き，外国人の店員が現れた。❻「よくやった，カバンはあるんだな」と彼は言い，黒服の男に何かを渡した。❼彼はそれを上着の中に入れた。それは銃だった。アリは不安になった。これはもはや貧しい男のカバンを返す話ではなかった。これはもっと大きな，もっと悪いことだった。❽「彼らはお前のことを待っている」とその外国人は続けた。「フェリーに乗って，街に行け。彼らとは花屋のそばで落ち合うことになる」❾アリは警察に言わなければならないとわかった！　しかし，突然，彼の鼻がかゆくなった。彼は我慢できなかった。大きなくしゃみをすると，紅茶の箱が地面に落ちた。泥棒と店員は険しい顔で彼を見た。逃げ道はなかった！❿「母に紅茶を買いたかっただけなのですが」とアリは言った。⓫「ほう，そうかい？」と外国人の店員は言った。「$_3$それなら金はどこにあるんだ？」⓬アリのポケットは空っぽだった。⓭外国人はアリに言った。「お前は自分が賢いと思っているのか？　だがな，朝のゴミと一緒にお前の体が拾われたら，そんなに賢いとは思わないだろうな！」⓮スカーフがアリの口に巻かれた。泥棒と店員はアリの両手を背中のところでロープで縛った。外国人はアリを抱き上げ，大きなゴミ箱に頭から放り込み，ふたを閉めた。アリは懸命に呼吸をしようとした。真っ暗で，ひどいにおいがした。アリは大声で叫ぼうとしたが，何の物音も出なかった。彼はゴミ収集車に飲み込まれるところを想像した。彼の家族は決して彼のことを見つけることはできないだろう。彼の目には涙があふれていた。⓯すると，「決して諦めるな。常にゴールを目指せ！」という父親の声が聞こえた。⓰アリは懸命に両手を自由にしようとした。ついに，彼はそれをやり遂げた。口からスカーフを外し，ゴミ箱をよじ登って抜け出した。フェリー乗り場まで行き，その男を捕まえなければならなかった。ずっと走れば，まだ間に合うかもしれなかった。⓱彼が港に着くとフェリーが見え，その一番上の甲板には黒服の男が立っていた。アリはフェリーに駆け寄ろうとしたが，そのとき切符を買うお金がないことを思い出した。アリはその男を見ることはできたが，彼がいるところまではたどり着けなかった！　男がフェリーから下を見下ろすと，２人の目が合った。船は動き出した。男はほほ笑んでアリに手を振った。⓲アリの怒りの気持ちはさらに激しくなった。この男を止められるのは彼しかいなかった。彼は深呼吸をして，フェリーの方へ駆け出し，ジャンプしてちょうど甲板に着地して倒れた。人々は彼を見つめた。アリは叫んだ。⓳「銃を持った男がいるんだ！」⓴誰も彼のことを助けなかった。それどころか，彼らは嫌悪感で彼から遠ざかっていった。ゴミにまみれた少年の言うことなど信じなかった。アリは孤独だった。その日２度目，涙が目にあふれるのを彼は感じた。㉑再び，父親の声が聞こえた。「立ち直って正しいことをするんだ」　アリは立ち上がり，階段を上って一番上の甲板に行った。そこには誰もいなかった。男の姿も見えなかったが，アリは男が近くにいるのを感じた。物陰から，彼には黒いものが動いているのが見えた。アリはすぐに，こじきのカバンだとわかった！　しかし，どうやって銃を持った男からカバンを取れるだろうか。不意に，彼はサッカーコーチが言っていた「敵に不意打ちを食らわせろ！」という言葉を思い出した。それだ！㉒アリはもう一度深呼吸をすると，サッカーチームの名前を叫んで男の方へ駆け寄った。アリには男の顔に驚く表情が浮かんだのが見えた。男は銃に手を伸ばそうとしたが，アリの方が速かった。アリは男の足を下から捕り，タックルをした。銃は甲板の上を転がった。アリは男の背中に飛び乗り，叫んだ。㉓「彼は花屋で誰かと待ち合わせをしてるんだ！　その人たちも捕まえないと！」㉔突然，警備員たちが走ってきた。そのうちの１人が銃を拾い上げ，男は連行された。アリは不意に，家で待っている家族のことを思い浮かべた。ついに彼の涙はこぼれた。㉕船が着岸し，彼は警察が男を連れ去るのをじっと見た。１人の警官がアリに近づいてきた。彼はカバンを持っていた。㉖「よくやった！　長い間，彼らを追いかけていたんだ。君のおかげで，犯人を全員逮捕することができたよ！」㉗アリは指をさして尋ねた。「そのカバンをこじきに返してくれませんか？　犯人たちが彼からそれを盗んだのです」㉘警官は笑ってカバンを開けた。アリは自分が目にしたものに驚いた。カバンはお金でいっぱいだった。㉙「あれはこじきじゃなかったんだ」と警官は言った。「あいつは犯人たちの１人だったんだよ」　それからこうつけ加えた。「君にはすてきな報酬がある」㉚「新しいサッカーユニフォームが買えるくらいですか？　そしてシューズも？」とアリは尋ねた。㉛「サッカースタジアム１つ分だ！」と警官はほほ笑んだ。アリはこれまでに見せたことのない最高の笑顔を浮かべたのだった！

問１＜適語選択＞バスが通り過ぎるとベンチにはカバンだけが残されていた場面。この前にある‘逆接’の but に注目し，辺りを見回したが，その男は「いなくなっていた」という文脈を読み取る。be gone「いなくなった，姿を消した」

問２＜整序結合＞This was の後に「もはや～ない」を表す no longer ～ を続ける。‘～’の部分は前置詞 about の後に returning を動名詞として用いて returning a poor man’s bag「貧しい男のカバンを返すこと」とまとめる。　This was no longer about returning a poor man’s bag.

問３＜適文選択＞直後の Ali’s pockets were empty. は，アリがお金を持っていなかったことを示している。この文から，アリは外国人の店員に，お金に関することを言われたのだと判断できる。

問４＜文脈把握＞４－Ⅰ．口をスカーフでふさがれ，両手をロープで縛られて大きなゴミ箱に投げ入れられた場面である。　４－Ⅱ．銃を持った男がいると叫んだが，周りにいる人たちに見放されている場面である。　４－Ⅲ．警察に犯人が連れ去られるのを見て，不意に家で待っている家族の姿を思い浮かべた場面である。

問５＜英文解釈＞pick ～self up には，「起き上がる」「(失敗などから)立ち直る」という２つの意味がある。what’s right の what は先行詞を含み「～こと〔もの〕」の意味を表す関係代名詞。よって「正しいこと」という意味になる。

問６＜英文和訳＞How は「どうやって」，was he going to ～？は「彼は～するのだろうか」。who は主格の関係代名詞で who 以下が先行詞 the man を修飾している。

問７＜要旨把握＞Surprise your opponent！「敵に不意打ちを食らわせろ！」というサッカーコーチの言葉を思い出したアリが取った行動は，続く段落に書かれている。アリはサッカーチームの名前を叫んで，男の方へ走っていったのである。

問８＜要旨把握＞ここでの them「彼ら」とは，話の流れから犯行グループのことを指していると判断できる。下線部を含む文は「彼(＝こじき)も犯行グループの１人だった」ということ。

問９＜英問英答＞「下線部(9)に，『アリは最高の笑顔を浮かべた』と書かれているが，なぜ彼はそんなにうれしい気持ちになったのか。10語前後の英語で答えなさい」　犯人逮捕に貢献したアリに警察から報酬が与えられることになり，その金額は彼が何よりも欲しがっていたサッカーのユニフォームと新しいサッカーシューズを買うのに十分な額だったことから考えて解答を作成するとよい。

問10＜内容真偽＞ア…×　第２段落参照。こじきを見つけたのは１日だけ。　イ…×　第４，５段落参照。黒服の泥棒からカバンを取り返そうとして追いかけた。　ウ…×　第14段落後半参照。大きな声を出そうとしたが音が出なかった。　エ…○　第17段落に一致する。　オ…×　第20段落参照。誰も助けてくれなかった。　カ…○　第28段落に一致する。

２〔長文読解総合―説明文〕

≪全訳≫❶私たちは，睡眠がどんなものであるかについてはよく知っているが，睡眠の原因については知らない。睡眠は休息状態である。私たちが眠るとき，私たちの体は１日の活動によって引き起こされた疲労から回復する。よく眠った後，私たちは再び活動的になり，毎日の活動に備えられるようになる。❷科学者たちは，睡眠が学習の過程でも重要であることを発見した。私たちが眠るとき，脳は日中に受け取った新しい情報を取り込み，情報保持領域に移動させる。その後，情報はさらに永久的な記憶装置に移され，記憶の深いところに保管される。❸朝目覚めるとき，寝ている間に頭の中で起きたことをいつも思い出せるわけではない。私たちは夢を覚えているかもしれないが，睡眠の残りは一種の暗闇であり，何も起こらなかったかのようなものだ。❹眠りが深くなるにつれて，私たちの体にはいくつかのことが起こる。私たちの筋肉は弛緩する。心拍はゆっくりになる。体温と血圧は下がる。脳のはたらくスピードも遅くなるので，私たちは考えたり，意識的に行動したりすることができない。しかし，夢を見ることはできる。私たちが最初に目を覚ますと，体温と血圧は通常の値まで上昇する。心拍や呼吸も通常になり，私たちはさらに十分に目が覚める。すると，多くの場合，私たちは睡眠中に見た夢のほとんどを忘れてしまう。❺夢とは何だろうか。それは，眠っているとき起きる頭の活動だ。夢はいくつかの理由から重要であるようだ。1つは，夢は私たちが騒音の中で眠ることを助けている。例えば，目覚まし時計が鳴っても，私たちの頭の中では，電話や玄関のベルが鳴って，起きている自分がそれに出ている夢を見る。夢はまた，自分の問題について多くのことを明らかにし，その解決策を提供してくれることもある。❻夢には現実的なものもあれば，そうでないものもある。つまり，夢の中で起きることは，目が覚めているときに起こりうるものもあれば，そうでないものもある。しかし，私たちには忘れてはならないことが1つある。夢は将来を占うための手段としては使えないということだ。夢が将来を語ることは絶対にないのだ。

問1＜英文和訳＞最初の When節は，主節の it is 以下を修飾する副詞節。it is 以下は ‘it is ～ for … to —’「…が〔…にとって〕—することは～だ」の形式主語構文に，部分否定の not always「いつも～であるとはかぎらない」が組み込まれた形。remember の目的語となる what happened in our mind は what を関係代名詞として解釈し「頭の中で起きたこと」とする方が自然。最後の when we were asleep は，what happened in our mind を修飾している。

問2＜適語選択＞どちらの空所も，眠りから覚めた後の体内の変化について述べた部分。同じ段落の前半では，睡眠中に身体機能全般が低下することについて書かれているので，目が覚めれば，それぞれの機能は「通常まで上がる」，または「通常に戻る」ことになる。

問3＜要旨把握＞下線部(3)は ‘help＋人＋to ～’「〈人〉が～するのを助ける」の形。この部分の内容は，直後の For example 以下の具体例を通して説明されているので，この部分の内容をまとめる。
‘cause＋人＋to不定詞’「〈人〉に～させる(原因となる)」

問4＜整序結合＞This means that ～「つまり～を意味する」の that の後には ‘主語＋動詞…’ が続く。動詞は could happen なので，主語の「夢の中で起きること」をつくる。that を主格の関係代名詞として用いれば the things that happen in dreams とまとまり，残った some と of は some of として the things の前に置いて，「夢の中で起きること(のいくつか)は」という意味にする。 This means that some of the things that happen in dreams could happen when we are awake.

問5＜語句解釈＞下線部に続く最後の2文が，one thing の内容を表している。これに該当するのは，エ.「夢は将来のことを決して語れない」。simply は never などの否定語の前で使われると「絶対に〔全く〕～ない」という意味を表す。

問6＜内容真偽＞ア…× 第1段落参照。「翌日の活発な運動」は疲労の回復には関係ない。 イ…○ 第2段落第2，3文に一致する。 ウ…× 第3段落第2文参照。 エ…× 第5段落最終文参照。

3　**〔適語(句)選択・単語の発音〕**

1．前置詞の直後に動詞が続く場合は動名詞(～ing)になる。 「昼食を食べる前に手を洗うべきだ」

2．「～の間」という意味を表す前置詞 during が適切。while「～する間」は接続詞なので後ろには ‘主語＋動詞’ の形の文が続く。 「大阪に滞在中，私は有名な場所をたくさん訪れた」

3．How many children「何人の子どもが」が文の主語なので，動詞は「招待された」という意味になる。よって，‘be動詞＋過去分詞’ の受け身になる。 「何人の子どもがボブの誕生パーティーに招待されましたか」

4．相手が言ったことをきき返すとき，重複する部分は省略される。Oh, did she start to learn Japanese last month？の下線部が省略された形。 「ルーシーが先月日本語を学び始めたんだ」—「そうなの？」

5．say には「(本や掲示物などに)～と書いてある」という意味がある。「ラベルには『タイ製』と書いてある」

6．help oneself to ～「～を自由に取って食べる〔飲む〕」　A：「ケーキを自由に取って食べてください」／B：「ありがとう。おいしそう！」

7．「他と合わないものはどれか」　arm「腕」以外は，下半身を表す言葉。　knee「ひざ」

8．「下線部の発音が異なるものはどれか」

ア．what〔w〕　イ．fat〔f〕　ウ．graph〔f〕　エ．laugh〔f〕

4 〔書き換え―適語補充〕

1．「いつ彼らは新しい鉄道の駅を私たちの町に建設するのだろう」→「いつ新しい鉄道の駅は私たちの町に建設されるのだろう」　the new railway station を主語にした受け身形に書き換える。助動詞を伴う受け身の疑問文は，‘助動詞＋主語＋be＋過去分詞...?’の語順になる。

2．「私の宿題を手伝ってくれてありがとう」→「私の宿題を手伝ってくれてあなたは親切です」　Thank you for ～ing「～してくれてありがとう」を，‘It is kind of … to ―’「―するとは…は親切だ」に書き換える。このように形容詞が kind のような‘人の性質’を表すものの場合，for ではなく of が使われる。

3．「私の祖父は風邪をひくのを恐れるあまり，医者に見てもらえなかった」→「私の祖父は風邪をひくのが怖かったので，医者にかかれなかった」　‘too ～ to …’「…するには～すぎる，～すぎて…できない」を使った文を，‘理由’を表す接続詞 because〔as〕を使った文に書き換える。

4．「もし一生懸命練習すれば，英語を上手に話せるようになるだろう」→「一生懸命練習しなさい。さもないと上手に英語を話せるようにはならないだろう」　‘命令文，or ～’「…しなさい。さもないと～」の形にする。speak English well は be a good speaker of English と書き換えられる。

5．「最近，ますます新聞を読む人が少なくなっている」→「新聞を読む人の数は最近減っている」　上の fewer and fewer は‘比較級＋and＋比較級’「ますます～，だんだん～」の形で「ますます～が少なくなっている」という意味。これを下では the number of ～「～の数」を主語にして書き換える。

5 〔単語の定義〕

1．「長い間，何も食べず，何も飲まずにいると，こういう気持ちになる。この1つの兆候は，胃から出る音である。その単語は『H』で始まる」

2．「これは日常生活で私たちが必要とするものであるが，ふだん目で見ることはできない。それは多くのものを動かす力である。例えば，テレビや洗濯機，ドライヤー，それに一部の自動車もこの力で動く。この単語は『E』で始まる」

6 〔整序結合〕

1．語群に enough があるので「生徒全員が聞こえるほど大きい声で」と読み換え，‘副詞〔形容詞〕＋enough to ～’「～できるほど…」の形をつくる。「生徒全員が」は to不定詞の意味上の主語なので，‘for ―’の形で to hear の前に置く。　The teacher spoke loud enough for all the students to hear.

2．「君と遊びに来たのではなく試験を受けるために」は，‘not *A* but *B*’「*A*ではなく*B*」の形で not to play with you but to take the examination とする。　I came here not to play with you but to take the examination.

3．語群に make があるので「たくさんの興味深い授業が学校生活を楽しくする」と読み換え，‘make＋目的語＋形容詞’「～を…(の状態)にする」の形をつくる。　A lot of interesting classes make my school life enjoyable.

7 〔放送問題〕解説省略

数学解答

1 問１　$x=\frac{1\pm\sqrt{5}}{2}$　　問２　$2\sqrt{5}$

問３　$13\sqrt{5}$

2 問１　(60, 19, 21)

問２　(62, 5, 33), (64, 5, 31), (66, 5, 29)

3 問１　$(-2,\ 4)$　　問２　$-\frac{1}{2}$

問３　$-2-\sqrt{2}$

4 問１　$\frac{2}{9}$　　問２　$\frac{4}{27}$

5 問１　断面図…下図　$r=\frac{\sqrt{3}}{4}a$

問２　66％

6 問１　60°　　問２　$3\sqrt{2}-\frac{3\sqrt{6}}{2}$

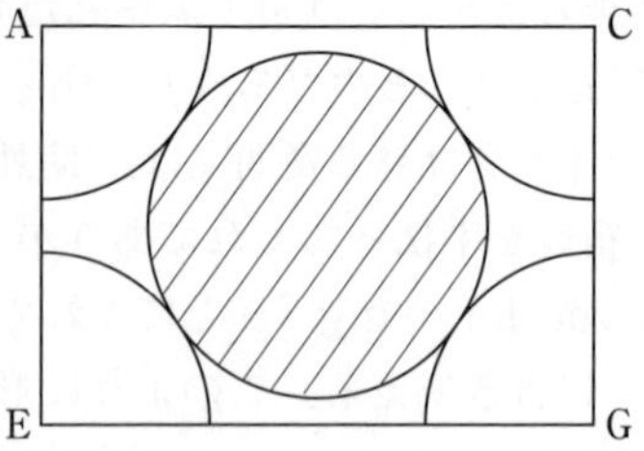

1〔数と式―二次方程式の応用〕

問１＜二次方程式＞解の公式より，$x=\frac{-(-1)\pm\sqrt{(-1)^2-4\times1\times(-1)}}{2\times1}=\frac{1\pm\sqrt{5}}{2}$ となる。

問２＜数の計算＞$\frac{1+\sqrt{5}}{2}>\frac{1-\sqrt{5}}{2}$ だから，$\alpha=\frac{1+\sqrt{5}}{2}$，$\beta=\frac{1-\sqrt{5}}{2}$ である。このとき，$\alpha+\beta=\frac{1+\sqrt{5}}{2}+\frac{1-\sqrt{5}}{2}=\frac{1+\sqrt{5}+(1-\sqrt{5})}{2}=\frac{2}{2}=1$，$\alpha-\beta=\frac{1+\sqrt{5}}{2}-\frac{1-\sqrt{5}}{2}=\frac{1+\sqrt{5}-(1-\sqrt{5})}{2}=\frac{1+\sqrt{5}-1+\sqrt{5}}{2}=\frac{2\sqrt{5}}{2}=\sqrt{5}$ だから，$(\alpha^2-\beta^2)+(\alpha-\beta)=(\alpha+\beta)(\alpha-\beta)+(\alpha-\beta)=1\times\sqrt{5}+\sqrt{5}=2\sqrt{5}$ となる。

問３＜数の計算＞問２より，$\alpha-\beta=\sqrt{5}$，$\alpha^2-\beta^2=\sqrt{5}$，$\alpha^3-\beta^3=(\alpha^2-\beta^2)+(\alpha-\beta)=2\sqrt{5}$ である。これより，$\alpha^4-\beta^4=(\alpha^3-\beta^3)+(\alpha^2-\beta^2)=2\sqrt{5}+\sqrt{5}=3\sqrt{5}$ となり，$\alpha^5-\beta^5=(\alpha^4-\beta^4)+(\alpha^3-\beta^3)=3\sqrt{5}+2\sqrt{5}=5\sqrt{5}$，$\alpha^6-\beta^6=(\alpha^5-\beta^5)+(\alpha^4-\beta^4)=5\sqrt{5}+3\sqrt{5}=8\sqrt{5}$ だから，$\alpha^7-\beta^7=(\alpha^6-\beta^6)+(\alpha^5-\beta^5)=8\sqrt{5}+5\sqrt{5}=13\sqrt{5}$ である。

2〔数と式―一次方程式の応用〕

≪基本方針の決定≫問２　発電供給割合が奇数か偶数かに注意する。

問１＜一次方程式の応用＞A国の原子力発電の割合を x％とすると，①より，自然エネルギー発電の割合は $x+2$％となり，化石燃料発電の割合は $x+(x+2)+20=2x+22$(％)となる。これより，３つの発電方法の和について，$x+(x+2)+(2x+22)=100$ が成り立ち，$x=19$(％)となる。よって，$x+2=19+2=21$(％)，$2x+22=2\times19+22=60$(％)となるから，A国の発電供給割合は，(60, 19, 21)である。

問２＜一次方程式の応用＞B国の発電供給割合を$(p,\ q,\ r)$とし，C国の発電供給割合を$(s,\ t,\ u)$とする。②より，$3q+2t=19$……(i)が成り立ち，③より，r，u は奇数であり，$u>r>21$……(ii)が，④より，$p>s>60$……(iii)，$p-s=8$……(iv)が成り立つ。(i)を t について解くと，$2t=19-3q$，$t=\frac{19-3q}{2}$ となる。これを満たす正の整数 q，t の値の組は，$t>0$ であり，$19-3q$ が偶数より q が奇数であることから，$(q,\ t)=(1,\ 8)$，$(3,\ 5)$，$(5,\ 2)$ の３組ある。ここで $p+q+r=100$，$s+t+u=100$ であり，r，u は奇数だから，$p+q$，$s+t$ はどちらも奇数になる。よって，(iv)より，p と s はどちらも偶数かどちらも奇数で，p と s が偶数のとき q と t はどちらも奇数で，p と s が奇数のとき q と t はどちらも偶数だから，$(q,\ t)=(3,\ 5)$ である。さらに，(ii)より，r は23以上の奇数だから，$r=23$ とすると，$p+3+23=100$ より，$p=74$ となる。このとき，(iv)より，$s=p-8=74-8=66$ だから，$66+5+u=100$ より，$u=29$ となる。したがって，B国の発電供給割合が(74, 3, 23)，C国の発電供給割合が(66, 5, 29)であり，(ii)，(iii)を満たす。同様にして，$r=25$ とすると，B国の発電供給割合が(72, 3, 25)，C国の発電供給割合が(64, 5, 31)，$r=27$ とすると，B国の発電供給割合が(70, 3, 27)，C国の発電供給割合が(62, 5, 33)となり，これ以外に条件を満たす場合はない。以上より，考えられるC国の発電供給割合は，(62, 5, 33)，(64, 5, 31)，(66, 5, 29)の3通りである。

3 **〔関数―関数 $y=ax^2$ と一次関数のグラフ〕**

≪基本方針の決定≫問3　ひし形の対角線がそれぞれの中点で垂直に交わることを利用する。

問1＜座標＞右図1で，点Cは放物線 $y=x^2$ 上にあって，x 座標は1だから，$x=1$ を代入して，$y=1^2=1$ より，C(1, 1)である。直線ACの傾きは -1 だから，その式を $y=-x+c$ とすると，点Cを通ることより，$1=-1+c$，$c=2$ となる。よって，直線ACの式は $y=-x+2$ であり，点Aは放物線 $y=x^2$ と直線 $y=-x+2$ との交点だから，2式から y を消去して，$x^2=-x+2$，$x^2+x-2=0$，$(x+2)(x-1)=0$ より，$x=-2$, 1となる。よって，点Aの x 座標は -2 であり，$y=(-2)^2=4$ だから，A(−2, 4)である。

図1

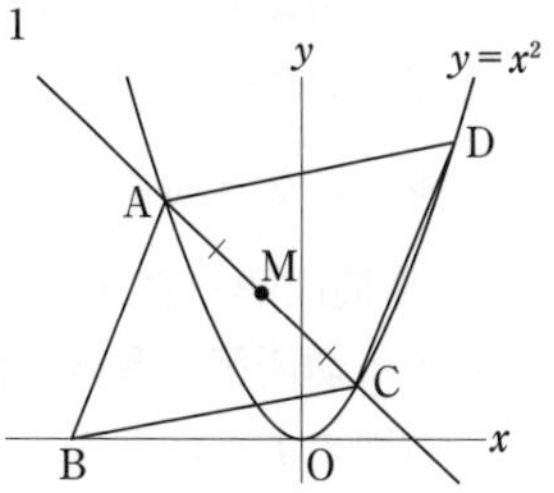

問2＜x 座標＞右上図1で，点Cの x 座標を t とおくと，C$(t,\ t^2)$となり，直線ACの式は $y=-x+t^2+t$ となる。これと $y=x^2$ から y を消去して，$x^2=-x+t^2+t$，$x^2+x-t^2-t=0$，$x^2-x-t(t+1)=0$，$\{x+(t+1)\}(x-t)=0$ より，$x=-(t+1)$，t となるから，点Aの x 座標は $-(t+1)$ である。よって，点Mは線分ACの中点より，x 座標は $\dfrac{t+\{-(t+1)\}}{2}=-\dfrac{1}{2}$ となる。

≪別解≫点Mの x 座標は一定の値なので，問1の2点A，Cの x 座標 -2，1より，$\dfrac{-2+1}{2}=-\dfrac{1}{2}$ である。

問3＜x 座標＞右図2のように，直線ACと x 軸との交点をEとし，2点M，Dから x 軸にそれぞれ垂線MF，DGを引く。直線ACの傾きは -1 だから，△MFEは直角二等辺三角形であり，∠FME＝45°である。また，四角形ABCDがひし形より，点Mは対角線の交点で，∠BME＝90°だから，∠BMF＝45°となる。よって，△MBFも直角二等辺三角形である。MF∥DGより，△DBG∽△MBFであり，点Mは対角線BDの中点だから，相似比はBM：BD＝1：2となり，△DBGも直角二等辺三角形なので，$\mathrm{DG}=\mathrm{BG}=2\mathrm{BF}=2\times\left(-\dfrac{1}{2}-b\right)=-1-2b$ である。これより，点Gの x 座標は $b+(-1-2b)=-b-1$ と表せるから，D$(-b-1,\ -1-2b)$となる。したがって，点Dは放物線 $y=x^2$ 上にあるから，$-1-2b=(-b-1)^2$ が成り立ち，これを解くと，$-1-2b=b^2+2b+1$，$b^2+4b+2=0$，解の公式より，$b=\dfrac{-4\pm\sqrt{4^2-4\times1\times2}}{2\times1}=\dfrac{-4\pm\sqrt{8}}{2}=\dfrac{-4\pm2\sqrt{2}}{2}=-2\pm\sqrt{2}$ となり，$b<-2$ だから，$b=-2-\sqrt{2}$ である。

図2

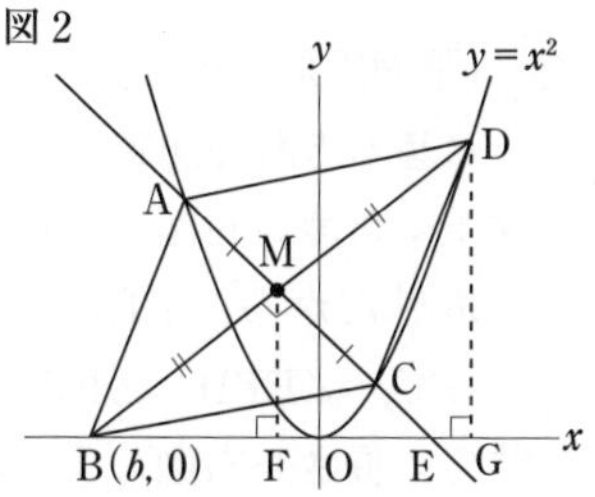

4 **〔データの活用―確率―さいころ〕**

≪基本方針の決定≫㋐，㋑の位置にあって，さいころを1回投げたときの結果に着目する。

問1＜確率＞さいころを2回投げるとき，目の出方は全部で $6\times6=36$(通り)ある。このうち，さいころを2回投げて「ゴール」となるのは，1回目に1か4の目が出て㋑に止まり，2回目に2か5

の目が出て㋓に止まるときと，1回目に2か5の目が出て㋒に止まって㋐に戻り，2回目に3か6の目が出て㋓に止まるときである。どちらのときも，1回目の目の出方は2通り，2回目の目の出方も2通りあるので，さいころを2回投げて「ゴール」になる場合の目の出方は，$2\times2+2\times2=8$(通り)ある。よって，求める確率は$\frac{8}{36}=\frac{2}{9}$である。

問2＜確率＞さいころを3回投げるとき，目の出方は全部で$6\times6\times6=216$(通り)ある。このうち，さいころを3回投げて「ゴール」になる場合，1回目，2回目は㋑か㋒に止まるから，1回目，2回目に止まる位置の組合せは，(1回目，2回目)=(㋑，㋑)，(㋑，㋒)，(㋒，㋑)，(㋒，㋒)の4通りある。㋒に止まったときは㋐に戻り，㋐から㋑に進むときの目の出方も㋐から㋒に進むときの目の出方も2通りあるから，それぞれのときの目の出方は$2\times2\times4=16$(通り)ある。このそれぞれについて，3回目に㋓で止まるときの目の出方も2通りあるので，さいころを3回投げて「ゴール」になる場合の目の出方は，$2\times16=32$(通り)ある。よって，求める確率は$\frac{32}{216}=\frac{4}{27}$である。

5〔空間図形—立方体，球〕

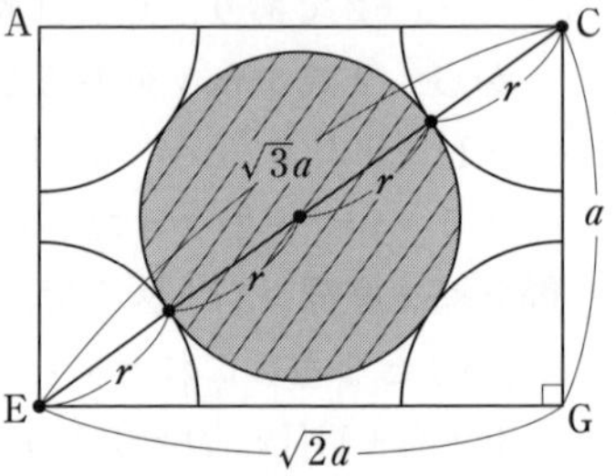

問1＜切断面，長さ＞図2(*b*)の長方形AEGCでの原子の断面図は，右図のようになり，対角線CEは原子の接点と中心を通る。図2(*b*)で，△EFGは直角二等辺三角形だから，右図で，EG=$\sqrt{2}$EF=$\sqrt{2}a$である。よって，△CEGで三平方の定理より，CE=$\sqrt{\mathrm{EG}^2+\mathrm{CG}^2}=\sqrt{(\sqrt{2}a)^2+a^2}=\sqrt{3a^2}=\sqrt{3}a$であり，CE=$4r$だから，$4r=\sqrt{3}a$が成り立つ。よって，$r=\frac{\sqrt{3}}{4}a$となる。

問2＜密度＞図2(*a*)で，1辺aの立方体の中に半径$\frac{\sqrt{3}}{4}a$の球である鉄の原子が2個分含まれているから，鉄の密度は，$\frac{4}{3}\pi\times\left(\frac{\sqrt{3}}{4}a\right)^3\times2\div a^3=\frac{\sqrt{3}}{8}\pi$である。これに$\sqrt{3}=1.7$，$\pi=3.1$を代入すると，$\frac{\sqrt{3}}{8}\pi=1.7\div8\times3.1=0.658\cdots$より，0.66となるから，鉄の密度は66%である。

6〔平面図形—円〕

≪基本方針の決定≫問2　△DQCに着目する。

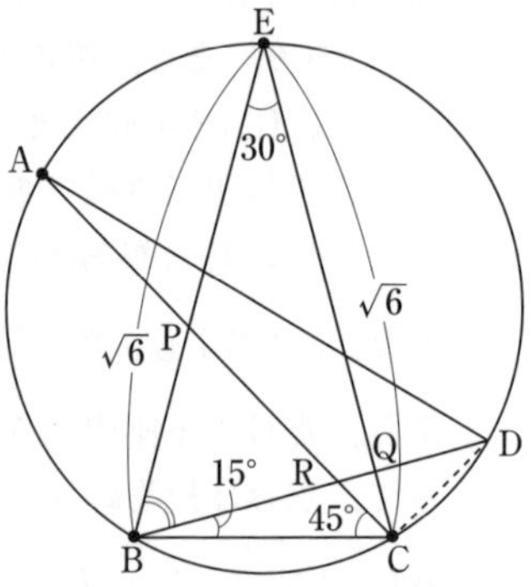

問1＜角度＞右図で，△EBCはEB=EC，∠BEC=30°の二等辺三角形だから，∠EBC=∠ECB=(180°−30°)÷2=75°である。よって，∠EBD=∠EBC−∠DBC=75°−15°=60°となる。

問2＜長さ＞右図のように，2点C，Dを結ぶ。$\overset{\frown}{\mathrm{BC}}$に対する円周角だから，∠QDC=∠BEC=30°であり，$\overset{\frown}{\mathrm{DE}}$に対する円周角だから，∠QCD=∠EBD=60°である。よって，△DQCは，∠DQC=180°−30°−60°=90°より，3辺の比が$1:2:\sqrt{3}$の直角三角形だから，DQ=$\sqrt{3}$QCである。また，△EBQも3辺の比が$1:2:\sqrt{3}$の直角三角形だから，EQ=$\frac{\sqrt{3}}{2}$EB=$\frac{\sqrt{3}}{2}\times\sqrt{6}=\frac{3\sqrt{2}}{2}$となる。したがって，QC=EC−EQ=$\sqrt{6}-\frac{3\sqrt{2}}{2}$であり，DQ=$\sqrt{3}\left(\sqrt{6}-\frac{3\sqrt{2}}{2}\right)=3\sqrt{2}-\frac{3\sqrt{6}}{2}$となる。

国語解答

一 ⑴ 往来　⑵ 背水　⑶ 緒
⑷ 露呈　⑸ 酔　⑹ ちょうほう
⑺ じぎ〔しぎ〕　⑻ しんちょく
⑼ るふ　⑽ ほころ

二 問一　Ⅰ…オ　Ⅱ…エ　Ⅲ…イ　Ⅳ…ウ
問二　一つは　問三　読む際にも
問四　A…ア　B…カ　C…イ
問五　D…ウ　E…イ
問六　その言語で意味の違いをもたらすような最小の音の単位を音素というから。(34字)
問七　イ　問八　音素の　問九　ウ

三 問一　ウ　問二　ア　問三　イ
問四　我々の〔最も愚〕
問五　Ⅰ…イ　Ⅱ…ウ　Ⅲ…オ
問六　ウ　問七　①　高　②　毛
問八　ア
問九　迷信を一度信じてしまうと，次からも信じ続けるようになること。
(30字)
問十　オ　問十一　ウ

四 問一　A…イ　B…ア　C…ウ
問二　いる
問三　自分は二廻りしか稽古していないが，相手は三廻り稽古したと思ったから。

五 Ⅰ　問一　以て鳥を得べからず。
問二　ア
Ⅱ　問一　(右参照)

六 問一　⑴…エ　⑵…ア
問二　1…コ　2…ウ　3…ト
問三　オ

与レ人不レ求レ感レ徳

一〔漢字〕
⑴「往来」は，人や車が行き来すること。　⑵「背水の陣」は，逃げ場のない状況だと覚悟して物事にあたること。　⑶「緒」は，物を結びとめるためのひもや糸のこと。　⑷「露呈」は，隠れたものをさらけ出すこと。　⑸音読みは「酔漢」などの「スイ」。　⑹「重宝」は，便利なものと感じてよく使うこと。　⑺「時宜」は，適当な頃合いであること。　⑻「進捗」は，物事が速やかに進行すること，または物事の進み具合のこと。　⑼「流布」は，世の中に広く知れ渡ること。　⑽音読みは「破綻」などの「タン」。

二〔論説文の読解―芸術・文学・言語学的分野―言語〕出典；バトラー後藤裕子『デジタルで変わる子どもたち――学習・言語能力の現在と未来』。

≪本文の概要≫読むという力には，文字をすばやく解読化し，単語を認知する能力と，テクストから意味を構築する能力があり，この一連の認知行為を総合したものが「読解」である。言語の音韻認識を深めて音の組み合わせと意味の関係を理解し，言語音とともに文字に触れて，音と綴《つづ》りの関係も習得することが，単語の認識や読解力に影響する。読みのステップとしても，音と表記の関係性の習得は大切になる。音と表記の関係については，日本語の仮名は，音節に近い単位への認識が重要である。また，仮名表記は正書情報と音韻情報が高い割合で一致するので，正書深度が浅い表記とされる。英語などアルファベットを使う言語は，音素への認識が重要だが，音と綴りの関係性が複雑で，正書深度が深い表記とされる。一般に，深い表記を持つ言語を学ぶ子どもは，音と表記の関係性を把握するのに時間がかかるので，子どもが文字を見ながら，その発音を聞ける機能のあるデジタル絵本・物語本が効果的だと期待されてきた。一方，浅い表記を持つ言語は，音と文字との関係性の習得は，比較的スムーズだが，日本語の場合，漢字の習得に時間がかかる。視覚的にも，音との結びつきの点でも複雑な漢字の習得には，マルチメディアは強みを発揮できそうである。

問一．Ⅰ<表現>テクストを「読む」ときには，最初に「目から文字情報が入ってきた時」に「どの語彙(意味)にあたるかを判断する必要」があり，次に「テクストから意味を構築するプロセス」がある。　Ⅱ＜接続語＞「英語のようなアルファベットを使う言語では，音素と呼ばれる単位への認識が重要である」ということは，言語における「音と表記の関係」の一例である。　Ⅲ＜接続語＞英語の場合は，音素への認識が重要であり，「デジタル絵本・物語本」で「子どもの音韻認識」を高めることを狙っているが，それに対して「日本語の仮名」の場合は，「モーラ(拍)を基礎単位として」いる。　Ⅳ＜接続語＞「英語圏では，読みに問題を持つ子どもの多く」が「音韻符号化のプロセスで躓いてしまう」ため，「子どもが文字を見ながら，その発音を聞けるような機能のついているデジタル絵本・物語本」が，「音と文字との結びつきを体得するのに効果的だと期待されて」きた。

問二＜文章内容＞「文字をすばやく解読化」して，「単語を認知」したうえで，「テクストから意味を構築する」という「一連の認知行為を総合したもの」が，「読解」である。

問三＜文章内容＞人間は，読む際にも，大部分の場合は，「音韻符号化経路を経て心的語彙にアクセスしている」という。音声を聞いたときだけでなく，「読む時」も，文字情報を「いったん音韻情報に変換」したうえで，音韻の持つ意味を認識するのである。

問四＜文章内容＞「視覚符号化経路」は，「文字」として「視覚から入ってきた情報」から(…B)，「直接意味にアクセスする方法」であり(…A)，「音韻符号化経路」は，文字情報を「音韻情報に変換」したうえで(…C)，「意味にアクセスする方法」である。

問五＜表現＞D.「大人の場合」は，「音韻化のプロセス」を自然に踏むようになっているので，黙読する際も，音韻化は「無意識で行われて」いる。　E. 音節は，「私たち日本語話者」が，感性によって何とはなしに「一つの音の単位として感じているもの」と考えてよい。

問六＜文章内容＞音素は，「その言語で意味の違いをもたらすような最小の音の単位」であり，「英語のようなアルファベットを使う言語」では，単語を「識別するために重要」なのである。

問七＜文章内容＞「デジタル絵本・物語本」は，「文字にハイライトをしながら，その部分の音声を一緒に流す」ことで，どの文字の綴りが，どういった音に相当するのかという，アルファベットの綴りと音韻の「関係性の理解」を促進させることを狙っている。

問八＜文章内容＞英語は，「音素の数に比べて，文字の数が圧倒的に少ない」ため，「２つ以上の文字で同じ音」を表したり，「同じ文字の組み合わせなのに違う発音」を表したりして，「音と綴りとの関係性が複雑」になるのである。

問九＜要旨＞本文では，子どもが言語を学んでいく仕組みが「音，綴り，意味」の点から論じられているが，「自国語と異なる言語」の習得については述べられていない(ア…×)。テクストを読むときには，「文字をすばやく解読化」して「単語を認知」したうえで，「文法や談話などの言語知識，さらには背景知識などの非言語的な知識」を用いて，「テクストから意味を構築する」必要がある(イ…×)。英語だけでなく，日本語や中国語でも，文字から「音韻符号化経路を経て心的語彙にアクセス」するという「音韻化のプロセス」を踏むため，「音と表記との関係を習得すること」が大切である(ウ…○)。「英語のようなアルファベットを使う言語」では，「音素への認識」が重要であり，「ライムを踏んだ絵本や歌に触れること」は，音素への認識を促すことができる(エ…×)。一般的に，「深い表記を持つ言語を学ぶ子ども」の方が，「浅い表記を持つ言語を学ぶ子ども」よりも，音と表記の関係性を把握するのに時間がかかる(オ…×)。

三　**〔小説の読解〕**出典；遠藤周作『夫婦の一日』。

問一＜心情＞「私」は，「何もわるいことをしていない」若い娘が重病になって「死んでいく」という理不尽さに，たまらない気持ちになり，どのように自分を納得させればよいか悩んだのである。

問二＜文章内容＞「私」は，妻から「中野の占師を訪れた」理由について，「あなたの体が心配だったから」と説明され，自分の体調を持ち出されるとは予想していなかったため，思わずひるんだ。

問三＜心情＞妻は二十五年間，「私」と教会に通い続けており，「知人の冠婚葬祭」でも「信者になりきっているように」見えたので，「私」は，妻も自分と同じように，カトリックの教えを熱心に信じており，「占師の言う迷信などを信じる」はずがないと思っていたのである。

問四＜文章内容＞「私」は，「自分の悩みや苦しみの解決」を「迷信じみた祈禱」に求める女性たちの「ぼんやりと」した顔に，「我々の持つ最も愚かな面と最も低級な意識」があらわれているように感じ，その意識が，部屋の「臭い」にも含まれている気がしたのである。

問五＜表現＞Ⅰ．妻に一日中口をきかずにいたところ，「彼女はその夜」に，ようやく謝った。

Ⅱ．妻が「必死」で「真剣」な顔をするのは，「占師」が相当「悪い予想を口に出した」に違いなかった。　　Ⅲ．「悪いことが起る」と曖昧に言う妻に，「私」は，「俺が死ぬのか」と明確に言った。

問六＜品詞＞「恐怖さえ感じ」と「雨さえ降り出した」の「さえ」は，添加を表す副助詞で，～までも，と言い換えられる。「挨拶さえしない」の「さえ」は，類推を表す副助詞で，～すら，と言い換えられる。「謝りさえすれば」と「金さえ返してもらえば」の「さえ」は，限定を表す副助詞で，せめて～だけでも，と言い換えられる。

問七＜慣用句＞①「高を括る」は，大したことはないと軽く見る，という意味。　②「毛嫌いする」は，明確な理由もなくひどく嫌う，という意味。

問八＜文学史＞『暗夜行路』は，大正10(1921)年から昭和12(1937)年にかけて発表された，志賀直哉の小説。『金閣寺』は，昭和31(1956)年に発表された，三島由紀夫の小説。『破戒』は，明治39(1906)年に発表された，島崎藤村の小説。『舞姫』は，明治23(1890)年に発表された，森鷗外の小説。『鼻』は，大正5(1916)年に発表された，芥川龍之介の小説。

問九＜表現＞「私」は，「迷信を一度信じる」と，「泥沼に足を入れたように」どんどんのめり込み，迷信を信じることをやめられなくなるという，たとえを用いたAの忠告を妻に伝えたのである。

問十＜心情＞「私」の体調の悪さを気に病む妻は，「私」の命を守りたい一心で，「ほかの事」がかなえられなくても，「鳥取に行って」ほしいという自分の希望だけは譲るまいとする態度をとった。

問十一＜要旨＞妻は，若いお手伝いさんが死んだうえ，「私」の体調が悪いので，心配になって「中野の占師」を訪ねたが，「私」は，カトリック信者の身で「占師の言う迷信」を信じる妻に腹を立てた(イ…×)。「私」は，結婚後に「洗礼を受けた」妻はすっかりカトリック信者になったと考えていたが，「観音さまを今でも拝む気持」は捨てられないと妻に言われて驚き，「茫然と」した(ア…×，ウ…○)。「私」の命を案じる妻は，「あなたみたいにカトリック以外の宗教を無視する」ことはできないと告白し，「皆が拝むものに，頭をさげたっていい」ではないかと主張して，「私」に鳥取へ行くよう頼んだ(エ・オ…×)。「私」が友人のMとAに相談したところ，妻の頼みを「拒絶する」べきだと言われ，その意見を妻に伝えたが，妻は「鳥取に行ってください」と繰り返した(カ…×)。

四〔**古文の読解─笑話**〕出典；『華えくぼ』。

≪現代語訳≫(ある男が)忍びの指南所という看板〈を〉見て，弟子入りをしに行ったところ，師匠〈の〉言うことには，「私の忍術は七日で一人前に隠れることができるようになります(ので)，まずひと回り稽古なさい」と言われて，(男は)七日間指南所に通ったところ，「もうこれで，どこへ隠れてもよろしゅうございますが，いっそのこと，もうひと回り稽古なされば，どこへ隠れても，見つかることはございません」と言われ(たので)，また七日間通い，二回りの稽古をしたのだから，人〈に〉見つかることはないだろうと(考えて)，隣家の柿を盗みに入り，柿の木へ登って，せっせと取っていると，(その家にいた)男が見つけて，「やあどろぼうだぞ」と大声で呼び，(盗みに入った男は)さんざんぶちのめされたので，その(盗みに入った)男は肝をつぶし，「これほどの忍術を稽古したから，見つからないはずなのだが，ぜひきいてみよう」と，その(自分を)見つけた男に「もしお前さんは，まあどなたでございますか」ときいたところ，その男は「俺はこの屋敷の見回りの者だ」(と答えた。)／「ははあどうりで見つかるはずだ，俺は二回り(の稽古)だった」。

問一＜古文の内容理解＞ある男が，「忍の指南所」の看板「を」見て(…Ａ)，弟子入りしに行くと，師匠「の」言うことには(…Ｂ)，「七日では丈夫に，忍ばれます」とのことだった。その男は，「二廻りの稽古」をした後，人「に」見つかることはあるまいと(…Ｃ)，隣家の柿を盗みに入った。

問二＜歴史的仮名遣い＞歴史的仮名遣いの「ゐ」は，現代仮名遣いでは「い」になる。

問三＜古文の内容理解＞男は，自分を見つけた人物が，「おれは此やしきの見廻りの者だ」と言ったのを，忍術の稽古を三回りしたと勘違いして，自分は稽古を「二廻り」しかしていないので，見つかるのも当然だと考えたのである。

五〔漢文の訓読〕出典；Ⅰ『淮南子』，Ⅱ『菜根譚』

Ⅰ**≪書き下し文≫**一目の網は，以て鳥を得べからず。

問一＜漢文の訓読＞「以」→「鳥」→「得」→「可」→「不」の順に読み，助動詞の「可」と「不」をひらがなにする。レ点は，下から一字返って読む。一二点は，下から二字以上返って読む。

問二＜四字熟語＞鳥がかかるのはたった一つの網の目でも，無駄のように見える他の何百もの目がなければ，鳥は捕らえられないということ。「無用之用」は，何の役にも立たないように見えるものが，実はとても重要な役割を果たしているということ。

Ⅱ**≪現代語訳≫**人に恩恵を与えたからといって徳を感じてもらうことを求めてはならない。恨まれることがなければ，それこそが徳というものである。

問一＜漢文の訓読＞「人」→「与」→「徳」→「感」→「求」→「不」の順に読む。「人」から一字返って「与」を読むので，この二字の間にレ点をつける。その後，「徳」から一字ずつ返って読んでいくので，「徳」と「感」，「感」と「求」，「求」と「不」の間にそれぞれレ点をつける。

六〔国語の知識〕

問一＜ことわざ＞「河童の川流れ」と「弘法も筆の誤り」は，名人も時折思いがけない失敗をするということ((1)…エ)。「禍福は糾える縄のごとし」は，世の中の幸福と不幸は代わるがわる到来するということ。「塞翁が馬」は，人生の幸運と不運は変転するので予測しにくいということ((2)…ア)。「馬の耳に念仏」は，いくら意見してもまるで効果がないということ。「弘法筆を選ばず」は，達人であれば道具や状況にかかわらず結果を出すということ。「獅子身中の虫」は，組織の内部にいながらその組織に害を与える者のこと。「獅子の子落とし」は，自分の子どもに試練を与えることで立派に育てようとすること。

問二＜品詞＞1．「続け」は，カ行のエ段で活用し，下に接続助詞「て」があるので，カ行下一段活用の動詞「続ける」の連用形。　2．「なる」は，ラ行の全ての段で活用し，下に体言の「こと」があるので，ラ行五段活用の動詞「なる」の連体形。　3．「ない」は，サ行変格活用の動詞「希望する」の未然形に接続し，言い切りの形なので，打ち消しの助動詞「ない」の終止形。

問三＜文学史＞『平家物語』は，鎌倉時代に成立し，琵琶法師が広めた軍記物語。『方丈記』は，鎌倉時代に鴨長明によって著された随筆。『伊勢物語』は，平安時代に成立した歌物語。『古事記』は，奈良時代初期に太安万侶が編さんした歴史書。『竹取物語』は，平安時代に成立した物語。

2021年度 中央大学高等学校（推薦）

【英　語】（40分）

【注意】リスニング試験（7～9）は試験終了**約5分前**から放送されます。

1　最も強く読む部分が，左の単語と同じ語を（　）内から選び，記号で答えなさい。

1．al-though　（ア．wel-come　イ．with-out　ウ．bor-row　エ．book-store）

2．twen-ti-eth　（ア．e-lev-en　イ．ex-pen-sive　ウ．be-gin-ning　エ．grand-par-ent）

3．in-ter-es-ted　（ア．ac-tiv-i-ty　イ．en-vi-ron-ment　ウ．dic-tio-nar-y　エ．ex-pe-ri-ence）

2　各組の英文の空所に**共通して入る単語**を答えなさい。文頭にくる場合でも小文字で解答してよい。

1．“(　　) the way, how is your father ?”　“He is fine.”
　You have to come back (　　) six.

2．“How did you (　　) the movie ?”　“It was very funny.”
　The earth looks (　　) a big blue ball when you see it from the moon.

3　各組の文がほぼ同じ意味になるように，空所に適当な語を入れなさい。

1．Can I use your eraser ?
　Will you (　　) (　　) your eraser ?

2．Keep quiet in the library.
　You (　　) (　　) be noisy in the library.

3．The famous singer died ten years ago.
　The famous singer (　　) been (　　) for ten years.

4．Do people in that country speak English ?
　(　　) English (　　) in that country ?

5．Let me know your mother's age.
　Let me know (　　) (　　) your mother is.

4　日本語の意味になるように（　）内を並べかえなさい。ただし，文頭に来る語も小文字にしてあります。

1．その美術館にはルノアールが描いた美しい絵がたくさんある。
　(a / the / painted / of / pictures / has / museum / beautiful / lot) by Renoir.

2．寒いときには，温かい飲み物を持っていくのを忘れないでください。
　(take / drink / forget / hot / it / when / to / to / don't / something) is cold.

3．彼はチェスをすることにこの上ない喜びを感じている。
　(as / him / so / gives / playing / nothing / happiness / much) chess.

5　（　）に入る最も適当な語を選び，記号で答えなさい。

1．The 21st century (　　) in 2100.
　ア．starts　イ．ends　ウ．turns　エ．opens

2．I've (　　) climbed such a high mountain as Mt. Fuji.

ア．still　　イ．never　　ウ．yet　　エ．only

3．I need more (　　) of paper to finish my story.

ア．sheets　　イ．pairs　　ウ．times　　エ．books

4．"Is dinner (　　)?　I can't wait any longer."　"I'm making it."

ア．delicious　　イ．cooking　　ウ．ready　　エ．eaten

5．He went to the police and told them the truth (　　).

ア．in this morning　　イ．on the morning

ウ．morning　　エ．this morning

6　次の英文を読んで，問に答えなさい。[＊をつけた語(句)には註があります]

On the night of September 5, 1911, a full moon *lit the roads of *Rowan County, Kentucky. By the light of the moon, men and women, from 18 to 86 years old, walked down from the mountains and out of the forests into 50 *schoolhouses. During the day, children sat in these one-room schoolhouses and learned to read and write. On one September night, however, the schools were filled with adults. They couldn't read or write anything, not even their own names. They came to the "moonlight school" because one woman, Cora Wilson Stewart, told (1)them they could learn how to read and write, and they believed her.

Cora Stewart was born in 1875 in Rowan County, Kentucky. She was a young *educator who traveled to all the schools in her county. She knew that the *ability to read and write was the key to *success. However, she found that many of the hard working, *uneducated parents of the school children couldn't read the words in books or newspapers. They asked Mrs. Stewart for (　2　).

[　　3　　] All the teachers agreed. They talked to people all over the county about the "moonlight school." On the first night, the teachers thought 150 people would come to the school, but actually there were over 1,200 people! From that night, the "moonlight school" changed people's lives.

Cora Stewart believed that adults needed to read and write about things that interested them, so she prepared special *materials. She wrote simple stories about life on the farm in the mountains for an easy newspaper. She also taught the students to write their names. Instead of using blackboards, the teachers wrote each name on (4)a soft writing material so that the students could feel the shape of the letters. Then they *traced or *copied the letters over and over with a pencil until they could write their names by themselves. (5)One of the most exciting moments in the class was when someone shouted out his or her name and held it up high in the air.

Mrs. Stewart called that first school night in 1911 "the brightest moonlight night the world has ever seen." Thanks to her, the "moonlight schools" helped hundreds of people get out of (6)the darkness. Cora Wilson Stewart was one of *education's brightest stars not only for the people of Rowan County but also for the people across the United States.

(註)　lit<light：～を明るくする　　Rowan County, Kentucky：ケンタッキー州ローワン郡(地名)
schoolhouse(s)：田舎の学校の小さい校舎　　educator：教育者　　ability：能力
success：成功　　uneducated：教育を受けていない　　material(s)：教材，学習道具
traced<trace：～をなぞる　　copied<copy：～を写す　　education：教育

問1　下線(1)が指すものを本文中から1語で抜き出しなさい。

問2　空所(2)に入る語として最も適当なものを1つ選び，記号で答えなさい。
ア．help　　イ．money　　ウ．books　　エ．names

問3　[3] には以下の英文が入ります。[　]内を並べかえて，「Mrs. Stewart は読み書きを教えられるかどうか，何人かの先生に聞いてみた。」という意味を表すようにしなさい。
Mrs. Stewart [they / if / and writing / asked / teachers / could / reading / teach / some].

問4　下線(4)を使った理由として最も適当なものを1つ選び，記号で答えなさい。
ア．文字の意味を理解するため。
イ．文字の由来を知るため。
ウ．文字の形を感じ取るため。
エ．文字の書き順を覚えるため。

問5　下線(5)を日本語に訳しなさい。

問6　下線(6)は具体的に何を意味しているのか，20字程度の日本語で説明しなさい。

問7　本文の内容として正しいものを1つ選び，記号で答えなさい。
ア．9月のある夜，自分の名前すら書けない人々が森の中をさまよっていた。
イ．両親が教育を受けていない子供たちは全員，読み書きができなかった。
ウ．学校の初日に1,200人以上が参加すると予想したが，実際には150人が集まった。
エ．Mrs. Stewart は山の中にある農場の生活を題材にして，読みやすい新聞を書いた。

[リスニング]

7　英文を聞き，それに続く文として最も適当なものを選び，記号で答えなさい。英文は一度だけ読まれます。

1．A．It opens at nine o'clock.
B．It's at the end of the street.
C．There are a lot of pictures.
D．You can help me about it.

2．A．All right.　I'm going.
B．I'm sorry.　I don't know.
C．Yes.　I've already done it.
D．No, thanks.　It's raining.

3．A．But I'm still so hungry.
B．But I can't eat anything.
C．OK.　I've just finished it.
D．OK.　I'll have dinner first.

4．A．Yes.　Thank you very much.
B．No.　I didn't have any time.
C．Sure.　Let's meet after lunch.
D．Not now.　I'll do it by myself.

5．A．That sounds great!
B．Thanks.　See you then.
C．There will be two of us.
D．I'll try somewhere else.

8　英文に続き，質問文が読まれます。その答えとして最も適当なものを選び，記号で答えなさい。英文と質問文は一度だけ読まれます。

1．A．He wakes up at 5 a.m.　　B．He takes a long walk.
　C．He works in the rice field.　　D．He goes to the sea for fishing.

2．A．She rides a train.　　B．She uses her own car.
　C．She takes two hours.　　D．She plans to take a plane.

9　英文を聞き，何についての説明かを英単語で答えなさい。問題は全部で2問あります。英文は一度だけ読まれます。

＜リスニング問題放送原稿＞

7　英文を聞き，それに続く文として最も適当なものを選び，記号で答えなさい。英文は一度だけ読まれます。

1．Excuse me.　I would like to go to the art museum.

2．John, please walk the dog now.　It's going to rain this afternoon.

3．A：　Oh, it's almost dinner time.　I still have a lot to do.
　B：　Why don't you finish after dinner？

4．A：　What about the math homework？　Do you need help again？
　B：　I'm afraid so.　Do you have any time today？

5．A：　Hello.　I'd like to reserve a table for two at seven tonight.
　B：　I'm sorry.　We are full until eight.

8　英文に続き，質問文が読まれます。その答えとして最も適当なものを選び，記号で答えなさい。英文と質問文は一度だけ読まれます。

1．Emi's uncle is an early riser.　He lives near the sea.　He gets up at 4:00 every morning and walks for an hour before breakfast.　After breakfast, he works in the field or goes fishing.
　Q：　What does Emi's uncle do before breakfast？

2．Sally went to London last week.　Although she usually rides a train into the city, last week she went there by car.　However, the roads were so crowded that it took her two more hours than usual.　Next time, she plans to take the train again.
　Q：　How does Sally usually go to London？

9　英文を聞き，何についての説明かを英単語で答えなさい。問題は全部で2問あります。英文は一度だけ読まれます。

1．This is a person whose job is to look after people who are ill or injured in a hospital.　In many cases, he or she wears a white uniform.　The word begins with "N."

2．This is one of the subjects you study in school.　You learn about plants, animals, weather, light or nature.　The word begins with "S."

【数　学】（理科と合わせて50分）

1　$\left(\frac{5}{6}\right)^2-\left(\frac{5}{3}\right)^2+\left(\frac{3}{2}\right)^2$ を計算し，記号で答えなさい。

ア．$-\frac{5}{36}$　　イ．$\frac{5}{12}$　　ウ．$\frac{1}{6}$　　エ．ア～ウにはない

2　2次方程式 $2x^2-3x-5=0$ を解き，記号で答えなさい。

ア．$x=\frac{-3\pm\sqrt{19}}{2}$　　イ．$x=\frac{3\pm\sqrt{29}}{4}$　　ウ．$x=1,\ -\frac{5}{2}$　　エ．ア～ウにはない

3　それぞれ6人からなるA班とB班の身長(cm)を計測したときのデータが以下にあります。ただし，B班のデータの範囲は12で，a，b は整数($a\leqq b$)とします。

A：161　162　164　154　166　156

B：157　168　a　167　156　b

(1)　A班の平均値を求めなさい。

(2)　A班の平均値とB班の中央値が等しくなるとき，a，b がとり得る組合せは何通りあるか，求めなさい。

4　図のように，放物線C：$y=\frac{1}{2}x^2$ 上に2点P，Qがあり，x 座標はそれぞれ -4，8となっています。点Rが，C上の原点Oと点Pの間を動くとき，以下の問に答えなさい。

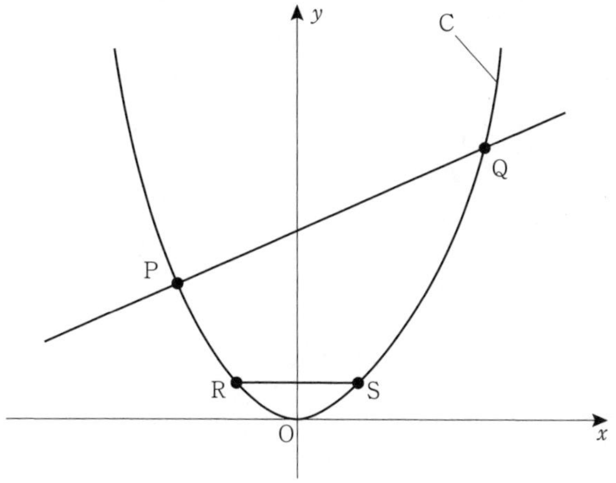

(1)　直線PQの方程式を求めなさい。

(2)　△OPQと△RPQの面積比が8：5となるとき，点Rの座標を求めなさい。

(3)　y 軸に関して点Rと対称な点をSとし，Cと直線PQで囲まれた部分に，線分RSを1辺とする正方形RSTUを作ります。点Uが直線PQ上にあるとき，点Uの座標を求めなさい。

5　図のように，AB＝AC，∠BAC＝36°を満たす△ABCが，点Oを中心とする半径1の円に内接しています。また，点Bを中心とする半径1の円周と直線ABとの交点をDとE，線分BCとの交点をFとします。このとき，以下の問に答えなさい。

(1)　∠BODの大きさを求めなさい。

(2)　△OBCと△BEFの面積が等しいことを証明しなさい。ただし，解答欄の図に補助線を書き込み，交点を設定した上で説明しなさい。

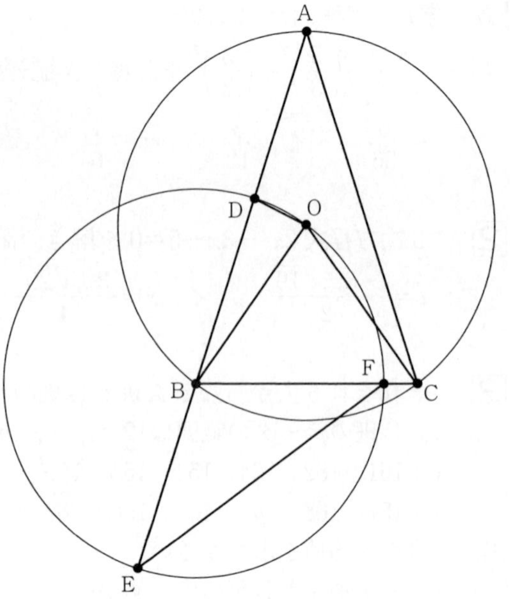

【社　会】（国語と合わせて50分）

【注意】 漢字を用いる場合は，楷書で正しく書いて下さい。

1　次の地図についてA～Dの文章を読んで以下の問に答えなさい。

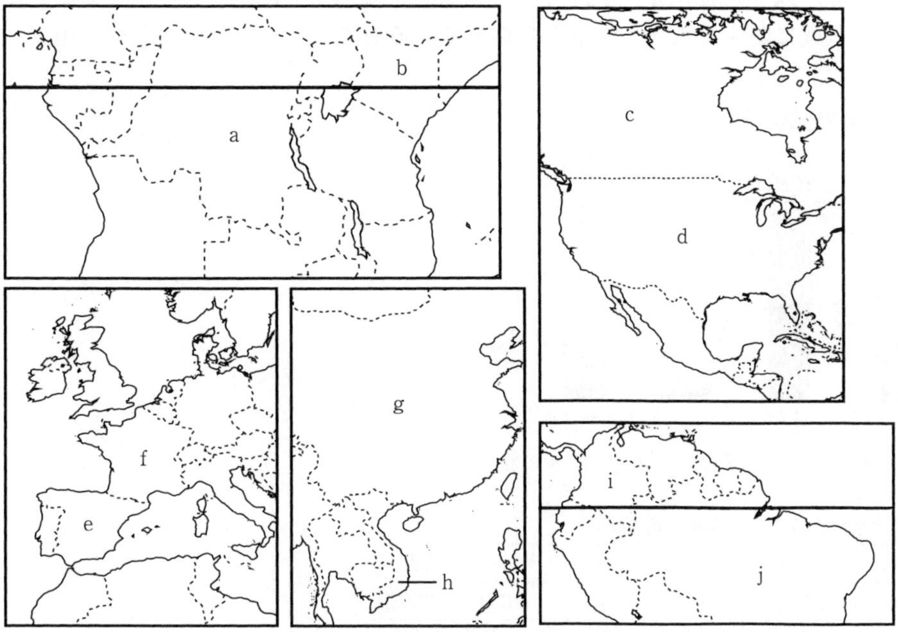

＊各地図は上部を北としている。またそれぞれの縮尺は異なっている。

A．この国は，大陸の東西にわたって広がり，世界第３位の面積を有する国家である。ヨーロッパからの移住者を中心に18世紀後半に建国された。世界一の経済力・軍事力を誇り，国際社会に対して大きな影響力がある。2020年11月に大統領選挙が行われ，世界の注目を集めた。

B．この国は，大陸西部に位置し，国土の大部分が平野に占められた国家である。農業大国であるとともに，自動車産業や宇宙・航空産業，①原子力産業なども発達している。特に航空産業や自動車産業では日本企業との協力関係が深まっており，日本はアジア最大の投資雇用創出国となっている。

C．この国は，大陸東部に位置し，沿岸部から東部を除いた国土の大半が標高 1200m 以上の高原に占められる赤道直下の国家である。1920年にイギリスの植民地となった。1963年の独立達成以降は，②日本から青年海外協力隊の派遣や政府開発援助の実施など友好関係が築かれている。

D．この国は，大陸東部の沿岸から内陸に広がる世界第４位の面積を有する国家である。2000年代に③「世界の工場」としての地位を確立し，2010年代に海洋・内陸での拡大路線に転換し，2013年には「一帯一路」を掲げて内陸および大陸南部の海洋を利用して大陸東西を結ぶ④経済圏構想を模索している。

問１　地図を参考にしてA・B・Cの国の場所の組み合わせとして正しいものをア～カの中から一つ選び，記号で答えなさい。　(1)

ア．A－c　B－e　C－h　　イ．A－c　B－f　C－g
ウ．A－c　B－i　C－j　　エ．A－d　B－e　C－h
オ．A－d　B－f　C－b　　カ．A－d　B－i　C－j

問２　地図を参考にして日本と世界の国々に関する以下の文章から正しいものをア～エの中から一つ選び，記号で答えなさい。　(2)

ア．日本の九州地方は，地図中gの国とほぼ同経度である。

イ．日本の東北地方は，地図中ｃの国とほぼ同経度である。

ウ．日本の九州地方は，地図中ｊの国とほぼ同緯度である。

エ．日本の東北地方は，地図中ｅの国とほぼ同緯度である。

問３　下線部①に関連して，以下の資料Ｘ・Ｙは各国の電源別発電電力量に関するものである。これらを参考にして各国と発電に関する以下の文章から**誤っているもの**をア～エの中から一つ選び，記号で答えなさい。（２点）(3)

資料Ｘ：電源別発電電力量構成比（2017年）（単位：％）

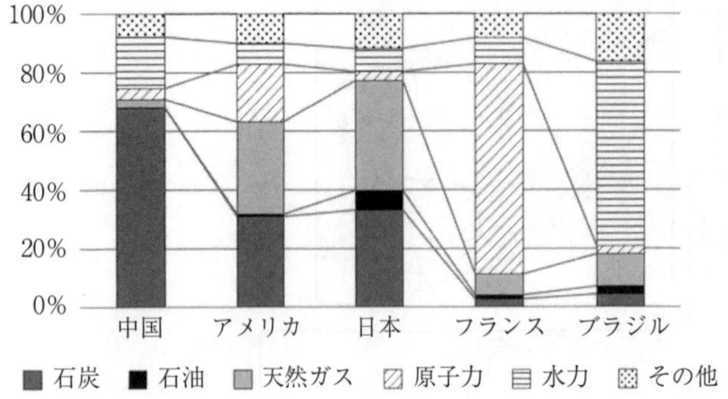

資料Ｙ：電源別発電電力量（2017年）（単位：億 kWh）

国名	中国	アメリカ	日本	フランス	ブラジル	世界
石炭	44854	13214	3518	151	253	98633
石油	99	324	699	74	159	8419
天然ガス	1831	13377	3981	404	656	58828
原子力	2481	8389	329	3984	157	26360
水力	11571	3024	829	500	3709	40825
その他	5187	4309	1254	458	959	22997
総発電電力量	66022	42637	10610	5570	5894	256063

＊表の値は概数のため，合計が合致しないこともある。

IAEA World Energy Balances 2019 より

ア．石炭による発電電力量は，世界全体では総発電電力量の約40％を占めている。各国別で見ると中国では総発電電力量の約70％を占めており，発電電力量も表中の国の中で最も多い。

イ．化石燃料による発電電力量は，世界全体の総発電電力量の約65％を占めている。これに次いで多いのは水力による発電電力量の割合だが，化石燃料による発電電力量の半分以下にしかならない。

ウ．原子力発電の発電電力量は，世界全体では総発電電力量の約10％である。各国別でみるとフランスでは総発電電力量の約70％を原子力発電が占めている。アメリカでは総発電電力量に占める原子力発電の割合は約20％だが，発電電力量は世界一である。

エ．水力による発電電力量は，世界全体の総発電電力量の約15％である。各国別で見るとブラジルでは総発電電力量の約60％を水力発電が占めており，発電電力量も世界一となっている。また，各国別の総発電電力量における水力発電による発電電力量が15％を上回る国はブラジルだけである。

問４　下線部②に関連して，2018年度の日本の政府開発援助に関する以下の文章から正しいものをア～エの中から一つ選び，記号で答えなさい。(4)

ア．二国間援助の形態である技術協力，有償資金協力，無償資金協力を担う機関はJICAである。

イ．政府開発援助の実績額はDACメンバー国の中においてアメリカに次ぐ第2位である。
ウ．無償資金協力は有償資金協力(円借款)の援助額よりも多い。
エ．二国間援助の地域別配分を見ると，アフリカ地域への援助割合が最も多い。

問5　下線部③に関連して，中京工業地帯の説明文として適切なものを，以下の説明文ア～オの中から一つ選び，記号で答えなさい。 (5)

ア．東京・川崎・横浜を中心に広がる工業地帯で，湾内の埋め立てによって工業用地が形成されている。
イ．筑豊炭田の石炭を利用した八幡製鉄所でも知られる鉄鋼業で発達したが，近年は出荷額が減少し，工業地帯としては縮小している。
ウ．古くからの瀬戸や多治見を中心とした陶磁器生産や豊田の自動車産業などによる機械工業が工業別生産額の大部分を占めている。
エ．太平洋に面して東西に広がり，東部では富士や富士宮の製紙業，西部では浜松や磐田などの自動車，自動車部品を製造する機械工業が発展している。
オ．太平洋に面した砂浜の海岸にＹ字型の人工掘り込み式の港や製鉄所，石油化学コンビナートを建設し，鉄鋼業や石油化学工業を中心に発展している。

問6　下線部④に関連して，日本が**直接参加していない**国際機構・協定として正しいものをア～エの中から一つ選び，記号で答えなさい。 (6)

ア．APEC：アジア太平洋経済協力
イ．ASEAN：東南アジア諸国連合
ウ．WTO：世界貿易機関
エ．RCEP：地域的な包括的経済連携

2　次の年表に関する以下の問に答えなさい。

年・西暦	日本・世界の出来事
737年	①平城京で天然痘が猛威を振るう
	A
1274年	②文永の役が起こる
	B
1340年頃	③ヨーロッパでペストの大流行
	C
1858年	④江戸でコレラが流行する
	D
1950年	朝鮮戦争が始まる
	E
2020年	新型コロナウィルスが世界中で大流行

問1　下線部①に関して，この時代を説明した文章として**誤っているもの**をア～エの中から一つ選び，記号で答えなさい。 (7)

ア．全国に国分寺や国分尼寺を建立し，不安を取り除こうとした。
イ．仏教の力で国をしずめようとして，都に法隆寺が建立された。
ウ．仏教が重視される中，戒律を伝える鑑真が唐から招かれた。
エ．この時代の文化のことをその当時の年号から天平文化という。

問2　下線部②に関して述べた文章X・Yについて正誤の組み合わせとして正しいものをア～エの中から一つ選び，記号で答えなさい。 (8)

X．北条時宗がフビライの要求を断ったことから，元軍が九州北部に押し寄せたが，暴風雨により打撃を受けて退却した。

Y．文永の役後，恩賞をもらえないことや次の来襲に備えての負担が重いこともあって，御家人の不満が高まった。

ア．X－正　Y－正　　イ．X－正　Y－誤

ウ．X－誤　Y－正　　エ．X－誤　Y－誤

問3　下線部③に関して，この流行により，当時のヨーロッパの人口がおよそ3分の1減少し，当時の社会が大きく変化したと言われている。その変化の一つは，耕作者の減少により中世における領主の私的な土地経営制度が崩壊したというものである。この崩壊した制度の名称を漢字で答えなさい。（2点） (9)

問4　下線部④に関して，この流行は長崎から始まったとされているが，その長崎に関して述べた文章として**誤っているもの**をア～エの中から一つ選び，記号で答えなさい。 (10)

ア．豊臣秀吉は，この地がイエズス会に寄進されたことを知り，バテレン追放令を出した。

イ．徳川幕府は，貿易上の重要な拠点であるこの地を直轄とし，長崎奉行に治めさせた。

ウ．この地は，「鎖国」下の日本とキリスト教を布教しないオランダ，清国との窓口となった。

エ．この地は，太平洋戦争末期の8月6日に世界で初めて原子爆弾が投下された。

問5　年表中A～Dの期間にあてはまるものをア～エの中から一つずつ選び，記号で答えなさい。 (11)

ア．アメリカ発の世界恐慌が起こる

イ．伊能忠敬が全国を測量する

ウ．後醍醐天皇の建武の新政が始まる

エ．最澄が比叡山において天台宗を開く

問6　Eの時期において，特に1960年には池田勇人内閣が「所得倍増」政策を打ち出し，経済成長が優先される世の中となった。このことに関連して述べた文章として**誤っているもの**をア～エの中から一つ選び，記号で答えなさい。 (12)

ア．オリンピックにあわせて高速道路が建設される一方，東海道新幹線は開幕直前に開業した。

イ．技術革新が進んで重化学工業が発展し，太平洋の沿岸には石油コンビナートが作られた。

ウ．経済力が高まり円高が進む中で，企業は資金を株や土地に投入して不動産ブームが起こった。

エ．「高度経済成長」の結果，1968年に国民総生産は，アメリカに次ぐ資本主義国第2位となった。

3　次の各問に答えなさい。

問1　国政選挙の比例代表選挙における各政党への当選人の配分はドント式で行われます。ドント式とは，ベルギーの法学者ビクトル・ドントが考案した計算方法で，各政党の総得票数をそれぞれ1，2，3，4……と自然数で割っていき，得られた商の大きい順に議席を配分する方式です。では，衆議院議員選挙の比例代表制での選挙結果が右の表のようであった場合，B政党の議席数はいくつになるか答えなさい。なお，この選挙区の定数は8とします。（2点） (13)

政党	得票数
A政党	54万票
B政党	68万票
C政党	15万票

問2　行政裁判について述べた文章として適切なものをア～エの中から一つ選び，記号で答えなさい。 (14)

ア．隣人との土地の境界トラブルをめぐって，境界確定を行うための裁判

イ．地域住民たちが原子炉の設置許可取り消しを求めて起こす裁判
ウ．裁判官の罷免を求める訴えによって起こされる裁判
エ．ある犯罪を認定し，刑罰を科すための裁判

問3　内閣総理大臣について述べた文章として正しいものをア～エの中から一つ選び，記号で答えなさい。 (15)

ア．内閣総理大臣の任期は憲法によって定められていない。
イ．内閣総理大臣は，衆議院議員の中からのみ国会の議決で指名される。
ウ．内閣総理大臣に指名されると行政府の長として国会議員の資格を失う。
エ．内閣総理大臣は国務大臣を任意に任免しうるが，大臣は国会議員のなかから選任しなければならない。

問4　文章中の下線で示されたことの具体的な事例である文章ア～エの中から正しいものを一つ選び，記号で答えなさい。 (16)

資源配分の調整，所得の再分配，経済の安定化を目的とする政府の経済政策を財政政策という。財政制度そのものには景気を自動的に安定させる仕組みがある一方で，景気に応じて政府の収入や支出を意図的に操作することも必要となる。

ア．景気過熱期には公定歩合を引き下げることでコールレートの上限も引き下がる。
イ．景気過熱期には公共投資などの財政支出の縮小が行われる。
ウ．景気停滞期には公開市場操作によって日本銀行による国債の買い入れが行われる。
エ．景気停滞期には生活保護費などの社会保障給付が広く行われる。

問5　以下の表は2019年８月から2020年７月までの日本の経済状況を示す各種指数の一覧である。下段の語句解説を参考にし，Aにあてはまる項目として正しいものを一つ選び，記号で答えなさい。 (17)

ア．全国の完全失業率　　イ．全国の賃金上昇率(前年比)
ウ．全国の有効求人倍率　エ．全国の新規求人倍率

年	月	A　(%)	B　(倍)	C　(倍)	D　(%)
2019	Aug	2.3	1.59	2.43	−0.5
2019	Sep	2.4	1.58	2.35	0.2
2019	Oct	2.4	1.58	2.43	−0.4
2019	Nov	2.2	1.57	2.38	−0.6
2019	Dec	2.2	1.57	2.44	−1.1
2020	Jan	2.4	1.49	2.04	0.2
2020	Feb	2.4	1.45	2.22	0.2
2020	Mar	2.5	1.39	2.26	−0.3
2020	Apr	2.6	1.32	1.85	−0.8
2020	May	2.9	1.2	1.88	−2.3
2020	Jun	2.8	1.11	1.72	−2.1
2020	Jul	2.9	1.08	1.72	−1.8

総務省統計局　統計ダッシュボード
厚生労働省　毎月勤労統計調査より

完全失業率：15歳以上の働く意欲のある人(労働力人口)のうち，仕事を探しても仕事に就くことのできない人(完全失業者)の割合。

賃金上昇率：賃金がどの程度上昇したかを示すもの。名目賃金上昇率は，実際の賃金水準が上昇

した比率を表し，実質賃金上昇率は，物価水準が変わったことによる影響を除いて賃金水準が上昇した比率を表している。

有効求人倍率：新規求人数に前月から繰り越された求人数を加えた有効求人数と，同じく新規求職者数に前月から繰り越された求職者数を加えた有効求職者数から算出されたもの。

新規求人倍率：全国のハローワークで，その月に受け付けられた新規求人数と求職者登録を行った新規求職者数から算出されたもの。

問６　2020年12月現在，未発効の条約・協定として正しいものをア～エの中から一つ選び，記号で答えなさい。 (18)

ア．ジェノサイド条約　　イ．ILO条約

ウ．環太平洋パートナーシップ協定　　エ．核兵器禁止条約

問７　以下の文章は公正取引委員会HPからの抜粋である。文章を読み問に答えなさい。 (19)

> 旅行業者５社は，ある年に実施される市立中学校の修学旅行について，貸切りバス代金の額，宿泊費の額，企画料金の料率，添乗員費用の額の基準を設けることに合意しました。市立中学校からすれば，どこの旅行会社に依頼しても旅行業者間で取り決めた基準以上の費用がかかることになってしまったわけです。
>
> この行為は，市立中学校の修学旅行に関する旅行業務市場の競争を実質的に制限しています。

旅行業者５社の行為を表す語句として正しいものをア～エの中から一つ選び，記号で答えなさい。

ア．トラスト　　イ．M&A　　ウ．カルテル　　エ．コンツェルン

4　次の問に答えなさい。

ウィズコロナ(新型コロナウィルス感染拡大抑止と経済活動の維持の両立)の時代となり，オンラインでの活動が増えることとなったが，その活用に関して今後の見通しを尋ねたアンケートが実施された。その結果が以下のグラフである。

それを見てあなたの意見を述べなさい。その際，根拠となる理由を明示し，解答欄に収まるよう過不足なく記述すること。 （３点） (20)

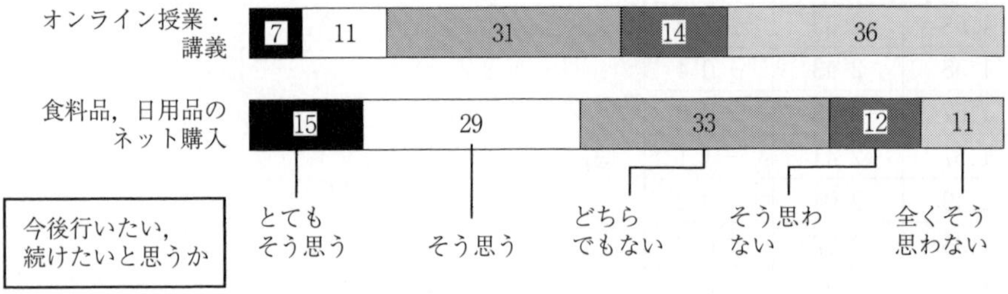

＊数字の合計が100％にならない項目がある。

【理　科】（数学と合わせて50分）

【注意】 漢字を用いる場合は，楷書で正しく書いて下さい。

問１　水の入ったコップに箸を入れると水面で箸が折れて曲がって見えた。この現象と同じ理由で起こるものをア～エの中から１つ選び，記号で答えなさい。

ア　自転車の後部についている反射板に光が当たることで，自転車の存在を知らせている。

イ　厚いガラスを通して鉛筆を見ると，実際に置かれている位置からずれて見える。

ウ　カーブミラーを見ると，広い範囲が映って見える。

エ　光ファイバーの中を光が進む。

問２　右図のように，Ａ点でギターを弾き，その音をＢ点，Ｃ点で聞いたところ，Ｂ点よりもＣ点の方が音が小さく聞こえた。次の文中の空欄にあてはまる語句の正しい組み合わせをア～キの中から１つ選び，記号で答えなさい。

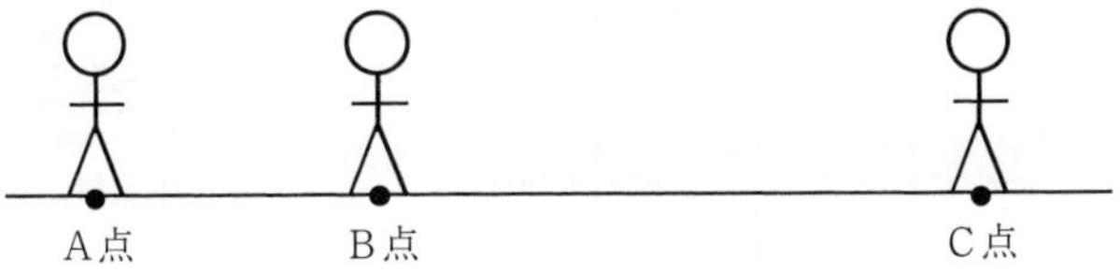

ギターの音をＢ点とＣ点で比べると，振幅は（　①　），振動数は（　②　）。

	①	②
ア	Ｂ点の方が小さく	Ｂ点の方が小さい
イ	Ｂ点の方が小さく	Ｂ点の方が大きい
ウ	Ｂ点の方が小さく	変わらない
エ	変わらず	Ｂ点の方が小さい
オ	変わらず	Ｂ点の方が大きい
カ	Ｂ点の方が大きく	Ｂ点の方が小さい
キ	Ｂ点の方が大きく	変わらない

問３　1700 m 離れた場所で静止している船が汽笛を鳴らすと，５秒後に音が聞こえた。音は１時間で何 km 伝わるか。

問４　10Ω，Ｒ[Ω]の抵抗器を用いて，図１，図２の回路を作った。図１，図２の回路にそれぞれ同じ電圧をかけたところ，ｂ点を流れる電流の大きさはａ点を流れる電流の大きさの３倍であった。Ｒの値を求めなさい。

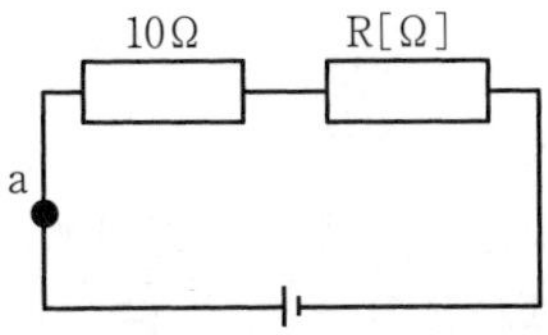

図１

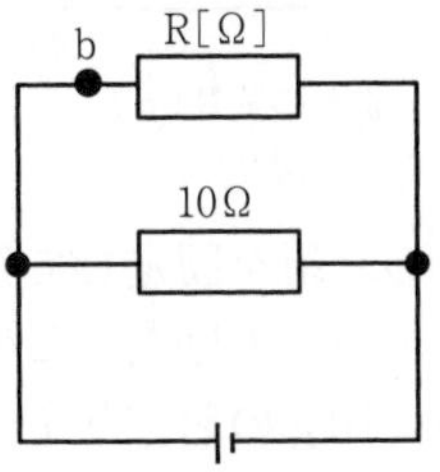

図２

問５　図１のような回路を組み立てて，磁針の向きを調べる実験を行った。この実験の結果，図１中の磁針Ａ，Ｂ，Ｃの指す向きはどのようになるか。ア～エの中からそれぞれ選び，記号で答えなさい。ただし，図２は電流を流す前の磁針の向きを示したものである。

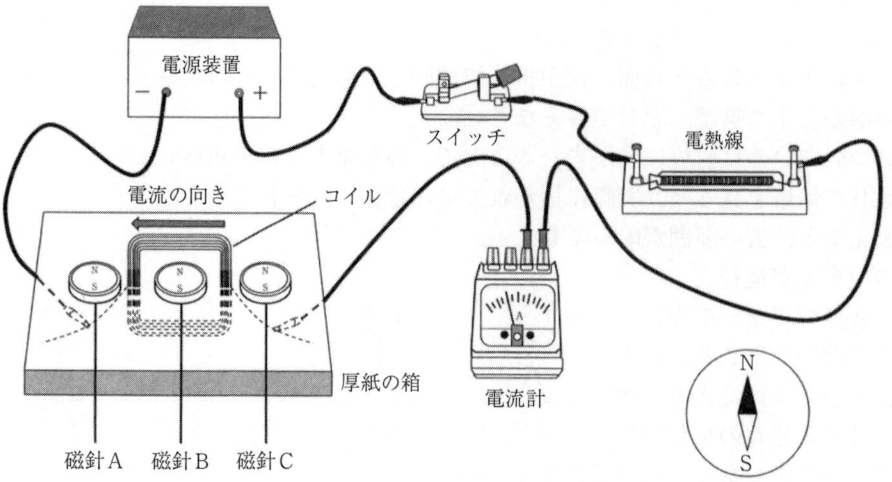

図1

図2

ア

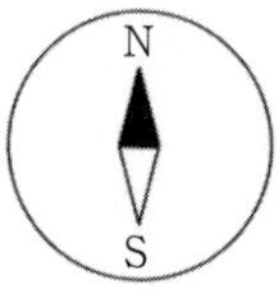

イ

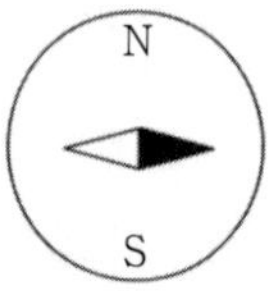

ウ

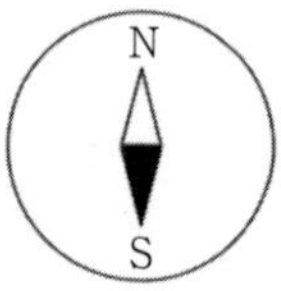

エ

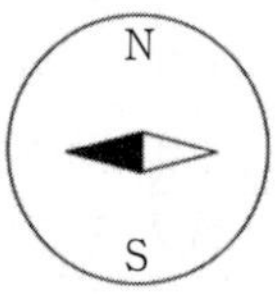

問6　力を加えていない時に同じ長さになる２本のばねA，Bがある。図１のように，ばねの一端を天井に固定して鉛直方向につるし，もう一方の端におもりをつり下げて，おもりの質量とばねの伸びの関係を調べた結果を図２に示す。このばねとおもりを用いて次の実験を行った。

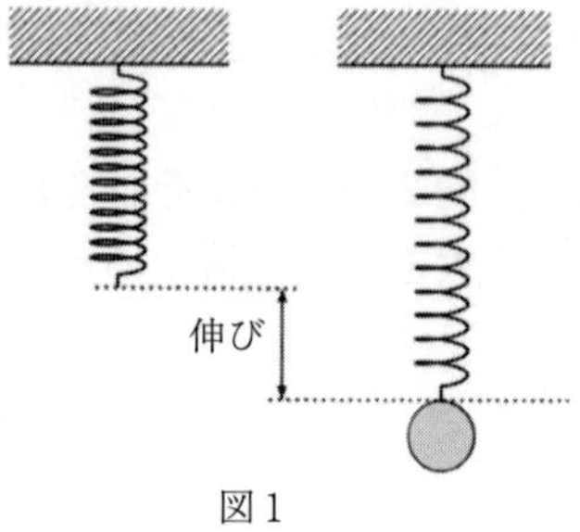

図1

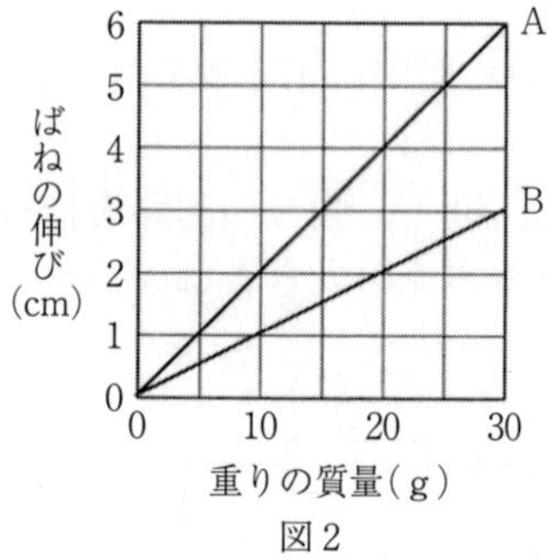

図2

実験１　図３に示すように，天井にばねAの一端を固定して鉛直方向につるし，ばねAのもう一方の端に10gのおもりをつり下げた。このおもりにばねBの一端をつなぎ，ばねBのもう一方の端に10gのおもりをつり下げた。

実験２　実験１のばねAとばねBの位置を入れ替えて，同じようにおもりをつり下げた。

実験１のばねAとばねBの伸びの合計は，実験２の伸びの合計の何倍か。ただし，ばねの質量は無視できるものとする。

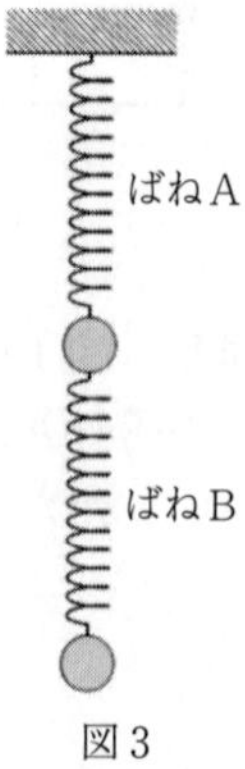

図3

問7　図１のように，なめらかなレールを用いてジェットコースターの模型を作製した。

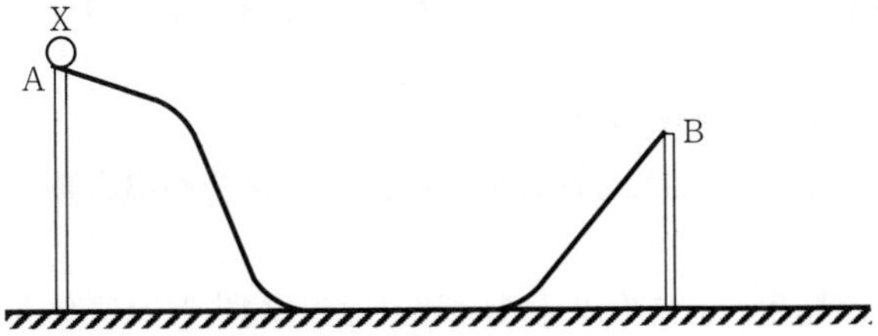

図1

A点に小さな物体Xを置き，静かに手を離したところ，物体Xがレールに沿って運動し，やがてB点に達した。このときの物体Xの位置エネルギーの変化を，図2に示す。

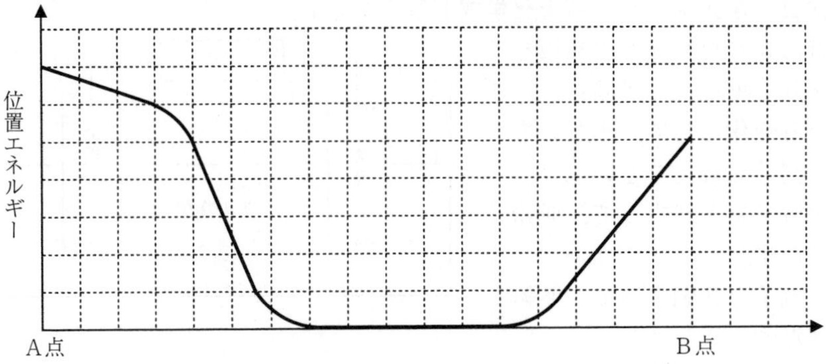

図2

物体XがB点に達した後の運動について，正しいものをア～エの中から1つ選び，記号で答えなさい。ただし，空気抵抗はないものとする。

ア　A点よりも高い位置まで到達した後，落下する。

イ　A点と同じ高さまで到達した後，落下する。

ウ　B点よりも高く，A点よりも低い位置まで到達した後，落下する。

エ　B点から下方に落下する。

問8　下図は水とエタノールの混合物を枝つきフラスコに入れて加熱したときの，時間に対する温度変化を示したものである。以下の問いに答えなさい。

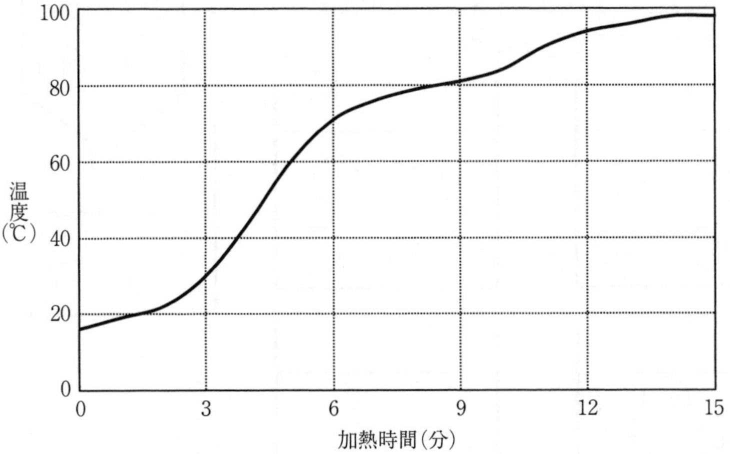

(1)　ふっとうが始まったのは，加熱を始めてから約何分後か。最も適当なものをア～カの中から1つ選び，記号で答えなさい。

ア　3分後　　イ　7分後　　ウ　9分後　　エ　11分後　　オ　13分後　　カ　15分後

(2) 加熱を始めて13分後に気体となって出てくるのは，どのような物質か。最も適当なものをア～オの中から１つ選び，記号で答えなさい。

ア　純粋な水　　イ　純粋なエタノール

ウ　水とエタノールがほぼ同じ量の混合物　　エ　おもに水でエタノールを少量含む混合物

オ　おもにエタノールで水を少量含む混合物

問９　酸化銅と炭素の混合物を加熱すると，気体が発生し，赤色の物質が生じた。発生した気体を石灰水に通すと石灰水は白くにごり，また，加熱後の赤色の物質をこすると金属光沢が見られた。以下の問いに答えなさい。

(1) この変化を化学反応式で表しなさい。

(2) この反応で酸化された物質，還元された物質を**化学式**で答えなさい。

問10　図のように，うすい塩酸に入れた銅板と亜鉛板をモーターにつなぐと，電池になり，モーターが回った。この電池の金属板で起こっている変化として，正しいものをア～カの中から２つ選び，記号で答えなさい。

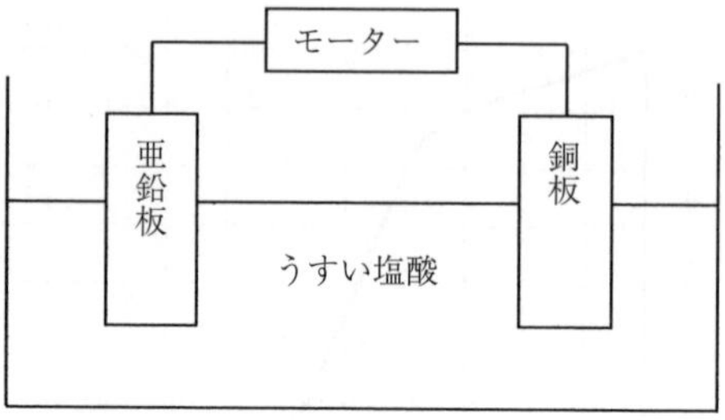

ア　亜鉛板では，亜鉛原子が電子を１個失って，亜鉛イオンになり，水溶液に溶けだす。

イ　亜鉛板では，亜鉛原子が電子を２個失って，亜鉛イオンになり，水溶液に溶けだす。

ウ　亜鉛板では，水素原子が電子を１個失って，水素イオンになり，水溶液に溶けだす。

エ　銅板では，水溶液中の銅イオンが２個の電子を受け取り，銅原子になる。

オ　銅板では，水溶液中の銅イオンが１個の電子を受け取り，銅原子になる。

カ　銅板では，水溶液中の２個の水素イオンが２個の電子を受け取り，気体の水素が発生する。

問11　酸，アルカリの性質を調べるために次の実験を行った。以下の問いに答えなさい。

操作１　うすい塩酸をビーカーに取り，これにBTB液を数滴加えた。

操作２　操作１のビーカーにうすい水酸化ナトリウム水溶液を少しずつ加えて，よくかき混ぜ，水溶液の色が緑色に変化したら加えるのをやめた。

水酸化ナトリウム水溶液を加える前のイオンのモデルを右図に示す。操作２で水溶液が緑色に変化したときのビーカー内のイオンのモデルとして，正しいものをア～カの中から１つ選び，記号で答えなさい。

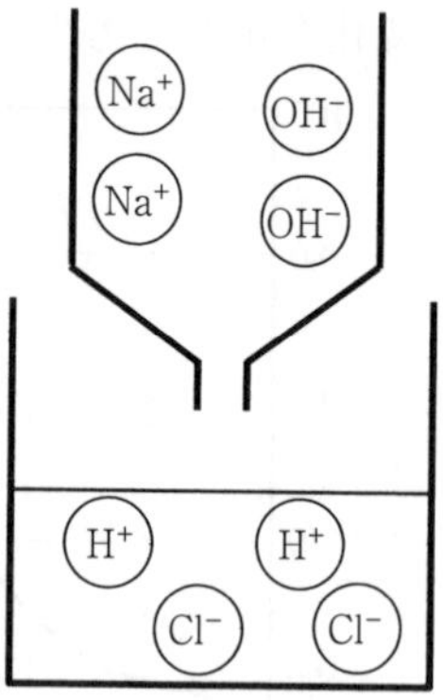

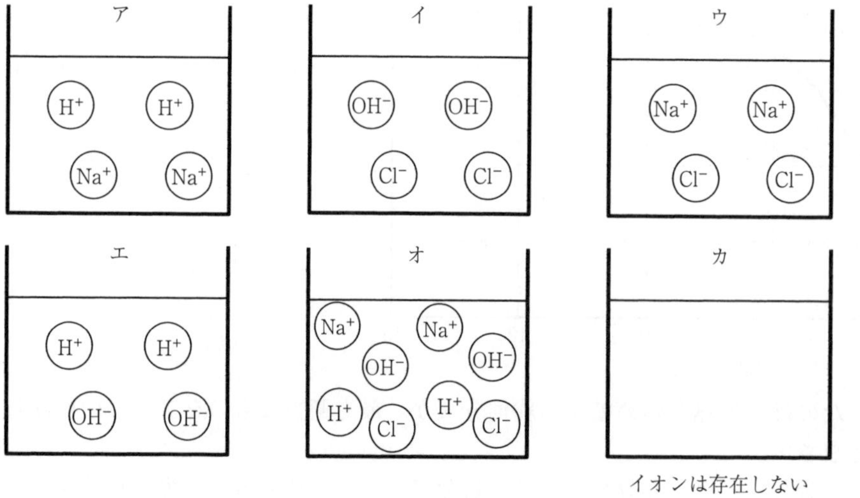

問12　次の文章の空欄にあてはまる語を答えなさい。

減数分裂の結果，対になっている親の遺伝子がそれぞれ別々の生殖細胞に入ることを(　　)という。

問13　エンドウの種子の形には丸としわがあり，これらは1対の遺伝子R(丸)とr(しわ)によって決定しており，Rがrに対して優性である。多数のエンドウの中から2個体を選んでそれぞれ自家受精し，多数の種子を得た。これらの種子の形を調べたところ，丸が75個，しわが125個を占めた。最初に選んだ2個体の遺伝子の組み合わせをア～カの中から1つ選び，記号で答えなさい。

ア　2個体ともRR

イ　RRとRr

ウ　RRとrr

エ　2個体ともRr

オ　Rrとrr

カ　2個体ともrr

問14　次の文章について，以下の問いに答えなさい。

細胞が栄養分を分解してエネルギーを取り出すことを細胞の(　　)という。(　　)を行うのは【　　】の細胞である。

(1)　空欄(　)にあてはまる語を答えなさい。

(2)　肺，心臓，脳のうち空欄【　】内にあてはまる器官を過不足なく含むものを，ア～キの中から1つ選び，記号で答えなさい。

ア　肺　　イ　心臓　　ウ　脳　　エ　肺と心臓

オ　心臓と脳　　カ　肺と脳　　キ　肺と心臓と脳

問15　右図に示すヒトの心臓と血管の説明として，正しいものをア～クの中から**3つ**選び，記号で答えなさい。

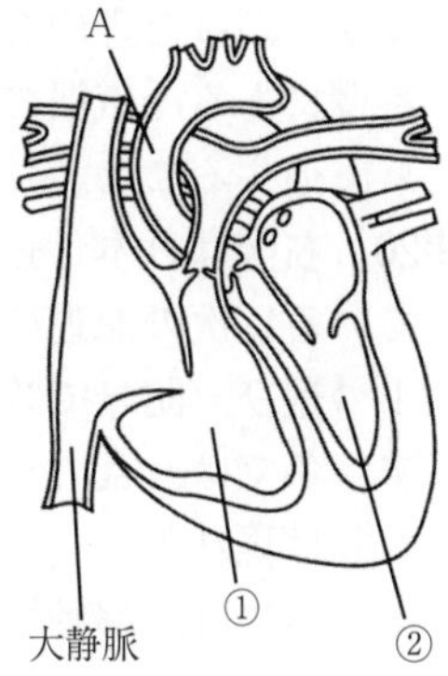

ア　血管Aでは心臓から全身へ向かって血液が流れる。

イ　血管Aでは全身から心臓へ向かって血液が流れる。

ウ　血管Aでは心臓から肺へ向かって血液が流れる。

エ　血管Aでは肺から心臓へ向かって血液が流れる。

オ　血管Aに流れる血液は，酸素は少なく，二酸化炭素を多く含む。

カ　血管Aに流れる血液は，二酸化炭素は少なく，酸素を多く含む。

キ　心臓の①の部分より②の部分の方が，筋肉が厚い。

ク　心臓の②の部分より①の部分の方が，筋肉が厚い。

問16　顕微鏡の操作について，正しい順番に並べたとき，①～③の空欄にあてはまる操作を，ア～ウの中からそれぞれ選び，記号で答えなさい。

①

②

③

④　対物レンズをプレパラートに近づける。

⑤　調節ねじを回し，対物レンズをプレパラートから遠ざけてピントを合わせる。

⑥　しぼりで明るさを調節する。

ア　接眼レンズを取り付け，対物レンズを取り付ける。

イ　プレパラートをステージにのせる。

ウ　反射鏡を動かしたのち，しぼりを調節し，視野全体が均一に明るくなるようにする。

問17　右図はある地層の断面のモデル図である。これに関する記述として**誤っているもの**をア～オの中から１つ選び，記号で答えなさい。

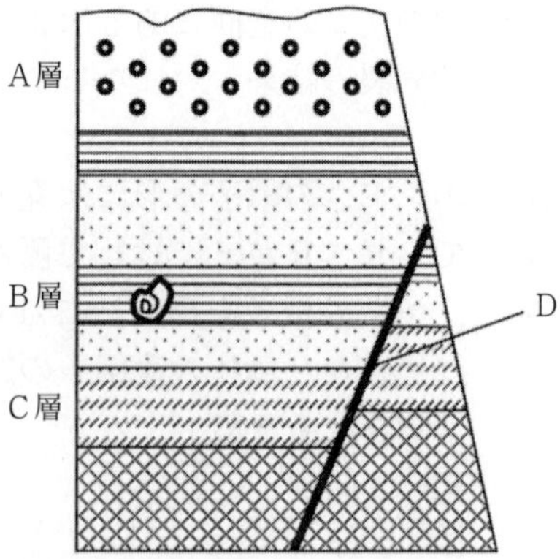

ア　A層が一番新しく堆積した地層である。

イ　A層に含まれる粒の直径が２mm 以上であったとすると，A層は砂岩である。

ウ　B層中にはアンモナイトの化石があった。このことからB層が堆積したのは中生代であることがわかる。

エ　C層は凝灰岩であった。このことから，この地層がつくられた時代に火山活動があったことがわかる。

オ　Dのような地層のずれを断層といい，断層は地層に押す力や引く力がはたらいてできる。

問18　次の記述のうち，**誤っているもの**をア～オの中から１つ選び，記号で答えなさい。

ア　地震の規模はマグニチュード(M)で表され，揺れの大きさは震度で表される。

イ　震度は震央付近で大きく，震央から離れると小さくなる。

ウ　P波が届いてからS波が届くまでの時間を初期微動継続時間という。

エ　日本海溝付近では，大陸プレートが海洋プレートの下に沈み，海洋プレートのふちが変形に耐えられなくなり反発することで地震が起こる。

オ　海嶺の中央には割れ目があり，そこから溶けた岩石が湧き出して，海洋プレートとなる。

問19　右図はある晴れの日の湿度と気温の関係を示している。空気中に含まれる水蒸気量に変化がなかったものとして，気温の上昇により，湿度が下がった理由を説明しなさい。ただし，解答欄にある「気温の上昇により」という語句から記述すること。

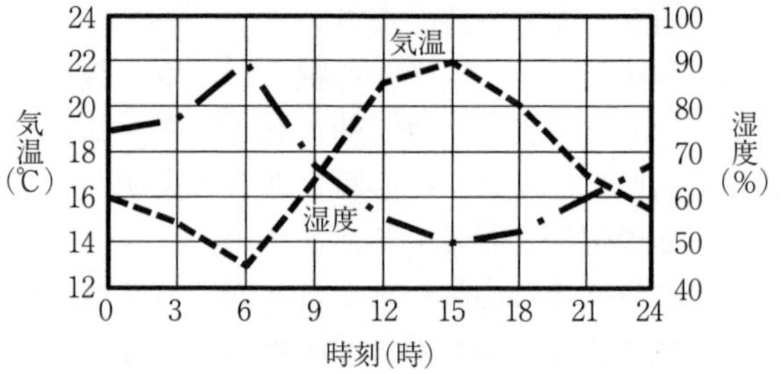

問20　右図は日本付近の気団A～Cの位置を表している。次の記述のうち，**誤っているもの**をア～オの中から１つ選び，記号で答えなさい。

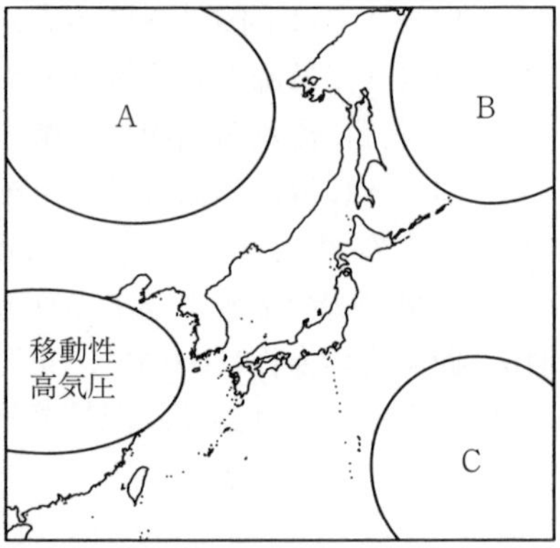

ア　冬では，Aの気団が発達し，西高東低の気圧配置がしばしば現れる。

イ　春には，移動性高気圧が発生し，低気圧と交互に日本を通過する。

ウ　夏が近づく頃には，Bの冷たく乾燥した空気とCの暖かく湿った空気が接したところに梅雨前線が現れる。

エ　夏になると，Cの気団が発達し，Bの気団が衰える。このため，南高北低の気圧配置がしばしば現れる。

オ　秋になると，Cの気団が衰え，梅雨の頃と同じように日本に秋雨前線が現れる。

問21　日食とは，地球，太陽，月がある位置関係で一直線上に並んだときに見られる。日食が見られるときの地球，太陽，月の並び順と，そのときの月の呼び名の組み合わせとして，正しいものをア～エの中から１つ選び，記号で答えなさい。

	並び順	月の呼び名
ア	太陽－地球－月	満月
イ	太陽－地球－月	新月
ウ	太陽－月－地球	満月
エ	太陽－月－地球	新月

問22　日本のある地点で太陽の１日の動きを観察し，次の⑴～⑶の手順で記録したところ，下図のようになった。

⑴　白い紙に透明半球と同じ大きさの円を書き，中心をOの位置に決め，そこに直行する２本の線AC，BDを引いた。さらに方位磁針で東西南北を合わせ，透明半球を固定した。

⑵　次に油性ペンの先端の影が円の中心と一致する透明半球上の位置に印をつけた。

⑶　⑵でつけた印を曲線で結んだ。

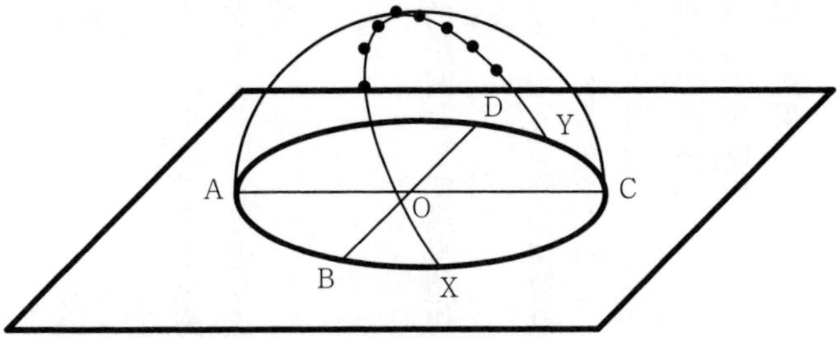

これに関する記述として**誤っているもの**をア～オの中から１つ選び，記号で答えなさい。

ア　北に合わせたのはCである。

イ　日の出の位置はXであり，日の入りの位置はYである。

ウ　この観測を行ったのは，春分の日から秋分の日の間である。

エ　太陽がこの記録のように移動して見えるのは，太陽が自転しているためである。

オ　この記録のような動きを太陽の日周運動という。

ウ　三令五申　　エ　塗炭之苦

Ⅱ　聞《ク》似《もつテ》徳《ヲ》和《スルヲ》民《ヲ》。不《ず》レ聞《カ》レ以《テスルヲ》レ乱《ヲ》。

（『左伝』）

〔書き下し文〕　徳を以て民を和するを聞く。乱を以てするを聞かず。

問一　右の漢文の――線部に、書き下し文を参考にして返り点を付けなさい。（読み仮名・送り仮名は不要）

四　次の各設問に答えなさい。

問一　次の(1)・(2)の文の――線部の文法的説明として最も適切なものをア～シから選び、記号で答えなさい。

(1)　予想よりも高かったので、お金が足りなくて途方に暮れた。

(2)　静かな室内は、私には何となく居心地が悪かったのだ。

ア　形容詞の未然形　　イ　形容詞の連用形

ウ　形容詞の連体形　　エ　形容動詞の未然形

オ　形容動詞の連用形　　カ　形容動詞の連体形

キ　助動詞の未然形　　ク　助動詞の連用形

ケ　助動詞の連体形　　コ　副詞

サ　名詞　　シ　助詞

問二　次の文の――線部ア・イが修飾する**文節を**それぞれ抜き出して答えなさい。

私はア教室からイ重たい荷物を友だちといっしょに順番に運んだ。

字以内で抜き出し、最初と最後の三字ずつを答えなさい。

問十 ――線部7「ぼくらはそのようにしか考えることができない。たとえそのモノが数時間前まで商品棚に並んでいたとしても。」とあるが、このような表現技法を何というか、漢字で答えなさい。

問十一 本文全体の内容と合致するものを次から一つ選び、記号で答えなさい。

ア 経済行為よりも非経済行為の方が家族という現実をつくり上げるのには重要であり、贈与の気持ちを示しづらい状況は改められるべきである。

イ もともと同じ棚に並んでいるモノが「商品」なのか「贈り物」なのか区別するには、売られるまでのあいだに差しはさまれた経過時間が基準になる。

ウ モノのやりとりをする人間同士の間で「経済／非経済」の「きまり」の共有がある時のみ、モノに込めた感情や思いが伝わる。

エ レジでお金を払って商品を受けとるときに言葉や表情に感情を表すことは、商品交換の「きまり」には反することであり、態度の区別が求められる。

オ 世界のリアリティをかたちづくっていくためには、人々の様々な感情を「きまり」によってそぎ落としていくことが必要である。

二

次の古文を読んで、後の設問に答えなさい。（本文の表記を一部改めた）

＊めんよふ、此《こ》の頃は身投げ a はやると、＊橋番、きっと目をあいて気 b 付けていると、やがて＊夜九つ時分 c 、みだし髪の女、泣く泣く橋の上へ来《きた》りければ、1さてこそと橋番、あとよりそっとつけて行くに、かの女、橋の中ほどへ行くと、「南無阿弥陀仏《なむあみだぶつ》」。橋番「をっと、ならぬ」と、うしろより抱きとむれば、女「わたくしは、どふも生きて2ゐられぬ＊訳やいがございますから、とめずと死なして下さりませ」と小判一枚、そっと橋番の手に渡せば、橋番「これ、そんなら、とめますまいから、勝手に＊さっしゃれ。アヽコレ、そこは杭《くい》があってあぶないから、こっちのほうにさっしゃい」。

（『臍くり金』）

＊めんよふ…奇妙に。
＊橋番…橋の通行の取り締まりをする人。
＊夜九つ時分…午前零時。
＊訳やい…訳合い。理由。
＊さっしゃれ…しなさい。

問一 a ～ c に当てはまる語として最も適切なものをそれぞれ次から選び、記号で答えなさい。（同じ記号は一度しか使えない）

ア「が」　イ「の」　ウ「に」　エ「を」

問二 ――線部1「さてこそ」の「さ」は指示語であるが、その内容を現代語で答えなさい。

問三 ――線部2「ゐられぬ」を現代仮名遣いに改めなさい。

問四 この話の落ちの面白さについて簡潔に説明しなさい。

三

次のⅠ・Ⅱの漢文を読んで、それぞれ後の設問に答えなさい。

Ⅰ 毋《なカレ》レ教《フル》二猿《ニ》升《のぼルヲ》一レ木《ニ》。如《ごとシ》二塗《どろニ》塗《ヲ》附《スルガ》一。

（『詩経』）

〔現代語訳〕 猿に木登りを教えてはいけない。泥の上に泥を塗るようなものである。

問一 右の漢文の――線部を書き下し文（漢字・仮名交じり文）に改めなさい。

問二 右の漢文の内容に最も近い四字熟語を次から選び、記号で答えなさい。

ア 夏炉冬扇　　イ 朝三暮四

とで、愛情によって結ばれた関係が強調され、それが「家族」という現実をつくりだしている（なぜ「母親」が脱経済化された領域におかれるのかも、ひとつの問いだ）。
　家族という間柄であれば、誰もが最初から愛にあふれているわけではない。それは脱感情化された「経済＝交換」との対比において（なんとか）実現している。
「家族」にせよ、「恋人」にせよ、「友人」にせよ、人と人との関係の距離や質は、モノのやりとりをめぐる経済と非経済という区別をひとつの手がかりとして、みんなでつくりだしているのだ。

（松村圭一郎『うしろめたさの人類学』）

問一 〰〰線部①～③の漢字は平仮名に、カタカナは漢字に改めなさい。

問二 ――線部1「財布からお金をとり出されたりしたら、たいへんな屈辱になる。」とあるが、なぜか。最も適切なものを次から選び、記号で答えなさい。
ア 贈り主が選んだチョコレートが、実際の金額よりあまりにも安い対価として見積もられているから。
イ 贈り物として思いを込めて渡したチョコレートが、商品交換の対象として扱われているから。
ウ 贈り主が思いを一方的に表明することになり、結果的に経済活動としては成立しなくなるから。
エ お互いが経済活動の「きまり」に基づいた態度をとるべきところで、贈与の内の返礼を行うのは不自然だから。
オ 贈り主がチョコレートに感情を込めたのに、経済とは関係のない行為として見られているから。

問三 【A】～【C】に当てはまる語の組み合わせとして最も適切なものを次から選び、記号で答えなさい。
ア A たとえば　B ところが　C だから
イ A ところが　B では　C たとえば
ウ A では　B たとえば　C ところが
エ A むしろ　B しかも　C だから

問四 ――線部2「バレンタインの日にコンビニの袋に入った板チョコをレシートとともに渡されたとしたら、それがなにを意図しているのか、戸惑ってしまうだろう。」とあるが、なぜ戸惑うのか、三十字以内で説明しなさい。

問五 ――線部3「ぼくらは同じチョコレートが人と人とのあいだでやりとりされることが、どこかで区別しがたい行為だと感じている。」の説明として最も適切なものを次から選び、記号で答えなさい。
ア 多くの人にとってチョコレートのやりとりは無意識に贈与だと感じられてしまうこと。
イ チョコレートのやりとりが経済行為かどうかをはっきりさせるのは難しいということ。
ウ どんなにチョコレートに工夫をこらしても結局それは商品として認識されてしまうということ。
エ 贈られたチョコレートに感謝する気持ちが誰にでもあるわけではないということ。
オ 同じチョコレートが贈る人によって区別されるのは仕方ないことだと考えられていること。

問六 ――線部4「いったいなぜそんな『きまり』が必要なのだろうか？」とあるが、その理由を本文中の語句を用いて四十字以内で説明しなさい。

問七 ――線部5「それとは異なる演出」の具体例一つを十字程度で答えなさい。

問八 Ⅰ ～ Ⅲ に当てはまる語として最も適切なものをそれぞれ次から選び、記号で答えなさい。
ア 商品　イ 贈与　ウ 労働
エ 交換　オ 関係

問九 ――線部6「母親の料理に子どもがお金を払うことなど、ふつうはありえない。」と同じ内容を表した箇所を十五字以上二十り、経済とは関係のない行為にしたりしている。「経済化＝商品らしくすること」は、「脱経済化＝贈り物にすること」との対比のなかで実現する。こうやって日々、みんなが一緒になって「経済／非経済」を区別するという「きまり」を維持しているのだ。

でも、4いったいなぜそんな「きまり」が必要なのだろうか？

ぼくらはいろんなモノを人とやりとりしている。言葉や表情なども含めると、つねになにかを与え、受けとりながら生きている。そうしたモノのやりとりには、「商品交換」と「贈与」とを区別する「きまり」があると書いた。

ひとつ注意すべきなのは、そのモノのやりとりにお金が②カイザイすれば、つねに「商品交換」になるわけではない、ということだ。

結婚式のご祝儀や葬儀の香典《こうでん》、お年玉などを想像すれば、わかるだろう。お金でも、特別な演出（祝儀袋／新札／袱紗《ふくさ》／署名）を③施すことで贈り物に仕立てあげられる。ふつうは結婚式の受付で、財布からお金を出して渡す人なんていない。

なぜ、わざわざそんな「きまり」を守っているのか？　じつは、この「きまり」をとおして、ぼくらは二種類のモノのやりとりの一方には「なにか」を付け加え、他方からは「なにか」を差し引いている。

それは、「思い」あるいは「感情」と言ってもいいかもしれない。贈り物である結婚のお祝いは、お金をご祝儀袋に入れてはじめて、「祝福」という思いを込めることができる。と、みんな信じている。

経済的な「交換」の場では、そうした思いや感情はないものとして差し引かれる。マクドナルドの店員の「スマイル」は、けっしてあなたへの好意ではない。そう、みんなわかっている。

経済と非経済との区別は、こうした思いや感情をモノのやりとりに付加したり、除去したりするための装置なのだ。

レジでお金を払って商品を受けとる行為には、なんの思いも込められていない。みんなでそう考えることで、5それとは異なる演出がなされた結婚式でのお金のやりとりが、特定の思いや感情を表現する行為となる。

それは、光を感じるために闇が必要なように、どちらが欠けてもいけない。経済の「　Ⅰ　」という脱感情化された領域があってはじめて、「　Ⅱ　」に込められた感情を際立たせることができる。だからバレンタインのチョコで思いを伝えるためには、「　Ⅲ　」とは異なる「贈り物」にすることが不可欠なのだ。

この区別は、人と人との関係を意味づける役割を果たしている。たとえば、「家族」という領域は、まさに「非経済／贈与」の関係として維持されている。家族のあいだのモノのやりとりは、店員と客との経済的な「交換」とはまったく異なる。誰もがそう信じている。

レジでお金を払ったあと、店員から商品を受けとって、泣いて喜ぶ人などいない。でも日ごろの感謝の気持ちを込めて、夫や子どもから不意にプレゼントを渡された女性が感激の涙を流すことは、なにもおかしくない。

このとき女性の家事や育児を経済的な「労働」とみなすことも、贈られたプレゼントをその労働への「対価」とみなすことも避けられる。そうみなすと、レジでのモノのやりとりと変わらなくなってしまう。

母親が子どもに料理をつくったり、子どもが母の日に花を贈ったりする行為は、子どもへの愛情や親への感謝といった思いにあふれた営みとされる。6母親の料理に子どもがお金を払うことなど、ふつうはありえない。そんな家庭は、それだけで「愛がない」と非難されてしまう。

子育てとは無償の愛情であり、家族からのプレゼントも日ごろの労働への報酬ではなく、心からの愛情や感謝の印である。それは店でモノを買うような行為とはまったく違う。7ぼくらはそのようにしか考えることができない。たとえそのモノが数時間前まで商品棚に並んでいたとしても。

家族のあいだのモノのやりとりが徹底的に「脱経済化」されるこ

二〇二一年度 中央大学高等学校（推薦）

【国　語】（社会と合わせて五〇分）

【注意】　漢字を用いる場合は、楷書で正しく書いて下さい。

一　次の文章を読んで、後の設問に答えなさい。なお、解答に字数指定のある設問では、句読点なども字数に含めること。

　店で商品を購入するとき、金銭との交換が行われる。でも、バレンタインデーにチョコレートを贈るときには、その対価が支払われることはない。好きな人に思い切って、「これ受けとってください」とチョコレートを渡したとき、「え？　いくらだったの？」と[1]財布からお金をとり出されたりしたら、たいへんな屈辱になる。

　贈り物をもらう側も、その場では対価を払わずに受けとることが求められる。このチョコレートを「渡す／受けとる」という行為は贈与であって、売買のような商品交換ではない。だから「経済」とは考えられない。

　【Ａ】、ホワイトデーにクッキーのお返しがあるとき、それは「交換」になるのだろうか。この行為も、ふつうは贈与への「返礼」として、商品交換から区別される。たとえほとんど等価のものがやりとりされていても、それは売買とは違う。そう考えられている。

　商品交換と贈与を区別しているものはなにか？

　フランスの社会学者ピエール・ブルデュは、その区別をつくりだしているのは、モノのやりとりのあいだに差しはさまれた「時間」だと指摘した。

　【Ｂ】、チョコレートをもらって、すぐに相手にクッキーを返したとしたら、これは等価なものを取引する経済的な「交換」となる。【Ｃ】、そのチョコレートの代金に相当するクッキーを一ヵ月後に渡したとしても、それは商品交換ではない。返礼という「贈与」の一部とみなされる。このとき、やりとりされるモノの「等価性」は伏せられ、「交換」らしさが消える。

　商品交換と贈与を分けているものは時間だけではない。お店でチョコレートを購入したあと、そのチョコレートに値札がついていたら、かならずその値札をはずすだろう。さらに、チョコレートの箱にリボンをつけたり、それらしい包装をしたりして、「贈り物らしさ」を演出するにちがいない。

　店の棚にある値札のついたチョコレートは、それが客への「贈り物」でも、店内の「装飾品」でもなく、お金を払って購入すべき「商品」だと、誰も疑わない。でもだからこそ、その商品を購入して、贈り物として人に渡すときには、その「商品らしさ」をきれいにそぎ落として、「贈り物」に仕立てあげなければならない。

　なぜ、そんなことが必要になるのか？

　ひとつには、ぼくらが「商品／経済」と「贈り物／非経済」をきちんと区別すべきだという「きまり」にとても忠実だからだ。この区別をとおして、世界のリアリティの一端がかたちづくられているとさえいえる。

　そして、それはチョコレートを購入することと、プレゼントとして贈ることが、なんらかの外的な表示（時間差、値札、リボン、包装）でしか区別できないことを示してもいる。

　たとえば、[2]バレンタインの日にコンビニの袋に入った板チョコをレシートとともに渡されたとしたら、それがなにを意図しているのか、戸惑ってしまうだろう。でも同じチョコレートがきれいに包装されてリボンがつけられ、メッセージカードなんかが添えられていたら、たとえ中身が同じ商品でも、まったく意味が変わってしまう。ほんの表面的な「印」の違いが、①レキゼンとした差異を生む。

　[3]ぼくらは同じチョコレートが人と人とのあいだでやりとりされることが、どこかで区別しがたい行為だと感じている。だから、わざわざ「商品らしさ」や「贈り物らしさ」を演出しているのだ。

　ぼくらは人とのモノのやりとりを、そのつど経済的な行為にした

英語解答

1 1 イ　2 エ　3 ウ

2 1 by　2 like

3 1 lend me　2 must〔should〕 not
3 has, dead　4 Is, spoken
5 how old

4 1 The museum has a lot of beautiful pictures painted
2 Don't forget to take something hot to drink when it
3 Nothing gives him so much happiness as playing

5 1 イ　2 イ　3 ア　4 ウ
5 エ

6 問1 adults　問2 ア
問3 asked some teachers if they could teach reading and writing
問4 ウ
問5 (例)授業で最もわくわくする瞬間の1つは，誰かが自分の名前を叫び，それを宙に高く揚げたときだった。
問6 (例)読み書きができず，将来に希望が持てないこと。(22字)
問7 エ

7 1 B　2 A　3 D　4 C
5 D

8 1 B　2 A

9 1 nurse　2 science

1 〔単語のアクセント〕

1．al-thóugh　ア．wél-come　イ．with-óut　ウ．bór-row　エ．bóok-store
2．twén-ti-eth　ア．e-lév-en　イ．ex-pén-sive　ウ．be-gín-ning　エ．gránd-par-ent
3．ín-ter-es-ted　ア．ac-tív-i-ty　イ．en-ví-ron-ment　ウ．díc-tio-nar-y　エ．ex-pé-ri-ence

2 〔適語補充―共通語〕

1．上：by the way「ところで」　「ところで，お父さんは元気？」―「元気です」　下：「～までに」という‘期限’を表す by。　「あなたは6時までに戻らなくてはなりません」

2．上：How do you like ～？は「～はどうですか」と好き嫌いについて尋ねる表現。　「映画はどうでしたか？」―「とてもおもしろかったです」　下：look like ～「～のように見える」「地球は月から見ると大きな青いボールのようだ」

3 〔書き換え―適語補充〕

1．上は Can I ～？「～してもいいですか」を使い「消しゴムを使っていいですか」と相手に‘許可’を求める疑問文。これを Will you ～？「～してくれませんか」を使い「私に消しゴムを貸してくれませんか」という‘依頼’を表す疑問文に書き換える。　‘lend＋人＋物’「〈人〉に〈物〉を貸す」

2．上は‘keep＋形容詞’「～の(状態の)ままでいる」の形を使った「図書館では静かにしなさい」という命令文。これを，You を主語として‘禁止’を表す助動詞の否定形 must not ～「～してはいけない」を使い，「図書館でうるさくしてはいけない」にする。must の代わりに should を用いて「～すべきではない」としても可。

3．上は「その有名な歌手は10年前に亡くなった」。これは亡くなった状態が10年間ずっと続いていることを表すので，現在完了(‘have/has＋過去分詞’)の‘継続’用法を使い「(その有名な歌手は10年間亡くなっている)→その有名な歌手が亡くなって10年になる」と書き換える。

4．上は「その国の人々は英語を話しますか」。これを，英語を主語とする受け身の疑問文‘be動詞

＋主語＋過去分詞…?' の形で,「その国で英語は話されていますか」と書き換える。

5．上は「あなたのお母さんの年齢を教えてください」。下では，your mother's age「あなたのお母さんの年齢」を「お母さんが何歳であるか」と読み換え，'疑問詞＋主語＋動詞…' の語順の間接疑問で how old your mother is と書き換える。 how old「何歳」 'let＋目的語＋動詞の原形'「～に…させる」

4〔整序結合〕

1．まず,「その美術館には～美しい絵がたくさんある」を，The museum has a lot of beautiful pictures とする。「ルノアールが描いた美しい絵」は，語群に painted があるので「ルノアールによって描かれた美しい絵」と読み換えて，名詞 beautiful pictures を '過去分詞＋語句' で後ろから修飾する形で beautiful pictures painted by Renoir とまとめる(過去分詞の形容詞的用法)。

2．「するのを忘れないでください」は，否定の命令文 'Don't＋動詞の原形'「～するな」と「～するのを忘れる」を表す forget to ～ を合わせて Don't forget to とする。to の後は「～を持っていく」という意味を持つ take を続け，その目的語となる「温かい飲み物」は 'something＋形容詞＋to不定詞' の形で something hot to drink とまとめる。「寒いときには」は when it is cold。

3．語群の nothing, so, as, gives から，文全体を「チェスをすることほど彼に喜びを与えるものはない」と読み換えて，'Nothing＋動詞＋so〔as〕＋原級＋as ～'「～ほど…するものはない」と 'give＋人＋物'「〈人〉に〈物〉を与える」の形を組み合わせて表す。'so〔as〕＋原級＋as ～' の部分は '数えられない名詞の量' に関して述べる場合は so〔as〕以下が 'so〔as〕 much＋数えられない名詞＋as ～' という形になるので，Nothing gives him とした後は so much happiness as とまとめ，最後に playing を置き，文末の chess につなげる。

5〔適語(句)選択〕

1．21世紀は2001年から 2100年までなので,「終わる」とする。 「21世紀は2100年に終わる」

2．'have/has never＋過去分詞'「今までに～したことがない」の形にする。これは現在完了の '経験' 用法の否定文。 「私は富士山のような高い山に一度も登ったことがない」

3．paper は '数えられない名詞' で，数えるときは a sheet〔piece〕 of paper「紙１枚」とする。枚数が複数になるときは，two sheets of paper「紙２枚」，more sheets of paper「もっと多くの紙」などとする。 「私の物語を終わらせるためにもっと紙が必要です」

4．会話全体の内容から夕食の準備ができたかきいていると判断できる。 ready「準備ができた」「夕食の準備はできた？ もう待てないよ」―「今つくっているところよ」

5．「今朝」は this morning で in は不要。 *cf.* in the morning「朝に，午前中」 「今朝彼は警察に行き，真実を伝えた」

6〔長文読解総合―ノンフィクション〕

≪全訳≫❶1911年９月５日の夜，満月がケンタッキー州ローワン郡の道路を照らしていた。月明かりのもと，18歳から86歳までの男女が山を下りて森を抜け，50もある田舎の学校の小さな校舎に入っていった。日中は，子どもたちがこれらの１部屋しかない校舎の中に座って読み書きを学んだ。しかし９月のある晩，この学校は大人たちであふれていた。彼らは何も読み書きができなかった。自分自身の名前さえもだ。彼らは「月明かりの学校」にやってきたのだ。というのは，コーラ・ウィルソン・スチュワートという１人の女性が彼らに読み書きの仕方を学ぶことができると伝え，彼らが彼女のことを信じたからだ。❷コーラ・スチュワートは1875年にケンタッキー州ローワン郡で生まれた。彼女は郡にある全ての学校を訪れた若い教育者だった。彼女は読み書きできる能力が成功の秘けつだということをわかっていた。しかしながら，彼女は学校の子どもの勤勉だが教育を受けていない親の多くは，本や新聞の言葉を読み書きができないことを知った。親たちはスチュワート夫人に助けを求めた。❸スチュワート夫人は読み書きを教えられるかどうか，何人かの先生に聞いてみた。先生たち全員が賛成した。先生たちは郡中の人たちに「月明かりの学校」について話した。最初の夜，先生たちは150人が学校に来ると思ったが，実際にはなんと1200人を超える人たちがやってきた。その晩から，「月明かりの学校」は人々の生活を変えた。❹コーラ・スチュワートは，大人は興味があることについて読み書きする必要があると考えていたので，彼女は特別な教材を準備した。彼女は山の中にある農場についての簡単な話を書き，読みやすい新聞をつくった。また，彼女は生徒たちに名前の書き方を教えた。黒板を使う代わりに，先生たちは生徒たちが文字の形を感じ取ることができるように，柔らかい素材(の書き板)の上に一人ひとりの名前を書いた。それから，生徒たちは自分で名前を書けるようになるまで，鉛筆で文字を何度も何度もなぞったり写したりした。(5)授業で最もわくわくする瞬間の１つは，誰かが自分の名前を叫び，それを宙に高く揚げたときだった。❺スチュワート夫人は1911年のその最初の授業の夜を「世界中がかつて見た中で最も輝いていた月明かりの夜」と呼んだ。彼女のおかげで，「月明かりの学校」は何百人もの人たちが暗闇から抜け出すのを助けた。コーラ・ウィルソン・スチュワートは，ローワン郡だけでなく全米の人たちにとって，最も輝いている教育の星の１人だった。

問１＜指示語＞コーラ・ウィルソン・スチュワートが「誰に」読み書きができるようになると伝えたかを考える。それは読み書きができない大人である。them なので前に出ている複数名詞を探すと，２文前の最後に adults がある。

問２＜適語選択＞生徒たちの親の多くは読み書きができなかった。この後の内容から，コーラ・スチュワートの尽力により，「月明かりの学校」が開校したことがわかるので，困っていた大人たちはコーラ・ウィルソン・スチュワートに助けを求めたのだと考えられる。 ‘ask＋人＋for＋物事’「〈人〉に〈物事〉を求める」

問３＜整序結合＞まず「何人かの先生に聞いてみた」は asked some teachers とし，この後「読み書きを教えられるかどうか」を，「～かどうか」の意味を持つ接続詞 if を用いて if they could teach reading and writing とまとめる。‘ask＋人＋if＋主語＋動詞…’「〈人〉に～かどうか尋ねる」の形。

問４＜文脈把握＞直後の‘so that＋主語＋can/could …’は「～が…できるように」という‘目的’を表す意味なので，この部分が柔らかい素材のものを使った理由になっている。

問５＜英文和訳＞主語の One of the most exciting moments は，‘one of the＋最上級＋複数名詞’「最も～な…の１つ」の形。また，この when は「～するとき」の意味の関係副詞で，先行詞 time が省略されている形。his or her は someone を受ける代名詞。 shout out ～「～を大声で言う」 hold ～ up〔hold up ～〕「～を持ち上げる」 high in the air「宙高く」

問６＜語句解釈＞get out of the darkness は「暗闇から抜け出す」という意味。第２段落第３文には，「読み書きできる能力が成功の秘けつ」とあることから，読み書きができないことが人生において大きな不利益となることがわかる。つまり，読み書きができなければ将来にも希望が持てず成功できない可能性が高く，そうしたことを「暗闇」という言葉を用いて表していると考えられる。

問７＜内容真偽＞ア…× 第１段落参照。学校に向かっていたのであって，さまよっていたわけではない。 イ…× 第２段落後半参照。 ウ…× 第３段落第４文参照。 エ…○ 第４段落第２文に一致する。

7～**9**〔放送問題〕解説省略

数学解答

1 ウ

2 エ

3 (1) 160.5cm　(2) 5通り

4 (1) $y=2x+16$　(2) $(-2,\ 2)$

(3) $(4-4\sqrt{3},\ 24-8\sqrt{3})$

5 (1) 81°

(2) (例)点OからBCに垂線OGを引く。△OBGと△OCGにおいて，∠OGB＝∠OGC＝90°　円Oの半径より，OB＝OC＝1　共通な辺より，OG＝OG　よって，直角三角形の斜辺と他の1辺がそれぞれ等しいから，△OBG≡△OCG……①　点BからEFに垂線BHを引く。△EBHと△FBHにおいて，∠EHB＝∠FHB＝90°　円Bの半径より，EB＝FB＝1　共通な辺より，BH＝BH　よって，直角三角形の斜辺と他の1辺がそれぞれ等しいから，△EBH≡△FBH……②　次に，$\overset{\frown}{BC}$に対する円周角と中心角の関係より，∠BOC＝2∠BAC＝2×36°＝72°だから，∠OBG＝∠OCG＝(180°−72°)÷2＝54°　△ABCがAB＝ACの二等辺三角形より，∠ABC＝(180°−36°)÷2＝72°だから，∠EBH＝∠FBH＝(180°−72°)÷2＝54°　△OBGと△EBHにおいて，OB＝EB，∠OGB＝∠EHB＝90°，∠OBG＝∠EBH　直角三角形の斜辺と1つの鋭角がそれぞれ等しいから，△OBG≡△EBH……③　①，②，③より，△OBG，△OCG，△EBH，△FBHは合同だから，△OBG＋△OCG＝△EBH＋△FBHより，△OBC＝△BEF

1 〔数と式―数の計算〕

与式$=\dfrac{25}{36}-\dfrac{25}{9}+\dfrac{9}{4}=\dfrac{25}{36}-\dfrac{100}{36}+\dfrac{81}{36}=\dfrac{6}{36}=\dfrac{1}{6}$

2 〔方程式―二次方程式〕

解の公式より，$x=\dfrac{-(-3)\pm\sqrt{(-3)^2-4\times2\times(-5)}}{2\times2}=\dfrac{3\pm\sqrt{49}}{4}=\dfrac{3\pm7}{4}$となるので，$x=\dfrac{3-7}{4}=\dfrac{-4}{4}=-1$，$x=\dfrac{3+7}{4}=\dfrac{10}{4}=\dfrac{5}{2}$より，$x=-1,\ \dfrac{5}{2}$である。

3 〔資料の活用〕

(1)＜平均値＞A班の平均値は，(161＋162＋164＋154＋166＋156)÷6＝963÷6＝160.5(cm)である。

(2)＜***a***，***b*** **の組数**＞A班の平均値とB班の中央値が等しいので，(1)より，B班の中央値は160.5cmとなる。B班は6人だから，データの小さい方から3番目と4番目の平均値が160.5cmとなる。これより，3番目と4番目のデータの和は160.5×2＝321である。また，3番目は160cm以下，4番目は161cm以上である。B班のa，b以外のデータの最大の値は168，最小の値は156で，その差は168−156＝12となる。これはB班のデータの範囲12cmと一致しているから，B班のデータを小さい順に並べたとき，1番目は156，6番目は168となる。B班のa，b以外の4個のデータを小さい順に並べると，156，157，167，168となり，160以下が2個，161以上が2個だから，$a\leqq b$より，$a\leqq160$，$b\geqq161$である。よって，$156\leqq a\leqq160$，$161\leqq b\leqq168$である。$a=156$，157のとき，3番目は157だから，321−157＝164より，$b=164$とすると，これが4番目となり適する。$a=158$のとき，3番目は158だから，321−158＝163より，$b=163$とすると，これが4番目となり適する。以下同様にして，$a=159$，160のとき，321−159＝162，321−160＝161より，$b=162$，161とすると，それぞれ適する。以上より，求める a，b の組は $(a,\ b)=(156,\ 164)$，$(157,\ 164)$，$(158,\ 163)$，$(159,\ 162)$，$(160,\ 161)$ の５通りある。

4 〔関数―関数 $y=ax^2$ と直線〕

≪基本方針の決定≫(3)　点Sの x 座標を文字でおき，辺UR，辺RSの長さをその文字を使って表す。

図１

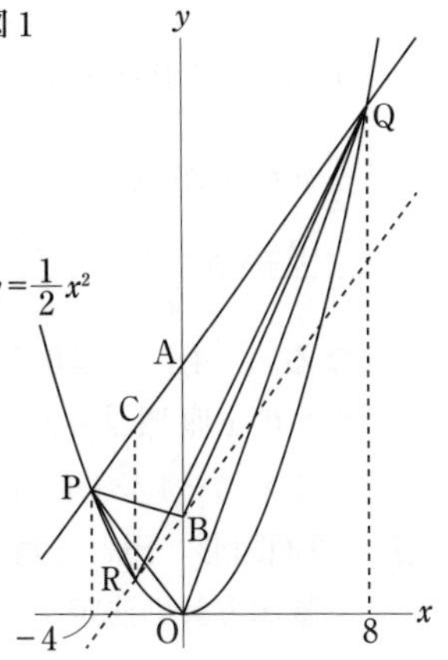

(1)**<直線の式>**右図１で，２点P，Qは放物線 $y=\frac{1}{2}x^2$ 上にあり，x 座標がそれぞれ -4，8 だから，$y=\frac{1}{2}\times(-4)^2=8$，$y=\frac{1}{2}\times8^2=32$ より，P$(-4,\ 8)$，Q$(8,\ 32)$ である。これより，直線PQの傾きは $\frac{32-8}{8-(-4)}=2$ であり，その式は $y=2x+b$ とおける。これが点Pを通るので，$8=2\times(-4)+b$，$b=16$ となり，直線PQの式は $y=2x+16$ である。

(2)**<座標>**右図１で，直線PQと y 軸の交点をAとすると，(1)より，直線PQの切片が16だから，A$(0,\ 16)$ で，OA=16となる。OAを底辺と見ると，２点P，Qの x 座標 -4，8 より，△OPAの高さは４，△OQAの高さは８だから，△OPQ=△OPA+△OQA$=\frac{1}{2}\times16\times4+\frac{1}{2}\times16\times8=96$ となる。△OPQ：△RPQ=8：5 だから，△RPQ$=\frac{5}{8}$△OPQ$=\frac{5}{8}\times96=60$ である。線分OA上に△BPQ=60となる点Bをとり，点Bの y 座標を k とする。△RPQ=△BPQとなるから，PQ∥RBとなり，直線PQの傾きは２だから，直線RBの傾きも２である。また，AB$=16-k$ であり，これを底辺と見ると，△BPA，△BQAの高さはそれぞれ４，８だから，△BPQ=△BPA+△BQA$=\frac{1}{2}\times(16-k)\times4+\frac{1}{2}\times(16-k)\times8=96-6k$ と表せる。よって，$96-6k=60$ が成り立ち，$k=6$ となるので，直線RBの式は $y=2x+6$ となる。点Rは放物線 $y=\frac{1}{2}x^2$ と直線 $y=2x+6$ の交点となるから，２式から y を消去して，$\frac{1}{2}x^2=2x+6$，$x^2-4x-12=0$，$(x+2)(x-6)=0$ より，$x=-2$，6 となる。$-4\leqq x\leqq0$ より，$x=-2$ だから，点Rの x 座標は -2 であり，$y=\frac{1}{2}\times(-2)^2=2$ より，R$(-2,\ 2)$ である。

≪別解≫図１で，点Rを通り y 軸に平行な直線と直線PQの交点をCとし，点Rの x 座標を t とする。点Rは放物線 $y=\frac{1}{2}x^2$ 上にあるので，$y=\frac{1}{2}t^2$ となり，R$\left(t,\ \frac{1}{2}t^2\right)$ である。点Cは直線 $y=2x+16$ 上にあり，x 座標は t だから，$y=2t+16$ となり，C$(t,\ 2t+16)$ である。これより，CR$=2t+16-\frac{1}{2}t^2$ と表せる。CRを底辺と見ると，△RPCの高さは $t-(-4)=t+4$，△RQCの高さは $8-t$ だから，△RPQ=△RPC+△RQC$=\frac{1}{2}\times\left(2t+16-\frac{1}{2}t^2\right)\times(t+4)+\frac{1}{2}\times\left(2t+16-\frac{1}{2}t^2\right)\times(8-t)=\frac{1}{2}\times\left(2t+16-\frac{1}{2}t^2\right)\times\{(t+4)+(8-t)\}=\frac{1}{2}\times\left(2t+16-\frac{1}{2}t^2\right)\times12=-3t^2+12t+96$ となる。よって，△RPQの面積について，$-3t^2+12t+96=60$ が成り立つ。これを解くと，$t^2-4t-12=0$，$(t+2)(t-6)=0$ より，$t=-2$，6 となるので，点Rの x 座標は -2 であり，R$(-2,\ 2)$ となる。

(3)**<座標>**次ページの図２で，点Sの x 座標を s とすると，２点R，Sは y 軸に関して対称だから，点Rの x 座標は $-s$ となる。RSは x 軸に平行だから，RS$=s-(-s)=2s$ と表せる。また，四角形

RSTU は正方形だから，UR は y 軸に平行であり，点Uの x 座標は $-s$ となる。点Uは直線 $y=2x+16$ 上にあるから，$y=2\times(-s)+16=-2s+16$ より，U$(-s,\ -2s+16)$ となり，点Rは放物線 $y=\frac{1}{2}x^2$ 上にあるから，$y=\frac{1}{2}\times(-s)^2=\frac{1}{2}s^2$ より，R$\left(-s,\ \frac{1}{2}s^2\right)$ となる。よって，UR$=-2s+16-\frac{1}{2}s^2$ となる。UR＝RS より，$-2s+16-\frac{1}{2}s^2=2s$ が成り立ち，これを解くと，$s^2+8s-32=0$ より，$s=\frac{-8\pm\sqrt{8^2-4\times1\times(-32)}}{2\times1}=\frac{-8\pm\sqrt{192}}{2}=\frac{-8\pm8\sqrt{3}}{2}=-4\pm4\sqrt{3}$ となる。$-4\leqq -s\leqq 0$ より，$0\leqq s\leqq 4$ だから，$s=-4+4\sqrt{3}$ であり，点Uの x 座標は $-s=-(-4+4\sqrt{3})=4-4\sqrt{3}$ である。したがって，$y=2\times(4-4\sqrt{3})+16=24-8\sqrt{3}$ となるから，U$(4-4\sqrt{3},\ 24-8\sqrt{3})$ である。

図 2

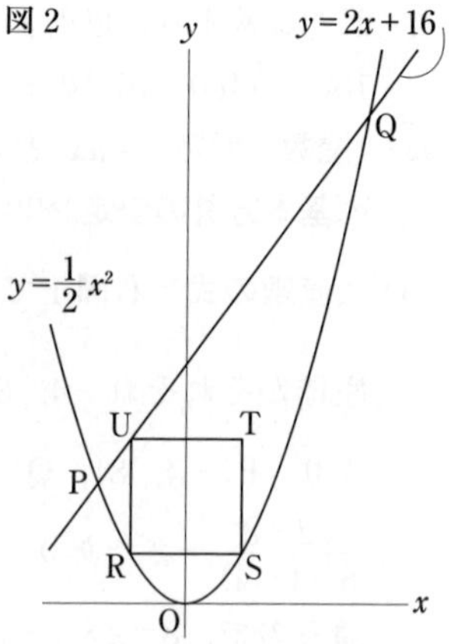

5 〔平面図形―円と三角形〕

≪基本方針の決定≫(1)　△ABC，△OBC，△BOD はいずれも二等辺三角形である。

(1)<**角度**>右図において，△ABC は AB＝AC の二等辺三角形で，∠BAC＝36° だから，∠ABC＝(180°－∠BAC)÷2＝(180°－36°)÷2＝72° である。また，$\overset{\frown}{BC}$ に対する円周角と中心角の関係より，∠BOC＝2∠BAC＝2×36°＝72° であり，△OBC は OB＝OC の二等辺三角形だから，∠OBC＝(180°－∠BOC)÷2＝(180°－72°)÷2＝54° となる。よって，∠OBD＝∠ABC－∠OBC＝72°－54°＝18° である。さらに，△BOD は BO＝BD の二等辺三角形だから，∠BOD＝(180°－∠OBD)÷2＝(180°－18°)÷2＝81° となる。

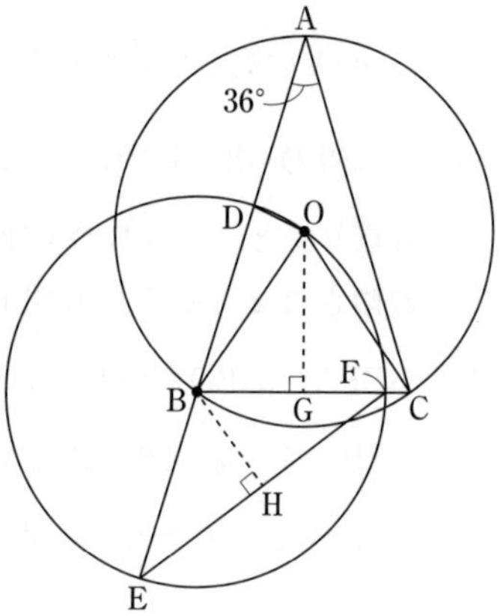

(2)<**論証**>右図で，点O，点Bからそれぞれ辺 BC，EF に垂線 OG，BH を引き，△OBG，△OCG，△EBH，△FBH に着目する。この 4 つの三角形が合同であることがいえれば，△OBC＝△BEF となる。解答参照。

＝読者へのメッセージ＝

5の△ABC は，頂角が36° の二等辺三角形です。この三角形の辺の比は，BC：AB＝1：$\frac{1+\sqrt{5}}{2}$ で，およそ 1：1.6 となります。この比を黄金比といい，最も美しい比とされています。

2021年度／中央大学高等学校（推薦）

社会解答

1 問1　オ　問2　エ　問3　エ
問4　ア　問5　ウ　問6　イ

2 問1　イ　問2　ア　問3　荘園制
問4　エ
問5　A…エ　B…ウ　C…イ　D…ア
問6　ウ

3 問1　4　問2　イ　問3　ア
問4　エ　問5　ア　問6　エ
問7　ウ

4 （例1）オンライン授業・講義に関しては，今後も続けたいと思わないという割合が多いが，私も同感である。なぜなら，直接向き合って説明を受ける方がより理解が深まると考えるからだ。〔なぜなら，講義や授業は，人と同じ教室で受けることに意味があると思うからだ。〕
（例2）食料品，日用品のネット購入に関して今後も続けたいと思う人が多いが，妥当であると考える。なぜなら，接触の機会を減らせるし，店で購入しなければならないわけではないからだ。〔なぜなら，日用品などは，実際見て買う必要もないし，自宅まで届いて便利だからだ。〕

1〔地理―総合〕

問1＜世界の国々＞Aはdのアメリカで，北アメリカ大陸の東西にわたって広がる。その面積はロシア，カナダに次いで世界第3位である。イギリスを中心とするヨーロッパからの移住者によって植民地経営が行われていたが，18世紀後半の1776年，アメリカ独立宣言を発表してイギリスから独立した。2020年11月の大統領選挙の結果，民主党のジョー=バイデンが大統領となった。Bはfのフランスで，ユーラシア大陸西部に位置している。農業が盛んで農畜産物の輸出国であるとともに，工業も盛んで南部の都市トゥールーズには，航空機の最終組立工場が置かれている。Cはbのケニアで，アフリカ大陸の東部に位置している。なお，aはコンゴ民主共和国，cはカナダ，eはスペイン，hはベトナム，iはコロンビア，jはブラジルで，Dはgの中国について述べている。

問2＜経度・緯度＞北緯40度の緯線は，東北地方の秋田県や岩手県を通り，eのスペインのマドリードや，dのアメリカのニューヨーク付近を通る。なお，gの中国の国土の大部分は，九州地方の西に位置している（ア…×）。cのカナダは，日本のはるか北東に位置している（イ…×）。jのブラジルは日本のはるか南東に位置し，国土の大部分は南半球にある（ウ…×）。

問3＜資料の読み取り＞水力による発電電力量が世界一であるのはブラジルではなく中国である。また，総発電電力量における水力発電による発電電力量が15％を上回る国は，中国・ブラジルの2か国である。

問4＜政府開発援助＞日本の政府開発援助〔ODA〕は，JICA〔国際協力機構〕により一元的に実施されている。なお，2018年度の政府開発援助の実績額は，DAC〔開発援助委員会〕メンバー国の中において，アメリカ，ドイツ，イギリス，フランス，日本の順に多い（イ…×）。2018年度の二国間援助において，日本の無償資金協力は26億4000万ドル，有償資金協力（円借款）にあたる政府貸付等の援助額は80億600万ドルで，有償資金協力（円借款）の援助額の方が多い（ウ…×）。二国間援助の地域別配分を見ると，アジア地域への援助割合が最も多い（エ…×）。

問5＜中京工業地帯＞中京工業地帯は愛知県，三重県の沿岸部に広がり，岐阜県南部を含めて形成される。愛知県瀬戸市や岐阜県多治見市では瀬戸焼・多治見焼などの陶磁器生産が盛んで，近年はファインセラミックスの生産も進んでいる。また，愛知県豊田市にある世界的な自動車メーカーの本社を中心に自動車工業が発達しており，工業別生産額の半分以上が機械工業で占められている。なお，アは京浜工業地帯，イは北九州工業地帯〔北九州工業地域〕，エは東海工業地域，オは鹿島臨海工業地域について述べている。

問6＜国際機構・協定＞ASEAN〔東南アジア諸国連合〕には，タイ，マレーシア，インドネシアなど東南アジアの10か国が加盟しているが，日本は参加していない。なお，APEC〔アジア太平洋経済協力会議〕にはオーストラリア，日本，アメリカなど19か国2地域，WTO〔世界貿易機関〕には日本を含む世界の164の国と地域，RCEP〔地域的な包括的経済連携(協定)〕にはASEAN10か国，中国，日本，韓国，オーストラリア，ニュージーランドが参加している(いずれも2021年2月現在)。

2〔歴史―古代から現代の日本と世界〕

問1＜奈良時代の日本＞607年，聖徳太子と推古天皇は用明天皇の病気が治ることを願い，奈良県北西部の斑鳩に法隆寺を建立した。奈良時代，仏教の力で国をしずめようと願った聖武天皇が都の平城京に建立したのは，東大寺である。

問2＜文永の役＞鎌倉幕府第8代執権北条時宗が元の皇帝フビライ=ハンによる服属の要求を無視したため，1274年，元軍は高麗軍とともに九州北部に襲来した。御家人らは元軍の集団戦法や火器に苦しめられたが，暴風雨で元軍の船が多く沈んだこともあり，これを追い返すことに成功した(X…正)。この文永の役の後，幕府は海岸に石の防壁(防塁)を築き，九州の御家人らに対して，九州北部の防備を強化することを命じた。このように御家人の負担は重くなっていったが，元軍との戦いは防衛戦で新たな領土を得られなかったため，幕府は十分な恩賞を与えることができず，御家人らの不満が高まっていった(Y…正)。

問3＜ヨーロッパの荘園制＞中世のヨーロッパでは，有力者たちが荘園と呼ばれる自給自足の農場を所有し，そこに農民を住まわせて領地を支配した。この制度を荘園制という。しかし，14世紀にペスト〔黒死病〕が流行して農村の人口が大きく減ると，有力者たちは，労働力の確保に努めようと農民の地位を向上させた。こうしたことから，ヨーロッパでは独立自営農民が増加し，荘園制が崩壊していった。

問4＜長崎の歴史＞太平洋戦争末期の8月6日に世界で初めて原子爆弾が投下されたのは，長崎ではなく広島である。長崎には，8月9日に原子爆弾が投下された。

問5＜歴史的な出来事の起こった時期＞A．9世紀初頭，唐から帰国した最澄は比叡山に延暦寺を開き，天台宗を伝えた。同時期に唐から帰国した空海は高野山に金剛峯寺を開き，真言宗を伝えた。　B．後醍醐天皇は足利尊氏らの協力を得て1333年に鎌倉幕府を滅ぼすと，建武の新政と呼ばれる天皇中心の政治を始めた。建武の新政では公家が重用されたため，武士の反発を招き，2年あまりで失敗した。　C．伊能忠敬は1800年から1816年にかけて全国を歩いて測量し，正確な日本地図の作成にあたった。　D．1929年，アメリカのニューヨークの株式市場で株価が大暴落したことから世界恐慌が始まった。世界恐慌の影響は世界中に及び，日本では1930年に昭和恐慌が起こった。

問6＜高度経済成長＞円高が進む中で企業が株や土地に資金を投入して不動産ブームが起きたのは1980年代後半～1991年のことで，これをバブル経済という。

3〔公民―総合〕

問1＜ドント式の計算＞5までで割った場合，A政党の商は，大きい順に，54万，27万，18万，13.5万，10.8万，B政党の商は，大きい順に，68万，34万，22.6…万，17万，13.6万，C政党の商は，大きい順に，15万，7.5万，5万，3.75万，3万となる。したがって，議席の獲得順は，B政党(68万)→A政党(54万)→B政党(34万)→A政党(27万)→B政党(22.6…万)→A政党(18万)→B政党(17

万)→C政党(15万)となるので，A政党は３議席，B政党は４議席，C政党は１議席を獲得することになる。

問２＜行政裁判＞行政裁判は民事裁判の一種で，国民が原告，国や地方公共団体が被告となって行われる裁判のことをいう。原子炉の設置許可は国の原子力規制委員会が出すので，その取り消しを求める際には住民が国を相手として裁判を起こすことになる。なお，アは個人(私人)間の対立を解決するための裁判なので，民事裁判にあたる。ウは裁判官を辞めさせるかどうかを決める裁判なので，弾劾裁判にあたる。弾劾裁判所は国会に設置され，国会議員が弾劾裁判における裁判官の役割を果たす。エは刑事裁判にあたる。

問３＜内閣総理大臣＞日本国憲法において，内閣総理大臣の任期に関する規定は定められていない。なお，内閣総理大臣は，参議院を含めた国会議員の中から国会の議決で指名される(イ…×)。内閣総理大臣は国会議員の資格を持った者がつく地位であり，内閣総理大臣に指名されても国会議員の資格は失わない(ウ…×)。国務大臣は過半数が国会議員であればよいので，全員が国会議員である必要はない(エ…×)。

問４＜景気の変動＞景気停滞期には，会社の倒産や失業が増えるので，生活保護費などの社会保障給付が増加する。なお，景気過熱期には公定歩合を引き上げることで，コールレート(金融機関どうしで短期間のお金の貸し借りを行うときの金利)の上限も引き上がる(ア…×)。景気過熱期に行われる公共投資などの財政支出の縮小は，文章中に「景気に応じて政府の収入や支出を意図的に操作することも必要となる」とあるように，自動的に行われるものではない(イ…×)。景気停滞期には，日本銀行による国債の買い入れが行われるが，これは金融政策にあたり，財政政策ではない(ウ…×)。

問５＜日本の経済状況を示す指標＞新型コロナウイルス感染症の流行が拡大した2020年に入ってから増加傾向にあるAが，全国の完全失業率である。特に，飲食業や観光業は大きな影響を受けた。なお，2020年に入ってから減少傾向にあるBは全国の有効求人倍率，Bよりも値が大きいCは全国の新規求人倍率，マイナスの月が多く見られるDは全国の賃金上昇率(前年比)である。

問６＜核兵器禁止条約＞核兵器禁止条約は2017年に国連総会で採択され，2021年１月に発効したが，2020年12月現在では未発効であった。なお，アのジェノサイド条約〔集団殺害罪の防止および処罰に関する条約〕は1951年に発効した。イのILO条約(国際労働条約)は労働に関するさまざまな条約の総称であり，随時発効している。ウの環太平洋パートナーシップ協定〔TPP〕は2018年12月に発効した。

問７＜公正な取引＞同一産業部門の企業どうしが高い価格を維持することを目的として取り決めを行い，競争を制限しようとする行為をカルテルという。カルテルが結ばれると価格が一定水準を下回らなくなり，消費者にとって不利にはたらくため，独占禁止法で禁止されている。なお，アのトラストは同一の産業・業種で企業が合併すること。イのM&Aは企業の合併・吸収を意味する言葉で，競争力の強化・新技術の獲得などを目的とする。エのコンツェルンは企業連携ともいい，株式保有などの方法によって諸企業を支配する形態のことである。

4　**〔論述問題―文章の読み取りと考察〕**

「オンライン授業・講義」または「食料品，日用品のネット購入」について，グラフから読み取れることをもとに，自分の考えを明らかにする。このとき，自分の立場が「賛成」「反対」のどちらであるかわかるように書き，その立場をとる理由を明示する。

理科解答

問1　イ　問2　キ　問3　1224km
問4　5Ω
問5　A…ア　B…ウ　C…ア
問6　1.25倍　問7　ウ
問8　⑴　イ　⑵　エ
問9　⑴　$2CuO+C \longrightarrow 2Cu+CO_2$
　⑵　酸化された物質…C
　還元された物質…CuO

問10　イ，カ　問11　ウ
問12　分離の法則　問13　オ
問14　⑴　呼吸　⑵　キ
問15　ア，カ，キ
問16　①…ア　②…ウ　③…イ
問17　イ　問18　エ
問19　（例）飽和水蒸気量が大きくなるから。
問20　ウ　問21　エ　問22　エ

問1＜光の屈折＞水中に入れた箸が折れて曲がったように見えたのは，水中から空気中に出るときに光が屈折するためである。ア～エの中で，同様に，光が屈折することで起こる現象はイである。なお，アとウは光の反射による現象であり，エは全反射による現象である。

問2＜音の性質＞震源からの距離が遠くなると音が小さく聞こえるのは，音の振幅が小さくなるためである。また，このとき，聞こえる音の高さは変わらない。これは，音の振動数が変わらないためである。よって，図のA点で出したギターの音は，C点より音源に近いB点の方が振幅は大きく，振動数はB点でもC点でも変わらない。

問3＜音の速さ＞1700m離れた場所で汽笛の音が5秒後に聞こえたのだから，音の伝わった速さは，$1700 \div 5 = 340$(m/s)である。よって，1時間，つまり，$60 \times 60 = 3600$(秒)の間に音が伝わる距離は，$340 \times 3600 = 1224000$(m)より，$1224000 \div 1000 = 1224$(km)である。

問4＜回路と電流＞図1でa点を流れる電流の大きさをIAとすると，図2のb点を流れる電流はその3倍だから，$3I$Aと表せる。図1は直列回路で，回路全体の抵抗は$10+R$Ωとなるから，電源の電圧は，オームの法則〔電圧〕＝〔電流〕×〔抵抗〕より，$I \times (10+R) = I(10+R)$(V)である。また，図2は並列回路で，$R$Ωの抵抗器にかかる電圧は電源の電圧に等しいから，電源の電圧は，$3I \times R = 3IR$(V)である。よって，図1と図2の電源の電圧は等しいので，$I(10+R) = 3IR$が成り立つ。これを解くと，$10+R = 3R$より，$R = 5$(Ω)となる。

問5＜コイルの周りの磁界＞図2より，磁針の針の黒い方がN極である。また，コイルに電流が流れるとき，右図のように，コイルに流れる電流の向きに，右手の親指以外の指先を合わせると，コイルの内側には，突き出した親指の向きに磁界ができる。よって，図1のコイルを上から見ると，磁針Aと磁針Bの間のコイルの周りには時計回りの磁界ができ，磁針Bと電極Cの間のコイルには反時計回りの磁界ができる。磁針の針の指す向きは磁界の向きに一致するから，磁針のN極は，磁針AではNを指し，磁針BではSを，磁針CではNを指す。したがって，磁針Aと磁針Cはアのようになり，磁針Bはウのようになる。

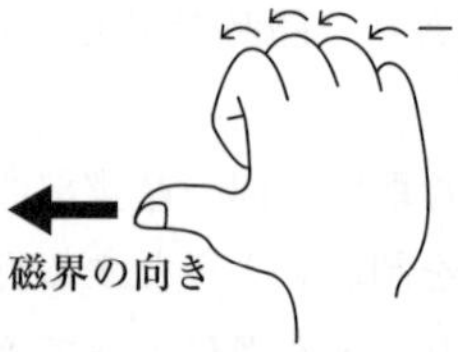

問6＜ばねの伸び＞実験1では，ばねAには$10+10=20$(g)のおもりにはたらく重力と同じ力が加わり，ばねBには10gのおもりにはたらく重力と同じ力が加わる。よって，図2より，ばねAは4cm，ばねBは1cm伸びるので，伸びの合計は$4+1=5$(cm)である。一方，実験2では，ばねBには20gのおもりにはたらく重力と同じ力が加わり，ばねAには10gのおもりにはたらく重力と同じ力

が加わるから，それぞれの伸びは，ばねBが2cm，ばねAが2cmで，伸びの合計は2+2=4(cm)である。したがって，実験1のばねAとばねBの伸びの合計は，実験2のばねAとばねBの伸びの合計の，5÷4=1.25(倍)となる。

問7＜力学的エネルギーの保存＞力学的エネルギーの保存より，物体Xの持つ位置エネルギーと運動エネルギーの和である力学的エネルギーは常に一定に保たれている。物体Xは，B点から右斜め上に飛び出した後，放物線を描いて落下する。このとき，物体Xは最も高い点を通過するときも右方向に運動しているので，運動エネルギーを持っている。そのため，最も高い点を通過するときに持つ位置エネルギーの大きさは，A点で持っていた位置エネルギーの大きさより小さい。よって，物体XはB点に達した後，B点より高くA点より低い位置を通過して落下する。

問8＜蒸留＞(1)水とエタノールの混合物を加熱するとき，混合液の温度がエタノールの沸点の78℃付近になると，沸騰が始まり温度上昇がゆるやかになる。その後，混合液の温度は一定にならず上昇を続け，水が沸騰する100℃近くになると温度は一定となる。よって，図で，混合液の沸騰が始まったのは，温度が約78℃になってグラフの温度上昇がゆるやかになった約7分後である。　(2)加熱を始めて13分後の混合液の温度は，100℃近くになっている。このとき出てくる気体は，水に少量のエタノールを含む混合物である。

問9＜酸化銅の還元＞(1)酸化銅(CuO)と炭素(C)の混合物を加熱すると，酸化銅は酸素を奪われて銅(Cu)になり，炭素は酸素と結びついて二酸化炭素(CO_2)になる。化学反応式は，矢印の左側に反応前の物質の化学式，右側に反応後の物質の化学式を書き，矢印の左右で原子の種類と数が等しくなるように化学式の前に係数をつける。　(2)酸化は物質が酸素と結びつく化学変化で，還元は酸化物が酸素を奪われる化学変化である。よって，この反応で，酸化されたのは炭素(C)，還元されたのは酸化銅(CuO)である。

問10＜電池＞図の亜鉛板では，亜鉛原子(Zn)が電子を2個失って亜鉛イオン(Zn^{2+})となってうすい塩酸中に溶け出す。このとき放出された電子は，導線を通って銅板に移動する。銅板では，うすい塩酸中の水素イオン(H^+)が電子を1個受け取って水素原子(H)となり，さらに，水素原子が2個結びついて水素分子(H_2)となって気体として発生する。

問11＜中和反応＞BTB液は，酸性で黄色，中性で緑色，アルカリ性で青色に変化する。よって，色が緑色に変化した水溶液は中性である。この実験で，操作2のように，うすい塩酸に水酸化ナトリウム水溶液を加えると，塩酸中の水素イオン(H^+)と水酸化ナトリウム水溶液中の水酸化物イオン(OH^-)が結びついて水(H_2O)ができる。水溶液の色が緑色になったとき，水溶液は中性で，その中にはH^+もOH^-も存在しない。また，塩酸中の塩化物イオン(Cl^-)と水酸化ナトリウム水溶液中のナトリウムイオン(Na^+)は水溶液中では結びつかず，イオンのまま存在する。水溶液が中性になるのは，水溶液中のH^+の数と加えられたOH^-の数が等しいときだから，このとき，水溶液中のCl^-とNa^+の数は等しい。したがって，ア～カの中で，水溶液が緑色に変化したときのビーカー内のイオンのモデルとして正しいのはウである。

問12＜分離の法則＞遺伝子は2つが対になって存在している。減数分裂によって，卵や精子などの生殖細胞がつくられるとき，対になっている遺伝子のそれぞれが別の生殖細胞に入る。これを分離の法則という。

問13＜遺伝の規則性＞まず，それぞれの個体が自家受粉したときにできる種子の遺伝子の組み合わせと数の比から，種子の形と数の比を考える。種子の形を決める遺伝子の組み合わせにはRRとRr，rrがある。このうち，遺伝子がRRの場合，できる種子の遺伝子と数の比は，RR：Rr：rr＝4：0：

0となる。ここで，Rを持つRRとRrは丸になり，Rを持たないrrはしわになるので，種子の形と数の比は，丸：しわ＝4：0である。Rrの場合，できる種子の遺伝子と数の比は，RR：Rr：rr＝1：2：1となり，丸：しわ＝(1＋2)：1＝3：1である。rrの場合，できる種子の遺伝子と数の比は，RR：Rr：rr＝0：0：4となり，丸：しわ＝0：4となる。次に，この実験でできた種子は，丸が75個，しわが125個より，丸：しわ＝75：125＝3：5である。よって，2個体から同数の種子を得たとすると，できた種子の形と数の比が，丸：しわ＝3：5になる2個体の遺伝子の組み合わせは，丸：しわ＝3：1と丸：しわ＝0：4の組み合わせで，丸：しわ＝3：(1＋4)＝3：5となる。したがって，自家受粉した2個体の遺伝子の組み合わせは，Rrとrrである。

問14＜細胞の呼吸＞(1)細胞では，有機物と酸素を反応させて生活に必要なエネルギーを取り出すはたらきが行われている。このはたらきを細胞の呼吸という。　(2)細胞の呼吸は，全ての細胞で行われている。

問15＜ヒトの心臓と血管＞図の血管Aは大動脈で，②の左心室から全身へ向かって，酸素を多く含む動脈血が送り出される。一方，①は右心室で，ここから肺へ向かって，二酸化炭素を多く含む静脈血が送り出される。また，全身へ血液を送り出すためには，肺に血液を送り出すときよりも強い力が必要なため，①の右心室より②の左心室の方が筋肉が厚くなっている。

問16＜顕微鏡の使い方＞まず，顕微鏡の鏡筒に，接眼レンズと対物レンズを，この順に取りつける(ア)。これは，鏡筒内にゴミが入るのを防ぐためである。次に，接眼レンズをのぞきながら，反射鏡やしぼりを調節して視野全体を明るくする(ウ)。その後，プレパラートをステージにのせ，クリップでとめる(イ)。なお，対物レンズをプレパラートに近づけるときは，横から見ながら行う。

問17＜地層＞泥岩・砂岩・れき岩は含まれる粒の大きさで区別され，粒の直径が0.06mm以下のものが泥岩，0.06～2mmのものが砂岩，2mm以上のものがれき岩である。よって，誤っているのはイである。なお，一般に地層は下のものほど古いため，図で，一番上のA層は一番新しく堆積したと考えられる。また，凝灰岩は火山灰などが堆積して固まったものだから，C層がつくられた時代に火山活動があったことがわかる。

問18＜プレート＞日本海溝付近では，海洋プレートが大陸プレートの下に沈み込んでいて，大陸プレートのふちが変形に耐えられなくなり反発することで地震が起こる。よって，誤っているのはエである。

問19＜湿度＞湿度は，その気温での空気1m^3中の飽和水蒸気量に対する，実際に含まれている水蒸気量の割合である。飽和水蒸気量は気温によって異なり，気温が高いほど大きいから，空気中の水蒸気量に変化がない場合，気温が高くなれば，湿度は下がることになる。

問20＜日本付近の気団＞図の気団Aはシベリア気団，気団Bはオホーツク海気団，気団Cは小笠原気団である。海上の気団は湿っていて，大陸上の気団は乾燥している。よって，Bのオホーツク海気団は湿っているので，誤っているのはウである。

問21＜日食＞日食は，月によって太陽がかくされる現象で，太陽，月，地球の順に並んだときに見られる。また，このときの月は，太陽の光を反射している面が地球から見えないので，新月である。

問22＜太陽の日周運動＞図のように，太陽が動いて見えるのは，地球が地軸を軸として1日に1回自転しているためである。よって，誤っているのはエである。

国語解答

一　問一　①　歴然　②　介在　③　ほどこ
問二　イ　問三　ウ
問四　渡されたチョコが商品なのか贈り物なのか区別ができないから。（29字）
問五　イ
問六　人と人との関係の距離や質は経済と非経済という区別をもとにつくり出されているから。（40字）
問七　お金を祝儀袋に入れること。
問八　Ⅰ…エ　Ⅱ…イ　Ⅲ…ア
問九　「母親～かれる
問十　倒置（法）　問十一　ウ

二　問一　a…ア　b…エ　c…ウ
問二　身投げをする人が来た
問三　いられぬ
問四　どうせ死のうとしている人に対して，危ないと橋番が言っていること。

三　Ⅰ　問一　猿に木に升るを教ふる毋かれ。
問二　ア
Ⅱ　問一　（右参照）
聞㆓以㆑徳和㆒㆑民。

四　問一　(1)…ク　(2)…カ
問二　ア　運んだ　イ　荷物を

一〔論説文の読解―社会学的分野―コミュニケーション〕出典；松村圭一郎『うしろめたさの人類学』。

≪本文の概要≫贈り物を「渡す／受けとる」という行為は，贈与であり，売買のような商品交換ではないので，経済ではない。商品交換と贈与を区別しているのは，モノのやりとりの間に差しはさまれた時間と，商品らしさや贈り物らしさの演出である。贈与において，モノから商品らしさをなくして贈り物に仕立て上げなければならないのは，私たちが「商品／経済」と「贈り物／非経済」を区別すべきだという「きまり」に忠実だからである。その区別は，何らかの外的な表示でしかできないものだから，商品らしさや贈り物らしさの演出が必要になるのである。モノのやりとりにお金が介在すれば，常に商品交換になるわけではない。結婚式のご祝儀は，祝福の思いが表されており，それはご祝儀袋によって成立している。経済と非経済との区別は，思いや感情を，モノのやりとりに付加したり除去したりするための装置なのである。この区別は，人と人との関係を意味づける役割を持つ。例えば家族という領域は，脱経済化されることで，愛情によって結ばれた関係が強調され，それが「家族」たらしめている。人間関係の距離や質は，モノのやりとりをめぐる経済と非経済という区別をもとに，皆でつくり出しているのである。

問一＜漢字＞①「歴然」は，はっきりしているさま。　②「介在」は，二者の間に存在すること。　③音読みは「実施」などの「シ」。

問二＜文章内容＞バレンタインデーに贈られたチョコレートは，「好きな人に思い切って」渡したという「思いや感情」の付加された「贈り物」である。それなのに，受け取った側が，そのチョコレートを「商品」と見なして「対価」を支払おうとすれば，贈った人にとっては，相手に，「思いや感情」を受け取ることを拒否されたことになるので，「屈辱」なのである。

問三＜接続語＞A．バレンタインデーのチョコレートは，「売買のような商品交換では」なく，「経済」とは考えられないとしたうえで，視点を変えて，「ホワイトデーにクッキーのお返しがある」場合は，「交換」になるのかどうかをあらためて考える。　B．「商品交換と贈与を区別しているもの」が「時間」であることの例として，「チョコレートをもらって，すぐに相手にクッキーを返した」場合を挙げている。　C．「チョコレートをもらって，すぐに相手にクッキーを返した」場合は，「等価なものを取引する経済的な『交換』となる」けれども，「そのチョコレートの代金に相当するクッキーを一ヵ月後に渡した」場合は，「返礼という『贈与』の一部」であって，「商品交換ではない」のである。

問四＜文章内容＞バレンタインの日のチョコレートは，「贈り物」であると思われるのに，渡されたチョコレートは，贈り物としてのリボンや包装もなく，「コンビニの袋に入った板チョコ」という「商品らしさ」が消えていない状態である。しかも，その商品としての価値を表す「レシートとともに」渡されたら，受け取る側は，そのチョコレートが「贈り物」なのか「商品」なのかわからず，どう対応してよいか困惑するのである。

問五＜文章内容＞私たちは，「人とのモノのやりとりを，そのつど経済的な行為にしたり，経済とは関係のない行為にしたり」しているが，ある「モノ」のやりとりが「経済」なのか「非経済」なのかは，区別しにくい行為だと感じているので，「なんらかの外的な表示」でそれを区別するという「きまり」を維持し，商品らしさや贈り物らしさを演出するのである。

問六＜文章内容＞「経済と非経済との区別」は，「思いや感情をモノのやりとりに付加したり，除去したりするための装置」であり，「人と人との関係を意味づける役割を果たしている」のである。つまり，「人と人との関係の距離や質は，モノのやりとりをめぐる経済と非経済という区別をひとつの手がかりとして，みんなでつくりだしている」ものであるから，「『経済／非経済』を区別するという『きまり』を維持」することが必要なのである。

問七＜文章内容＞結婚式でのお金のやりとりは，「レジでお金を払って商品を受けとる行為」とは異なる，「お金をご祝儀袋に」入れるという演出によって，「祝福」という思いを表現する行為となる。

問八＜文章内容＞光と闇の関係のように，「思いや感情はないものとして」差し引かれた「脱感情化された」経済的なやりとりの場があって初めて(…Ⅰ)，それとは対照の贈り物に込められた「感情を際立たせ」ることができるのである(…Ⅱ)。だから，バレンタインのチョコに思いを込めるために，感情の除去された売買目的の物とは違う，贈り物としての演出が必要なのである(…Ⅲ)。

問九＜文章内容＞母親が子どもに料理をつくる行為は，「子どもへの愛情」にあふれた営みである。「家族のあいだのモノのやりとり」は，「徹底的に『脱経済化』されることで，愛情によって結ばれた関係が強調」され，その関係が「家族」という現実をつくり出すのであり，「母親」は「脱経済化された領域に」置かれているのである。

問十＜表現技法＞本来の語順は，「たとえそのモノが数時間前まで商品棚に並んでいたとしても」，「ぼくらはそのようにしか考えることができない。」である。強調するために語順を入れかえる表現技法を「倒置(法)」という。

問十一＜要旨＞「商品交換と贈与を分けているものは時間だけでは」なく，「商品らしさ」や「贈り物らしさ」の演出によっても区別される(イ…×)。「商品／経済」と「贈り物／非経済」を，私たちが「きまり」に忠実に区別することを通して，「世界のリアリティの一端がかたちづくられている」といえる(オ…×)。「経済的な『交換』の場」では，「思いや感情はないものとして差し引かれ」て，たとえ店員が「スマイル」してくれても，それは決して客への「好意」ではないと，皆わかっている(エ…×)。一方で，「経済／非経済」を区別するという「きまり」の中，特別な演出が施されたモノのやりとりは，「特定の思いや感情」を表現する行為となる(ウ…○)。また，この区別は，「人と人との関係を意味づける役割を果たして」いて，「家族のあいだのモノのやりとり」は，「徹底的に『脱経済化』されることで，愛情によって結ばれた関係が強調され，それが『家族』という現実をつくりだしている」のである(ア…×)。

二〔古文の読解─笑話〕出典；『臍《ほぞ》くり金《がね》』。

≪**現代語訳**≫奇妙に，最近は身投げ〈が〉はやると，橋番が，しっかりと目を開けて気〈を〉つけていると，まもなく午前零時〈に〉，乱れ髪の女が，泣きながら橋の上へやってきたので，身投げする人が来たのであろうと思って橋番が，後からそっとつけていくと，その女は，橋の中ほどへ行くと，「南無阿弥陀仏」(と唱えた)。橋番は「おっと，(身投げは)してはいけない」と，後ろから抱き止めると，女は「私は，どうにも生きていられない理由がございますから，止めないで死なせてくださいませ」と小判を一枚，そっと橋番の手に渡すので，橋番は「そうか，それなら，止めないでおきますから，勝手にしなさい。ああ，これ，そこは杭があって危ないから，(身投げするなら)こちらの方にしなさい」(と言った)。

問一＜**古文の内容理解**＞a．最近は身投げ「が」，はやっている。　b．橋番は，目を開けて身投げする人がいないか，気「を」つけていた。　c．午前零時「に」乱れ髪の女が，橋の上に来た。

問二＜**古文の内容理解**＞橋番が，「此の頃は身投げがはやる」と思って気をつけていたところ，夜中に乱れ髪の女が，泣きながら橋の上へ来たので，橋番は，用心していたとおり，身投げをする人が来たのだと思って，後をつけていった。

問三＜**歴史的仮名遣い**＞歴史的仮名遣いの「ゐ」は，現代仮名遣いでは，「い」になる。

問四＜**古文の内容理解**＞自殺しようという人に，橋番は，勝手にしなさいと言って，死ぬことそのものは許しながら，杭が出ていて危ないので，そこから飛び込むのはやめて，安全なこちらの方から飛び込みなさいと，死のうとしている人に助言している点が，矛盾していておかしいのである。

三〔漢文の読解〕出典；『詩経』／『春秋左氏伝』。

Ⅰ≪**書き下し文**≫猿に木に升るを教ふる毋かれ。塗に塗を附するがごとし。

問一＜**漢文の訓読**＞「猿」→「木」→「升」→「教」→「毋」の順に読む。レ点は，下から上へ一字返って読む返り点，一・二点は，二字以上隔たって下から上へ返って読む返り点。「升」は，レ点がついているので，「木」の後に読み，また，一点がついているので，「升」の後に「教」を読む。

問二＜**四字熟語**＞猿は，もともと木登りがうまいので，猿に木登りを教えることは，無駄なことである。「夏炉冬扇」は，暑い夏に火をたく炉は必要なく，寒い冬にあおぐ扇は必要ないことから，無駄無用な物事のこと。「朝三暮四」は，表面的なことにとらわれて，実際は同じであることに気づかないこと。「三令五申」は，何度も繰り返し，命令すること。「塗炭之苦」は，耐えがたくひどく苦しい状態のこと。

Ⅱ≪**現代語訳**≫徳によって民衆を平和にすることは聞く。武力によって(平和に)するのは聞かない。

問一＜**漢文の訓読**＞「徳」→「以」→「民」→「和」→「聞」の順に読む。「徳」から「以」へ，「民」から「和」へと，それぞれ一字返るので，「以」と「和」にレ点をつける。次に「和」から「聞」へ二字以上返るので，「聞」に二点，「和」には一点とレ点の両方の一レ点をつける。

四〔国語の知識〕

問一＜**品詞**＞(1)「足りなくて」の「なく」は，打ち消しの助動詞「ない」の連用形。　(2)「静かな」は，形容動詞「静かだ」の連体形。

問二＜**文の組み立て**＞私は「重たい」「荷物を」友だちといっしょに順番に「教室から」「運んだ」のである。

2021年度 中央大学高等学校

【英　語】（60分）〈満点：100点〉

〈注意〉　筆記問題（1～6）は50分で，そのあとすぐにリスニング問題（7 約10分）が放送されます。

1　次の英文を読んで，問に答えなさい。[＊をつけた語(句)には註があります]

Early one morning, Farmer Francis walked to his small *barn to feed his *turkeys. He was the owner of a small turkey farm. He was the poorest man in all the land, but he was happy. He had lots of work to do every day, especially feeding turkeys. When he went into the barn, he noticed something very strange.

One of his turkeys was very flat. It was like a pancake. (1)<u>He thought that the other turkeys were stealing his food.</u> So, Farmer Francis put the flat turkey into a separate room so that he could eat by himself.

The next day, when he arrived at the barn, he noticed that the flat turkey was even flatter! "I'm going to call you, Mr. Pancake Turkey," said Farmer Francis to the flat turkey. "But I'm also going to make sure you're all *plump and ready for *Thanksgiving."

"*Gobble, gobble," replied Mr. Pancake Turkey.

Farmer Francis gave twice as much food to Mr. Pancake Turkey, and walked away to take care of the other turkeys.

The next day, he went in to check on Mr. Pancake Turkey. To Farmer Francis' surprise, Mr. Pancake Turkey was still flat, but all the food was (2). "Why aren't you getting plump?" Farmer Francis said.

"Gobble, gobble," replied Mr. Pancake Turkey.

Farmer Francis decided to take Mr. Pancake Turkey to (3)<u>the doctor</u>. "My turkey won't get plump," said Farmer Francis to the doctor.

"Well," replied the doctor, "there is one thing you can do. You can eat with your turkey, to make sure he is eating all of his food."

"Good idea," replied Farmer Francis.

That evening, Farmer Francis brought Mr. Pancake Turkey inside his house to eat with him. Mr. Pancake Turkey ate everything that Farmer Francis fed him, but he still didn't get any plumper.

"What am I going to do with you?" asked Farmer Francis.

"Gobble, gobble," replied Mr. Pancake Turkey.

Farmer Francis thought he should take Mr. Pancake Turkey to the zoo. He didn't have any other kinds of animals on his small farm. He thought he should show him how plumper animals lived. He hoped that (4)<u>this would change his mind</u>. He showed him the *hippos, the elephants, the pigs, and the largest bird in all the land, the *ostrich.

"You need to get nice and big, like these animals," said Farmer Francis.

"Gobble, gobble," replied Mr. Pancake Turkey.

Mr. Pancake Turkey still didn't get any bigger, so Farmer Francis decided to take him to a Cherry Pie Eating contest. [5] The biggest man in all the land was there, and he ate 15 cherry pies.

"You need to eat like him," said Farmer Francis.

"Gobble, gobble," replied Mr. Pancake Turkey.

However, Mr. Pancake Turkey just wouldn't get any bigger. Farmer Francis didn't know what to do.

One day Farmer Francis' wife *suggested taking the turkey to the *circus. Farmer Francis thought it was a great idea, and decided to take Mr. Pancake Turkey to the circus. Everyone was amazed to see such a strange looking turkey. Soon, many people started coming from all over the country to see him. Farmer Francis became the most famous man in all the land.

"I'm going to be rich!" he said.

"Gobble, gobble," replied Mr. Pancake Turkey.

Farmer Francis made so much money that he decided to sell his farm and all of his turkeys. (6)He began traveling around the country to show everyone how special his turkey was. He bought himself a new truck, an airplane and a boat so that he could go everywhere. Farmer Francis became the richest man in the world. He bought a mansion for his wife and a big barn for his flat turkey.

"I have everything I want!"

"Gobble, gobble," replied Mr. Pancake Turkey.

But people started getting bored of seeing a flat turkey. Farmer Francis tried hard to put him on TV shows, in the movies or in commercials, but (7). He soon had to sell his truck, his airplane, his boat, the big mansion and the big barn. Farmer Francis had nothing.

"What am I going to do?" cried Farmer Francis.

"Gobble, gobble," replied Mr. Pancake Turkey.

Farmer Francis realized his *greed. He was trying to be somebody he was not. (8)He was also trying to turn Mr. Pancake Turkey into ( ) ( ) ( ) ( ). He was a farmer, and that was all he knew how to be. He decided to go back to his small farm, and to try to start over again. Farmer Francis didn't need to make Mr. Pancake Turkey plump, and he didn't need to make a lot of money. He just needed to be (9), and being a farmer was what he knew best, and that made him (9).

By Thanksgiving Day, Farmer Francis owned his farm again, and instead of having turkey for dinner, he decided to invite all the turkeys for Thanksgiving dinner.

"This is best Thanksgiving ever!" sang Farmer Francis.

"Gobble, gobble," replied Mr. Pancake Turkey.

（註） barn：納屋　turkey(s)：七面鳥　plump：太った
Thanksgiving(Day)：感謝祭　gobble, gobble：《七面鳥の鳴き声》
hippo(s)：カバ　ostrich：ダチョウ　suggested＜suggest：～を提案する
circus：サーカス　greed：欲張り

問1　下線(1)のように考えたFarmer Francisは，どのような行動をとったか。20字以内の日本語で説明しなさい。

問2　空所(2)に入る語として最も適切なものを1つ選び，記号で答えなさい。

ア．gone　イ．stolen　ウ．ready　エ．full

問3　下線(3)はFarmer Francisにどのような助言をしたか。40字以内の日本語で説明しなさい。

問4　下線(4)の内容として最も適切なものを1つ選び，記号で答えなさい。

ア．Farmer Francisが大きな農場を持ちたいと思うこと

イ．Farmer Francis が Mr. Pancake Turkey を大きく育てたいと思うこと
ウ．Mr. Pancake Turkey が大きな農場で過ごしたいと思うこと
エ．Mr. Pancake Turkey が大きくなりたいと思うこと

問5　[5] には以下の英文が入ります。［　］内を並べかえて，「彼らは，人々ができる限りたくさんのチェリーパイを食べているのを見た」という意味を表すようにしなさい。ただし，文頭に来る語も小文字にしてある。

［they / they / as / as / cherry pie / people / could / eating / watched / much］.

問6　下線(6)を日本語に訳しなさい。

問7　空所（７）に入る語として最も適切なものを１つ選び，記号で答えなさい。

ア．it didn't make sense　　イ．they surely got better
ウ．it didn't work　　エ．they never gave up

問8　下線(8)の空欄に入る英語４語を本文より抜き出しなさい。

問9　２ヶ所の空所（９）に共通して入る語として最も適切なものを１つ選び，記号で答えなさい。

ア．rich　　イ．happy　　ウ．flat　　エ．plump

問10　本文の内容に合うものを<u>２つ</u>選び，記号で答えなさい。

ア．Mr. Pancake Turkey の名は，パンケーキのような柔らかさに由来する。
イ．Mr. Pancake Turkey に２倍のえさを与えると，体重が少しだけ増えた。
ウ．Farmer Francis は大食い大会で，チェリーパイを15個食べて優勝した。
エ．Mr. Pancake Turkey はサーカスがきっかけとなり，大きな注目を集めた。
オ．Farmer Francis は自分の行動を反省し，農家としてやり直すことにした。
カ．Farmer Francis は例年の感謝祭と同様に，夕食で全ての七面鳥を食べた。

2　次の英文を読み，以下の設問に答えなさい。［*をつけた語には註があります］

About one billion people live in India. Many people live on small farms. Their lives are quiet and simple. The family takes care of the farm and the animals. The most important animal on the farm is the cow. The cow helps on the farm in two ways. It gives milk to the family, and it works on the farm.

(1) The farmers don't make a lot of money. They can't buy machines to help them do their work, but they don't need much money to keep cows. Cows don't need *gasoline or repairs like machines do. Also, the weather is a problem in India. In June, July, August and September, there's a lot of rain. When the ground gets very wet, it also gets soft. A machine cannot work on soft ground, but a cow can.

Cows are *sacred animals. One Indian poem, written over 1,600 years ago, says that when people in India didn't get food because of the bad weather, the king tried to tell the Earth to give them food. Soon a God looking like a cow appeared and gave them milk. The poem probably means that people (2) their lifestyle from hunting to farming. Since then, Indian people have believed that cows are sacred. Two times a year, there are special *religious *celebrations for cows. The farmers *decorate their cows and take them to the temple. In their *religion, the Gods protect the cows. People have to take good care of cows and protect them. (3), they cannot kill cows.

The cows are also protected by the government. In India, it's against the law to kill a cow. So (4)<u>when cows get too old to work, farmers send them away from the farm</u>. The cows walk freely in the streets. People give them food, and drivers are careful not to hit them. There are also special animal hospitals for old or sick cows. The government (and some rich people) give money to these hospitals. [5]

People in India care for over 200 million cows every year. They have respected cows as a religious symbol for a long time. It's a tradition that is thousands of years old.

(註) gasoline：ガソリン　sacred：神聖な　religious：宗教の
celebration(s)：祭典　decorate：～を飾る　religion：宗教

問1 (1)の段落から，インドの農家が農作業に牛を使い，機械を導入しない理由を２つ，30字程度の日本語で説明しなさい。

問2 空所(２)に入る語として最も適切なものを１つ選び，記号で答えなさい。
ア. moved　イ. broke　ウ. helped　エ. changed

問3 空所(３)に入る語句として最も適切なものを１つ選び，記号で答えなさい。
ア. By the way　イ. Of course　ウ. At once　エ. Unfortunately

問4 下線(4)を日本語に直しなさい。

問5 [5]には以下の英文が入ります。[ ]内を並べかえて「他国の人々には，インド政府が牛にお金を使う理由を理解できない」という意味を表すようにしなさい。
People in other countries [why / money / do / the Indian government / cows / on / not / spends / understand].

問6 本文の内容に合うものを１つ選び，記号で答えなさい。
ア. 農家は牛を飼う費用を乳製品の販売でまかなっている。
イ. インドでは牛のための祭典が２年に一度開かれる。
ウ. インドには政府やお金持ちが援助する牛の病院がある。
エ. ２億頭以上の牛がインドの象徴として祭られている。

3 答えとして最も適切なものを選び，記号で答えなさい。

1. Which one doesn't go with the others?
ア. subway　イ. airplane　ウ. bicycle　エ. butterfly

2. (　　　) will it take if we walk to the station from here?
ア. How far　イ. How many　ウ. How long　エ. How much

3. My brother is old (　　) to drive a car.
ア. so　イ. enough　ウ. too　エ. very

4. Do you want (　　) more coffee?
ア. any　イ. many　ウ. no　エ. some

5. When (　　　) to France?
ア. will you be　イ. have you been
ウ. did you go　エ. have you gone

6. If you like those socks, why don't you try them (　　)?
ア. with　イ. in　ウ. on　エ. up

7. The (　　　) to the girls were very beautiful.
ア. given flowers　イ. flowers given
ウ. flowers gave　エ. giving flowers

8. Which underlined part has a different sound?
ア. chorus　イ. chest　ウ. chocolate　エ. church

9．(　　)did you visit the city hall for？

ア．Why　　イ．How　　ウ．Which　　エ．What

10．We have to leave before the sun (　　) tomorrow morning.

ア．rises　　イ．stands　　ウ．sets　　エ．closes

4　各組の英文がほぼ同じ意味を表すように(　)に適切な語を１語ずつ入れなさい。

1．He continued to play the guitar.

He didn't (　　) (　　) the guitar.

2．I think Tom is free today.

I think Tom has (　　) to (　　) today.

3．How do you say this animal in English？

What (　　) this animal (　　) in English？

4．We could not go fishing because of the heavy rain.

We could not go fishing because it (　　) (　　).

5．While I was going to the bookstore, I met Tom.

I met Tom (　　) my (　　) to the bookstore.

6．I said to her, "What are you doing？"

I asked her what (　　) (　　) doing.

5　次の英文はある英単語を説明したものです。その単語を書きなさい。

1．This is a kind of plant you can eat.　Lettuce, tomato, onion, and carrot are examples.　You can make salad with it.　The word begins with "V."

2．This is a musical instrument.　It is usually round and played by hitting it with your hand or a stick.　There are many types all over the world.　The word begins with "D."

6　日本語の意味を表すように[　]内を並べかえなさい。ただし，文頭に来る語も小文字にしてあります。

1．マイクはパーティーが開かれる時間を彼の友達に教えましたか。

[his friends / held / tell / when / be / did / the party / Mike / would]？

2．今日の夕方あなたを空港に迎えに行くのを楽しみにしています。

[you / to / at / looking / the airport / forward / up / I'm / picking] this evening.

3．健康は何物にも代えがたいと医者は彼女に忠告した。

[important / than / her / nothing / advised / health / the doctor / is / more].

7　**リスニング問題**

ただいまからリスニング試験を行います。問題は Part A から Part C まであります。全部で15問です。答えは全て記号で書きなさい。英語は一度だけ読まれます。

Part A：Listen to the question and then choose the best answer.

1．A．Yes, it was so tiring.

B．I was sleeping until my alarm clock rang.

C．I was studying late last night.

D．You didn't stay awake after midnight.

2 . A . I'm going to the park today.
B . I'm going to meet my friend.
C . You're going to park your car.
D . You're going to play tennis.

3 . A . Bob lives in Australia. B . He's Australian, I think.
C . He lives with an Australian. D . Bob is from Australia.

4 . A . You've watched it. B . No, I wasn't.
C . Yes, it has. D . Once or twice.

5 . A . Yes, he completely was. B . No, when exactly is it ?
C . Yes, I remembered it. D . No, he forgot it.

Part B : Listen to the conversation and the question, and then choose the best answer.

6 . A . One of them. B . Both of them.
C . Either of them. D . Neither of them.

7 . A . At Julie's wedding.
B . They don't remember at all.
C . They never met before.
D . At Julie's sister's wedding.

8 . A . They will go to the museum this weekend.
B . They will go to the museum Saturday afternoon.
C . They will go bowling Saturday morning.
D . They will go bowling Saturday afternoon.

9 . A . Thursday. B . Wednesday. C . Tuesday. D . Saturday.

10 . A . It's between the park and post office.
B . It's opposite the post office.
C . It's next to the bank.
D . It's far from the library.

Part C : Listen, look at the picture, and then choose the best answer.

11 . A .

B .

C .

D .

12 . A .

B .

C.

D.

13. A.

B.

C.

D.

14. A.

B.

C.

D.

15. A.

B.

C.

D.

＜リスニング問題放送原稿＞

Part A：Listen to the question and then choose the best answer.

1．Why do you look so tired today?

2．What are you going to do at the park?

3．Where is Bob's brother from?

4．Have you seen this movie before?

5．Didn't he remember your birthday?

Part B：Listen to the conversation and the question, and then choose the best answer.

6．A： May I help you?
B： Yes, I would like two coffees please.
A： Hot or Cold?
B： Both hot.　One without sugar please.
A： Certainly, one moment please.
Q： How many hot coffees have sugar?

7．A： Excuse me, do I know you from somewhere?
B： I don't think so, why?
A： Didn't we meet at Julie's wedding?
B： Oh, now I remember you, but her sister was getting married, not Julie.
A： Oh yea.　My mistake!
Q： Where did they meet?

8．A： Let's go bowling this weekend!
B： Bowling?　I'm not good at bowling.
A： Oh.　What would you like to do?
B： Why don't we visit the museum?
A： OK.　Are you free Saturday afternoon?
B： Morning is better.
Q： What will they do?

9．A： Are you ready for the test?
B： The test?　It's on Thursday right?
A： No, it's today!
B： Oh my God, I thought it was the day after tomorrow.
Q： What day is it today?

10．A： Could you tell me where the library is?
B： Sure.　Go straight three blocks and turn right.　It's on your right, between the post office and the bank.　If you see the park, you've gone too far.
Q： Where is the library?

Part C：Listen, look at the picture, and then choose the best answer.

11．A： Which person is your sister in this picture?
B： The girl with glasses.
A： Oh, this girl with curly hair?
B： My sister's hair is straight.　Oh!　Now I remember, she wore contact lenses that day.

12．A： What are you doing this weekend?　Playing soccer?　Swimming?

B : Swimming ? Are you kidding me ?

A : Well, what do you like to do ? Play tennis ?

B : Yea, I like to play tennis.

A : And you like running.

B : No, I hate running. But unfortunately I have to join the race on Saturday.

13. A : Thanks for looking after our children.

B : No problem.

A : How were the children ?

B : Well . . . your daughter has been a good girl, but your son didn't stop crying . . .

A : Oh . . . sorry !

14. A : What time will we arrive into Paris ?

B : Well, we left London at seven, and the flight takes 2 hours.

A : But we were delayed by half an hour.

B : Right.

15. A : How was your fishing trip ?

B : It was great !

A : Was it sunny ?

B : No, but it didn't rain and the wind was not strong.

【数　学】（50分）〈満点：100点〉

（注意）定規・分度器・電卓は使えません。

1　次の問に答えなさい。

問1．2次方程式 $2x^2+3x-1=0$ を解きなさい。

問2．$\dfrac{\sqrt{7}-\sqrt{3}}{\sqrt{21}}-\dfrac{\sqrt{2}-\sqrt{56}}{\sqrt{14}}-\dfrac{\sqrt{14}-\sqrt{24}}{\sqrt{42}}$ を簡単にしなさい。

問3．右図のように，斜辺 AB$=c$，BC$=a$，CA$=b$ である直角三角形ABCの頂点Cから，線分ABに下ろした垂線の足をDとします。このとき，以下の文章の空欄に入る数式を，a，b，c を用いて答えなさい。

△ACD∽△ABC より AD=［　ア　］，△CBD∽△ABC より BD=［　イ　］となる。さらに，AD+BD=AB の両辺に［　ウ　］を掛けると，三平方の定理「$a^2+b^2=c^2$」が成り立つ。

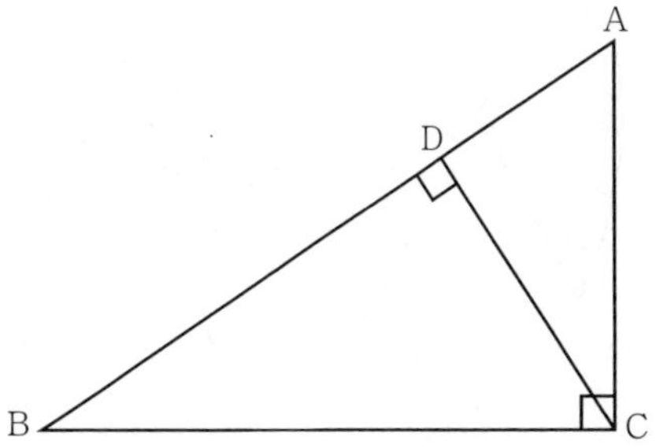

（注：以降の2～6で三平方の定理を利用して問題を解いてよい。）

2　あめ，ガム，チョコの3種類のお菓子がお店に15個ずつあり，あめは10円，ガムは30円，チョコは50円になっています。Aさん，Bさん，Cさんの3人はそれぞれ300円を持って，お店で3種類のお菓子を買いました。3人ともすべての種類のお菓子を買い，おつりがでることはありませんでした。Aさんはチョコを3個買い，Cさんはあめを10個買いました。このとき，以下の問に答えなさい。ただし，消費税は考えないことにします。

問1．Aさんが買ったあめ，ガムの個数をそれぞれ求めなさい。例えば，あめ2個，ガム4個のとき，解答欄に(2, 4)の形で答えなさい。

問2．Bさんが買ったあめ，ガム，チョコの個数をそれぞれ求めなさい。例えば，あめ2個，ガム4個，チョコ1個のとき，解答欄に(2, 4, 1)の形で，考えられるすべての場合を答えなさい。

3　図のように，放物線 $C：y=\dfrac{1}{6}x^2$ 上に点 $\mathrm{A}\left(-3,\ \dfrac{3}{2}\right)$ があり，直線OAと直線 $l：x=6$ との交点をBとします。また，点Pは，点Bを出発して，l 上を y 軸正の方向に動きます。このとき，以下の問に答えなさい。

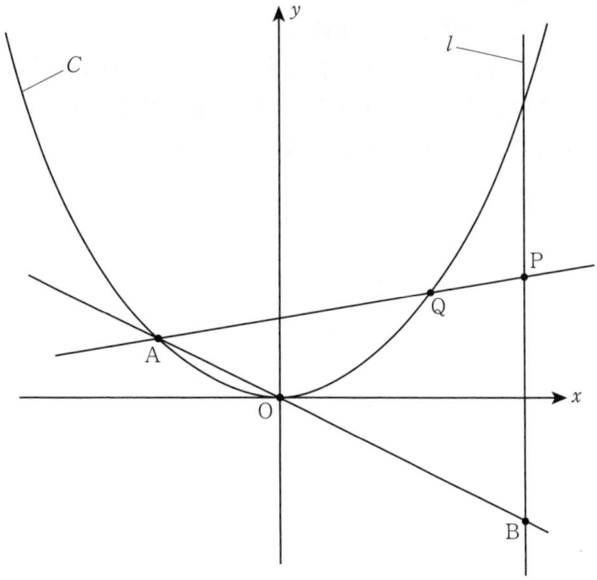

問1．点Bの座標を求めなさい。

問2．点Pの座標が(6, 3)のとき，直線APと C との交点Qの座標を求めなさい。

問3．△ABPが二等辺三角形になるときの点Pの座標をすべて求めなさい。

4　図は半径3の円であり，円周上の点は，円周を6等分しています。このとき，斜線部分の面積を求めなさい。ただし，円周率をπとし，解答欄の図に補助線を書き込み，途中過程を残すこと。

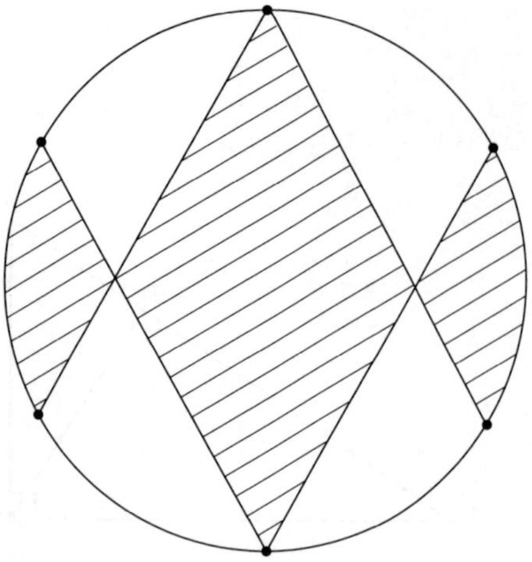

5　大，中，小3つのさいころを振り，出た目の数を順にa，b，cとし，座標平面上に点A(a，b)をとります。このとき，以下の問に答えなさい。

問1．大，中2つのさいころのみを振ったとき，点Aが直線$y=\frac{1}{2}x$上にある確率を求めなさい。

問2．大，中，小3つのさいころを振ったとき，点Aが直線$y=\frac{1}{2}x+\frac{3}{2}c$上にある確率を求めなさい。

6　図のように，点Oを中心とする円周上に，点A，B，C，Eがあり，CD=2，BD=$2\sqrt{5}$を満たしています。このとき，以下の問に答えなさい。ただし，円周率をπとします。

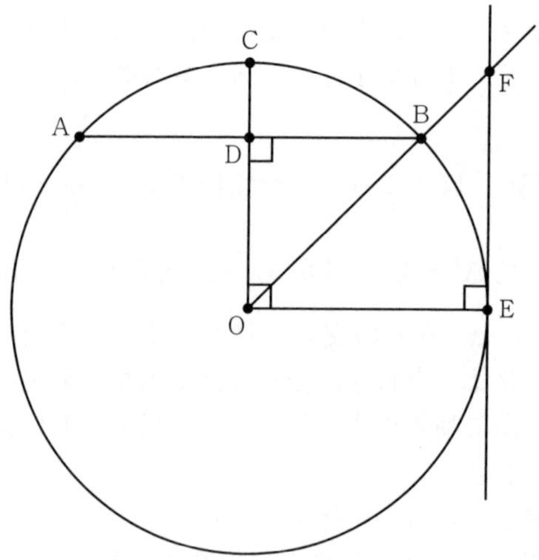

問1．辺ODの長さを求めなさい。

問2．点Eにおける円の接線と直線OBとの交点をFとします。直線OFを軸にして，△OEFを回転したときにできる立体の体積を求めなさい。

Ⅱ　仁言ハ不ル如しカ仁声之の入ルコトノ人ニ深キニ也。

（『孟子』）

〔書き下し文〕　仁言は仁声の人に入ることの深きに如かざるなり。

問一　右の漢文の――線部に、書き下し文を参考にして返り点を付けなさい。（読み仮名・送り仮名は不要）

六　次の各設問に答えなさい。

問一　一九六九年に東大全共闘と行った討論のドキュメンタリー映画が二〇二〇年三月に上映された作家は、小説『金閣寺』や『潮《しお》騒《さい》』の作者でもある。この人物を次から一人選び、記号で答えなさい。

ア　坂口安吾　　イ　安部公房　　ウ　川端康成
エ　三島由紀夫　　オ　太宰治

問二　次の文章中の――線部ア〜エの「の」から一つだけ用法の違うものを選び、記号で答えなさい。

それは自然の花アの素朴な美しさではなく、芸術家利休の心をくぐった芸術作品としてイの美しさであった。一輪の朝顔ウの持っているものはもはや先刻まで露地で露を含んで咲いていた時の美しさではなく、周囲エの空気をぴたりと押《おさ》えている凛《りん》とした美しさであった。

（井上　靖『利休の死』）

問三　次のア〜オから直喩表現を含む文を**すべて**選び、記号で答えなさい。

ア　長い間、彼女は僕の光だった。
イ　水を得た魚のように生き生きとしていた。
ウ　疾風《はやて》のごとく走り抜けていった。
エ　二、三人のランドセルが真横を通り過ぎた。
オ　ひまわりが太陽に向かって立っていた。

いうことか。最も適切なものを次から選び、記号で答えなさい。

ア　自分と同じように入学試験を受けたのではなく、あとで笑い話の種になるような面接試験を経験して入学してきたということ。

イ　幼いころから必死に勉強してきたのではなく、合格が保証された推薦入学の面接試験に不真面目な態度で臨み入学してきたということ。

ウ　一流大学に合格するため努力して受験勉強をしてきたのではなく、さらに明確な志望動機も準備しないまま面接試験を経て入学してきたということ。

エ　しっかりと試験に備えて準備をした結果大学合格を手に入れたのではなく、持ち前のユーモアと臨機応変な対応で合格し入学してきたということ。

問七　[Ⅰ]・[Ⅱ]に入る漢字をそれぞれ答えなさい。

問八　この話を時間の流れに沿って三つの場面に分けたとき、二つ目の場面の始めの五字を抜き出して、答えなさい。

問九　「洋子」とのやりとり全般を通じて、浩行にはどのような内面的変化が生じたと考えられるか。二十字以内で説明しなさい。

四　次の古文を読んで、後の設問に答えなさい。（本文の表記を一部改めた）

ある所[a]、法花寺と浄土寺と並びてありけるが、法花寺に飼い置きたる犬を、＊法然《ほうねん》と名[b]付けて呼びければ、隣の浄土寺[c]僧たち、「さてさて1憎き事かな。大事の祖師を犬にする事こそ遺恨なり」とて、浄土寺にも犬を飼いて＊日蓮《にちれん》と名を付け、物も食はせず、痩せおきて、あたりの子供を招きよせて、「隣の法然と、この日蓮とを嚙《か》み2あはせてくれ」と頼みければ、子供むらがり寄りて、「日蓮来い、法然来い」と喚《よ》びて嚙み合はせければ、何が日蓮は痩せ犬の事なれば、法然に嚙み伏せられければ、「日蓮が負けて法然が勝ちたり」とはやしければ、法花寺はこれを立腹して、3やがて法然を追ひ出だされた。

（『当世はなしの本』）

＊法然…浄土宗の開祖。

＊日蓮…日蓮宗（法花宗）の開祖。

問一　[a]～[c]にあてはまる語として最も適切なものをそれぞれ次から選び、記号で答えなさい。（同じ記号は一度しか使えない）

ア　「が」　イ　「の」

ウ　「に」　エ　「を」

問二　――線部1「憎き事かな。」とあるが、憎く思った理由を簡潔に説明しなさい。

問三　――線部2「あはせてくれ」を現代仮名遣いに改めなさい。

問四　――線部3「やがて法然を追ひ出だされた。」とあるが、法然を追い出した理由を簡潔に説明しなさい。

五　次のⅠ・Ⅱの漢文を読んで、それぞれ後の設問に答えなさい。

Ⅰ　学者《ハ》学《バントスル》ニ其《ソノ》所《ヲ》レ不《ざル》レ能《あたハ》レ学《ブ》也《なり》。

（『荘子』）

〔現代語訳〕　学ぶ者は、とうてい自分で学ぶことのできないことを学ぼうとする。

問一　右の漢文の――線部を書き下し文（漢字・仮名交じり文）に改めなさい。

問二　右の漢文の内容に最も近い四字熟語を次から選び、記号で答えなさい。

ア　縁木求魚《えんぼくきゅうぎょ》

イ　曲学阿世《きょくがくあせい》

ウ　自家撞着《じかどうちゃく》

エ　能者多労《のうしゃたろう》

「まあ、あたしが教えるんだから、あんまし頭いい子でも困るのよ」

浩行は笑いながら、伝票を取って立ちあがった。

（鷺沢　萠『カミン・サイト』）

＊シグマやベクトル…数学で用いる記号や用語。

＊ムッソリーニ…イタリア王国の政治家。第四十代イタリア王国首相。

＊ＬＰ…音楽や音声を記録したレコード盤の一種。

問一　――線部１「『俺、あのころの方が充実してた』」と浩行が感じる理由として最も適切なものを次から選び、記号で答えなさい。

ア　期待していた大学生活が思っていた通りのものではなくつまらないと感じたため。

イ　世間的評価の高い学校に入学できたものの変化の乏しい生活に飽きているため。

ウ　様々なことを知ることができた受験勉強は楽しいもので辛くはなかったため。

エ　小さいころからの努力の結果手に入れた今の生活に満足感を得られないため。

問二　洋子が――線部２「言い訳のように答えた」理由として最も適切なものを次から選び、記号で答えなさい。

ア　推薦入学だった洋子は本格的な受験勉強をしてこなかったことで、受験時代の方が充実していたという浩行の思いに共感できずきまりが悪かったため。

イ　推薦入学の面接試験で上手に質問に答えられなかったことを思い出した洋子は、受験生だったころを懐かしむ浩行にそのことを知られたくないと思ったため。

ウ　受験勉強を頑張ったことを良い思い出としている浩行の話を聞いて、推薦入学を選択した自分は学力的に劣っていると恥ずかしく思ったため。

エ　受験勉強を通して様々な知識を身に付けたことを誇らしく思っている浩行の様子を見て、実質的な勉強をせず入学したことを後悔しているため。

問三　――線部３「浩行は利口であった」とはどういうことか。最も適切なものを次から選び、記号で答えなさい。

ア　自分の本心を隠して生活した方が、満足のいく大学生活を送れるのだとわかっているということ。

イ　自分の内面から目をそらし周りにも悟られないことで、大学生活の不満をやり過ごすことができるとわかっているということ。

ウ　自分が今抱えている大学生活での悩みは、周りの人間には到底理解できないものであるとわかっているということ。

エ　自分のあらゆる感情を押し殺していた方が、余計なことを考えたりしないで人生を歩めるのだとわかっているということ。

問四　――線部４「頭の中にシグマやベクトルが浮かんだ」とあるが、この時の浩行の心情として最も適切なものを次から選び、記号で答えなさい。

ア　シグマやベクトルを学んだおかげでこれからも就職などがスムーズに進むだろうと考え、学びが無駄ではなかったと言い聞かせて納得している。

イ　今後も自分は平凡な人生を歩むと思っているが、必死で学んだ数学の知識などは自分にとっていつまでも大切な意味をもつであろうことを期待している。

ウ　これから予想される自分の人生には、一生懸命学んで身につけてきた学習内容が、実質的な意味をもたないと感じて虚しくなっている。

エ　好きな学問分野の内容を仕事に活かすことのできるような会社に勤められれば、一流企業でなくてもよいのだと将来を割り切って捉えている。

問五　――線部５「何かしら割り切れぬもの」と同じ内容を表した箇所を十五字以内で抜き出して、答えなさい。

問六　――線部６「こんなふうにして大学に入ってきた」とはどう

「どうしたの、それで」
「あたし、すんでのところで＊ムッソリーニって言いそうになっちゃった」
今度は浩行も声を立て笑った。6こんなふうにして大学に入ってきた奴《やつ》もいるんだな、と思った。それは浩行にとって、爽快《そうかい》さすらおぼえるひとつの新しい発見だった。
「で、答えられたの？」
「うん、一瞬のうちに頭をめまぐるしく働かせてさ。プッチーニって名前が出てきたときは、神さまありがとうって感じ」
「はは……」
「それがさ、さらに突っこまれちゃって」
「え？」
「プッチーニでは何を聴きますかって……」
何を聴きますかと問われても、プッチーニという名前をひねり出すのにさえ[Ⅰ]苦[Ⅱ]苦した洋子である。その洋子が何を答えたのかは興味があった。
「今思えば、いろいろ考えつくんだけど、そのときはもう頭ン中パニックでさ」
「答えられなかったの？」
洋子は首を振って、もう笑い出していた。
「あたし、『はあ、＊ＬＰです』だって」
何と根性の坐《すわ》った答だろう。音楽家の好きな曲を問われて「ＬＰ」と答えるような奴はそうそういない。
浩行は目尻に涙さえ溜《た》めて笑いながら言った。
「そんなんで、よく受かったよなあ」
「うん、あたしもそう思う。これは落ちるなって、そのとき確信したもん。でも推薦で落ちるなんて、恥ずかしいじゃない。結果出るまで、生きた心地がしなかった」
「落ちたらどうするつもりでいた？」
「就職よオ」

浩行は笑うのを止《や》めて、真顔になって洋子を見た。
「だってあたし、受験勉強なんて全然してなかったしさ、面接は十月だったから、それからやっても間に合うわけないじゃん」
「そりゃそうだけど」
「浪人なんて、ウチは絶対許してくれないし、家に帰って親に『落ちると思う』って話したら、親もその気でいたわよ」
「じゃあ……」
浩行は言いかけて口ごもった。胸がつかえた。
今までにたぶん、見過ごしてきたのであろうたくさんのもの、たくさんの人間のことを思った。現に今、浩行は一年以上も洋子と同じクラスにいながら、これまで知らなかった洋子のある部分を、はじめて見たという気がしている。
洋子は紅茶のカップを口もとに運ぶ途中で手を止め、「じゃあ」の続きを待っている。浩行はにこりと笑って言った。
「じゃあ、受かって良かったよな、ほんとに」
「ホントホント」
洋子はそう答えてカラカラと笑った。受かって良かったと、しみじみ感じたことが俺はあっただろうかと浩行は思った。
腕時計に目をやった洋子が、「え、もうこんな時間」と言ってカップを置いた。
「何かあるの」
「うん。六時から家庭教師なんだ、すっかり忘れていた」
「家庭教師やってるんだ」
「そう、すごいバカな子でね。中三だっていうのに、こないだなんか『先生、筆記体のＴの大文字ってどう書くんでしたっけ』だって」
「それは大変だな……」
「植木屋の息子なの。将来何になりたいのって訊いたら、植木職人って言うのよ」
「へえ……、カッコいいじゃない」

三　次の文章を読んで、後の設問に答えなさい。

「書類をじろじろ見てさ、住所ンとこ見て、あ、あなたはアパートに住んでるのね、って言われたわけよ」

「それで?」

「あたし反射的に『いえ、マンションです』とか言っちゃってさ。もう一同爆笑」

浩行も、そこで少し笑った。

あんまり寒かったので、ジャケットの中で身体を揺らしながら交差点を渡りかけると、同じクラスの洋子の後ろ姿を見つけた。それが十五分ほど前である。呼びとめられた洋子は、何かをつまみ食いしているところを見とがめられた子どものような顔で振り向いた。浩行は洋子をお茶に誘った。別に深い意味があったわけではない。ただ寒かったのだ。

近くの喫茶店に入って、クラスの連中の噂話《うわさばなし》などしているうちに、受験時代の話になった。1「俺、あのころの方が充実してた」と浩行がポツリと言うと、洋子がへえ、と物珍しそうな声を出した。不可解そうな表情の洋子をちらりと見ると、「あたしは推薦だったから」と2言い訳のように答えた。

推薦入学者は出身高校から推薦された時点で、半ば合格が決まった形になるので、実質的な受験勉強はほとんど必要なかったことになる。

浩行は大学生活というものに、説明しがたい不条理な感じを持っていた。それは具体的に面白くないとか、下らないとかいう感情ではなかった。ただ、小学校のときから教育熱心だった母親にのせられて、なんだかもの凄《すご》くハードに「勉強」というものを続けてきた最終的な結果がこれだったのか、と思うと、それは妙に安っぽいような虚《むな》しいような、なんとなく裏切られたような気持ちになるのだった。

しかし3浩行は利口であったから、そんな胸の内などおくびにも出さず、とにかく自分は生活を充分に楽しんでいます、というふりをする技術を身につけていた。そうしていないとやりきれないという部分があった。

世間で一流と呼ばれている私大にストレートで入ったし、それはそれで積み重ねてきたものは無駄にはしていないと思えたけれど、自分はたぶん、普通の会社に就職して普通のサラリーマンになるのだろうな、と考えるとき、4頭の中に＊シグマやベクトルが浮かんだ。

受験勉強は浩行にとって、一般的に思われているほど辛いものではなかった。何につけ、物を知るというのは楽しいことなのだ。

「すべての学問は生活の向上のためにある」と言った哲学者の名は忘れたが、浩行はそのことばに出あったとき「そう、そう」と叫びたいような気持ちにかられたものだ。

そういう浩行がストレートで合格したのは、だから当然だとも言えるのだが、他人が見れば「とりあえず結構」な人生を歩みはじめている浩行は、立ち止まってみた自分の中に5何かしら割り切れぬものを見つけるのである。

「でね」

洋子は推薦入学の面接試験のときのことを話している。浩行は頷《うなず》いて話の続きを促した。

「どうしてイタリア語を学ぼうと思ったのですか、って訊《き》かれたの。絶対訊かれるって判《わか》ってたから、あたしちゃんと答を用意してたのに、マンションの件で笑われて気が動転しちゃってさ。用意してた答がスーッと吹っ飛んじゃったのよ」

「焦った?」

「そりゃ焦ったわよ、でも何か言わなくちゃなんないって、それで頭一杯で、『はあ、イタリア音楽に興味がありまして……』って、大ウソ言っちゃったの、あたし」

「あーあ」

「それで終われば良かったんだけどさ、じゃあイタリアの作曲家では誰が好きですかって、突っこまれちゃったわけ」

ある。

このように「非在の現前」としての言葉を操れることによって、私たち人間は、d過去・未来のものごとについて、共に考えることができる。これができるおかげで私たち人間は、現在を、過去の選択の帰結としても捉えるとともに、そのように捉えた現在において、将来への影響を考えながら、ある選択肢を選びとる。

このようにして人間は、現在を、過去の自分たちの選択から将来の可能性につながる結節点として引き受ける。〔Ⅲ〕人間は、動物のようにたんに現在を生きるのではなく、過去から未来への歴史を生きている。この点で、動物の活動と人間の活動は、根本的に異なっている。したがってまた、同じく役割を分担し合うといっても、動物の協業と人間のそれとのあいだには決定的な違いが存在する。

（大庭 健『いま、働くということ』）

問一 ――線部1「動物は、うそがつけない。」の説明として最も適切なものを次から選び、記号で答えなさい。

ア 動物は協業の効率をあげるため、周囲の仲間を欺く行動を取ることができないということ。

イ 動物は記号を用いて意思疎通するため、相手の意図をくむことができないということ。

ウ 動物は一定の対象への反応が決められているため、特定の行動しかできないということ。

エ 動物は記号でコミュニケーションをするため、事実と異なる行動をとる必要がないということ。

問二 □にあてはまる言葉を本文中から十二字で抜き出して、答えなさい。

問三 A～Cには「真」または「偽」という語が入る。その組み合わせとして最も適切なものを次から選び、記号で答えなさい。

ア A 真 B 真 C 偽

イ A 真 B 偽 C 真

ウ A 偽 B 偽 C 真

エ A 偽 B 真 C 偽

オ A 真 B 偽 C 偽

問四 ――線部2「『非在の現前』」の例として、〰〰線部a～dについて正しいものには○を、誤っているものには×を答えなさい。

a 「相手の考え」 b 「蜜がここにある」

c 「空飛ぶ馬」 d 過去・未来

問五 ――線部3「動物は、その時点ごとに外界からの刺激に反応して生きている。かれらは、つねに現在を生きているにとどまる。」とあるがなぜか。人間との違いを踏まえてその理由を三十字以上四十字以内で説明しなさい。

問六 〔Ⅰ〕～〔Ⅲ〕にあてはまる最も適切な語をそれぞれ次から選び、記号で答えなさい。（同じ記号は一度しか使えない）

ア すなわち イ しかし ウ また

エ そして オ もちろん

問七 ――線部4「特定の行動プログラムがオンになる」を具体的に述べている箇所を、本文中から十五字以内で抜き出して、答えなさい。

問八 本文の内容に合致するものを次から一つ選び、記号で答えなさい。

ア 言葉を使うことができる人間は、口には出されない他者の思いを正確に理解して生活している。

イ パーツを組み合わせて言語を用いることができない動物は、過去を後悔することはない。

ウ 蜂が8の字に飛んだり動物が冬眠したりするのは言葉による意思疎通が不可能だからである。

エ 人間の合目的な協業は、動物のそれとは異なり、必ず言葉を使って行われる。

り、群のはしにいる個体が発する天敵の警戒記号は「敵が接近中だ」という一語文とみなすこともできる。しかし、動物のコミュニケーションで用いられる記号は、パーツを組み合わせて作られた文ではないし、また記号をさらに組み合わせて、新たな記号列が作られることもない（ただし、ごく少数の類人猿は、初歩的なこうした記号操作を行っているようだが、ここでは立ち入らない）。

　ところが人間の言語は、そうではない。なるほど、「テキ」という語は、敵を指示しはする。しかし、たんに「テキ」と呟《つぶや》いただけでは、いまだ確定した意味をもちえない。「いる／いない」、「来る／来ない」、「多い／少ない」という別の語（述語）と組み合わせられて文が形作られたとき、「テキ」という語は、はじめて確定した意味をもつ。すなわち人間の言葉は、文というまとまりの中で、はじめて確定的な意味をもつ。

　しかるに文というまとまりは、人間の言語においては、語を自由に組み合わせて、任意の文を作ることができる。その結果、［　　　　　］を述べる文も、つぎつぎに作ることができる。いま一頭の小ぶりの天敵が近づいている、としよう。このとき、「テキ、いない」、「テキ、多い」、「テキ、大きい」といった多くの文は、すべて[A]となる。これらの文は、目下の状況では[B]である。しかし、私たちは、それらの文の意味を理解できる。それは他でもない、それらの文が[C]となるような状況を考えることができるからである。このように私たち人間は、語を自由に組み合わせて、任意の文を作りうるがゆえに、実際には起きていないことについて考えることもできる。いや、考えざるをえないのである。

「果実」という語と「木に生る」という語を組み合わせて、「果実が木に生《な》る」という文を作れば、これは、われわれの世界で真な文だが、「金」という語と組み合わせた「金が木に生る」という文は偽である。しかし、「金が木に生る」という文が意味をもつかぎり、「金の生る木」という語も意味をもつ。このように偽な文の意味を理解できるなら、c「空飛ぶ馬」・「下半身が魚の女性」から「最大の素数」にいたるまで、実際にはないもの・ありえないものについて、私たちは語ることができ、そうした語りを理解することができる。

　このように、言語を用いた人間のコミュニケーションにあっては、言葉は、現にないものについてメッセージをつくるためにも用いられる。人間の言葉は、実際には存在しないものを、思考の対象として、いわば呼び出す、という意味で（丸山圭三郎の言葉を借りれば）2「非在の現前」である。

　人間の言語は、実際には存在しないものについての思考を可能にし、そうした思考の交換を可能にする。こうした言語によってコミュニケーションが進行することによって、人間の協業の仕方は、動物たちの協業とはまったく異なるあり方をしている。このことが、人間としての協業の根幹に、きわめて固有の刻印を与えている。

　今、目の前で実際には起きてはいないこと。そうしたものごとは、多種多様である。しかし、まず第一に重要なのは、もはやないものごと、いまだないものごと、すなわち過去・未来のものごとである。

　3動物は、その時点ごとに外界からの刺激に反応して生きている。かれらは、つねに現在を生きているにとどまる。〔 Ⅰ 〕動物でも過去の記憶は働いている。しかし動物は、「あのとき、こうだったのだ」と回想したり、「あのとき、ああしていたら、こうはならなかっただろう」と過去にはありえた可能性について考えることはない（少なくとも、考えているといえるだけの証拠はない）。

　未来にかんしても、同様である。動物も、未来を予知する働きをもってはいる。〔 Ⅱ 〕、そうした予知は、ちょうど秋の深まりいく気配に接したら冬眠の準備行動がはじまる、というように、自然の因果関係の一こまにすぎない。そうした動物たちにあっては、日照時間や気温などをつうじて秋が深まる気配に接したら、4特定の行動プログラムがオンになるのであって、そこには選択の余地はない。ありうる未来・ありえない未来を想像し、そうした未来のどれかに焦点を合わせて計画を練る、というのは、きわめて人間的な働きで

二〇二一年度 中央大学高等学校

【国　語】（五〇分）〈満点：一〇〇点〉

〈注意〉解答に字数制限がある場合は、句読点等も字数に含まれます。

一　次の各文の――線部について、(1)～(5)の片仮名をそれぞれの文意に合うように漢字に改めなさい。また、(6)～(10)の漢字は読み方を平仮名で記しなさい。

(1) 時間のケイカで変化があるかを観察する。
(2) 電車のチエンが原因で予定時刻に間に合わなかった。
(3) 人気の商品がヨソオいを新たにして再販された。
(4) 薬の副サヨウで眠くなってしまう。
(5) シイタげられてきた民族の歴史を学ぶ。
(6) 人は誰でも戦争を憎悪する心を持つ。
(7) 目的地までの詳細な地図を渡してくれた。
(8) 長期休暇に帰省しようと思っている。
(9) 資金の工面に苦労している。
(10) 電話口で用件を承ります。

二　次の文章を読んで、後の設問に答えなさい。

動物たちの協業は、さまざまなコミュニケーションをつうじて遂行されている。餌を求めていっせいに巣から出発した働きバチは、蜜をみつけると、まず上空にあがって「8」の字を描くように旋回し続ける。すると付近を飛んでいた仲間のハチは、いっせいに「8」の字のパターンを描いて飛んでいるハチのところへ集まってくる。この場合、「8」の字のパターンは、「餌がここにある」ということを意味する記号の役割を果たしており、そのメッセージを解読した仲間は、いちはやく餌のあるところに集まることによって、餌を探索する手間を大幅に短縮し、労働の効率をあげることになる。

これは、動物のあいだでのさまざまなコミュニケーションと、それにもとづく合目的的な協業のほんの一例にすぎない。そのかぎりにおいて、記号を用いたコミュニケーションをつうじて協業するということは、なにも人類の専売特許ではない。にもかかわらず、言語を用いた人間のコミュニケーションは、記号による動物のコミュニケーションにはない重要な特質がある。

ミツバチは、蜜の存在に気づいたら、8の字の飛行をはじめる他はない。動物のコミュニケーションにあっては、ある対象（蜜）に接したことが原因となって、その結果として必然的に、それを指示する記号の役割を果たす行動が生じる。そして、仲間のそうした行動に接したなら、そのことが原因となって、それに反応する行動が生じる。ここには、飛んでいる虫が光源にむかって旋回しながら近づいていくのと同様の、因果関係（原因と結果のつながり）があるにすぎない。

長い進化の過程で、かれらには、一定の対象を認知したら、ある定まった行動をするというプログラムがインストールされており、動物における記号的行動もまた、そうしたプログラムにしたがって、いわば自動的に生じる。蜜が存在しないのに8の字の飛行をはじめたりすることはない。つまり、1動物は、うそがつけない。この点で動物は、人間とは根本的に異なっている。

したがってまた、動物の記号的なコミュニケーションにあっては、a「相手の考え」、「相手の意図」という概念は登場しない。コミュニケーションが、記号の役割をになう行動と、それへの反応とのあいだの因果関係によって成り立っているかぎり、そこには、そのように体を動かした相手の思いや意図を推測する、というプロセスが介在する余地はない。この点でもまた、動物のコミュニケーションは、人間のコミュニケーションとは根本的に異なっている。

そもそも動物の記号は、語を組み合わせた文ではない。なるほど、「文」という概念を使って説明するなら、ミツバチの8の字飛行という記号は、b「蜜がここにある」という文を省略した一語文であ

英語解答

1

問1　平らな七面鳥を別の部屋に移動させた。

問2　ア

問3　全ての食べ物を食べているかを確かめるために，七面鳥と一緒に食事をする。(35字)

問4　エ

問5　They watched people eating as much cherry pie as they could

問6　彼は自分の七面鳥がどれほど特別か皆に見せるために，国中を旅し始めた。

問7　ウ

問8　somebody he was not

問9　イ　問10　エ，オ

2

問1　機械を買うお金がないことと，雨季に機械が使えなくなること。(29字)

問2　エ　問3　イ

問4　牛が年を取って働けなくなると，農夫たちは彼らを農業から離してあげる。

問5　do not understand why the Indian government spends money on cows

問6　ウ

3

1　エ　2　ウ　3　イ　4　エ
5　ウ　6　ウ　7　イ　8　ア
9　エ　10　ア

4

1　stop playing　2　nothing, do
3　is, called　4　rained heavily
5　on, way　6　she was

5

1　vegetable(s)　2　drum(s)

6

1　Did Mike tell his friends when the party would be held

2　I'm looking forward to picking you up at the airport

3　The doctor advised her nothing is more important than health

7

1　C　2　B　3　B　4　D
5　D　6　A　7　D　8　A
9　C　10　C　11　A　12　D
13　B　14　B　15　C

1〔長文読解総合―物語〕

≪全訳≫❶ある朝早く，農家のフランシスは彼の小さな納屋に歩いていき，七面鳥に餌をやった。彼は小さな七面鳥農場の所有者だった。その土地で最も貧しかったが，彼は幸せだった。彼には毎日する仕事がたくさんあり，特に七面鳥に餌をやることが日課だった。納屋の中に入ったとき，彼は何かとても不思議なことに気づいた。❷七面鳥の１羽が平らになっていた。パンケーキのようだった。彼は他の七面鳥が餌を奪っているのだと思った。それで農家のフランシスは，１羽だけで食べられるように平らな七面鳥を別の場所に移した。❸その翌日，納屋にやってくると彼は平らな七面鳥がさらに平らになっていることに気づいた。「お前のことをパンケーキのような七面鳥と呼ぶぞ」と農家のフランシスは平らな七面鳥に言った。「でもお前が太って感謝祭に間に合うようにしてやるからな」❹「ゴロゴロ」とパンケーキのような七面鳥は答えた。❺農家のフランシスは２倍の量の餌をパンケーキのような七面鳥にやり，他の七面鳥の世話をするために歩いてその場を離れた。❻その翌日，彼はパンケーキのような七面鳥の様子を見るために納屋に入った。農家のフランシスが驚いたことに，パンケーキのような七面鳥は依然として平らだったが，餌は全てなくなっていた。「どうしてお前は太らないんだ？」と農家のフランシスは言った。❼「ゴロゴロ」とパンケーキのような七面鳥は答えた。❽農家のフランシスはパンケーキのような七面鳥を医者のところに連れていくことにした。「どうしても七面鳥が太らないんですよ」と農家のフランシスは医者に言った。❾「そうですねえ」と医者は答えた。「１つできることがあります。七面鳥が餌を全部食べているかを確かめるために，七面鳥と一緒に食事をしてみてください」10「いい考えですね」と農家のフランシスは答えた。11その日の晩，農家のフランシスは七面鳥と一緒に食事をするためにパンケーキのような七面鳥を彼の家の中に連れてきた。パンケーキのような七面鳥は農家のフランシスが七面鳥に与えた餌を全て食べたが，七面鳥は依然として少しも太らなかった。12「俺はお前にどうすりゃいいんだ？」と農家のフランシスは尋ねた。13「ゴロゴロ」とパンケーキのような七面鳥は答えた。14農家のフランシスはパンケーキのような七面鳥を動物園に連れていけばいいと思った。彼の小さな農場には他のどんな種類の動物もいなかった。彼は七面鳥に太った動物の姿を見せてやればいいのだと思った。彼はこれで七面鳥の気持ちが変わってくれることを願った。彼はこの七面鳥にカバ，ゾウ，ブタ，そして地上最大の鳥であるダチョウを見せた。15「これらの動物のように，お前はちゃんと大きくなる必要があるぞ」と農家のフランシスは言った。16「ゴロゴロ」とパンケーキのような七面鳥は答えた。17パンケーキのような七面鳥は依然として少しも大きくならなかったので，農家のフランシスは七面鳥をチェリーパイの大食い大会に連れていくことにした。彼らは，人々ができる限りたくさんのチェリーパイを食べているのを見た。その土地で体が一番大きい男がそこにいて，彼はチェリーパイを15個も食べた。18「お前もあいつのように食べるんだぞ」と農家のフランシスは言った。19「ゴロゴロ」とパンケーキのような七面鳥は答えた。20しかしながら，パンケーキのような七面鳥は少しも大きくならなかった。農家のフランシスはどうすればいいかわからなかった。21ある日，農家のフランシスの妻は七面鳥をサーカスに連れていくことを提案した。農家のフランシスはそれはいい考えだと思い，パンケーキのような七面鳥をサーカスに連れていくことにした。誰もがこんなに変わった見た目の七面鳥を見てびっくり仰天した。すぐに，多くの人たちが七面鳥を見るために国中からやってきた。農家のフランシスは土地で一番の有名な男になった。22「俺は金持ちになるぞ！」と彼は言った。23「ゴロゴロ」とパンケーキのような七面鳥は答えた。24農家のフランシスはとても多くのお金を稼いだので，農場と七面鳥を全て売ることにした。彼は皆に自分の七面鳥がどれだけ特別であるかを見せるために国中を旅し始めた。彼はどこにでも行けるように，新しいトラックや飛行機，そして船を買った。農家のフランシスは世界で一番の金持ちの男になった。彼は妻に豪邸を，そして平らな七面鳥には大きな納屋を買ってやった。25「俺は欲しいものを全て手にしたぞ！」26「ゴロゴロ」とパンケーキのような七面鳥は答えた。27しかし，人々は平らな七面鳥を見るのに飽き始めた。農家のフランシスは七面鳥をテレビ番組や映画，コマーシャルに出演させようと必死になったが，それはうまくいかなかった。彼はすぐにトラック，飛行機，船，豪邸，そして大きな納屋を売り払わなければならなかった。農家のフランシスには何も残らなかった。28「俺はどうすればいいんだ？」と農家のフランシスは叫んだ。29「ゴロゴロ」とパンケーキのような七面鳥は答えた。30農家のフランシスは欲張りな自分に気づいた。彼は違う誰かになろうとしていたのだ。彼はパンケーキのような七面鳥のことも，別の七面鳥に変えようとしていた。彼は農家で，それだけが彼がどうあるべきかについて知っていたことだった。彼は小さな農場に戻り，最初からやり直すことにした。農家のフランシスはパンケーキのような七面鳥を太らせる必要はなく，お金をたくさん稼ぐ必要もなかった。彼はただ幸せになる必要があり，農家であることは彼が一番よく知っていたことで，それが彼を幸せにしていたのだ。31感謝祭までに，農家のフランシスは再び農場を所有し，夕食のために七面鳥を準備するのではなく，彼は感謝祭の夕食に全ての七面鳥を招待することにした。32「これまでで最高の感謝祭だ！」と農家のフランシスは歌った。33「ゴロゴロ」とパンケーキのような七面鳥は答えた。

問１＜文脈把握＞直後に So「だから」とあるので，この後に書かれている内容がフランシスが取った行動になる。 ‘put ～ into …’「～を…に入れる」

問２＜適語選択＞前に‘逆接’の but があるので，太ってはいなかったが，食べ物は「なくなっていた」という意味になると判断できる。be gone で「(物)がなくなった」という意味。

問３＜要旨把握＞続く第９段落で医者が「できることが１つある」と言って助言をしている。 make sure (that) ～「～を確かめる」

問４＜英文解釈＞下線の this は前の文に書かれている「七面鳥に動物園の動物がどれだけ太っているかを見せること」を指す。そうすることで，餌を食べても太らない七面鳥が「大きくなりたい，太りたい」と思うようになるのをフランシスは願ったのである。　change ～'s mind「～の考えを変える」

問５＜整序結合＞「彼らは人々が食べているのを見た」が文の骨組みとなるが，これは'知覚動詞＋目的語＋現在分詞(～ing)'「…が～しているのを見る〔聞く，感じる〕」という形で表せるので，They watched people eating とする。「できる限りたくさんのチェリーパイ」は'as ～ as＋主語＋can/could'「できるだけ～」の形で as much cherry pie as they could とまとめ，eating の後に続ける。

問６＜英文和訳＞begin ～ing は「～し始める」，travel around the country は「国中を旅する」。ここでの to ～ は「～するために」という意味の'目的'を表す to不定詞の副詞的用法。また，show 以下は'show＋人＋物事'「〈人〉に〈物事〉を見せる」の形だが，ここでは'物事'の部分が'疑問詞＋主語＋動詞...'の語順の間接疑問になっている。how special his turkey was は「どれだけ彼の七面鳥が特別であるか」。このように直後に形容詞を伴う how は，「どのように」ではなく「どれほど」という'程度'を表す。

問７＜適文選択＞直前にある'逆接'の but に注目。この前で書かれている，フランシスが必死になってパンケーキのような七面鳥をメディアに出そうとしたことと相反する内容になるものを選ぶ。work には「(計画などが)うまくいく」という意味がある。　make sense「道理にかなう」

問８＜適語句補充＞下線を含む文の was also trying to という部分から，この文は，前の文で述べた内容と同様の内容になると考えられる。自分が違う自分になろうとしていたのと同様に，飼っていた七面鳥もふだんと違う別のものにしようとしていたことにフランシスは気づいたのである。somebody he was not の直訳は「(以前は)そうではなかった誰か」という意味で，「違う自分」や「別の自分」ということ。　(類例) He is not the man he used to be.「彼は以前の彼ではない」

問９＜適語選択＞２つ目の空所を含む文の主語 that は前にある being a farmer「農家であること」を受けている。第１段落から，フランシスは貧しくても農家として「幸せ」に暮らしていたことがわかる。大金は必要ないが幸せになる必要があったので，自分を幸せにしてくれていた農家としてもう一度やり直すことに決めたのである。　'make＋目的語＋形容詞'「～を…(の状態)にする」

問10＜内容真偽＞ア…×　第３段落参照。柔らかさではなく，パンケーキのように平らだったから。イ…×　第５，６段落参照。　ウ…×　第17段落最終文参照。　エ…○　第21段落に一致する。オ…○　第30段落に一致する。　カ…×　第31段落参照。　instead of ～「～の代わりに，～ではなく」

２〔長文読解総合─説明文〕

≪全訳≫❶約10億人の人々がインドには住んでいる。多くの人々が小さな農場で生計を立てている。彼らの生活は地味で質素なものだ。家族は農場と動物の世話をする。農場で一番大切な動物は牛だ。牛は２つの点で農場に役立つ。牛は牛乳を家族に与え，農地で仕事をしてくれる。❷農民はたくさんお金を稼ぐわけではない。彼らは彼らの仕事に役立つ機械を買うことができないが，牛を飼うためにはあまり多くのお金は必要ではない。牛は機械のようにガソリンも修理も必要ない。また，インドでは天気が問題だ。６月，７月，８月，そして９月には雨がたくさん降る。地面がひどくぬれると，地面は柔らかくもなる。機械は柔らかい地面では動かないが，牛は働くことができる。❸牛は神聖な動物だ。1600年以上前に書かれたあるインドの詩には，天気が悪くてインドの人たちが食べ物を手に入れることができなかったとき，王様が地球に食べ物を与えてくれるように命じようとしたと書かれている。まもなく牛の姿をした神が現れて彼らに牛乳を与えてくれた。その詩はおそらく人々が生活様式を狩猟から農業へ変えたことを意味しているのだろう。それ以来，インドの人々は，牛は神聖な動物だと信じてきた。1年に2度，牛のために特別な宗教の祭典が行われる。農民たちは彼らの牛を飾り，寺院へ連れていく。彼らの宗教では，神々が牛を守っている。人々は牛をよく世話をして守らなければならない。もちろん，彼らは牛を殺すことなどできない。❹牛は政府にも守られている。インドでは，牛を殺すことは法律違反である。それで牛が年をとって働けなくなると，農夫たちは彼らを農場から追い出してしまう。牛は通りを自由に歩く。人々は彼らに食べ物を与え，運転手は牛をひかないように注意する。年を取ったり病気になったりした牛のための特別な動物病院もある。政府(そして一部のお金持ちの人たち)はこれらの病院にお金を寄付している。他国の人々には，インド政府が牛にお金を使う理由を理解できない。❺インドの人々は毎年2億頭を超える牛を世話する。彼らは長い間，宗教上の象徴として牛に尊敬の念を抱いてきた。それは，何千年にも及ぶ伝統なのだ。

問1＜文脈把握＞この段落では機械ではなく牛を使う理由として，前半に経済的な理由が，後半に，天候面での理由が書かれている。この2つを指定の字数以内にまとめる。

問2＜適語選択＞from hunting to farming「狩猟から農業に」とあるので，生活様式を「変えた」と考えられる。食料に困っていた人々が牛乳で救われたという内容からも判断できる。

問3＜適語句選択＞インドで牛は神聖な動物で，神に宗教上守られていることを考えれば，牛を殺すことなどできないので，「当然，もちろん」を表す Of course が入る。

問4＜英文和訳＞‘too ～ to …’ は「…するには～すぎる，～すぎて…できない」。send ～ away は「～を送り出す，追い出す」という意味で，牛を農業から引退させるということ。

問5＜整序結合＞主語 People in other countries の後に，動詞「理解できない」を do not understand と続ける。「インド政府が牛にお金を使う理由」は「なぜインド政府が牛にお金を使うのか」と考えて ‘疑問詞＋主語＋動詞...’ の語順の間接疑問にまとめる。「牛にお金を使う」は ‘spend＋お金＋on ～’「～に〈お金〉を使う」の形を使う。

問6＜内容真偽＞ア…×　そのような記述はない。　イ…×　第3段落第6文参照。　ウ…○　第4段落終わりから2文目に一致する。　エ…×　第5段落参照。祭られているのではなく，世話をしている。

3 〔適語(句)選択・単語の発音〕

1．「他と合わないものはどれか」　butterfly「蝶《ちょう》」以外は交通手段である。

2．‘所要時間’ を尋ねる How long ～？「どれくらい」が適切。　「ここから駅へ歩いていくと時間はどれくらいかかるでしょうか」

3．‘形容詞〔副詞〕＋enough to ～’「～できるほど十分…」の形。　「私の兄〔弟〕は自動車を運転できる年齢だ」

4．人に物を勧める場合は，疑問文でも some を使う。　「もう少しコーヒーをいかがですか」

5．過去の特定の ‘時’ を表す疑問詞 When「いつ」は，通例現在完了形とは一緒に使えない。アは be が go なら正しくなる。　「いつフランスに行きましたか」

6．try ～ on〔try on ～〕「～を試着する」　「この靴下が気に入ったのなら，試着してみたら？」

7．空所の後に to the girls「女の子たちに」とあるので，空所部分は「与えられた花」という意味になるとわかる。「与えられた」は過去分詞 given で表せるが，過去分詞が単独ではなく他の語

(句)を伴って名詞を修飾する場合は，名詞の後ろに置かれて‘名詞＋過去分詞＋他の語(句)’という語順になるので The flowers given to the girls となる。　「女の子たちに渡された花はとても美しかった」

8．「下線部の発音が異なるものはどれか」

ア．chorus[k]　イ．chest[tʃ]　ウ．chocolate[tʃ]　エ．church[tʃ]

9．‘What ～ for ?’「何のために」→「なぜ，どうして」≒Why　「あなたはどうして市役所を訪れたのですか」

10．the sun rises で「太陽が昇る」，the sun sets で「太陽が沈む」。　「明日の朝，私たちは太陽が昇る前に出発しなければならない」

4〔書き換え―適語補充〕

1．「彼はギターを演奏し続けた」→「彼はギターを演奏するのをやめなかった」　continue to ～「～し続ける」を使った文を，stop ～ing「～するのをやめる」を使って書き換える。

2．「私はトムは今日暇だと思う」→「私はトムは今日何もすることがないと思う」　is free「暇である」を has nothing to do「することがない」(to不定詞の形容詞的用法)で書き換える。

3．「この動物を英語でどう言いますか」→「この動物は英語で何て呼ばれていますか」　you が主語の「～を英語ではどう言うか」という文を，this animal を主語にした受け身の文に書き換える。これは‘call＋A＋B’「AをBと呼ぶ」の受け身で，Bが疑問詞 What になって前に出た形。

4．「激しい雨のために，私たちは魚釣りに行くことができなかった」→「雨が激しく降っていたので，私たちは魚釣りに行くことができなかった」　‘because of＋名詞(句)’「～のために，～が原因で」を，‘because＋主語＋動詞…’に書き換える。　heavily「激しく」

5．「本屋へ行っている間に私はトムに会った」→「本屋に行く途中で私はトムに会った」　While I was going to … を，‘on ～'s way to …’「…に行く途中で」に書き換える。

6．「私は彼女に『あなたは何をしているの』と言った」→「私は彼女に何をしているのか尋ねた」　直接話法から間接話法への書き換え。話法の書き換えでは，代名詞や時制の一致に気をつける。また，間接疑問になるので，語順にも注意が必要。

5〔単語の定義〕

1．「これは食べることができる一種の植物だ。レタス，トマト，タマネギ，そしてニンジンが例である。それでサラダをつくることができる。その単語は『V』で始まる」

2．「これは楽器だ。たいていその形は丸く，手や棒を使ってたたいて演奏される。たくさんの種類が世界中にある。この単語は『D』で始まる」

6〔整序結合〕

1．「彼の友達に時間を教える」は，‘tell＋人＋物事’「〈人〉に〈物事〉を教える」の形にまとめる。ここで‘物事’にあたる「パーティーが開かれる時間」は「いつパーティーが開かれるか」と読み換えて‘疑問詞＋主語＋動詞…’の語順の間接疑問で when the party would be held とまとめる。

2．「～するのを楽しみにしている」は look forward to ～ing「～を楽しみにする」を現在進行形にして表す。「～を迎えに行く」は‘pick＋人＋up’で表せるので，to の後は picking you up とし，最後に「空港に」を表す at the airport を置く。

3．「医者は彼女に忠告した」を The doctor advised her とまとめ，忠告した内容をこの後に続ける(‘advise＋人(＋that)＋主語＋動詞…’「〈人〉に～ということを忠告する」の形)。「健康は何物にも代えがたい」は，‘nothing is＋比較級＋than ～’「～ほど…なものはない」の形にまとめる。

7〔放送問題〕解説省略

2021年度／中央大学高等学校

数学解答

1 問1　$x=\dfrac{-3\pm\sqrt{17}}{4}$　　問2　2

問3　ア…$\dfrac{b^2}{c}$　イ…$\dfrac{a^2}{c}$　ウ…c

2 問1　(3, 4)

問2　(1, 3, 4), (2, 1, 5), (2, 6, 2)

3 問1　(6, −3)　　問2　$\left(4,\ \dfrac{8}{3}\right)$

問3　(6, 6), $\left(6,\ -3+\dfrac{9\sqrt{5}}{2}\right)$, $\left(6,\ \dfrac{33}{4}\right)$

4 $3\pi+3\sqrt{3}$

5 問1　$\dfrac{1}{12}$　　問2　$\dfrac{1}{27}$

6 問1　4　　問2　$\dfrac{96\sqrt{5}}{5}\pi$

1〔独立小問集合題〕

問1＜二次方程式＞解の公式より，$x=\dfrac{-3\pm\sqrt{3^2-4\times2\times(-1)}}{2\times2}=\dfrac{-3\pm\sqrt{17}}{4}$となる。

問2＜平方根の計算＞与式$=\left(\dfrac{\sqrt{7}}{\sqrt{21}}-\dfrac{\sqrt{3}}{\sqrt{21}}\right)-\left(\dfrac{\sqrt{2}}{\sqrt{14}}-\dfrac{\sqrt{56}}{\sqrt{14}}\right)-\left(\dfrac{\sqrt{14}}{\sqrt{42}}-\dfrac{\sqrt{24}}{\sqrt{42}}\right)=\dfrac{1}{\sqrt{3}}-\dfrac{1}{\sqrt{7}}-\dfrac{1}{\sqrt{7}}+\sqrt{4}-\dfrac{1}{\sqrt{3}}+\dfrac{\sqrt{4}}{\sqrt{7}}=\dfrac{1}{\sqrt{3}}-\dfrac{1}{\sqrt{7}}-\dfrac{1}{\sqrt{7}}+2-\dfrac{1}{\sqrt{3}}+\dfrac{2}{\sqrt{7}}=2$

問3＜図形―論証＞右図で，△ACDと△ABCにおいて，∠ADC＝∠ACB＝90°，共通な角より，∠DAC＝∠CABだから，2組の角がそれぞれ等しいことより，△ACD∽△ABCである。よって，AC：AB＝AD：ACより，$b:c=\mathrm{AD}:b$が成り立ち，$c\times\mathrm{AD}=b^2$，$\mathrm{AD}=\dfrac{b^2}{c}$となる。同様に，△CBD∽△ABCとなるから，CB：AB＝BD：BCより，$a:c=\mathrm{BD}:a$が成り立ち，$c\times\mathrm{BD}=a^2$，$\mathrm{BD}=\dfrac{a^2}{c}$となる。したがって，AD＋BD＝ABより，$\dfrac{b^2}{c}+\dfrac{a^2}{c}=c$となり，両辺に$c$をかけると，$b^2+a^2=c^2$より，$a^2+b^2=c^2$が成り立つ。

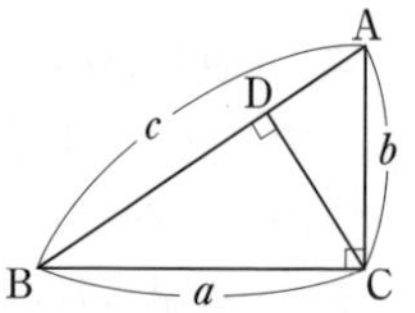

2〔方程式―方程式の応用〕

問1＜お菓子の個数＞Aさんが買ったあめの個数をa個，ガムの個数をb個とする。Aさんはチョコを3個買い，全部で300円払ったので，$10a+30b+50\times3=300$が成り立ち，これをbについて解くと，$b=5-\dfrac{a}{3}$となる。a，bは自然数だから，aは3の倍数である。また，Bさんはあめを1個以上，Cさんは10個買い，お店にあったあめは15個だから，$1\leqq a\leqq4$である。よって，$a=3$となるから，$b=5-\dfrac{3}{3}=5-1=4$となり，$(a,\ b)=(3,\ 4)$である。

問2＜お菓子の個数＞Cさんが買ったガムの個数をp個，チョコの個数をq個とすると，$10\times10+30p+50q=300$が成り立ち，$q=4-\dfrac{3}{5}p$となり，p，qは自然数だから，$(p,\ q)=(5,\ 1)$である。よって，AさんとCさんは，あめを合わせて3＋10＝13(個)，ガムを合わせて4＋5＝9(個)，チョコを合わせて3＋1＝4(個)買ったから，Bさんが買ったあめの個数をx個，ガムの個数をy個，チョコの個数をz個とすると，$1\leqq x\leqq2$，$1\leqq y\leqq6$，$1\leqq z\leqq11$となる。また，$10x+30y+50z=300$が成り立ち，$x+3y+5z=30$である。$x=1$とすると，$1+3y+5z=30$より，$z=\dfrac{29-3y}{5}$となる。zが自然数になるのは$29-3y$が5の倍数になるときであり，$1\leqq y\leqq6$より，$y=3$となる。このとき，$z=\dfrac{29-3\times3}{5}=4$となり，これは$1\leqq z\leqq11$に適する。$x=2$とすると，$2+3y+5z=30$より，$z=$

$\frac{28-3y}{5}$となり，$y=1$，6となる。$y=1$のとき，$z=\frac{28-3\times1}{5}=5$，$y=6$のとき，$z=\frac{28-3\times6}{5}=2$だから，どちらも$1\leqq z\leqq11$に適する。以上より，考えられる$(x,\ y,\ z)$の組は，(1，3，4)，(2，1，5)，(2，6，2)である。

3 〔関数―関数$y=ax^2$と直線〕

図1
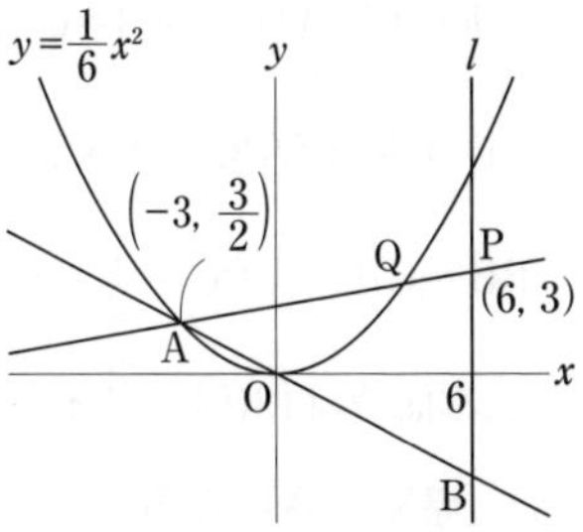

問1＜座標＞右図1で，直線OAは原点を通るので，その式を$y=ax$とおくと，$A\left(-3,\ \frac{3}{2}\right)$を通るから，$\frac{3}{2}=a\times(-3)$より，$a=-\frac{1}{2}$となり，その式は$y=-\frac{1}{2}x$である。点Bはこの直線上にあり，$x$座標は6だから，$y=-\frac{1}{2}\times6=-3$より，B(6，−3)となる。

問2＜座標＞右上図1で，P(6，3)のとき，直線APの傾きは$\left(3-\frac{3}{2}\right)\div\{6-(-3)\}=\frac{1}{6}$なので，その式を$y=\frac{1}{6}x+b$とおくと，点Pを通るので，$3=\frac{1}{6}\times6+b$，$b=2$より，直線APの式は$y=\frac{1}{6}x+2$となる。点Qはこれと放物線$y=\frac{1}{6}x^2$との交点だから，2式から$y$を消去して，$\frac{1}{6}x^2=\frac{1}{6}x+2$より，$x^2-x-12=0$，$(x+3)(x-4)=0$　$\therefore x=-3,\ 4$　よって，点Qのx座標は$x=4$であり，$y=\frac{1}{6}\times4^2=\frac{8}{3}$だから，$Q\left(4,\ \frac{8}{3}\right)$となる。

図2
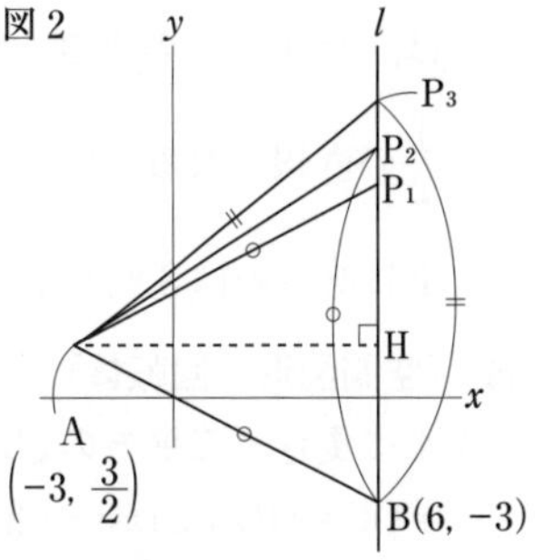

問3＜座標―三平方の定理＞△ABPが二等辺三角形になるのは，AP＝AB，AB＝BP，AP＝BPの場合があり，それぞれの場合の点Pを右図2のように，P_1，P_2，P_3とする。AP＝ABの場合，二等辺三角形ABP_1の頂点Aから直線lに垂線AHを引くと，$BH=HP_1$となる。2点A，Bのy座標より，$BH=\frac{3}{2}-(-3)=\frac{9}{2}$なので，$HP_1=BH=\frac{9}{2}$である。よって，点$P_1$の$y$座標は$\frac{3}{2}+\frac{9}{2}=6$となるから，$P_1(6,\ 6)$である。AB＝BPの場合，△AHBにおいて，$AH=6-(-3)=9$，$BH=\frac{9}{2}$だから，三平方の定理より，$AB=\sqrt{AH^2+BH^2}=\sqrt{9^2+\left(\frac{9}{2}\right)^2}=\sqrt{\frac{405}{4}}=\frac{9\sqrt{5}}{2}$となる。よって，$BP_2=AB=\frac{9\sqrt{5}}{2}$より，点$P_2$の$y$座標は$-3+\frac{9\sqrt{5}}{2}$だから，$P_2\left(6,\ -3+\frac{9\sqrt{5}}{2}\right)$である。AP＝BPの場合，$P_3(6,\ p)$とおくと，$\triangle AHP_3$で，$AH=9$，$HP_3=p-\frac{3}{2}$より，$AP_3{}^2=AH^2+HP_3{}^2=9^2+\left(p-\frac{3}{2}\right)^2$となり，$BP_3=p-(-3)=p+3$だから，$AP_3{}^2=BP_3{}^2$より，$9^2+\left(p-\frac{3}{2}\right)^2=(p+3)^2$が成り立つ。これを解くと，$81+p^2-3p+\frac{9}{4}=p^2+6p+9$より，$p=\frac{33}{4}$となるから，$P_3\left(6,\ \frac{33}{4}\right)$である。

4 〔平面図形―円〕

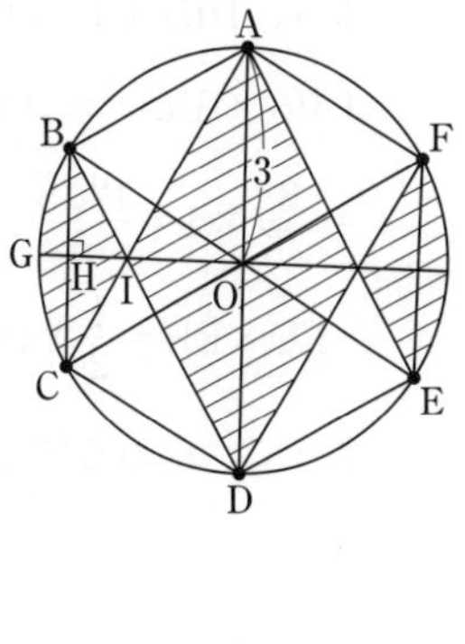

右図のように，円周上の6点を点A～点Fとすると，六角形ABCDEFは正六角形になる。円の中心をO，$\overset{\frown}{BC}$の中点をGとし，半径OGを引き，BCとの交点をHとする。また，半径OGはACとBDの交点を通り，この交点をIとする。正六角形は3本の直径AD，BE，CFで6個の合同な正三角形に分けられる。斜線部分の面積は(△AID＋〔おうぎ形OBC〕−△OBI−△OCI)×2で求められる。∠CADは$\overset{\frown}{CD}$に

対する円周角だから，$\angle CAD=\frac{1}{2}\angle COD=\frac{1}{2}\times60^\circ=30^\circ$ であり，$\overset{\frown}{AG}=\overset{\frown}{DG}$ より，$\angle AOI=90^\circ$ だから，$\triangle AOI$ は 3 辺の比が $1:2:\sqrt{3}$ の直角三角形で，$OI=\frac{1}{\sqrt{3}}OA=\frac{1}{\sqrt{3}}\times3=\sqrt{3}$ である。よって，$\triangle AID$ は底辺を $AD=2\times3=6$ と見ると，高さは $OI=\sqrt{3}$ だから，$\triangle AID=\frac{1}{2}\times6\times\sqrt{3}=3\sqrt{3}$ となる。また，〔おうぎ形 OBC〕$=\pi\times3^2\times\frac{60^\circ}{360^\circ}=\frac{3}{2}\pi$ である。さらに，図形の対称性より，点 H は BC の中点だから，$BH=CH=\frac{1}{2}BC=\frac{1}{2}\times3=\frac{3}{2}$ である。したがって，$\triangle OBI=\triangle OCI=\frac{1}{2}\times\sqrt{3}\times\frac{3}{2}=\frac{3\sqrt{3}}{4}$ だから，求める面積は $\left(3\sqrt{3}+\frac{3}{2}\pi-\frac{3\sqrt{3}}{4}\times2\right)\times2=3\pi+3\sqrt{3}$ となる。

5 〔確率―さいころ〕

問１＜確率＞大，中のさいころのみを振るとき，a，b の組は全部で $6\times6=36$(通り)ある。このうち，$A(a,\ b)$ が直線 $y=\frac{1}{2}x$ 上にあるのは，$b=\frac{1}{2}a$ となる場合だから，$(a,\ b)=(2,\ 1)$，$(4,\ 2)$，$(6,\ 3)$ の 3 通りある。よって，求める確率は $\frac{3}{36}=\frac{1}{12}$ となる。

問２＜確率＞大，中，小のさいころを振るとき，a，b，c の組は全部で $6\times6\times6=216$(通り)ある。また，$A(a,\ b)$ は，右図のように，点 $(1,\ 1)$，……，$(6,\ 6)$ の36個あり，直線 $y=\frac{1}{2}x+\frac{3}{2}c$ の式は，$c=1$ ～ 6 のとき，切片が $\frac{3}{2}$，3，$\frac{9}{2}$，6，$\frac{15}{2}$，9 で傾きが $\frac{1}{2}$ の直線となる。図より，36個の点 A のうち，直線 $y=\frac{1}{2}x+\frac{3}{2}c$ 上にあるのは 8 個だから，求める確率は $\frac{8}{216}=\frac{1}{27}$ となる。

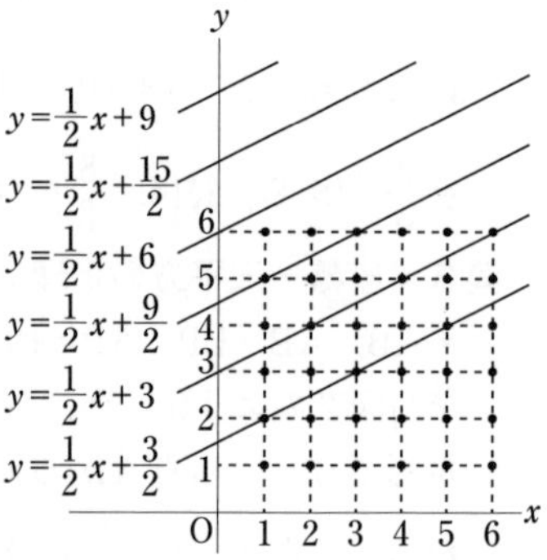

6 〔空間図形―回転体〕

問１＜長さ―三平方の定理＞右図で，$OD=x$ とおくと，円の半径より，$OB=OC=OD+CD=x+2$ となるから，$\triangle BDO$ で三平方の定理 $OD^2+BD^2=OB^2$ より，$x^2+(2\sqrt{5})^2=(x+2)^2$ が成り立つ。これを解くと，$x^2+20=x^2+4x+4$ より，$x=4$ となる。

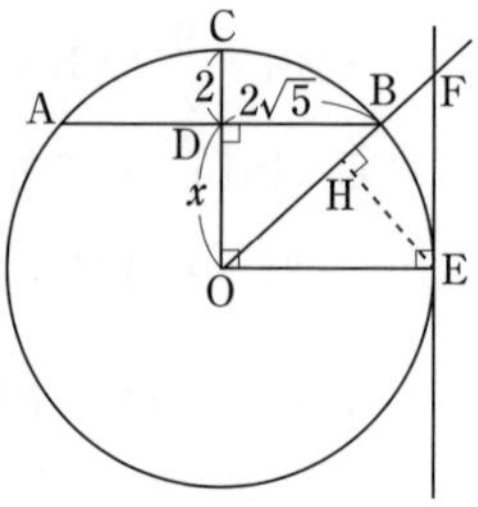

問２＜体積―相似＞問１より，$OE=OB=OC=4+2=6$ である。右図のように，点 E から FO に垂線 EH を引くと，直線 OF を軸にして $\triangle OEF$ を回転してできる立体は 2 つの円錐を合わせた立体となり，その体積は $\frac{1}{3}\pi\times EH^2\times FH+\frac{1}{3}\pi\times EH^2\times HO=\frac{1}{3}\pi\times EH^2\times(FH+HO)=\frac{1}{3}\pi\times EH^2\times FO$ である。$\triangle BDO$ と $\triangle OEF$ において，直線 EF は円の接線だから，$\angle OEF=90^\circ$ となり，$\angle BDO=\angle OEF=90^\circ$ である。また，$\angle BDO=\angle DOE=90^\circ$ より，$DB /\!/ OE$ だから，$\angle OBD=\angle FOE$(錯角)である。よって，2 組の角がそれぞれ等しいことより，$\triangle BDO\backsim\triangle OEF$ だから，$OD:FE=OB:FO=BD:OE=2\sqrt{5}:6=\sqrt{5}:3$ より，$FE=\frac{3}{\sqrt{5}}OD=\frac{3}{\sqrt{5}}\times4=\frac{12\sqrt{5}}{5}$，$FO=\frac{3}{\sqrt{5}}OB=\frac{3}{\sqrt{5}}\times6=\frac{18\sqrt{5}}{5}$ となる。さらに，$\triangle OEF$ の面積について，$\frac{1}{2}\times FO\times EH=\frac{1}{2}\times OE\times FE$ が成り立つから，$\frac{1}{2}\times\frac{18\sqrt{5}}{5}\times EH=\frac{1}{2}\times6\times\frac{12\sqrt{5}}{5}$ より，$EH=4$ となる。よって，求める体積は $\frac{1}{3}\pi\times4^2\times\frac{18\sqrt{5}}{5}=\frac{96\sqrt{5}}{5}\pi$ となる。

国語解答

一 (1) 経過　(2) 遅延　(3) 装
(4) 作用　(5) 虐　(6) ぞうお
(7) しょうさい　(8) きせい
(9) くめん　(10) うけたまわ

二 問一 ウ
問二 実際には起きていないこと
問三 ウ
問四 a…○　b…×　c…○　d…○
問五 動物は過去を回想し未来を選択するための，非在の現前を表す言葉を持たないから。(38字)
問六 Ⅰ…オ　Ⅱ…イ　Ⅲ…ア
問七 冬眠の準備行動がはじまる
問八 イ

三 問一 エ　問二 ア　問三 イ
問四 ウ
問五 説明しがたい不条理な感じ
問六 ア　問七 Ⅰ 四　Ⅱ 八
問八 あんまり寒
問九 自分の大学生活の意味を考え直す変化。

四 問一 a…ウ　b…エ　c…イ
問二 自分たちの大事な開祖の名を犬につけたから。
問三 あわせてくれ
問四 自分たちの開祖の名を持つ犬を噛み伏せたから。

五 Ⅰ 問一 其の学ぶ能はざる所を学ばんとするなり。
問二 ア
Ⅱ 問一 (右参照)
不レ如二仁声之入レ人深一也。

六 問一 エ　問二 ウ　問三 イ，ウ

一〔漢字〕

(1)「経過」は，時間が過ぎること。　(2)「遅延」は，定刻に遅れること。　(3)音読みは「服装」などの「ソウ」。　(4)「作用」は，はたらきのこと。　(5)音読みは「虐待」などの「ギャク」。　(6)「憎悪」は，相手を憎み嫌うこと。　(7)「詳細」は，詳しいこと。　(8)「帰省」は，故郷へ帰って両親を見舞うこと。　(9)「工面」は，やりくりすること。　(10)音読みは「承知」などの「ショウ」。

二〔論説文の読解―自然科学的分野―人類〕出典；大庭健『いま，働くということ』。

≪本文の概要≫動物のコミュニケーションは，一定の対象を認知したら，ある定まった行動をするというプログラムに従って自動的に生じるものであり，「相手の考え」や「相手の意図」という概念は存在しない。人間の言語によるコミュニケーションにおいては，語を自由に組み合わせて任意の文をつくることができるので，実際には起きていないことやありえないもの，過去や未来のことについても，考えて理解することができる。動物がその時点ごとに外界からの刺激に反応して常に現在を生きているのに対し，人間は，「非在の現前」としての言葉を操れることによって，実際の過去・ありえた過去，ありうる未来・ありえない未来について考えることができる。そして人間は，現在を過去の選択の帰結ととらえるとともに，将来への影響を考えながらある選択をすることもできる。現在を過去の自分たちの選択から将来の可能性につながる結節点として引き受け，過去から未来への歴史を生きているという点で，人間の活動は，動物の活動とは根本的に異なっている。

問一＜文章内容＞動物には「一定の対象を認知したら，ある定まった行動をするというプログラムがインストールされて」いて，「動物における記号的行動」は「そうしたプログラムにしたがって，いわば自動的に生じる」ものなので，動物はうそがつけないのである。

問二＜文章内容＞人間の言語では，「語を自由に組み合わせて，任意の文を作ることができる」がゆえに，「実際には起きていないこと」を「述べる文も，つぎつぎに作ることができる」し，「実際には起きていないことについて考えることもできる」のである。

問三＜文章内容＞A．「一頭の小ぶりの天敵が近づいている」という状況においては，「テキ，いない」は「天敵が近づいている」という状況に反し，「テキ，多い」は「一頭」という状況に反し，「テキ，大きい」は「小ぶり」という状況に反するので，全て「偽」である。　B．「テキ，いない」，「テキ，多い」，「テキ，大きい」という文は，「一頭の小ぶりの天敵が近づいている」という「目下の状況」においては「偽」である。　C．私たち人間は，「非在の現前」としての言葉を使って「テキ，いない」，「テキ，多い」，「テキ，大きい」という文が「真」となる状況を考えることができるので，これらが実際には起きていないことであっても，これらの文の意味を理解することができる。

問四＜文章内容＞動物の記号的なコミュニケーションにはない「『相手の考え』，『相手の意図』という概念」が，「非在の現前」としての言葉を操れる人間のコミュニケーションには存在する（a…○）。「蜜がここにある」は，実際に存在する対象を認知したことで生じる，動物の記号的なコミュニケーションの一例である（b…×）。「空飛ぶ馬」のような「実際にはないもの・ありえないもの」や「過去・未来」の物事のような「今，目の前で実際には起きてはいないこと」についても，「非在の現前」としての言葉によって，考えることができる（c・d…○）。

問五＜文章内容＞動物は，「非在の現前」としての言葉を持たないため，「あのとき，こうだったのだ」と「過去」を回想したり，「将来への影響を考えながら，ある選択肢を選び」とったりすることができないので，「その時点ごと」の「現在」を生きることしかできないのである。

問六＜接続語＞Ⅰ．動物が「つねに現在を生きている」といっても，当然のことながら，動物でも過去の記憶ははたらいている。　Ⅱ．「動物も，未来を予知する働きをもってはいる」けれども，「そうした予知」は，「自然の因果関係の一こまにすぎない」のである。　Ⅲ．「人間は，現在を，過去の自分たちの選択から将来の可能性につながる結節点として引き受ける」ということを言い換えると，「人間は，動物のようにたんに現在を生きるのではなく，過去から未来への歴史を生きている」ということである。

問七＜文章内容＞動物は，「秋の深まりいく気配に接したら冬眠の準備行動がはじまる」という「特定の行動プログラム」のスイッチが入る。

問八＜要旨＞動物に選択の余地がなく「特定の行動プログラムがオンになる」のは，「一定の対象を認知したら，ある定まった行動をするというプログラムがインストールされて」いるからである（ウ…×）。動物の記号的なコミュニケーションにあっては，「『相手の考え』，『相手の意図』という概念」は存在しないが，「非在の現前」としての言葉を操れる人間には，それらを推測することができる（ア…×）。「非在の現前」としての言葉を持たず，「パーツを組み合わせて作られた文ではない」記号でしかコミュニケーションできない動物は，「あのとき，ああしていたら，こうはならなかっただろう」と過去にはありえた可能性について考えることはない（イ…○）。人間は，「非在の現前」としての言語を持つがゆえに，「現在を，過去の自分たちの選択から将来の可能性につながる結節点として引き受ける」ことができるので，「同じく役割を分担し合うといっても，動物の協業と人間のそれとのあいだには決定的な違いが存在する」のである（エ…×）。

三〔**小説の読解**〕出典；鷺沢萠『カミン・サイト』。

問一＜文章内容＞浩行は，「小学校のとき」から「もの凄くハードに『勉強』というものを続けてきた」結果入学できた現在の大学生活に，「妙に安っぽいような虚しいような，なんとなく裏切られたような気持ち」に近い，「説明しがたい不条理な感じ」を持っていた。

問二＜文章内容＞「推薦入学者は出身高校から推薦された時点で，半ば合格が決まった形になるので，実質的な受験勉強はほとんど必要なかった」ため，洋子は，「受験時代」の方が「充実してた」と言う浩行に共感も同意もできず，「不可解そうな表情」で「あたしは推薦だったから」と言ったのである。

問三＜文章内容＞浩行は，大学生活に対する「妙に安っぽいような虚しいような，なんとなく裏切られたような気持ち」を「おくびにも出さず，とにかく自分は生活を充分に楽しんでいます，というふり」をしていた。浩行は，「そうしていないとやりきれないという部分」がある，つまり，そうしていれば「説明しがたい不条理な感じ」のある大学生活でもやっていくことができることを，理解していたのである。

問四＜心情＞「自分はたぶん，普通の会社に就職して普通のサラリーマンになるのだろうな」と思うと，浩行は，それならば今まで勉強してきた高等数学などの知識は，自分の人生にとって何の意味もなかったのではないか，と考えてしまうのである。

問五＜文章内容＞「世間で一流と呼ばれている私大」に「ストレートで合格」して，「他人が見れば『とりあえず結構』な人生を歩みはじめている」浩行であったが，そこで立ち止まってみると，その「大学生活というものに，説明しがたい不条理な感じを持ってい」ることに気づいたのである。

問六＜文章内容＞「イタリアの作曲家」として，政治家である「ムッソリーニ」の名前を言いそうになってしまった，という洋子の話に，浩行は，自分と同じように学科で入学試験を受けたのではなく，洋子のように，笑い話になるような面接試験を受けて大学に入った者もいるのだな，と思いながら，声を立てて笑い，そのことに「爽快さすらおぼえ」た。

問七＜四字熟語＞「四苦八苦」は，非常に苦しむこと。

問八＜段落関係＞浩行と洋子の喫茶店での会話から始まり，「あんまり寒かったので」から，二人がなぜ喫茶店で会話することになったのかの状況説明となる回想場面が差し挟まれて時系列がいったん過去になり，「でね」という洋子の会話文から，現在の時系列に戻って再び喫茶店での会話が始まる。

問九＜主題＞自分の大学生活に「説明しがたい不条理な感じ」を抱いて，充実した生活を送れていない浩行であったが，洋子とのやりとりを経て，「これまで知らなかった洋子のある部分を，はじめて見たという気」がし，「今までにたぶん，見過ごしてきたのであろうたくさんのもの，たくさんの人間のこと」に思いをはせ，自分の大学生活や人生を見直そうという気持ちになったのである。

四〔**古文の読解─笑話**〕出典；『当世はなしの本』。

≪現代語訳≫ある所〈に〉，法花寺と浄土寺とが並んであったのだが，法花寺で飼っていた犬を，法然と名〈を〉つけて呼んだので，隣の浄土寺〈の〉僧たちが，「それにしても，憎いことだなあ。（我々の）大事な開祖（の名）を犬にするとは恨めしい」と言って，浄土寺でも犬を飼って，日蓮と名をつけて，餌も食べさせず，痩せたままにして，近所の子どもを招き寄せて，「隣の法然と，こちらの日蓮とを嚙み合いさせてくれ」と頼んだところ，子どもたちが群れ集まってきて，「日蓮来い，法然来い」と呼んで嚙み合わせたところ，なんのなんの日蓮は痩せ犬のことであるから，法然に嚙み伏せられたので，（子どもたちは）「日蓮が負けて法然が勝った」とはやし立てたので，法花寺はこのことに腹を立てて，すぐに法然を追い出しなさった。

問一＜古文の内容理解＞ａ．ある所「に」，法花寺と浄土寺が並んであったのである。　ｂ．法花寺で飼っていた犬は，法然という名「を」つけて呼ばれていたのである。　ｃ．浄土寺「の」僧たちは，法花寺の犬の名前が法然であることに腹を立てたのである。

問二＜古文の内容理解＞浄土寺の僧たちは，法花寺で飼われている犬に，浄土宗の開祖である「法然」の名がつけられているので，自分たちの「大事の祖師を犬にする事こそ遺恨なり」と憎く思ったのである。

問三＜歴史的仮名遣い＞歴史的仮名遣いの語頭以外のハ行は，現代仮名遣いでは，原則として「わいうえお」になる。

問四＜古文の内容理解＞法花寺の飼い犬である「法然」が，浄土寺の飼い犬である「日蓮」を嚙み伏せ，子どもたちが日蓮が負けて法然が勝ったとはやし立てた。そのことに，法花寺の僧は腹を立て，自分たちの開祖である「日蓮」の名を持つ犬を嚙み伏せた「法然」を，追い出したのである。

五〔**漢文の読解**〕出典；Ⅰ『荘子』，Ⅱ『孟子』。

Ⅰ**≪書き下し文≫**学者は其の学ぶ能はざる所を学ばんとするなり。

問一＜漢文の訓読＞「其」→「学」→「能」→「不」→「所」→「学」→「也」の順に読む。返り点のついていない「其の」を最初に読み，次に返り点のついていない「学ぶ」を読み，次にレ点で一字返して「能は」を読み，次にレ点で一字返して「ざる」を読み，次にレ点で一字返して一点のついた「所を」を読み，次に二点のついた「学ばんとする」を読んで，最後に一番下の「なり」を読む。「不」と「也」は，助動詞なので，ひらがなで書く。

問二＜漢文の内容理解＞学ぶ者は，書や音楽など，本来は学ぶことのできないことを学ぼうとして失敗する。「縁木求魚」は「木に縁《よ》りて魚を求む」と書き下すことができ，目的と手段が一致していないために失敗する，という意味。

Ⅱ**≪現代語訳≫**思いやりの言葉は，思いやりがあると評判になることが人の心に深く伝わることには，及ばない。

問一＜漢文の訓読＞「仁声之」→「人」→「入」→「深」→「如」→「不」→「也」の順に読む。「仁声之」には返り点をつけず，「人に」から「入ることの」へ一字返すので間にレ点をつけ，「深きに」の次に「如か」へ二字以上返すので「深きに」に一点，「如か」に二点をつけ，「如か」から「ざる」へ一字返すので「如」と「不」の間にレ点をつけ，最後の「也」には返り点をつけない。

六〔**国語の知識**〕

問一＜文学史＞『金閣寺』『潮騒』は，三島由紀夫の小説。

問二＜品詞＞「朝顔の持っている」の「の」は，主格の格助詞。「花の素朴な美しさ」「芸術作品としての美しさ」「周囲の空気」の「の」は，連体修飾格の格助詞。

問三＜表現技法＞「水を得た魚のように」と「疾風のごとく」は直喩法。「直喩」は「～のようだ」「～のごとし」などの言葉を使って，直接たとえる表現方法。

●要点チェック●　図形編―合同

◎図形の合同

合同……一方の図形を移動させて(ずらしたり《平行移動》，回したり《回転移動》，裏返したり《対称移動》して)，他方の図形に重ね合わせることのできるとき，この２つの図形は合同である。

・合同な図形の性質

１．対応する線分の長さは等しい。

２．対応する角の大きさは等しい。

・三角形の合同条件

２つの三角形は次のどれかが成り立つとき合同である。

１．３組の辺がそれぞれ等しい。

２．２組の辺とそのはさむ角がそれぞれ等しい。

３．１組の辺とその両端の角がそれぞれ等しい。

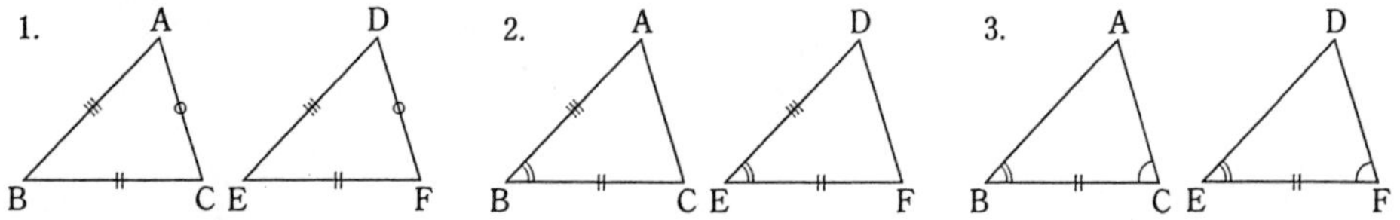

AB＝DE
BC＝EF
AC＝DF

AB＝DE
BC＝EF
∠ABC＝∠DEF

BC＝EF
∠ABC＝∠DEF
∠ACB＝∠DFE

・直角三角形の合同条件

２つの直角三角形は次のどちらかが成り立つとき合同である。

１．斜辺と１鋭角がそれぞれ等しい。

２．斜辺と他の１辺がそれぞれ等しい。

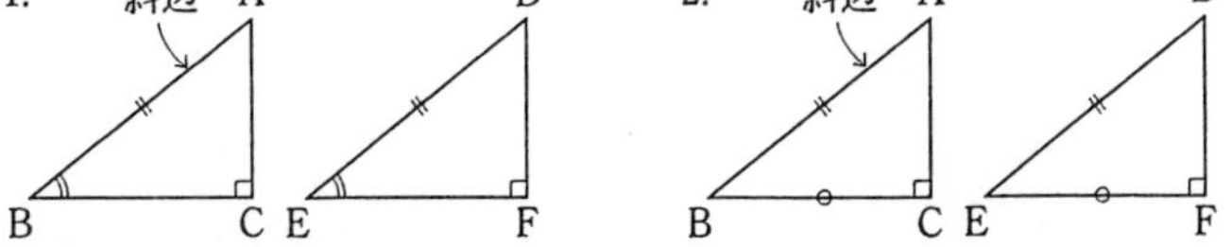

∠ACB＝∠DFE＝90°
AB＝DE
∠ABC＝∠DEF

∠ACB＝∠DFE＝90°
AB＝DE
BC＝EF

Memo

高校を受験する生徒とご父母のための…

2025 年度用

高校合格資料集

■首都圏有名書店にて今秋発売予定！

※表紙は昨年のものです。

内容目次

1. まず試験日はいつ？推薦ワクは？競争率は？
2. この学校のことはどこに行けば分かるの？
3. かけもち受験のテクニックは？
4. 合格するために大事なことが二つ！
5. もしもだよ！試験に落ちたらどうしよう？
6. 勉強しても成績があがらない
7. 最後の試験は面接だよ！

定価1430円（税込）

スーパー過去問の **解説執筆・解答作成スタッフ（在宅）募集！**

※募集要項の詳細は、10月に弊社ホームページ上に掲載します。

2025年度用

高校スーパー過去問

■編集人　声の教育社・編集部
■発行所　株式会社　声の教育社
〒162-0814 東京都新宿区新小川町8-15
☎03-5261-5061㈹ FAX03-5261-5062
https://www.koenokyoikusha.co.jp

※本書の内容についての一切の責任は当社にあります。内容・解説・解答その他の質問等は文書にて当社に御郵送くださるようお願いいたします。

中央大学高等学校

別冊解答用紙

丁寧に抜きとって、別冊としてご使用ください。

★教科別合格者平均点＆合格者最低点

推薦

年度		英語	数学	国語	社会	理科	合格者最低点
2024	男	28.4	26.6	30.0	25.7	22.8	114
	女	28.5	26.0	30.6	23.7	20.8	115
2023		31.2	28.2	30.1	24.1	23.6	男 118　女 121
2022		36.2	17.6	20.4	24.0	14.6	男 88　女 93
2021		34.6	20.8	20.2	14.1	16.7	男 91　女 100

※推薦の満点…2021・2022年度　英：45点　数・国：各35点　社・理：各25点
2023・2024年度　英：45点　数・国：各40点　社・理：各35点

一般

年度	英語	数学	国語	合格者最低点
2024	82.1	48.7	78.6	175
2023	72.0	62.6	68.8	173
2022	71.2	53.0	76.3	176
2021	74.0	66.9	70.1	186

注意

○ 解答用紙は、収録の都合により縮小したものや、小社独自に作成したものもあります。
○ 学校配点は学校発表のもの、推定配点は小社で作成したものです。
○ 無断転載を禁じます。
○ 解答用紙を拡大コピーする場合、表示した拡大率に対応する用紙サイズは以下のとおりです。
101%～102%＝B5　103%～118%＝A4　119%～144%＝B4　145%～167%＝A3
（タイトルと配点表は含みません）

２０２４年度　中央大学高等学校・推薦

英語解答用紙

番号		氏名		評点	／45

1 1 | 2

2 1 | 2

3 1 | 2 | 3 | 4 | 5

4 1 A | B　2 C | D

5 1 | 2 | 3 | 4

6

7 問1 (10) (20)
問2 A | B
問3
問4
問5
問6
問7

8 1 | 2 | 3 | 4 | 5

9 1 | 2

10 1 | 2

(注) この解答用紙は実物を縮小してあります。Ａ３用紙に154%拡大コピーすると、ほぼ実物大で使用できます。(タイトルと配点表は含みません)

推定配点		計
	1～3 各１点×９　4 各２点×２　5 各１点×４　6 ４点 7 問１，問２ 各２点×２ 問３ １点 問４～問７ 各２点×４ 8，9 各１点×７　10 各２点×２	45点

２０２４年度　中央大学高等学校・推薦

数学解答用紙

番号		氏名		評点	／40

1		2		3	

4	

5	(1)		(2)	

6

(1)　倍

(2)　途中式

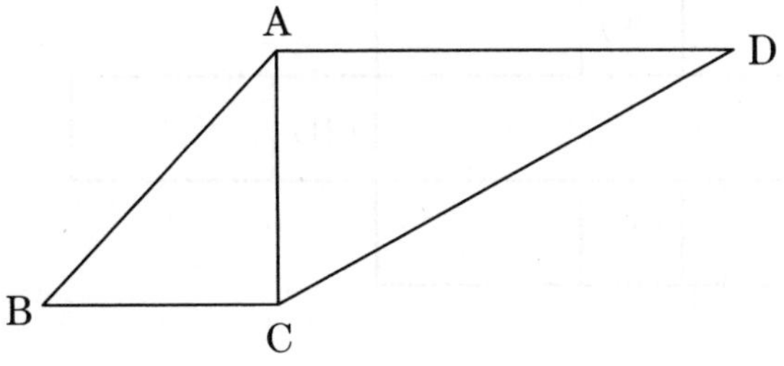

答え

7	(1)	$a=$	(2)	
	(3)	：		

(注) この解答用紙は実物を縮小してあります。Ａ４用紙に116%拡大コピーすると、ほぼ実物大で使用できます。(タイトルと配点表は含みません)

推定配点		計
	1～3　各３点×３　4　４点　5　(1)　３点　(2)　４点 6　(1)　２点　(2)　６点　7　各４点×３	40点

２０２４年度　中央大学高等学校・推薦

社会解答用紙

番号		氏名		評点	／35

1

(1)		(2)		(3)	
(4)		(5)			
(6)		(7)		(8)	

2

(9)		(10)		(11)		(12)	
(13)		(14)					
(15)	a：　b：　c：　d：					(16)	

3

(17)		(18)		(19)			
(20)						(21)	
(22)		(23)		(24)			

4

(25)

(26)

（注）この解答用紙は実物を縮小してあります。Ａ４用紙に115％拡大コピーすると、ほぼ実物大で使用できます。（タイトルと配点表は含みません）

推定配点		計
	1 問１　問Ａ，問Ｂ　各２点×２　問Ｃ　１点　問２～問４　各１点×５ 2 問１～問６　各１点×６　問７，問８　各２点×２ 3 問１　問Ａ　２点　問Ｂ　１点　問２～問５　各１点×４　問６　２点 問７　１点 4 問１　２点　問２　３点	35点

２０２４年度　中央大学高等学校・推薦

理科解答用紙

番号		氏名		評点	／35

問１	(1)　cm	(2)	(3)　cm	問２	Ω

問３		問４	

問５

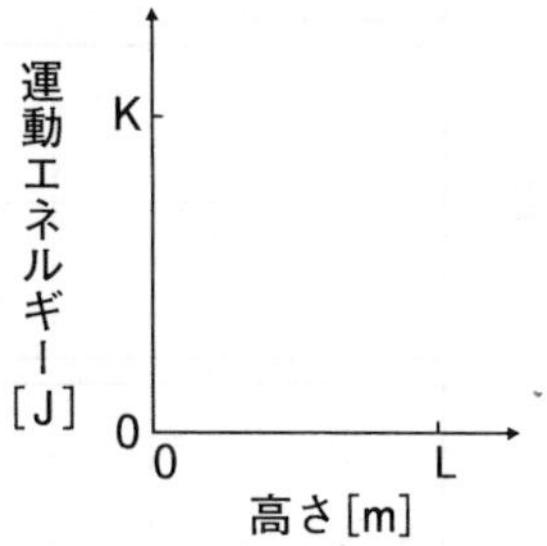

問６	(1)

問６	(2)　kg/m^3	問７	(1)
問７	(2)	問８	(1)

問８	(2)	(3)	(4)　g

問９		問10		問11		

問12	果実	種子	問13	

問14		問15		問16	

問17		問18		問19		問20	度

問21		問22	

(注)この解答用紙は実物を縮小してあります。Ｂ４用紙に123%拡大コピーすると、ほぼ実物大で使用できます。(タイトルと配点表は含みません)

推定配点		計
	問１　各１点×３　問２　２点　問３，問４　各１点×２　問５　２点 問６　各１点×２　問７　(1)　１点　(2)　２点　問８　各１点×４ 問９　２点　問10　１点　問11　２点　問12　１点　問13　２点 問14～問22　各１点×９	35点

二〇二四年度　中央大学高等学校・推薦

国語解答用紙

番号		氏名		評点	/40

一

問一　①　②　③　げる

問二

問三

問四

問五

問六　I　II　III

問七　A　B

問八

問九　……ため。

問十

二

問一

問二　A　B　C

問三　文

三

I　問一

問二

II　問一　莫　大　乎　与　人　為　善　。

（読み仮名・送り仮名は不要）

四

問一

問二

問三

（注）この解答用紙は実物を縮小してあります。A4用紙に116%拡大コピーすると、ほぼ実物大で使用できます。（タイトルと配点表は含みません）

推定配点		計
	一 問一　各1点×3　問二　2点　問三　3点　問四　6点　問五　2点 問六、問七　各1点×5　問八　2点　問九、問十　各3点×2 二 問一　1点　問二、問三　各2点×2 三、四　各1点×6	40点

２０２４年度　中央大学高等学校

英語解答用紙

番号		氏名		評点	／100

1

問１　問２　問３

問４

問５　A　B

問６

問７

問８

問９　（30）

問10

2

問１　（25）

問２

問３

問４　A　B

問５

3

1　2　3　4

5　6　7　8

4

1　2　3

4　5

5

1　2

6

1　A　B　2　C　D　3　E　F

7

1　2　3　4　5

6　7　8　9　10

11　12　13

14　15

（注）この解答用紙は実物を縮小してあります。Ａ３用紙に164％拡大コピーすると、ほぼ実物大で使用できます。（タイトルと配点表は含みません）

推定配点		計
	1 問１～問３　各２点×３　問４　６点　問５　３点　問６　２点　問７　４点　問８　２点　問９　６点　問10　各２点×２ 2 問１　６点　問２　２点　問３，問４　各３点×２　問５　２点 3 各１点×８　4，5 各２点×７　6 各３点×３ 7 Part A，Part B　各１点×10　Part C　各２点×５	100点

２０２４年度　中央大学高等学校

数学解答用紙

番号		氏名		評点	／100

1

問１	$x=$
問２	
問３	

2

問１	
問２	

3

問１	
問２	$a=$
問３	$a=$

4

問１	
問２	

5

問１	
問２	
問３	

6

問１	
問２	
問３	断面図

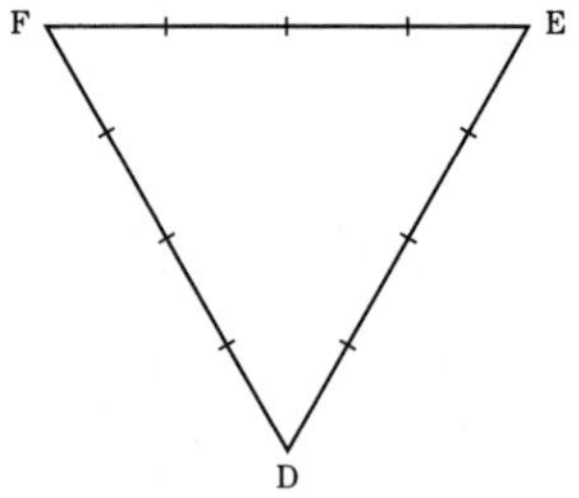

$S=$

（注）この解答用紙は実物を縮小してあります。A３用紙に164％拡大コピーすると、ほぼ実物大で使用できます。（タイトルと配点表は含みません）

推定配点	1 問１　４点　問２，問３　各６点×２　2 問１　６点　問２　８点 3 問１　４点　問２　６点　問３　８点　4 問１　６点　問２　８点 5 問１　４点　問２　６点　問３　８点 6 問１，問２　各６点×２　問３　８点	計 100点

二〇二四年度　中央大学高等学校

国語解答用紙

番号		氏名		評点	／100

一

(1) (2) (3) (4) (5)　れ (6) (7) (8) (9)　る (10)　ま

二

問一　Ⅰ　Ⅱ　Ⅲ　Ⅳ　Ⅴ

問二

問三　A　B

問四

問五　詞

問六

問七　瞭然

問八

問九

三

問一　A　B　C

問二　(1)　(2)

問三

問四　Ⅰ　Ⅱ

問五

問六

問七

問八

四

問一

問二　A　B　C

問三

問四

五

Ⅰ 問一

問二

Ⅱ 問一　有不占而避之者六。（読み仮名・送り仮名は不要）

六

問一

問二　1　2

問三　(1)　(2)

（注）この解答用紙は実物を縮小してあります。A3用紙に167%拡大コピーすると、ほぼ実物大で使用できます。（タイトルと配点表は含みません）

推定配点		計
	一　各1点×10　二　問一　各1点×5　問二，問三　各2点×3 問四　4点　問五　2点　問六　6点　問七　2点　問八　8点　問九　4点 三　問一　各1点×3　問二　(1)　1点　(2)　2点　問三　6点 問四　各2点×2　問五，問六　各3点×2　問七　8点　問八　4点 四　問一，問二　各1点×4　問三　3点　問四　2点 五　Ⅰ　問一　2点　問二　1点　Ⅱ　2点　六　各1点×5	100点

２０２３年度　　中央大学高等学校・推薦

英語解答用紙

番号		氏名		評点	／45

1

1		2	

2

1		2	

3

1	
2	
3	
4	
5	

4

1	A		B		2	C		D	

5

1		2		3		4	

6

7

問1	
問2	30
問3	
問4	
問5	A　　B
問6	
問7	

8

1		2		3		4		5	

9

1		2	

10

1		2	

(注) この解答用紙は実物を縮小してあります。Ａ３用紙に159%拡大コピーすると、ほぼ実物大で使用できます。(タイトルと配点表は含みません)

推定配点		計
	1～3　各１点×９　　4　各２点×２ 5　各１点×４　　6　４点 7　問１　１点　問２，問３　各３点×２　問４　１点 問５　２点　問６　１点　問７　２点 8，9　各１点×７　　10　各２点×２	45点

２０２３年度　中央大学高等学校・推薦

数学解答用紙

番号		氏名		評点	／40

1		2		3	

4	(1)		(2)	

5	(1)		
		(2)	

6	(1)			
	(2)	B（　　　,　　　）	(3)	Q（　　　,　　　）

（注）この解答用紙は実物を縮小してあります。Ａ４用紙に116%拡大コピーすると、ほぼ実物大で使用できます。（タイトルと配点表は含みません）

推定配点		計
	1　４点　　2，3　各３点×２ 4　各４点×２　　5　(1)　５点　(2)　４点 6　(1)，(2)　各４点×２　(3)　５点	40点

２０２３年度　中央大学高等学校・推薦

社会解答用紙

番号		氏名		評点	／35

1

(1)	記号：	国名：				(2)	
(3)		(4)		(5)		(6)	
(7)	A：					B：	

2

(8)		(9)		(10)		(11)	
(12)		(13)	A：　B：　C：　D：				
(14)		(15)	Y：　地図：				

3

(16)	・	(17)			
(18)					
(19)		(20)		(21)	

4

(22)

問題点

理由

問題点

理由

（注）この解答用紙は実物を縮小してあります。B４用紙に122％拡大コピーすると、ほぼ実物大で使用できます。（タイトルと配点表は含みません）

推定配点		計
	1　各１点×９ 2　問１～問５　各１点×５　問６　２点　問７　１点　問８　２点 3　問１　２点　問２～問４　各１点×５　問５　２点　問６　１点 4　問題点　各１点×２　理由　各２点×２	35点

2023年度　中央大学高等学校・推薦

理科解答用紙

番号		氏名	

評点	／35

問1		問2	倍	問3	(1) km

問3	(2)

問4	(1) N	(2)	問5	(1) m/s

問5	(2) 秒	問6	g	問7	

問8	

問9	(1)	(2) cm³	問10	(1)	(2)

問10	(3) g	(4)	問11	

問12	①	②	問13	

問14	→ → →	問15	(1)	(2)

問16	(1)	(2) km

問17		問18	g	問19		問20	

問21		問22		

（注）この解答用紙は実物を縮小してあります。Ｂ４用紙に128％拡大コピーすると、ほぼ実物大で使用できます。（タイトルと配点表は含みません）

推定配点		計
	問１　１点　問２　２点　問３～問９　各１点×11 問10　⑴～⑶　各１点×３　⑷　２点　問11，問12　各２点×２ 問13～問22　各１点×12〔問22は完答〕	35点

二〇二三年度　中央大学高等学校・推薦

国語解答用紙

番号　　氏名　　評点 ／40

一

問一　①　　②　　って　③　　ねて

問二

問三　a　　b

問四

問五

問六　…という立場。　　…という立場。

問七

問八

問九　Ⅰ　　Ⅱ　　Ⅲ　　Ⅳ

問十　…こと。

問十一

二

問一　A　　B　　C

問二

問三

問四

三

Ⅰ　問一

問二

Ⅱ　問一　不　若　除　一　害　。

（読み仮名・送り仮名は不要）

四

問一

問二

問三

（注）この解答用紙は実物を縮小してあります。Ｂ４用紙に120%拡大コピーすると、ほぼ実物大で使用できます。（タイトルと配点表は含みません）

推定配点	計
一　問一　各１点×３　問二　４点　問三、問四　各１点×３　問五　２点　問六　各１点×２　問七　２点　問八　５点　問九～問十一　各２点×３ 二　問一、問二　各１点×２　問三　２点　問四　３点 三、四　各１点×６	40点

２０２３年度　中央大学高等学校

英語解答用紙

番号		氏名	

評点	／100

1

問１　問２

問３　3－Ⅰ　3－Ⅱ　3－Ⅲ

問４　問５

問６　A　B

問７　35

問８

問９

問10

2

問１

問２

問３　35

問４　A　B　問５

3

1　2　3　4　5

6　7　8　9

4

1　2　3

4　5

5

1　2

6

1　A　B　2　C　D　3　E　F

7

1　2　3　4　5　6　7

8　9　10

11　12　13

14　15

（注）この解答用紙は実物を縮小してあります。A３用紙に161％拡大コピーすると、ほぼ実物大で使用できます。（タイトルと配点表は含みません）

推定配点		計
	1　問１，問２　各２点×２　問３　各１点×３　問４，問５　各２点×２ 問６　３点　問７　６点　問８　４点　問９　６点　問10　各２点×２ 2　問１　２点　問２，問３　各６点×２　問４　３点　問５　２点 3　各１点×９　4，5　各２点×７　6　各３点×３　7　各１点×15	100点

２０２３年度　中央大学高等学校

数学解答用紙

番号		氏名	

評点	／100

1

問１	$x=$
問２	
問３	$v=$

2

問１	
問２	

3

問１	A（　　，　　）
問２	
問３	$x=$

4

問１	
問２	

5

問１

問２

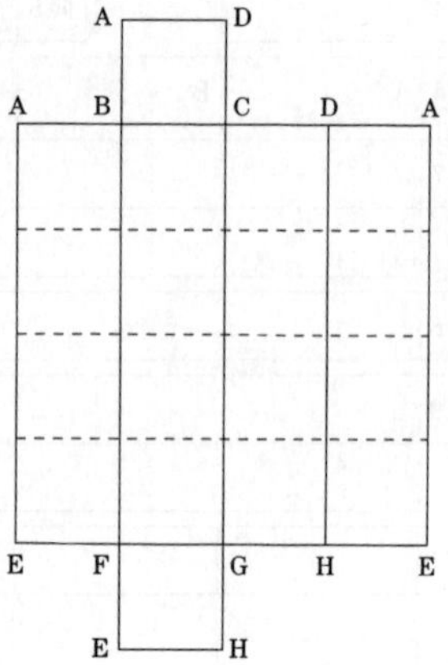

IK : KM=

ML : LJ=

問３	$S:T=$

6

問１	
問２	

（注）この解答用紙は実物を縮小してあります。Ａ３用紙に164％拡大コピーすると、ほぼ実物大で使用できます。（タイトルと配点表は含みません）

推定配点		計
	1 問１　６点　問２，問３　各８点×２　2 問１　６点　問２　８点 3 問１　５点　問２　６点　問３　７点　4 問１　６点　問２　８点 5 各６点×３　6 問１　６点　問２　８点	100点

二〇二三年度　中央大学高等学校

国語解答用紙

番号　　氏名　　評点　／100

一

(1)　す
(2)
(3)
(4)
(5)　れる
(6)
(7)
(8)
(9)
(10)　い

二

問一
問二
問三
問四　Ⅰ　Ⅱ　Ⅲ
問五
問六
問七　…こと。
問八
問九

三

問一
問二
問三　①　②
問四　Ⅰ　Ⅱ
問五
問六
問七
問八　B　C
問九
問十
問十一

四

問一　A　B　C
問二
問三
問四

五

Ⅰ問一
問二
Ⅱ問一　無物不長。
（読み仮名・送り仮名は不要）

六

問一
問二
問三
問四　(1)　(2)
問五　1　2

（注）この解答用紙は実物を縮小してあります。Ａ３用紙に161％拡大コピーすると、ほぼ実物大で使用できます。（タイトルと配点表は含みません）

推定配点		計
	一 各１点×10　二 問一　８点　問二　４点　問三　２点　問四　各１点×３　問五　３点　問六　２点　問七　３点　問八　２点　問九　４点 三 問一　３点　問二　８点　問三，問四　各１点×４　問五　４点　問六　２点　問七　３点　問八　各１点×２　問九　２点　問十　３点　問十一　４点 四 問一，問二　各１点×４　問三　３点　問四　４点 五 各２点×３　六 各１点×７	100点

２０２２年度　　中央大学高等学校・推薦

英語解答用紙

番号		氏名		評点	／45

1

1		2	

2

1		2	

3

1		
2		
3		
4		
5		

4

1	A	B		2	C	D

5

1		2		3		4	

6

7

問1	
問2	
問3	15
問4	A　B
問5	
問6	
問7	

8

1		2		3		4		5	

9

1		2	

10

1		2	

(注) この解答用紙は実物を縮小してあります。Ａ３用紙に154%拡大コピーすると、ほぼ実物大で使用できます。(タイトルと配点表は含みません)

推定配点		計
	1～3　各１点×９　4　各２点×２　5　各１点×４ 6　４点　7　問１，問２　各１点×２　問３　３点 問４　２点　問５　３点　問６　１点　問７　２点 8, 9　各１点×７　10　各２点×２	45点

２０２２年度　中央大学高等学校・推薦

数学解答用紙

番号		氏名	

評点	／35

1		2		3	

4	(1)	a ＝　　　　中央値	(2)	

5	

6	(1)	（　　　，　　）
	(2)	（　　　，　　）

7	(1) の途中過程			
	(1)の答え		(2)	a ＝

(注) この解答用紙は実物を縮小してあります。Ａ４用紙に115％拡大コピーすると、ほぼ実物大で使用できます。(タイトルと配点表は含みません)

推定配点		計
	1, 2　各２点×２ 3　３点　　4　(1)　３点　(2)　４点 5　４点　　6　(1)　４点　(2)　６点 7　(1)　３点　(2)　４点	35点

２０２２年度　中央大学高等学校・推薦

社会解答用紙

番号		氏名		評点	／25

1

(1)		(2)		(3)		(4)	
(5)		(6)		(7)			

2

(8)		(9)		(10)	
(11)		(12)	A：　B：　C：　D：		
(13)					

3

(14)		(15)		(16)		(17)	
(18)		(19)		(20)			
(21)	・						

4

(22) 今の時期に公表された理由としては、

(23) この結果を見て、私たちが受け取るべき「メッセージ」は、

（注）この解答用紙は実物を縮小してあります。Ａ４用紙に118％拡大コピーすると、ほぼ実物大で使用できます。（タイトルと配点表は含みません）

推定配点		計
	1 各１点×７ 2 問１～問４　各１点×４　問５　２点　問６　１点 3 各１点×８ 4 問１　２点　問２　１点	25点

2022年度　中央大学高等学校・推薦

理科解答用紙

番号		氏名	

評点	／25

問1		問2	Hz	問3	倍
問4	J	問5		問6	(1)
問6	(2)	問7		問8	
問9					
問10		問11		問12	
問13		問14			
問15	(1)　→　→　→　→	(2)	本		

問16		問17	ppm	問18		問19	

問20

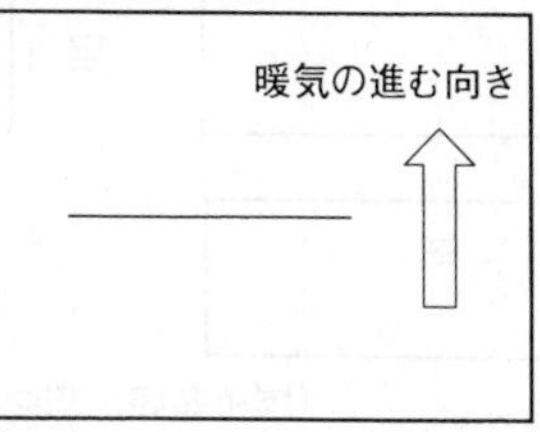

問21	%	問22		問23	

（注）この解答用紙は実物を縮小してあります。Ｂ４用紙に123%拡大コピーすると、ほぼ実物大で使用できます。（タイトルと配点表は含みません）

推定配点		計
	問１～問23　各１点×25〔問８，問10，問23はそれぞれ完答〕	25点

二〇二二年度　中央大学高等学校・推薦

国語解答用紙

番号　　氏名　　評点　／35

一

問一　①　②　③

問二

問三　始め　終わり　ということ。

問四

問五

問六　ところ。

問七

問八

二

問一　A　B　C

問二

問三

問四

三

Ⅰ　問一

問二

Ⅱ　問一　行　者　行　其　所　不　能　行　也　。

（読み仮名・送り仮名は不要）

四

問一

問二

問三

（注）この解答用紙は実物を縮小してあります。Ａ４用紙に115％拡大コピーすると、ほぼ実物大で使用できます。（タイトルと配点表は含みません）

推定配点	計
一　問一　各１点×３　問二　２点　問三　３点　問四　２点　問五　５点 問六　４点　問七　２点　問八　３点 二　問一～問三　各１点×３　問四　２点 三、四　各１点×６	35点

２０２２年度　　中央大学高等学校

英語解答用紙

番号		氏名	

評点	／100

1

問1　　問2 A　B

問3　　問4 4-Ⅰ　4-Ⅱ　4-Ⅲ

問5

問6

問7　30

問8

問9

問10

2

問1

問2

問3　45

問4 A　B

問5　　問6

3

1　2　3　4

5　6　7　8

4

1　2

3　4

5

5

1　2

6

1 A　B　　2 C　D　　3 E　F

7

1　2　3　4　5

6　7　8　9　10　11　12

13　14　15

（注）この解答用紙は実物を縮小してあります。A3用紙に167％拡大コピーすると、ほぼ実物大で使用できます。（タイトルと配点表は含みません）

推定配点		計
	1 問1　2点　問2　3点　問3～問5　各2点×5　問6，問7　各4点×2　問8　2点　問9　4点　問10　各2点×2 2 問1　6点　問2　2点　問3　6点　問4　3点　問5，問6　各2点×2 3 各1点×8　4，5 各2点×7　6 各3点×3　7 各1点×15	100点

２０２２年度　中央大学高等学校

数学解答用紙

番号		氏名	

評点	／100

1

問１	$x=$
問２	
問３	

2

問１	
問２	

3

問１	A(　　　，　　　)
問２	$x=$
問３	$b=$

4

問１	
問２	

5

問１の断面図

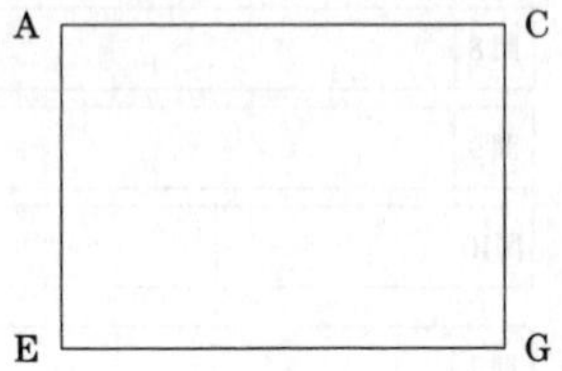

問１の答え	$r=$

問２の計算過程

問２の答え	%

6

問１	
問２	

（注）この解答用紙は実物を縮小してあります。Ａ３用紙に159%拡大コピーすると、ほぼ実物大で使用できます。（タイトルと配点表は含みません）

推定配点		計
	1 問１，問２　各６点×２　問３　８点　2 問１　６点　問２　10点 3 問１，問２　各６点×２　問３　８点　4 問１　６点　問２　８点 5 各４点×４　6 問１　６点　問２　８点	100点

二〇二三年度　中央大学高等学校

国語解答用紙

番号　氏名　評点 /100

一
(1)　(2)　(3)　(4)　(5) つた
(6)　(7)　(8)　(9)　(10) び

二
問一 Ⅰ Ⅱ Ⅲ Ⅳ
問二
問三
問四 A B C
問五 D E
問六
問七
問八
問九

三
問一
問二
問三
問四
問五 Ⅰ Ⅱ Ⅲ
問六
問七 ① ②
問八
問九
問十
問十一

四
問一 A B C
問二
問三

五
Ⅰ 問一
問二
Ⅱ 問一 与 人 不 求 感 徳
（読み仮名・送り仮名は不要）

六
問一 (1) (2)
問二 1 2 3
問三

（注）この解答用紙は実物を縮小してあります。Ａ３用紙に154％拡大コピーすると、ほぼ実物大で使用できます。（タイトルと配点表は含みません）

推定配点	計
一 各1点×10　二 問一 各1点×4　問二、問三 各3点×2　問四、問五 各2点×5　問六 6点　問七、問八 各3点×2　問九 4点 三 問一～問四 各3点×4　問五 各1点×3　問六、問七 各2点×3　問八 1点　問九 6点　問十 3点　問十一 4点 四 問一、問二 各1点×4　問三 3点　五 各2点×3　六 各1点×6	100点

2021年度　中央大学高等学校・推薦

英語解答用紙

番号		氏名		評点	／45

1

1		2		3	

2

1		2	

3

1		
2		
3		
4		
5		

4

1	by Renoir.
2	is cold.
3	chess.

5

1		2		3		4		5	

6

問1	
問2	
問3	Mrs. Stewart .
問4	
問5	
問6	
問7	

7

1		2		3		4		5	

8

1		2	

9

1		2	

（注）この解答用紙は実物を縮小してあります。Ａ３用紙に159％拡大コピーすると、ほぼ実物大で使用できます。（タイトルと配点表は含みません）

推定配点		計
	1～3　各１点×10　　4　各２点×３　　5　各１点×５ 6　問１，問２　各１点×２　問３　２点　問４　１点 問５，問６　各３点×２　問７　２点 7，8　各１点×７　　9　各２点×２	45点

２０２１年度　中央大学高等学校・推薦

数学解答用紙

番号		氏名		評点	／35

1		2	

3	(1)		(2)	通り

4	(1)		(2)	R(　　，　　)
	(3)	U(　　　　，　　　　)		

5	(1)	
	(2)	

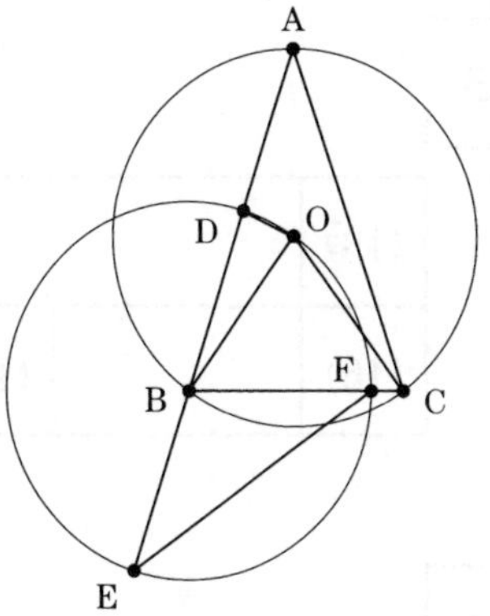

（注）この解答用紙は実物を縮小してあります。Ｂ４用紙に122％拡大コピーすると、ほぼ実物大で使用できます。（タイトルと配点表は含みません）

推定配点		計
	1，2　各３点×２ 3　(1)　３点　(2)　４点 4　(1)，(2)　各４点×２　(3)　６点 5　(1)　３点　(2)　５点	35点

２０２１年度　中央大学高等学校・推薦

社会解答用紙

番号		氏名		評点	／25

1

(1)		(2)		(3)		(4)	
(5)		(6)					

2

(7)		(8)		(9)	
(10)		(11)	A：　B：　C：　D：		
(12)					

3

(13)	議席			(14)		(15)	
(16)		(17)		(18)		(19)	

4

(20)	

（注）この解答用紙は実物を縮小してあります。Ａ４用紙に104％拡大コピーすると、ほぼ実物大で使用できます。（タイトルと配点表は含みません）

推定配点		計
	1 問１，問２　各１点×２　問３　２点　問４～問６　各１点×３ 2 問１，問２　各１点×２　問３　２点　問４～問６　各１点×３ 3 問１　２点　問２～問７　各１点×６ 4 ３点	25点

２０２１年度　中央大学高等学校・推薦

理科解答用紙

番号		氏名		評点	／25

問１		問２		問３	km	問４	Ω

問５	A	B	C	問６	倍	問７	

問８	(1)	(2)

問９	(1)

問９	(2) 酸化された物質	還元された物質

問10		

問11		問12		問13	

問14	(1)	(2)	問15			

問16	①	②	③	問17		問18	

問19	気温の上昇により

問20		問21		問22	

(注) この解答用紙は実物を縮小してあります。Ｂ４用紙に122%拡大コピーすると、ほぼ実物大で使用できます。(タイトルと配点表は含みません)

推定配点	問１～問22　各１点×25 〔問５，問９(2)，問10，問15，問16はそれぞれ完答〕	計 25点

二〇二二年度　中央大学高等学校・推薦

国語解答用紙

番号　　氏名　　評点　／35

一

問一　①　②　③　す

問二

問三

問四

問五

問六

問七

問八　Ⅰ　Ⅱ　Ⅲ

問九　〜

問十

問十一

二

問一　a　b　c

問二

問三

問四

三

Ⅰ　問一

問二

Ⅱ　問一　聞　以　徳　和　民　、　（読み仮名・送り仮名　不要）

四

問一　(1)　(2)

問二　ア　イ

（注）この解答用紙は実物を縮小してあります。Ｂ４用紙に128％拡大コピーすると、ほぼ実物大で使用できます。（タイトルと配点表は含みません）

推定配点	計
一　問一　各1点×3　問二　2点　問三　1点　問四　3点　問五　2点 問六　4点　問七〜問九　各2点×3　問十　1点　問十一　2点 二　問一　1点　問二　2点　問三　1点　問四　2点 三、四　各1点×5〔四問一、問二はそれぞれ完答〕	35点

２０２１年度　中央大学高等学校

英語解答用紙

番号		氏名	

評点	／100

1

問１ （20字）

問２

問３ （40字）

問４

問５ .

問６

問７

問８ …into (　　　)(　　　)(　　　)(　　　).

問９

問10

2

問１ （30字）

問２

問３

問４

問５ People in other countries .

問６

3

1		2		3		4		5	
6		7		8		9		10	

4

1			2		
3			4		
5			6		

5

1		2	

6

1 ?

2 this evening.

3 .

7

1		2		3		4		5		6		7		8	
9		10		11		12		13		14		15			

（注）この解答用紙は実物を縮小してあります。Ａ３用紙に167％拡大コピーすると、ほぼ実物大で使用できます。（タイトルと配点表は含みません）

推定配点		計
	1 問１　３点　問２　２点　問３　５点　問４　２点　問５　３点　問６　５点 問７　２点　問８　３点　問９，問10　各２点×３ 2 問１　５点　問２，問３　各２点×２　問４　５点　問５　３点　問６　２点 3 各１点×10　4，5 各２点×８　6 各３点×３　7 各１点×15	100点

2021年度　中央大学高等学校

数学解答用紙

番号		氏名		評点	／100

1

問1	$x=$
問2	
問3	(ア)
	(イ)
	(ウ)

2

問1	
問2	

3

問1	B(　　，　　)
問2	Q(　　，　　)
問3	

4

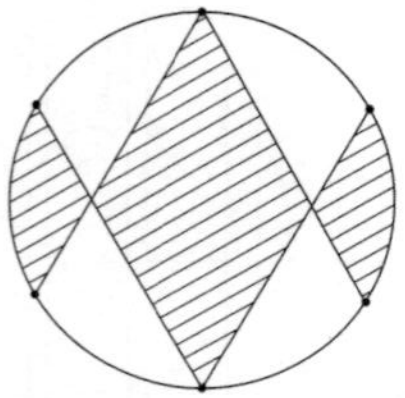

答え

5

問1	
問2	

6

問1	
問2	

推定配点		計
	1 問1，問2　各6点×2　問3　ア，イ　各3点×2　ウ　2点 2 問1　4点　問2　8点　3 問1　4点　問2　8点　問3　16点 4 14点　5 問1　4点　問2　8点　6 問1　6点　問2　8点	100点

二〇二一年度　中央大学高等学校

国語解答用紙

番号		氏名		評点	／100

一　(1)　(2)　(3)　い　(4)　(5)　げられ　(6)　(7)　(8)　(9)　(10)　り

二　問一　問二　問三　問四 a b c d　問五　問六 Ⅰ Ⅱ Ⅲ　問七　問八

三　問一　問二　問三　問四　問五　問六　問七 Ⅰ Ⅱ　問八　問九

四　問一 a b c　問二　問三　問四

五　Ⅰ 問一　問二

Ⅱ 問一　不如仁声之入人深也。（読み仮名・送り仮名は不要）

六　問一　問二　問三

推定配点		計
	一 各1点×10　二 問一～問三　各3点×3　問四　各1点×4 問五　8点　問六　各2点×3　問七、問八　各3点×2 三 問一～問四　各3点×4　問五　4点　問六　3点　問七　2点　問八　4点 問九　6点　四 問一　3点　問二　4点　問三　1点　問四　4点 五 Ⅰ　各2点×2　Ⅱ　3点　六 問一、問二　各2点×2　問三　3点	100点

スーパー過去問をお買い上げいただいた方に

声教からのお知らせ

どうしても使ってほしい3冊!!

声の教育社では，高校入試のスタンダード(定番)として，高校受験案内／学校別スーパー過去問／都立・公立高校スーパー過去問をご用意しています。知っておきたい学校情報や，解いておきたい珠玉の頻出問題が満載です!!

東京都高校受験案内：定価2310円(税込)
東京都立高校スーパー過去問：定価1100円(税込)
3～10年間スーパー過去問：定価2200～2530円(税込)

充実のラインアップ!!
受験案内＋公立過去問＋私立過去問

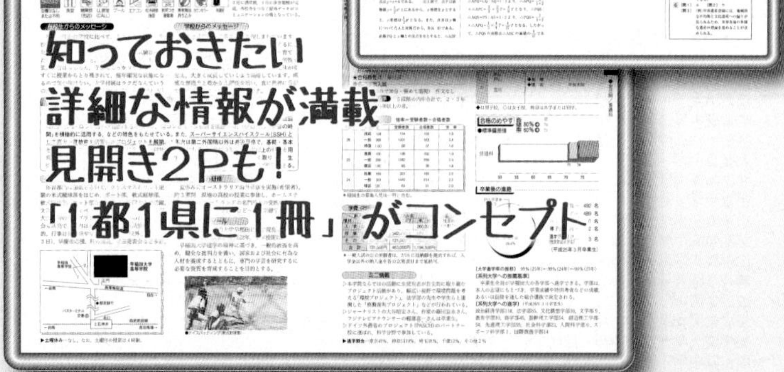

声の教育社
〒162-0814 東京都新宿区新小川町8-15
TEL 03(5261)5061 FAX 03(5261)5062
https://www.koenokyoikusha.co.jp

各県高校受験案内：定価2310円(税込)(茨城県は定価1650円(税
各県公立高校スーパー過去問：定価1100円(税込)
3～10年間スーパー過去問：定価2200～2530円(税込)

高校スーパー過去問　抜群の解説・解答!!　声の教育社版

合格必需品

定価2,200～2,530円（税込）

各都県狭域版
高校受験案内

定価2,310円（税込）

公立高校
過去問シリーズ

定価1,100円（税込）

高校面接ブック

定価1,320円（税込）

①優秀な解説・解答スタッフが執筆!!　②くわしい出題傾向分析と対策　③解答用紙が別冊、自己採点ができる!!

No.　学 校 名
★はリスニングアクセスコード付

●東京都

ア
T 17 青山学院高等部★
T 40 足立学園高校
T 62 郁文館高校
　　 郁文館グローバル高校
T 111 岩倉高校★
T 102 上野学園高校
T 91 江戸川女子高校
T 38 桜美林高校
T 4 お茶の水女子大附高校

カ
T 5 開成高校★
T 113 関東第一高校
T 88 共栄学園高校
T 80 錦城高校
T 46 錦城学園高校
T 10 慶應義塾女子高校
T 64 京華高校
T 66 京華商業高校
T 65 京華女子高校
T 109 工学院大附高校
T 36 佼成学園高校
T 47 佼成学園女子高校
T 24 国学院高校
T 25 国学院大久我山高校
T 16 国際基督教大高校
T 93 国士舘高校
T 41 駒込高校
T 51 駒沢学園女子高校
T 58 駒澤大高校
T 50 駒場学園高校

サ
T 105 桜丘高校
T 59 実践学園高校
T 63 十文字高校
T 75 淑徳高校
T 67 淑徳巣鴨高校
T 42 順天高校
T 98 潤徳女子高校
T 78 城西大附城西高校★
T 13 城北高校
T 115 昭和第一学園高校
T 83 女子美術大付高校
T 45 巣鴨高校
T 108 杉並学院高校
T 70 駿台学園高校
T 18 成蹊高校
T 73 正則高校
T 49 青稜高校
T 26 専修大附高校

タ
T 94 大成高校
T 76 大東文化大第一高校
T 81 拓殖大第一高校
T 56 多摩大目黒高校
T 39 中央大高校
T 23 中央大杉並高校★
T 22 中央大附高校
T 2 筑波大附高校
T 1 筑波大附駒場高校
T 107 貞静学園高校
T 53 東亜学園高校
T 37 東海大付高輪台高校
T 55 東京高校
T 3 東京学芸大附高校
T 101 東京家政大附女子高校
T 9 東京工大附科学技術高校
T 116 東京実業高校
T 79 東京成徳大高校
T 35 東京電機大高校
T 71 東京立正高校
T 7 桐朋高校
T 74 東洋高校
T 72 東洋大京北高校
T 95 豊島学院高校

ナ
T 34 二松学舎大附高校
T 103 日本工大駒場高校
T 52 日本学園高校
T 30 日本大櫻丘高校★
T 27 日本大第一高校
T 28 日本大第二高校
T 29 日本大第三高校
T 31 日本大鶴ヶ丘高校
T 32 日本大豊山高校★
T 33 日本大豊山女子高校

ハ
T 100 八王子学園八王子高校
T 68 広尾学園高校
T 96 藤村女子高校
T 60 文化学園大杉並高校★
T 69 文京学院大女子高校★
T 77 文教大付高校
T 21 法政大高校
T 106 豊南高校
T 112 朋優学院高校★
T 85 保善高校★
T 87 堀越高校

マ
T 82 明星学園高校
T 48 武蔵野大学高校
T 15 明治学院高校
T 6 明治大付中野高校
T 20 明治大付八王子高校
T 19 明治大付明治高校★
T 86 明星高校（府中）
T 54 目黒学院高校
T 110 目黒日本大高校
T 97 目白研心高校

ヤ
T 90 安田学園高校★

ラ
T 114 立正大付立正高校

ワ
T 14 早稲田実業高等部
T 11 早稲田大高等学院

●神奈川県
K 8 慶應義塾高校
K 18 相模女子大高等部
K 11 湘南工科大附高校
K 16 相洋高校
K 13 鶴見大附高校
K 1 桐蔭学園高校
K 6 東海大付相模高校★
K 7 桐光学園高校
K 2 日本女子大附高校
K 4 日本大高校（日吉）★
K 5 日本大藤沢高校
K 17 武相高校
K 9 法政大国際高校
K 3 法政大第二高校★
K 15 山手学院高校
K 14 横浜高校★
K 19 横浜隼人高校

●千葉県
C 6 市川高校★
C 17 市原中央高校
C 34 植草学園大附高校
C 18 木更津総合高校
C 25 敬愛学園高校
C 33 光英VERITAS高校
C 31 国府台女子学院高等部
C 20 志学館高等部
C 9 芝浦工大柏高校
C 15 渋谷教育学園幕張高校★
C 36 秀明八千代高校
C 10 昭和学院高校
C 23 昭和学院秀英高校★
C 29 西武台千葉高校
C 2 専修大松戸高校
C 21 拓殖大紅陵高校
C 12 千葉英和高校
C 11 千葉敬愛高校
C 24 千葉経済大附高校
C 8 千葉商科大付高校
C 5 千葉日本大第一高校
C 28 千葉明徳高校
C 19 中央学院高校
C 7 東海大付浦安高校
C 26 東京学館高校
C 27 東京学館浦安高校
C 37 東葉高校
C 35 成田高校★
C 14 二松学舎大柏高校
C 30 日本体育大柏高校
C 4 日本大習志野高校
C 13 八千代松陰高校
C 16 流通経済大付柏高校★
C 32 麗澤高校
C 3 和洋国府台女子高校

公立高校版　定価1,100円～2,420円（税込）

東京都立高校
埼玉県公立高校
神奈川県公立高校
神奈川県特色検査
千葉県公立高校
栃木県公立高校
茨城県公立高校
群馬県公立高校
都立日比谷高校
都立西高校
都立八王子東高校
都立国立高校
都立戸山高校
都立国分寺高校
都立立川高校
都立新宿高校
都立青山高校

●埼玉県
S 33 秋草学園高校
S 21 浦和学院高校
S 26 浦和実業学園高校
S 38 浦和麗明高校
S 31 叡明高校
S 2 大宮開成高校
S 14 開智高校
S 10 春日部共栄高校★
S 13 川越東高校
S 4 慶應義塾志木高校
S 29 国際学院高校
S 16 埼玉栄高校
S 20 埼玉平成高校
S 36 栄北高校★
S 9 栄東高校
S 27 狭山ヶ丘高校
S 40 秀明高校
S 37 秀明英光高校
S 5 淑徳与野高校★
S 3 城西大付川越高校
S 34 正智深谷高校
S 18 昌平高校
S 7 城北埼玉高校
S 11 西武学園文理高校
S 25 西武台高校
S 15 聖望学園高校
S 28 東京成徳大深谷高校
S 23 東京農大第三高校
S 8 獨協埼玉高校
S 22 花咲徳栄高校
S 39 東野高校
S 24 武南高校
S 12 星野高校
S 30 細田学園高校
S 19 本庄第一高校
S 32 本庄東高校
S 17 武蔵越生高校
S 35 山村学園高校
S 1 立教新座高校
S 6 早大本庄高等学院

●茨城県
I 11 茨城高校★
I 12 茨城キリスト教学園高校
I 16 岩瀬日本大高校
I 4 江戸川学園取手高校
I 5 霞ケ浦高校★
I 2 常総学院高校
I 8 水城高校
I 14 大成女子高校
I 7 つくば国際大高校
I 15 つくば秀英高校
I 1 土浦日本大高校
I 3 東洋大附牛久高校
I 10 常磐大学高校
I 6 水戸葵陵高校★
I 9 水戸啓明高校
I 17 水戸女子高校
I 13 明秀学園日立高校

●栃木県
To 4 足利大附高校
To 5 宇都宮短大附属高校
To 8 宇都宮文星女子高校
To 1 國學院大栃木高校
To 6 作新学院（英進）
To 7 作新学院（総進・情報）
To 2 佐野日本大高校★
To 3 白鷗大足利高校
To 9 文星芸術大高校

●群馬県
G 1 関東学園大附高校
G 4 桐生第一高校
G 2 樹徳高校
G 9 高崎健康福祉大高崎高校
G 3 高崎商科大附高校
G 5 東京農大第二高校
G 7 常磐高校
G 6 前橋育英高校
G 8 明和県央高校

●全国共通
T 8 国立高等専門学校

声の教育社　〒162-0814　東京都新宿区新小川町8-15
TEL 03(5261)5061㈹　FAX 03(5261)5062
https://www.koenokyoikusha.co.jp

高校後見返し